Der Unternehmensnießbrauch als umfassende Belastung an einem Unternehmen

Europäische Hochschulschriften Recht

European University Studies in Law

Publications Universitaires Européennes de Droit

Band/Volume 6684

Christina Stella Papadimitriou

Der Unternehmensnießbrauch als umfassende Belastung an einem Unternehmen

Dogmatische Grundlagen, deutsche Rechtslage sowie vergleichende Betrachtung der britischen *floating charge* als Vorbild zur weiteren Rechtsentwicklung

PETER LANG

Bibliografische Information der Deutschen Nationalbibliothek
Die Deutsche Nationalbibliothek verzeichnet diese Publikation in der Deutschen Nationalbibliografie; detaillierte bibliografische Daten sind im Internet über http://dnb.d-nb.de abrufbar.

Zugl.: Frankfurt (Main), Univ., Diss., 2021.

Gedruckt auf alterungsbeständigem, säurefreiem Papier.

D 30
ISSN 0531-7312
ISBN 978-3-631-86244-5 (Print)
E-ISBN 978-3-631-86193-6 (E-PDF)
E-ISBN 978-3-631-86557-6 (EPUB)
DOI 10.3726/b18982

Peter Lang – Berlin · Bern · Bruxelles · New York · Oxford · Warszawa · Wien

Diese Publikation wurde begutachtet.

www.peterlang.com

Inhaltsverzeichnis

Abkürzungsverzeichnis

a.E.	am Ende
Abs.	Absatz
AcP	Archiv für civilistische Praxis
AG	Aktiengesellschaft (Rechtsform)
AG	Die Aktiengesellschaft (Zeitschrift)
AktG	Aktiengesetz
All E.R.	All England Law Reports
Anh.	Anhang
Anmerk.	Anmerkung
AnwBl	Anwaltsblatt, Anwaltsverein
App Cas.	Appeal Cases
BÄO	Bundesärzteordnung
BB	Betriebs-Berater
BFH	Bundesfinanzgerichtshof
BGB	Bürgerliches Gesetzbuch
BGH	Bundesgerichtshof
BKR	Zeitschrift für Bank- und Kapitalmarktrecht
BLR	Bond Law Review
BNotO	Bundesnotarordnung
BRAO	Bundesrechtsanwaltsordnung
BWNotZ	Zeitschrift für das Notariat Baden-Württemberg
C. & F.L.	Credit and Finance Law
CCZ	Corporate Compliance Zeitschrift
Ch. D.	Chancery Divisions
Co LN	Company Law Newsletter
C.L.J.	Cambridge Law Journal
Comm. Law.	Commercial Lawyer
Comp. Law.	Company Lawyer
Comp. LN	Company Law Newsletter
CPL	Conveyancer and Property Lawyer
DB	Der Betrieb
DBW	Die Betriebswirtschaft
d.h.	das heißt
DNotZ	Deutsche Notar-Zeitschrift
DS	Der Sachverständige

DStR	Deutsches Steuerrecht
Edin. LR	Edinburgh Law Review
eG	eingetragene Genossenschaft
Einf.	Einführung
ERPL	European Review of Private Law
et al.	et alii
EWHC	High Court of England and Wales
FS	Festschrift
GbR	Gesellschaft bürgerlichen Rechts/BGB-Gesellschaft
ggf.	gegebenenfalls
GmbH	Gesellschaft mit beschränkter Haftung
GmbHG	Gesetz betreffend die Gesellschaften mit beschränkter Haftung
GmbHR	GmbH-Rundschau
GRUR	Gewerblicher Rechtsschutz und Urheberrecht
GWR	Gesellschaft und Wirtschaftsrecht
HGB	Handelsgesetzbuch
Hs.	Halbsatz
ICLQ	International and Comparative Law Quarterly
IFLR	International Financial Law Review
IILR	International Insolvency Law Review
IL&P	Insolvency Law & Practice
Insolv. Int.	Insolvency Intelligence
Insolv. Law.	Insolvency Lawyer
IPrax	Praxis des internationalen Privat- und Verfahrensrechts
i.R.v.	im Rahmen von
i.S.d.	im Sinne des/der
i.S.v.	im Sinne von
i.V.m.	in Verbindung mit
IWUK	Insight on Westlaw UK
JBL	Journal of Business Law
JIBFL	Butterworth's Journal of International Banking and Financial Law
J.I.B.L.R.	Journal of International Banking Law
JuS	Juristische Schulung
JZ	Juristenzeitung
KG	Kommanditgesellschaft
KOESDI	Kölner Steuerdialog
Komm	Kommentar
LMCLQ	Lloyd's Maritime and Commercial Law Quarterly

LLP	Limited Liability Partnership
LQR	The Law Quarterly Review
MittBayNot	Mitteilungen des Bayerischen Notarvereins, der Notarkasse und der Landesnotarkammer Bayern
MittRhNotZ	Mitteilungen der Rheinischen Notarkammer
Mod. LR	Modern Law Review
NJW	Neue Juristische Wochenschrift
NZG	Neue Zeitschrift für Gesellschaftsrecht
NZI	Neue Zeitschrift für das Recht der Insolvenz und Sanierung
NZV	Neue Zeitschrift für Verkehrsrecht
OHG	Offene Handelsgesellschaft
OJLS	Oxford Journal of Legal Studies
PAO	Patentanwaltsordnung
para.	paragraph
PLC	Practical Law Company
RabelsZ	Rabels Zeitschrift für ausländisches und internationales Privatrecht
RdA	Recht der Arbeit
RIW	Recht der internationalen Wirtschaft
RNotZ	Rheinische Notar-Zeitschrift (ehemals MittRhNotZ)
RPfleger	Der Deutsche Rechtspfleger
r+s	Recht und Schaden
SE	Societas Europaea
sec.	section
sog.	sogenannt(e)
StBerG	Steuerberatungsgesetz
StuW	Steuer und Wirtschaft
subpara.	subparagraph
SVR	Straßenverkehrsrecht
Überbl.	Überblick
UKHL	United Kingdom House of Lords
VersR	Versicherungsrecht, Zeitschrift für Versicherungsrecht, Haftungs- und Schadensrecht
vgl.	vergleiche
Vorbem.	Vorbemerkung
VuR	Verbraucher und Recht
VVG	Versicherungsvertragsgesetz
VW	Versicherungswirtschaft
WiB	Wirtschaftsrechtliche Beratung

WM	Wertpapier-Mitteilungen (Zeitschrift für Wirtschafts- und Bankrecht)
WPO	Wirtschaftsprüferordnung
ZAP	Zeitschrift für die Anwaltspraxis
ZEV	Zeitschrift für Erbrecht und Vermögensnachfolge
ZEuP	Zeitschrift für Europäisches Privatrecht
ZfIR	Zeitschrift für Immobilienrecht
ZfS	Zeitschrift für Schadensrecht
ZGR	Zeitschrift für Unternehmens- und Gesellschaftsrecht
ZHR	Zeitschrift für das gesamte Handels- und Wirtschaftsrecht
ZIP	Zeitschrift für Wirtschaftsrecht
ZJS	Zeitschrift für das Juristische Studium
ZMR	Zeitschrift für Miet- und Raumrecht
ZVglRWiss	Zeitschrift für Vergleichende Rechtswissenschaft

Hinsichtlich der oben nicht aufgeführten Abkürzungen wird verwiesen auf *Kirchner, Hildebert/Böttcher, Eicke*, Abkürzungsverzeichnis der Rechtssprache, 9. Auflage, *inter alia* Berlin 2019.

A. Einführung

Die vorliegende Arbeit beschäftigt sich mit dem Unternehmensnießbrauch als umfassende Belastung an einem Unternehmen. Ausgangspunkt der Untersuchung ist die Frage, ob und auf welche Weise im deutschen Recht ein Unternehmen umfassend, insbesondere zum Zwecke der Kreditsicherung, belastet werden kann.

Nach geltendem deutschem Recht können unterschiedliche Sicherungsrechte an verschiedenen, auch zusammenhängenden, Gegenständen gleichzeitig bestellt werden. Man spricht von sog. „Globalsicherheiten", wenn eine Gesamtheit von Gegenständen (Sachen oder Rechte) auf einen Dritten übertragen wird.[1] Beispielhaft wird die Sicherungsübereignung eines Warenlagers sowie die Globalzession aller Forderungen aus einer laufenden Geschäftsbeziehung genannt.[2] Auf diese Weise können unterschiedliche Unternehmensbestandteile einzeln belastet werden. Ob es ein *einheitliches* Rechtsinstrument zur Belastung eines Unternehmens gibt, ist bisher in der Literatur nicht abschließend geklärt. Gegen die umfassende Belastung eines Unternehmens mittels *eines* Rechtsinstruments spricht, dass es nach deutschem Recht keine Gesetzesregelung gibt, die ein solches Konstrukt vorsieht. Ein Unternehmen weist eine Vielzahl rechtlich heterogener Gegenstände auf. Daher könnte man annehmen, der Bestimmtheits- und der Spezialitätsgrundsatz des deutschen Sachenrechts stünden entgegen.[3] In der Literatur wird hingegen vertreten, eine einheitliche Unternehmensbelastung sei zulässig. Begründet wird dies mit dem Praxiserfordernis: Insbesondere bei der Beschaffung von Kreditsicherheiten sei es erforderlich und förderlich, das Unternehmen in Gänze belasten zu können.[4]

Zum Teil wird Handlungsbedarf für den deutschen Gesetzgeber gesehen, ein einheitliches Rechtsinstrument zu schaffen.[5] Als Vorbild hierfür dient ein Sicherungsinstrument aus dem englischen Rechtsraum. Dort gibt es bereits seit geraumer Zeit die *floating charge*, welche als „Urform" der Globalsicherungsinstitute

---

1 Hierzu im Einzelnen ab S. 25 mit Verweis auf *Lehmann*, in: Langenbucher/Bliesener/Spindler, Bankrechts-Komm, 2016, Kap. 24 Rn. 40.

2 So *Lehmann*, in: Langenbucher/Bliesener/Spindler, Bankrechts-Komm, 2016, Kap. 24 Rn. 40.

3 Eine Auseinandersetzung mit diesem Argument findet statt ab S. 57 ff.

4 Zur *en bloc* Unternehmensbelastung, ab S. 41 f.

5 Hierzu ab S. 41 mit Verweis auf den Beitrag von *Eidenmüller*, AcP 204 (2004), 457.

gilt.[6] Es handelt sich um ein abstraktes Sicherungsrecht, kraft dessen ein Unternehmen einheitlich sowie umfassend als Ganzes belastet werden kann, ohne die Verfügungsbefugnis des Sicherungsgebers einzuschränken.[7]

Die vorliegende Untersuchung zeigt auf, dass eine globale Unternehmensbelastung bereits *de lege lata* nach deutschem Recht zulässig und zu Sicherungszwecken in Form eines Unternehmensnießbrauchs umsetzbar ist. Der Nießbrauch ist eine dingliche Belastung und zählt im deutschen Recht als Nutzungsziehungsrecht grundsätzlich nicht zu den Sicherungsrechten.[8] Aufgrund dessen hat er auf der Suche nach einem Instrument zur Globalsicherung eines Unternehmens nur wenig Aufmerksamkeit erfahren. Indes wird der Unternehmensnießbrauch bereits in den Materialien des historischen Gesetzgebers zum BGB thematisiert. Außerdem ist der Nießbrauch *de lege lata* das einzige dingliche Belastungsrecht, das kraft Gesetzes an sämtlichen Gegenständen bestellt und vertraglich flexibel ausgestaltet werden kann. Damit hat der Nießbrauch durchaus das Potenzial, als Sicherheit an einem Unternehmen *en bloc* ausgestaltet zu werden.[9] Die hier vertretene Auffassung schließt sich einer Reihe von Literaturansichten an und erachtet den gesamtheitlichen Nießbrauch an einem Unternehmen, den sog. Unternehmensnießbrauch, als zulässig und mit sachen- und gesellschaftsrechtlichen Rechtsgrundsätzen vereinbar.[10]

In der Literatur wird nur ein geringer Argumentationsaufwand betrieben, um die Zulässigkeit des Unternehmensnießbrauchs zu begründen und praktische Umsetzungsfragen zu beantworten. Im Rahmen dieser Arbeit soll daher eine differenzierte Auseinandersetzung mit dogmatischen sowie praktischen Fragen erfolgen. Diese sind vornehmlich gesellschafts- und sachenrechtlicher Natur und betreffen die Anwendbarkeit des Nießbrauchs als beschränkt dingliches Recht am Unternehmen, welches eine wirtschaftliche Sach- und

---

6 Zur Entwicklung der *floating charge* als Vorbild einer Globalsicherheit, S. 113 ff.

7 Die *floating charge* „schwebt“ über dem Unternehmen bis der Sicherungsfall eintritt und eine Verwertungsbefugnis an konkreten Gegenständen (als sog. *fixed charge* kraft *crystallisation*) eintritt. Zu den Rechtscharakteristika der *floating charge*, S. 117 ff.

8 Hierzu ab S. 39 ff.

9 Hierzu ab S. 60 ff.

10 Hierzu ab S. 49 ff. mit Bezug auf *Westermann/Gursky/Eickmann*, Sachenrecht, 2011, § 140 Rn. 7; *Jansen/Jansen*, Der Nießbrauch im Zivil- und Steuerrecht, 2009, Rn. 81 f.; *Herrler*, in: Palandt, BGB, 2020, § 1085 Rn. 3; *Pohlmann*, in: Säcker et al., MüKo BGB, Bd. 8, 2020, § 1085 Rn. 10; *Schön*, S. 98 f., 204; *Beisel*, in: Beisel/Klumpp, Der Unternehmenskauf, 2016, § 10 Arbeitsrecht Rn. 35; *Fezer*, Markenrecht, 2009, § 27 MarkenG Rn. 79; hierzu auch *Lohr*, S. 38.

Rechtsgesamtheit darstellt. Vergleichend wird die englische *floating charge* betrachtet. Aufgrund ihrer Entstehung zur Mitte des 19. Jahrhunderts und ihrer stetigen Weiterentwicklung in der englischen Rechtsprechung und Rechtspraxis hat sie Vorbildfunktion.

Einleitend wird die Frage behandelt, woraus sich das Interesse an einer Globalbelastung ergibt. Die herausragende Bedeutung von Krediten in der Geschäftspraxis sowie das Erfordernis werthaltiger Sicherheiten werden festgestellt. Der Begriff des Unternehmens wird bestimmt und die Grundzüge des Unternehmensnießbrauchs werden dargestellt.[11] Argumente sowie allgemeine Bedenken gegen ein umfassendes (Nießbrauchs-)Recht am Unternehmen und die Hindernisse einer gesetzlich umfassenden Regulierung werden behandelt.[12] Es wird erläutert, welche Charakteristika ein Unternehmensnießbrauch aufweist und welche Problemstellungen er bei der Anwendung auf bestimmte Gesellschaftstypen mit sich bringt. Ein wesentliches Merkmal des Unternehmensnießbrauchs ist beispielsweise, dass der Nießbraucher vorübergehend die Unternehmensführung übernimmt. Ein institutioneller Kreditgeber, beispielsweise ein Kreditunternehmen, hat jedoch in der Regel weder Interesse an der Führung des operativen Tagesgeschäfts noch die Ressourcen und Expertise hierfür. Durch eine unecht-treuhänderische Unternehmensfortführung kann dem abgeholfen werden.[13] Erhält ein Kreditgeber zur Besicherung eines Kredits einen Unternehmensnießbrauch, hat dieser grundsätzlich kein Interesse daran hat, das operative Tagesgeschäft zu führen. Vielmehr beschränkt sich sein Interesse darauf, Kontrolle ausüben oder intervenieren zu können, wenn der Kreditnehmer die Kreditverbindlichkeit nicht oder nicht ordnungsgemäß erfüllt. Im Rahmen einer unechten Treuhandlösung kann die Unternehmensfortführung des Nießbrauchers an einen Dritten delegiert werden.[14]

Weiterhin wird die Rechtsnatur des Unternehmensnießbrauchs untersucht.[15] Die Einzelheiten des Sicherungsvertrags und der Bestellung werden dargelegt.[16] Der Sicherungsumfang wird ermittelt und die mit der Bestellung

---

11 Zur Zulässigkeit und zu den Rechtscharakteristika des Unternehmensnießbrauchs S. 32 ff.

12 Zur Konzeption, kritischen Betrachtung und Stellungnahme S. 36 ff.

13 Hierzu ausführlich S. 99 ff.

14 Zur interessengerechten Ausgestaltung der unecht-treuhänderischen Unternehmensfortführung S. 86 ff.

15 Zur Rechtsnatur des Unternehmensnießbrauchs im Einzelnen S. 128 ff.

16 In einer näheren Betrachtung der Vertragsabrede zum Unternehmensnießbrauch, zu dem Bestellungsakt und den hierdurch eintretenden Rechtsfolgen S. 160 ff.

des Unternehmensnießbrauchs einhergehenden Rechte und Pflichten werden erläutert.[17] Letztere werden im Rahmen zweier Zeitintervalle analysiert. Es wird untersucht, welchen Rechten und Pflichten sich die Parteien während der regulären Laufzeit des Unternehmensnießbrauchs (im ersten Zeitintervall) unterwerfen.[18] Anschließend werden die Rechtswirkungen der Beendigung und Abwicklung des Nießbrauchs (im zweiten Zeitintervall) betrachtet. In diesem Zusammenhang werden die Rechtsfolgen bei der Realisierung des Sicherungsfalls sowie dem Eintritt der Insolvenz thematisch beleuchtet.[19]

Vorgenannte Aspekte werden rechtsvergleichend im englischen Recht betreffend die *floating charge* untersucht. Sowohl Gemeinsamkeiten als auch Unterschiede zwischen dem Unternehmensnießbrauch und der *floating charge* sind erkennbar. Diese ergeben sich daraus, dass der *floating charge* ein gesetzlich kodifiziertes Regelwerk zugrunde liegt und einem anderen Rechtsraum entstammt. Trotz der hohen Relevanz insolvenzrechtlicher sowie steuerrechtlicher Belange für die Rechtspraxis werden diese nachfolgend nicht eingehend behandelt.[20] Das Konzept des Unternehmensnießbrauchs ist komplex und weist zahlreiche Rechtsunsicherheiten auf. Daher zielt die Ausarbeitung darauf ab, den Nießbrauch am Unternehmen anhand geltender Gesetzesregelungen darzulegen, die sachen- sowie gesellschaftsrechtlichen Problemstellungen zu veranschaulichen und Anwendungsdefizite aufzuzeigen.

Bei der *floating charge* sind die Besonderheiten des englischen Rechts und die besondere Prägung durch die Rechtsprechung zu berücksichtigen. Ihre historische Entwicklung und Ausgestaltung *de lege lata* wird betrachtet. In einem Rechtsvergleich wird die englische *floating charge* dem deutschen Unternehmensnießbrauch gegenübergestellt.[21] Diejenigen Merkmale der *floating* charge, die vorteilhafte Rechtsfolgen bzw. -effekte mit sich bringen, werden

---

17 Zu den Rechten und Pflichten der Parteien, die der Unternehmensnießbrauch mit sich bringt, S. 193 ff.

18 Zu den Rechten und Pflichten, die sich aus dem Unternehmensnießbrauch in der vereinbarungsmäßigen Laufzeit bis hin zur Regelbeendigung ergeben, S. 194 ff.

19 Zu den Rechten und Pflichten der Sicherungsparteien des Unternehmensnießbrauchs mit Eintritt des Sicherungsfalls und/oder der Insolvenz (als Sondertatbestand der Beendigung) S. 260 ff.

20 Zur steuerrechtlichen Behandlung des Unternehmensnießbrauchs, *Korn,* KOESDI 2018, 20597 ff.; *Fichtelmann,* DStR 74, 299, 341.

21 Zum Rechtsvergleich S. 308 ff. Die *floating charge* wird kritisch betrachtet auf S. 327 ff. und es werden Erkenntnisse für eine normative Korrektur des Unternehmensnießbrauchs vorgeschlagen auf S. 336 ff.

herausgearbeitet und auf ihre Übernahmefähigkeit und würdigkeit für den Unternehmensnießbrauch im deutschen Recht geprüft.[22] *De lege ferenda* ist zu fragen, wie eine Regelung zum Unternehmensnießbrauch ausgestaltet werden könnte. Die Arbeit schließt mit einem Ausblick.

22 Hierzu der Vergleich der Erkenntnisse dieser Arbeit zum deutschen und englischen Recht auf S. 358 ff.

B. Erfordernis einer umfassenden Unternehmensbelastung

Der Untersuchung liegt die Prämisse zugrunde, dass das Unternehmen als Ganzes Gegenstand des Nießbrauchs sein kann. Ebendieser Unternehmensnießbrauch kann als Unternehmensbelastung, ähnlich einer Globalsicherheit,[23] zu Kreditsicherungszwecken dienen. Das Erfordernis einer umfassenden Sicherheit an einem Unternehmen nach deutschem Recht wird in diesem Kapital beleuchtet. Der Ausgangspunkt dieser Untersuchung ist der Unternehmensbegriff und die Frage, welche rechtlichen Anforderungen und praktischen Bedürfnissen ein Unternehmen ausgesetzt ist.

I. Der Unternehmensbegriff

Im allgemeinen Sprachgebrauch wird generalisierend der Begriff des „Unternehmens" verwendet. Im Gesetz findet sich indes keine Legaldefinition.[24] Auch in der Rechtsprechung und Literatur konnte sich bisher keine einheitliche Begriffsbestimmung etablieren.[25] Ein Grund hierfür ist, dass das Unternehmen je nach Gesetzes- und Sachzusammenhang unterschiedlich definiert

---

23 Der Begriff der Globalsicherheit ist abstrakt und wandelbar. Indes ist eine Globalsicherheit anzunehmen, wenn ein Recht an zusammengesetzten Gegenständen oder Gegenstandsgesamtheiten, zum Zweck der Sicherung einer Forderung, eingeräumt wird. Die Globalsicherheit kann zahlreiche unterschiedliche Formen annehmen. Übliche, in der Rechtspraxis anerkannte Anwendungsfälle sind die Sicherungsübereignung eines gesamten Warenlagers oder auch die Globalzession sämtlicher Forderungen einer laufenden Geschäftsbeziehung. *Lehmann*, in: Langenbucher/Bliesener/Spindler, Bankrechts-Komm, 2016, Kap. 24 Rn. 40.

24 Begrifflich wird nicht das Unternehmen selbst, sondern allein der „Unternehmer" im BGB legaldefiniert, wenn es in § 14 Abs. 1 BGB heißt: „Unternehmer ist eine natürliche oder juristische Person oder eine rechtsfähige Personengesellschaft, die bei Abschluss eines Rechtsgeschäfts in Ausübung ihrer gewerblichen oder selbstständigen beruflichen Tätigkeit handelt." Diese Definition deckt sich mit dem Verständnis des Unternehmers, welches sich aus § 84 Abs. 1 HGB ergibt. Unterschiede ergeben sich jedoch zum Kaufmannsbegriff. Hierzu *Schmidt*, BB 2005, 837, 839 ff.

25 *Roth*, in: Koller et al., HGB, 2019, Einleitung vor § 1 Rn. 10; *Beisel*, in: Beisel/Klumpp, Der Unternehmenskauf, 2016, § 1 Rn. 14; *Bayer*, in: Goette/Habersack; MüKo AktG, Bd. 1, 2019, § 15 Rn. 9; *Creifelds*, Rechtswörterbuch, 2019, S. 1368.

wird.[26] Die Begriffsbestimmung des Unternehmens passt sich im Einzelfall der Teleologie der betroffenen Rechtsmaterie an.[27] Insofern unterscheiden sich zwar die Begriffsbestimmungen.[28] Die zahlreichen Definitionen des Unternehmens im handels- und insolvenzrechtlichen Sinn weisen jedoch vergleichbare Merkmale auf.

Nach der herrschenden Meinung handelt es sich um eine von der Rechtsordnung zugelassene[29] organisatorische Einheit,[30] welche von einem Unternehmer

---

26 Nicht selten werden die Begriffe „Unternehmen" und „Handelsgewerbe" synonym verwendet. Dabei gibt es nicht unerhebliche Unterschiede. Hierzu *Körber*, in: Oetker, HGB, 2019, § 1 Rn. 49. Der Begriff vom Handelsgewerbe ist enger. So *K. Schmidt*, in: K. Schmidt, MüKo HGB, Bd. 1, 2016, § 1 Rn. 19. Dem Gewerbe im öffentlichrechtlichen Sinn wird eine andere Definition zugrunde gelegt. Basierend auf der ständigen bundesverwaltungsgerichtlichen Rechtsprechung handle es sich um „eine nicht sozial unwertige (generell nicht verbotene), auf Gewinnerzielungsabsicht gerichtete und auf Dauer angelegte selbstständige Tätigkeit", die „nicht zur Urproduktion, zu den freien Berufen oder zur bloßen Verwaltung eigenen Vermögens zu rechnen ist". Hierzu ausführlich *Leisner*, in: Pielow, BeckOK GewO, 2018, § 14 Rn. 21-25. Auch der „Betrieb" im arbeitsrechtlichen Sinn divergiert vom Unternehmensbegriff. Hierzu *Karthaus/Richter*, in: Däubler/Hjort/Schubert/Wolmerath, Arbeitsrecht, 2017, § 613a BGB Rn. 12-15. Zum „Unternehmen" im strafrechtlichen Sinn, ausgelegt u.a. im Lichte des PostG oder TKG *Altenhain*, in: Joecks/Miebach, MüKo StGB, Bd. 4, 2017, § 206 Rn. 11-13.

27 „[Ein] umfassender, für alle oder doch für die Mehrzahl von Regelungszusammenhängen passender Basisbegriff des Unternehmens existiert nicht [...] Erforderlich ist [eine] zweckbezogene (teleologische) Interpretation." So *Koch*, in: Hüffer, AktG, 2020, § 15 Rn. 9.

28 *Hopt*, in: Baumbach/Hopt, HGB, 2020, Einleitung vor § 1 Rn. 31; zur Abgrenzung von dem Begriff des „Handelsgewerbes" oder „Handelsgeschäfts" *K. Schmidt*, in: K. Schmidt, MüKo HGB, Bd. 1, 2016, § 1 Rn. 19 und zur Gesetzessystematik in diesem Zusammenhang *Körber*, in: Oetker, HGB, 2019, § 1 Rn. 49.

29 Ein Unternehmen ist eine rechtmäßig operierende Organisationseinheit. Der konkret bestimmte wirtschaftliche Zweck muss im Einklang mit den geltenden Gesetzen stehen. Die unternehmerische Tätigkeit darf nur den redlichen Handelsverkehr betreffen. Indes schließt die fehlende Recht- und Gesetzesmäßigkeit von Geschäftspraktiken nicht *per se* die Unternehmenseigenschaft aus. Verstöße gegen die Pflicht zur ordnungsgemäßen Besteuerung führen nicht etwa unmittelbar dazu, dass kein Unternehmen mehr vorliegt. Ausschlaggebend sind die objektiv nach außen erkennbare Zweckausrichtung und die unternehmerische Tätigkeit. Zu Compliance im Unternehmen *Sonnenberg*, JuS 2017, 917; *Schulz*, BB 2017, 1475; *Spießhofer*, NZG 2018, 441.

30 *Pohlmann*, in: Säcker et al., MüKo BGB, Bd. 8, 2020, § 1085 Rn. 9.

selbstständig „auf eigene Rechnung und Gefahr"[31] in Form einer entgeltlichen, planmäßigen Tätigkeit zur wirtschaftlichen Zweckverfolgung am Markt[32] betrieben wird. Das Unternehmen wird als „selbstständiges wirtschaftliches Gebilde"[33] oder „wirtschaftliche Einheit"[34] verstanden. Uneinigkeit herrscht über die rechtliche Kategorisierung, da etwa das Unternehmen sowohl als „organisatorisch-autonome Rechtseinheit"[35] als auch als „Sach- und Rechtsgesamtheit"[36] bezeichnet wird. Indes sind beide Betrachtungsweisen, sowohl das Unternehmen als Gesamtheit als auch das Unternehmen als Einheit, gerechtfertigt. Das Unternehmen ist als Gesamtheit zu charakterisieren, da es sich aus einer Vielzahl von Vermögenswerten zusammensetzt. Angefangen mit unternehmenseigenen Betriebsgrundstücken zählen hierzu sämtliche materiellen Gegenstände, wie etwa Betriebsanlagen, Produktionsmaschinen und Warenlager, sowie Rechte, insbesondere Geldforderungen und Patente, und sonstige immaterielle Unternehmensbestandteile, wie Rechtsbeziehungen, Know-how, Goodwill oder auch die Unternehmensorganisation *per se*.[37] Gleichermaßen ist das Unternehmen eine Einheit, da sämtliche materiellen und immateriellen Bestandteile auf die individuell-konkrete, wirtschaftliche Zweckverfolgung ausgerichtet und durch das Bindeglied der Wirtschaftlichkeit verbunden sind.[38]

Die Charakterisierung des Unternehmens als Rechtseinheit oder Rechtsgesamtheit kann bedeutende Unterschiede mit sich bringen. Es schließt sich insbesondere die Frage an, ob ein Unternehmen rechtlich geeignet ist, Gegenstand eines einheitlich abschließenden Rechtsvorgangs zu sein, etwa zur einheitlichen

---

31 *Beisel*, in: Beisel/Klumpp, Der Unternehmenskauf, 2016, § 1 Rn. 16.

32 *K. Schmidt*, in: K. Schmidt, MüKo HGB, Bd. 1, 2016, Vorbemerkung zu § 1 Rn. 8.

33 *Jungmann*, in: K. Schmidt, InsO, 2016, § 157 Rn. 1.

34 *Böse*, in: Graf/Jäger/Wittig, Wirtschafts- und Steuerstrafrecht, Art. 23 KartellVO Rn. 8.

35 Zum Unternehmen als „Rechtsobjekt" *Fritzsche*, in: Bamberger et al., BeckOK BGB, 2020, § 90 Rn. 23; *Jungmann*, in: K. Schmidt, InsO, 2016, § 157 Rn. 1; *Creifelds*, Rechtswörterbuch, 2019, S. 1368. Zum Unternehmen als „organisatorisch-autonomer Rechtseinheit" im arbeitsrechtlichen Sinn *Preis*, in: MüllerGlöge/Preis/Schmidt, Erfurter Kommentar zum Arbeitsrecht, 2020, § 611a BGB Rn. 196; als Einheit im steuerrechtlichen Sinn *Korn*, in: Bunjes/Geist, UStG, 2019, § 2 Rn. 150-152.

36 *Fritzsche*, in: Bamberger et al., BeckOK BGB, 2020, § 90 Rn. 23; *J. Schmidt*, in: Westermann et al., Erman BGB, Bd. 1, 2014, Vor § 90 Rn. 7 mit Bezug auf RGZ 70, 220, 224.

37 *Creifelds*, Rechtswörterbuch, 2019, S. 1368.

38 *Brox/Henssler*, Handelsrecht, 2016, Rn. 123; *Pohlmann*, in: Säcker et al., MüKo BGB, Bd. 8, 2020, § 1085 Rn. 9.

Erfassung im schuldrechtlichen Kaufvertrag, zur einheitlichen Vornahme der Verfügung oder auch zur einheitlichen dinglichen Belastung.[39]

II. Kernkriterium der wirtschaftlichen Zweckausrichtung

Unternehmen sind *per definitionem* von der wirtschaftlichen Zweckverfolgung geprägt. Damit handelt es sich um das Kernkriterium, das ein Unternehmen auszeichnet. Es gibt Unternehmen in allen Wirtschaftssektoren sowie jeder Art und Größe. Jede Phase der Unternehmensexistenz ist auf die wirtschaftliche Zweckerreichung ausgerichtet. Zu Beginn ist die wirtschaftliche Gründung eines Unternehmens vorzunehmen,[40] und, je nach Rechtsform, durch Aufbringung des notwendigen Stamm- bzw. Grundkapitals.[41] Im weiteren Verlauf gilt es, den Zugang zum Wirtschaftsverkehr zu erreichen und die kontinuierliche Teilnahme hieran mittels Aufrechterhaltung der Wettbewerbsfähigkeit am nationalen sowie mittlerweile stark international geprägten Markt zu sichern. Bei der Beendigung des Unternehmens, beispielsweise durch Liquidation, soll zu Abwicklungszwecken im möglichst hohen Maße Kapital aus verkauften Vermögenswerten geschöpft werden.[42]

Indes kann es eine große Herausforderung darstellen, ein Unternehmen wirtschaftlich aufrecht und wettbewerbsfähig zu erhalten. Im Idealfall sollten zu jeder Zeit die eingegangenen Verbindlichkeiten gedeckt und darüber hinaus Gewinne generiert werden.[43] Es ist aber auch nicht unüblich, dass Unternehmen

39 Zur Auseinandersetzung mit der Frage der einheitlichen dinglichen Belastung ausführlich auf S. 149 ff. Die Geeignetheit des Unternehmens als Belastungsgegenstand und ihre Folgefragen sind bei der Untersuchung des Unternehmensnießbrauchs von hoher Bedeutung. Es handelt es sich um Rechtsaspekte, die sich erheblich von dem Verständnis der *floating charge* differenzieren. Zur Fortbildung des deutschen Rechts erfolgt eine genauere Untersuchung.

40 Hierzu *Treiber*, in: Wagner, Sölch/Ringleb UStG, 2019, § 2 Rn. 340-349.

41 Bei der Gründung eines Unternehmens in der Rechtsform einer Personengesellschaft ist grundsätzlich kein Kapital erforderlich. Hingegen ist bei Gründung einer Kapitalgesellschaft, namentlich bei einer GmbH oder AG, grundsätzlich ein Stammkapital von 25.000 Euro gemäß § 5 Abs. 1 GmbHG bzw. 50.000 Euro nach § 7 AktG erforderlich. *Wicke*, GmbHG, 2016, § 5 Rn. 2-5; *Schmidt-Leithoff*, in: Rowedder/Schmidt-Leithoff, GmbHG, 2017, § 7 Rn. 17-22; *Dauner-Lieb*, in: Zöllner/Noack, Kölner Kommentar AktG, Bd. 1-2, 2010, § 7 Rn. 2-4; *Eidenmüller/Engert*, AG 2005, 97.

42 *Wenckstern*, RabelsZ 1992, 624, 644.

43 Zur notwendigen Kreditfähigkeit eines Unternehmens für eine geregelte Teilnahme am Rechts- und Wirtschaftsverkehr *Baums*, Recht der Unternehmensfinanzierung, S. 206 ff.

unter finanziellen Engpässen leiden. Sie sind einer fluktuierenden Entwicklung ausgesetzt, insbesondere den vorherrschenden wirtschaftlichen und politischen Umständen sowie sich ändernden technologischen Anforderungen. Für Unternehmen ist es daher von besonders hoher Relevanz, Zugang zur Fremdkapitalversorgung zu erhalten und beibehalten zu können.[44]

1. Verfolgung wirtschaftlicher Interessen

Die Unternehmensführung wird bestimmt von den individuell-wirtschaftlichen Interessen, die ein Unternehmen im Einzelfall aufweist. Bei einer einzelkaufmännischen Tätigkeit oder bei einem kleineren, als Personengesellschaft organisierten Unternehmen kann es unschädlich sein, wenn im Rahmen der wirtschaftlichen Zweckverfolgung allein auf die Interessen des Unternehmers selbst abgestellt wird. Dieser möchte gegebenenfalls, dass allein seinen individuellen Bedürfnissen nachgekommen wird, d.h. dass der eigene Lebensunterhalt sowie die Versorgung von Familienmitgliedern sichergestellt sind. Je größer ein Unternehmen und sein Tätigkeitsradius ist, je höher das operierende Kapitalvolumen und die Bandbreite tangierter Wirtschaftsinteressen Dritter sind, und je mehr Beteiligte, d.h. Arbeitnehmer, Kunden, Geschäftskontakte und sonstige Betroffene, sich anhäufen, desto wichtiger ist ein ganzheitlicher Ansatz der wirtschaftlichen Interessenverfolgung.

Vielmehr ist das Unternehmensinteresse,[45] das ureigene Interesse des Unternehmens als autonom-wirtschaftliches Sach- und Rechtskonstrukt, ausschlaggebend. Die wirtschaftliche Betätigung am Markt richtet sich auf die Selbsterhaltung und Erfolgssicherung des Unternehmens *per se*. Eine allgemeingültige Definition des Unternehmensinteresses liegt wegen der uneinheitlichen Verwendung synonymer Begriffe nicht vor. Bei einer Aktiengesellschaft, als wesentlicher Form der gewinnausgerichteten Kapitalgesellschaft, gibt es zumindest zwei dominante Ansätze, auf welche Interessengruppe das Unternehmensinteresse auszurichten ist. Es wird zwischen dem Unternehmensinteresse ausgerichtet auf die Anteilseigner (Shareholder) und demjenigen der übrigen Unternehmensbeteiligten (Stakeholder)

---

44 *Baums*, Recht der Unternehmensfinanzierung, S. 197 ff.

45 Zur weitreichenden Thematik des Unternehmensinteresses *Raisch*, in: Fischer et al., FS Hefermehl, 1976, S. 347 ff.; *Raiser*, in: Reichert-Facilides et al., FS R. Schmidt, 1976, S. 101 ff.; *Junge*, in: Fickeret al., FS v. Caemmerer, 1978, S. 547; *T. Brinkmann*, S. 17 ff., 303 ff.; *Riechers*, S. 175 ff.; *Jürgenmeyer*, S. 138; *Salm*, S. 63 ff.; *Teubner*, ZHR 1985, 470; *Kuhner*, ZGR 2004, 244.

unterschieden.[46] Entscheidungen der Unternehmensführung, die allein auf dem einen oder anderen Unternehmensinteresse basieren, können sich erheblich voneinander unterscheiden.

Unter dem Unternehmensinteresse i.S.d. Shareholder Values wird die Maximierung des Unternehmenswertes in Form der Eigenkapitalrate zugunsten der Anteilseigner verstanden.[47] Hintergrund ist, dass Anteilseigner eine unmittelbare wirtschaftliche Beteiligung am Unternehmen innehaben und die Wirtschaftlichkeit allein am Eigenkapital messen. Dem steht der Stakeholder Value gegenüber. Nach diesem Ansatz dienen die Belange sämtlicher Unternehmensbeteiligten, d.h. Geschäftskunden-, Lieferanten-, Mitarbeiter-, Kundeninteressen etc., als Richtungszeiger für Führungsentscheidungen.[48] Beim Stakeholder Value einerseits wird kritisch gesehen, es häufe sich eine „unüberschaubare Fülle von *Pressure Groups*"[49], d.h. von beteiligten Personengruppen, an, die in einem Abhängigkeitsverhältnis zum Unternehmen stünden.

Diese würden zahlreiche unterschiedliche Interessen aufweisen, die sich auf ihre jeweils individuellen Bedürfnisse ausrichten würden und nicht notwendigerweise auf das Allgemeinwohl unter gegenseitiger Berücksichtigung der übrigen Beteiligteninteressen bedacht seien. Hierdurch können sich widersprüchliche Entscheidungswerte ergeben, die geeignet seien, eine Lähmung des Entscheidungsprozesses herbeizuführen.[50] Dem Shareholder Value andererseits wird entgegengehalten, er ernenne die Gewinnmaximierung zum Selbstzweck. Auf diese Weise entstünde ein eindimensionales, nicht ausreichend nachhaltiges

46 Als Shareholder werden diejenigen Beteiligten eines Unternehmens bezeichnet, die einen Anteil am Unternehmen innehaben, namentlich die Gesellschafter und Aktionäre. Stakeholder hingegen sind Anspruchsgruppen, die, wenn auch im weiteren Sinne, vom Unternehmen abhängig sind und ein Interesse an dessen Erfolg haben, namentlich Kapitalgeber, Arbeitnehmer, Management, Kunden, Lieferanten und die allgemeine Öffentlichkeit. Zur Unterscheidung *Fleischer*, in: Spindler/Stilz, AktG, 2019, § 76 Rn. 29.

47 *Fleischer*, Handbuch des Vorstandsrechts, § 1 Rn. 26; *Fleischer*, in: Spindler/Stilz, AktG, 2019, § 76 Rn. 29; zu den Kernkriterien einer am Shareholder Value orientierten Unternehmensführung *Schilling*, BB 1997 (8), 373; *Englert/Scholich*, BB 1998, 684; *Klien*, DStR 1998, 1108-1112, 1148-1152; *Walker*, DStR 1999, 1670; *Groh*, DB 2000, 2153; *Labbé*, DB 2005, 2089; *Reiner*, ZVglRWiss 2011, 443.

48 *Fleischer*, Handbuch des Vorstandsrechts, § 1 Rn. 26.

49 *Breuer*, in: Hopt/Wohlmannstetter, Handbuch Corporate Governance von Banken, S. 517; *Simon*, NZG 2013, 19.

50 *Breuer*, in: Hopt/Wohlmannstetter, Handbuch Corporate Governance von Banken, S. 517.

Steuerungsinstrument. Insbesondere seien Führungsorgane durch allein monetäre Anreize einer fehlerhaften Incentivierung unterworfen.[51] Aufgrund negativer Erfahrungswerte in der Vergangenheit, etwa durch unangemessene Handlungspraktiken im Rahmen der Finanzmarktkrise 2007,[52] hat der Ansatz des Shareholder Values stark an Beliebtheit eingebüßt.[53]

Dennoch ist es geboten, die Interessen von Anteilseignern zu beachten. Die Gewinnerzielung ist der Zweckausrichtung eines Unternehmens immanent. Die Maximierung des Unternehmensgewinns ist ein messbarer Indikator für den Unternehmenserfolg und für die Sicherung einer anhaltenden wirtschaftlichen Existenz erforderlich. Außerdem decken sich die Interessen von Shareholdern und Stakeholdern insofern, als sie von einem wirtschaftsstarken Unternehmen profitieren. Es stellen sich positive Effekte ein, wie etwa, dass der wirtschaftliche Wert von Anteilen erhalten bleibt, Arbeitsplätze gesichert sind, Verbindlichkeiten bedient werden können etc. Die gegenwärtige Überzeugung lautet daher, dass die restriktive Verfolgung des einen oder anderen theoretischen Ansatzes nicht angemessen oder erfolgversprechend ist. Dies lässt sich mitunter dem Deutschen Corporate Governance Kodex, kurz DCGK, entnehmen, welcher als richtungsweisende Anleitung der Unternehmensführung dient.[54]

In Ziffer 4.1.1 heißt es, die Führungsorgane, etwa der Vorstand in einer AG, haben „das Unternehmen in eigener Verantwortung im Unternehmensinteresse, also unter Berücksichtigung der Belange der Aktionäre, seiner Arbeitnehmer und der sonstigen dem Unternehmen verbundenen Gruppen (Stakeholder) mit dem Ziel nachhaltiger Wertschöpfung" zu leiten.[55] Vorherrschend ist somit der Stakeholder Value unter ausreichender Rücksichtnahme auf die Interessen der Shareholder. Wirtschaftliche Entscheidungen sollen unter Einhaltung der

51 *Simon*, NZG 2013, 19.

52 Nähere Ausführungen hierzu in *Fleischer*, NZG 2009, 801, 801 f.

53 *Simon*, NZG 2013, 19.

54 Eine Darlegung der Grundlagen und Praxisfragen erfolgt in *Hopt*, in: Krieger et al., FS Hoffmann-Becking, 2013, S. 563 ff. Zu den Vorgaben des DCGK in diesem Zusammenhang *Sünner*, in: Krieger et al., FS Hoffmann-Becking, 2013, S. 1225 ff. In einer Auseinandersetzung mit der hohen gegenwärtigen Bedeutsamkeit des Deutschen Corporate Governance Kodex seit dessen Inkrafttreten *Nonnenmacher*, Transkript des Vortrags zur 16. Konferenz DCGK, S. 3 ff.

55 Hierzu *Spindler*, in: Goette/Habersack, MüKo AktG, Bd. 2, 2019, § 76 Rn. 71.

rechtlichen Vorgaben (Compliance)[56] durch schonende Betrachtung und Abwägung der jeweiligen Belange getroffen werden.[57]

2. Notwendigkeit eines anhaltenden Kapitalflusses

Bei der Führung eines Unternehmens wird unter anderem das Ziel verfolgt, dass das Unternehmen zahlungsfähig bleibt. Idealerweise weist es einen anhaltenden Kapitalfluss sowie (freie) Rücklagen auf.[58] Dadurch kann das Vertrauen von Geschäftspartnern, beispielsweise Lieferanten, erhalten werden, welche regelmäßig mit (verlängerten) Eigentumsvorbehalten sowie mit unterschiedlichen Zahlungszielen und Zahlungsweisen operieren.[59] Darüber hinaus muss ein Unternehmen Marktveränderungen sowie Fluktuation ausgleichen, sich am Wirtschaftsleben dauerhaft beteiligen und seine Wettbewerbsfähigkeit beibehalten bzw. ausbauen können. Besonders bei Produktionsunternehmen, die Handel betreiben und ihre Produkte an Endkunden verkaufen, sind zahlreiche „Störfälle“ denkbar. Dies umfasst den Rückgang von Absatzzahlen durch abnehmende Attraktivität des Produkts bei fehlender technischer Weiterentwicklung oder mangelnde Wettbewerbsfähigkeit durch angestiegene Kosten, z.B. erhöhte Kosten von Rohstoffen und Materialien sowie erhöhte Standortkosten, oder durch Ausfall von Personal.

Unternehmen sind außerdem verpflichtet, ihr Stammkapital aufrechtzuerhalten.[60] Regelmäßig sind sie darauf angewiesen, Fremdkapital in Anspruch zu nehmen.[61] Je nach der wirtschaftlichen Lage der Gründer kann Fremdkapital bereits zu Gründungszwecken in Anspruch genommen werden. Vornehmlich ist es aber während einer laufenden Geschäftstätigkeit zur Erhaltung der Wettbewerbsfähigkeit und zur Tätigung von Neuinvestitionen erforderlich. Fremdkapital wird regelmäßig in Form von Krediten durch Kreditinstitute oder

---

56 Zur Compliance und ihrer unverzichtbaren Rolle im Rahmen einer angemessenen Corporate Governance *Unmuth*, CB 2017, 177; *Schneider/Forscht*, WPg 2017, 200.

57 *Spindler*, in: Spindler/Stilz, AktG, 2019, § 116 Rn. 29; *Fleischer*, Handbuch des Vorstandsrechts, § 1 Rn. 33.

58 *Baums*, Das Recht der Unternehmensfinanzierung, S. 9 ff.

59 Zu einer Auseinandersetzung mit dieser Problematik, insbesondere unter Betrachtung mittelständischer Unternehmen, *Winkeljohann/Ull*, S. 6 ff.; *Becker*, S. 32 ff. Zu Bonitätsproblemen in diesem Zusammenhang und Ausgleichsmöglichkeiten vgl. *Stöß*, S. 4.

60 „*Company law has historically had a concept of 'maintenance of capital': this is that share capital, once raised, must be maintained.*“ So *Bailey*, IWUK, 13.07.2015, Introduction.

61 *Baums*, Das Recht der Unternehmensfinanzierung, S. 197 ff.

sonstige Kapitalgeber gewährt. Bevor es zu einer Kreditvereinbarung kommt, wird eine umfassende Bonitätsprüfung vorgenommen. Dabei wird anhand ausgewiesener Bilanzen, eines Business Plans etc. der wirtschaftliche „Zustand" des Unternehmens als Kreditnehmer diagnostiziert und die Wahrscheinlichkeit einer umfänglichen Rückzahlung der ausgegebenen Summe zuzüglich Zinsen prognostiziert. Für die Gewährung eines Kredits obliegt es einem Kreditgeber dennoch, Vertrauen in den Erfolg sowie in die künftige Wirtschaftlichkeit eines Unternehmens aufzuweisen.

Die Entscheidung zur Kreditgewährung sowie zur Einräumung guter Kreditkonditionen wird wesentlich von den Sicherheiten bestimmt, die ein Unternehmen aufweist und bereit ist, Zug um Zug einzuräumen. Das Kreditsicherungsrecht ist ein wesentlicher Rechtsbereich, der sich mit ebendieser Thematik, mit der Gewährung von Sicherheiten bei der Inanspruchnahme von Fremdkapital, beschäftigt.

III. Zur Lehre der Kreditgewährung und -sicherung

Die Inanspruchnahme von Fremdkapital ist für die anhaltende Geschäftstätigkeit eines Unternehmens nahezu unumgänglich. Aus einer Analyse des Deutschen Industrie- und Handelskammertages geht hervor, dass etwa 59 % der in Deutschland ansässigen Unternehmen gute Finanzierungsbedingungen aufweisen und daher Kredite zu angemessenen Konditionen erhalten.[62] Entsprechend wird das Angebot der Kreditgewährung rege wahrgenommen. Im Übrigen wurden 41 % der berücksichtigten Unternehmen, insbesondere kleineren Geschäftsbetrieben, entweder keine und nur unter schwierigen Umständen Kredite gewährt. Vornehmlich fehle es an den geforderten Sicherheiten.[63]

Das Kreditsicherungsrecht ist ein Rechtsbereich, der sich nicht nur mit den sicherungsrechtlichen Möglichkeiten *de lege lata* beschäftigt, sondern die Optimierung des Sicherungsrechts *de lege ferenda* untersucht.

Die Globalisierung sowie Technologisierung haben komplexe wirtschaftliche Strukturen hervorgebracht und den Wettbewerb erheblich gesteigert. Um das Kreditsicherungsrecht voranzutreiben und rechtlich den erhöhten Herausforderungen anzupassen, ist zu hinterfragen, weshalb es einer derart hohen Anzahl an

62 Meldung betreffend eine Analyse des DIHK „Deutsche Unternehmen können sich derzeit leicht finanzieren", Handelsblatt vom 7.08.2017 (Zugang 1.04.2020).

63 Meldung betreffend eine Analyse des DIHK „Deutsche Unternehmen können sich derzeit leicht finanzieren", Handelsblatt vom 7.08.2017 (Zugang 1.04.2020).

Unternehmen nicht gelingt, erforderliche Sicherheiten zu gewähren. Was sind die Möglichkeiten zur Besicherung eines Kredits und welche Ansprüche werden an Unternehmen gestellt? Vor welchen Herausforderungen steht ein Unternehmen? Und vor allem, welche Lösungsmöglichkeiten gibt es, um die Kreditgewährung zu erleichtern? Auf ebendiese Aspekte soll eingegangen werden.

1. Sicherungsmöglichkeiten: Überblick zum Kreditsicherungsrecht

Zur erstgenannten Frage, welche Besicherungsmöglichkeiten es nach geltendem Recht gibt und welche Herausforderungen für ein Unternehmen entstehen, ist zunächst ein knapper Überblick über die Grundlagen des Kreditsicherungsrechts zu geben. Das Kreditsicherungsrecht bildet die rechtliche Lehre der Sicherheiten, die einem Kreditinstitut oder einem sonstigen Kapitalgeber gegen Einräumung eines Darlehens gewährt werden. Die Einräumung einer Sicherheit ist rechtlich als Hilfsgeschäft zu qualifizieren.[64] Die zur Verfügung gestellten Darlehen richten sich grundsätzlich nach den Vorschriften gemäß §§ 488 ff. BGB i.V.m. spezialgesetzlichen Normen, etwa den Regelungen des HGB.

Dem Darlehensgläubiger kommt grundsätzlich zugute, dass er das Risiko einer Störung im Kreditverhältnis absichert. Üblicherweise wird im Fall der Materialisierung des Ausfallrisikos eine angemessene Befriedigung, etwa durch Einzelzwangsvollstreckungsmaßnahmen oder Vorzugsrechte in der Insolvenz, eingeräumt. Der Darlehensschuldner erhält seinerseits angemessene Konditionen, da das künftig bestehende Ausfallrisiko nicht etwa durch hohe Zinsen, sondern mittels der gebotenen Sicherheit abgedeckt wird.[65] Dadurch sind Kreditsicherheiten geeignet, die Unwägbarkeiten der künftigen Zahlungsfähigkeit eines Unternehmens aufzuwiegen.[66]

Die Sicherheit kann, je nach Parteiwille und Sicherungsmittel, ausdrücklich individualvertraglich oder im Rahmen allgemeiner Geschäftsbedingungen ausgemacht werden.[67] Neben der Gewährung von Sicherungsmitteln treten

---

64 *Ganter*, in: Schimansky/Bunte/Lwowski, Bankrechts-Handbuch, 2017, § 90 Rn. 2; *Lehmann*, in: Langenbucher/Bliesener/Spindler, Bankrechts-Komm, 2016, Kap. 24 Rn. 2.

65 *M. Brinkmann*, S. 1; *Lehmann*, in: Langenbucher/Bliesener/Spindler, Bankrechts-Komm, 2016, Kap. 24 Rn. 1; *Bülow*, Recht der Kreditsicherheiten, 2017, S. 1-3; *Ganter*, WM 2006, 1081.

66 Zu der Teleologie des Sicherungsrechts *Hofmann*, in: Fandrich/Karper, Münchener Anwaltshandbuch Bank- und Kapitalmarktrecht, 2012, S. 350 ff.

67 *Rohe*, in: Bamberger et al., BeckOK BGB, 2020, § 488 Rn. 103.

regelmäßig weitere Vereinbarungen, sog. Financial Covenants, hinzu.[68] Es handelt sich um Eigenkapital-,[69] Verschuldens-[70] und Liquiditätsklauseln[71] sowie Informationspflichten des Darlehensschuldners.[72] Insbesondere die Mitteilungspflichten des Darlehensnehmers erlauben es dem Darlehensgeber, frühzeitig eine Neuevaluierung der vertraglichen Absprache und der zu erwartenden Tilgungsquote, vorzunehmen. Die Darlehenskonditionen können, sofern vertraglich vorbehalten, angepasst werden.

Das Sicherungsmittel der Wahl kann akzessorischer Rechtsnatur sein. Dies ist der Fall, wenn das Sicherungsrecht im Hinblick auf Entstehung, Fortbestand, Inhalt, Durchsetzbarkeit und Rechtszuständigkeit auf Gläubigerseite unmittelbar von der Hauptschuld abhängig ist.[73] Es kann aber auch ein Sicherungsmittel von abstrakter oder fiduziarischer Rechtsnatur gewählt werden. Hierbei stehen Sicherungsmittel und *Causa* einander rechtlich grundsätzlich unabhängig gegenüber. Eine vergleichbare Verknüpfung wird durch die Sicherungsabrede geschaffen, die die Zweckgebundenheit der Sicherheit an die besicherte

---

68 *Heermann*, S. 394 Rn. 90 ff.; *Rohe*, in: Bamberger et al., BeckOK BGB, 2020, § 488 Rn. 105.

69 Ein kreditnehmendes Unternehmen verpflichtet sich mittels einer Eigenkapitalklausel, die Höhe des Eigenkapitals beizubehalten und nicht zu unterschreiten. *Buchner/Krepold*, in: Schimansky/Bunte/ Lwowski, Bankrechts-Handbuch, 2017, § 79 Rn. 222; *Bunte*, in: Bunte/Zahrte, AGB-Banken Rn. 275c.

70 Im Rahmen der Verschuldens- oder Verschuldensgradklausel erfolgt die Festschreibung einer zulässigen Höchstgrenze des Fremdkapitals gegenüber dem unternehmenseigenen Eigenkapital. *Buchner/Krepold*, in: Schimansky/Bunte/Lwowski, Bankrechts-Handbuch, 2017, § 79 Rn. 222; *Bunte*, in: Bunte/Zahrte, AGB-Banken Rn. 275c.

71 Eine Liquiditätsklausel gibt vor, welche Anforderungen mindestens an die dauerhafte Liquidität eines kreditnehmenden Unternehmens zu stellen sind. *Buchner/Krepold*, in: Schimansky/Bunte/Lwowski, Bankrechts-Handbuch, 2017, § 79 Rn. 222; *Altmeppen*, NZG 2010, 441, 444.

72 Informationen über die jeweilige Vermögenslage des Unternehmens und deren Entwicklung sind vollständig, wahrheitsgemäß und aktualisiert an den Kreditgeber weiterzugeben. Bei Nichteinhaltung der Informationspflicht oder pflichtwidrigem Unterlassen der Mitteilungen steht dem Kapitalgeber das Recht zur Kündigung aus wichtigem Grund zu. Eine Bank hat insbesondere, im Hinblick auf ihre Verpflichtung nach § 18 KWG, das Recht, Unterlagen einzufordern. *Buchner/Krepold*, in: Schimansky/Bunte/Lwowski, Bankrechts-Handbuch, 2017, § 79 Rn. 213, 215.

73 *Habersack*, in: Säcker et al., MüKo BGB, Bd. 6, 2017, § 765 Rn. 61.

Forderung vorsieht.[74] Im Rahmen der Rechtsfortbildung haben sich Konstruktionen durchgesetzt, die als Korrektiv dem Gleichlauf der akzessorischen mit den abstrakten Sicherheiten dienen. Von besonderer Bedeutung ist dabei die Annahme eines Freigabeanspruchs. Dieser wird durch ergänzende Vertragsauslegung bei Sicherungsabreden angenommen und gewährleistet, dass eine Sicherheit bei Erfüllung der zugrundeliegenden Kreditverbindlichkeit abgelöst wird.[75] In diesem Fall dient auch eine abstrakte Sicherheit ausschließlich der Absicherung des zugrundeliegenden Kreditverhältnisses. Als umfassender Grundsatz bei der Bestellung von Sicherungsrechten gilt das Verbot der Übersicherung.[76] Ein Kapitalgeber darf demzufolge seine überlegene Rechtsposition nicht ausnutzen, um den Schuldner unangemessen zu benachteiligen und mehr Sicherheiten zu verlangen, als das Ausfallrisiko notwendigerweise erfordert.[77] Bei der Bewertung der vorhandenen oder künftig zu sichernden Forderung und des Sicherungsmittels ist daher prognostisch das Deckungsverhältnis zu bestimmen, das eine angemessene Proportionalität zwischen vertragsgerechter Forderungsbegleichung und Ausfallrisiko bei fehlender Zahlungsfähigkeit aufweisen muss.[78]

a. Personalsicherheiten

Kreditsicherheiten können auf viele verschiedene Arten differenziert werden. Üblicherweise wird eine grobe Einteilung in Personal- und Realsicherheiten

---

74 Zum typischen Regelungsgegenstand der Sicherungsabrede allgemein *Kindl,* in: Bamberger et al., BeckOK BGB, 2020, § 930 Rn. 25. Zur Sicherungsabrede einer abstrakten Sicherheit *Everts,* in: Heckschen/Herrler/Starke, Beck'sches Notarhandbuch, Kapitel 1 § 6 Grundschulden Rn. 46-49.

75 *Wiegand/Brunner,* NJW 1995, 2513, 2515 f.

76 Es gilt grundsätzlich das Verbot der Übersicherung. Eine anfängliche Übersicherung führt zur Sittenwidrigkeit (§ 138 BGB) oder Unangemessenheit (§ 307 BGB) der Vertragsvereinbarung. Dadurch gilt der gesamte Vertrag als unwirksam abgeschlossen. Die Parteien können zur Vermeidung dieser Rechtsfolgen Anpassungs- und Freigaberegelungen vereinbaren. So *Roth/Kieninger*, in: Säcker et al., MüKo BGB, Bd. 3, 2019, § 398 Rn. 138 f. Zu den Rechtsfolgen im Einzelnen *Rombach,* S. 200 f. Grundsätzlich ist auch die nachträgliche Übersicherung unzulässig, lässt jedoch die Wirksamkeit des Rechtsgeschäftes unberührt. Sie begründet einen Freigabeanspruch, der konkludent in der Sicherungsabrede gesehen wird. Es werden die Parteiinteressen nach §§ 133, 157 BGB i.V.m. § 242 BGB ergänzend ausgelegt. So *Kindl,* in: Bamberger et al., BeckOK BGB, 2020, § 930 Rn. 29 mit Bezug auf BGH NJW 1998, 671, 672.

77 *Wiegand/Brunner,* NJW 1995, 2513, 2514 f.

78 *Göbel,* S. 17 f.; *Knops,* ZfIR 1998, 577, 579.

vorgenommen.[79] Personalsicherheiten sind darauf ausgerichtet, die Haftungsmasse durch personelle Erweiterung des pfändbaren Vermögens zu vergrößern.[80] Dies geschieht u.a. durch die haftungsmäßige Erfassung des Privatvermögens eines Unternehmensbeteiligten, vergleichbar einer gesamtschuldnerischen Gesellschafterhaftung, die etwa einer Personengesellschaft gemäß (§ 161 Abs. 2 HGB i.V.m.) § 128 HGB i.V.m. §§ 421 ff. BGB immanent ist. Regelmäßig erfolgt die Einräumung als Sicherheit in Form einer Garantie (i.S.v. § 311 BGB) oder eines abstrakten Schuldversprechens.

Auch liegt eine Personalsicherheit in der Unterzeichnung einer notariell beurkundeten Zwangsvollstreckungsunterwerfung (i.S.v. § 794 Abs. 1 Nr. 5 ZPO) sowie der Gewinnung weiterer Schuldner, u.a. durch harte Patronatserklärung,[81] Schuldübernahme (§§ 414 ff. BGB), Schuldbeitritt (§ 311 Abs. 1 BGB),[82] Schuldversprechen (§§ 780, 782 BGB, § 350 HGB), Schuldanerkenntnis (§§ 781, 782 BGB, § 350 HGB) oder Bürgschaft (§§ 765 ff. BGB). Die beispielhaft genannten Formen der Personalsicherheiten entstehen allein durch schuldrechtliche Vereinbarung und führen keine dingliche Rechtsänderung herbei.[83]

b. Realsicherheiten und vergleichbare Mittel der Kreditsicherung

Die Realsicherheit wird prinzipiell als Sicherungsart präferiert, da sie dem Sicherungsgeber durch die Bestellung eines dinglichen Rechts eine vorhersehbare, verlässliche Verwertung von Gegenständen einschätzbarer Werthaltigkeit garantiert.[84] Hierbei werden bewegliche und unbewegliche Sachen sowie Rechte,

---

79 *Lehmann*, in: Langenbucher/Bliesener/Spindler, Bankrechts-Komm, 2016, Kap. 24 Rn. 18; *Ganter*, in: Schimansky/Bunde/Lwowski, Bankrechts-Handbuch, 2017, § 90 Rn. 20-24.

80 *Ganter*, in: Schimansky/Bunde/Lwowski, Bankrechts-Handbuch, 2017, § 90 Rn. 58.

81 Eine Patronatserklärung ist die, mit Rechtsbindungswillen schriftlich erklärte, Verpflichtung, Verluste des Unternehmens zu decken oder dessen Liquidität bzw. Eigenkapitalanteil in eigener Verantwortung wiederherzustellen. Zu ihrer Bedeutung im Einzelnen sowie ihren umfassenden Rechtsfolgen als Kreditsicherheit *Ziemons*, GWR 2009, 411, 412.

82 Das Gesetz regelt nicht ausdrücklich den Fall, in dem ein weiterer Schuldner dem Schuldverhältnis hinzugezogen wird. Der Schuldbeitritt ist jedoch nach einhelliger Auffassung als Verpflichtungsvertrag anerkannt und findet praktische Anwendung. *Grüneberg*, in: Palandt, BGB, 2020, Vor § 414 Rn. 2.

83 *Ganter*, in: Schimansky/Bunde/Lwowski, Bankrechts-Handbuch, 2017, § 90 Rn. 21.

84 Im Gegensatz dazu birgt die Verwertung von Privatvermögen in erhöhtem Maße das Risiko der unvorhersehbaren Wert- bzw. Vermögenslosigkeit. Damit wird nicht nur

darunter u.a. Ansprüche aus Lebensversicherungen, Geschäftsanteilen einer GmbH, Immaterialgüterrechte, Internetdomains etc.,[85] belastet, deren Wert und entsprechender Verwertungsbetrag kalkulierbar ist.[86] Im Gegensatz zu Personalsicherheiten, bei denen die persönliche wirtschaftliche Position des Sicherungsgebers bis hin zur Vermögenslosigkeit erheblich variieren kann, wird bei einer Realsicherheit *ex ante* anhand der anfänglichen Werthaltigkeit der jeweiligen Sache der Umfang zur Abdeckung des Haftungsrisikos prognostiziert.[87] Wie auch Personalsicherheiten sind Gegenstände, die mit einer Realsicherheit belastet sind, in der Insolvenz grundsätzlich der Insolvenzmasse zuzuordnen.[88] Im Zweifel erstreckt sich die Sicherung zugleich auf unmittelbare Sach- und Rechtsfrüchte, wie die Zinsen einer Forderung oder die Ernte eines Grundstücks.[89]

aa. „Übliche" Realsicherungsmittel

Das Gesetz sieht eine Vielzahl von Realsicherungsmitteln vor, die in ihrer Grundkonzeption abschließend sind.[90] Praxisrelevant ist die Sicherungszession gemäß §§ 398 ff. BGB, wobei auch Pfandrechte an Rechten (§§ 1273-1296 BGB) bestellt werden können. Bewegliche Sachen können gemäß §§ 929 S. 1, 930 BGB sicherungsübereignet oder mit einem Faustpfandrecht (§§ 1204-1259 BGB) belastet werden, während unbewegliche Sachen durch Grundpfandrechte, etwa einer Hypothek (§§ 1113-1190 BGB), Grundschuld (§§ 1191-1198 BGB) oder Rentenschuld (§§ 1199-1203 BGB) belastet werden können.[91]

---

die Forderungseintreibung unmöglich gemacht, im Zweifel übersteigt sogar der Verwaltungsaufwand dasjenige, was eingebracht werden kann.

85 *Lehmann*, in: Langenbucher/Bliesener/Spindler, Bankrechts-Komm, 2016, Kap. 24 Rn. 22; *Reymann*, DNotZ 2005, 425, 426; *H. Schmidt*, WM 2012, 721; *Schafft*, BB 2006, 1013.

86 *Ganter*, in: Schimansky/Bunte/Lwowski, Bankrechts-Handbuch, 2017, § 90 Rn. 22.

87 Je nach Sicherheitsgegenstand ist eine mögliche Wertreduktion hinzunehmen. Bei einer Produktionsmaschine ist etwa durch Verschleißerscheinungen oder Alter nicht der anfänglich vorhandene wirtschaftliche Wert anzunehmen. Es handelt sich indes um vorhersehbare, verkehrsübliche Wertminderungen.

88 *Praß*, in: Hirte/Vallender, Uhlenbruck InsO, 2019, § 35 Rn. 167, 169; *Peters*, in: Stürner/Eidenmüller/Schoppmeyer, MüKo InsO, Bd. 1, 2019, § 35 Rn. 151.

89 *Ganter*, in: Schimansky/Bunte/Lwowski, Bankrechts-Handbuch, 2017, § 90 Rn. 60.

90 Die abschließende gesetzliche Aufzählung von Realsicherungsmitteln bedeutet dabei nicht, dass sie nicht in einem angemessenen, rechtlich zulässigen Umfang modifiziert und kombiniert werden können.

91 *Lehmann*, in: Langenbucher/Bliesener/Spindler, Bankrechts-Komm, 2016, Kap. 24 Rn. 21.

Das Pfandrecht ist rechtlich von besonderer Bedeutung, da es im Sicherungsfall ein Verwertungsrecht mit sich bringt.[92] Seit geraumer Zeit hat es jedoch erheblich an praktischer Relevanz eingebüßt, weil das notwendige Element der Besitzeinräumung nicht mehr den gegenwärtigen Interessen der Sicherungsparteien und Anforderungen des Wirtschaftslebens entspricht.[93]

bb. Der Nießbrauch als Sicherungsmittel

Ein weiteres relevantes Recht mit dinglicher Rechtswirkung ist der Nießbrauch. Der Nießbrauch kann kraft seiner gesetzlichen Konzeption als einziges Recht an allen Gegenständen des Rechtsverkehrs sowie an einem Gesamtvermögen bestellt werden.[94] Er kann zahlreiche Formen annehmen und ist als Grunddienstbarkeit an unbeweglichen Sachen (§§ 1018-1029 BGB) oder auch als Nutzungsrecht an beweglichen Sachen (§§ 1030-1067 BGB), Rechten (§§ 1068-1084 BGB) und an einem ganzen Vermögen (§§ 1085-1089 BGB) bestellbar.[95] Indes wird der Nießbrauch nicht zu den Kreditsicherungsrechten im engeren Sinne gezählt, da er grundsätzlich nicht auf die Befriedigung und Anspruchserfüllung mittels Verwertung[96] ausgerichtet ist. Vielmehr ist er eine eigenwirtschaftliche Nutzungsbefugnis.[97] Der Nießbrauch weist eine Vielzahl von praxisrelevanten Anwendungsfeldern auf, die unternehmensstrategisch und steuerrechtlich für das Unternehmen und deren Beteiligte förderlich sein können.[98]

---

92 Aufgrund der Notwendigkeit der treuhänderischen Besitzeinräumung wurde das Pfandrecht in der Praxis von der Sicherungsübereignung abgelöst. Diese begründet ein Besitzkonstitut nach §§ 929 S. 1, 930 BGB. Dem Besteller wird weiterhin der unmittelbare Besitz überlassen. Dies entspricht der Interessenlage, indem die Weiternutzung des sicherungsrechtlich belasteten Gegenstands die Anspruchserfüllung gewährleisten kann. *Berger,* in: Stürner, Jauernig BGB, 2018, § 930 Rn. 20 f.

93 „Das Faustpfandrecht ist als Kreditsicherungsmittel unpraktisch, da einerseits der Verpfänder den Besitz an der Pfandsache aufgeben muss, diese also während der Dauer des Sicherungsrechts nicht wirtschaftlich nutzen kann, und andererseits dem Pfandgläubiger mit der Verwahrung des Pfandes besondere Kosten und Lasten aufgebürdet werden." So *Bähr,* Grundzüge des Bürgerlichen Rechts, 2013, S. 455 f.

94 *Pohlmann*, in: Säcker et al., MüKo BGB, Bd. 8, 2020, § 1030 Rn. 6.

95 *Mohr*, in: Säcker et al., MüKo BGB, Bd. 8, 2020, Vorbemerkung (Vor § 1018) Rn. 12.

96 Zum Begriff der Kreditsicherheiten und zu seinen Ausgestaltungsformen *Lehmann*, in: Langenbucher/Bliesener/Spindler, Bankrechts-Komm, 2016, Kap. 24 Rn. 1, 18 ff.

97 *Pohlmann*, in: Säcker et al., MüKo BGB, Bd. 8, 2020, § 1030 Rn. 5.

98 Es sind viele steuerrechtlich vorteilhafte Konstrukte durch Variationen des Nießbrauchs umsetzbar. *Bahns,* Formularbuch Recht und Steuern, B.14. Nießbrauch Rn. 8-18. Insbesondere bietet der Nießbrauch eine Möglichkeit der Verteilung von

Zudem ist nicht zu verkennen, dass er als Sicherungsmittel[99] einträglich sein kann. Der Nießbrauch kann im Rahmen des gesetzlich Zulässigen und anhand der individuellen Interessenlage vielfältig vertraglich gestaltet und umgesetzt werden. Es wird zu zeigen sein, dass ein Unternehmensnießbrauch sicherungszweckdienlich sein kann, indem ein gesamtes Unternehmen belastet und eine rechtliche Verknüpfung mit einer Kreditforderung vorgenommen wird.[100]

Die Literatur bezeichnet als Sicherungsnießbrauch, wenn ein Nießbrauch als Sicherheit eingeräumt, aber aufschiebend bedingt bis zum Eintritt des Sicherungsfalls nicht ausgeübt wird. Nutzungen am Unternehmen könnten nur gezogen werden, wenn eine Störung im betroffenen Kreditverhältnis vorläge.[101] Es kann aber auch ein Sicherungsnießbrauch angenommen werden, wenn dem Sicherungsnehmer das dingliche Nutzungsrecht eingeräumt wird und ein paralleler Verlauf zum zugrundeliegenden Kreditverhältnis vorliegt. Zwar wäre das Ausfallrisiko grundsätzlich nicht abgesichert, kraft der regelmäßigen Nutzungsziehung wäre aber die ordnungsgemäße Kreditratenzahlung gewährleistet. Der Störung des zugrundeliegenden Kreditverhältnisses wird durch einen bestimmenden Einfluss des Nießbrauchers vorgebeugt. Diese Sicherungsweise bietet eine für Sicherungsrechte ungewöhnliche, präventive Komponente. Sie birgt jedoch viel Potenzial und kann durch einen adäquaten normativen Ausbau praxisrelevant aufgewertet werden.[102]

Beim echten Unternehmensnießbrauch nimmt der Sicherungsnehmer grundsätzlich die Unternehmerstellung ein, um die Nutzungen unmittelbar und persönlich ziehen zu können.[103] Durch den Nießbrauch an Forderungen kann der Sicherungsnehmer etwa Zinsen abschöpfen. Der Nießbrauch an einer vermieteten Immobilie sichert die Einziehung des Mietzinses und der Nießbrauch an einem beweglichen Gegenstand gewährleistet grundsätzlich, dass der Sicherungsnehmer diesen nutzen darf.

Einkünften und der Versorgung von Familienangehörigen der Unternehmensführung. So *Bengel/Dietz*, in: Bengel/Reimann, Handbuch der Testamentsvollstreckung, § 5 Rn. 365 ff. Dadurch findet das Rechtsinstitut in der Praxis häufig Anwendung.

99 In *Fichtelmann*, DStR 74, 267, 267 wird eine „Renaissance" des Nießbrauchs attestiert.

100 Der Sicherungsnießbrauch wird in *Janssen/Nickel*, S. 93 definiert als dingliche Sicherung des Anspruchs des Nießbrauchers auf die Gegenleistung. Zum Sicherungsnießbrauch in der Praxis *Pohlmann*, in: Säcker et al., MüKo BGB, Bd. 8, 2020, § 1030 Rn. 132-137.

101 Hierzu, *Korn*, DStR 1999 1999, 1461, 1476.

102 Hierzu ausführlich S. 80 f.

103 Hierzu ausführlich S. 49 ff.

Die abschöpfbaren Nutzungen können von dem Sicherungsnehmer eingetrieben und je nach Höhe vollumfänglich oder teilweise mit den vom Sicherungsgeber zu zahlenden Kreditraten verrechnet werden. Der Gleichlauf der darlehensvertraglichen Laufzeit und des Nießbrauchs incentiviert den Sicherungsgeber:[104] Unbelastetes Eigentums wird ihm nämlich erst mit Beendigung des Nießbrauchs gewährt, welche eintritt, wenn die Kreditschuld vollumfänglich beglichen ist. Dadurch weist er ein entsprechendes Interesse an vertragsgerechtem Verhalten auf.

Darüber hinaus sind weitaus komplexere Vertragsgestaltungen denkbar und rechtlich möglich. In Ansehung der Verknüpfung von Darlehensvertrag und Nießbrauch kann bei Eintritt der Ausfallhaftung eine Individualklausel zur Eigentumsübertragung vereinbart werden. Die Rechtsvorschriften zum Nießbrauch sehen dies nicht ausdrücklich vor. Allerdings spricht die Vertragsfreiheit in diesem Zusammenhang für die rechtliche Zulässigkeit dieser Umsetzung. Bei hohen Darlehensvolumina durch einen gewerblichen Kreditgeber liegt nur selten das Bedürfnis der tatsächlichen, persönlichen Eigennutzung vor. Hier könnte etwa eine Verzichts- oder Erlassklausel vereinbart werden. Auch kann ein Verwalter für die Inbesitznahme bestellt werden, wobei sogar die treuhänderische Einsetzung des Sicherungsgebers selbst denkbar ist, soweit er eine Zweckerklärung zugunsten des Sicherungsnehmers unterzeichnet.[105]

2. Sicherungsumfang: Unternehmen *en bloc*

Je mehr Sicherungsmittel ein Unternehmen bieten kann, desto wahrscheinlicher ist es, dass ein Kreditgeber dem Unternehmen einen Kredit zur Verfügung stellt. Je umfangreicher die Sicherheit ausfällt, desto besser sind erwartungsgemäß die Kreditkonditionen. Die Zinsen sind niedrig und die vertraglich vereinbarte Laufzeit sowie Nebenabreden fallen eher zugunsten des Kreditnehmers aus. Hintergrund ist die Gewährleistung einer möglichst umfassenden Tilgung der Kreditschuld.

Es gibt jedoch, wie anhand der Statistik einleitend aufgezeigt, eine signifikante Anzahl von Unternehmen, denen es nicht gelingt, einen Kredit (zu angemessenen Vertragskonditionen) zu erhalten. In der gegenwärtigen Wirtschaftspraxis ist es etwa üblich, dass die Räume der Betriebsstätte angemietet und die Produktionsmaschinen geleast sind sowie dass die noch unverarbeiteten Produktionsteile

104 Nähere Ausführungen zum Nießbrauch am Unternehmen als Sicherungsmittel auf S. 62 ff.

105 Zur Interessenlage und optimalen Ausgestaltung der Rechtsverhältnisse S. 99 ff.

einem verlängerten Eigentumsvorbehalt unterliegen. Es ist daher möglich, dass ein Unternehmen kein Eigentum aufweist. Indem ein Unternehmen keine oder nur in geringem Umfang die geforderten Sicherungsmittel bietet, werden rückschließend keine Kredite oder vergleichsweise schlechte Kreditkonditionen gewährt.

Daher stellt sich die Frage nach einer Lösungsmöglichkeit. Die Antwort liegt in dem Ansatz, den Sicherungsumfang zu erhöhen. Namentlich soll ein Unternehmen *en bloc* belastet werden können.[106] Abweichend von der üblichen Sicherungspraxis in Deutschland gibt es nämlich keinen Grund, die Möglichkeiten der Besicherung vereinzelt und separat zu betrachten. Es sollte einem Unternehmen möglich sein, alle diejenigen werthaltigen Vermögensgüter zu belasten, die es aufweist.

Mit der umfassenden Unternehmensbelastung soll, vergleichbar mit einer Globalsicherheit, ein Unternehmen umfassend als Sicherheit für einen Kredit herangezogen werden können. Der Begriff der Globalsicherheit kann zwar abstrakt erfasst werden.[107] Indes sind die Formen, die eine Globalsicherheit annehmen kann, nicht abschließend erforscht. Dem Kreditgeber wird bei der Zurverfügungstellung eines Kredits ein Recht gewährt. Er muss nicht allein darauf vertrauen, dass der Kreditnehmer die ordnungsgemäße Tilgung der Kreditschuld erbringen wird. Vielmehr wird ihm eine möglichst sichere Alternative geboten. Das Risiko, dass die Kreditschuld unbefriedigt bleibt, wird reduziert. Eine globale Unternehmensbelastung kann sich aus unterschiedlichen Sicherungsmitteln zusammensetzen, die das gesamte oder einen überwiegenden Teil des Unternehmens insgesamt betreffen. Beispielhaft ist die Belastung eines Unternehmens mit einer Sicherungszession bestimmter, hoher Forderungen sowie einer Grundschuld am Betriebsgrundstück zu nennen.[108] Von fremden Jurisdiktionen, in denen Globalsicherheiten üblich sind, kann hingegen ein anderes Verständnis abgeleitet werden. Vielmehr wird unter einer globalen Unternehmensbelastung ein einheitlicher Rechtsmechanismus verstanden, der an einem ganzen Unternehmen implementiert wird. In zahlreichen Rechtsgebieten ist

---

106 *Jansen/Jansen,* Der Nießbrauch im Zivil- und Steuerrecht, 2009, Rn. 83-85.

107 *Lehmann,* in: Langenbucher/Bliesener/Spindler, Bankrechts-Komm, 2016, Kap. 24 Rn. 40.

108 Dabei wird immer nach Wegen gesucht, diese Globalsicherheiten weiterzuentwickeln und sie gegenüber verwandten Rechtsinstrumenten aus anderen Jurisdiktionen „wettbewerbsfähig“ zu machen. Zur Zession vor dem Hintergrund der internationalen Entwicklung *Eidenmüller,* AcP 204 (2004), 457.

eine einheitliche, umfassende Sicherheit am Unternehmen unlängst anerkannt und wird in der Rechtspraxis regelmäßig genutzt. Erstmals wurde eine globale Unternehmensbelastung durch die englische *floating charge* entwickelt.[109] In anderen Rechtsräumen wurden erst zeitlich später ähnliche Rechtsinstitute entwickelt. Diese sind entweder konzeptionell oder in ihren Rechtsfolgen mit der *floating charge* vergleichbar oder dieser zumindest angelehnt. Namentlich gibt es in Italien *pegno omnibus* bzw. *pegno rotativo*, in Zypern und Griechenland die *κυμαινόμενη ασφάλεια*[110] sowie in Dänemark die *virksomhedspant*.[111] Das schwedische Recht weist die *företagshypotek* auf.[112] Auch in den USA gibt es ein vergleichbares Sicherungsmittel, bezeichnet als *floating lien*.[113]

Eine umfassende Unternehmensbelastung kann als Lösung für die geringe Kreditwürdigkeit vieler Unternehmen gesehen werden, weil sie ein modernes Rechtsverständnis zugrunde legt. Diesem zufolge kann jedes wirtschaftliche Gut eines Unternehmens zu Sicherungszwecken nutzbar gemacht werden. Das, nach bisherigen deutschen Rechtsmaßstäben begrenzte Gerüst bestimmter einzelner Sicherungsrechte wird angemessen erweitert und es sind positive Rechtseffekte zu verzeichnen.

Für den Sicherungsgeber ist vorteilhaft, dass sich das Sicherungsrecht dem individuellen Rechtsgüterbestand eines Unternehmens anpasst. Eine Anzahl mehrerer, für sich gesehen geringwertiger Sicherungsgegenstände kann insgesamt zu einer hochwertigen eigenen Sicherheit erstarken.

Ein Darlehensgeber muss einen Kredit nicht nur deshalb verweigern, weil ein Sicherungsgeber nicht den bisher engen Kriterien der

---

109 Einführend hierzu auf S. 96 ff.

110 In der Gesetzesbegründung zur Einführung einer umfassenden Unternehmensbelastung in Griechenland, der *κυμαινόμενη ασφάλεια*, im Jahre 2001 wird die *floating charge* ausdrücklich als Ausgangstypus des entwickelten Rechtsinstruments bezeichnet. Die Rechtscharakteristika werden aufgeführt und es wird dargelegt, weshalb es sinnvoll sei, diese in das griechische Recht zu übernehmen. Zu finden in der Gesetzesbegründung, eingefügt in der Präambel, ΕΙΣΗΓΗΤΙΚΗ ΕΚΘΕΣΗ στο σχέδιο νόμου «Συμβάσεις επί κινητών ή απαιτήσεων υποκείμενες σε δημοσιότητα και άλλες συμβάσεις παροχής ασφάλειας» unter https://www.hellenicparliament.gr/.../NOM_NOM_EE_2844_IA2 (Zugang 1.04.2020).

111 Zu den Hintergründen der dänischen Gesetzesinitiative *Haugaard*, IFLR 2005, 24 (6), 91 ff.

112 Hierzu im Einzelnen und zu weiteren europäischen Rechtsinstituten mit ähnlichem Rechtscharakter *von Bar*, Gemeineuropäisches Sachenrecht, 2015, Rn. 243, 436-438.

113 *Vorpeil*, RIW 2011, 665, 666.

Sicherungseinräumung entsprechen würde. Eine umfassende Unternehmensbelastung bietet sich auch für den Fall an, dass ein Unternehmen kreditwürdig ist, das beantragte Kreditvolumen jedoch den Rahmen eines vorhandenen Sicherungsrechts übersteigt. Es ist tendenziell erkennbar, dass die Kreditvolumina, u.a. aufgrund von Inflation, hohen technischer Anforderungen an Unternehmen und zwecks der Wettbewerbsfähigkeit gegenüber global und auf zahlreichen Wirtschaftsfeldern agierenden Einzel- sowie verknüpften Unternehmen, stetig ansteigen. Mithin liegt eine umfassende Besicherung ebenso im Interesse gewerblicher Kreditgeber. Das Ausfallrisiko wird möglichst umfassend abgedeckt, für den Fall, dass die Kreditschuld nicht umfassend getilgt wird. Auch die Interessen des Kreditnehmers werden erfüllt, da dieser von den guten Kreditkonditionen profitieren kann, welche mit der Zurverfügungstellung einer umfassenden Sicherheit einhergehen.

Im Übrigen gibt es, wie ausgeführt, mit der englischen *floating charge* und dem US-amerikanischen *floating lien* vollumfassende Sicherungsinstitute am Unternehmen *en bloc* in konkurrierenden Rechtsräumen.[114] Der deutsche Gesetzgeber ist bestrebt, den Wirtschaftsstandort Deutschland so attraktiv wie möglich zu gestalten. Fremde Unternehmen, tätig im deutschen Rechts- und Wirtschaftsraum, haben, ebenso wie der deutsche Kreditgeber, ein gewichtiges Interesse, dass ihnen dieselben rechtlichen Sicherungs- und Schutzmöglichkeiten zur Verfügung stehen wie andernorts. Eine umfassende Unternehmensbelastung nach deutschem Recht würde dem nachkommen.

IV. Ergebnis

Einleitend wird die Frage aufgeworfen, woraus sich das Bedürfnis nach einem Globalsicherungsinstrument ergibt und weshalb eine umfassende Unternehmensbelastung für den deutschen Rechtsraum untersucht wird.

Ausgangspunkt für die Beantwortung dieser Fragen ist die Auseinandersetzung mit dem Unternehmensbegriff. Das Unternehmen wird nicht einheitlich definiert.[115] Die Begriffsbestimmungen unterscheiden sich zwar nach Rechtsmaterie. Den Definitionen ist jedoch gemein, dass ein Unternehmen wesentlich von der wirtschaftlichen Zweckverfolgung bestimmt wird. Einem Unternehmen ist, unabhängig seiner Rechtsform, Größe oder Sektorzugehörigkeit, die

114 *Von Bar*, Gemeineuropäisches Sachenrecht, 2015, Rn. 234.
115 Zur Bestimmung des Unternehmensbegriffs S. 25 ff.

wirtschaftliche Interessenverfolgung immanent.[116] Die Unternehmensführung hat dafür Sorge zu tragen, dass das Unternehmen in seinem wirtschaftlichen Bestand erhalten bleibt. Es sind entsprechende Maßnahmen zu ergreifen, um künftigen Herausforderungen, wie personeller Fluktuation, der Entwicklung des Wirtschaftsmarktes oder einer zunehmenden Technologisierung, entgegenzutreten. Hierfür bedarf es einer ausreichenden Kapitalgrundlage. Wenn das Eigenkapital eines Unternehmens nicht ausreicht, ist Fremdkapital in Anspruch zu nehmen. Fremdkapital wird Unternehmen in Form von Krediten durch Kreditinstitute oder sonstige gewerbliche Kreditgeber zur Verfügung gestellt. Ob ein Kredit gewährt wird und unter welchen Konditionen, d.h. wie hoch die Zinsen sind, wie lange die Laufzeit ist oder welche zusätzlichen Bedingungen zu erfüllen sind, hängt wesentlich davon ab, ob eine Sicherheit erbracht wird, welche diese ist und welchen Umfang sie aufweist.

Das Kreditsicherungsrecht beschäftigt sich mit der Gewährung von Sicherheiten.[117] Es sind Personal- und Realsicherheiten zu unterscheiden. Auch der Nießbrauch, welcher nicht zu den „üblichen" Sicherungsmitteln zählt, eignet sich als Sicherungsrecht. Dies folgt daraus, dass er an allen Gegenständen eines Unternehmens, d.h. an sämtlichen Wirtschaftsgütern, bestellt werden kann. Außerdem sind die nießbrauchsrechtlichen Gesetzesvorschriften im BGB disponibel, wodurch er vertraglich besonders flexibel ausgestaltet werden kann.[118] Es gibt eine Vielzahl von Sicherheiten, die ein Unternehmen zur Verfügung stellen kann. Dennoch scheitern einige Unternehmen daran, einen (angemessenen) Kredit in Anspruch zu nehmen. Ein Grund ist vornehmlich darin zu sehen, dass es an einem werthaltigen Gegenstand fehlt, der einer Sicherheit unterworfen werden kann.

Rekurrierend auf die Ausgangsfrage ist die dargebotene Lösung, den Sicherheitsradius zu erweitern und das Unternehmen *en bloc* zu erfassen. Es entspricht der Rechtspraxis des englischen sowie US-amerikanischen Auslands die meisten, wenn nicht sämtliche Gegenstände eines Unternehmens einer umfassenden Sicherheit, einer *floating charge* bzw. einem *floating lien*, zu unterwerfen. Die Gestaltung einer entsprechenden Globalsicherheit in Deutschland würde dafür sorgen, dass das Kreditsicherungsrecht weiterentwickelt und sich den neuen Herausforderungen des Wirtschaftslebens

116 Zum Kernkriterium der wirtschaftlichen Zweckausrichtung S. 28 ff.

117 Zur Lehre der Kreditgewährung und -sicherung S. 33 ff.

118 Zur sicherungszweckdienlichen Ausgestaltung des Nießbrauchs S. 39 ff.

anpassen würde. Auch wäre es für den Wirtschaftsstandort Deutschland förderlich, wenn vergleichbare Bestimmungen wie andernorts gelten würden. Ausländische Unternehmen müssten, sofern sie Bedarf an einer umfassenden Unternehmensbelastung hätten, nicht ins Ausland „abwandern". Die Arbeit geht davon aus, dass der Unternehmensnießbrauch grundsätzlich geeignet ist, ebendiesem Erfordernis nach einer umfassenden Unternehmensbelastung zu Kreditsicherungszwecken nachzukommen.

C. Zulässigkeit und Rechtscharakteristika

Das deutsche Gesetz sieht *de lege lata* kein Recht vor, mit dem ein gesamtes Unternehmen besichert werden kann.[119] Es liegt zwar nahe, dass unterschiedliche, bereits vorhandene Sicherungsrechte nebeneinander an einzelnen Unternehmensbestandteilen bestellt werden. Denkbar wäre beispielsweise, dass eine Grundschuld an einem Betriebsgrundstück, eine Sicherungsübereignung von Produktionsmaschinen und eine Zession von Forderungen gegen Kunden bestellt würden. Rechtlich wie auch praktisch ist die Bestellung von einem derartigen „Strauß" unterschiedlicher Sicherungsrechte am Unternehmen als arbeits-, kosten- sowie zeitintensiv zu bewerten. Insbesondere entspricht dies nicht dem Verständnis einer globalen Unternehmensbelastung als einheitlicher rechtlicher Mechanismus.

Auf der Suche nach einem gesetzlich angelegten Rechtsinstrument zur umfassenden Unternehmensbesicherung kommt man nicht umhin, auf den Unternehmensnießbrauch zu stoßen. Der Nießbrauch ist nämlich das einzige Belastungsrecht aus dem Sachenrecht, das kraft Gesetzes an sämtlichen Einzelgegenständen eines Unternehmens bestellt werden kann. Die Arbeit betrachtet den Unternehmensnießbrauch als Instrument zur umfassenden, sicherungszweckdienlichen Unternehmensbelastung.[120] Ein Unternehmen kann mit einem Nießbrauch vollumfänglich oder zu einem eigenständigen, trennbaren Teil belastet werden. Letzteres kommt vornehmlich bei Unternehmen in Frage, die aus separaten Betriebsteilen mit eigener Buchhaltung bestehen. Der Unternehmensnießbrauch kann dabei zu jedem Zweck eingesetzt werden, auch zu Sicherungszwecken.[121] Ebendiese Zwecksetzung liegt der Untersuchung zugrunde. Wendet man den Unternehmensnießbrauch sicherungszweckdienlich an, ermöglicht er, dass das Unternehmen als Sicherungsgegenstand mit einem Nießbrauch bis zur

119 Hingegen ist zulässig, dass bestimmte Teile eines Unternehmens umfassend von einem Rechtsinstrument zu Sicherheitszwecken erfasst werden können. Beispielhaft hierfür ist die Sicherheitsübertragung sämtlicher Gegenstände eines Warenlagers. Ausführlich *Grude*, S. 11 f.

120 Zur Ausgangsprämisse S. 41 ff.

121 Siehe hierzu S. 80 ff.

vollständigen Rückzahlung des Darlehensbetrages oder bis zum Eintritt eines Beendigungstatbestandes erfasst wird.[122]

Gemäß der einhelligen Literaturauffassung führt der Unternehmensnießbrauch herbei, dass der Nießbraucher vorübergehend das Unternehmen übernimmt. Es soll gewährleistet werden, dass der Nießbraucher die Nutzungen vollumfänglich für die Dauer der Abrede unmittelbar und persönlich ziehen kann. Dieser Vorgang ist rechtlich als vorübergehende Form der Unternehmenssukzession zu qualifizieren. Beim sicherungsrechtlichen Unternehmensnießbrauch durch einen Kreditgeber hat dieser jedoch regelmäßig kein Interesse daran, das Unternehmen eigenhändig zu führen. Hierfür kann eine interessengerechte Lösung gefunden und vertraglich umgesetzt werden.[123] Bereits historisch sind Ansätze dafür erkennbar, dass der Nießbrauch als umfassende Unternehmensbelastung eingesetzt werden kann. Um die Konzeption des Unternehmensnießbrauchs als Sicherungsmittel zu erläutern, sollen dessen historischen Ansätze durchleuchtet und es soll die aktuelle Rechtslage ausführlich dargestellt werden. Dabei sind die Parteiinteressen zu untersuchen. Im Hinblick auf die Interessenlage von Kreditgebern ist die Ausgestaltung des Unternehmensnießbrauchs in unechter Treuhand zu betrachten.[124]

Die frühe Entwicklung eines Globalsicherungsmittels fand, wie einleitend angeführt, in England mit der *floating charge* statt. Als Urkonstrukt einer umfassenden Unternehmenssicherheit ist sie von erheblichem Interesse. Ihre Übernahmefähigkeit in das deutsche Kreditsicherungsrecht wurde bereits von der Literatur geprüft.[125] Mit der überwiegend vertretenen Literaturmeinung wird auch vorliegend davon ausgegangen, dass die *floating charge* nicht unmittelbar in das deutsche Recht übernommen und angewendet werden kann.[126] Indes soll

---

122 Zum Nießbrauch zwecks Absicherung einer Geldforderung *Pohlmann*, in: Säcker et al., MüKo BGB, Bd. 8, 2020, § 1030 Rn. 132 f.; *Herrler*, in: Palandt, BGB, 2020, § 1030 Rn. 7; *Promberger*, MittBayNot 2010, 22.

123 Wie bereits in der Einleitung angeführt, kann eine Treuhandlösung gewählt werden. Ein Dritter übernimmt treuhänderisch die Unternehmensführung für den Sicherungsnehmer. Insbesondere die Bestellung des bisherigen Unternehmensführers ist sinnvoll, sofern keine Bedenken an der Art und Weise seiner Geschäftsführung bestehen. Zur Treuhand beim Unternehmensnießbrauch S. 103 ff.

124 Hierzu S. 99 ff.

125 Ausführlich dazu *Wenckstern*, RabelsZ 1992, 624-695.

126 *Wenckstern*, RabelsZ 1992, 651-692 prüft, ob die *floating charge* in Deutschland wirksam anwendet werden kann und lehnt dies ab. Zu den rechtlichen Herausforderungen, die sich stellen, *Schall*, IPRax 2009, 209. Die *floating charge* sei mit dem *ordre public* unvereinbar. Auch sprächen der Bestimmtheitsgrundsatz und Übersicherungsaspekte

sie, wie auch in anderen Rechtsräumen, bei der Gestaltung einer umfassenden Unternehmensbelastung nach deutschem Recht als Musterbeispiel herangezogen werden.

Es soll die prägende, historische Entwicklung der *floating charge* erläutert und ihre gegenwärtige rechtliche Gestalt dargestellt werden. Die *floating charge* weist eine Vielzahl außergewöhnlicher Rechtscharakteristika auf. Es handelt sich um eine über dem Unternehmen „schwebende" Belastung, die den üblichen Geschäftsbetrieb nicht beeinträchtigt. Sie konkretisiert sich erst im Sicherungsfall als restriktives Sicherungsmittel mit Verwertungsrecht, als sog. *fixed charge.* Die *floating charge* hat aufgrund ihres langjährigen Bestehens zahlreiche Änderungen durchlebt. Die Entwicklung der Rechtsprechung wird in diesem Zusammenhang knapp skizziert. Der Einblick in die lange Entwicklungsperiode der *floating charge* bis hin zu ihrer gegenwärtigen Gestalt soll das Verständnis für das englische Recht stärken. Allein unter Betrachtung dieser Rechtsentwicklung können die gesetzlichen Voraussetzungen und Unterscheidungskriterien von anderen Sicherheiten nachvollzogen werden.

I. Unternehmensnießbrauch: Zur deutschen Rechtslage

Der Unternehmensnießbrauch ist gesetzlich nicht geregelt. Die Literatur geht von seiner Zulässigkeit[127] und Praxisrelevanz aus. Ein sog. „echter" Unternehmensnießbrauch ist anzunehmen, wenn ein Dritter zum Nießbraucher des

---

hiergegen. So auch *Grude,* S. 141 f. Hiervon abzugrenzen ist die Frage, ob ein allgemein anerkanntes, grenzübergreifendes Sicherungsrecht angewendet werden kann und wie dieses ausgestaltet ist. Zu derartigen *cross-border security interests* nach UNCITRAL *Ali,* The law of secured finance, 10.01. Zu den seit langer Zeit bestehenden Bestrebungen und der Entwicklung, eine Harmonisierung der persönlichen Sicherheiten sowie der Mobiliarsicherheiten im EU-Gebiet zu schaffen. *Storme,* in: Basedow et al., Europäisches Kreditsicherungsrecht, S. 7 ff.; *Kreuzer,* in: Basedow et al., Europäisches Kreditsicherungsrecht, S. 31 ff.; *Drobnig,* RabelsZ 1996, 40. Hierzu auch *Omar,* J.I.B.L.R. 2018, 33(8), 294 f.

127 Zur Anerkennung des Unternehmensnießbrauchs *Westermann/Gursky/Eickmann*, Sachenrecht, 2011, § 140 Rn. 7; *Jansen/Jansen,* Der Nießbrauch im Zivil- und Steuerrecht, 2009, Rn. 81 f.; *Herrler*, in: Palandt, BGB, 2020, § 1085 Rn. 3; *Pohlmann*, in: Säcker et al., MüKo BGB, Bd. 8, 2020, § 1085 Rn. 10; *Schön*, S. 98 f., 204; *Beisel*, in: Beisel/Klumpp, Der Unternehmenskauf, 2016, § 10 Arbeitsrecht Rn. 35; *Fezer*, Markenrecht, 2009, § 27 MarkenG Rn. 79; hierzu auch *Lohr,* S. 38.

gesamten Unternehmens bestellt wird.[128] Zu den Rechtsfolgen zählt, dass das Unternehmen zugunsten des Unternehmensnießbrauchers für die vereinbarte Laufzeit belastet wird. Die Nutzungen dürfen vom Unternehmensnießbraucher unmittelbar und persönlich gezogen werden. Zu diesem Zweck geht das Unternehmen für die vereinbarte Laufzeit vorübergehend auf ihn über.

1. Anerkennung des historischen Gesetzgebers

Die Nichtregelung des Unternehmensnießbrauchs beruht auf einer bewussten Entscheidung des Gesetzgebers.[129] Der Unternehmensnießbrauch wurde bei Inkrafttreten des BGB im Jahre 1900 für zulässig befunden und die Unternehmensbelastung als eine dem Nießbrauch immanente Ausübungsform anerkannt.

In den Materialien zum Bürgerlichen Gesetzbuch wird begründend darauf eingegangen, weshalb eine gesetzliche Lücke besteht. Dabei heißt es, die Regelung des Nießbrauchs an einem Sondervermögen mit spezieller Zweckbestimmung, insbesondere zum Nießbrauch an einem Erwerbsgeschäft, sei denkbar und liege grundsätzlich nahe.[130] Auch werden hier die elementaren Rechtsmerkmale des echten Unternehmensnießbrauchs bestimmt. Namentlich liege ein Unternehmensnießbrauch im engeren Sinne erst dann vor, wenn die Absicht der Beteiligten bestehe, das Geschäft fortzuführen und im wirtschaftlichen Bestand zu erhalten.[131] Weiter heißt es aber, es sei zu bezweifeln, dass Vorschriften geschaffen werden könnten, die eine überwiegende Mehrzahl von Fällen betreffen.[132] Es sei eine unüberschaubare Vielfalt an vertraglichen und praktischen Umsetzungsmöglichkeiten denkbar.[133] Die Erschaffung allgemeingültiger Normen, die, über die anerkannte Auslegung des Parteiwillens hinaus,

---

128 Zu den Ausgestaltungsformen des Nießbrauchs und zu der Anwendung am gesamten Unternehmen als umfassender Belastung zu Sicherungszwecken S. 80 ff.

129 *Mugdan*, S. 312 Rn. 559; *Heinze*, in: Staudinger, BGB, 2017, Anh. zu §§ 1068 f. Rn. 20; *Schön*, S. 204; *Schubert/Johow*, Vorlagen, S. 1357; *Pohlmann*, in: Säcker et al., MüKo BGB, Bd. 8, 2020, § 1085 Rn. 10.

130 *Mugdan*, S. 312 Rn. 559.

131 *Mugdan*, S. 312 Rn. 559.

132 *Mugdan*, S. 312 Rn. 559 f.

133 „Ferner muss aber auch bezweifelt werden, ob es ausführbar sei, durch Aufstellung dispositiver Rechtsregeln der Unvollständigkeit in der Erklärung des Parteiwillens zu Hilfe zu kommen. Man geht sicherer, wenn man den Parteien die Bestimmung der erforderlichen Einzelheiten überlässt und bei verbliebenen Dunkelheiten deren Beseitigung im Wege der Willensauslegung erwartet.“ *Mugdan*, S. 313 Rn. 560.

Rechtssicherheit bieten, erscheine nicht möglich.[134] Zumindest sei fraglich, ob überhaupt ein Bedürfnis bestehe, dispositive Rechtsnormen zu etablieren. Bisher sei, trotz der gesetzlichen Lücke, kein Missstand erkennbar.[135] Ein gegenwärtiges Regelungsbedürfnis sei folgerichtig abzulehnen.

Der Unternehmensnießbrauch wird vom Gesetzgeber für zulässig befunden,[136] ohne dass eine Auseinandersetzung mit der rechtlichen Konzeption im Allgemeinen oder mit einzelnen Problemstellungen erfolgt. Von einer gesetzlichen Grundlage wird jedoch abgesehen,[137] da eine zufriedenstellende, allgemeine Regelung nicht für möglich gehalten wird. Die Lösung wird damit allein in der Regelung einer privatautonomen Individualabrede gesehen.[138] Der Unternehmensnießbrauch ist damit ebenso wenig normativ reguliert wie der Unternehmenskauf[139] oder die Unternehmenspacht.[140]

Unter Zugrundelegung der Regelungen des BGB in der heutigen Form überzeugt die Begründung für die Gesetzeslücke nicht. Das gesamte Vertragsrecht des Zivilrechts ist geprägt vom Grundsatz der Privatautonomie. Jedem ist es selbst überlassen, seine Lebensverhältnisse eigenverantwortlich, innerhalb der Regeln der bestehenden Rechtsordnung, durch Rechtsgeschäfte individuell zu gestalten und den eigenen Vorstellungen, Lebensverhältnissen und -bedürfnissen anzupassen.[141] Es ist ein unverzichtbares, grundrechtlich geschütztes Rechtsgut nach Artt. 1, 2 GG, das zum allgemeinen Prinzip der individuellen Selbstbestimmung zählt und sich u.a. in Form der Vertrags-, Vereinigungs-, Testier- und Eigentumsfreiheit äußert.[142] Eine Vielzahl von Regelungen des Bürgerlichen Gesetzbuchs ist dispositiv.[143] Dies führt dazu, dass die gesetzlichen Rechtssätze und

---

134 *Mugdan*, S. 312 Rn. 559 f.

135 „Gegen die Annahme eines Bedürfnisses spricht, dass Bestimmungen dieser Art in seinen modernen Modifikationen sich finden und ein mit dieser Lücke verbundener Übelstand sich bisher nicht merklich gemacht hat." *Mugdan*, S. 313 Rn. 560.

136 So *Pohlmann*, in: Säcker et al., MüKo BGB, Bd. 8, 2020, § 1085 Rn. 10.

137 *Schön*, S. 204; *Schubert/Johow*, Vorlagen, S. 1357; *Pohlmann*, in: Säcker et al., MüKo BGB, Bd. 8, 2020, § 1085 Rn. 10.

138 *Pohlmann*, in: Säcker et al., MüKo BGB, Bd. 8, 2020, § 1085 Rn. 10.Bd. 8, 2020

139 *K. Schmidt*, Handelsrecht, 2014, S. 171 ff.

140 *K. Schmidt*, Handelsrecht, 2014, S. 184 ff.

141 *Ellenberger*, in: Palandt, BGB, 2020 Vor § 104 Rn. 1.

142 *Di Fabio*, in: Maunz/Dürig, GG, 2019, Art. 2 Rn. 101-104; *Ellenberger*, in: Palandt, BGB, 2020, Vor § 104 Rn. 1.

143 In bestimmten Rechtsbereichen gilt ausnahmsweise keine Vertragsfreiheit bzw. die Unabdingbarkeit der gesetzlichen Vorschriften. Der Grund hierfür ist, dass die Interessen einer Partei als zwingend schützenswert anerkannt werden. Der Rechtsanwender

Regelungen aufgrund übereinstimmenden Parteiwillens mit entsprechendem Rechtsbindungswillen ergänzt oder ersetzt werden.[144]

Gesetzliche Grundregelungen sind nicht schon dann verzichtbar, wenn ein allgemeiner Rechtsgrundsatz sie für abänderbar erklärt. Auf der Basis dieser Argumentationsweise wäre das BGB um eine Vielzahl gesetzlich dispositiver Normen verkürzt. Vielmehr spricht für die Schaffung von gesetzlichen Normen, dass erkennbar wird, welches Grundkonzept der Gesetzgeber vor Augen hat. Es wird eine verlässliche Quelle geboten, um die Rechtslage möglichst eindeutig zu verstehen und auf dieser Grundlage weiterzuentwickeln.

Der Pauschalverweis, es seien verschiedene Lösungen zur Ausgestaltung des Unternehmensnießbrauchs denkbar,[145] erscheint in Anbetracht sonstiger gesetzlicher Regelungen *de lege lata* unsubstantiiert. Das Gesetz bietet häufig Anwendungs- und Gestaltungsspielräume. Im Wirtschaftsverkehr sind unterschiedliche Unternehmensformen denkbar,[146] die diverse Unternehmenszwecke verfolgen, im gegenwärtig stark international geprägten Markt auf unterschiedlichste Weise operieren und eine große Bandbreite möglicher Gründe aufweisen, weshalb sie die Inanspruchnahme von Fremdkapital anstreben. In der Rechtspraxis weisen die Beteiligten mannigfaltige Bedürfnisse und Rechtsinteressen auf. Der Nießbrauch soll im Zuge einer Kreditgewährung nutzbar gemacht werden können. Vor allem im Hinblick auf steuerrechtliche Aspekte kann der

---

wird an bestimmte Regelungen gebunden. Beispielhaft hierfür ist der Verbraucher- oder auch Minderjährigenschutz des deutschen Zivilrechts. Zur beschränkten Privatautonomie im Privatrecht *Di Fabio*, in: Maunz/Dürig, GG, 2019, Art. 2 Rn. 105-107.

144 *Weller/Benz/Thomale*, ZEuP 2017, 250, 252.

145 *Schön*, S. 204; *Schubert/Johow*, Vorlagen, S. 1357; *Pohlmann*, in: Säcker et al., MüKo BGB, Bd. 8, 2020, § 1085 Rn. 10.Bd. 8, 2020

146 Damit sind die Kernelemente eines Unternehmens gemeint, die die Gestalt eines Unternehmens ausmachen. Bestimmend hierfür sind die Rechtsform, Unternehmensgröße, Zweckausrichtung etc. Obgleich das Gesellschaftsrecht einen Katalog unterschiedlicher Gesellschaftsformen, aufgeteilt in Personen- und Kapitalgesellschaften, vorsieht, ist dieser nicht abschließend. Sie können, in engem Rahmen, auch kombiniert werden, etwa bei einer GmbH und Co. KG, wenn die GmbH die Komplementärin der Kommanditgesellschaft ist. Im Hinblick auf eine Vielzahl denkbarer Gesellschaftszwecke und Operationsmethoden auf dem nationalen und internationalen Wirtschaftsmarkt führt dies zu einer unüberschaubaren Anzahl an Unternehmensformen. Vgl. *Becker*, WiB 1995, 279 und auch *Vogl*, in: Alber/et al., Beck'sches Steuer- und Bilanzrechtslexikon, 2020, „Personengesellschaften" Rn. 3 ff. mit einer detaillierten Darstellung möglicher Rechtsformen und ihren Charakteristika sowie Kombinationsmöglichkeiten.

Unternehmensnießbrauch eine attraktive Lösung darstellen.[147] Aufgrund dessen ist eine möglichst ausführliche, individuelle Vertragsgestaltung ratsam. Dem wird durch die in Deutschland vorherrschende Vertragsfreiheit und Vertragsgestaltungsfreiheit abgeholfen.

Dennoch ist es im Sinne der Rechtssicherheit und -klarheit von Interesse, allgemeine gesetzliche Regelungen zu haben, die zugrunde gelegt und im Zweifel herangezogen werden können. Insbesondere bei problematischen oder unklaren Rechtssituationen können Lösungen erkennbar oder zumindest Anhaltspunkte zur weiteren Ausgestaltung abgeleitet werden. Die fehlende Regelung des Unternehmensnießbrauchs kann auch nicht damit begründet werden, dass auf die allgemeinen Gesetzesregelungen des Nießbrauchs zurückgegriffen werden kann.[148] Der Unternehmensnießbrauch ist geprägt von Besonderheiten. Bereits das Erfordernis der Unternehmensübernahme zeigt, dass sich die Anwendung des Nießbrauchs am Unternehmen komplexer gestaltet und höheren rechtlichen Herausforderungen gerecht werden muss, als es die Grundkonzeption vorsieht. Die allgemeinen Nießbrauchsregelungen sind in diesem Zusammenhang nicht aufschlussreich. Es bleibt zu vermuten, dass eine Gesetzesregelung daran gescheitert ist, dass die praktische Ausgestaltung im Einzelnen unklar war.[149] Die Rechtscharakteristika des Unternehmensnießbrauchs werden im Folgenden dargestellt und umstrittene Rechtsfragen behandelt. Am Ende dieser Untersuchung wird ein Bedürfnis für die Gesetzesregelung ebendieser offenen Rechtsfragen festgestellt.

---

147 In der Praxis hat bisher die Bestellung des Nießbrauchs an einzelnen Gegenständen verstärkt an Bedeutung gewonnen, da insbesondere einkommensteuerliche Vorteile hieraus rühren können. Zur steuerrechtlichen Bedeutung der unterschiedlichen Nießbrauchsarten *Pöppel,* MittBayNot 2007, 85, 87, 91; *Bahns,* Formularbuch Recht und Steuern, B.14. Nießbrauch Rn. 8-18. Im Rahmen des Sachnießbrauchs werden dem Nießbraucher die gezogenen Nutzungen als steuerbare Einkünfte zugerechnet. Der Nießbraucher kann selbst getragene Aufwendungen als Werbungskosten verzeichnen. Hierzu BStBl. I 1998, 914; *Reischl,* in: Bamberger et al., BeckOK BGB, 2020, § 1030 Rn. 2; *Trömer,* RNotZ 2016, 421, 438, *Janssen/Nickel,* S. 73 ff.

148 Es kann auf die Regelungen des Nießbrauchs an Sachen (§§ 1030-1067 BGB), Rechten (§§ 1068-1084 BGB) und am Vermögen (§§ 1085-1089 BGB) zurückgegriffen werden.

149 Hinter dem Verzicht verberge sich „eine tiefgreifende Unsicherheit über die Rechte und Pflichten des Unternehmensnießbrauchers." So *Schön,* S. 204.

2. Zulässigkeit nach aktueller Rechtslage

Der Unternehmensnießbrauch wird von der Literatur als zulässig anerkannt.[150] Sofern überhaupt eine materielle Auseinandersetzung mit dem Rechtskonstrukt erfolgt, wird die Zulässigkeit häufig damit begründet, der historische Gesetzgeber habe den Unternehmensnießbrauch ausdrücklich anerkannt. Im Übrigen wird ein nur geringer Begründungsaufwand betrieben und entgegenstehende Erwägungen werden nicht oder nur wenig berücksichtigt. Im Folgenden soll dem abgeholfen werden. Obgleich der Unternehmensnießbrauch *per se* nicht geregelt ist, sollen diejenigen Gesetzesregelungen betrachtet werden, die Anhaltspunkte dafür bieten, dass dieser *de lege lata* zulässig ist.[151] Auch sollen kritische Aspekte, die gegen den Unternehmensnießbrauch sprechen, dargelegt sowie widerlegt werden.

a. *Kritische Betrachtung*

Mangels einer gesetzlichen Regelung[152] könnte angezweifelt werden, dass der Unternehmensnießbrauch zulässig oder materiell umsetzbar ist. Man könnte den Unternehmensnießbrauch an der fraglichen Sacheigenschaft sowie

---

150 *Pohlmann*, in: Säcker et al., MüKo BGB, Bd. 8, 2020, § 1085 Rn. 10; *Schön*, S. 204; *Herrler*, in: Palandt, BGB, 2020, § 1085 Rn. 3; *Berger*, in: Stürner, Jauernig BGB, 2018, § 1085 Rn. 5; *Maier*, in: Alber/et al., Beck'sches Steuer- und Bilanzrechtslexikon, 2020, „Nießbrauch" Rn. 11; *Lemke*, in: Ring/Grziwotz/Keukenschrijver, BGB-Sachenrecht, 2016, § 1030 Rn. 52; *Reischl*, in: Bamberger et al., BeckOK BGB, 2020, § 1085 Rn. 14; *Bayer*, in: Westermann et al., Erman BGB, Bd. 2, 2014, § 1085 Rn. 4; *Heinze*, in: Staudinger, BGB, 2017, Anh. zu §§ 1068 f. Rn. 25 f.; *Vossler*, in: Oetker, HGB, 2019, Anh. §§ 25-28 Rn. 60; *Fezer*, Markenrecht, 2009, § 27 MarkenG Rn. 79; *von Godin*, S. 87 f.; *K. Schmidt*, in: K. Schmidt, MüKo HGB, Bd. 1, 2016, § 1 Rn. 19; *Westermann/Gursky/Eickmann*, Sachenrecht, 2011, § 140 Rn. 7.

151 In *Walter*, BB 83, 1151, 1153 wird die Zulässigkeit des Unternehmensnießbrauchs einer einschlägigen Rechtsprechung des Bundesfinanzgerichtshofs, (BFHE 132, S. 414) entnommen.

152 Die in diesem Zusammenhang vielzitierten Normen, namentlich § 22 Abs. 2 HGB und § 102 Abs. 1 VVG, erwähnen einen Nießbrauch am Unternehmen und lassen darauf schließen, dass der „moderne" Gesetzgeber ein derartiges Konstrukt anerkennt. Eine Gesetzesregelung, die den Unternehmensnießbrauch für zulässig befindet und dessen Ausgestaltung sowie Umfang darlegt, existiert indes nicht. Insbesondere den §§ 1030 ff. BGB ist dies nicht zu entnehmen. Dazu *Herrler*, in: Palandt, BGB, 2020, § 1085 Rn. 3; *Lemke*, in: Ring/Grziwotz/Keukenschrijver, BGB-Sachenrecht, 2016, § 1030 Rn. 52.

Sachenrechtsfähigkeit des Unternehmens scheitern lassen. Der Nießbrauch ist dem Sachenrecht zuzuordnen, indem er Sachen anhaftet und Rechtswirkung gegenüber Dritten entfaltet.[153] Ein Unternehmen, eine wirtschaftszweckdienende Organisationseinheit, zusammengesetzt aus einer Vielzahl von Sachen, ist zwar Gegenstand des Rechtsverkehrs, indem es als solches gekauft und verkauft werden kann. Indes fehlt es an der Sachenrechtsfähigkeit im engeren Sinne, da es sich, wie überwiegend vertreten, nicht um eine einheitliche Sache handelt, sondern lediglich um die Gesamtheit zusammengehöriger Einzelgegenstände, d.h. eine Gesamtsache.[154] Folgerichtig könnte nach deutschem Recht das Unternehmen nicht als Einheit in einem einzigen Akt belastet, sondern allein das Eigentum bzw. die Inhaberschaft der jeweiligen Einzelgegenstände der Gesamtsache singulär übertragen werden.[155] Die Belastung mit einem einheitlichen Recht, etwa einem beschränkt dinglichen Recht, wie dem Nießbrauch, wäre daher nicht möglich. Darüber hinaus könnte der sachenrechtliche Bestimmtheitsgrundsatz als unzulässig erweitert und der *numerus clausus* des Sachenrechts als unterwandert angesehen werden.[156]

Im Übrigen sieht § 1067 Abs. 1 S. 1 Hs. 2 BGB die Wertersatzpflicht vor, wenn bei Beendigung des Nießbrauchs verbrauchbare Sachen infolge des gewöhnlichen Verbrauchs Wertverlust erlitten haben.[157] Ein Großteil der Sachen, die im Rahmen des Unternehmensnießbrauchs dem Nießbraucher zugewiesen werden, weist eine verbrauchbare Konstitution auf.[158] Die ausschließliche Ziehung von

---

153 *Janssen/Nickel*, S. 61.

154 „Ein ‚Unternehmen' ist so gesehen eine Gesamtheit von Sachen und Rechten, tatsächlichen Beziehungen und Erfahrungen sowie unternehmerischen Handlungen." So *Beisel*, in Beisel/Klumpp, Der Unternehmenskauf, 2016, § 1 Rn. 17; *Reiser*, Das Unternehmen als Organisation, S. 171; *Ballerstedt*, ZHR 1970, 260.

155 Zu diesem Argumentationsstrang *von Bar*, Gemeineuropäisches Sachenrecht, 2015, Rn. 242; *Vieweg/Werner*, Sachenrecht, 2015, S. 289 Rn. 10.

156 Zu den komplexen Fragestellungen, die der *numerus clausus* des Sachenrechts mit sich bringen kann, *Sick*, ZfIR 2016, 57.

157 Nach § 1067 Abs. 1 S. 1 BGB wird der Nießbraucher, entgegen der grundsätzlichen Konzeption des Nießbrauchs, Eigentümer der belasteten verbrauchbaren Sache. Bei Beendigung trifft ihn die Wertersatzpflicht, wobei der Sachwert zur Zeit des Bestellungsaktes zugrunde zu legen ist. Ausführlich hierzu sowie zu den divergierenden Vermögenspositionen auf S. 227 ff.

158 § 1067 BGB gilt nicht ausschließlich für verbrauchbare Sachen, sondern auch beim Nießbrauch an einer Sachgesamtheit, die verbrauchbare Sachen mitumfasst. *Reischl*, in: Bamberger et al., BeckOK BGB, 2020, § 1067 Rn. 2.

Nutzungen aus verbrauchbaren Sachen[159] ist aber nicht umsetzbar. Dem Nießbrauch ist auch der Verbrauch einer Sache immanent, wodurch die Erhaltung der Substanz[160] nicht möglich ist.[161] Daher findet eine „uneigentliche“[162] Form des Nießbrauchs gemäß § 1067 BGB Anwendung, der zufolge der Nießbraucher kraft Gesetzes ohne Übereignungswillen mit dem Bestellungsakt originär Eigentum erwirbt.[163] Bei der Beendigung ist er verpflichtet, als Surrogat für die Substanzerhaltungspflicht und in Anlehnung an den Grundsatz der Naturalrestitution, Wertersatz zu leisten. Es ist derjenige Wert wiederherzustellen, der zur Zeit der Bestellung vorlag.[164] Ein Teil der Literatur hält entgegen, dass eine nahezu ungreifbare und nicht bezifferbare Wertersatzpflicht beim Nießbrauch am ganzen Unternehmen greifen würde.

Die Vertreter dieser Auffassung gehen davon aus, dass die gesetzliche Regelung zur Wertersatzpflicht unabdingbar ist.[165] Gegen die Abdingbarkeit spricht zum einen, dass ein Eigentumserwerb kraft Gesetzes das allgemeingültige Verständnis des Gesetzgebers zur Entstehung eines Rechtsverhältnisses wiedergibt und daher gerade nicht zur Disposition der Parteien stehen soll.[166] Zum anderen würde ein Nießbrauch mit Sonderrechten, namentlich mit eigentumsähnlichen Komponenten, ein sog. „Verfügungsnießbrauch“, entstehen. Die Zulässigkeit des

---

159 Nach § 92 BGB handelt es sich bei „verbrauchbaren“ Sachen um bewegliche Sachen, deren bestimmungsmäßiger Gebrauch in dem Verbrauch liegt (tatsächlich verbrauchbare Sachen), wobei sie selbst keinen Gebrauchswert aufweisen (verbrauchbare Sachen im Rechtssinn). Im Übrigen richtet sich das Verständnis nach der objektiven Zweckbestimmung im Einzelfall. *Ellenberger*, in: Palandt, BGB, 2020, § 92 Rn. 1 f.

160 Bereits im preußischen allgemeinen Landrecht von 1794, das in seinem Regelungsgehalt in das BGB eingeflossen ist, verstand man unter einem Nießbrauch, dass es sich um ein nutzungsausgerichtetes Rechtsinstitut handle, bei dem die Nutzungsziehung indes nicht ohne Verringerungen der Substanz erfolgen könne. Hierzu *Kluge*, S. 21.

161 *Schulte-Nölke*, in: Schulze et al., BGB, 2019, § 1067 Rn. 1.

162 *Reischl*, in: Bamberger et al., BeckOK BGB, 2020, § 1067 Rn. 1.

163 *Heinze*, in: Staudinger, BGB, 2017, § 1067 Rn. 2; *Pohlmann*, in: Säcker et al., MüKo BGB, Bd. 8, 2020, § 1067 Rn. 3; *Berger*, in: Stürner, Jauernig BGB, 2018, § 1067 Rn. 2.

164 *Herrler*, in: Palandt, BGB, 2020, § 1067 Rn. 1.

165 Rückschließend aus *Reischl*, in: Bamberger et al., BeckOK BGB, 2020, § 1067 Rn. 8.

166 Dies ergeht aus §§ 946-948, 950 BGB. Die Unabdingbarkeit ist auch von der Rechtsprechung anerkannt, so *Herrler*, in: Palandt, BGB, 2020, § 946 Rn. 1, § 947 Rn. 1, § 948 Rn. 1, § 950 Rn. 1 mit Bezug auf eine einschlägige BGH-Rechtsprechung, BGH NJW 2006, 990.

Verfügungsnießbrauchs ist umstritten.[167] Dieser ist gesetzlich nicht vorgesehen und ist nicht vom *numerus clausus* der Sachenrechte gedeckt.

b. Stellungnahme zur kritischen Betrachtung

Der Ansatz, das Unternehmen sei als Gesamtsache kein sachenrechtsfähiges Objekt und könne nicht einem beschränkt dinglichen Recht unterliegen,[168] ergibt sich aus einer fehlerhaften Schlussfolgerung. Tatsächlich kann ein Unternehmen niemals *eine* Sache sein, da es sich nach überwiegender Auffassung *per definitionem* um eine personelle sowie wirtschaftliche und rechtliche Gesamtheit handelt.[169] Der Rückschluss, dies hindere die Sachenrechtsfähigkeit, ist jedoch verfehlt. Die Vielzahl an Gegenständen verbindet sich nämlich zu einer Einheit, da alle Einzelgegenstände der wirtschaftlichen Zweckausrichtung des Unternehmens dienen. Es gibt keine gesetzliche Grundlage, die schließen lässt, dass eine Sache, zusammengesetzt durch rechtlich ungleiche Gegenstände, nicht einem einheitlichen Sachenrecht unterliegen könne.[170]

---

167 Hierzu *Reischl*, in: Bamberger et al., BeckOK BGB, 2018, § 1067 Rn. 6 f.

168 Zum Argumentationsstrang *von Bar*, Gemeineuropäisches Sachenrecht, 2015, Rn. 242. Es wird ausgeführt, im gesamteuropäischen Vergleich sei die Sachenrechtsfähigkeit zu erweitern. Die deutsche Rechtsordnung fordere jedoch zwingend ein restriktives Verständnis.

169 *Beisel*, in: Beisel/Klumpp, Der Unternehmenskauf, 2016, § 1 Rn. 17 mit Bezug auf *Ballerstedt*, ZHR 1970, 260.

170 Es könnte ein Vergleich zum Haftungsverband der Hypothek gezogen werden. Die geltenden Grundsätze sind jedoch bei näherer Betrachtung nicht übertragbar. Unter anderem bestehen unterschiedliche gesetzliche Ausgangspositionen und Zweckrichtungen. Indes liegen auch andere Belastungsgegenstände zugrunde. Die Hypothek kann *de lege lata* allein an einer unbeweglichen Sache, beispielsweise einem Betriebsgrundstück, bestellt werden. Der Nießbrauch kann hingegen kraft Gesetzes an sämtlichen Gegenständen bestellt werden. Um Sinn und Zweck der Verwertung im Sicherungsfall nicht zu gefährden und die wirtschaftliche Funktionsfähigkeit aufrechtzuerhalten, sind beim Haftungsverband der Hypothek neben der Immobilie auch bewegliche Sachen von der Belastung erfasst, sofern keine Enthaftung und eine räumliche sowie zweckeinheitliche Verbindung mit dem Hauptbelastungsgegenstand vorliegen. Damit wird kraft gesetzlicher Bestimmung der Haftungsradius der Hypothek erweitert. Der Nießbrauch sieht hingegen kraft Gesetzes vor, dass eine Bestellung an sämtlichen zu erfassenden Gegenständen erforderlich ist. Damit liegt dem Unternehmensnießbrauch *per se* eine breit gefächerte Heterogenität an Belastungsgegenständen (Immobilien, Mobilien, Rechte, darunter Forderungen) zugrunde, die einer Bestellung durch (gebündelte) Einzelakte bedürfen.

Gleichermaßen gibt es keine gesetzliche Grundlage, die die Schlussfolgerung zulässt, ein einheitliches Sachenrecht entstünde allein dann, wenn es in einem Belastungsvorgang bestellt wurde. Entscheidend ist vielmehr, dass im Rahmen des Belastungsvorgangs sämtliche Gegenstände umfasst werden. Hierfür steht exemplarisch der Nießbrauch am Vermögen, der in §§ 1085 ff. BGB vorsieht, dass sämtliche, unterschiedlichen Vermögensbestandteile eines Individuums vom Nießbrauch erfasst werden können. Der Nießbrauch am Vermögen wird bestellt, indem der Nießbrauch an allen Einzelgegenständen erlangt wird, die das Vermögen bilden. Der Bestellungsvorgang kann einheitlich, aber nahezu unmöglich zeitgleich vorgenommen werden. Nach einhelliger Auffassung erfolgt der Bestellungsvorgang sukzessive, bis alle Vermögensbestandteile erfasst sind. An der Zuweisung des Nießbrauchs als dingliches Recht ändert dies nichts.[171]

Der sachenrechtliche Bestimmtheitsgrundsatz wird nicht unzulässig erweitert, da auf die Bestimmbarkeit der erfassten Gegenstände abgestellt werden kann. In der Rechtspraxis reicht die Bestimmbarkeit der zu erfassenden Belastungsgegenstände ersatzweise aus, wenn die Bestimmtheit rechtspraktisch nicht gewährleistet werden kann.[172] Die gegenwärtigen sowie künftigen Belastungsgegenstände können durch die Kategorisierung und durch die Verwendung von Sammelbezeichnungen zum Bestellungszeitpunkt ausreichend konkret erfasst werden. Auch der *numerus clausus* der Sachenrechte wird im Kern nicht berührt, da lediglich die vorhandenen Nießbrauchsvorschriften an allen vorhandenen Sicherungsgütern eines Unternehmens angewandt werden.[173]

---

171 Eine sukzessive Belastung sämtlicher Einzelgegenstände des Vermögens reicht aus. Es ist kein einheitlicher, gleichzeitiger Bestellungsakt erforderlich. Das dingliche Recht entsteht vollumfänglich erst dann, wenn der letzte Gegenstand hiervon umfasst ist. *Herrler,* in: Palandt, BGB, 2020, § 1085, Rn. 2; *Pohlmann*, in: Säcker et al., MüKo BGB, Bd. 8, 2020, § 1085 Rn. 18; *Lemke*, in: Ring/ Grziwotz/Keukenschrijver, BGB-Sachenrecht, 2016, § 1085 Rn. 11.

172 Im Sachenrecht wird nicht selten die Bestimmtheit durch die bloße Bestimmbarkeit von erfassten Gegenständen ersetzt, wenn dies praktisch erforderlich ist. Auf diese Weise werden Bestellungsvorgänge erleichtert. Die Rechtspraxis kommt Fällen nach, bei denen ein künftiger Gegenstand belastet werden soll, dessen konkret-individuelle Höhe nicht konkret vorhersehbar ist. Dies betrifft mitunter Fälle der Globalzession, insbesondere die darin enthaltene Abtretung künftiger Forderungen. Vgl. *von Westphalen,* in: von Westphalen/Thüsing, Vertragsrecht und AGB-Klauselwerke, 2020, Teil „Vertragsrecht", I. Globalzession Rn. 1; *Nobbe,* in: Schimansky/Bunte/Lwowski, Bankrechts-Handbuch, 2017, § 91 Rn. 176 f.

173 Die immateriellen Vermögenswerte eines Unternehmens, wie etwa der Goodwill, gelten abstrakt als mitbelastet. Vergleichbar mit akzessorischen Nebenrechten ist ihr

Schlussendlich kann auch das Argument der vermeintlich ausufernden Wertersatzpflicht aus § 1067 Abs. 1 S. 1 Hs. 2 BGB entkräftet werden. Die überwiegende Literaturauffassung geht davon aus, dass über die Gesetzesregelung zum Eigentumserwerb nach § 1067 Abs. 1 S. 1 Hs. 1 BGB von den Vertragsparteien disponiert werden kann. Es könnte individualvertraglich vereinbart werden, dass kein Eigentum erworben, sondern allein ein Nießbrauch mit Verfügungsbefugnis eingeräumt wird[174] oder der Eigentumserwerb des Nießbrauchers erst mit dem Verbrauch eintritt. Zwar ist umstritten, ob die gesetzliche Regelung zur Wertersatzpflicht nach § 1067 Abs. 1 Hs. 2 BGB abbedungen werden kann.[175] Für die überwiegende Literaturauffassung, die die Disponibilität annimmt, sprechen die überzeugenderen Argumente.[176] Ob und in welcher Höhe Wertersatz zu leisten ist, stellt nämlich eine Entscheidung über die wertmäßige Höhe des wirtschaftlichen Äquivalents zur Sachsubstanz dar, die dem Besteller bzw. Eigentümer obliegt. Zulässigerweise kann dieser in einer individuellen Wertentscheidung von der objektiven Verkehrsanschauung abweichen.[177] Mit der überwiegenden Auffassung kann im Sicherungsvertrag die Wertersatzpflicht für den Verbrauch von Gegenständen näher bestimmt oder sogar ausgeschlossen

---

rechtliches Schicksal, insbesondere bei der Verwertung im Sicherungsfall, von den Hauptbelastungsgegenständen abhängig. Ausführlich S. 165 ff.

174 So *Herrler*, in: Palandt, BGB, 2020, § 1067 Rn. 1; *Pohlmann*, in: Säcker et al., MüKo BGB, Bd. 8, 2020, § 1067 Rn. 10; *Heinze*, in: Staudinger, BGB, 2017, § 1067 Rn. 12, 13; *Bayer*, in: Westermann et al., Erman BGB, Bd. 2, 2014, § 1067 Rn. 3.

175 Zum Meinungsstreit *Herrler*, in: Palandt, BGB, 2020, § 1067 Rn. 1; *Heinze*, in: Staudinger, BGB, 2017, § 1067 Rn. 15, 16. Zur Abdingbarkeit der Vorschrift nach § 1067 BGB, *Berger*, in: Stürner, Jauernig BGB, 2018, § 1067 Rn. 1.

176 *Heinze*, in: Staudinger, BGB, 2017, § 1067 Rn. 15, 16; *Pohlmann*, in: Säcker et al., MüKo BGB, Bd. 8, 2020, § 1067 Rn. 10; *Herrler*, in: Palandt, BGB, 2020, § 1067 Rn. 1. Bei Sachgesamtheiten ist der vollumfängliche Ausschluss der Wertersatzpflicht an den einzelnen oder an allen verbrauchbaren Sachen zulässig, sofern ausdrücklich die Substanzerhaltungspflicht am Unternehmen als eigentlichem Nießbrauchsgegenstand gewahrt wird. So *Reischl*, in: Bamberger et al., BeckOK BGB, 2020, § 1067 Rn. 9.

177 Sofern allein verbrauchbare Sachen Gegenstand des Nießbrauchs sind, wäre die vollumfängliche Abbedingung des Wertersatzes mit dem Nießbrauch nicht vereinbar, da der Besteller kein Surrogat für die Substanzwahrung erhalten würde. So *Schön*, S. 288. Handelt es sich um eine Sachgesamtheit an Belastungsgegenständen und sind auch andere Gegenstände zurückzugewähren, ist der Ausschluss der Wertersatzpflicht als eine Minderung des Surrogats zur Substanzerhaltungspflicht zulässig. So *Reischl*, in: Bamberger et al., BeckOK BGB, 2020, § 1067 Rn. 9; *Heinze*, in: Staudinger, BGB, 2017, § 1067 Rn. 16.

werden.[178] Eine Wertersatzpflicht des Nießbrauchers ist damit, sofern einschlägig, ausreichend bestimmbar.

c. *Gesetzliche Anhaltspunkte für die Zulässigkeit* de lege lata

Der Nießbrauch ist, wie mehrfach angeführt, das einzige dingliche Recht, das an sämtlichen vorhandenen Einzelgegenständen eines Unternehmens bestellt werden kann. *De lege lata* können unbewegliche und bewegliche Sachen sowie Rechte und ein gesamtes Vermögen belastet werden. Bereits dies begründet seine Geeignetheit als umfassende Unternehmensbelastung zu Sicherungszwecken.

Darüber hinaus ist anzunehmen, dass ein Unternehmen als Ganzes,[179] d.h. als Summe aller Gegenstände und Ausdruck der gesamten gewerblichen und beruflichen Tätigkeit, Gegenstand des Nutzungsrechts sein kann.[180] Die überwiegende Literaturauffassung, die sich begründend mit dem Unternehmensnießbrauch auseinandersetzt, entnimmt die Zulässigkeit der Anerkennung des historischen Gesetzgebers. In den Motiven des BGB-Gesetzgebers[181] wird ausgeführt, der Unternehmensnießbrauch sei den allgemeinen Nießbrauchsvorschriften als Sonderform immanent. Eine deklarative Vorschrift zur Zulässigkeit sei hinfällig.[182] Neben der Betrachtung der historischen Hintergründe lässt auch die gegenwärtige Rechtslage erkennen, dass der Unternehmensnießbrauch zulässig ist.[183] Der Unternehmensnießbrauch wird in den Regelungen

---

178 Dabei handelt es sich um einen Teil der Literatur, der von der Unabdingbarkeit dieser gesetzlichen Vorschrift ausgeht. So *Reischl*, in: Bamberger et al., BeckOK BGB, 2020, § 1067 Rn. 8.

179 Zur Definition als „organisatorische Einheit" bestehend aus materiellen und immateriellen Mitteln, ausgerichtet auf die wirtschaftliche Zweckverfolgung, *Brox/Henssler*, Handelsrecht, 2016, Rn. 123; *Pohlmann*, in: Säcker et al., MüKo BGB, Bd. 8, 2020, § 1085 Rn. 9.

180 Zur Prüfung der Sachenrechtsfähigkeit eines Unternehmens im Einzelnen S. 149 ff.

181 *Mugdan*, S. 312 Rn. 559 f.

182 Erläuternd hierzu bereits S. 54 ff.

183 Die immateriellen und somit gesetzlich nicht greifbaren Komponenten eines Unternehmens, namentlich der Tätigkeitsbereich, bestehend u.a. aus Know-how, Goodwill, Ruf, Kundenstamm etc., stehen der Zulässigkeit eines umfassenden Nießbrauchs am Unternehmen nicht entgegen. Vielmehr stellt sich die Frage, wie der Nießbrauch hieran bestellt wird und sich rechtlich auswirkt. Nach der einhelligen Literatur soll eine möglichst praktische Lösung erfolgen. Man geht vom einheitlichen Übergang des Nießbrauchs und der vollumfänglichen Erfassung sämtlicher Komponenten aus. Der Nießbraucher darf unmittelbar auf sämtliche Unternehmenskomponenten zugreifen und das Unternehmen umfänglich nutzen. Hierzu *Bayer*, in: Westermann

nach § 22 Abs. 2 HGB und § 102 Abs. 2 S. 1 VVG[184] als zulässig vorausgesetzt. Die Literatur leitet hieraus ab, dass der Unternehmensnießbrauch vom Gesetzgeber anerkannt und zulässig ist.[185]

aa. Regelung des § 22 Abs. 2 HGB

Der dritte Abschnitt des Handelsgesetzbuchs, in dem der Unternehmensnießbrauch erwähnt wird, thematisiert die Firma und die Pflicht oder Möglichkeit der Firmenfortsetzung. [186] Die Firma ist nach § 17 Abs. 1 HGB der Geschäftsname, der einem Unternehmen nach § 23 HGB unmittelbar anhaftet[187] und mit dem es im Handels- und Rechtsverkehr nach außen auftritt.[188]

---

et al., Erman BGB, Bd. 2, 2014, § 1085 Rn. 5; *Heinze*, in: Staudinger, BGB, 2017, Anh. zu §§ 1068 f. Rn. 22.

184 *Westermann/Gursky/Eickmann*, Sachenrecht, 2011, § 140 Rn. 7.

185 *Herrler*, in: Palandt, BGB, 2020, § 1085 Rn. 3; *Pohlmann*, in: Säcker et al., MüKo BGB, Bd. 8, 2020, § 1085 Rn. 10; *Schön*, S. 98 f., 204; *Beisel*, in: Beisel/Klumpp, Der Unternehmenskauf, 2016, § 10 Arbeitsrecht Rn. 35; *Fezer*, Markenrecht, 2009, § 27 MarkenG Rn. 79.

186 Bei einer Firmenfortführung gelten insbesondere die Regelungen gemäß §§ 21, 22, 24 HGB. Sie erfassen die Fälle der Namensänderung, des Handelsgeschäftserwerbs sowie der Änderungen im Gesellschafterbestand. Notwendige weitere Voraussetzung ist in diesem Zusammenhang § 19 HGB, der die Kennzeichnungspflicht im Rechtsverkehr vorsieht. §§ 25-28 HGB betreffen Haftungsfragen in diesem Rahmen. Zu den erforderlichen Voraussetzungen der Haftung *Bömeke,* in: Häublein/Hoffmann-Theinert, BeckOK HGB, 2020, § 25 Rn. 19-45. Zum Rechtsschein bei Fortführung der Firma *Altmeppen,* in: Grundmann et al., FS Hopt, 2010, S. 303 ff. Zum Erlöschen der Firma *Roth,* in: Koller et al., HGB, 2019, § 31 Rn. 5; *Wamser,* in: Henssler/Strohn, Gesellschaftsrecht, 2019, § 31 HGB Rn. 3.

187 § 23 HGB bezeichnet einen gesetzlichen Grundsatz. Diesem zufolge kann die Veräußerung eines gesamten Handelsgeschäfts nicht ohne den Übergang der Firma erfolgen. Zu den tatbestandlichen Voraussetzungen *Reuschle,* in: Ebenroth et al., HGB, Bd. 1, 2020, § 23 Rn. 3-18. Zur Akzessorietät des Unternehmensbetriebs zur Firma *Häublein,* in: Armbrüster et al., Liber amicorum J. Prölss, S. 47 ff.

188 § 17 HGB legaldefiniert die Firma, wobei § 18 HGB die notwendigen Voraussetzungen für die Nutzung im Rechtsverkehr aufführt. Zum Begriff der Firma *Reuschle,* in: Ebenroth et al., HGB, 2014, § 17 Rn. 1; *Roth,* in: Koller et al., HGB, 2019, § 17 Rn. 2; *Bömeke,* in: Häublein/Hoffmann-Theinert, BeckOK HGB, 2018, § 17 Rn. 1 ff. Rückschließend sind hieraus die Funktionen der Firma, namentlich die Identifizierungs- und Kennzeichnungs-, Hinweis- und Warn- sowie Werbefunktion (Firmenidentität, Firmenkontinuität und Firmenbeständigkeit) zu lesen. *Schlingloff,* in: Oetker, HGB, 2019, § 17 Rn. 10-12. Die formalen Voraussetzungen ergeben sich aus §§ 29 ff. HGB.

§ 22 Abs. 1 HGB sieht vor, dass der neue Inhaber eines, kraft rechtsgeschäftlichen Erwerbs oder kraft einer Verfügung von Todes wegen, übergegangenen Handelsgeschäfts die Handelsfirma mit oder ohne Zusatz der Rechtsnachfolge fortführen darf.[189] Hierfür ist der ausdrückliche Wille des bisherigen Geschäftsinhabers oder dessen Erben erforderlich.[190] Hintergrund der Rechtsvorschrift ist, dass der neue Geschäftsinhaber vom etablierten, öffentlichen Auftritt eines Handelsgeschäfts, dessen guten Ruf und bestehenden Kundenstamm profitiert.[191] Die Übernahme ebendieses vorhandenen, werthaltigen Firmenwertes soll ihm grundsätzlich nur dann gewährt werden, wenn der neue Geschäftsinhaber in die Haftungsposition des ehemaligen Geschäftsinhabers nach Maßgabe von § 25 Abs. 1 HGB eintritt.[192] Über die Haftung gemäß § 25 Abs. 2 HGB kann disponiert werden. Ein Haftungsausschluss ist gegenüber Dritten wirksam, wenn dieser im Handelsregister eingetragen ist. Damit wird im Rechtsverkehr die Firmenbeständigkeit und -kontinuität gewährleistet.[193] Für die Thematik des Unternehmensnießbrauchs ist § 22 Abs. 2 HGB von besonderer Relevanz. Der Regelung zufolge sind die Firmenfortführungsgrundsätze „auf Grund eines Nießbrauchs, eines Pachtvertrags oder eines ähnlichen Verhältnisses“ anwendbar.[194]

Es wird der vorübergehende Wechsel des Unternehmensträgers geregelt.[195] Voraussetzung für die Firmenfortführung mit oder ohne Zusatz der Nachfolge ist, dass das Handelsgeschäft in seiner Gesamtheit übernommen wird, dass der bisherige Inhaber die Firma bisher berechtigterweise geführt hat und dass der bisherige Inhaber seine ausdrückliche Einwilligung zur Firmenfortführung

---

189 Zum Anwendungsbereich der Norm *Heidinger*, in: K. Schmidt, MüKo HGB, Bd. 1, 2016, § 22 Rn. 17.

190 Zur Einwilligung des Namensgebers *Heidinger*, in: K. Schmidt, MüKo HGB, Bd. 1, 2016, § 22 Rn. 33; *Wamser*, in: Henssler/Strohn, Gesellschaftsrecht, 2019, § 22 HGB Rn. 11 f. und zu den weiteren Voraussetzungen in diesem Zusammenhang *Schlingloff*, in: Oetker, HGB, 2019, § 22 Rn. 5 ff.

191 Auf diese Art und Weise wird der Firmenwert erhalten. Hierzu *Bömeke*, in: Häublein/Hoffmann-Theinert, BeckOK HGB, 2020, § 22 Rn. 1.

192 Die Haftung bei Firmenfortführung erfolgt nach den Regelungen der §§ 25 ff. HGB. *Thiessen*, in: K. Schmidt, MüKo HGB, Bd. 1, 2016, § 25 Rn. 1-3, hierzu *Schön*, S. 206.

193 *Wamser*, in: Henssler/Strohn, Gesellschaftsrecht, 2019, § 22 HGB Rn. 13 ff. Vgl. *K. Schmidt*, Handelsrecht, 2014, S. 246 ff.

194 *Schünemann*, in: Höra, Münchener Anwaltshandbuch Versicherungsrecht, 2017, § 14 Rn. 71-73; *K. Schmidt*, Handelsrecht, 2014, S. 171 ff.; *Fichtelmann*, DStR 74, 267, 271.

195 *Schlingloff*, in: Oetker, HGB, 2019, § 22 Rn. 38; *Roth*, in: Koller et al., HGB, 2019, § 22 Rn. 18.

erteilt.[196] In der Rechtsprechung[197] besteht Einigkeit darüber, dass der Nießbrauch für die Anwendbarkeit des § 22 Abs. 2 HGB notwendigerweise das Unternehmensführungsrecht voraussetzt. Hierunter ist allein der „echte" Unternehmensnießbrauch[198] zu subsumieren.[199] Zu beachten ist, dass die Regelung grundsätzlich keine Verpflichtung vorsieht, sondern allein die Möglichkeit der Firmenfortführung eröffnet.[200]

Die Kenntlichmachung des Unternehmensnießbrauchs als temporäre Unternehmensfortführung ist firmenrechtlich nicht erforderlich. Nach einhelliger Literaturauffassung wird die Fortführung ohne Kenntlichmachung des Nießbrauchs wegen der Identität des Geschäftsmodells und der Geschäftstätigkeit als unbedenklich eingestuft.[201] Nach Maßgabe von §§ 22 Abs. 2, Abs. 1 S. 1 HGB i.V.m. § 25 Abs. 1 HGB tritt der Firmenfortführende grundsätzlich in die Haftungsposition des Bestellers aus bisherigen Geschäftsverbindlichkeiten ein.[202] Es ist davon auszugehen, dass dies aber nicht der Interessenlage des Unternehmensnießbrauchs zu Sicherungszwecken entspricht. Die Nutzungsziehung dient ausschließlich der Besicherung einer Kreditverbindlichkeit. Ein Unternehmensnießbraucher, insbesondere ein institutioneller Kreditgeber, möchte erwartungsgemäß nicht für bisherige Geschäftsverbindlichkeiten haftbar sein. Da die Haftung des § 25 Abs. 1 S. 1 HGB dispositiv ist,[203] kann ein Haftungsausschluss nach § 25 Abs. 2 HGB erfolgen. Die sog. Fortführendenhaftung entfällt wirksam, wenn, zugunsten des schützenswerten Rechtsverkehrs, sowohl eine Handelsregistereintragung als auch die Mitteilung an sämtliche betroffenen Gläubiger erfolgen.[204] Die Gläubiger müssen sich an den Besteller als bisherigen

196 So *Reuschle,* in: Ebenroth et al., HGB, Bd. 1, 2020, § 22 Rn. 54. Zu den Voraussetzungen der Firmenfortführung im Einzelnen *Roth,* in: Koller et al., HGB, 2019, § 22 Rn. 5. Zur (notwendigen) Einwilligung des bisherigen Geschäftsinhabers *Heidinger,* in: K. Schmidt, MüKo HGB, Bd. 1, 2016, § 22 Rn. 103.

197 BayObLG 1973, 168 ff.; BGH ZB 11/72 vom 2.03.1973; BGH ZB 2/71 vom 11.05.1973.

198 Zur Abgrenzung vom Ertragsnießbrauch, welcher ausdrücklich nicht von der Norm erfasst wird, S. 51.

199 *Hopt*, in: Baumbach/Hopt, HGB, 2020, § 22 Rn. 25; *Reuschle,* in: Ebenroth et al., HGB, Bd. 1, 2020, § 22 Rn. 51; *Schlingloff,* in: Oetker, HGB, 2019, § 22 Rn. 38.

200 *Reuschle,* in: Ebenroth et al., HGB, Bd. 1, 2020, § 22 Rn. 52; *Roth,* in: Koller et al., HGB, 2019, § 22 Rn. 18.

201 *Thiessen,* in: K. Schmidt, MüKo HGB, Bd. 1, 2016, § 25 Rn. 102.

202 *K. Schmidt,* Handelsrecht, 2014, S. 304 f.

203 *Vossler,* in: Oetker, HGB, 2019, § 25 Rn. 34.

204 Hierzu auch *Janssen/Nickel,* S. 52.

Schuldner halten und können schuldbefreiend nur an diesen leisten,[205] welcher nach § 26 HGB grundsätzlich fünf Jahre nachhaftet.[206]

Die Grundsätze der Firmenfortführung sind grundsätzlich anwendbar.[207] Der Nießbraucher wird dem Erwerber eines Handelsgeschäfts gleichgestellt. Ab dem Zeitpunkt der Firmenfortführung und bei nicht ausgeschlossener Fortführendenhaftung gelten die Forderungen als auf den Nießbraucher übergegangen.[208] Indes ist eine anderweitige, im Handelsregister einzutragende Vereinbarung möglich.[209] Der Nießbraucher ist verpflichtet dem Handelsregister geänderte Unternehmensverhältnisse, sowie auch das Erlöschen des Nießbrauchs im Falle von Zeitablauf, Kündigung oder sonstigen Beendigungstatbeständen nach § 31 Abs. 2 HGB zur Eintragung zu melden.[210] Mithin nimmt die Gesetzesregelung aus § 22 Abs. 2 HGB den Nießbrauch an einem Handelsgeschäft thematisch auf und ordnet ihn als Form der zeitweisen, derivativen Unternehmensfortführung ein.[211] Der Unternehmensnießbrauch als Sicherungsinstrument kann den Interessen der Sicherungsparteien entsprechend angepasst werden. Das Handelsgesetzbuch ist seit dem 01.01.1900 in Kraft. Seitdem wurden zahlreiche, zum Teil tiefgreifende Gesetzesänderungen vorgenommen.[212] Die Norm des § 22 Abs. 2 HGB ist jedoch seit Erlass unverändert.[213] Hieraus ist zu schließen, dass

---

205 *Thiessen*, in: K. Schmidt, MüKo HGB, Bd. 1, 2016, § 25 Rn. 101.

206 *Pohlmann*, in: Säcker et al., MüKo BGB, Bd. 8, 2020, § 1085 Rn. 26.

207 *Bömeke*, in: Häublein/Hoffmann-Theinert, BeckOK HGB, 2020, § 22 Rn. 55.

208 *K. Schmidt*, Handelsrecht, 2014, S. 246, 293 ff.; *Fichtelmann*, DStR 74, 267, 271.

209 *Thiessen*, in: K. Schmidt, MüKo HGB, Bd. 1, 2016, § 25 Rn. 45; *Reuschle*, in: Ebenroth et al., HGB, Bd. 1, 2020, § 25 Rn. 81. Daneben finden die Vorschriften nach §§ 1086 ff. BGB Anwendung, so auch *Hopt*, in: Baumbach/Hopt, HGB, 2020, § 25 Rn. 4.

210 *Reuschle*, in: Ebenroth et al., HGB, Bd. 1, 2020, § 22 Rn. 52; *Bömeke*, in: Häublein/Hoffmann-Theinert, BeckOK HGB, 2020, § 22 Rn. 56; *Schlingloff*, in: Oetker, HGB, 2019, § 22 Rn. 38.

211 *Hopt*, in: Baumbach/Hopt, HGB, 2020, § 22 Rn. 25; *Schlingloff*, in: Oetker, HGB, 2019, § 22 Rn. 38 f.; *Heidinger*, in: K. Schmidt, MüKo HGB, Bd. 1, 2016, § 22 Rn. 102 f.; *Reuschle*, in: Ebenroth et al., HGB, Bd. 1, 2020, § 22 Rn. 51-53.

212 Das Handelsrecht war zur Zeit der Gründung des Deutschen Bundes in den einzelnen Gebieten zersplittert und daher insgesamt uneinheitlich geregelt. Rechtsvereinheitlichend wurde es als Gesamtwerk am 10.05.1897 ausgefertigt und trat am 1.01.1900 in Kraft. Dazu im Einzelnen *Baums*, in: Baums et al., Beiträge zur Geschichte des Wirtschaftsrechts, S. 36, 81.

213 § 22 Abs. 1 S. 2 HGB wurde durch eine Rechtsverordnung vom 29.09.1937 (RGBl I S. 1026) aufgehoben, Abs. 1 wurde durch ein weiteres Gesetz vom 22.06.1998 (BGBl I. S. 1474) geändert.

der Gesetzgeber, wie die Motive des BGB-Gesetzgebers bestätigen, die Konzeption des echten Unternehmensnießbrauchs seit der Urfassung erkannt und als zulässig befunden hat. Der Gesetzgeber geht davon aus, dass der Nießbraucher ein Unternehmen vollumfänglich nutzen und es entsprechend belasten kann. Für diese Zeit wird der Unternehmensnießbraucher wie ein Erwerber behandelt und hat sich an die Firmenfortführungsregelungen zu halten.[214]

bb. Regelung des § 102 Abs. 2 S. 1 VVG

Eine weitere den Unternehmensnießbrauch aufgreifende Rechtsnorm bildet § 102 Abs. 2 S. 1 VVG, eingebettet in den Regelungen zur Betriebshaftpflichtversicherung. In § 102 Abs. 1 VVG wird normiert, dass jede nichtprivate Versicherung[215] eines Unternehmens zugleich dessen vertretungsbefugte oder in einem Dienstverhältnis stehenden Personen mitumfasst und demgemäß auch für sie Rechtswirkung entfaltet.[216] Für den Versicherungsschutz einer mitversicherten Person ist die Betriebsbezogenheit der zugrundeliegenden Rechtssache erforderlich. Die Betriebsbezogenheit ist nicht restriktiv auszulegen und ist anzunehmen, wenn es sich bei dem Haftpflichtfall um eine Auswirkung der Beschäftigung im konkreten Betrieb handelt. Es muss eine innere Beziehung zur betrieblichen Tätigkeit nachweisbar sein.[217]

Die Regelung des § 102 Abs. 2 S. 1 VVG greift die Thematik des personellen Wechsels im Unternehmensträger auf. Bei der Veräußerung des Unternehmens an einen Dritten oder bei Übernahme des Unternehmens aufgrund eines Nießbrauchs, Pachtvertrags oder eines ähnlichen Verhältnisses von einem Dritten tritt der Dritte als Rechtsnachfolger für die Dauer seiner Berechtigung anstelle des Versicherungsnehmers in das Vertragsverhältnis ein.[218] Mit Übernahme des Handelsgeschäfts unterwirft sich der Dritte, wie der übergebende Inhaber

---

214 *Schlingloff,* in: Oetker, HGB, 2019, § 22 Rn. 38.

215 Der Begriff der Betriebshaftpflichtversicherung kann ein irreführendes Verständnis der Norm und des Sachzusammenhangs begründen. Hierzu *Schimikowski,* in: Rüffer/Halbach/Schimikowski, VVG, 2020, § 102 Rn. 1; *Langheid*, in: Langheid et al., VVG, 2019, § 102 Rn. 7 f.

216 *Schimikowski,* in: Rüffer/Halbach/Schimikowski, VVG, 2020, § 102 Rn. 2.

217 So *Lücke*, in: Prölss/Martin, VVG, 2018, § 102 Rn. 5-7; *Schimikowski,* in: Rüffer/Halbach/Schimikowski, VVG, 2020, § 102 Rn. 4. Fallkonstellationen betreffend ebendiese innere Beziehung in BGH VersR 1987, 1181; BGH VersR 1988, 1283, sowie auch in der landgerichtlichen Rechtsprechung, etwa LG Mönchengladbach r+s 1999, 19.

218 *Schimikowski,* in: Rüffer/Halbach/Schimikowski, VVG, 2020, § 102 Rn. 6; *Langheid*, in: Langheid et al., VVG, 2019, § 102 Rn. 10 f.

zuvor, dem vorhandenen Haftpflichtrisiko.[219] Sinn und Zweck der Regelung ist es, eine Kontinuität im Versicherungsschutz zu gewährleisten. Der Übergang der Haftpflichtversicherung wird kraft tatsächlicher Übernahme des Unternehmens bestimmt.[220]

§ 102 Abs. 2 S. 2 VVG verweist für den Nießbrauch am Unternehmen auf die Regelungen betreffend den Unternehmenserwerb. Es gilt § 95 Abs. 2 VVG, dem zufolge der bisherige Inhaber und der Übernehmende im Weiteren gesamtschuldnerisch für die Versicherungsprämie während der laufenden Versicherungsperiode haften. Der Versicherer muss nach § 95 Abs. 3 VVG diese Haftung erst ab Kenntnis von der (temporären) Unternehmensübernahme gegen sich gelten lassen, wobei sich die entsprechende Anzeigepflicht der Unternehmensübernahme aus § 97 VVG ergibt. Im Fall des Unternehmensnießbrauchs gelten die Kündigungsrechte von Veräußerer und Erwerber nach § 96 VVG entsprechend.[221]

Die Unternehmensübernahme aufgrund eines Nießbrauchs wird, wie auch aufgrund „eines Pachtvertrags oder ähnlichen Verhältnisses“[222] nach § 102 Abs. 2 VVG, konkludent als Form der vorübergehenden Unternehmensübernahme für zulässig erachtet. Weitergehende Ausführungen zur versicherungsrechtlichen Ausgestaltung beim Unternehmensnießbrauch beinhaltet das VVG nicht.[223]

---

219 *Schünemann*, in: Höra, Münchener Anwaltshandbuch Versicherungsrecht, 2017, § 14 Rn. 71.

220 Auf eine wirksame Vertragsabsprache kommt es nicht an, *Littbarski*, in: Langheid/Wandt, MüKo VVG, Bd. 2, 2017, § 102 Rn. 100; *Lücke*, in: Prölss/Martin, VVG, 2018, § 102 Rn. 17 ff.

221 *Langheid*, in: Langheid et al., VVG, 2019, § 102 Rn. 10.

222 Bei einem „ähnlichen Verhältnis“ ist nach einhelliger Literaturauffassung eine Vergleichbarkeit mit dem Nießbrauch oder der Pacht notwendig. Die Nutzungen des Unternehmens müssen zumindest vorübergehend einem Dritten, einem anderen als dem bisherigen Unternehmensinhaber, zufallen. So *Littbarski*, in: Langheid/Wandt, MüKo VVG, Bd. 2, 2017, § 102 Rn. 113; *Lücke*, in: Prölss/Martin, VVG, 2018, § 102 Rn. 19.

223 Durch eine Rechtsreform des Vertragsversicherungsgesetzes zum 1.01.2008, das ursprünglich vom 30. Mai 1908 stammt, wurden zahlreiche Regelungen umfassend geändert. Zu den Änderungen, die die Reform des VVG allgemein mit sich gebracht hat, *Schubach*, AnwBl 2008, 27; *Volze*, DS 2008, 255; *Hering*, SVR 2008, 5; *van Bühren*, ZAP (Fach 10) 2008, 1397; *Rixecker*, ZfS 2007, 669; *Funck*, VersR 2008, 163; *Schwintowski*, VuR 2008, 1; *Freitag*, r+s 2008, 96. Zum eingeführten System der Leistungsfreiheit durch die Neuregelung des VVG *Unberath*, NZV 2008, 537; *Günther/Spielmann*,

d. Zwischenergebnis

Es gibt im deutschen Recht gegenwärtig keine gesetzliche Grundlage, die den Unternehmensnießbrauch ausdrücklich regelt. Die einhellige Literatur geht indes von der Zulässigkeit aus.[224] Die Annahme wird zum einen darauf gestützt, dass der historische Gesetzgeber diesen als Ausgestaltungsvariante des Nießbrauchs anerkannt hat. Dies ist unabhängig von der Tatsache zu werten, dass er sich gegen eine normative Regulierung entschlossen hat. Zum anderen überwiegen bei einer kritischen Betrachtung[225] diejenigen Argumente, die eine praktische Umsetzung für rechtlich unbedenklich halten. Die Rechtsnormen gemäß § 22 Abs. 1 HGB[226] und § 102 Abs. 1 VVG[227] geben ausreichend Anhaltspunkte dafür, dass von der anhaltenden Anerkennung, auch des modernen Gesetzgebers, auszugehen ist. Es gelten auch für den Unternehmensnießbraucher die Grundsätze der Firmenfortführung und die Haftpflichtversicherung wird, wie bei einem Unternehmenserwerber, fortgesetzt.

3. Zum Nießbrauch und zu den Ausgestaltungsformen

Im Weiteren gilt es, die Ausgestaltungsformen des Nießbrauchs am Unternehmen näher zu betrachten. Die allgemeinen Nießbrauchsregelungen werden überblicksartig erläutert und die unterschiedlichen Formen eines Nießbrauchs am Unternehmen unterschieden. Der vielfach angesprochene „echte" Unternehmensnießbrauch ist zu beleuchten, da er als „wahre" Form der umfassenden Unternehmensbelastung angesehen wird. Außerdem wird erörtert, inwiefern der Unternehmensnießbrauch als Sicherheit umgesetzt werden kann.

---

r+s 2008, 133, 177 ff. Die Rechtsnorm des § 102 VVG ist eine neue Fassung des ehemaligen § 151 VVG (a.F.) und weist, trotz einer anderen systematischen Einordnung, den identischen Regelungsinhalt auf. *Weidner*, r+s 2007, 138, 138.

224 Hierzu S. 36 f.

225 Hierzu S. 36 ff.

226 Hierzu S. 43 ff.

227 Hierzu S. 47 ff.

a. Allgemeine Regelungen des Nießbrauchs

§ 1030 Abs. 1 BGB bestimmt, dass eine Sache[228] in der Weise belastet werden kann, dass der Nießbraucher zur Ziehung von Nutzungen berechtigt wird.[229] Der Begriff der Nutzungen umfasst nach § 100 BGB die Früchte einer Sache oder eines Rechts.[230] Hierunter fallen die unmittelbaren oder mittelbaren Sacherzeugnisse (§ 99 Abs. 1 BGB)[231] oder Erträge der Rechtsgewährung (§ 99 Abs. 2 BGB)[232] sowie deren Gebrauchsvorteile.[233] Das Recht des Nießbrauchs ist in den sachenrechtlichen Dienstbarkeiten fortlaufend bis zu § 1089 BGB im 2. Titel des 4. Abschnitts des BGB geregelt.[234] Die Dienstbarkeiten zählen, wie auch die Reallasten,[235] grundsätzlich zu den dinglichen Belastungen.[236] Sie unterscheiden sich, indem sie nicht auf aktive Handlungen, sondern auf Duldung

---

228 Die Legaldefinition aus § 1030 BGB bezieht sich allein auf Sachen, d.h. körperliche Gegenstände. Darüber hinaus konstituiert § 1068 BGB, dass auch Rechte, mithin unkörperliche Gegenstände, sowie gemäß § 1085 BGB ein gesamtes Vermögen Gegenstand des Nießbrauchs sein kann.

229 *Pohlmann*, in: Säcker et al., MüKo BGB, Bd. 8, 2020, § 1030 Rn. 5; *Trömer*, RNotZ 2016, 421, 426.

230 Hierzu im Einzelnen *Heger*, S. 50 ff.

231 Unmittelbare Sachfrüchte sind die im Rahmen der bestimmungsgemäßen Gewinnung ertragenen Sacherzeugnisse, d.h. natürliche Tier- und Bodenprodukte (Eier, Milch, Vieh, Obst, Pflanzen, Bäume) sowie Ausbeute (Sand, Kohle, Mineralwasser). Mittelbare Sachfrüchte sind die Erträge resultierend aus Nutzung oder Gebrauch, bei Mietshäusern etwa die Miete (RGZ 105, 409; RGZ 138, 72) oder Untermiete, bei Verpachtung die Pacht (BGHZ 63, 365). So *Ellenberger*, in: Palandt, BGB, 2020, § 99 Rn. 2, 4.

232 Unmittelbare Rechtsfrüchte sind im Jagdrecht die Jagdbeute (BGHZ 112, 395) bei Leibrente die Einzelleistungen (RGZ 80, 209), bei Aktien die Dividende (OLG Bremen, AG 1970, 335 ff.), bei verzinslicher Forderung die Zinsen etc. Mittelbare Rechtsfrüchte sind bei Immaterialgüterrechten die Lizenzgebühren für die Unterlassung der Rechtsausübung. So *Ellenberger*, in: Palandt, BGB, 2020, § 99 Rn. 3 f.

233 *Ring*, in: Heidel/Hüßtege/Mansel/Noack, BGB, 2016, § 100 Rn. 1-3; *Dörner*, in: Schulze et al., BGB, 2019, § 100 Rn. 1; *Ellenberger*, in: Palandt, BGB, 2020, § 100 Rn. 1.

234 Zu aktuellen Problemen und neuester Rechtsprechung betreffend die Dienstbarkeit *Herrler*, RNotZ 2016, 368. Zu rechtlichen Einzelthematiken, die bei der Sicherung durch Dienstbarkeiten relevant werden, *Nouvertné*, BKR 2012, 52.

235 Zur Rechtsnatur der Reallast als dinglichen Verwertungsrechts *Mohr*, in: Säcker et al., MüKo BGB, Bd. 8, 2020, § 1105 Rn. 5 ff.

236 Zu den Konsequenzen der Einordnung als dinglichen Rechts *Kluge*, S. 44, 47.

(Benutzung oder Nutzungsziehung) oder Unterlassen (tatsächliche Handlungen oder Rechtsausübung) ausgerichtet sind.[237]

Der Nießbrauch an Sachen bringt die Belastung des Vollrechts in Form eines dinglich beschränkten Rechts mit sich. Er weist subjektiv-persönlichen Rechtscharakter auf, d.h. dass einer individuell bestimmten Person das umfassende Nutzungsrecht kraft des Bestellungsakts zugewiesen wird.[238] Demgemäß fallen Eigentum und Nutzungsrecht, zumindest vorübergehend, auseinander. Der Eigentümer einer Sache oder Inhaber eines Rechts muss dulden, dass Nutzungen vom Berechtigten gezogen werden.[239] Grundsätzlich führt der Nießbrauch herbei, dass sämtliche Nutzungen aus der betroffenen Sache gezogen werden dürfen. Einzelne Nutzungen können aber ausgeschlossen werden oder der Nutzungsumfang kann auf sonstige Weise individuell beschränkt werden.[240] Der Nießbrauch bildet damit das höchstpersönliche Recht, anstatt des Eigentümers die Nutzungen des Belastungsgegenstands für sich in Anspruch zu nehmen.[241]

Die Rechtsposition des Nießbrauchers[242] ist unveräußerlich und unübertragbar gemäß § 1059 BGB,[243] nicht vererblich gemäß § 1061

237 *Herrler,* in: Palandt, BGB, 2020, Vor § 1018 Rn. 1.

238 *Weber,* in: Staudinger, BGB, 2017, Vorbemerkung zu §§ 1018-1029 Rn. 2, *Mohr,* in: Säcker et al., MüKo BGB, Bd. 8, 2020, Vorbemerkung (Vor § 1018) Rn. 12; *Kluge,* S. 1.

239 *Herrler,* in: Palandt, BGB, 2020, Vor § 1018 Rn. 1. Nicht zu den Nutzungen hingegen zählt etwa ein Schatz i.S.v. § 984 BGB. Es gebühren allein dem Eigentümer nach § 1040 BGB Rechte daran.

240 Nach § 1030 Abs. 2 BGB ist die negative Beschränkungsmöglichkeit, d.h. die Kürzung des umfassenden Nutzungsrechts, um einzelne Nutzungen möglich. Eine positive Beschränkung, d.h. die Vereinbarung konkreter Nutzungen, ist unzulässig. So *Reischl,* in: Bamberger et al., BeckOK BGB, 2020, § 1030 Rn. 32 mit Bezug auf BayObLG RPfleger 1981, 439; *Pohlmann,* in: Säcker et al., MüKo BGB, Bd. 8, 2020, § 1030 Rn. 117; *Pöppel,* MittBayNot 2007, 85, 86; *Trömer,* RNotZ 2016, 421, 426 f.

241 *Maier,* in: Alber/et al., Beck'sches Steuer- und Bilanzrechtslexikon, 2020, „Nießbrauch" Rn. 2.

242 Zur Entwicklung der Rechtsposition des Nießbrauchers *Kluge,* Die Ausübungsüberlassung des Nießbrauchs, S. 25.

243 Eine Ausnahme von der grundsätzlichen Unübertragbarkeit bildet § 1059a BGB für den Fall, dass das Vermögen einer juristischen Person oder rechtsfähigen Personengesellschaft im Wege der Gesamtrechtsnachfolge auf einen Dritten übergeht (§ 1059a Abs. 1 Nr. 1 BGB) oder ein von ihnen betriebenes Unternehmen auf einen Dritten übergeht (§ 1059a Abs. 2 Nr. 2 BGB). Dies ist allerdings ausgeschlossen, wenn eine individualvertragliche Vereinbarung vorliegt, die dies abbedingt. Sinn und Zweck der

BGB[244] sowie nicht belastbar und nicht verpfändbar nach § 851 Abs. 1 ZPO.[245] Trotz seiner Unübertragbarkeit kann der Nießbrauch aber gemäß § 857 ZPO gepfändet werden.[246] Die Rechtsausübung ist auf Dritte ohne Zustimmungserfordernis des Eigentümers gemäß § 1059 S. 2 BGB übertragbar[247] und vererblich.[248] Die „Abtretung" des Nießbrauchs ist nach überwiegender Rechtsansicht in eine Ausübungsüberlassung nach § 140 BGB umzudeuten.[249] Der Ausübungsberechtigte führt damit die Rechte des Nießbrauchers in dessen Namen auf eigene Rechnung aus und hat einen schuldrechtlichen Anspruch auf Duldung der Ausübung des Nießbrauchs gegenüber dem Nießbraucher.[250] Zwischen Besteller und Nießbraucher entsteht ein gesetzliches Schuldverhältnis,[251]

Norm ist es, die Flexibilität bei sich im Wirtschaftsverkehr konstant ändernden gesellschaftsrechtlichen Strukturen zu wahren. *Pohlmann*, in: Säcker et al., MüKo BGB, Bd. 8, 2020, § 1059a Rn. 1. Eine allein rechtsformändernde Umwandlung ist keine Übertragung i.S.v. § 1059a BGB, *Berger*, in: Stürner, Jauernig BGB, 2018, Anm. zu §§ 1059a-1059e, Rn. 1. Um die Restriktivität der Unübertragbarkeit beizubehalten, sieht das Gesetz allein für den Fall des § 1059a BGB spezielle Anschlussvorschriften (§§ 1059b-1059e BGB) vor.

244 *Berger*, in: Stürner, Jauernig BGB, 2018, Vor 1030 Rn. 1; *Herrler*, in: Palandt, BGB, 2020, Vor § 1018 Rn. 1; *Trömer*, RNotZ 2016, 421, 428, 429.

245 *Berger*, in: Stürner, Jauernig BGB, 2018, § 1059 Rn. 1. Zur Sonderproblematik der Abtretbarkeit nießbrauchsbelasteter Vormerkungen *Zeiser*, RPfleger 2009, 285.

246 Pfändbar ist das dingliche Recht *per se* und nicht etwa allein der zugrundeliegende schuldrechtliche Anspruch, hierzu *Schmid*, in: Rauscher/Krüger, MüKo ZPO, Bd. 2, 2016, § 857 Rn. 17; *Kluge*, S. 69 ff.; *Pöppel*, MittBayNot 2007, 85, 90; *Moog*, DStR 2002, 180, 181.

247 *Kluge*, S. 77; *Mohr*, in: Säcker et al., MüKo BGB, Bd. 8, 2020, Vorbemerkung (Vor § 1018) Rn. 12.

248 Hierzu *Kluge*, S. 22.

249 *Herrler*, in: Palandt, BGB, 2020, § 1059 Rn. 2 mit Bezug auf RG JW 1910, 801.

250 Zur einhelligen Auffassung des Nießbrauchs im Lichte der Duldungstheorie, der zufolge die Nutzungsbefugnis des Eigentümers während der Zeit des Nießbrauchs suspendiert ist und erst mit Beendigung wiederauflebt, BGH NJW 1971, 422; im Einzelnen hierzu *Götz/Hülsmann*, DStR 2010, 2377, 2378. Hierzu auch *Herrler*, in: Palandt, BGB, 2020, § 1059 Rn. 3.

251 Vgl. *Schöner/Stöber*, in: Riedel/Volmer/Wilsch, Handbuch der Rechtspraxis: Grundbuchrecht, 2012, Rn. 1375. Es ist zwischen dem gesetzlichen Schuldverhältnis von Eigentümer und Nießbraucher und dem Verpflichtungsvertrag zur Regelung der Bestellung und Ausgestaltung des Rechtsverhältnisses sowie dem dinglichen Bestellungsgeschäft in Erfüllung des Letzteren zu unterscheiden. Hierzu *Berger*, in: Stürner, Jauernig BGB, 2018, § 1058 Rn. 1; *Wörlen/Kokemoor*, Sachenrecht, 2017, Rn. 371; *Janssen/Nickel*, S. 25; *Trömer*, RNotZ 2016, 421, 422.

das sich bei Beendigung in ein Rückabwicklungsschuldverhältnis umwandelt.[252] Eine vertragliche Modifikation des Rechtsverhältnisses ist zulässig.[253] Der Nießbraucher kann aufschiebend bedingt um die Beendigung des Nießbrauchs einen Anschlussnießbrauch zugunsten eines Dritten bestellen.[254]

b. Die Ausgestaltungsformen des Unternehmensnießbrauchs

Der Nießbrauch kann viele Formen annehmen, d.h. unterschiedlichen Umfang aufweisen, auf verschiedene Weise entstehen und unterschiedliche Rechtsfolgen herbeiführen. Es gibt in der Literatur viele Arten und Weisen die Ausgestaltungsmöglichkeiten des Nießbrauchs zu differenzieren. Um den sog. echten Unternehmensnießbrauch näherzubringen, sollen die hierfür relevantesten Ausgestaltungsformen[255] betrachtet werden. Insbesondere ist die Anwendung des Unternehmensnießbrauchs zu Sicherungszwecken zu erläutern.[256]

aa. Differenzierung nach Umfang des Belastungsgegenstandes

Trotz einer uneinheitlichen Begriffsverwendung in der Literatur ist unter dem „echten" Unternehmensnießbrauch allein der Vollnießbrauch zu verstehen. Hiervon sind der Bruchteilsnießbrauch und der Ertragsnießbrauch zu unterscheiden.

aaa. Vollnießbrauch

Bei einem Vollnießbrauch wird das gesamte Unternehmen oder ein abtrennbarer Unternehmensteil zugunsten des Nießbrauchers vorübergehend mit dem Nießbrauch belastet. Die Unternehmerstellung geht vertragsgemäß und

252 Relevant ist dies im Hinblick auf die Schadensersatzpflicht nach § 280 BGB. Hierzu *Herrler*, in: Palandt, BGB, 2020, Einf. v. § 1030 Rn. 3.

253 *Maier*, in: Alber/et al., Beck'sches Steuer- und Bilanzrechtslexikon, 2020, „Nießbrauch" Rn. 2.

254 *Reischl*, in: Bamberger et al., BeckOK BGB, 2020, § 1059 Rn. 4.

255 Zur Unterscheidung der zahlreichen unterschiedlichen Formen des Nießbrauchs *Berger*, in: Stürner, Jauernig BGB, 2018, Vor § 1030 Rn. 2.

256 Unterscheidet man die Übertragungsweise und Einräumung verschiedener personeller Rechtspositionen, sind insbesondere die Formen des Zuwendungs-, Vorbehalts- und Vermächtnisnießbrauchs als typische Ausgestaltungsformen des Nießbrauchs zu betrachten. *Hübner*, in: Sudhoff, Unternehmensnachfolge, 2005, § 78 Rn. 4; *Brandis*, in: Heuermann/Brandis, Blümich EStG, § 7 EStG, 2019, Rn. 182 f.

kraft des Bestellungsaktes vollständig auf den Nießbraucher über.[257] Der echte Unternehmensnießbrauch ist grundsätzlich im Handelsregister einzutragen.[258] Vergleichbar mit einem derivativen Erwerber wird dem Unternehmensnießbraucher auferlegt, das Unternehmen tatsächlich in Eigenverantwortung weiterzuführen und die ihm zustehenden Nutzungen unmittelbar selbst zu ziehen.[259] Die Rechtspositionen innerhalb des Unternehmens divergieren daher. Der Unternehmensführer ist nicht (mehr) personenidentisch mit dem Eigentümer bzw. Rechtsinhaber der Unternehmensgegenstände.[260]

Der Unternehmensnießbrauch als vorübergehende, derivative Fortführung des Unternehmens wird regelmäßig in Familienunternehmen implementiert. Die nutzungsweise Vollübertragung auf einen Unternehmensnießbraucher findet dabei zur vorübergehenden Betriebsleitung durch die nächste Generation statt. Oft ist sie ein Mittel der steuerlichen Gestaltung, kann aber auch dazu genutzt werden, dass die Führungsqualitäten eines Familienmitglieds ausgetestet werden.

Beim Unternehmensnießbrauch als Sicherungsmittel kann die vorübergehende Vollübertragung gleichermaßen von Vorteil sein. Der Kreditnehmer, d.h. der bisherige Unternehmensinhaber, bestellt den Nießbrauch zur Absicherung eines Kredits zugunsten des Kreditgebers, welcher hierdurch Nießbraucher wird. Zwar ist anzunehmen, dass ein institutioneller Kreditgeber kein Interesse an der eigenen Führung des operativen Geschäfts aufweist. Zugleich ist jedoch ein rechtliches und praktisches Interesse des Sicherungsnehmers zu konstatieren, Nutzungen selbst zu ziehen sowie Kontrolle im Unternehmen innezuhaben und ausüben zu können. Auch die notwendigen Ressourcen für die Aufrechterhaltung des Unternehmens weist ein institutioneller Kreditgeber grundsätzlich auf, wobei eine Kostenerstattung auf den bisherigen Unternehmensinhaber und Kreditnehmer möglich erscheint. Die gesetzlichen Anforderungen an den Nießbrauch sind überwiegend disponibel und es können individuelle vertragliche

---

257 *Kössinger/Zintl*, in: Nieder, Handbuch der Testamentsgestaltung, 2020, § 10 Rn. 178; vgl. *K. Schmidt*, Handelsrecht, 2014, 171 f.; *Fichtelmann*, DStR 74, 267, 271.

258 *K. Schmidt*, in: K. Schmidt, MüKo HGB, Bd. 3, 2019, Vor § 230 Rn. 16. Dies gilt nicht, wenn schon das Unternehmen selbst aufgrund seiner Rechtsform nicht im Handelsregister eingetragen ist. Es ist alternativ eine Kenntlichmachung des Nießbrauchs für den öffentlichen Rechtsverkehr erforderlich.

259 Dazu *Herrler*, in: Palandt, BGB, 2020, § 1085 Rn. 3; *Wieling*, Sachenrecht, S. 689; *Lemke*, in: Ring/Grziwotz/Keukenschrijver, BGB-Sachenrecht, 2016, § 1030 Rn. 52, 56.

260 BGH NJW 2002, 434, 435; *Pohlmann*, in: Säcker et al., MüKo BGB, Bd. 8, 2020, § 1085 Rn. 20 f.; *K.Schmidt*, in: K. Schmidt, MüKo HGB, Bd. 3, 2019, Vor § 230 Rn. 9.

Regelungen getroffen werden.[261] Dies gilt etwa für die notwendige Ausführung der Unternehmensführerschaft sowie die Übernahme der Aufgaben als Geschäftsführer im Tätigkeits- und Wirkungsbereich des Unternehmens und die Übernahme des Haftungsrisikos.[262] Allein die Ausübungsform des „Vollnießbrauchs" kommt den rechtlichen Interessen der Parteien ausreichend nach, indem sämtliche sich aus dem Gesetz ergebenden finanziellen und rechtlichen Rechtsfolgen ausgelöst werden.[263]

bbb. Bruchteilsnießbrauch

Der Unternehmensnießbrauch kann grundsätzlich auch als Bruchteilsnießbrauch bestellt werden. Das bedeutet, dass der Nießbraucher, in Anlehnung an § 1066 BGB, nur einen Teil eines Mitunternehmers übernimmt.[264] Nach § 1066 Abs. 1 BGB tritt der Nießbraucher insoweit in die Rechtsposition des Bestellers ein und kann die Gemeinschaftsrechte im Hinblick auf die Verwaltung der Sache und Art ihrer Benutzung ausüben.[265] Diese sind die §§ 743-745 BGB[266] und beinhalten insofern auch die zweckdienliche Stimmrechtsausübung. Nach § 746 BGB sind früher getroffene Vereinbarungen für den Nießbraucher bindend.[267] Der Bruchteilsnießbrauch kann im Einzelfall auch geeignet sein, als Sicherungsmittel herangezogen zu werden. Dabei handelt es sich jedoch um

---

261 Die Unternehmensfortführungstätigkeit kann delegiert werden. Auch kann die Haftung des fortführenden Sicherungsnehmers gemäß § 25 Abs. 2 HGB kraft einer Handelsregistereintragung ausgeschlossen werden.

262 Zur Treuhand beim Unternehmensnießbrauch S. 103 ff.

263 *Heinze*, in: Staudinger, BGB, 2017, Anh. zu §§ 1068 f. Rn. 28; *Stürner*, in: Soergel, BGB, 2001, § 1085 Rn. 6.

264 Vgl. BGH NJW 2002, 1647. Der sog. Quotennießbrauch, d.h. der Nießbrauch an einem insgesamt belasteten Gegenstand, dessen Nutzungen zu einer bestimmten Quote ausgeübt werden können (hierzu im Einzelnen BGH NJW-RR 2003, 1291), fällt nicht unter die Regelung des § 1066 BGB. *Herrler*, in: Palandt, BGB, 2020, § 1066 Rn. 4; *Herrler*, in: Staudinger, BGB, 2017, § 1066 Rn. 15; *Pohlmann*, in: Säcker et al., MüKo BGB, Bd. 8, 2020, § 1066 Rn. 22; *Berger*, in: Stürner, Jauernig BGB, 2018, § 1066 Rn. 4. Außerdem gilt die Regelung des § 1066 BGB nicht beim Nießbrauch einer Bruchteilsgemeinschaft (§§ 741 ff. BGB finden direkt Anwendung), beim Nießbrauch einer Gesamthandgemeinschaft, beim Nießbrauch Gesamtberechtigter nach § 428 BGB sowie beim Nießbrauch am realen Sachteil. So *Pohlmann*, in: Säcker et al., MüKo BGB, Bd. 8, 2020, § 1066 Rn. 23.

265 *Berger*, in: Stürner, Jauernig BGB, 2018, § 1066 Rn. 1 f.

266 Hierzu BGH NJW 1983, 932.

267 *Herrler*, in: Palandt, BGB, 2020, § 1066 Rn. 2.

eine simple Rechtsbelastung. Da mit dem Bruchteilsnießbrauch keine vorübergehende, umfängliche Unternehmenssukzession einhergeht, ist er vom „echten“ Unternehmensnießbrauch abzugrenzen.

ccc. Ertragsnießbrauch

Weiterhin ist der Vollnießbrauch vom Ertragsnießbrauch am Unternehmen zu differenzieren.[268] Der Nießbraucher erlangt hier ein dingliches Ertragsrecht am Nutzungsertrag, während dem Besteller weiterhin die Bewirtschaftung des Unternehmens obliegt.[269] Neben der dinglichen Rechtsposition wird dem Nießbraucher ein schuldrechtlicher Gewinnauszahlungsanspruch, d.h. ein Recht auf wiederkehrende Leistung durch fortlaufende Gewinnbeteiligung, zugesichert.[270] Nach außen hin tritt der Nießbraucher nicht auf.[271]

Der Ertragsnießbrauch kann nicht an unbeweglichen und beweglichen Sachen, sondern ausschließlich an Rechten bestellt werden, weshalb er als sog. „Quotennießbrauch“ umgesetzt wird.[272] Dieser ist anzunehmen, wenn Geschäftsanteile eines Unternehmens quotal zu einem bestimmten Umfang belastet werden.[273] Im Gesamtzusammenhang des Unternehmensnießbrauchs ist er von nur untergeordneter Rolle und insbesondere dann nicht nutzbar, wenn auch bewegliche und unbewegliche Sachen eines Unternehmens erfasst werden

---

268 *Jansen/Jansen,* Der Nießbrauch im Zivil- und Steuerrecht, 2009, Rn. 97 f.; *Lohr,* S. 49; *Janssen/Nickel,* S. 28; *Fichtelmann,* DStR 74, 267, 276.

269 Zu dogmatischen Bedenken dieser Konzeption im Einzelnen *Pohlmann*, in: Säcker et al., MüKo BGB, Bd. 8, 2020, § 1085 Rn. 14.

270 *Wieling,* Sachenrecht, S. 689; *Rothe,* in: Ring/Grziwotz/Keukenschrijver, BGB-Sachenrecht, 2016, Vor § 1085 Rn. 3; *Lemke,* in: Ring/Grziwotz/Keukenschrijver, BGB-Sachenrecht, 2016, § 1030 Rn. 52; *Heinze,* in: Staudinger, BGB, 2017, Anh. zu §§ 1068 f. Rn. 29; *Reischl,* in: Bamberger et al., BeckOK BGB, 2020, § 1085 Rn. 16. Das Recht zur Nutzungsziehung ist, kraft dinglicher Wirkung, auf den schuldrechtlichen Gewinnauszahlungsanspruch beschränkt. Hierzu *Schön,* S. 320; *Pohlmann,* in: Säcker et al., MüKo BGB, Bd. 8, 2020, § 1085 Rn. 15; *Herrler,* in: Palandt, BGB, 2020, § 1085 Rn. 3; *Lemke,* in: Ring/Grziwotz/Keukenschrijver, BGB-Sachenrecht, 2016, § 1030 Rn. 52, 56; *Bayer,* in: Westermann et al., Erman BGB, Bd. 2, 2014, § 1085 Rn. 5.

271 *Fichtelmann,* DStR 74, 267, 276.

272 *Pohlmann*, in: Säcker et al., MüKo BGB, Bd. 8, 2020, § 1085 Rn. 15.

273 *Heinze*, in: Staudinger, BGB, 2017, Anh. zu §§ 1068 f. Rn. 94; *Bayer,* in: Westermann et al., Erman BGB, Bd. 2, 2014, § 1081 Rn. 6 f.; *Barry*, RNotZ 2014, 401, 405 f.

sollen. Die Abgrenzung der zwei zuletzt genannten Nießbrauchsvarianten ist insbesondere im Steuerrecht von wesentlicher Bedeutung.[274]

bb. Differenzierung nach Art und Weise der Bestellung

aaa. Zuwendungsnießbrauch

Der allgemeine Zuwendungsnießbrauch findet häufig in der Rechtspraxis Anwendung.[275] Er liegt vor, wenn eine Sache von deren Eigentümer, ohne Beeinträchtigung des Eigentumsrechts, an einen Dritten zugewendet wird, um mit einem Nießbrauch belastet werden zu können. Das Eigentum verbleibt daher beim Eigentümer, während das Nutzungsrecht auf den Dritten als Nießbraucher übergeht. Die Zuwendung des Nutzungsrechts wird üblicherweise unentgeltlich gewährt,[276] kann aber auch entgeltlich erfolgen. Es ist der unmittelbare Besitz an einem Gegenstand für die unmittelbare und persönliche Nutznießung einzuräumen.[277] Im Fall der Übertragung des Nießbrauchs am gesamten Unternehmen, in unentgeltlicher, voll- oder teilentgeltlicher Form, qualifiziert sich der übernehmende Dritte wirtschaftlich als Unternehmer, da er das Unternehmen tatsächlich übernimmt sowie auf eigene Rechnung und im eigenen Namen fortführt.[278]

---

274 Der Ertragsnießbrauch unterliegt als Nutzungsrecht der einkommensteuerrechtlichen Besteuerung nach § 22 Nr. 1b EStG und korrespondierend gemäß § 10 Abs. 1 Nr. 1a EStG dem Abzug als Sonderausgabe. So *Bahns*, Formularbuch Recht und Steuern, B.14. Nießbrauch Rn. 8-18; *Lüdicke/Fürwentsches*, in: Lüdicke/Sistermann, Unternehmensteuerrecht, 2008, § 15 Rn. 125; *Jülicher/Gebel*, in: Troll, ErbStG, 2019, § 12 Rn. 911 ff. mit einer ausführlichen Darlegung der Unterschiede bei der Berechnung des zu versteuernden Betrages. Der echte Unternehmensnießbrauch richtet sich hingegen als unentgeltliche Gewährung nach der Einkunftsbesteuerung aus § 15 EStG. *Lüdicke/Fürwentsches*, in: Lüdicke/Sistermann, Unternehmensteuerrecht, 2008, § 15 Rn. 125; *Jülicher/Gebel*, in: Troll, ErbStG, 2019, § 12 Rn. 911 ff.

275 Vgl. *Barry*, RNotZ 2014, 401, 402.

276 *Maier*, in: Alber/et al., Beck'sches Steuer- und Bilanzrechtslexikon, 2020, „Nießbrauch" Rn. 12. Zur steuerlichen Behandlung des Zuwendungsnießbrauchs *von Sothen*, in: Scherer, Münchener Anwaltshandbuch Erbrecht, 2018, § 36 Rn. 244-250; *Mutter/Brombach*, in: Gummert, Münchener Anwaltshandbuch Personengesellschaftsrecht, 2019, § 19 Rn. 429-432.

277 *Maier*, in: Alber/et al., Beck'sches Steuer- und Bilanzrechtslexikon, 2020, „Nießbrauch" Rn. 41.

278 *Braun/Siemers*, in: Prinz/Winkeljohann, Beck'sches Handbuch der GmbH, 2014, § 20 Rn. 59; *Hübner*, in: Sudhoff, Unternehmensnachfolge, 2005, § 78 Rn. 4; *Maier*,

Beim unentgeltlichen Zuwendungsnießbrauch ist besonders auf die Berücksichtigung des Klarheitsgebots zu achten,[279] d.h., der Nießbrauch bedarf einer ausdrücklichen und mit Rechtsbindungswillen abgeschlossenen Vereinbarung sowie einer tatsächlichen Durchführung des Vereinbarten. Zu jeder Zeit muss die Trennung der Vermögensmassen von Nießbraucher und Besteller gewährleistet sein. Diesem Erfordernis liegen insbesondere steuerrechtliche Belange zugrunde.[280] Beim Unternehmensnießbrauch zu Sicherungszwecken ist indes von der Entgeltlichkeit des Geschäfts auszugehen, da bereits die Zurverfügungstellung eines zugrunde liegenden Kredits Gegenleistungscharakter hat. Mehrere Zweckverfolgungen können dem Rechtskonstrukt des Zuwendungsnießbrauchs begründen. Zum einen ist ihm ein Versorgungsgedanke immanent, da dem Dritten eine Einkunftsquelle aus der tatsächlichen Unternehmensführung verschafft wird.[281] Diese Rechtskonstellation ist daher auch in einem Familienbetrieb attraktiv, wenn die Unternehmensführung zunächst nur übergangsweise von der Gründungs- auf die nächste Generation übergehen soll. Im weiteren Sinne ist dies der Verfolgung unternehmerischer Interessen zuzuordnen, da der Inhaber eines Unternehmens, insbesondere bei Kleinbetrieben, auf diese Weise etwa Familienangehörige versorgen und Unterhaltspflichten erfüllen kann,[282] die sein Privatvermögen weniger belasten, und im Außenverhältnis eine größere Haftungssumme für Gläubiger aufweist. Zum anderen können Einkunftsquellen auf anerkannte und zulässige Weise unter mehreren Beteiligten verteilt werden. Ein ggf. nicht wahrgenommener Grundfreibetrag bei einem Kind kann genutzt und die Steuerprogression durch Verminderung von Einkommen herbeigeführt werden.[283] Auch ist diese Steuerersparnis geeignet, das Privatvermögen eines Unternehmensinhabers weniger zu mindern, wodurch sich im Fall der Kreditsicherung eine höhere Bonität und im Haftungsfall eine größere Haftungsmasse abzeichnet. Steuerrechtlich ist zu hinterfragen, wem die Einkünfte persönlich zuzurechnen sind,[284] wobei es auf die individuelle Ausgestaltung im Einzelfall

---

in: Alber/et al., Beck'sches Steuer- und Bilanzrechtslexikon, 2020, „Nießbrauch" Rn. 41.

279 *Von Sothen,* in: Scherer, Münchener Anwaltshandbuch Erbrecht, 2018, § 36 Rn. 250.

280 *Von Sothen,* in: Scherer, Münchener Anwaltshandbuch Erbrecht, 2018, § 36 Rn. 250 f.

281 *Von Sothen,* in: Scherer, Münchener Anwaltshandbuch Erbrecht, 2018, § 36 Rn. 224.

282 *Hannes/Oertzen,* ZEV 2013, 323, 324.

283 *Bahns,* Formularbuch Recht und Steuern, B.14. Nießbrauch Rn. 8-18; *von Sothen,* in: Scherer, Münchener Anwaltshandbuch Erbrecht, 2018, § 36 Rn. 225.

284 *Von Sothen,* in: Scherer, Münchener Anwaltshandbuch Erbrecht, 2018, § 36 Rn. 225 ff.

ankommt.[285]

Im Fall des unentgeltlichen Zuwendungsnießbrauchs kann ein Nachteil darin zu erkennen sein, dass der Nießbraucher als Nichteigentümer mangels eigenen Betriebsvermögens steuerlich keine Abschreibungen vornehmen kann. Dem Eigentümer hingegen stehen die Abschreibungen zu, sind von ihm jedoch nicht nutzbar, da er seine Einkünfte nicht aus dem Gewerbebetrieb erzielt.[286]

bbb. Vorbehaltsnießbrauch

Der Vorbehaltsnießbrauch beschreibt einen Rechtsakt, der auf schuldrechtlicher Ebene entgeltlich oder auch unentgeltlich stattfinden kann.[287] Auf sachenrechtlicher Ebene wird die Konstellation des Zuwendungsnießbrauchs umgekehrt. Das Eigentum an einer Sache wird nämlich als Vollrecht an einen Dritten übertragen, wobei sich der übertragende Eigentümer ein Nutzungsrecht zurückbehält.[288] Der Dritte erhält das Eigentum an der Sache, während der ehemalige Eigentümer zur Nutzung berechtigt wird. Verbreitet und in der Rechtspraxis häufig angewandt wird diese Rechtskonstellation bei der Versorgung älterer Familienangehöriger.[289] Liegen beispielsweise außer einer bewohnbaren Immobilie keine anderen nennenswerten Vermögensgüter bei älteren, pflegebedürftigen Personen vor, kann das Eigentum hieran unentgeltlich unter Vorbehalt eines Nießbrauchs in Form des Wohnungsnutzungsrechts auf ein versorgungsbereites Mitglied der jüngeren Familiengeneration übertragen werden. Die pflegebedürftige Person kann weiter dort wohnen. Ihre Pflege wird dadurch gewährleistet, dass das eigentumserhaltende Familienmitglied bereits einen Vermögensgegenstand als

---

285 Zur Aufteilung der Mitgliedschaftsrechte im Einzelnen *Kleinert/Geuß*, DStR 2013, 288.

286 Hierzu *Hübner*, in: Sudhoff, Unternehmensnachfolge, 2005, § 78 Rn. 4 f. unter Bezugnahme auf die Rechtsprechung des Bundesfinanzgerichtshofs (BFH BStBl. II 1998, 454 ff.; BFH BStBl. II 1986, 12 ff.).

287 *Geils*, in: Haase/Jachmann, Beck'sches Immobiliensteuerrecht, 2016, § 3 Ertragsteuern Rn. 82.

288 Im Hinblick auf steuerrechtliche Aspekte gilt die Zurückbehaltungstheorie des Bundesfinanzgerichtshofs (BFHE 134, 130 ff.). Dieser zufolge ist im Vorbehalt des Nutzungsrechts keine Gegenleistung des Zuwendungsempfängers zu betrachten. Es handelt sich um eine Schenkung unter Auflage. Hierzu *Maier*, in: Alber/et al., Beck'sches Steuer- und Bilanzrechtslexikon, 2020, „Nießbrauch" Rn. 13. Vgl. auch *Barry*, RNotZ 2014, 401, 402.

289 Zur Einsetzung des Vorbehaltsnießbrauchs im Erbrecht und zu berücksichtigenden ertragsteuerrechtlichen Aspekten *Götz/Hülsmann*, DStR 2010, 2432.

Gegenwert erhalten hat. Mithin wird frühzeitig eine geldwerte Gegenleistung für den sich aufopfernden Dritten getätigt.[290]

Diese Form der Vermögensübertragung kann auch bei einem Unternehmen als Belastungsgegenstand angewandt werden und Vorteile mit sich bringen. Der Vorbehaltsnießbrauch führt dazu, dass der bisherige Unternehmer zwar seine Rechtsposition als Eigentümer sämtlicher dem Unternehmen zugehörigen Gegenstände verliert. Mit Abschluss der Vereinbarung kann der übertragende, ehemalige Eigentümer jedoch als Nießbraucher das Unternehmen wie gewohnt fortführen und die Gewinne als Nutzungen für sich einbehalten. Der bisherige Unternehmensinhaber wäre damit Unternehmensnießbraucher und nicht der Dritte. Letzterer ist in zivilrechtlicher und wirtschaftlicher Hinsicht Eigentümer der Sachgesamtheit Unternehmen[291] und hat somit eine verwertbare Vermögensposition inne, ohne aber an der Unternehmensführung unmittelbar beteiligt zu sein.[292]

Zwar ist diese Rechtskonstellation denkbar und kann in einem konkreten Einzelfall eine interessengerechte Ausgestaltung darstellen. Übertragen auf den Unternehmensnießbrauch ist jedoch nicht der Nießbrauch, sondern vielmehr das Eigentum die Sicherheit: Die Sicherungsgewährung liegt in der Übertragung von Sicherungseigentum in Form einer formalen Eigentümerposition an den Sicherungsnehmer. Der Unternehmensnießbrauch ist dann lediglich ein Mechanismus, um dem Sicherungsgeber seine Rechte, insbesondere das Recht zur ungehinderten weiteren Unternehmensführung, zu gewährleisten. Der Form des echten Unternehmensnießbrauchs entspricht dies *per definitionem* nicht.

290 Der Dritte erwirbt im Rahmen des Vorbehaltsnießbrauchs das Volleigentum, wenn auch belastet mit einem beschränkt dinglichen Recht. Ihm obliegt die vollumfängliche Nutzung, insbesondere durch Ausübung der Verfügungsbefugnis. Er kann die Veräußerung oder auch die Vermietung bzw. Verpachtung vornehmen. Der Nießbraucher hingegen, der etwa die hiervon betroffene Immobilie zu Wohnzwecken nutzt, kann steuerlich keine Einnahmen verzeichnen und entsprechend keine Werbungskosten melden. Anders ist es, wenn dieser seinerseits vermietet bzw. verpachtet. *Brandis*, in: Heuermann/Brandis, Blümich EStG, 2019, § 7 Rn. 186; *Steger/Guerra*, in: Riedel, Unternehmensnachfolge, 2018, § 25 Rn. 82-86.

291 Zu der Verschiebung der Rechtspositionen *Geils*, in: Haase/Jachmann, Beck'sches Immobiliensteuerrecht, 2016, § 3 Ertragsteuern Rn. 82.

292 Zur schenkungs- und einkommensteuerrechtlichen Behandlung im Einzelnen *Ivens*, ZEV 2012, 71.

ccc. Vermächtnisnießbrauch

Der Vollständigkeit halber ist in diesem Zusammenhang der Vermächtnisnießbrauch als weitere praxisrelevante Ausgestaltungsform des Nießbrauchs zu benennen. Dieser findet häufig Anwendung, da er auf steuerlich vorteilhafte Weise[293] die rechtliche und finanzielle Lage hinterbliebener Ehegatten oder Familienangehöriger festigt.[294] Die Bestellung des Nießbrauchs zugunsten eines Dritten wird im Rahmen einer letztwilligen Verfügung, d.h. durch Verfügung von Todes wegen oder mittels eines Erbvertrags, getroffen und tritt mit dem Ableben des Rechtsinhabers in Kraft.[295] Festgesetzt wird darin die Einräumung eines Nießbrauchs als lebenslänglichen Nutzungsrechts.[296] Grundsätzlich ist ein Vermächtnisnießbrauch auf die innerfamiliäre Versorgung[297] ausgelegt. Die wirtschaftliche Zweckbestimmung des Unternehmens darf nicht umgestaltet oder verändert werden. Sämtliche Rechtsgeschäfte sind allein nach den Regeln einer ordnungsgemäßen Wirtschaft vorzunehmen.[298] Es ist möglich, ein Unternehmen mit einem Nießbrauch kraft Vermächtnisses zu belasten.[299] Beim Unternehmensnießbrauch zur Besicherung eines Kreditverhältnisses ist die Anwendung des Vermögensnießbrauchs nur schwer denkbar.

---

293 Vgl. *Barry*, RNotZ 2014, 401, 402 f. Beispielsweise stellt der Vermächtnisnießbrauch am Betriebsvermögen eine „steuergünstige Alternative zur Vor- und Nacherbschaft" dar. Im Einzelnen hierzu *von Sothen*, in: Sudhoff, Unternehmensnachfolge, 2005, § 54 Rn. 37. Zu Ausgestaltungen des Nießbrauchs im Erbrecht und steuerrechtlichen Fragestellungen *Brambring*, DNotZ 2003, 565.

294 Hierin ist der Versorgungsgedanke wiederzuerkennen, da beispielsweise einem hinterbliebenen Familienmitglied, etwa einem Ehegatten, eine standesgemäße Versorgung zugesichert wird. *Bengel/Dietz*, in: Bengel/Reimann, Handbuch der Testamentsvollstreckung, § 5 Rn. 378.

295 *Von Sothen*, in: Scherer, Münchener Anwaltshandbuch Erbrecht, 2018, § 36 Rn. 257 ff.; *Brandis*, in: Heuermann/Brandis, Blümich EStG, 2019, § 7 EStG Rn. 192.

296 *Weidlich*, in: Palandt, BGB, 2020, § 1939 Rn. 5 mit Bezug auf landgerichtliche Rechtsprechung.

297 *Schlieper*, MittRhNotK 1995, 249, 250 f.

298 „Insgesamt handelt es sich um eine ‚verdinglichte Pacht' […], die als eine komplizierte und damit streitträchtige Rechtskonstruktion als Versorgungsregelung i.d.R. nicht zu empfehlen ist", *Ivens*, ZEV 2010, 462, 463.

299 Zum Nießbrauch am Einzelunternehmen durch Vermächtnis, insbesondere zu den Ausübungsformen und den sprachlichen Ausgestaltungen, *Bengel/Dietz*, in: Bengel/Reimann, Handbuch der Testamentsvollstreckung, § 5 Rn. 379-386.

ddd. Sicherungsnießbrauch am Unternehmen

Der Unternehmensnießbrauch zu Sicherungszwecken ist als Zuwendungsnießbrauch zu verstehen. Der Besteller belastet das Unternehmen mit einem Nießbrauch im Rahmen einer entgeltlichen Vereinbarung, namentlich im Hinblick auf eine zugrundeliegende Kreditverbindlichkeit. Dadurch bleibt der Besteller weiterhin Eigentümer, während der Dritte als Nießbraucher zur Nutzungsziehung am Unternehmen berechtigt wird und in die Unternehmerstellung eintritt. Der sicherungszweckdienliche Nießbrauch kann auf zweierlei Weisen ausgeübt werden. Es ist ein Sicherungsnießbrauch anzunehmen, wenn das Nutzungsrecht aufschiebend bedingt gewährt wird.[300] Auch kann das Nutzungsrecht sicherungsrechtlich mit dem Rechtsverhältnis einhergehen.[301] In beiden Fällen liegt den Parteien ein Kreditverhältnis zugrunde. Um dieses zu besichern, wird ein Nießbrauch am gesamten Unternehmen bestellt. Grundsätzlich ergeben sich daher dieselben rechtlichen und praktischen Fragestellungen.

Der elementare Unterschied besteht darin, wann der Nießbraucher das Nutzungsrecht wahrnehmen darf: Bei der erstgenannten Variante, dem aufschiebend bedingten Nießbrauch, tritt dieser erst in Kraft, wenn der Sicherungsfall vorliegt, d.h. wenn der Kreditnehmer die Kreditratenzahlung nicht mehr ordnungsgemäß leistet. Auf einem Zeitstrahl betrachtet würde das Unternehmen während der Regellaufzeit des Kreditvertrags und im Fall der ordnungsgemäßen Kreditschuldtilgung keine „spürbare" Belastung erfahren. Erst beim Eintritt des Sicherungsfalls würde sich die dingliche Belastung bemerkbar machen, indem der Sicherungsnehmer sein Nutzungsrecht ausüben darf. Der Kreditgeber würde als Nießbraucher vorübergehend in die Unternehmerstellung eintreten und es würden die Rechte und Pflichten aus dem Unternehmensnießbrauch gelten. Die gezogenen Nutzungen sind dann ausschließlich für die Tilgung der offenen Kreditschuld, angefallener (Verzugs-) Zinsen und/oder einer etwaigen Vertragsstrafe aufzuwenden.

Bei der zweitgenannten Variante wird dem Kreditgeber sogleich ein Nießbrauch am Unternehmen gewährt und das Nutzungsrecht tritt zusammen mit dem Kreditverhältnis wirksam in Kraft. Sämtliche Rechtsfolgen des Unternehmensnießbrauchs treten sofort ein. Insbesondere wird der Sicherungsnehmer sogleich Unternehmer und zieht grundsätzlich die Nutzungen unmittelbar selbst. Es sind dabei rechtliche Ausgestaltungsweisen möglich, mit denen die Einflussnahme des Sicherungsnehmers grundsätzlich reduziert werden kann.

---

300 *Korn*, DStR 1999, 1461, 1464, 1476.

301 Diese Form des Nießbrauchs liegt der Arbeit vorliegend zugrunde.

Die Nutzungsziehung ist nicht, wie bei der erstgenannten Variante, auf die Tilgung einer unbeglichenen Kreditschuld ausgelegt. Vielmehr macht sich die Belastung auf dem Zeitstrahl vor der Störung des Kreditverhältnisses bemerkbar. Die regelmäßige Kreditratenzahlung wird während der Regellaufzeit des Kreditverhältnisses mit den Nutzungen des parallel verlaufenden Nießbrauchs bestritten. Das Unternehmen ist während der gesamten Zeit des Kreditverhältnisses sicherungshalber belastet.

Im Gegensatz zur erstgenannten Variante des Sicherungsnießbrauchs hat der Zuwendungsnießbraucher während der Laufzeit des Kreditverhältnisses konkreten Einfluss auf das Unternehmen. Auf diese Weise kann bestimmungsgemäß darauf hingewirkt werden, dass der Sicherungsfall erst gar nicht eintritt.[302] Mithin sichert der Unternehmensnießbrauch nicht das Ausfallrisiko ab, dient aber als Sicherheit für die ordnungsgemäße, vertragsmäßige Begleichung der Kreditschuld. Diese präventive Komponente ist für eine Sicherheit ungewöhnlich. Ebendiese bringt aber zahlreiche Vorteile mit sich.[303] Zugleich zeigen sich Mängel für eine praktische Umsetzung.[304]

---

302 Die Arbeit erkennt die Notwendigkeit einer gesetzlichen Regelung des Unternehmensnießbrauchs an. Es müsste ein einheitliches gesetzliches Regelungssystem geschaffen werden, das Rechtssicherheit im Umgang mit dem Unternehmensnießbrauch schafft und diesen als Sicherungsmittel erfasst. Die *floating charge* soll Erkenntnisse darüber bringen, welche Rechtscharakteristika dem Unternehmensnießbrauch zugeschrieben werden können und sollen.

303 Vorteilhaft am echten Unternehmensnießbrauch zur Besicherung der Kreditratentilgung ist, dass er Kontroll- und Interventionsrechte geltend machen kann. Es kann positiv Einfluss auf die Einhaltung der Vertragskonditionen des Kreditverhältnisses genommen werden. Zu den Rechten und Pflichten des Sicherungsnehmers S. 212 ff. Das Rechtsverhältnis kann in der Praxis so ausgestaltet werden, dass der Sicherungsnehmer faktisch nicht das operative Geschäft führt, aber dennoch seine Kernrechte als formeller Unternehmensführer innehat. Zur Treuhandausgestaltung S. 103 ff.

304 Problematisch ist, dass das Ausfallrisiko, d.h. die Störung des zugrundeliegenden Kreditverhältnisses, generell nicht abgesichert ist. Der Nießbrauch gewährleistet in erster Linie eine ordnungsgemäße Kreditratentilgung. Für den Fall, dass das Unternehmen in einer finanziellen Schieflage ist und die Kreditraten nicht begleichen kann, ist, wie ausführlich zu zeigen sein wird, auf allgemeine Maßnahmen der Einzelzwangsvollstreckung der offenen Kreditforderung zurückzugreifen. Bei der Insolvenz des Unternehmens gelten die insolvenzrechtlichen Vorschriften entsprechend. Hierzu S. 282 ff. Vorausgegriffen plädiert die Arbeit dafür, dass der Unternehmensnießbrauch im Sicherungsfall mit einem Verwertungsrecht an Einzelgegenständen ausgestattet wird. Siehe hierzu S. 371 ff.

Stattet man die letztgenannte Variante des Sicherungsnießbrauchs mit weiteren Rechten aus, kann hieraus ein attraktives Sicherungsmittel für die Rechtspraxis entstehen. Beim erstgenannten Sicherungsnießbrauch als aufschiebend bedingtem Nießbrauch ist höchst fraglich, ob ein Kreditgeber Interesse an der Nutzungsziehung am Unternehmen im Sicherungsfall hat. Diese bringt keine Verwertungsmöglichkeit und ggf. eine langwierige Nutzungszeit bis zur Befriedigung der offenen Kreditverbindlichkeit mit sich. Da sich die Arbeit der Frage annimmt, welche gesetzlichen Reformvorschläge *de lege ferenda* umzusetzen sind, bietet der Unternehmensnießbrauch in der zweiten Variante mehr Ausgestaltungspotenzial. Sie liegt der vorliegenden Arbeit zugrunde und dient als Basis für die Untersuchung, wie ein Sicherungsmittel nach deutschem Recht ausgestaltet werden kann.

cc. Zwischenergebnis

Wenn man von einem „echten" Unternehmensnießbrauch spricht, wird hierunter der Vollnießbrauch verstanden.[305] Bei einem Vollnießbrauch wird das gesamte Unternehmen oder ein abtrennbarer Unternehmensteil zugunsten eines Dritten mit dem Nießbrauch belastet. Das Recht zur eigenen, unmittelbaren Nutzungsziehung und die Unternehmerstellung gehen über. Es handelt sich um eine Unterform der vorübergehenden Unternehmenssukzession.

Der hiervon abzugrenzende Bruchteilsnießbrauch führt herbei, dass allein ein Bruchteil eines Unternehmens, namentlich ein oder mehrere Unternehmensrechte, mit dem Nießbrauch belastet werden.[306] Der Ertragsnießbrauch bringt einem Dritten einen lediglich schuldrechtlichen Gewinnauszahlungsanspruch ein und kann nur an Rechten bestellt werden.[307] Sowohl der Bruchteils- als auch

---

Alternativ kann der Nießbrauch aufschiebend bedingt um den Eintritt des Sicherungsfalls vereinbart werden. Zur Abgrenzung S. 80 ff. Dadurch wäre zwar das Ausfallrisiko abgesichert. Namentlich könnte der Sicherungsnehmer so lange das Unternehmen führen und Nutzungen ziehen, bis die offene Kreditschuld beglichen wäre. Die Interessenlage eines Sicherungsnehmers ist jedoch darauf angelegt, dass die Schuld möglichst schnell und effektiv befriedigt und das Rechtsverhältnis mit dem Sicherungsgeber beendet wird. Die Ausführung des operativen Tagesgeschäfts steht dem entgegen. Dem Interesse eines Sicherungsnehmers entspricht daher weniger ein Nutzungsrecht als vielmehr ein Verwertungsrecht im Sicherungsfall. Es handelt sich um eine weniger ausbaufähige Variante des Sicherungsnießbrauchs, weshalb die Arbeit sich dieser nicht näher widmet.

305 Hierzu S. 54 f.

306 Hierzu S. 55 f.

307 Hierzu S. 56 f.

der Ertragsnießbrauch gewähren dem Dritten, im Gegensatz zum Vollnießbrauch, eine schwächere Rechtsposition und sind zur Anwendung an einem Unternehmen *en bloc* nicht geeignet.

Der Unternehmensnießbrauch kann sich wie auch der Nießbrauch im Allgemeinen als Zuwendungs- oder Vorbehaltsnießbrauch äußern. Die Ausgestaltung als Vermächtnisnießbrauch ist nur schwer vorstellbar. Beim Zuwendungsnießbrauch erhält ein Dritter kraft einer Zuwendung das Nutzungsrecht am Unternehmen,[308] während der Besteller Eigentümer unternehmenseigener Gegenstände bleibt.[309] Beim Vorbehaltsnießbrauch erlangt ein Dritter die Eigentümerschaft an den erfassten Unternehmensgegenständen, während der Besteller weiterhin zur Nutzung berechtigt ist. Der „echte" Unternehmensnießbrauch kann zu Sicherungszwecken mit den vorgesehenen Rechtsfolgen nur als entgeltlicher Zuwendungsnießbrauch verstanden werden.[310] Als Sicherungsnießbrauch kann das Nutzungsrecht am Unternehmen aufschiebend bedingt um den Sicherungsfall vereinbart werden. Ein Sicherungsnehmer kann dann eine offene, zugrundeliegende Kreditforderung durch Ziehung der Nutzungen aus dem Unternehmen befriedigen. Erst im Sicherungsfall, bei der Störung des Kreditverhältnisses, würde er in die Unternehmerstellung eintreten und das Unternehmen belastet sein.

Die vorliegende Arbeit nimmt sich des Unternehmensnießbrauchs zu Sicherungszwecken an. Diesem zufolge wird ein Unternehmen unmittelbar belastet und der Nießbrauch tritt sogleich mit der Kreditverbindlichkeit ein. Der Kreditgeber und Sicherungsnehmer kann grundsätzlich Nutzungen selbst und unmittelbar ziehen. Es wird darauf hingewirkt, dass sich das Ausfallrisiko nicht realisiert. Mit dem Nießbrauch wird der ordnungsgemäße Kreditverlauf gesichert.

4. Anwendungsvoraussetzungen des Unternehmensnießbrauchs

Die Literatur beschäftigt sich nur wenig mit der praktischen Anwendung des Nießbrauchs am Unternehmen und dessen Einzelproblemen.[311] Es wird nicht

---

308 Hierzu S. 58 ff.

309 Hierzu S. 59 ff.

310 Hierzu S. 62 ff.

311 Exemplarisch hierzu vgl. *Pohlmann*, in: Säcker et al., MüKo BGB, Bd. 8, 2020, § 1085 Rn. 17 ff.; *Vossler*, in: Oetker, HGB, 2019, Anh. §§ 25-28 Rn. 60; *K. Schmidt*, in: K. Schmidt, MüKo HGB, Bd. 3, 2019, Vor § 230 Rn. 9. Es wird pauschal auf die Zulässigkeit hingewiesen und der Nießbrauch für anwendbar erklärt. Es erfolgt im Einzelnen keine Auseinandersetzung mit dem Bestellungsvorgang. Auch werden

analysiert, welche Anwendungsvoraussetzungen bestehen. Dem nimmt sich diese Untersuchung an. Es wird hinterfragt, welche rechtlichen Eigenschaften ein Unternehmen vorzuweisen hat, um mit einem Nießbrauch belastet werden zu können. Anhand der gesetzlichen Anhaltspunkte sowie mittels teleologischer Hintergründe ist zu untersuchen, welche Unternehmen Gegenstand des Unternehmensnießbrauchs sein können. Dazu ist die Anwendbarkeit des Unternehmensnießbrauchs auf die in der Praxis relevantesten Rechtsformen zu untersuchen und der gesetzliche Regelungsbedarf *de lege ferenda* wird ausgearbeitet.

a. Unternehmen mit Unternehmensträger

In einem Unternehmen ist der Unternehmensträger sowohl das Zuordnungsobjekt im allgemeinen Sinn als auch Subjekt sämtlicher Rechte und Pflichten.[312] Nach dem Verständnis des deutschen Handelsrechts liegt grundsätzlich jedem Unternehmen ein Unternehmensträger zugrunde.[313] Ebendieser wird mit einem Unternehmensnießbrauch belastet.[314] Ausnahmsweise gibt es aber Unternehmensformen, die keinen Unternehmensträger aufweisen, namentlich die stille Gesellschaft i.S.v. § 230 HGB sowie den Konzern in seiner Gesamtheit. Sie sind daher für den Unternehmensnießbrauch untauglich.

b. Handelsgeschäft eines Kaufmanns

Nach § 22 Abs. 2 HGB liegt ein Unternehmensnießbrauch dann vor, wenn ein Handelsgeschäft aufgrund eines Nießbrauchs übernommen wird.[315] Dem Unternehmen wird ein notwendigerweise handelsgeschäftlicher Charakter

---

keine Beispiele für die vertraglichen Ausgestaltungsmöglichkeiten erbracht und die rechtspraktischen Auswirkungen werden zum Teil nur knapp angerissen.

312 Der Nießbraucher wird mit dem wirksamen Abschluss des Belastungsaktes und kraft Übernahme der Unternehmerstellung zum Unternehmensträger. So *K. Schmidt,* Handelsrecht, 2014, S. 171 ff. Zur Entstehung und Beendigung des Rechtsträgers *K. Schmidt,* Gesellschaftsrecht, 2002, S. 295-316.

313 Unternehmensträger sind etwa der Kaufmann selbst, die OHG und KG sowie die GmbH, AG und eG, sofern sie ein Unternehmen betreiben, hierzu *Hopt,* in: Baumbach/Hopt, HGB, 2020, Einleitung vor § 1 Rn. 41.

314 *Grädler,* S. 163; *Janssen/Nickel,* S. 28.

315 Die allgemeinen Begriffe vom „Unternehmen" und „Unternehmensträger" werden im HGB zum „Handelsgewerbe" (§ 1 Abs. 1 HGB) bzw. „Handelsgeschäft" (etwa §§ 25 ff. HGB) und „Kaufmann" (z.B. § 1 Abs. 1, 17 HGB) reduziert. So *K. Schmidt,* in: K. Schmidt, MüKo HGB, Bd. 1, 2016, § 1 Rn. 19.

zugeschrieben. Der Unternehmensnießbrauch kann daher von einem Kaufmann bestellt werden.

Handelsgeschäfte sind nach § 343 Abs. 1 HGB alle im Außenverhältnis wirkenden rechtgeschäftlichen sowie rechtsgeschäftsähnlichen Handlungen und Unterlassungen eines Kaufmanns auf dem handelsgewerblichen Gebiet i.S.v. § 1 Abs. 2 HGB.[316] Unter einem Handelsgewerbe im handelsrechtlichen Sinn ist jede selbstständige sowie berufsmäßige wirtschaftliche Tätigkeit zu verstehen, die auf einen auf Dauer eingerichteten Geschäftsbetrieb zur Gewinnerzielung ausgerichtet ist.[317]

Aufgrund traditioneller Gesichtspunkte und wegen der höchstpersönlichen Leistungserbringung sind künstlerische, wissenschaftliche oder freiberufliche Tätigkeiten ausgeschlossen.[318] Nicht erfasst vom Begriff des Handelsgewerbes sind Rechtsanwälte (§ 2 Abs. 2 BRAO) sowie weitere rechts- und wirtschaftsberatende Berufsgruppen, wie Patentanwälte (§ 2 Abs. 2 PAO), Notare (§ 2 S. 3 BNotO), Wirtschaftsprüfer (§ 1 Abs. 2 S. 2 WPO) und Steuerberater (§ 32 Abs. 2 S. 2 StBerG), sowie Ärzte (§ 1 Abs. 2 BÄO) und weitere medizinische Berufsgruppen, wie Zahn- und Tierärzte.[319]

Im Zusammenhang mit dem Unternehmensnießbrauch zeigt sich, wie wichtig die Abgrenzung der handelsgewerblichen von der künstlerischen, wissenschaftlichen und freiberuflichen Tätigkeit ist. Der Unternehmensnießbraucher, welcher vorübergehend das Unternehmen entweder höchstpersönlich oder durch einen Vertreter für die Zeit der Nießbrauchsvereinbarung fortführt, weist in den überwiegenden Fällen nicht die Expertise auf, um eine höchstpersönliche Tätigkeitserbringung vorzunehmen. Im Zweifel ist diese auch von Kunden nicht

316 *Pamp,* in: Oetker, HGB, 2019, § 343 Rn. 4, 9; *Hopt,* in: Baumbach/Hopt, HGB, 2020, § 343 Rn. 1 f.; *Joost,* in: Ebenroth et al., HGB, Bd. 2, 2015, § 343 Rn. 13, 23-27; *Roth,* in: Koller et al., HGB, 2019, § 343 Rn. 2 f.

317 Unter Heranziehung von BGHZ 63, 32, 33, *K. Schmidt,* in: K. Schmidt, MüKo HGB, Bd. 1, 2016, § 1 Rn. 26; *Hopt,* in: Baumbach/Hopt, HGB, 2020, § 1 Rn. 12; *Kindler,* in: Ebenroth et al., HGB, Bd. 1, 2020, § 1 Rn. 20 ff.; *Röhricht,* in: Röhricht/von Westphalen/Haas, HGB, 2014, § 1 Rn. 23. Eine dominante Literaturauffassung vertritt indes, dass auf das Merkmal der Gewinnerzielungsabsicht verzichtet werden könne. Es müsse auf die Selbstständigkeit, das Angebot am Markt, die Entgeltlichkeit sowie die planmäßige Dauerhaftigkeit der Tätigkeit abgestellt werden. So *K. Schmidt,* in: K. Schmidt, MüKo HGB, Bd. 1, 2016, § 1 Rn. 26.

318 *Kindler,* in: Ebenroth et al., HGB, Bd. 1, 2020, § 1 Rn. 38 f.; *Schwartze,* in: Häublein/Hoffmann-Theinert, BeckOK HGB, 2020, § 1 Rn. 23.

319 *Schwartze,* in: Häublein/Hoffmann-Theinert, BeckOK HGB, 2020, § 1 Rn. 23-28.

gewünscht und insbesondere im rechtsberatenden oder medizinischen Bereich darf zudem die Vertraulichkeit nicht angetastet werden. Anderes gilt nur, wenn diese als Formkaufmann im Rechtsverkehr auftreten.[320]

Für den Kaufmannsbegriff ist auf die gesetzlichen Vorschriften nach §§ 1-6 HGB zurückzugreifen. Kaufmann ist vornehmlich, wer gemäß § 1 HGB ein Handelsgewerbe betreibt, mithin ein Unternehmen, welches einen nach Art und Umfang in kaufmännischer Weise eingerichteten Geschäftsbetrieb erfordert. Ebenso haben im Handelsregister Eingetragene die Kaufmannseigenschaft inne, wie etwa Kleingewerbetreibende, Land- und Forstwirte, §§ 2, 3 HGB, sowie ehemalige, nicht aus dem Handelsregister gelöschte Gewerbebetreibende, § 5 HGB.

aa. Unternehmen im Sinne des HGB

Prüft man die notwendigen Eigenschaften derjenigen Unternehmensformen, die für den Unternehmensnießbrauch geeignet sind, ist die Vorschrift des § 22 Abs. 2 HGB von zentraler Bedeutung. Wie bereits dargestellt wurde, hat sich der historische Gesetzgeber des Bürgerlichen Gesetzbuchs gegen eine gesetzliche Regelung des Unternehmensnießbrauchs entschieden und diesen auch begrifflich nicht erwähnt.[321] Im HGB hingegen ist dieser, wenn auch in einer anderen Rechtsthematik, angeführt.[322] Als eine der wenigen Gesetzesnormen impliziert § 22 Abs. 2 HGB nicht nur die Zulässigkeit, sondern auch eine inhaltliche Auseinandersetzung des Gesetzgebers mit dem Unternehmensnießbrauch. Daher ist zu untersuchen, welche Unternehmen nach HGB von dem Unternehmensnießbrauch erfasst werden können.

bb. Handelsgesellschaften

Über § 6 HGB ist das Kaufmannsrecht des Handelsgesetzbuchs auf Handelsgesellschaften anwendbar.[323] Handelsgesellschaften sind Gesellschaften die ein Handelsgewerbe betreiben.[324] Zu unterscheiden sind, aufgrund rechtlicher und

---

320 Zur problematischen Anwendung des Unternehmensnießbrauchs auf Aktiengesellschaften, d.h. Kapitalgesellschaften, die das dualistische System in ihrer Organschaft aufweisen, S. 90 ff.

321 Siehe hierzu S. 32 ff.

322 Siehe hierzu S. 43 ff.

323 *Hopt,* in: Baumbach/Hopt, HGB, 2020, § 6 Rn. 1, 4.

324 Keine Handelsgesellschaften im Sinne des HGB sind etwa Gesellschaften bürgerlichen Rechts, Vereine, Stiftungen, stille Gesellschaften, eingetragene Genossenschaften, Partnerschaftsgesellschaften und öffentliche Körperschaften. *Hopt,* in: Baumbach/Hopt, HGB, 2020, § 6 Rn. 1.

struktureller Unterschiede, Personenhandels- und Kapitalgesellschaften. Nach dem Wortlaut von § 22 Abs. 2 HGB wäre grundsätzlich anzunehmen, der Unternehmensnießbrauch könnte unmittelbar auf alle Handelsgesellschaften angewandt werden. Bei näherer Betrachtung des Unternehmensnießbrauchs und dessen Teleologie zeigen sich jedoch konzeptionelle Schwierigkeiten.

aaa. Personenhandelsgesellschaft

Charakteristisch für eine Personenhandelsgesellschaft ist der enge personelle Bestand, d.h. die Zusammensetzung mindestens zweier natürlicher Personen, die sich zur Förderung eines gemeinsamen Zwecks verpflichten. Als Handelsgesellschaften sind typischerweise die Personengesellschaftsformen der offenen Handelsgesellschaft und der Kommanditgesellschaft, aber auch der Mischtypus der GmbH & Co. KG[325] zu qualifizieren. Dies gilt, sofern sie tatsächlich ein Handelsgewerbe betreiben oder zumindest im Handelsregister als Handelsgesellschaften ausgewiesen sind.[326]

OHG-Gesellschafter sowie die Komplementäre der KG unterliegen zwar einerseits einer persönlichen, unbeschränkten, unmittelbaren, akzessorischen und gesamtschuldnerischen Haftung für Gesellschaftsverbindlichkeiten. Andererseits gilt jedoch der Grundsatz der Selbstorganschaft. Grundsätzlich nehmen die Gesellschafter selbst die Geschäftsführung und Vertretung der Gesellschaft nach außen wahr und bestimmen wesentlich über die Geschäfte der Gesellschaft.[327] Dies ist mit dem Unternehmensnießbrauch vereinbar, sofern sich alle Gesellschafter gemeinschaftlich, kraft gesellschaftsvertraglicher Vereinbarung oder Zustimmung, dazu entscheiden, das Unternehmen vorübergehend zu Sicherungszwecken in die Hände eines Dritten zu übergeben und den Nießbrauch am Unternehmen zu übertragen. Der Unternehmensnießbraucher tritt

---

325 Zum Typenzwang und zu restriktiven Kombinationsmöglichkeiten im Einzelnen *K. Schmidt,* Gesellschaftsrecht, 2002, S. 95 ff.

326 *Körber,* in: Oetker, HGB, 2019, § 6 Rn. 4; *Roth,* in: Koller et al., HGB, 2019, § 6 Rn. 3.

327 Der Kommanditist hat eine Sonderstellung inne, indem seine Haftung für Gesellschaftsverbindlichkeiten gemäß §§ 171, 172, 176 HGB ab Eintragung seiner Position im Handelsregister zunächst in Höhe der Einlage beschränkt und mit umfänglicher Leistung der Einlage ausgeschlossen ist. Im Gegenzug ist er grundsätzlich von der Selbstorganschaft ausgeschlossen. Nach der (disponiblen) gesetzlichen Konzeption gemäß §§ 164, 170 HGB ist er weder zur Geschäftsführung noch zur Vertretung befugt. *Oetker,* in: Oetker, HGB, 2019, § 161 Rn. 15 f., 171 Rn. 4-6, 35 ff.; *Potsch,* S. 39, 56, 119; *Kindler,* JuS 2006, 865. Zur Innen- und Außenhaftung in der Insolvenz *Altmeppen,* NJW 2017, 3198.

dann in die Unternehmensfortführung ein und wird im Außen- und Innenverhältnis der Personenhandelsgesellschaft behandelt wie zuvor der Besteller. Zwar ist der Unternehmensnießbraucher nicht als Gesellschafter zu betrachten, da diese Position originär dem Gesellschafter vorbehalten ist und sich der Nießbrauch lediglich als Rechtsbelastung äußert, die zur Nutzungsziehung berechtigt. Der Konzeption des Unternehmensnießbrauchs ist jedoch grundsätzlich immanent, dass der Unternehmensnießbraucher vorübergehend die Unternehmensfortführung vornimmt, das Geschäft führt und somit Geschäftsführer im Innenverhältnis sowie Vertreter der Gesellschaft im Außenverhältnis ist.[328]

Dies erscheint auch im Hinblick auf die personengesellschaftliche Selbstorganschaft unproblematisch. Grundsätzlich trifft den Unternehmensnießbraucher die Haftung für Gesellschaftsverbindlichkeiten, es sei denn diese wird einvernehmlich ausgeschlossen. Für bisherige Geschäftsverbindlichkeiten ist ein Haftungsausschluss ausdrücklich nach § 25 Abs. 2 HGB möglich. Der Unternehmensnießbraucher tritt nicht in die Haftungsposition hinsichtlich der bisherigen im Geschäftsbetrieb begründeten Unternehmensverbindlichkeiten des Bestellers ein, sofern eine entsprechende Handelsregistereintragung und Bekanntmachung oder Gläubigermitteilung erfolgt. Es gilt die Nachhaftung des Bestellers nach § 26 HGB.[329] Im Übrigen haftet der Unternehmensnießbraucher unmittelbar selbst für eigens eingegangene Geschäftsverbindlichkeiten mit dem Umlauf- sowie Privatvermögen.[330]

Die grundsätzlich geltende Vertragsfreiheit bei Personenhandelsgesellschaften kann von den Parteien genutzt werden, so dass zahlreiche individualvertragliche Modifikationen anhand der parteilichen Interessenlage vereinbart werden. Der Unternehmensnießbraucher hat naturgemäß ein Interesse daran, im geringstmöglichen Umfang zu haften, da sich sein Fokus auf die Besicherung der Darlehensschuld sowie die Nutzungsziehung zu dessen Befriedigung bezieht. Der Besteller hat seinerseits ein Interesse daran, das Darlehen möglichst

---

328 *K. Schmidt,* Handelsrecht, 2014, S. 187.

329 *K. Schmidt,* ZHR 1981 Bd. 145, 2; *K. Schmidt,* ZHR 1992, 621; *Lieb,* in: Baur et al., FS Bodo Börner, 1992, S. 747 ff.; *Lieb,* in: Baur et al., FS Ralf Vieregge, 1995, S. 559 ff.

330 Dies wird einhellig vertreten. Im Übrigen geht die herrschende Literaturauffassung davon aus, dass der Besteller für Verbindlichkeiten des Nießbrauchers nach Beendigung des Unternehmensnießbrauchs und Rückerlangung des Unternehmens seinerseits nach § 25 HGB haftet. So *Pohlmann,* in: Säcker et al., MüKo BGB, Bd. 8, 2020, § 1085 Rn. 28; *Herrler,* in: Palandt, BGB, 2020, § 1085 Rn. 6; *Bayer,* in: Westermann et al., Erman BGB, Bd. 2, 2014, § 1085 Rn. 12, 13; *Heinze,* in: Staudinger, BGB, 2017, Anh. zu §§ 1068 f. Rn. 40.

zügig und zu angemessenen Konditionen zu bedienen. Auch ihm kommt es zugute, die Zahlungspflicht des Unternehmensnießbrauchers abzuwenden und die Haftung unmittelbar bei sich zu belassen, da er erwartungsgemäß in Regress genommen werden würde.

bbb. Kapitalgesellschaft

Auch Kapitalgesellschaften, wie die GmbH und die AG, sind Handelsgesellschaften. Die handelsrechtlichen Vorschriften finden über die Formkaufmannseigenschaft nach § 6 Abs. 1 HGB Anwendung.[331] Kapitalgesellschaften weisen als juristische Person ein Mindestkapital auf. Von der Haftung ist nur das Gesellschaftsvermögen betroffen. Die Haftung der Gesellschafter ist grundsätzlich ausgeschlossen. Es gelten strenge Kapitalaufbringungs- und Kapitalerhaltungsvorschriften. Ein Organ in jeder Kapitalgesellschaft bildet die Gesamtheit aller Gesellschafter, d.h. die Gesellschafterversammlung in der GmbH (§§ 46 ff. GmbHG) und die Hauptversammlung in der AG (§§ 118, 119 AktG). Die Gesellschaftsanteile sind grundsätzlich frei übertragbar, da die Gewinnerzielung im Vordergrund steht und nicht der Personenbestand, wie etwa in der Personenhandelsgesellschaft.

Es gilt die Fremdorganschaft. Die Geschäftsführung, d.h. die Unternehmensleitung und Führung des operativen Geschäfts, wird einem von den Gesellschaftern separierten Organ, dem Geschäftsführer in der GmbH (§§ 35 ff. GmbHG) oder dem Vorstand in der AG (§§ 76 ff. AktG), überlassen. Zudem ist ein Aufsichtsrat als Kontroll- und Überwachungsorgan in jeder AG (§§ 95 ff. AktG) oder ein Beirat bzw. Aufsichtsrat fakultativ bzw. obligatorisch in einer GmbH (§ 52 GmbHG)[332] vorhanden.

---

331 *Hopt*, in: Baumbach/Hopt, HGB, 2020, § 6 Rn. 3; *Kindler*, in: Ebenroth et al., HGB, Bd. 1, 2020, § 6 Rn. 24; *K. Schmidt*, in: K. Schmidt, MüKo HGB, Bd. 1, 2016, § 6 Rn. 9.

332 Ein fakultativer Beirat oder Aufsichtsrat kann in jeder GmbH aufgestellt werden. Obligatorisch ist ein Aufsichtsrat, wenn das Gesetz dies aus besonderen Schutzerwägungen heraus (Arbeitnehmer- sowie Anlegerschutz) vorgibt. Einschlägig ist dieser nach mitbestimmungsrechtlichen Normen, namentlich nach dem DrittelbG, MitbestG, MontanMitbestG, MitbestErgG, MgVG und dem KAGB. Hierzu *Zöllner/Noack*, in Baumbach/Hueck, GmbHG, § 52 Rn. 1 f.; *Beurskens*, in: Baumbach/Hueck, GmbHG, 2019, § 6 Rn. 44. Zur Unterscheidung des (fakultativen) Beirats bzw. fakultativen oder obligatorischen Aufsichtsrats im Einzelnen *Heckschen*, in: Heckschen/Heidinger, Die GmbH in der Gestaltungs- und Beratungspraxis, 2018, Rn. 670-713.

(1) Problematische Vereinbarkeit mit dem AktG

Innerhalb der zwei genannten Kapitalgesellschaftsformen ist ein elementarer struktureller Unterschied zu verzeichnen, der sich auf den Unternehmensnießbrauch auswirkt. In der GmbH hat die Gesellschafterversammlung grundsätzlich ein unmittelbares Weisungsrecht gegenüber dem Geschäftsführer.[333] Es sind zahlreiche gesetzliche Vorschriften disponibel und es herrscht grundsätzlich Gestaltungsfreiheit in der Satzung. Die Art und Weise der Unternehmensführung kann gesellschaftsvertraglich individualisiert und den Umständen des Einzelfalls entsprechend angepasst werden.[334] Der Unternehmensnießbrauch kann in der GmbH grundsätzlich unmittelbar umgesetzt werden.

Die Anwendung des Unternehmensnießbrauchs in der Aktiengesellschaft hingegen ist nicht unproblematisch. Betrachtet man dessen Charakteristika, insbesondere die Unternehmerstellung des Nießbrauchers und das Erfordernis einer freien Vertragsgestaltung, können die personelle und funktionale Trennung der Verwaltungsorgane sowie die Satzungsstrenge in der AG entgegenstehen. Nach § 23 Abs. 5 AktG sind die gesetzlichen Vorschriften in der Aktiengesellschaft zwingend einzuhalten. Abweichende oder modifizierende Vertragsregelungen sind nur wirksam, wenn dies eine gesetzliche Vorschrift ausdrücklich zulässt.[335] In einer Aktiengesellschaft sind die zwei Verwaltungsorgane, namentlich der Vorstand als Organ der Leitung, Geschäftsführung und Vertretung sowie der Aufsichtsrat als Organ der Kontrolle und Überwachung in der AG, personell und funktional zu trennen.[336] In der deutschen Aktiengesellschaft, die geprägt

---

333 *Wicke*, GmbHG, 2016, § 37 Rn. 4. Das Weisungsrecht der Gesellschafterversammlung gegenüber den Geschäftsführern ist der GmbH immanent. Darüber hinaus kann der Geschäftsführer sogar als Arbeitnehmer eingestuft werden, wenn ein Arbeitsvertrag zugrunde liegt und ihm „arbeitsbegleitende und verfahrensorientierte Weisungen" erteilt werden, wodurch „die konkreten Modalitäten der Leistungserbringung" bestimmbar sind. So *Reinfelder*, RdA 2016, 87, 92 mit Hinweis auf BAG NJW 2006, 1899 ff. sowie BAG NJW 1999, 3731 ff.

334 *Zöllner/Noack*, in: Baumbach/Hueck, GmbHG, 2019, § 45 Rn. 1. In einer Auseinandersetzung zu den systemischen Unterschieden des GmbH-Rechts zum Aktienrecht *Teichmann*, RNotZ 2013, 346.

335 *Koch*, in: Hüffer, AktG, 2020, § 23 Rn. 34-38; *Mertens*, ZGR 1994, 426; *Spindler*, AG 2008, 598, 599.

336 Es ist üblich, dass Vorstands- oder Aufsichtsratsmitglieder Aktien innehaben, wodurch sie Aktionäre sind und zugleich dem Organ der Hauptversammlung angehören. Es ist jedoch unzulässig, dass eine Person sowohl das Amt als Vorstands- als auch als Aufsichtsratsmitglied bekleidet. Dies ergibt sich bereits aus der Systematik, dass der Vorstand als operativ tätiges Organ der Kontrolle und Überwachung durch

ist vom dualistischen System *(two-tier-system)*,[337] resultiert daraus die institutionelle Selbstständigkeit der Leitungs- und Überwachungsfunktion, die sich in der Unvereinbarkeit der Mitgliedschaft in beiden Gremien und der Weisungsfreiheit des Vorstands äußert.[338]

Der Vorstand als Unternehmensführungsorgan ist nach § 76 Abs. 1 AktG weisungsunabhängig[339] und autonom.[340] Ihm können weder von der Hauptversammlung noch vom Aufsichtsrat als Kontroll- und Überwachungsorgan wirksam Weisungen erteilt werden.[341] Der Vorstand hat die Gesellschaft unter eigener Verantwortung zu leiten und grundsätzlich deren objektives Wohl zu verfolgen,[342] wobei ihm Leitungsermessen zusteht. Er ist insofern auch haftungsmäßig privilegiert. Im Rahmen der Business Judgment Rule nach § 93 Abs. 1 S. 2 AktG kann der Vorstand bei einer sorgfältigen, *ex ante* für das Unternehmen

---

den Aufsichtsrat unterliegt. Gesetzlich ist dies mitunter der Karenzzeitregelung nach § 100 Abs. 2 Nr. 4 AktG zu entnehmen. Diese sieht vor, dass Aufsichtsrat grundsätzlich nicht werden kann, wer in den letzten zwei Jahren Vorstandsmitglied derselben börsennotierten Gesellschaft war (Cooling-off-Periode). Hierzu *Fleischer*, NZG 2009 801, 806; *Sünner*, AG 2010, 111; *Bungert*, DB 2012, 2617.

337 Gleiches gilt für eine deutsche SE, die in jüngster Zeit, aufgrund zahlreicher Vorteile, etwa im Rahmen der Mitbestimmung und bei grenzüberschreitenden Transaktionen, an Beliebtheit gewonnen hat. Bei einer SE kann nach eigener Wahl gemäß Art. 38b SE-VO die Trennung von Aufsichts- und Leitungsorgan in Form des dualistischen Systems oder aber die Einheitlichkeit des Verwaltungsorgans im Sinne des monistischen Systems gewählt werden. *Reichert/Brandes*, in: Goette/Habersack, MüKo AktG, Bd. 7, 2017, Art. 38 SE-VO Rn. 3; *Scholz*, in: Habersack/Drinhausen, SE-Recht, 2016, Art. 38 Rn. 17-19, 20-26; *Paefgen*, in: Zöllner/Noack, Kölner Kommentar AktG, Bd. 8/ 1-3, 2012, SE-VO Art. 28, Rn. 16-22.

338 So *Eberspächer*, in: Spindler/Stilz, AktG, 2019, Art. 38 SE-VO Rn. 3; hierzu auch *Vedder*, in: Grigoleit, AktG, 2013, § 76 Rn. 2. Abzugrenzen ist dies vom monistischen System *(one-tier-system)*. Dieses ist insbesondere im englischen und US-amerikanischen Gesellschaftsrecht vorzufinden. So *Eberspächer*, in: Spindler/Stilz, AktG, 2019, Art. 38 SE-VO Rn. 4.

339 *Spindler*, in: Goette/Habersack, MüKo AktG, Bd. 2, 2019, § 76 Rn. 22 f.

340 *Weber*, in: Hölters, AktG, 2017, § 76 Rn. 8-11; *Fleischer*, in: Spindler/Stilz, AktG, 2019, § 76 Rn. 57 mit Verweis auf OLG Frankfurt ZIP 2011, 2009 f. und BGH NJW 1967, 1462, 1463.

341 *Habersack*, in: Goette/Habersack, MüKo AktG, Bd. 2, 2019, § 111 Rn. 23 f.

342 Dem Vorstand kommt gegenüber der Hauptversammlung, der Gesamtheit der Anteilseigner, eine eigenverantwortliche und weisungsunabhängige Stellung zu. *Spindler*, in: Goette/Habersack, MüKo AktG, Bd. 2, 2019, § 76 Rn. 22 f.; *Engelhardt*, Gesellschaftsrecht, 2018, S. 38.

interessengerechten Entscheidung tätig werden, ohne für einen Unternehmensschaden bei gegenteiliger Sachverhaltslage *ex post* einstandspflichtig zu sein.[343] Im Folgenden ist exemplarisch auf drei Aspekte einzugehen, die den Eintritt eines Nießbrauchers in das Organsystem der Aktiengesellschaft sowie die gesetzlichen Rechte und Pflichten der Organe schwierig gestalten.

(a) Bestellung des Vorstands

Der echte Unternehmensnießbrauch versteht sich als vorübergehende Form der Unternehmenssukzession: Der Unternehmensnießbraucher hat die Unternehmerstellung einzunehmen und die Unternehmensführung zu übernehmen. In der Aktiengesellschaft bedeutet dies grundsätzlich, dass der Unternehmensnießbraucher als Vorstand einzusetzen ist. Dies ist nicht unproblematisch. Dem stehen die aktienrechtlichen Vorschriften entgegen. Gemäß § 84 Abs. 1 S. 1 AktG obliegt es allein dem Aufsichtsrat, den Vorstand einer Aktiengesellschaft zu bestellen.[344] Die Bestellung ist ein Rechtsvorgang, der sich zusammensetzt aus dem Bestellungsbeschluss des Aufsichtsrats, der Bestellungserklärung gegenüber dem Bestellten und dessen Annahmeerklärung.[345]

Grundlage für die Berufung des Unternehmensnießbrauchers zum Vorstand wäre aber nicht die ausdrückliche Entscheidung und Bestellung durch den Aufsichtsrat, sondern der abgeschlossene Bestellungsakt des Unternehmensnießbrauchs. Dies widerspricht der gesetzlichen Regelung des Aktiengesetzes. Selbst wenn man die Bestellung des Unternehmensnießbrauchers zum Vorstand durch einen Bestellungsakt des Aufsichtsrats vorsehen würde, wäre der Vorgang nur deklaratorisch. Der echte Unternehmensnießbrauch bringt nämlich mit sich, dass der Nießbraucher als Führungsorgan, d.h. in der Aktiengesellschaft als Vorstand, einzusetzen ist. Der Aufsichtsrat würde damit allein einen formellen Akt vornehmen. Dies widerspricht insoweit der gesetzlichen Regelung, als nicht nur die Bestellungs-, sondern auch die Wahlkompetenz dem Aufsichtsrat insgesamt und ausschließlich zur höchstpersönlichen Entscheidungsfindung zugewiesen

---

343 *Spindler*, in: Goette/Habersack, MüKo AktG, Bd. 2, 2019, § 93 Rn. 70 ff. Zur Auseinandersetzung mit der Business Judgment Rule *Lutter*, ZIP 2007, 841; *Kocher*, CCZ 2009, 215; *Bachmann*, WM 2015, 105.

344 *Koch*, in: Hüffer, AktG, 2020, § 84 Rn. 5; *Mertens/Cahn*, in: Zöllner/Noack, Kölner Kommentar AktG, Bd. 1-1, 2009, § 84 Rn. 7-12; *Vedder*, in: Grigoleit, AktG, 2013, § 84 Rn. 3-16.

345 *Fleischer*, in: Spindler/Stilz, AktG, 2019, § 84 Rn. 5.

wird.[346] Die Vorstandsbestellung des Nießbrauchers kraft eines Bestellungsaktes des Aufsichtsrats wäre ein bloßer Scheinakt und die gesetzliche Vorschrift in ihrer *Ratio* ausgehöhlt.

(b) Überwachung und Kontrolle der Vorstandstätigkeit

Der Aufsichtsrat kann ggf. seine gesetzlich auferlegten Aufgaben nicht ordnungsgemäß wahrnehmen. Es obliegt dem Aufsichtsrat nach § 111 Abs. 1, 2 AktG, die objektive Überwachung und Kontrolle der Vorstandstätigkeit vorzunehmen, den Vorstand zu maßregeln und bei nicht ordnungsgemäßer Leitungstätigkeit dessen Abbestellung vorzunehmen.[347]

Ist der Unternehmensnießbraucher in der Vorstandsposition, versetzt dies den Aufsichtsrat in eine prekäre Lage. Es steht in Frage, ob der Aufsichtsrat die Vorstandstätigkeit des Unternehmensnießbrauchers objektiv beurteilen und bei Fehlverhalten gegen diesen vorgehen würde. Nach § 84 Abs. 3 S. 1, 2 AktG kann der Aufsichtsrat die Bestellung des Vorstands widerrufen, wenn ein wichtiger Grund vorliegt, wie etwa eine grobe Pflichtverletzung, die Unfähigkeit zur ordnungsgemäßen Geschäftsführung oder ein berechtigter Vertrauensentzug durch die Hauptversammlung.[348] Die Unternehmensführung geht mit dem Unternehmensnießbrauch einher. Für die gesamte Dauer der Nießbrauchsvereinbarung wäre auch die Vorstandsposition des Nießbrauchers garantiert. Damit wäre ggf. auch, entgegen § 84 Abs. 1 S. 1 AktG, die gesetzliche Bestellungszeit von fünf Jahren überschritten.[349] Dies allein ist jedoch unbedenklich, da das Gesetz nach § 84 Abs. 1 S. 2 AktG eine Verlängerung von weiteren fünf Jahren für zulässig erachtet.

Vielmehr ist davon auszugehen, dass der Aufsichtsrat eine vorzeitige Abbestellung im Falle einer Pflichtverletzung des Vorstands nicht vornehmen würde. Die Einleitung von Maßnahmen zur Abbestellung könnte einen Konflikt mit sich bringen, der nicht den Interessen des Unternehmens entspricht. Es ist

346 Der Aufsichtsrat trifft die Entscheidung zur Wahl des Vorstands und nimmt die Bestellung vor. Diese Aufgaben dürfen nicht von einem Dritten vorgenommen und auch nicht auf einen Ausschuss des Aufsichtsrats übertragen werden. Allein vorbereitende Handlungen durch einen Ausschuss sind rechtlich zulässig. *Fleischer*, in: Spindler/Stilz, AktG, 2019, § 84 Rn. 9; *Koch*, in: Hüffer, AktG, 2020, § 84 Rn. 5.

347 *Habersack*, in: Goette/Habersack, MüKo AktG, Bd. 2, 2019, § 111 Rn. 18 ff.; zur Kontrolltätigkeit des Aufsichtsrats im Weiteren *Klaus/Steinmann*, DBW 1986, 526; *Theisen*, AG 1995, 193.

348 *Spindler*, in: Goette/Habersack, MüKo AktG, Bd. 2, 2019, § 84 Rn. 128 f.

349 *Dauner-Lieb*, in: Henssler/Strohn, Gesellschaftsrecht, 2019, § 84 AktG Rn. 9.

nämlich nicht zu vernachlässigen, dass der Unternehmensnießbraucher als Sicherungsnehmer zugleich auch Darlehensgeber ist. Dies kann zu einer wechselseitigen Abhängigkeit führen. Wird dem Unternehmensnießbraucher die Unternehmensführung nicht fortgewährt, ist davon auszugehen, dass das Darlehen aufgekündigt wird und Schadensersatzansprüche anfallen. Zwangsläufig wären derartige Erwägungen zu berücksichtigen. Der Aufsichtsrat wäre nicht nur mit der Frage konfrontiert, ob der Vorstand seiner Tätigkeit nicht ordnungsgemäß nachgehen würde. Auch müsste er abwägen, ob ein etwaiger Schaden, den der Unternehmensnießbraucher in seiner Position als Vorstand verursacht, denjenigen Schaden überwiegt, der mit der frühzeitigen Darlehensbeendigung einhergehen würde. Damit wäre die objektive Betrachtung und Beurteilung der Vorstandstätigkeit durch den Aufsichtsrat nahezu ausgeschlossen.

(c) Mitwirkungsrechte in der Hauptversammlung

Obgleich dem Unternehmensnießbraucher das Bezugsrecht des Aktionärs aus der Aktie nicht zusteht,[350] belastet der Nießbraucher die vermögensrechtliche Stellung des Aktionärs, indem er berechtigt ist, Nutzungen, d.h. die Dividende und sonstige Erträge, hieraus zu ziehen und Rechte für sich in Anspruch zu nehmen.[351] Dies ist unbedenklich, wenn der Unternehmensnießbrauch wirksam zustande gekommen ist und die Aktionäre sich mit der Anteilsbelastung einverstanden erklärt haben. Problematisch ist jedoch, dass der Unternehmensnießbraucher nach überwiegender Literaturauffassung zur Ausübung von Mitwirkungsrechten in der Gesellschaft berechtigt ist.[352] Dadurch können Konflikte in den unterschiedlichen Wirkungsbereichen der Organe eintreten.

Es gibt gesetzlich vorgeschriebene Fälle, die der Abstimmung bedürfen, sowie Maßnahmen, die eine ungeschriebene Hauptversammlungskompetenz hervorrufen.[353] Sinn und Zweck ist es, dass sich der Vorstand nicht über den Willen der Gesellschafter in Angelegenheiten hinwegsetzen darf, die die Gesellschaft in besonderem Maße betreffen. Erhebliche das Anteilseigentum betreffende

---

350 Der Nießbrauch belastet die Aktie als Verkörperung der Mitgliedschaft, nicht aber die Mitgliedschaft selbst. Der Bezugsanspruch des Aktionärs, welcher ein Instrument des Nachteilsausgleichs ist, bleibt unangetastet und stellt keine ziehbare Nutzung des Nießbrauchers nach §§ 1068, 1030 Abs. 1 BGB dar. *Schürnbrand,* in: Goette/Habersack, MüKo AktG, Bd. 4, 2016, § 186 Rn. 40; *Koch,* in: Hüffer, AktG, 2020, § 186 Rn. 10.

351 Zu der umstrittenen Frage, ob und in welchem Maße dem Unternehmensnießbraucher die Ausübung von Verwaltungsrechten zusteht, S. 105 ff.

352 Ausführlich hierzu S. 258 ff.

353 Hierzu *Kubis,* in: Goette/Habersack, MüKo AktG, Bd. 3, 2018, § 119 Rn. 1 f.

Maßnahmen sollen daher vom Vorstand nicht ohne die Zustimmung der Anteilseigner vorgenommen werden dürfen. Würde ein Nießbraucher vom Stimmrecht aller nießbrauchsbelasteten Aktien in der Hauptversammlung Gebrauch machen,[354] bestünde rechtliche Konfusion. Der Unternehmensnießbraucher würde mehrere Kompetenzen wahrnehmen. Er wäre als Vorstand derjenige, der die Maßnahme vorschlägt, und als Nutznießer von Aktien in der Hauptversammlung zugleich derjenige, der hierüber abstimmt. Die demokratische Funktion der Hauptversammlung als Kollektivorgan würde ausgehebelt und die Einflussnahme der Aktionäre auf wesentliche Führungsentscheidungen unterminiert. Auf diese Weise könnte jede Maßnahme, die der Unternehmensnießbraucher in seiner Unternehmensführungstätigkeit als Vorstand vornehmen will, durchgesetzt werden.[355]

(2) Zwischenergebnis

Die Anwendung des echten Unternehmensnießbrauchs in der Aktiengesellschaft steht grundsätzlich nicht im Einklang mit den gesetzlichen Vorschriften des Aktienrechts. Dies gilt insbesondere für den Eintritt des Unternehmensnießbrauchers in den Vorstand.[356] Es besteht die Gefahr, dass die, gesetzlich auferlegte, personelle und funktionale Trennung der Organe in der AG nicht mehr unmittelbar gewährleistet ist. Auch wird durch die Bestimmung des Unternehmensnießbrauchers kraft der Nießbrauchsvereinbarung die obligatorische Bestellung des Vorstands durch den Aufsichtsrat aufgehoben bzw. zum Scheinakt etabliert.[357] Es ist fraglich, ob der Aufsichtsrat seine gesetzlich verpflichtende Überwachungs- und Kontrollfunktion wahren kann.[358] Die Vorstandstätigkeit wird für die Dauer des Unternehmensnießbrauchs bestehen und

---

354 Zum Meinungsstand, auf welche Weise der Unternehmensnießbraucher das Stimmrecht wahrnehmen und inwiefern sich ein Gesellschafter weiterhin einbringen kann, S. 263 ff.

355 Eine ähnliche Konstellation kann sich in der GmbH ergeben. Dies ist jedoch wenig bedenklich, da die Gesellschafterversammlung gegenüber dem Geschäftsführer weisungsbefugt ist. Auch die gleichzeitige Besetzung der Unternehmensführung und Gesellschafterversammlung ist unproblematisch. Geschäftsführer kann nach § 6 Abs. 3 S. 1 GmbHG nämlich jede Person sein, auch der in der Gesellschaft beteiligte Gesellschafter. *Ganzer*, in: Rowedder/Schmidt-Leithoff, GmbHG, 2017, § 45 Rn. 11, 12.

356 Zur Bestellung des Vorstands S. 75 f.

357 Ausführlich hierzu S. 73 ff.

358 Zur Tätigkeit des Aufsichtsrats, zu der Überwachung und Kontrolle der Vorstandstätigkeit S. 77 f.

dieser seinerseits für die Dauer der Darlehensgewährung. Diese Verkettung unterschiedlicher Rechtsverhältnisse wird auch bei der Überwachung und Kontrolle der Vorstandstätigkeit zu berücksichtigen sein. Die vorgegebene Laufzeit wird erwartungsgemäß einer gesetzlich geforderten objektiven Bewertung der Vorstandstätigkeit entgegenstehen.[359]

Schwierig ist die Frage, ob und wie der Unternehmensnießbraucher in der Hauptversammlung abstimmungsberechtigt sein kann.[360] Die Wahrnehmung von Mitwirkungsrechten durch den Unternehmensnießbraucher als Nießbraucher von Gesellschaftsanteilen ist geeignet, die notwendige Einbeziehung von Gesellschaftern für die Vornahme von Vorstandsmaßnahmen auszuhebeln. Die Gesellschafterinteressen würden unberücksichtigt bleiben.[361]

ccc. Zwischenergebnis und Stellungnahme

Zusammenfassend soll nicht suggeriert werden, der Unternehmensnießbrauch könne *per se* nicht auf die deutsche Aktiengesellschaft angewendet werden. Vielmehr soll auf die dargelegte Problematik hingewiesen werden, die in der Literatur[362] wenig behandelt wird. Betrachtet man die Teleologie des Unternehmensnießbrauchs, wäre es von Vorteil, diesen auf die Aktiengesellschaft anzuwenden. Sinn und Zweck des Unternehmensnießbrauchs zu Sicherungszwecken ist es nämlich, ein umfassendes Sicherungsmittel zu schaffen. Es kann sich in besonderem Maße eignen, um einen Kredit mit hohem Kreditvolumen zu erhalten. Diese Interessenlage zeigt sich bei Aktiengesellschaften, die üblicherweise aufgrund des Grundkapitals und ihrer umfangreichen Organisation auf den Umgang mit hohen Umsätzen schließen lassen. Außerdem ist zu beachten, dass der Rechtspraxis die Einflussnahme im Unternehmen und die zentralisierte Bestimmung von rechtlichen Vorgängen in der AG nicht unbekannt sind. Diese Fälle sind nicht unmittelbar mit der Situation des Unternehmensnießbrauchs vergleichbar. Dennoch sind sie geeignet zu zeigen, dass in der Aktiengesellschaft Fremdinteressen durchsetzbar sind, ohne dass die aktienrechtlichen Vorschriften ausgehebelt werden. Relevant ist, dass im Kern das Unternehmensinteresse verfolgt wird. Insbesondere in Konzernstrukturen i.S.v. § 18 AktG ist es üblich, dass ein (verdeckter oder offener) Beherrschungsvertrag nach § 291 AktG

---

359 Siehe hierzu S. 77 f.

360 Zu den Mitwirkungsrechten in der Hauptversammlung S. 77 f.

361 Ausführlich hierzu S. 94 f.

362 In der Literatur wird die Anwendbarkeit des Unternehmensnießbrauchs auf die Aktiengesellschaft erst gar nicht hinterfragt. Siehe *Grädler*, S. 163.

geschlossen wird[363] und Abhängigkeit durch Mehrheitsbesitz nach § 16 AktG[364] oder eine sonstige rechtliche Abhängigkeit nach § 17 AktG[365] vorliegt. Hierdurch wird eine gesellschaftsrechtlich vermittelte Einflussnahme gewährleistet, kraft der etwa der Aufsichtsrat nach §§ 101 Abs. 1 S. 1, 103 AktG strategisch zusammengesetzt gewählt werden kann. Die Bestellung des Vorstands erfolgt nach § 84 AktG entsprechend und es kann in Personalfragen Einfluss genommen werden. Im Ergebnis können die Geschäfte nach den Vorstellungen und Erwartungen des einflussnehmenden Unternehmens geführt werden. Daneben sind auch Stimmbindungsverträge üblich,[366] durch die ein einheitliches Stimmbild entsteht und Entscheidungen eines Einflussnehmenden durchgesetzt werden können. Eine Umgehung der gesetzlichen Vorschriften geht damit nicht einher, da eine zulässige Bindung im Innenverhältnis der Aktiengesellschaft entsteht.

Mangels gegenteiliger gesetzlicher Anhaltspunkte und in Ansehung der Teleologie ist davon auszugehen, dass die Aktiengesellschaft Gegenstand des Unternehmensnießbrauchs sein kann. Hierfür ist eine umfassende Vertragsregelung notwendig, die den Umgang des Nießbrauchers und dessen Zuweisung zu den Organen beim Eintritt in die Gesellschaft sowie während der fortgesetzten Unternehmensführungstätigkeit im Rahmen des Nießbrauchs regelt. Dennoch ist *de lege ferenda* klarzustellen, ob der Unternehmensnießbrauch an der deutschen Aktiengesellschaft bestellt werden kann und wie dieser praktisch umgesetzt wird. Es müssten gesetzliche Regelungen geschaffen werden, die die bisherigen Defizite bereinigen, um Rechtssicherheit zu gewährleisten.[367]

c. GbR als nicht-handelsgewerbliche Unternehmensform

Es gibt Unternehmen, die die handelsrechtlichen Voraussetzungen nicht erfüllen, da sie kein Handelsgewerbe betreiben. Fraglich ist daher, ob der

---

363 Als Rechtsfolge aus dem wirksamen Abschluss eines Beherrschungsvertrags unterliegt die Untergesellschaft einem Weisungsrecht durch die leitende Obergesellschaft nach den §§ 308 ff. AktG, hierzu *Deilmann*, in: Hölters, AktG, 2017, § 291 Rn. 1, 14 ff.

364 *Grigoleit*, in: Grigoleit, AktG, 2013, § 16 Rn. 3-10.

365 § 17 AktG steht in einem systematischen Zusammenhang mit §§ 16, 18 AktG und erfasst jede „gesellschaftsrechtlich vermittelte Einflussmöglichkeiten Dritter“, *Emmerich*, in: Emmerich/Habersack/ Schürnbrand, Aktien- und GmbH-Konzernrecht, 2019, § 17 AktG, Rn. 1, 14.

366 *Koch*, in: Hüffer, AktG, 2020, § 133 Rn. 25-31. Zur Zulässigkeit und zu den Rechtsfolgen von Stimmbindungsverträgen in der AG im Einzelnen *Wertenbruch*, NZG 2009, 645; *Zöllner*, in: Habersack et al., FS Ulmer 2003, S. 725.

367 Zur gesetzlichen Regelung des Unternehmensnießbrauchs S. 355 ff.

Unternehmensnießbrauch an Unternehmen bestellt werden kann, deren Gesellschaftsform sich nicht aus dem HGB ergibt. Nennenswert ist insbesondere die Gesellschaft bürgerlichen Rechts nach §§ 705 ff. BGB, die eine Personengesellschaft, aber keine Personenhandelsgesellschaft bildet. Legt man nur das handelsrechtliche Verständnis zugrunde, wäre die GbR nicht geeignet, Gegenstand eines Unternehmensnießbrauchs zu sein. Dafür spricht, dass § 22 Abs. 1 HGB eine der wenigen Gesetzesvorschriften ist, die den Unternehmensnießbrauch aufgreifen. Für ein weiteres, über das Handelsrecht hinausgehendes Verständnis spricht indes, dass der Unternehmensnießbrauch auch in § 102 Abs. 2 S. 1 VVG angeführt wird.[368] Der Wortlaut der Norm weist keine Beschränkung auf, die darauf schließen lässt, dass der Unternehmensnießbrauch allein an einem Handelsgewerbe anwendbar ist. Neben dem handelsrechtlichen Verständnis sind daher auch andere Gesellschaftsformen als Gegenstand des Unternehmensnießbrauchs geeignet. Diese Annahme wird von den Motiven des Bürgerlichen Gesetzbuchs vor Inkrafttreten im Jahr 1900 gestützt. Darin ist festgehalten, dass der Gesetzgeber den Nießbrauch an Unternehmen für zulässig erkannt hat,[369] ohne, dass eine Einschränkung des Unternehmensbegriffes erfolgt oder ein spezifisch handelsgewerblicher Bezug genommen wird. Dennoch ist in diesen Fällen die teleologische und konzeptionelle Anwendbarkeit auf die BGB-Gesellschaft zu prüfen. Die Rechtsfolgen des Unternehmensnießbrauchs sind zu berücksichtigen.

Die GbR ist eine im allgemeinen Rechts- und Geschäftsverkehr tätige Gesellschaft und grundsätzlich mit dem echten Unternehmensnießbrauch vereinbar. Obgleich es ihr an einer handelsgewerblichen Tätigkeit, etwa mangels Betriebsgröße oder -umfang, fehlt, weist sie eine vergleichbare Interessen- und Rechtslage auf wie eine OHG oder KG. Als Außengesellschaft tritt sie im Rechtsverkehr auf und beteiligt sich am Wirtschaftsverkehr. Auch die GbR bedarf einer wirtschaftlichen Existenzgründung. Zwar ist sie kraft Gesetzes nicht verpflichtet, Grundkapital aufzuweisen. Indes ist es nahezu undenkbar, dass eine GbR eine Geschäftstätigkeit aufnehmen kann, ohne Anschaffungen zu tätigen, wie etwa Büroräume anzumieten, sich technisch auszurüsten oder Geschäftskarten zu drucken. Im Übrigen ist auch die GbR angehalten, einen stetigen Kapitalfluss aufzuweisen, um wettbewerbsfähig bleiben zu können. Sie ist auf Fremdkapital und demgemäß auf die Inanspruchnahme von Krediten angewiesen. Es ist nur zweckmäßig, der Gesellschaft bürgerlichen Rechts durch die Einräumung eines

---

368 Hierzu S. 65 f.

369 Ausführlich hierzu bereits S. 50 ff.

Unternehmensnießbrauchs als umfassende Unternehmensbelastung eine angemessene Kreditvergabe zu eröffnen.

Dies gilt nur dann nicht, wenn es sich um eine reine Innengesellschaft handelt, da es in diesem Fall an einem Unternehmensträger mangelt.[370] Ebenso kann ein Unternehmensnießbrauch nicht an einer GbR bestellt werden, wenn sie der Ausführung einer selbstständigen, wissenschaftlichen oder freiberuflichen Tätigkeit dient. Dies ist mit der Einnahme der Unternehmerstellung durch den Nießbraucher unvereinbar.[371] Freiberufler, wie Mediziner oder Rechtsanwälte, nehmen durch die persönliche Erbringung von Dienstleistungen ein besonderes Vertrauen in Anspruch. Durch den Eintritt des Unternehmensnießbrauchers wäre die Wahrung des Berufsgeheimnisses gefährdet. Zusammenfassend ist der Unternehmensnießbrauch nicht allein an Handelsgesellschaften anzuwenden. Auch andere Unternehmensformen können gegenständlich sein, sofern Sinn und Zweck sowie die Umsetzungsweise des Unternehmensnießbrauchs beachtet werden. Dies gilt vornehmlich für die GbR als Außengesellschaft, der keine freiberufliche Tätigkeit zugrunde liegt.

5. Sicherungszweckdienlicher Nießbrauch in unechter Treuhand

Der echte Unternehmensnießbrauch konnte im Wesentlichen dargestellt werden. Im Weiteren ist dessen Einsatz als Sicherungsmittel näher zu betrachten.

a. Interessenlage des Sicherungsnehmers

Bei der Vergabe eines Kredits geht der Kreditgeber primär das Risiko ein, dass die zur Verfügung gestellte Kreditsumme oder auch die zu zahlenden Zinsen nicht (zurück) gezahlt werden. Dies kann aufgrund zahlreicher Umstände eintreten. Beispielsweise kann sich die Wirtschaftslage erheblich verschlechtern, wodurch das Unternehmen nicht wettbewerbsfähig bleibt, in Zahlungsschwierigkeiten gerät oder insolvent wird. Auch kann ein Rechtsstreit mit einem Dritten entstehen und das Vermögen des Kreditnehmers wird gepfändet. Je höher ein Kredit ist, desto höher ist das Ausfallrisiko. Es ist daher *ex ante,* vor Eingehung des Kreditverhältnisses, eine umfassende Risikoeinschätzung vorzunehmen. Dabei gilt,

---

370 Zur Anwendungsvoraussetzung, dass der Nießbrauch nur an Unternehmen mit einem Unternehmensträger bestellt werden kann, S. 84 f.

371 Zur Unanwendbarkeit des Unternehmensnießbrauchs in Bezug auf eine selbstständige, wissenschaftliche oder auch freiberufliche Tätigkeit S. 84 ff.

je besser sich die wirtschaftliche Ausgangslage des Kreditnehmers (langfristig) darstellt, desto geringer wird das Ausfallrisiko eingeschätzt.

Dennoch sind Maßnahmen zu ergreifen, um das Ausfallrisiko so umfassend wie möglich abzudecken. Dies wird, wie bereits ausgeführt, durch Sicherheiten ermöglicht.[372] Die vollumfängliche Erfassung eines Unternehmens mit dem Nießbrauch ist geeignet, zahlreichen unterschiedlichen Interessen nachzukommen. Der Sicherungsnehmer und Nießbraucher erhält eine starke Rechtsposition, indem er Inhaber einer dinglich (wirkenden) Belastung wird.[373] Er ist bei der Betroffenheit von Immobilien im Grundbuch, zumindest aber im Hinblick auf das Unternehmen *en bloc* im Handelsregister eingetragen.[374] Auch obliegt dem Nießbraucher die persönliche Nutzungsziehung. Die erfassten Nutzungen sind zu ziehen und zweckgerichtet für die Begleichung der Kreditraten aufzuwenden.[375] Es kommt im Einzelfall darauf an, ob ausreichend Nutzungen ziehbar sind und in welchem Umfang sie die anfallenden Kreditraten decken. Zumindest kann auf diese Weise sichergestellt werden, dass die Kreditraten nicht willentlich vom Kreditnehmer unbezahlt bleiben. Es wird auf die ordnungsgemäße Tilgung des Kredits hingewirkt, so dass dem Eintritt des Sicherungsfalls vorgebeugt wird. Zusätzlich kann sich der Sicherungsnehmer für den Sicherungsfall ein vertraglich vereinbartes Verwertungsrecht an bestimmten, nutzbaren Gegenständen vorbehalten.[376] Auf diese Weise wird ein repressives Mittel zur Abhilfe des wirtschaftlichen Risikos des Kreditgebers hinzugezogen. Diese Kombination ist rechtlich zulässig.[377]

---

372 Hierzu S. 33 ff.

373 Zur Rechtsnatur des Unternehmensnießbrauchs S. 145 ff.

374 Mit der Bestellung des Nießbrauchs an allen Einzelgegenständen gilt das Unternehmen als mit einem Nießbrauch umfassend belastet. Unmittelbare Rechtsfolge ist, dass der Nießbraucher in die Unternehmerstellung eintritt und dadurch als Unternehmer gilt. Der Unternehmensnießbrauch ist in das Handelsregister einzutragen. Zur Zusammenfassung der Rechtsfolgen *Lohr,* S. 40.

375 Hierzu bereits S. 80 ff., 99 ff.

376 Zu der sinnvollen Hinzuziehung einer verwertungsrechtlichen Komponente S. 371 ff.

377 Indes plädiert die Arbeit dafür, dass der Nießbrauch nicht auf eine Vertragsausgestaltung und kombinatorische Anwendung mit anderen Rechten angewiesen sein soll. Vielmehr sollte der Unternehmensnießbrauch selbst *de lege ferenda* ausgestaltet werden. Dadurch wäre eine umfassende Unternehmensbelastung normativ erfasst und ohne Rechtsunsicherheiten praktisch einsetzbar. Zu den Vorschlägen einer Gesetzesreform S. 353 ff.

Ein weiteres wesentliches Merkmal ist, dass der Unternehmensnießbrauch dem Kreditgeber durch die Einnahme der Unternehmerstellung das Recht gibt, Einblick in das Unternehmen und Einfluss auf Entscheidungsabläufe zu nehmen, um dessen dauerhafte Wirtschaftlichkeit zu prüfen und sicherzustellen. Dabei ist jedoch nicht zu vernachlässigen, dass die Unternehmerstellung eine Reihe von Pflichten mit sich bringt. Der Nießbraucher muss das Unternehmen eigenhändig führen und die Leitung aufnehmen. Dies erfordert Expertise sowie den Einsatz von Ressourcen. Institutionelle Kreditgeber, wie etwa Kreditinstitute, weisen in der Regel kein valides Interesse an der tatsächlichen Unternehmensführung und Ausübung des operativen Geschäfts auf. Eine angemessene Ausgestaltung des Nießbrauchs kann dadurch erreicht werden, dass der Sicherungsnehmer die formelle Rechtsposition des Unternehmers einnimmt, während die Unternehmensführungstätigkeit einem Dritten in Treuhand überlassen wird.[378] Die Ausübungsüberlassung ist gemäß § 1059 S. 2 BGB zulässig,[379] sofern zwischen den Parteien kein individualvertraglicher Ausschluss mit dinglicher Wirkung vereinbart ist.[380] Die Ausübungsüberlassung ist allein schuldrechtlicher Natur und führt keine rechtliche Änderung der Rechts- oder Vermögensposition des Nießbrauchers herbei.[381] Wie genau diese Treuhandlösung funktioniert, soll nachfolgend untersucht werden.

---

378 In der Literatur zum Unternehmensrecht wird oftmals zwischen dem Nießbrauch und der Treuhand als eigener, alternativer Ausübungsvariante der Unternehmensführung unterschieden, *K. Schmidt*, in: K. Schmidt, MüKo HGB, Bd. 3, 2019, Vor § 230 Rn. 10, zur Unternehmenstreuhand *Vossler*, in: Oetker, HGB, 2019, Anh. §§ 25-28 Rn. 63. Vorliegend geht es jedoch nicht um die Treuhand als eigene Form der Unternehmensbeteiligung, sondern um die treuhänderische Ausübung der Rechte und Pflichten aus dem Nießbrauch.

379 In § 1059 S. 1 BGB ist geregelt, dass der Nießbrauch unübertragbar ist. Zugleich wird im Folgesatz jedoch die Ausübung zur Überlassung an Dritte für zulässig erklärt. Die Ausübungsüberlassung ist von der Übertragung des Nießbrauchs klar abzugrenzen und wird als derjenige Zustand definiert, in dem „die Rechtsbeziehungen zwischen dem Eigentümer und dem Nießbraucher bestehen bleiben und nicht durch Rechtsbeziehungen zwischen dem Eigentümer und dem Ausübungsberechtigten ersetzt werden." *Reischl*, in: Bamberger et al., BeckOK BGB, 2020, § 1059 Rn. 6; *Mohr*, in: Säcker et al., MüKo BGB, Bd. 8, 2020, Vorbemerkung (Vor § 1018) Rn. 12.

380 Vgl. *Seulen*, in: Semler/Stengel, UmwG, 2017, § 152 Rn. 39.

381 *Pohlmann*, in: Säcker et al., MüKo BGB, Bd. 8, 2020, § 1059 Rn. 8.

b. Treuhandgestaltungen

Einen einheitlichen, allgemeingültigen Begriff von der Treuhand gibt es nicht.[382] Ein Treuhandverhältnis zeichnet sich dadurch aus,[383] dass dem Treuhänder im Außenverhältnis mehr Rechte zustehen, als er im Innenverhältnis gegenüber dem Treugeber tatsächlich ausüben darf.[384] Die Treuhand beschreibt damit einen Überschuss an Rechten im unmittelbaren Vergleich zwischen dem Außen- und Innenverhältnis. Die Einschränkung im Innenverhältnis rührt aus einer schuldrechtlichen Vereinbarung.[385] Die Vornahme von Rechtshandlungen unter Verletzung der im Innenverhältnis vereinbarten Restriktionen führt nicht zur Unwirksamkeit im Außenverhältnis, aber zur Schadensersatzpflicht des Treuhänders.[386] Das Treuhandverhältnis kann eigennütziger Natur sein, d.h. auf die Interessen des Treuhänders abstellen, etwa in Form der sog. Sicherungs- oder Nutzungstreuhand. Die Treuhand kann aber auch fremdnütziger Natur sein, indem sie auf die Interessen des Treugebers ausgelegt ist, etwa bei der sog. Verwaltungstreuhand.[387] Im Fall eines Unternehmensnießbrauchs kann die Treuhand im beiderseitigen Interesse ausgeübt werden, wodurch eine gemischtnützige Rechtsnatur vorliegt. Es kann zwischen echter und unechter Treuhand unterschieden werden.[388]

---

382 *Ellenberger,* in: Palandt, BGB, 2020, Vor 104 Rn. 25; *Gernhuber,* JuS 1988, 355.

383 Die ausdrückliche Bezeichnung eines Rechtsverhältnisses als Treuhand ist nicht notwendig, sofern sich aus den vereinbarten Rechten und Pflichten die entsprechenden Merkmale eines Treuhandverhältnisses abzeichnen. Zur eigennützigen Treuhand, *Kindl,* in: Bamberger et al., BeckOK BGB, 2020, § 930 Rn. 13.

384 Zur Charakterisierung des individualvertraglichen Verhältnisses zwischen Treuhänder und Treugeber *Schäfer,* in: Säcker et al., MüKo BGB, Bd. 6, 2020, § 662 Rn. 31-33.

385 So *Ellenberger,* in: Palandt, BGB, 2020, Vor 104 Rn. 25 mit Bezug auf BGH NJW 2004, 1382. Zugleich wird festgestellt, dass die fehlende Offenkundigkeit bei fiduziarischen oder vergleichbaren Rechtsgeschäften nicht *per se* zur Nichtigkeit wegen Sittenwidrigkeit führt (hierzu RGZ 106, 57) und dass im Hinblick auf die divergierenden Rechtswirkungen im Innen- und Außenverhältnis kein Scheingeschäft vorliegt, da diese dem tatsächlichen Parteiwillen entsprechen. Vgl. auch *Reichert/Weller,* in: Fleischer/Goette, MüKo GmbHG, Bd. 1, 2018, § 15 Rn. 203. Vgl. zur Treuhandlösung bei der Übertragung von Mitverwaltungsrechten *Janssen/Nickel,* S. 32.

386 *Ellenberger,* in: Palandt, BGB, 2020, Vor 104 Rn. 25.

387 Zu den einzelnen Treuhandformen und ihrer Ausgestaltung K. *Schmidt,* in: K. Schmidt, MüKo HGB, Bd. 3, 2019, Vor § 230 Rn. 38-41; vgl. auch *Preuß,* in: Vorwerk/Wolf, BeckOK ZPO, 2020, § 771 Rn. 12-16.

388 Vgl. *K. Schmidt,* Handelsrecht, 2014, S. 191 ff.

aa. Ungeeignetheit der echten Treuhand

Die echte, fiduziarische Treuhand zeichnet sich dadurch aus, dass der Treuhänder Rechtsinhaber wird und allein er nach außen erkennbar auftritt. Dem Treuhänder werden kraft Vollrechtsübertragung die Rechte des Treugebers vollumfänglich zugewiesen. Der Treugeber verliert seine Verfügungsmacht. Allein der Treuhänder kann diese Rechte im Außenverhältnis ausüben. Der Treuhänder ist im Innenverhältnis jedoch an die vom Treugeber auferlegten Regelungen gebunden und nimmt die Verrichtung, wenn auch auf eigene Rechnung, finanziell allein zu dessen Gunsten vor.[389] Diese Variante kommt beim Unternehmensnießbrauch nicht in Frage, da die gesetzlich geregelte Unübertragbarkeit des Stammrechts gemäß § 1059 S. 1 BGB entgegensteht.[390] Die fiduziarische Treuhand ist von dem gesetzlichen Unübertragbarkeitsverbot erfasst.

bb. Geeignetheit der unechten Treuhand

Die Ausübungsübertragung des Unternehmensnießbrauchs kann aber in Form der unechten Treuhand erfolgen. Diese ist nach § 1059 S. 2 BGB zulässig. Sie kann zum einen als einfache Vollmachtstreuhand ausgestaltet sein. Der Treuhänder wird „lediglich bevollmächtigt, das dinglich weiter dem Treugeber zustehende und für den Treuhänder fremd bleibende Treugut zu verwalten".[391] Zum anderen kann sie sich als Ermächtigungstreuhand äußern. Dem Treuhänder wird nach § 185 Abs. 1 BGB eine Verfügungsmacht für den rechtlichen Umgang mit den betroffenen Rechten eingeräumt, ohne dass der Treugeber selbst einen Rechtsverlust erleidet.[392]

aaa. Zur praktischen Ausgestaltung

Der Unternehmensnießbraucher könnte als Treugeber einem Treuhänder die Ausübung des Nießbrauchs, mithin die Unternehmenstätigkeit, überlassen. Letzterer könnte kraft einer Bevollmächtigung oder kraft der Übertragung von Verfügungsmacht in dessen Rechte und Pflichten für die Dauer des Nießbrauchs eintreten.

Im Außenverhältnis wäre der Unternehmensnießbraucher als Unternehmer tätig und die Nutzungen wären als von ihm persönlich gezogen anzusehen.[393] Im

389 Vgl. *Reichert/Weller*, in: Fleischer/Goette, MüKo GmbHG, Bd. 1, 2018, § 15 Rn. 199.
390 *Herrler*, in: Palandt, BGB, 2020, § 1059 Rn. 1.
391 *Reichert/Weller*, in: Fleischer/Goette, MüKo GmbHG, Bd. 1, 2018, § 15 Rn. 203.
392 Vgl. *Reichert/Weller*, in: Fleischer/Goette, MüKo GmbHG, Bd. 1, 2018, § 15 Rn. 203 f.
393 *Pohlmann*, in: Säcker et al., MüKo BGB, Bd. 8, 2020, § 1059 Rn. 16.

Innenverhältnis hingegen wäre der Treuhänder der Nießbrauchsausübende und an eine Vereinbarung mit dem Nießbraucher als Treugeber gebunden. Individualvertraglich gibt es eine Vielzahl von Möglichkeiten, den Vertrag im Innenverhältnis auszugestalten. Der Treuhänder wäre verpflichtet das operative Geschäft vorzunehmen. Es ist davon auszugehen, dass er die im Geschäftsalltag üblichen, gewöhnlichen Rechtsgeschäfte selbstständig und ohne Rücksprache vornehmen dürfte. Um einen Überblick über entscheidende Unternehmensentwicklungen zu behalten, könnte sich der Nießbraucher die Entscheidungsprärogative bei außergewöhnlichen Geschäften vorbehalten. Für die wirksame Vornahme von Rechtsentscheidungen wäre sein Einvernehmen erforderlich.

Die Ausübungsüberlassung i.S.v. § 1059 S. 2 BGB ist nicht formgebunden.[394] Um klare Rechtsverhältnisse zu schaffen, ist jedoch ein schriftlicher Vertrag ratsam. Üblicherweise wird ein Geschäftsbesorgungsvertrag nach § 675 BGB[395] vereinbart. Darüber hinaus ist es jedoch auch möglich, dass ein Auftrag nach § 662 BGB abgeschlossen wird, wodurch der Treuhänder die Treuhändertätigkeit selbst zugunsten des Nießbrauchers unentgeltlich vornimmt. Der bisherige Geschäftsführungsvertrag mit dem Unternehmen kann selbst im Rahmen einer vertraglichen Nebenabrede weiterhin Wirksamkeit entfalten. Für die Dauer des Nießbrauchs am Unternehmen ist das Ausübungsrecht in Form der unechten Treuhand akzessorisch, d.h. unmittelbar an das Kreditverhältnis geknüpft.[396] Eine Beendigung ist allein aufgrund individualparteilicher Einigung vorzeitig möglich.

bbb. Einsetzung des bisherigen Unternehmers als Treuhänder

Der Treuhänder kann jede vom Nießbraucher als kompetent angesehene Person sein. Die treuhänderische Einsetzung des bisherigen Unternehmers[397] erscheint sinnvoll und kommt dann in Frage, wenn der Betrieb bisher in finanziell zufriedenstellender Weise geführt wurde bzw. finanzielle Engpässe nicht unmittelbar auf die Art und Weise der bisherigen Geschäftsführung zurückzuführen sind.

Den bisherigen Unternehmensführer zeichnet aus, dass er die Abläufe und Besonderheiten des Unternehmens aus seiner bisherigen Tätigkeit kennt. Dies macht ihn grundsätzlich zur geeignetsten Person für die weitere Unternehmensführung. Auch hat er ein valides Interesse, die Geschäfte bestmöglich zugunsten

---

394 *Pohlmann*, in: Säcker et al., MüKo BGB, Bd. 8, 2020, § 1059 Rn. 13.
395 *Vossler*, in: Oetker, HGB, 2017, Anh. §§ 25-28 Rn. 63.
396 *Pohlmann*, in: Säcker et al., MüKo BGB, Bd. 8, 2020, § 1059 Rn. 20.
397 Vgl. *Pohlmann*, in: Säcker et al., MüKo BGB, Bd. 8, 2020, § 1059 Rn. 14.

des Unternehmensnießbrauchers weiterzuführen. Er könnte höchstpersönlich einen „reibungslosen“ Unternehmensverlauf während der Laufzeit des Nießbrauchs sowie eine ordnungsgemäße, regelmäßige Darlehenstilgung gewährleisten, welche zur unmittelbaren Rückerlangung des Unternehmens in dessen eigene Hände führen würde.

Im Rechtsverkehr, d.h. im Außenverhältnis, wäre die Kontinuität der Führungsperson gewährleistet,[398] indem der Besteller des Nießbrauchs als bisheriger Geschäftsführer weiterhin als Berechtigter in Erscheinung treten würde. Dies ist von Vorteil, da das Vertrauen der Unternehmensbeteiligten, wie Mitarbeiter oder Vertragspartner, sowie außenstehender Dritter, wie etwa Kunden, in die gleichartige Fortsetzung der unternehmerischen Tätigkeit gestärkt würde.[399]

Gemäß § 1063 Abs. 1 BGB erlischt der Nießbrauch, wenn Personenidentität zwischen der Person des Nießbrauchers mit der Person des Eigentümers vorliegt.[400] Diese Regelung steht allerdings nicht entgegen, da der bisherige Unternehmer nicht originär Nießbraucher wird, sondern den Nießbrauch zugunsten des Nießbrauchers lediglich ausübt.

c. *Zwischenergebnis*

Der Unternehmensnießbrauch zu Kreditsicherungszwecken führt für einen Kreditgeber und Sicherungsnehmer eine grundsätzlich vorteilhafte Rechtslage herbei: Bei der Einräumung eines Kredits erhält dieser das Unternehmen in Gänze als Sicherheit. Die Nutzungen des Unternehmens sind persönlich zu ziehen. Auf diese Weise kann wesentlich auf die ordnungsgemäße Rückzahlung der Kreditzinsen Einfluss genommen werden. Zugleich ist der Nießbraucher verpflichtet, die Unternehmensführung persönlich anzutreten. Zwar hat ein sicherungsnehmender Kreditgeber ein Interesse an der Einflussnahme auf das Unternehmen sowie an der Einsichtnahme in die wirtschaftlichen Abläufe. Die tatsächliche Führung des operativen Geschäftsalltags entspricht jedoch in den überwiegenden Fällen nicht der Interessenlage eines Sicherungsnehmers. Sinnvoll ist insofern die Wahl einer Treuhandlösung.

---

398 Vgl. *K. Schmidt*, Handelsrecht, 2014, S. 256.

399 Hinzu kommt, dass der Nießbraucher gemäß § 22 Abs. 2, 1 HGB ausdrücklich die bisherige Firma beibehalten kann. Hierzu bereits S. 61 ff. Im Außenverhältnis ist die Änderung der rechtlichen Umstände nicht erkennbar.

400 Es handelt sich um einen Fall der sog. Konsolidation. Zu den Rechtsfolgen *Herrler*, in: Palandt, BGB, 2020, § 1063 Rn. 1.

Eine echte, fiduziarische Treuhand ist rechtlich unzulässig, da ihr das gesetzliche Übertragungsverbot des Nießbrauchs nach § 1059 S. 1 BGB entgegensteht. Zulässig ist jedoch die Anwendung einer unechten Treuhand nach § 1059 S. 2 BGB. Für die Ausübung der Unternehmensführungstätigkeit wird im Rahmen der Vollmachts- oder Ermächtigungstreuhand ein Dritter eingesetzt, wobei der Nießbraucher die formelle Position als Unternehmer einnimmt. Die Einsetzung des bisherigen Unternehmers als Treuhänder bietet sich insbesondere an. Er hat erwartungsgemäß die wohl größte Expertise aufgrund seiner bisherigen Erfahrung. Auch weist er ein valides Interesse an der ordnungsgemäßen Kreditratenzahlung und Rückerlangung des unbelasteten rechtlichen Unternehmenszustands auf. Im Außenverhältnis ist auf diese Weise die Führungskontinuität gewährleistet.

d. Sonderproblem: Nicht umsetzbare Treuhand in der AG

Ein Sonderproblem betrifft die Frage, ob, aus aktienrechtlicher Sicht, die unechte Treuhandlösung[401] mit der Unternehmensführung durch den Vorstand einer AG vereinbar ist. Es obliegt dem Vorstand einer Aktiengesellschaft nach § 76 Abs. 1 AktG seine Tätigkeit eigenverantwortlich zu führen und seine Entscheidungen ausschließlich nach dem Unternehmensinteresse auszurichten.[402] Es gilt die umfassende Weisungsfreiheit des Vorstandes. Diesem gegenüber erteilte Vorgaben und Beschränkungen sind unwirksam und nicht bindend.[403] In der Rechtsprechung wurde festgestellt, dass bereits die Auferlegung einer Informationspflicht unwirksam sein kann.[404] Bei der Führung des operativen Geschäfts hat der Vorstand eine eigene Evaluierung der Sachverhaltslage unter Berücksichtigung sämtlicher Umstände vorzunehmen und Leistungsermessen walten zu lassen.[405]

---

401 Im Folgenden bezeichnet die „Treuhandlösung" allein den Ansatz zur Anwendung der unechten Treuhand. Ausführlich hierzu S. 103 ff. Der Unternehmensnießbraucher nimmt grundsätzlich die Position als Unternehmensführer ein. Durch Vollmacht oder Ermächtigung wird der bisherige Unternehmensführer zur Ausübung der Tätigkeit eingesetzt werden, wodurch allein dieser weiterhin tätig wird. Dies hat zur Folge, dass Letzterer weiterhin in gewohnter Weise das Unternehmen führen darf und im Außenverhältnis auftritt. Im Innenverhältnis besteht eine individualvertragliche Bindung an den Treuhandvertrag.

402 *Dauner-Lieb*, in: Henssler/Strohn, Gesellschaftsrecht, 2019, § 76 AktG Rn. 2, 10.

403 *Fleischer*, in: Spindler/Stilz, AktG, 2019, § 76 Rn. 57 f.

404 *Hüffer*, ZIP 1996, 401, 405; *Koch*, in: Hüffer, AktG, 2020, § 76 Rn. 25.

405 *Spindler*, in: Goette/Habersack, MüKo AktG, Bd. 2, 2019, § 76 Rn. 14, 16.

Ebendiese Autonomie des Vorstands konfligiert mit der Treuhandlösung. Sinn und Zweck der Treuhand ist es vornehmlich, den Interessen des Sicherungsgebers nachzukommen und ihm die „Last" abzunehmen, die Unternehmensführung auszuüben.[406] Über den Treuhandvertrag, selbst in Form der Bevollmächtigung oder Ermächtigung, wird der Treugeber in einer überlegenen Rechtsposition berechtigt, Einfluss auf die Ausübung der Unternehmensführung zu nehmen. Es ist denklogisch nicht möglich, den Vorstand einem Treuhandvertrag zu unterwerfen, ohne ihn einzuschränken. Bereits die Auferlegung einer Informationspflicht des Vorstands an den Unternehmensnießbraucher wäre unzulässig, da der Vorstand kraft Gesetzes niemandem gegenüber Bericht zu erstatten hat. Die Intervention eines Dritten in die Führungsentscheidung eines Vorstandsmitglieds wäre erst recht unzulässig. Jede Form der übergeordneten Hierarchie widerspricht der Vorstandstätigkeit, wodurch die Konzeption des Unternehmensnießbrauchers als Treugeber ausscheidet. Eine Ausnahme von § 76 Abs. 1 AktG ist aufgrund der aktiengesetzlichen Satzungsstrenge nicht möglich.[407] Die vorgestellte Treuhandlösung kann daher in der Aktiengesellschaft nicht umgesetzt werden.

Um die Interessen des Sicherungsnehmers zu berücksichtigen und den Unternehmensnießbrauch für Aktiengesellschaften an diesem Punkt nicht scheitern zu lassen,[408] ist über eine alternative rechtliche Lösung nachzudenken. Es könnte etwa möglich und zulässig sein, den Unternehmensnießbraucher als eines von mehreren Vorstandsmitgliedern zu bestellen. Das wesentliche Kriterium des echten Unternehmensnießbrauchs wäre insofern erfüllt, als der Unternehmensnießbraucher formell an der Unternehmensführung beteiligt wäre. Inwiefern er sich in der Führungstätigkeit einbringt, obliegt diesem, im Rahmen der gesetzlichen Vorgaben, selbst[409] und kann im Hinblick auf den Umfang

406 Daher soll die Ausübungstätigkeit delegiert werden und das operative Geschäft beim bisherigen Geschäftsführer bleiben können. Dieser hat ein offensichtliches Interesse daran, das Unternehmen weiter eigenhändig zu führen, und wird, zur Inanspruchnahme eines hohen Kredits, die Einflussnahme des Sicherungsnehmers bei wesentlichen Entscheidungen sowie die Informationspflicht wahrnehmen wollen.

407 Grundsätzlich gilt die Satzungsstrenge in der AG und es darf nur in Ausnahmefällen hiervon abgewichen werden. Dies ist zulässig, sofern das Gesetz dies ausdrücklich vorsieht. *Vetter*, in: Henssler/Strohn, Gesellschaftsrecht, 2019, § 23 AktG Rn. 22 f. Die Norm des § 76 AktG sieht keinen derartigen Ausnahmetatbestand vor.

408 Zu den weiteren Problematiken bei der Anwendung des Unternehmensnießbrauchs in einer Aktiengesellschaft siehe bereits S. 90 ff.

409 Der Unternehmensnießbraucher als Vorstandsmitglied darf nicht gänzlich untätig bleiben und unterliegt den gesetzlichen Vorgaben zur Sorgfaltspflicht und der

der auszuübenden Tätigkeit von den Umständen und Interessen des Einzelfalls abhängig gemacht werden. Als Vorstandsmitglied hätte der Unternehmensnießbraucher Einblick in alle Unternehmensabläufe und könnte Einfluss in seiner Position nehmen, sofern er wesentliche Unternehmensentscheidungen mitbestimmen wollen würde. Geht man weiterhin davon aus, dass er kein Interesse an der operativen Geschäftstätigkeit hätte, könnte er sich hiervon enthalten. Auf die übrigen Vorstandsmitglieder würde, unter Berücksichtigung von § 76 Abs. 1 AktG, kein Einfluss genommen werden, da sich der Unternehmensnießbraucher in keiner überlegenen Rechtsposition befinden würde. Auch würden im Sinne des aktienrechtlichen Verständnisses keine unternehmensfremden Interessen, wie etwa die Gläubigerinteressen des Unternehmensnießbrauchers als Kreditgeber, eingebracht werden, da er selbst dem gesetzlichen Führungsmaßstab eines Vorstandsmitglieds unterliegen würde. Mithin kann durch die zusätzliche Bestimmung des Unternehmensnießbrauchs als Vorstand in der Aktiengesellschaft der Unternehmensnießbrauch in gesetzlich zulässiger Weise umgesetzt werden. Auch hier ist jedoch hervorzuheben, dass es sich um eine unerforschte Rechtsproblematik handelt. Die Anwender sind einer enormen Rechtsunsicherheit ausgesetzt.[410]

6. Rechtskonkurrenz und allgemeine Rechtsfolgen

Im Recht des Unternehmensnießbrauchs gelten der sachenrechtliche Prioritätsgrundsatz und die Sondervorschriften nach § 1085 S. 2 BGB i.V.m. §§ 1086 ff. BGB.[411] Durch den Nießbrauch soll den anderen Gläubigern des Bestellers kein Nachteil entstehen.[412] Dessen Vermögen dient weiterhin als Kreditgrundlage.[413] Dies bedeutet, dass den weiteren Gläubigern des Bestellers ein

---

Verantwortlichkeit der Vorstandsmitglieder gemäß § 93 AktG. Die Vorstandstätigkeit ist tatsächlich auszuüben.

410 Zum Erfordernis einer gesetzlichen Regelung für den Unternehmensnießbrauch in einer AG, ab S. 356 ff.

411 *Reischl*, in: Bamberger et al., BeckOK BGB, 2020, § 1085 Rn. 1; § 1086 Rn. 1; *Heinze*, in: Staudinger, BGB, 2017, Vorbemerkung zu §§ 1085 ff Rn. 1.

412 *Schulte-Nölke*, in: Schulze et al., BGB, 2019, § 1086 Rn. 1.

413 Kritisch ist zu betrachten, dass der Rechtsgedanke des § 419 BGB a.F. fortgeführt werden soll. Demzufolge soll das Vermögen des Schuldners für die Gläubiger auch nach der vollständigen Vermögensveräußerung als Kreditgrundlage dienen, um diese nicht durch Entziehung einer möglichen Haftungsmasse zu benachteiligen. Mit der Schuldrechtsmodernisierung 2001 wurde die Vorschrift aus dem Gesetz entfernt. Es wurde angenommen, das Anfechtungsrecht biete ausreichend Schutz. Die Beibehaltung des

unmittelbares Zugriffsrecht auf Bestandteile des belasteten Vermögens nach § 1086 S. 1 BGB sowie auch (bei verbrauchbaren Sachen) ein Wertersatzanspruch gemäß § 1086 S. 2 i.V.m. § 1067 BGB zusteht, sofern die zu vollstreckende Forderung dem Bestellungsakt des Nießbrauchs zeitlich vorausgeht.[414]

§ 1087 BGB erweitert den Regelungsgehalt des § 1086 BGB, der das Verhältnis des Nießbrauchers zu den Gläubigern des Bestellers betrifft.[415] Der Besteller kann vom Nießbraucher gemäß § 1087 Abs. 1 S. 1 BGB Rück- bzw. Herausgabe eines zur Befriedigung erforderlichen Gegenstands des belasteten Vermögens verlangen, sofern die Forderung der Gläubiger vor dem Bestellungsakt fällig geworden ist.[416] Die Auswahl des Gegenstands steht im Ermessen des Bestellers und wird danach ermittelt, welcher Gegenstand für die Schuldentilgung gemäß § 1087 Abs. 1 S. 2, 3 BGB geeignet ist.[417] Sofern sich die Forderung nicht auf die Leistung eines mit dem Nießbrauch belasteten Vermögensgegenstands bezieht und ein Zuwarten unbedenklich ist, können auch andere, objektiv zur Gläubigerbefriedigung geeignete Gegenstände aus dem „Nießbrauchsverband" veräußert werden. Voraussetzung ist, dass deren Erlös geeignet ist, andere Gläubigerforderungen nach § 1087 Abs. 2 S. 2 BGB zu befriedigen.[418] Um dem Nießbraucher diese Möglichkeit einzuräumen, ist er ausnahmsweise als verfügungsbefugt anzusehen.[419]

Der Nießbraucher ist gegenüber den Gläubigern des Bestellers persönlich nicht haftbar.[420] Hiervon macht § 1088 BGB eine restriktiv auszulegende,

---

§ 1086 BGB zur Bestellung eines Nießbrauchs am Vermögen als rechtliches Minus zur Vermögensveräußerung im Ganzen führt indes zu einer Schieflage. So *Reischl*, in: Bamberger et al., BeckOK BGB, 2020, § 1086 Rn. 1. Das Befriedigungsrecht der Gläubiger äußert sich als schuldrechtlicher Anspruch auf Duldung der Zwangsvollstreckung. *Pohlmann*, in: Säcker et al., MüKo BGB, Bd. 8, 2020, § 1086 Rn. 5, 7; *Herrler*, in: Palandt, BGB, 2020, § 1086 Rn. 2.

414 *Heinze*, in: Staudinger, BGB, 2017, Vorbemerkung zu §§ 1085 ff Rn. 3 f.; *Pohlmann*, in: Säcker et al., MüKo BGB, Bd. 8, 2020, § 1086 Rn. 2, 6; *Berger*, in: Stürner, Jauernig BGB, 2018, § 1086 Rn. 2; *Schulte-Nölke*, in: Schulze et al., BGB, 2019, § 1086 Rn. 1.

415 *Reischl*, in: Bamberger et al., BeckOK BGB, 2020, § 1087 Rn. 1; *Berger*, in: Stürner, Jauernig BGB, 2018, § 1087 Rn. 1.

416 *Heinze*, in: Staudinger, BGB, 2017, § 1087 Rn. 5; *Reischl*, in: Bamberger et al., BeckOK BGB, 2020, § 1087 Rn. 3, 4.

417 *Pohlmann*, in: Säcker et al., MüKo BGB, Bd. 8, 2020, § 1087 Rn. 3.

418 *Reischl*, in: Bamberger et al., BeckOK BGB, 2020, § 1087 Rn. 10 f.

419 *Pohlmann*, in: Säcker et al., MüKo BGB, Bd. 8, 2020, § 1087 Rn. 7 f.

420 Eine persönliche Haftung des Nießbrauchers kommt grundsätzlich nicht in Frage, da der Nießbraucher im Rechtsverhältnis zwischen Besteller und dessen Gläubigern lediglich ein unbeteiligter Dritter ist. Es besteht für die Forderungen der Gläubiger

unabdingbare Ausnahme.[421] Die Gläubiger des Bestellers können Zinsen aus verzinslichen Forderungen nach § 1088 Abs. 1 S. 1 BGB auch vom Nießbraucher verlangen, wenn sie zur Zeit bzw. nach der Bestellung des Nießbrauchs entstanden sind. Die Haftung des Nießbrauchers kann nicht durch Vereinbarung zwischen ihm und dem Besteller ausgeschlossen oder beschränkt werden. Die Gläubigerrechte werden in diesem begrenzten Maße erweitert und es wird *ipso iure* ein Schuldbeitritt des Nießbrauchers in Form einer Gesamtschuldnerschaft begründet.[422] Demgemäß besteht ein direkter Anspruch der Gläubiger des Bestellers gegen den Nießbraucher gemäß § 1088 Abs. 3 S. 1 BGB, der sich primär als Zahlungsanspruch und sekundär, im Verzugsfall, als Rückgabeanspruch hinsichtlich eines Gegenstands des belasteten Vermögens äußert.[423] Der Nießbraucher ist gemäß § 1088 Abs. 1 S. 1 BGB haftbar für gesetzliche oder vertragliche Zinsansprüche jeglicher Rechtsnatur, den die Gläubiger des Bestellers innehaben, wenn bereits zur Zeit des Bestellungsaktes die verzinsliche Forderung sowie der Zinsanspruch entstanden sind.[424]

Nach § 1088 Abs. 1 S. 2 BGB erstreckt sich die Haftung des Nießbrauchers auch auf die Einstandspflicht bei zur Zeit der Bestellung entstandenen Gläubigeransprüchen aus wiederkehrenden Leistungen, die bei ordnungsgemäßer Verwaltung aus den Vermögenseinkünften bestimmungsgemäß bestritten werden. Darunter fallen die Tilgungsrate und Zinsen u.a. von Leibrenten, Versicherungsprämien, Lebensversicherungen, Unterhaltsrenten, Kaufpreisraten.[425] Da das Gesetz diese als Lasten ansieht, die auf den Nutzungen des belasteten Vermögens beruhen, kann der von den Gläubigern belangte Besteller den Anspruch gegen den Nießbraucher durchsetzen.

---

keine Rechtsgrundlage, der zufolge er im Verhältnis zwischen dem Besteller und dessen Gläubigern einstandspflichtig wäre. Insbesondere scheidet eine Gesamtschuldnerschaft mit dem Besteller nach §§ 421 ff. BGB aus, da mit dem Nießbraucher ein eigenes, von den weiteren Verpflichtungen des Bestellers losgelöstes Rechtsverhältnis eingegangen wird.

421 *Pohlmann*, in: Säcker et al., MüKo BGB, Bd. 8, 2020, § 1088 Rn. 1.

422 *Reischl*, in: Bamberger et al., BeckOK BGB, 2020, § 1088 Rn. 1; *Berger*, in: Stürner, Jauernig BGB, 2018, § 1088 Rn. 1.

423 *Pohlmann*, in: Säcker et al., MüKo BGB, Bd. 8, 2020, § 1088 Rn. 4, 6.

424 *Heinze*, in: Staudinger, BGB, 2017, § 1088 Rn. 2; *Pohlmann*, in: Säcker et al., MüKo BGB, Bd. 8, 2020, § 1088 Rn. 2; *Bayer*, in: Westermann et al., Erman BGB, Bd. 2, 2014, § 1088 Rn. 1 f.; *Reischl*, in: Bamberger et al., BeckOK BGB, 2020, § 1088 Rn. 3.

425 *Reischl*, in: Bamberger et al., BeckOK BGB, 2020, § 1088 Rn. 4; *Heinze*, in: Staudinger, BGB, 2017, § 1088 Rn. 3.

In diesem Fall kann der Nießbraucher direkt von den Gläubigern in Anspruch genommen werden, ohne dass er Regress beim Besteller suchen kann.[426] Es ist davon auszugehen, dass die Abwälzung der aufgebrachten Kosten des Nießbrauchers auf den Besteller möglich ist. Belastungen am Unternehmen, die dem Unternehmensnießbrauch zeitlich nachgehen, sind grundsätzlich nachrangig. Der Nießbraucher kann den Besteller individualvertraglich verpflichten, die Bestellung weiterer Belastungen während der Zeit des Unternehmensnießbrauchs zu unterbinden.

7. Ergebnis

Ein Unternehmensnießbrauch liegt vor, wenn ein gesamtes Unternehmen mit einem Nutzungsrecht belastet wird.[427] Er ist gesetzlich nicht ausdrücklich geregelt, wird aber von der Literatur für zulässig befunden. Bereits der historische Gesetzgeber des BGB hat den Unternehmensnießbrauch in seinen Materialien erkannt und dessen Zulässigkeit ausdrücklich festgestellt.[428] *De lege lata* ergeben sich Anhaltspunkte für dessen Zulässigkeit, da er in § 22 Abs. 2 HGB und § 102 Abs. 2 S. 1 VVG behandelt wird.[429] Der echte Unternehmensnießbrauch sorgt dafür, dass das gesamte Unternehmen oder zumindest ein weit überwiegender Unternehmensteil zugunsten eines einzigen Dritten belastet wird und der Nießbraucher für die unmittelbare, persönliche Nutznießung in die Unternehmerstellung eintritt. Dies erfolgt in Form des Vollnießbrauchs[430] aufgrund einer entgeltlichen Zuwendung.[431] Ein Verwertungsrecht steht dem Nießbraucher nicht zu.[432]

---

426 *Heinze*, in: Staudinger, BGB, 2017, § 1088 Rn. 10.

427 Hierzu S. 49.

428 Hierzu S. 50 ff.

429 Hierzu S. 60 ff.

430 Zum Vollnießbrauch und zu der Differenzierung der Nießbrauchsvarianten nach ihrem Umfang S. 71 ff.

431 Zum Zuwendungsnießbrauch und zu der Differenzierung der Nießbrauchsvarianten nach ihrer Art S. 75 ff.

432 Verwertungsrechtliche Mechanismen sind für einen Sicherungsnehmer von erheblichem Interesse, da sie es erlauben, dass im Sicherungsfall die offene Forderung beglichen wird. In Frage kommt nach gegenwärtigem Recht allein ein Einzelvollstreckungsverfahren nach den allgemeinen gesetzlichen Regelungen. Hierzu, S. 278 ff. Um eine praktisch einsetzbare Unternehmensbelastung herbeizuführen, plädiert die Arbeit für ein gesetzgeberisches Tätigwerden, hierzu ausführlich S. 371 ff.

Wendet man den Unternehmensnießbrauch sicherungszweckdienlich an, kann er mit einer zugrundeliegenden Kreditverbindlichkeit verknüpft werden. Durch den gleichzeitigen Verlauf der beiden Rechtsverhältnisse werden die Kreditraten mit den zu ziehenden Nutzungen getilgt. Der ordnungsgemäße Kreditverlauf wird gesichert und dem Sicherungsfall, dem Fall der Störung des zugrundeliegenden Kreditverhältnisses, vorgebeugt.[433] Anwendungsvoraussetzung ist, dass das zu belastende Unternehmen einen Unternehmensträger aufweist.[434] Es können Personenhandelsgesellschaften sowie die Außen-GbR belastet werden.[435] Bei Kapitalgesellschaften, die nach dem dualistischen System organisiert sind, ergeben sich konzeptionelle Schwierigkeiten. Dies gilt insbesondere bei der Aktiengesellschaft, da Satzungsstrenge einzuhalten ist. Hier bedarf es der gesetzlichen Regelung zur Klärung der Zulässigkeit und praktischen Umsetzung.[436]

Indem der Sicherungsnehmer vorübergehend Unternehmer wird, handelt es sich grundsätzlich um eine Form der vorübergehenden Unternehmenssukzession. Möglich und praktisch ist es, dass die Unternehmensführungstätigkeit in unechter Treuhand an den bisherigen Geschäftsführer delegiert wird.[437] Mangels einer gesetzlichen Regelung gilt für den Unternehmensnießbrauch der allgemeine sachenrechtliche Prioritätsgrundsatz im Hinblick auf Belastungen und Befriedigungsrechte anderer Gläubiger.[438]

II. *Floating charge*: Zur britischen Rechtslage

Die *floating charge* ist die Urform einer umfassenden Unternehmensbelastung. Sie ist vor langer Zeit einem Sicherungsbedürfnis der englischen Rechtspraxis entsprungen und dient seitdem als Vorbild für die Entwicklung von Globalsicherheiten in weiteren Jurisdiktionen. *Die floating charge* wird in der vorliegenden Arbeit exemplarisch herangezogen, um die Rechtscharakteristika einer

---

433 Zur sicherungszweckdienlichen Ausgestaltung des Nießbrauchs und zu der Abgrenzung vom Sicherungsnießbrauch im engeren Sinne S. 80 ff.

434 Hierzu S. 84.

435 Zu den Anwendungsmerkmalen einer GbR für die Belastung mit dem Nießbrauch S. 97 f.

436 Hierzu ausführlich ab S. 84 ff.

437 Zur Prüfung der Treuhandgestaltungen, zur geeigneten, unechten Treuhand sowie zu den konzeptionellen Schwierigkeiten bei der Anwendung an der Aktiengesellschaft S. 99 ff.

438 Ausführlich hierzu S. 108 ff.

umfassenden Unternehmensbelastung herauszuarbeiten. Der Unternehmensnießbrauch soll vor diesem Hintergrund ausgebaut werden. Es sind die abstrakte Konzeption sowie die Rechtsgrundlagen zu erfassen. Die *floating charge* hat auch in England zahlreiche Änderungen erlebt, welche darzustellen sind. Sie zeichnet sich in besonderem Maße durch ihre Abgrenzung zur restriktiven *fixed charge* aus.[439] Das Verhältnis dieser beiden Rechtskonstrukte sowie die Differenzierungskriterien sind im Wandel der Rechtsprechung zu dokumentieren. Auch die Rechtskonkurrenz zu anderen Sicherungsrechten und ihr Sicherungsverband sind darzustellen.

1. Zulässigkeit und historische Entwicklung

Die *floating charge* ist ein besitzloses, globales Sicherungsrecht *(security interest)* zur Besicherung eines Kredits.[440] Sie wurde in Grundzügen Mitte des 19. Jahrhunderts entwickelt.[441] Seitdem ist sie vom stetigen Wandel der Rechtsfortbildung, durch gerichtliche Entscheidungen des *common law*[442] und *equity*[443], geprägt und in diversen Rechtsvorschriften kodifiziert.[444] Das englische Recht kommt durch die wesentliche Bedeutung von Rechtsentscheidungen zügig den

439 So auch *Ali*, The law of secured finance, 4.104.

440 Es wird weder Eigentum *(legal title)* übertragen noch Besitz eingeräumt. Dies wurde in der Entscheidung *Carreras Rothmans Ltd. v. Freeman Mathews Treasure Ltd. (1985) Ch. 207 (227)* festgestellt. Hierzu *Ungerer*, ZfRV 2015, 32, 34.

441 *Pennington*, Mod L.R. 1960, 630; *Enchelmaier*, ZVglRWiss 112 (2013), 403, 409.

442 Das *common law* bezeichnet das gemeine Recht in England. Es ist nicht umfassend kodifiziert *(statute law)* und wird weitgehend vom Gewohnheitsrecht, in Form richtungsweisender Einzelfallrechtsprechung *(case law)*, bestimmt. Diese umfasst regelmäßig ältere Rechtsprechung höherer Gerichte und ist geprägt von weiterführenden Entscheidungen sonstiger Gerichte. Die Entscheidungen werden in Sammlungen zusammengefasst und als einheitliches Richterrecht behandelt *(judiciary law)*, welches im Rahmen ergänzender, neuer Entscheidungen stetig fortentwickelt wird. *Elliott/Quinn*, English legal system, 2006, S. 104 f., auch *Creifelds*, Rechtswörterbuch, 2019, S. 280.

443 Das *equity*, welches seit den *Judicature Acts* 1873 und 1875 von sämtlichen Gerichten gesprochen werden darf und eine erhebliche Ergänzung des *common law* statuiert, bezeichnet das Sonderrecht von Billigkeitsentscheidungen in Härtefällen und ist damit besonderer Ausdruck richterlichen Ermessens. *Elliott/Quinn*, English legal system, 2006, S. 103 f., zur Bedeutung des *equity* bei der Entwicklung der *floating charge* auch *ter Meulen*, S. 24 f.

444 *Grädler*, S. 20.

Bedürfnissen der Rechtspraxis nach.[445] Ebendiese Entwicklung der *floating charge* aus der Rechtsprechung des *equity* hat auch zur Folge, dass das Rechtsinstitut keine Formstrenge aufweist, sondern die Regelungen im Rahmen des Zulässigen umfassend parteiintern bestimmt werden können.[446]

Die Zulässigkeit der *floating charge* ergibt sich aus dem *Insolvency Act 1986*[447] und dem *Companies Act 2006*[448]. Die originäre gerichtliche Anerkennung erfolgte in der Leitentscheidung *Re. Panama, New Zealand and Australian Royal Mail Company (1869-1870) LR 5 Ch. App 31.*[449] Mit der höchstrichterlichen Entscheidung wurde das Rechtsinstitut als zulässig anerkannt.[450] Der Rechtsstreit wurde in der Berufungsinstanz entschieden. Es sollte geklärt werden, ob ein Sicherungsnehmer Anspruch auf eine Forderung, namentlich auf den von dem Sicherungsgeber erwirtschafteten Erlös veräußerter Fahrzeuge, hatte. Hierbei stellte sich die Frage, ob es überhaupt zulässig war, dass ihm das gesamte

---

445 *Pennington,* Mod L.R. 1960, 630, 634; *Crownie/Bradney/Burton,* English Legal System in Context, 2013, S. 94.

446 *Von Bernstorff,* Einführung in das englische Recht, 2018, S. 117; *Davies,* Gower & Davies Principles of Modern Company Law, 2008, 32-6.

447 Auch der *Enterprise Act 2002* führt zahlreiche Vorschriften betreffend die *floating charge* auf. Diese Gesetzesänderungen wurden in der Folgezeit in den *Insolvency Act 1986* eingefügt.

448 *859D para. 2b Companies Act 2006* trägt den Titel *„Particulars to be delivered to registrar"* und sieht vor *„The particulars referred to in subsection (1)(c) (A statement of particulars relating to a charge created by a company is a 'section 859D statement of particulars' if it contains the following particulars — where the charge is created or evidenced by an instrument, the particulars listed in subsection (2)) are whether the instrument is expressed to contain a floating charge and, if so, whether it is expressed to cover all the property and undertaking of the company"*. Dieser Teil (Part 25 Chapter A1) wurde erst am 6.4.2013 in den *Companies Act 2006* eingefügt. Vgl. *Van Duzer,* Companies Act 2006, S. 154 f.; *Scanlan/Harvey/Prime/Ogowewo,* Companies Act 2006, S. 620 f.; *Alcock/Birds/Gale,* Companies Act 2006, S. 831 f. Zur Einführung und Rechtsentwicklung der *floating charge* im *Companies Act 2006* siehe *Koch,* S. 25 ff.

449 Hierzu im Einzelnen *Grädler,* S. 11; *ter Meulen,* S. 21; *Quenby,* IWUK, 23.05.2017, S. 5; *McKendrick,* Goode on Commercial Law 2016, 25.03.

450 Im *common law* führt die gerichtliche Entscheidung in einem Präzedenzfall nicht nur dazu, dass sich ein Dritter in einer vergleichbaren Sachverhaltslage auf ebendiesen entschiedenen Rechtssatz berufen kann. Darüber hinaus wird Recht „kreiert", indem ein entwickeltes Rechtsinstitut allgemeingültigen Charakter erhält. Die Rechtsprechung kann einem Gesetzgebungsverfahren insofern vorgreifen und dessen Gang wesentlich bestimmen. *Crownie/Bradney/Burton,* English Legal System in Context, 2013, S. 81 f.

Unternehmen *(the entire undertaking)* zu Sicherungszwecken zugesprochen wurde.[451] Erstmalig urteilte ein englisches Gericht, dass die Belastung des gegenwärtigen und künftigen Vermögens des Unternehmens zur Besicherung einer Schuld rechtlich auf keine Bedenken stoße und die Geschäftstätigkeit trotz der fortlaufenden Belastung ungehindert weitergeführt werden durfte.[452] Im Rahmen dieser historischen Entscheidung wurde die seitdem unveränderte Grundlage der *floating charge* gelegt.[453] Indes gab man dem Sicherungskonstrukt zu diesem Zeitpunkt noch keinen Namen. Auch die grundlegenden Prinzipien wurden erst später entwickelt.[454]

Der erhöhte Bedarf an einem Globalsicherungsmittel offenbarte sich im englischen Rechtsraum, als die Beschränkung der Gesellschafterhaftung kraft des *Limited Liability Act* im Jahre 1855 für zulässig anerkannt wurde. Die Haftungsbeschränkung war bis zu diesem Zeitpunkt unbekannt und Anlass zur Besorgnis. Kreditgeber waren sich unsicher, ob Verbindlichkeiten vollständig beglichen werden würden.[455] Den neu entstandenen LLCs wurde der Zugriff

---

451 *Pennington,* Mod L.R. 1960, 630, 648.

452 Vgl. *ter Meulen*, S. 29.

453 Die unverkennbaren, wesentlichen Merkmale der *floating charge* bilden zum einen die vollumfängliche Belastung des gegenwärtigen sowie künftigen Unternehmensvermögens und zum anderen die ungehinderte Fortsetzung des Geschäftsbetriebs. Auch charakteristisch ist der ihr zugrundeliegende Sicherungscharakter zugunsten von *debentures*. So resümiert in *Griffin,* Company Law Handbook, 2008, S. 141 f.; *ter Meulen*, S. 29, 33 f. Hierzu S. 118 ff.

454 Die Bezeichnung als *floating charge* wurde erst etwa nach einem Jahrzehnt im Rahmen der Entscheidung *Re. Colonial Trusts Corporation (1879)* geprägt und diente der Abgrenzung zur bis dahin vielfach angewandten *fixed charge.* In der Entscheidung *Illingworth v. Houldsworth (Re. Yorkshire Woolcombers Association Ltd.) (1903)* wurden später im Rahmen prägender Rechtsprechung konkret die wichtigsten Rechtscharakteristika festgelegt, an denen eine *floating charge* erkennbar ist, namentlich an dem umfangreichen Belastungsradius (zumindest eine Sparte der gegenwärtigen sowie künftigen Vermögensgegenstände eines Unternehmens), an der sich konstant modifizierenden Zusammensetzung der Belastungsgegenstände (im Rahmen des ordentlichen Geschäftsbetriebs) sowie an der grundsätzlichen Verfügungsbefugnis über die Belastungsgegenstände und Geschäftsführungsbefugnis des Sicherungsgebers bis zur Interventionsentscheidung des Sicherungsnehmers. Zur Entwicklung der Kriterien im Rahmen der Rechtsprechung *von Bar,* Gemeineuropäisches Sachenrecht, 2015, Rn. 244.

455 *Seif,* S. 102 ff.; *Cooke,* S. 152; *Koch,* S. 2; *Lenhard,* S. 27 f.

auf Fremdkapital erschwert, indem Kredite nur zurückhaltend gewährt oder zu schlechteren Konditionen eingeräumt wurden.[456]

Zugunsten derjenigen Unternehmen, die notgedrungen aufgrund der verschlechterten Wirtschaftslage und schwierigen Rechtslage neue Kredite in Anspruch nehmen mussten, ohne dass ihre Gesellschafter über nennenswertes persönliches Vermögen verfügten, wurde mit der umfassenden Unternehmensbelastung ein Sicherungsmittel ins Leben gerufen.[457] Insbesondere Kreditinstitute waren dankbar für die Rechtssicherheit, die sich hieraus ergab. Sie konnten ihre Sicherungspraxis in erheblichem Maße modifizieren.[458] Aus der Vereinbarung zur Belastung sämtlicher Vermögensteile entstanden die Anerkennung der *floating charge* sowie ihre spätere Bezeichnung und der Ausbau der dahinterstehenden Rechtsprinzipien.

Die erstmalige Ausgestaltung verfolgte das Ziel, eine flexible Besicherung von Betriebsmittelkrediten durch Umlaufvermögen herbeizuführen.[459] Ebendies sollte erreicht werden, indem der Darlehensnehmer bzw. Sicherungsgeber

---

456 Bis zu diesem Zeitpunkt kannte das *common law* nur die Sicherungsrechte (1) *pledge*, (2) *lien* und (3) *mortgage* sowie (4) *charge*. Hierzu im Einzelnen *Enchelmaier*, ZVglRWiss 112 (2013), 403, 404 f. Vgl. auch *ter Meulen*, S. 22 ff. (1) Bei der *pledge*, handelt es sich um ein Faustpfandrecht, bei dem der Sicherungsgeber und Eigentümer einer konkreten Sache dem Sicherungsnehmer zu Sicherungszwecken den Vollbesitz an dieser überträgt, bis die zugrundeliegende Verbindlichkeit befriedigt ist. (2) Der *lien* bezeichnet ein Zurückbehaltungsrecht, bei dem der *legal lien*, im Gegensatz zum *equitable lien*, die Notwendigkeit des Besitzes mit sich bringt. (3) Bei der *mortgage* erhält der Sicherungsnehmer zu Sicherungszwecken bis zur Befriedigung der besicherten Forderung den vollen *legal interest* an einer Sache. Die *mortgage* ist bei körperlichen Gegenständen vergleichbar mit der deutschen Sicherungsübereignung und bei unkörperlichen Gegenständen, wie einer Forderung, vergleichbar mit einer Sicherungsabtretung. Von der (4) *charge* unterscheidet sie sich insofern, als sie eine Änderung der Besitzverhältnisse hervorbringt, wohingegen bei der Letztgenannten der Sicherungsgegenstand dem Vermögen des Sicherungsgebers nicht zu entziehen ist. Zudem kann bei der *charge*, im Gegensatz zur *mortgage*, kein künftiges, sondern nur ein gegenwärtiges Recht eingeräumt werden. *Von Bernstorff*, Einführung in das englische Recht, 2018, S. 114 f.; *Brambosch*, S. 33; *ter Meulen* S. 22, *Pennington*, Mod L.R. 1960, 630, 633. Zur weiteren Erläuterung der Rechtsinstitute und zu ihren Unterschieden *Enchelmaier*, ZVglRWiss 112 (2013), 406 f.

457 *Davis*, C.L.J. 61 (2) 2002, 423, 424; *McKendrick*, Goode on Commercial Law 2016, 25.01; *Pennington*, Mod L.R. 1960, 630, 631.

458 Zur kritischen Auseinandersetzung *Gregory*, Co LN 2004, 1 f.

459 *Schlegel*, in: Stürner/Eidenmüller/Schoppmeyer, MüKo InsO, Bd. 4, 2016, Länderberichte: England und Wales, Rn. 39.

ungeachtet der Sicherheit seine unternehmerische Geschäftstätigkeit uneingeschränkt weiterverfolgen durfte. Dies sollte der grundsätzlichen Interessenlage des Darlehensgebers bzw. Sicherungsnehmers entsprechen. Dieser wollte zum einen das Ausfallrisiko im Falle der Nichtaufbringung der Darlehensraten und -zinsen abgedeckt wissen. Zum anderen hatte er aber auch ein erhebliches Interesse an der Beibehaltung des üblichen und ordentlichen Geschäftsgangs, damit der Kredit von den regelmäßigen Einnahmen aus der unternehmerischen Tätigkeit bedient wird. Im Übrigen sprachen parteiübergreifende Kosteninteressen für die Globalsicherung mittels *floating charge*, da der Sicherungsnehmer geringere Kosten zur Überwachung des Darlehensverlaufs *(monitoring costs)* aufwendete.[460] Dies wirkte sich darauf aus, dass diese nicht auf den Kreditnehmer abgewälzt werden mussten.

2. Rechtscharakteristika und Sicherungsverlauf

Die *floating charge* ist eine Globalsicherheit des englischen Kreditsicherungs-, Insolvenz- und Sanierungsrechts.[461] Ein Kreditnehmer kann als Sicherungsgeber *(chargor)* zugunsten eines Kreditgebers und Sicherungsnehmers *(chargee)* für die Laufzeit einer Kreditverbindlichkeit am überwiegenden oder gesamten gegenwärtigen sowie künftigen Unternehmensvermögen des Sicherheitengebers eine *floating charge* einräumen.[462] Die Besteller der *floating charge* können sowohl englische Kapitalgesellschaften[463] als auch schottische Kapitalgesellschaften gemäß des *Companies (Floating Charges and Receivers) (Scotland) Act 1972*, englische Kapitalgesellschaften nach dem *Companies Act 2006*, Landwirte gemäß dem *Agricultural Credits Act 1928*, und eingetragene Vereine mit der Widmung zur gemeinnützigen Zweckerreichung in Ansehung des *Co-operative*

460 *Ungerer*, ZfRV 2015, 32 f.

461 *Dierksmaier*, BB 2005 1516, 1521.

462 Bei der *floating charge* handelt sich um ein Sicherungsmittel, das in seinen Eigenschaften und in seiner Gesamtform beispiellos ist. Daher ist es rechtlich schwer zu fassen und bedarf einer intensiven Auseinandersetzung mit den Besonderheiten. *Gullifer*, Goode on legal problems of credit and security, 2013, Rn. 4.01 bis 4.03. Zur hohen Relevanz im englischen Kreditsicherungsrecht *Koch*, S. 42 ff.

463 So *Gullifer*, Goode on legal problems of credit and security, 2013, Rn. 4.01. Zu den englischen Rechtsformen des Gesellschaftsrechts, namentlich zum *partnership* sowie zum *limited liability partnership*, *Ringe/Otte*, in: Triebel et al., Englisches Handels- und Wirtschaftsrecht, 2012, S. 293-307.

and Community Benefit Societies Act 2014 sein.[464] Der Kredit wird üblicherweise in Form einer schuldrechtlichen Darlehensverpflichtung *(debenture)* gewährt.

a. Belastungscharakter und -umfang

Als besonderes Charakteristikum wird der Sicherungsgeber durch die *floating charge* in seiner Geschäftstätigkeit nicht beeinträchtigt, sondern darf weiterhin im üblichen, ordentlichen Geschäftsgang *(ordinary course of business)*[465] über besicherte Gegenstände verfügen.[466] Die Sicherheit bezieht sich auf bestimmbare Objekte *(identifiable objects)*,[467] die als taugliche Sicherungsgegenstände geeignet sind. Mithin handelt es sich um körperliche unbewegliche sowie bewegliche

---

464 *Quenby*, IWUK, 23.05.2017, S. 6.

465 „*'Ordinary course of business' has been widely interpreted and includes any form of disposition which is within the powers of the chargor and is intended in good faith to promote rather than terminate the chargor's business […] whether by way of sale (including a sale of all or substantially all of the chargor's undertaking), hire-purchase or specific mortgage or charge.*" So *Quenby*, IWUK, 23.05.2017, S. 18. Die Beurteilung, ob es sich bei den getätigten Rechtsgeschäften tatsächlich um den ordentlichen Geschäftsgang handelt, hat im Zweifel ein objektiver Gutachter vorzunehmen. Hierzu die Entscheidungen *Re. Florence Land and Public Works Co. (1878) 10 Ch. D. 530*; *Ashborder BV v. Green Gas Power Ltd (2004) EWHC 1517 (Ch)*. *Nolan*, L.Q.R. 2004, 108, 118.

466 So *Gullifer*, Goode on legal problems of credit and security, 2013, Rn. 4.02; *Enchelmaier*, ZVglRWiss 112 (2013), 403, 417; *Quenby*, IWUK, 23.05.2017, Introduction; *Rogers*, Insolv. Int. 30 (7) 2017, 114; *Bailey*, IWUK, 13.07.2015, S. 18. Eine bis zum heutigen Tag relevante Zusammenfassung der elementaren Charakteristika ergeht aus dem Urteil *Re Yorkshire Woolcombers Association Ltd. [1903] 2 Ch 284, 285*, in dem der entscheidende Richter feststellte: „*I certainly do not intend to attempt to give an exact definition of the term 'floating charge' nor am I prepared to say that there will not be a floating charge within the meaning of the Act, which does not contain all the three characteristics that I am about to mention, but I certainly think that if a charge has the three characteristics that I am about to mention it is a floating charge. (1.) If it is a charge on a class of assets of a company present and future. (2.) If that class is one which in the ordinary course of the business of the company would be changing from time to time; and (3.) If you find that by the charge it is contemplated that, until some future step is taken by or on behalf of those interested in the charge, the company may carry on its business in the ordinary way so far as concerns the particular class of assets I am dealing with.*" Hierzu *Ali*, The law of secured finance, 4.101; *Farrar* (1974) 38 CPL, 315, 315.

467 Dies ergibt sich aus der Entscheidung *Tailby v. Official Receiver (1888) 13 App Cas. 523 (533)*; *Re. Kelcey (1899) 2 Ch. 530* sowie aus *Sarett v. Egerton (1957) 3 All. ER 331.* Hierzu *Ungerer*, ZfRV 2015, 32, 36.

Gegenstände, wie Immobilien, Produktionsmaschinen, Warenbestände etc., und nichtkörperliche Gegenstände, wie etwa Forderungen. Die *floating charge* erstreckt sich in der Regel auf einen überwiegenden, im Sicherheitsvertrag konkret zu bestimmenden Unternehmensteil[468] oder auf das gesamte Unternehmen.

Die übliche Fortführung des Geschäftsbetriebs zeichnet die *floating charge* aus und macht diese besonders attraktiv. Der Unternehmenszweck hat unverändert zu bleiben. Der Darlehensnehmer darf keinen unzulässigen Restriktionen in seiner Geschäftstätigkeit unterliegen. Der Betrieb ist in der gewohnten Weise fortzuführen, damit Geschäftsverbindlichkeiten sowie der besicherte Kredit beglichen werden. Der Geschäftsalltag soll gleichbleiben und die Besicherung für Dritte nicht unmittelbar erkennbar sein. Weitere Gläubiger, Endkunden sowie Geschäftspartner sollen keinen Nachteil erleiden und auch der Ruf des Sicherungsgebers soll aufrechterhalten bleiben. Das Vertrauen in die künftige Unternehmenstätigkeit soll fortbestehen.[469]

Das „Geschäftsübliche" ist restriktiv auszulegen. Es darf keine Erweiterung des bisher bekannten Geschäftsbetriebs ohne Einwilligung des Sicherungsnehmers vorgenommen werden. Die Vornahme besonderer Geschäfte oder Ausgaben ist grundsätzlich unzulässig.[470] Es herrscht weitgehend Privatautonomie und Vertragsfreiheit, wodurch der Sicherungsgeber kraft einer individualvertraglichen Regelung auch bestimmten Vorgaben zur Art und Weise der Geschäftstätigkeit unterworfen werden kann. Eine regelmäßige Prüfung der wirtschaftlichen Lage des Unternehmens im Rahmen der Buchhaltung durch den Sicherungsnehmer ist üblich. Veräußert der Sicherungsgeber von der *floating charge* erfasste

468 Die Betroffenheit nur vereinzelter, kleinerer Unternehmensteile ist bei der *floating charge* denkbar und rechtlich zulässig. Einzelne Unternehmensteile sind betroffen, wenn es sich um trennbare, voneinander zu unterscheidende Betriebs- und/oder Vermögensteile handelt. Bei einem Unternehmen bestehend aus einem großen und einem separaten kleineren Produktionsbetrieb kann Letzterer von der Vereinbarung ausgenommen werden. Sinn und Zweck der *floating charge* ist es, eine möglichst umfassende Besicherung zu erzielen.

469 Dass die *floating charge* eine Eintragungspflicht im zuständigen Register mit sich bringt, ist dem unbenommen. Sinn und Zweck der Registerpflicht ist der Schutz des Rechtsverkehrs, unter welchem in diesem Zusammenhang andere Sicherungsnehmer zu verstehen sind. Sie sollen über die Rechtslage, vornehmlich über vorhandene Belastungen, und die möglicherweise eingeschränkte Bonität des Sicherungsgebers informiert werden, um autonom zu entscheiden, ob sie eine langfristige Vertragsbindung eingehen wollen, und etwaige Risiken abwägen.

470 *Ungerer*, ZfRV 2015, 32, 38.

Gegenstände außerhalb des ordentlichen Geschäftsgangs[471] oder ist der Dritte bösgläubig und hat Kenntnis darüber, dass der Sicherungsgeber mit der Veräußerung an ihn gegen individualvertragliche Pflichten gegenüber dem Sicherungsnehmer verstößt,[472] löst sich der Gegenstand nicht aus dem Belastungsverband der *floating charge.* Trotz praktischer Probleme bei der Zugriffnahme kann im Sicherungsfall hieraus die Verwertung geschöpft werden.[473]

Die *floating charge* entsteht immer wieder aufs Neue, etwa wenn neue Sicherungsgüter hinzutreten, und endet, sofern ein Sicherungsgut dem Unternehmensvermögen entzogen wird, beispielsweise durch den Verkauf an den Endkunden. Aufgrund dieser konstanten Umwälzung und Modifikation von Form und Umfang wird sie als „revolvierende Sicherheit" bezeichnet.[474]

b. Zur debenture

Gegenstand der Besicherung durch die *floating charge* ist die sog. *debenture.* Dieser Begriff kann nicht unmittelbar ins Deutsche übersetzt werden.[475] Vielmehr handelt es sich um einen Oberbegriff für jede Form der schriftlichen Anerkennung einer Geldschuld.[476] In *sec. 738 Companies Act 2006* werden *debentures* legaldefiniert. Es handelt sich namentlich um *„debenture stock, bonds and any other securities of a company, whether or not constituting a charge on the assets of the company"*, d.h. Schuldverschreibungen, Anleihen sowie alle weiteren Formen

---

471 Zu der Thematik, wie mit der Veräußerung von sicherungsrechtlich erfassten Gegenständen außerhalb des ordentlichen Geschäftsgangs rechtlich umzugehen ist, die Entscheidungen *Taylor v. M'Keand (1880) 5 CPD 358; Payne v. Fern (1881) 6 QBD 620.*

472 *English & Scottish Mercantile Investment Co. Ltd. v. Bruton (1892) 2 QB 700.*

473 *Von Bar,* Gemeineuropäisches Sachenrecht, 2015, Rn. 245.

474 *Philipp,* VW 2005, 1310, 1310; *Enchelmaier,* ZVglRWiss 112 (2013), 403, 417.

475 *Ringe/Otte,* in: Triebel et al., Englisches Handels- und Wirtschaftsrecht, 2012, S. 254; *ter Meulen,* S. 34.

476 Diese prägnante Definition wurde der historischen Gerichtsentscheidung *Levy v. Abercorris Slate and Slab Co (1887) 37 Ch. D. 260* zugrunde gelegt *(„any document that creates or acknowledges a debt")* und in der späteren Gerichtsentscheidung *English & Scottish Mercantile Investment Co. Ltd. v. Brunton (1892) 2 Q.B. 700* weiterentwickelt *(„a simple acknowledgement under seal of a debt, an instrument acknowledging a debt and charging the company's property with repayment of the debt, and an instrument acknowledging a debt and charging the company's property with repayment of the debt subject to a further restriction against the company giving a charge in priority to that existing charge").* Hierzu *Bailey,* IWUK, 13.07.2015, 13. Debentures; *Seif,* S. 105 f. Zu den einzelnen Formen der *debenture, Koch,* S. 38-41.

der Sicherheitsgewährung durch ein Unternehmen, unabhängig von ihrer Belastungswirkung auf die Vermögenswerte.

Es gibt unterschiedliche Formen von *debentures* an Unternehmen: Eine sog. *all moneys-debenture* kann ein oder auch mehrere Darlehen in Bezug auf unterschiedliche Geschäftskonten sowie auch Kontokorrentkredite betreffen. Bei der Bezeichnung als *bond* oder *note* handelt es sich um *debentures* ausgeschrieben von einem Kreditinstitut oder einer öffentlichen Stelle zugunsten einer Vielzahl von Geldgebern am Kapitalmarkt. Werden hingegen die der Besicherung dienenden Vermögenswerte zusammengefasst, kann das betreffende Unternehmen einen *debenture stock* ausschreiben, der mit der Sicherheit von einem Treuhänder zugunsten des Sicherungsnehmers gehalten wird.[477] Die *debenture* bedarf einer schriftlichen Ausstellung und gilt in ausgefertigter Form als formelles Dokument einer Schuld.[478]

c. *Schwebecharakter und Akzessorietät*

Die *floating charge* wird als Sicherheit eines zugrundeliegenden Kreditgeschäfts zwischen den betroffenen Parteien vereinbart.[479] Sie „schwebt", wie die direkte Übersetzung des Begriffs *float* aus dem Englischen vorgibt, über dem belasteten Unternehmensvermögen *(hovering over the pool of assets)*[480] für die Laufzeit des abzusichernden Kredits, ohne die Bestimmtheit der Belastungsgegenstände oder die Einschränkung des Geschäftsbetriebs mit sich zu bringen.[481]

Obgleich seit jeher eine rechtlich „greifbare", konkrete Definition angestrebt wird, konnte es, im Hinblick auf die einzigartige Rechtsnatur des Rechtsinstituts, bisher nicht rechtlich präzise bestimmt werden.[482] Es handelt sich um ein Globalsicherungsmittel eigener Art, welches für die Laufzeit einer *debenture* bestellt

---

477 *Bailey*, IWUK, 13.07.2015, 13. Debentures.

478 *Boyle/Birds*, Boyle & Bird's Company Law, 2014, 10.3.

479 Ausführlich zum Belastungscharakter und -umfang der *floating charge*, S. 121 ff.

480 *„[The floating charge is] ambulatory and shifting in its nature, hovering over and so to speak floating with the property which it intended to affect until some event occurs or some act is done which causes it to settle and fasten on the subject of the charge within its reach and grasp."* So Lord Macnaghten im Fall des *House of Lords* in *Illingworth v. Houldsworth (Re. Yorkshire Woolcombers Association Ltd.) (1903) 2 Ch. 284.* Hierzu *Bailey*, IWUK, 13.07.2015, S. 18; *Pennington*, Mod L.R. 1960, 630, 636.

481 Zu den zahlreichen Versuchen, die *floating charge* für das deutsche Rechtsverständnis zu erfassen, u.a. durch Bezeichnung als „Sicherungswolke", *Ungerer*, ZfRV 2015, 32, 32; *von Bar*, Gemeineuropäisches Sachenrecht, 2015, Rn. 244.

482 *Enchelmaier*, ZVglRWiss 112 (2013), 403, 417.

wird und sich erst bei der Materialisierung des Ausfallrisikos *(crystallisation)* verfestigt.[483] Nur dann macht sie sich konkret an bestimmten Gegenständen fest *(attachment)*[484] und wandelt sich zu einem konkreten Sicherungsmittel *(fixed charge)* an den vorhandenen, erfassten Wirtschaftsgütern. Erst in diesem Fall können die Gegenstände verwertet werden und die offene Forderung kann befriedigt werden.[485]

Eine *fixed charge* ist mit der *floating charge* artverwandt[486] und stellt die dingliche Belastung eines konkret bestimmten Gegenstands zur Besicherung eines Kredits dar. Sie ist ein Sicherungsrecht eigener Art und von erheblicher Praxisrelevanz. Grundsätzlich wird die *fixed charge*, bei separater Bestellung, für die Laufzeit der Kreditverpflichtung vereinbart. Der Sicherungsgeber ist dann nicht mehr befugt über den Belastungsgegenstand zu verfügen. Dabei begründet sie ein autonomes Verwertungsrecht. Der Sicherungsnehmer kann im Sicherungsfall in Höhe der Restforderung bzw. im Insolvenzfall im Rahmen eines prioritären Rangs aus der Insolvenzmasse Befriedigung erlangen.[487]

Zum Teil wird die *floating charge* ihrem Sinn und Zweck nach als Einleitungsstadium zur Erreichung einer konkreten Sicherheit gesehen. Dadurch wird sie als eine kraft Sicherungsvertrags um das *attachment* aufschiebend bedingte *fixed charge* charakterisiert. Zum Teil wird vertreten, die *floating charge* sei als Übergangsphase zur *fixed charge* zu verstehen. Diesem Verständnis wird mit der

---

483 Es kann unterschieden werden zwischen drei Entwicklungsstadien, namentlich der (1) *uncrystallised floating charge*, (2) der *crystallised floating charge* und (3) der *fixed charge*. Zu den unterschiedlichen Rechtsfolgen *Ferran*, C.L.J. 47 (2) 1988, 213, 220 f.

484 *Just*, Limited, 2012, Rn. 254; zu den Voraussetzungen für den Eintritt des *attachment Lenhard*, S. 204 ff.

485 Hierzu *Gullifer*, Goode on legal problems of credit and security, 2013, Rn. 4.03: „*Certainly a floating charge does not do much for the creditor prior to crystallisation. He cannot exercise proprietary or possessory rights over the assets either as against the company or as against third parties, nor does he have a locus standi to obtain an injunction against the company to restrain dealings with its assets in the ordinary course of business where the dealings are not in breach of the debenture or subject to the creditor's veto and his security is not in jeopardy.*" Ausführlich zur *crystallisation Goode*, Legal Problems of Credit and Security, Rn. 4-31.

486 Die Differenzierung der *floating charge* von der *fixed charge* hat wesentlich ihren Charakter geprägt. *Ali*, The law of secured finance, 4.104. Hierzu auch *Calnan* (2004) 19 JIBFL, 341, 341: „*[The] fixed and floating charges are not the fundamentally different conceptions that they are sometimes made out to be.*"

487 *Von Bar*, Gemeineuropäisches Sachenrecht, 2015, Rn. 439.

überwiegenden Literatur widersprochen.[488] Die *floating charge* wird als hochwertige eigenständige Sicherheit angesehen, die eine gegenwärtige Belastung darstellt.[489]

Vor dem Übergang in eine *fixed charge* ist sie von dieser zu unterscheiden, kann mithin durch klare Kriterien von ihr abgegrenzt werden und darf mit dieser nicht verwechselt werden.[490] Der „fliegende" Belastungszustand der *floating charge* beginnt entweder mit dem Vereinbarungsabschluss oder zu einem vertraglich bestimmten Zeitpunkt. Die *floating charge* endet mit der Kreditverbindlichkeit, etwa bei der ordnungsgemäßen umfänglichen Ratenzahlung. Alternativ endet die *floating charge*, wenn ein Sicherungsfall vorliegt kraft *crystallisation* oder der Eintritt der *fixed charge* anzunehmen ist. Es kann die sog. *automatic crystallisation*, ein individualvertraglich vereinbarter Fall der *crystallisation* bestehen. Alternativ kann ein Sachverhalt vorliegen, der *crystallisation* kraft Richterrechts herbeiführt.[491]

Das besondere Charakteristikum der *floating charge* ist ihre Akzessorietät. Ihre rechtliche Existenz richtet sich ausschließlich nach der zugrundeliegenden, zu sichernden Forderung.[492] Unabhängig von der Parteivereinbarung ist allein der wirksame Bestand der zu sichernden Forderung dafür maßgebend, ob die *floating charge* wirksam entstanden und durchsetzbar ist. Eine weitere Besonderheit ist, dass eine Absicherung von Fremdkrediten, im Gegensatz zu anderen Sicherungsmitteln des britischen Rechts, nicht möglich ist. Die Rechtsidentität

---

488 In einer ausführlichen Auseinandersetzung mit dem Sicherungsrechten, die eine *floating charge* vor *crystallisation* einräumt, und deren Praxisrelevanz *Worthington*, C.L.J. 53 (1) 1994, 81.

489 So auch *Calnan* (2004) 19 JIBFL, 341, 343; *Gullifer*, Goode on legal problems of credit and security, 2013, Rn. 4.07. Unbestritten ist die *floating charge* jedoch eine gegenwärtige Sicherheit mit eigenständigem Rechtscharakter. So bereits festgestellt in der Gerichtsentscheidung *Evans v. Rival Granite Quarries Ltd. (1910) 2 KB 979, 999-1000*, in der es heißt: „*A floating security is not a future security; it is a present security, which presently affects all the assets of the company expressed to be included in it.*" In *Gullifer*, Goode on legal problems of credit and security, 2013, Rn. 4.07 heißt es zudem: „*the peculiarity of the floating charge is that, like an interest in a trust fund, it has immediate existence even prior to attachment.*" Zur Diskussion, wie wesentlich es ist die *floating charge* als eigenes gegenwärtiges Sicherungsinstrument anzuerkennen *Gullifer*, Goode on legal problems of credit and security, 2013, S Rn. 4.06. Auch *Steffek*, in: Hoffmann-Becking, Münchener Handbuch des Gesellschaftsrecht, Bd. 4, 2015, § 38 Rn. 44 f.

490 *Boyle/Birds*, Boyle & Bird's Company Law, 2014, 10.8.

491 Zur *crystallisation* im Einzelnen S. 299 ff.

492 *Grädler*, S. 35.

des Darlehensnehmers und Sicherungsgebers ist systematisch zwingend notwendig.[493]

3. Gemeinsamkeiten und Unterschiede der *floating* zur *fixed charge*

Von besonderer Bedeutung für die Bestimmung der *floating charge* ist ihre Abgrenzung von der *fixed charge.*[494] Letztere ist nicht nur ein etabliertes Sicherungsinstrument des englischen Rechts, sondern zugleich auch das Musterbeispiel eines restriktiven Sicherungsinstruments. Unbestritten steht seit jeher fest, dass die *floating charge* eine unmittelbare rechtliche Verwandtschaft mit der *fixed charge* aufweist, indem beide eine Belastung *(charge)* bilden. Mithin sind beide ein belastendes Sicherungsrecht zugunsten eines Gläubigers und dienen dazu, das bestehende Ausfallrisiko abzusichern.[495]

Im Kern ergeben sich jedoch erhebliche Unterschiede. Die Rechtskonstrukte bringen unterschiedliche Rechtsfolgen hervor.[496] Da die *fixed charge* zuerst bestand[497] und lange Zeit unklar war, welche Unterscheidungskriterien heranzuziehen sind, hat sich eine Reihe von historisch relevanten Gerichtsentscheidungen hiermit befasst.[498] Es sollten Differenzierungskriterien etabliert werden, um Rechtssicherheit und -klarheit herbeizuführen. Über die Jahre hinweg fand ein Entwicklungsprozess statt, der den Wandel im Umgang mit der *floating charge* abzeichnet.[499] Im Folgenden wird ein knapper Überblick über die wichtigsten Urteile und ihre Kernaussagen gegeben. Sämtlichen Grundsatzentscheidungen liegt jeweils eine Buchschuld, eine sogenannte *charge over book debts,* zugrunde.

---

493 Dies ergibt sich aus der Engscheidung *Re. Johnston Foreign Patents Co. Ltd. (1904) 2 Ch. 234*, hierzu ausführlich *Ungerer*, ZfRV 2015, 32, 32.

494 *McKendrick,* Goode on Commercial Law 2016, 25.11.

495 *Quenby*, IWUK, 23.05.2017, S. 2.

496 Ausführlich *Gullifer,* Goode on legal problems of credit and security, 2013, Rn. 4.09; *Calnan* (2004) 19 JIBFL, 341, 343.

497 Hierzu bereits in der Einführung zur *floating charge* S. 96 ff.

498 Zur hohen Bedeutsamkeit der Differenzierung, erklärt an einem Praxisbeispiel *Graziadei et al.* in: *Kieninger,* Security Rights in Movable Property in European Private Law, S. 458 f.

499 Zusammenfassend *Griffin,* Company Law Handbook, 2008, S. 145-147.

a. Gegenüberstellung der Sicherungsrechte

Die Sicherungsrechte weisen unterschiedliche Merkmale und Rechtsverläufe auf. Grundsätzlich hat die Bestellung einer *fixed charge* zur Folge, dass sich die Sicherheit auf konkrete Vermögensgegenstände *(assets)* bezieht.[500] In der Regel werden Immobilien, wie ein Betriebsgrundstück, als Belastungsgegenstand herangezogen. Der Sicherungsgeber ist dann in der Verfügung beschränkt, während der Sicherungsnehmer eine jederzeit ausführbare Verwertungsbefugnis erhält.[501]

Die *floating charge* hingegen betrifft eine bestimmte Vermögenszusammensetzung. Es kann sich um ein Unternehmen *en bloc* oder einen überwiegenden Unternehmensteil handeln.[502] Sie führt einen Schwebezustand herbei, der den Sicherungsgeber zunächst wenig beeinträchtigt, indem er weiter im Rahmen des ordentlichen Geschäftsbetriebs verfügen darf. Der Sicherungsgeber erhält so lange keine Verwertungsbefugnis, bis sich der Sicherungsfall und somit der Zustand der *crystallisation* realisiert,[503] der unmittelbar den Eintritt der *fixed charge* und die bezeichneten Rechtsfolgen herbeiführt.[504] Die Rechtscharakteristika und -folgen beider Rechtsinstitute sind grundverschieden, können aber im Zweifel unklar sein.

---

500 *Nolan*, L.Q.R. 2004, 108, 117.

501 *Heinz/Hartung*, Die englische Limited, 2012, Kap. 9 Rn. 104; *Quenby*, IWUK, 23.05.2017, S. 3.

502 *Heinz/Hartung*, Die englische Limited, 2012, Kap. 9 Rn. 104.

503 Die *crystallisation* konstituiert schließlich ein zentrales Verfahrensstadium der *floating charge*. Sie steht für den Eintritt des Sicherungsfalles, wenn die gegenwärtige, finanzielle Situation des Sicherungsgebers bei objektiver Beurteilung aller äußeren und inneren Umstände nicht erwarten lässt, dass die Befriedigung der zugrundeliegenden, akzessorischen Hauptschuld zugunsten des Sicherungsnehmers eintreten wird. Daher wird die Verwertungsmöglichkeit über die nunmehr konkretisierten Sicherungsobjekte eröffnet. *Griffin*, Company Law Handbook, 2008, S. 142 ff.

504 Die Entwicklungsphasen der Rechtsprechung zur Herausarbeitung des zentralen Kriteriums zur Differenzierung zwischen *fixed* und *floating charge* werden häufig nach relevanten Gerichtsentscheidungen und Entscheidungszeitpunkten eingeteilt. So auch in *Gullifer*, Goode on legal problems of credit and security, 2013, Rn. 4.14. Es wird unterschieden zwischen den Phasen (1) „*From Siebe Gorman to Brightlife*“, (2) „*From Brightlife to Re New Bullas*“ sowie (3) „*From Re New Bullas to Spectrum*“.

b. Differenzierungskriterien im Wandel der Rechtsprechung

aa. Siebe Gorman*: Verfügungsbefugnis als Zentralkriterium*

Das Urteil des englischen High Court of Justice[505] in *Siebe Gorman & Co. Ltd. v. Barclays Bank Ltd. (1979) 2 Lloyd's Rep 142* (kurz *Siebe Gorman*) ist von erheblicher Relevanz. Zum Verständnis der Entscheidung wird im Folgenden der Sachverhalt umrissen.[506] Ein Unternehmen, die RH McDonald Ltd., hat von einem Geldgeber, der Barclays Bank, einen Kredit erhalten. Im Gegenzug hat sich das Unternehmen verpflichtet, gegenwärtige sowie künftige Forderungszahlungen, die es von Schuldnern erhalten würde, zugunsten der Bank auf ein dortiges Konto zu zahlen und im Übrigen die Forderungen auf Anweisung abzutreten. Vertraglich wurde ausdrücklich die Bestellung einer *fixed charge* reglementiert und die Einzahlungsverpflichtung der RH McDonald Ltd. festgehalten. Es wurde ausdrücklich vereinbart, dass eine Verfügung nur mit schriftlicher Zustimmung des Kreditinstituts erfolgen durfte. Entgegen dieser Vertragsbestimmung wurden jedoch, ohne dass dies die Barclays Bank seinerzeit rügte, regelmäßig Zahlungsbeträge im allgemein-üblichen Geschäftsbetrieb abgebucht. Der RH McDonald Ltd. war nicht nur ein jederzeitiger Zugriff auf die besicherten Forderungen möglich, sie verfügte tatsächlich hierüber. Einige Zeit später, kurz vor der Eröffnung des Insolvenzverfahrens über das Vermögen der RH McDonald Ltd., trat ein weiterer Sicherungsnehmer, namentlich die Siebe Gorman & Co. Ltd., hinzu. Auch ihr wurden Forderungen abgetreten.

Dem Rechtsstreit lag schließlich ein von der Siebe Gorman & Co. Ltd. geltend gemachter Anspruch gegen die Barclays Bank auf Einräumung einer prioritären Stellung in der Insolvenz zugrunde. Es wurde argumentiert, die Bank sei, wie sich aus tatsächlichen Umständen ergäbe, Inhaber einer *floating charge* am Unternehmen und nehme damit eine nachrangige Rechtsposition bei der Befriedigung ein.[507]

---

505 Der *High Court of Justice* bildet das zuständige Gericht für zivilrechtliche Entscheidungen der ersten Instanz ab einem Streitwert von mindestens 50.000 £ sowie auch eine Rechtsmittelinstanz. Ein Einblick in die Bedeutung der Rechtsprechung im englischen Rechtsraum sowie deren Bindungswirkung erfolgt in *Vogenauer,* in: Triebel et al., Englisches Handels- und Wirtschaftsrecht, 2012, S. 9-15.

506 Die Einzelheiten des komplexen Tatbestandes sowie die dem gegenständlichen Sicherungsvertrag zugrundeliegenden Klauseln können vorliegend dahinstehen. Hierzu ausführlich *Brambosch,* S. 128 f.

507 *Brambosch,* S. 128 ff.

Im Zentrum der Rechtsentscheidung stand die Frage, wie die *floating* von der *fixed charge* abzugrenzen sei. Der entscheidende Richter führte aus, zum einen sei allein der Wortlaut des Sicherungsvertrags ausschlaggebend, da dieser einen ausdrücklichen Parteiwillen wiedergebe und von rechtskundigen Parteien stamme. Zum anderen sei die Verfügungsbefugnis das wesentliche Kriterium, das über die Rechtsnatur der Sicherheit entscheide. Das besondere Erkennungsmerkmal der *floating charge* sei nämlich die vollumfänglich befreite Verfügungsbefugnis im Rahmen des üblichen Geschäftsbetriebs. Bereits der vertragliche, wenn auch in der Praxis nicht ausgeübte Rechtsvorbehalt zur Verfügungsbeschränkung stehe einer solchen entgegen.[508] Folgerichtig kam das Urteil im Ergebnis zu einer *fixed charge* der Barclays Bank und wies den Anspruch auf Einräumung einer prioritären Insolvenzgläubigerstellung zurück.[509]

bb. Fortentwicklung der Differenzierungskriterien

Die restriktiven Rechtsausführungen im Urteil *Siebe Gorman* wurden zunehmend kritisiert.[510] Die Gerichte relativierten die dargelegten Begründungsansätze und gaben sie später gänzlich auf. Vorerst blieb die Verfügungsbefugnis

---

508 *Brambosch*, S. 131.

509 Die Literatur sah einen großen Fortschritt darin, dass die Verfügungsbefugnis als Hauptdifferenzierungskriterium der *floating* zur *fixed charge* betrachtet wurde. „*[T]he decision in Siebe Gorman & Co. Ltd. v Barclays Bank Ltd. exposed the fallacy of [the previous] approach and showed that the material factor was not whether the charged assets were fixed or current but whether the debtor company was left with the right to deal with the assets in the ordinary course of business free from the security interest, a freedom incompatible with the concept of a fixed security but perfectly consistent with a floating charge, from which assets escape when disposed of in the ordinary course of business and which thus provides the creditor with security without paralysing the business.*“ So *Gullifer*, Goode on legal problems of credit and security, 2013, Rn. 4.11.

510 Die Rechtsausführung in der Gerichtsentscheidung *Siebe Gorman* waren trotz ihrer hohen Bedeutsamkeit für die Rechtsfortbildung der *floating charge* Gegenstand umfassender Kritik. Insbesondere wurde angemerkt, es sei undifferenziert, allein den Wortlaut der Vertragsabrede zu berücksichtigen und bekannte Auslegungsmechanismen auszublenden. Auch die Umstände des Einzelfalls seien heranzuziehen, wenn sich die Rechtspraxis von der getroffenen Parteienvereinbarung erkennbar unterscheide. Auf diese Weise werde einem Missbrauch Tür und Tor geöffnet. Mit der Zeit wurde es als „eindimensional“ gesehen, allein die Verfügungsbefugnis als Differenzierungsmechanismus heranzuziehen, da die *floating charge* auch von anderen Merkmalen geprägt sei. Hierzu *Gullifer*, Goode on legal problems of credit and security, 2013, Rn. 4.14.

des Sicherungsnehmers das wesentliche Entscheidungskriterium. Dabei berücksichtigte man nicht nur den Wortlaut der Parteivereinbarung, sondern auch die tatsächliche Umsetzung und die Sachverhaltsumstände im Einzelfall.

In dem Sachverhalt zur gleichermaßen erheblichen, folgenden Rechtsentscheidung *Keenan Bros Ltd., Re. (1986) B.C.L.C. 242* wurden Forderungen ausdrücklich mit einer *fixed charge* besichert. Das sicherungsgebende Unternehmen sollte die entsprechenden Geldbeträge auf einen *blocked account*, ein ausschließlich zu Einzahlungszwecken eingerichtetes, gesperrtes Bankkonto, überweisen, auf das ohne schriftliche Zustimmung des Sicherungsnehmers nicht zugegriffen werden konnte und durfte.[511] Der zuständige *Court of Appeal* urteilte, die *fixed charge*[512] sei wirksam, da dem Sicherungsnehmer sowohl vereinbarungsgemäß als auch tatsächlich kein Zugriff zustand.[513]

Eine weitere, in diesem Zusammenhang relevante Entscheidung, *Brightlife Ltd. (1987) Ch 200* (kurz *Brightlife*) beruhte auf vergleichbaren Erwägungen.[514] Wie beim Sachverhalt zu *Siebe Gorman* hat der Sicherungsgeber ein Bankkonto zur Einzahlung der Forderungen an den Sicherungsnehmer eingerichtet. Es bestand bei einer Drittbank und ermöglichte ihm eine Zugriffnahme. Diesen Zugriff nutzte er auch, indem er regelmäßige Verfügungen im üblichen Geschäftsbetrieb vornahm. Der *Court of Appeal* schlussfolgerte, dass eine *floating charge* vereinbart sei, da der Sicherungsgeber den tatsächlichen Umständen nach die Verfügungsbefugnis innehatte. Aus der dargestellten Entwicklung folgte schließlich der Ansatz, den Fokus von der Verfügungsbefugnis als einzigem Differenzierungskriterium wegzulenken und weitere Unterscheidungsmerkmale zu beleuchten, wofür bezeichnend das Urteil *Re. Atlantic Computer Systems plc. (1992) Ch. 505* steht. Die neuartige, dem Urteil zugrundeliegende Prämisse lautete, die *fixed charge* umfasse

---

511 *Brambosch*, S. 132 f.

512 In dem Urteil wandte sich der *Court of Appeal* von der Rechtsaussage aus der Gerichtsentscheidung *Siebe Gorman* ab. Es heißt, es könne ausschließlich eine einheitliche, zusammenhängende *fixed charge* bestellt werden. Es wurde geurteilt, es sei zurecht von zwei Sicherheiten auszugehen, einer *fixed charge* bezüglich der jeweiligen Forderungen des Sicherungsgebers gegenüber dessen Schuldner und eine weiterer *fixed charge* bezüglich des Geldbetrages, den der Sicherungsgeber hieraus verwendete und auf das zweckbezogen eingerichtete Bankkonto einzahlte. Hierzu *Brambosch*, S. 133.

513 *Enchelmaier*, ZVglRWiss 112 (2013), 403, 424, 425.

514 Ausführlich zu den Folgen, die die Rechtserwägungen der Gerichtsentscheidungen mit sich bringen, *Ferran*, C.L.J. 46 (1), 1987, S. 31-33.

nur gegenwärtiges Vermögen, während die *floating charge* auf gegenwärtiges sowie künftiges Vermögen bezogen sei.[515] Eine Sicherheit an ausschließlich vorhandenen Vermögenswerten stehe einer *floating charge* konzeptionell entgegen und lasse auf eine *fixed charge* schließen.[516]

Eine weitere wichtige Gerichtsentscheidung bildet *Re. New Bullas Trading Ltd. (1994)*[517] (kurz *New Bullas*), welche wiederum einen anderen Schwerpunkt in der Abgrenzung der Sicherheiten einführte.[518] Ein Unternehmen, die New Bullas Trading Ltd., besicherte ihre Unternehmensgegenstände, insbesondere Forderungen von Schuldnern, zugunsten eines Kreditgebers. Vertraglich wurde grundsätzlich eine *fixed charge* vereinbart, es sei denn, es wäre die Anweisung des Sicherungsnehmers eingegangen, eine Verfügung dürfe vorgenommen werden. In diesem Fall läge *ex nunc* eine *floating charge* vor. Entschieden wurde, dass eine derartige „Mischsicherheit" zulässig und wirksam vereinbart worden sei. Ausschlaggebend sei hierfür allein der dominante, übereinstimmende Parteiwille[519] zur Flexibilität und zur Anpassung der Sicherheit an die individuell vorliegende finanzielle Situation.[520]

Vielzitiert ist in diesem Zusammenhang auch das neuseeländische Urteil *Agnew v. Commissioner of Inland Revenue (2001)*[521],[522] welches kurz vor der

515 *Brambosch,* S. 135.

516 Es wurde kritisiert, dass allein die Differenzierung nach dem Zeitmoment im Umfang des erfassten Sicherungsvermögens nicht ausreiche und zu undifferenzierten Ergebnissen führe. Das Folgeurteil, namentlich *Re. Atlantic Medical Ltd. (1992) B.C.C. 653,* schloss sich jedoch der grundsätzlichen Rechtsaussage an, dass es nicht allein auf die Verfügungsbefugnis ankomme. *Enchelmaier,* S. 620, *Goode* (1994) 110 L.Q.R. 592, 598.

517 *Re. New Bullas Trading Ltd. (1994) 1 B.C.L. C. 485.*

518 *Gullifer,* Goode on legal problems of credit and security, 2013, Rn. 4.13.

519 Hierzu ausführlich *Brambosch,* S. 137 f.

520 Auch dieses Urteil war starker Kritik ausgesetzt. Dabei wurde insbesondere bemängelt, bereits zur Zeit der Parteivereinbarung müsse konkret feststehen, welche Sicherheit bestellt sei. Eine „spontane" Entscheidung je nach Einzelfall und eine kurzfristige Abwägung der Vor- und Nachteile gegenüber Dritten seien unzumutbar. Eine derartige Aufteilung einer Sicherheit an demselben Gegenstand sei lebensfremd. Hierzu *Goode* (1994) 110 L.Q.R. 592, 598.

521 *Agnew v. Commissioner of Inland Revenue (2001) 2 A.C. 710.*

522 In der Rechtssache entschied der *Privy Council* in Neuseeland, welcher grundsätzlich keine rechtliche Bindungswirkung für die Rechtslage in England entfaltet. Aufgrund der Tatsache, dass das Gericht personell mit Mitgliedern des *House of Lords* besetzt ist und es sich um die Letztinstanz in einem Commonwealth-Mitgliedstaat handelt, wird dieser thematisch wertvollen Entscheidung eine wegweisende Bedeutung zugemessen. Hierzu *Griffin,* Company Law Handbook, 2008, S. 147.

dortigen Abschaffung der *floating charge* kraft des *Personal Property Securities Act 1999* entschieden wurde.[523] In den Entscheidungsgründen wurde erstmalig ausdrücklich darauf hingewiesen, dass allein die konkret aufgeführte Bezeichnung einer Sicherheit im Rahmen der Vertragsabrede nicht entscheidend sei. Die Qualifizierung der Sicherheit sei vielmehr davon abhängig, welche individuellen Parteiinteressen verfolgt würden und welchen Verpflichtungen sich Sicherungsgeber und -nehmer unterworfen hätten. Dabei müssten die Umstände des Einzelfalls berücksichtigt werden, um die Kongruenz des Vereinbarten mit der exerzierten Rechtspraxis[524] festzustellen. Erst auf diese Weise könnte ermittelt werden, welche Rechtsfolgen tatsächlich dem Parteiwillen entsprächen.[525] Die Verfügungsbefugnis sei dabei ein zentrales,[526] aber nicht das einzige Differenzierungskriterium.[527]

cc. Spectrum: *Berücksichtigung sämtlicher Umstände*

Als jüngste, in diesem Zusammenhang besonders relevante Gerichtsentscheidung wird *National Westminster Bank plc. v. Spectrum Plus Limited and others*

---

523 Hierzu im Einzelnen *Wood,* C.L.J. 2001, 472, 472 f.; *Davies,* Gower & Davies Principles of Modern Company Law, 2008, 32-20.

524 „*Lord Millett in "Agnew" said that a stipulation that the account into which the proceeds are to be paid is to be a blocked account will not establish the charge as a fixed charge if the account is not operated as a blocked account in fact.*" So *Gullifer,* Goode on legal problems of credit and security, 2013, Rn. 4.22.

525 Neben der Untersuchung der Vertragsabrede sei die ausgeübte Rechtspraxis heranzuziehen. *Quenby,* IWUK, 23.05.2017, S. 3 f. Diese Herangehensweise entspricht im Kern den in Deutschland vorherrschenden Auslegungskriterien nach §§ 133, 157 BGB. Dazu *Brambosch,* S. 143.

526 Hierzu heißt es in *Gullifer,* Goode on legal problems of credit and security, 2013, Rn. 4.16: „*The decision in Spectrum confirmed that the only criterion for deciding whether a charge was fixed or floating was the degree of control exercised by the chargee over 'the charged assets', and that the presence or absence of the other two characteristics of a floating charge pointed out by Romer L.J. in Re. Yorkshire Woolcombers Association Ltd. were not definitive. The clearest exposition of the test is that of Lord Millett in "Agnew", when he said: 'The only intention which is relevant is the intention that the company should be free to deal with the charged assets and withdraw them from the security without the consent of the holder of the charge; or to put the question another way, whether the charged assets were intended to be under the control of the company or of the charge holder.'*"

527 *Brambosch,* S. 143.

(2005)[528] (kurz *Spectrum*) angeführt.[529] Darin erfolgt nicht nur eine nach der jahrzehntelangen Weiterentwicklung des Rechtsinstituts höchstrichterliche Auseinandersetzung mit der *floating charge*.[530] Es wird zugleich eine differenzierte Behandlung der Rechtsprechung zu den zahlreichen uneinheitlichen Abgrenzungskriterien gegenüber der *fixed charge* im Einzelnen vorgenommen.[531] Ein Unternehmen, die *Spectrum Plus Ltd.*, hat zugunsten eines Kreditgebers, der National Westminster Bank, vereinbarungsgemäß eine *fixed charge* an Forderungen bestellt, welche auf ein dortiges Konto überwiesen werden sollten. Der einschlägigen Vertragsregelung zufolge durfte ohne Zustimmung nicht auf das Konto zugegriffen und keine Verfügung über die Forderungen getätigt werden. Tatsächlich konnte unproblematisch hierauf zugegriffen werden.[532]

In der erstinstanzlichen Entscheidung des *High Court* wurde mangels Verfügungsbeschränkung eine *floating charge* angenommen.[533] Die aufhebende Berufungsinstanz, der *Court of Appeal*, setzte sich dezidiert mit den Rechtsaussagen aller angeführten relevanten Gerichtsentscheidungen auseinander. Angesichts der vermeintlich als gewohnheitsrechtlich anzuerkennenden Entscheidung *Siebe Gorman* kam man zu dem Ergebnis, der Sicherungsnehmer habe die

528 *National Westminster Bank plc. v. Spectrum Plus Limited and others (2005) UKHL 41.*

529 Es handelt sich um eine Entscheidung des *House of Lords*, welche die Aufhebung einer Rechtsentscheidung des *Court of Appeal (Spectrum Plus Ltd. (2004) 1 All E.R. 981 Ch D)* vornahm. Dieser hatte seinerseits die vorinstanzliche Entscheidung des *High Court* aufgehoben. In einer ausführlichen Auseinandersetzung mit der Rechtsentscheidung und ihrer Bedeutung für die *floating charge* im Allgemeinen *Davies*, Gower & Davies Principles of Modern Company Law, 2008, 32-20 f.

530 Vielzitiert ist in diesem Zusammenhang die Ausführung von Lord Scott, in *Spectrum Plus Ltd. (in liquidation), Re. (2005) UKHL 41, (2005) 2 A.C. 680: „In my opinion, the essential characteristic of a floating charge, the characteristic that distinguishes it from a fixed charge, is that the asset subject to the charge is not finally appropriated as a security for the payment of the debt until the occurrence of some future event. In the meantime, the chargor is left free to use the charged asset and to remove it from the security.“* Hierzu *Quenby/Hassan*, IWUK, 31.05.2017, S. 31.

531 *Gullifer*, Goode on legal problems of credit and security, 2013, Rn. 4.09 f.

532 Zu den Einzelheiten des Sachverhalts, insbesondere zu den Vertragsklauseln im direkten Vergleich zu den Regelungen aus dem Rechtsfall *Siebe Gorman* zusammengefasst in *Brambosch*, S. 147 f.

533 Dem Differenzierungskriterium aus *Siebe Gorman*, demzufolge allein die ausdrücklichen Vertragsregelungen der Parteien als Grundlage heranzuziehen seien, wurde widersprochen. Hierzu *West*, I.L.& P. 2004, S. 25 f.; *Brambosch*, S. 149 f.

Forderungsinhaberschaft kraft Einzahlung des Sicherungsgebers auf ein speziell hierfür eingerichtetes Konto erlangt. Eine faktische Zugriffnahme und Verfügung sei als Kredit zu werten, womit weiterhin eine *fixed charge* vorläge.[534]

Die aufhebende Entscheidung des *House of Lords* nahm vorliegend eine *floating charge* an und stellte allgemeingültig fest, dass nicht nur die Verfügungsbefugnis,[535] sondern auch ihr Umfang im Einzelfall ausschlaggebend sei.[536] Das obere Ende des Spektrums, die vollumfängliche Verfügungsbeschränkung, entspräche der *fixed charge* und das untere Ende des Spektrums, die vollkommene Verfügungsfreiheit, entspräche der *floating charge.*[537] Sämtliche Fallkonstellationen im Mittelfeld des Spektrums erlaubten keine klare Zuordnung. Neben der Untersuchung der Vertragsregelungen seien auch die tatsächlichen Umstände zu berücksichtigen.[538]

Eine Gesamtbewertung sei nur dann hilfreich, wenn man auf gefestigte Rechtssätze zurückgreifen könnte, die Zuweisungskriterien zum einen oder zum anderen Sicherungsrecht vorsähen.[539] Dessen nahm man sich an. Es wurde nicht nur eine Rechtsentscheidung in der Sache vorgenommen. Vielmehr wurden Prämissen zu den Unterschieden von *fixed* und *floating charge* aufgestellt.

---

534 Ausführlich *Brambosch,* S. 152-155.

535 *„It is the ability of the chargor company to deal with the charged assets which is the hallmark of the floating charge and distinguishes it from a fixed charge (see Spectrum Plus Ltd. […]).“ Bailey,* IWUK, 13.07.2015, S. 18.

536 Für die Auslegung im Einzelfall sind allein die tatsächlichen Umstände *(„its true construction“)* relevant. So im *Case Comment,* Comp. LN 2017, 398, 7 f.

537 Diese Ansicht fand durchweg Anklang in der Literatur. Hierzu heißt es in *Gullifer,* Goode on legal problems of credit and security, 2013, Rn. 4.23 *„At one end of the spectrum is total freedom of management. This is plainly incompatible with a fixed security interest. A creditor cannot claim a fixed security in an asset in one breath and then in the next allow the debtor to dispose of the asset as if it were the debtor's own. At the other end of the spectrum is a total prohibition on dealing of any kind in the asset or its proceeds. Clearly in this case the charge is a fixed charge. Between the two ends of the spectrum lies an indefinite range of possibilities.“* Dabei wird hervorgehoben, dass eine eindeutige rechtliche Zuordnung derjenigen Konstellationen, in denen keine absolute Verfügungsfreiheit oder Verfügungsbeschränkung vereinbart sei, nicht vorgenommen werden könne. Es sei eine Einzelfallabwägung unter Berücksichtigung der tatsächlichen Umstände notwendig. *„It is clear that merely to label the charge 'fixed' is not enough.“* Hierzu auch *Quenby,* IWUK, 23.05.2017, S. 4.

538 *Gregory,* Co LN 2004, 1, 2.

539 *National Westminster Bank plc. v. Spectrum Plus Limited and others (2005) UKHL 41 Rn. 54.*

Die *fixed charge* führe grundsätzlich zur vollumfänglichen Verfügungsbeschränkung an Forderungen sowie den zur Kreditbegleichung aufgewendeten Mitteln.[540] Eine Forderungseinziehung im eigenen Namen sei unschädlich, sofern der Einziehende verpflichtet sei, die Forderungen zweckgerichtet nur der Kreditbegleichung zuzuführen. Weiterhin sei es für die Annahme einer *fixed charge* notwendig, dass die eingetriebene Forderung zum Zwecke der Kreditratentilgung auf ein eigens hierfür eingerichtetes Konto des Sicherungsnehmers ohne Zugriffsmöglichkeit des Sicherungsgebers oder auf ein Konto bei einer Drittbank mit ausschließlicher Zugriffsmöglichkeit des Sicherungsnehmers zu überweisen sei.[541]

Die *floating charge* erlaube ein weiteres „*dealing with the charged assets*".[542] Sie bringe die vollumfängliche Verfügungsfreiheit über die belasteten Sicherungsgegenstände mit sich, die sich in der weiteren Vornahme von Veräußerungen sowie der Bestellung dinglicher Belastungen äußere. Charakteristisch sei auch, dass die *floating charge* dem Sicherungsnehmer zunächst keine Zugriffs- und Verwertungsrechte an bestimmten Vermögensgegenständen einräume.[543] Vielmehr sei das Unternehmen bis zum Eintritt des Sicherungsfalls und/oder bis zur Insolvenz hiervon befreit. Es ergeben sich zunächst keine „spürbaren" Auswirkungen.[544] Erst wenn sich das Ausfallrisiko realisiert habe, trete die nächste Sicherungsphase, die sog. *crystallisation,* ein. Kraft dieser wandle sich die, wie ein schwebender Mantel über dem Vermögen stehende, *floating charge* in eine *fixed charge* und bilde ein *attachment*. Erst dies habe zur Folge, dass sich die allgemeine Sicherheit auf sämtliche zum Zeitpunkt des Eintritts des Verwertungsfalls bestehenden Vermögenswerte konkretisiere und, entsprechend der direkten Übersetzung des englischen Begriffes *fixed*, verfestige.[545]

---

540 *Quenby/Hassan*, IWUK, 31.05.2017, S. 8a.

541 *National Westminster Bank plc. v. Spectrum Plus Limited and others (2005) UKHL 41 Rn. 55 ff.* Zusammenfassend auch *Brambosch,* S. 156 f.

542 Hierzu *Quenby*, IWUK, 23.05.2017, S. 3.

543 *Calnan* (2004) 19 JIBFL, 341, 345.

544 *Von Bar,* Gemeineuropäisches Sachenrecht, 2015, Rn. 439.

545 Durch die Akzessorietät der *floating charge* zur zugrundeliegenden *debenture* und durch die Konkretisierung der Sicherungsobjekte erst bei *crystallisation* zur *fixed charge* wird dem Problem der, im deutschen Sicherungsrecht intensiv behandelten Übersicherung nachgekommen. Während der Zeit ihres Bestandes eröffnet die *floating charge* kein allgemeines Verwertungsrecht. Die tatsächliche Verwertbarkeit tritt erst an den zur Zeit der *crystallisation* erfassten Sicherungsobjekten in Höhe der noch offenen Darlehensforderung ein. Der in der Verwertung einzutreibende Geldbetrag ist somit auf die Höhe der verbleibenden Darlehensforderung begrenzt.

Den Parteien steht grundsätzlich die Regelung der *crystallisation* und deren Voraussetzungen frei.[546] Das Gesetz sieht jedenfalls denjenigen Zustand als ausschlaggebend an, bei dem ein Unternehmen nicht mehr als funktionsfähiger Betrieb *(going concern)* qualifiziert werden kann.[547] Bei Fällen, die nicht unmittelbar zugeordnet werden könnten, wäre zu prüfen, wie restriktiv die Regelungen seien, denen sich der Sicherungsnehmer unterwerfe. Eine Einzelfallabwägung sei unumgänglich. Je restriktiver der Umgang vertraglich mit den Sicherungsgegenständen geregelt sei bzw. tatsächlich ausgeübt werde, desto wahrscheinlicher handle es sich um eine *fixed charge.*

4. Rechtskonkurrenz und allgemeine Rechtsfolgen

a. Regelverwertung desselben Sicherungsguts

Der Sicherungsgeber einer *floating charge* kann an demselben Sicherungsgut sowohl zugunsten des Sicherungsnehmers der *floating charge* als auch zugunsten sonstiger Gläubiger weitere Sicherheiten bestellen. Die Befriedigungsrate bei der Verwertung im Sicherungsfall hängt von dem Rang der bestellten Sicherheit ab.[548]

Für die Rangfolge von Sicherungsrechten ist grundsätzlich der Bestellungszeitpunkt relevant. Ausnahmsweise gilt *de lege lata* für die *floating charge* die Nachrangigkeit, sowohl gegenüber weiteren zeitlich vorherigen als auch gegenüber zeitlich nachfolgenden[549] Sicherheiten an konkreten

---

Insofern besteht kein Risiko, der Sicherungsnehmer habe einen Gläubigervorteil oder könne seine überlegene Rechtsposition ausnutzen. *Ungerer*, ZfRV 2015, 32, 37.

546 *Von Bar*, Gemeineuropäisches Sachenrecht, 2015, Rn. 439.

547 *Von Bar*, Gemeineuropäisches Sachenrecht, 2015, Rn. 439 unter Bezug auf die Gerichtsentscheidung *Government Stock and Other Securities Investment Co. Ltd. v. Manilal Railway Co. Ltd. (1897) AC 81, 86*, in der es heißt: „*A floating security is an equitable charge on the assets for the time being of a going concern. It attaches to the subject charges in the varying condition in which it happens to be from time to time. It is of the essence of such a charge that it remains dormant until the undertaking charged ceases to be a going concern or until the person in whose favour the charge is created intervenes. His right to intervene may of course be suspended by agreement. But if there is no agreement for suspension, he may exercise his right whenever he pleases after default.*"

548 Zu den Rechtsproblematiken, die die Rangverhältnisse an einem Unternehmen in der Insolvenz mit sich bringen können, *Walters*, Comp. Law. 1995, 291-295.

549 Dies ist festgehalten im *Insolvency Service Technical Manual*, in dem es heißt: „*As a general rule, a charge created earlier would rank in priority over one created later. The exception to this would be that, in relation to a company, a fixed charge ranks over a*

Unternehmensgegenständen.[550] Grund hierfür ist, dass die *floating charge* einen umfassenden Sicherungsradius aufweist. Hätte sie Vorrang gegenüber sämtlichen Sicherheiten an allen (potenziell) erfassten Sicherungsgegenständen, würde sie eine Sperrwirkung herbeiführen und dem Sicherungsgeber jeglichen Handlungsspielraum bei der Bestellung weiterer Sicherheiten entziehen, die dieser im Geschäftsverkehr, beispielsweise für weitere Kredite, benötigt.[551] Ist bereits eine *fixed charge*, *pledge* oder *mortgage* bestellt, gilt die später bestellte *floating charge* hinsichtlich der mehrfach besicherten Unternehmensgegenstände in der Rangfolge als untergeordnet. Sicherungsmittel, die zeitlich nach der Bestellung der *floating charge*, aber noch vor der *crystallisation* eingeräumt werden, sind gleichermaßen vorrangig,[552] da ihnen eine gesetzlich fest kodifizierte Rechtsgrundlage zugrunde liegt[553] und sie durch den globalen Charakter der *floating charge* als Sicherungsmittel nicht unterminiert werden sollen.[554]

Zur Abhilfe dieser Problematik kann ein Sicherungsnehmer den Sicherungsgeber der *floating charge* einer *negative pledge clause*[555] unterwerfen. Dabei handelt es sich um eine Vereinbarung, der zufolge der Schuldner sich verpflichtet, entweder keine weiteren Belastungen zu bestellen oder zumindest keine Belastungen in einer Weise vorzunehmen, die dem Sicherungsrecht, insbesondere dessen Rangstellung, schaden könnte.[556] Zeitlich nachfolgend bestellte Sicherheiten

---

floating charge even if created later.“ Hierzu *Quenby*, IWUK, 23.05.2017, S. 23; *Just*, Limited, 2012, Rn. 254.

550 *Boyle/Birds*, Boyle & Bird's Company Law, 2014, 10.14; *Davies*, Gower & Davies Principles of Modern Company Law, 2008, 32-10.

551 Vgl. *Calnan* (2006) 21 JIBFL, 5, 8 f.

552 *Re. Colonial Trusts Corporation (1879) 15 Ch. D. 465; Wheatley v. Silkstone and Haigh Moor Coal Co. (1885) 29 Ch. D. 715.*

553 Insbesondere hierin wird ein erheblicher Unterschied zwischen *fixed charge* und *floating charge* ersichtlich. „*In the first place, the creditor [of a fixed charge] acquires immediate real rights of the asset which can only be cut off by a disposition to a bona fide purchaser […]. Secondly, a floating charge is postponed to the rights of preferential creditors if the debenture holder takes possession of any of the charged assets of if the company goes into receivership or liquidation, whereas a fixed charge has priority over all unsecured claims, preferential or otherwise.*“ So *Gullifer*, Goode on legal problems of credit and security, 2013, Rn. 4.10. Auch *McKendrick*, Goode on Commercial Law 2016, 25.07.

554 *Ungerer*, ZfRV 2015, 32, 37.

555 Die Registerpflicht der *negative pledge clause* ergibt sich aus *sec. 859D para. 2c Companies Act 2006.*

556 „*A negative pledge is an agreement by the debtor not to encumber his assets in favour of a third party, or not to encumber them by way of a security which would rank ahead of or*

sind relativ unwirksam, sofern die *floating charge* und die Nichtbelastungsklausel dem anderen Sicherungsnehmer bekannt sind.[557] Die Kenntnis von der Belastung wird mit der Registrierung im öffentlichen Register objektiv vermutet.[558] Der Sicherungsnehmer kann das Risiko minimieren, die umfassende Unternehmensbelastung könnte ausgehöhlt werden und er könnte aufgrund der nachrangigen Rangposition in der Verwertungssituation unbefriedigt bleiben. Zumindest in Bezug auf zeitlich nach der *floating charge* bestellte Sicherheiten liegt kein oder zumindest kein vorrangig zu behandelndes Sicherungsrecht vor.

Der allgemeine Grundsatz, dass das zeitlich nachfolgend bestellte Sicherungsrecht auch verwertungsrechtlich nachrangig ist, gilt dann, wenn *floating charges* miteinander konkurrieren.[559] Dem Sicherungsgeber ist es unbenommen, das Unternehmensvermögen mit mehreren *floating charges* zu belasten. Diejenige *floating charge*, die zeitlich vor anderen *floating charges* bestellt wurde, ist vorrangig und prioritär zu behandeln.[560] Auch für den Fall, dass kraft des Eintritts der *crystallisation* eine *fixed charge* gegeben ist, liegt eine derartige Konkretisierung der *floating charge* vor, dass weder der Sicherungsgeber noch die übrigen Sicherungsnehmer des genannten, besonderen Schutzes vor der Globalsicherung bedürfen.[561]

b. Zu Objekten der Anschaffungsfinanzierung

Im Bereich der Anschaffungsfinanzierung *(acquisition finance devices)* wird überwiegend mit Eigentumsvorbehalten *(retention of title)* operiert. Der Verkäufer von Waren behält sich gegenüber dem Käufer das Eigentum hieran vor, bis der vollständige Kaufpreis geleistet wird. Je nach der vertraglichen Regelung kann das Eigentum unmittelbar mit der Kaufpreiszahlung durch den Endkunden auf diesen übergehen. Dann handelt es sich um einen verlängerten

---

pari passu with the security given to the creditor." So *Gullifer*, Goode on legal problems of credit and security, 2013, Rn. 1.24. Ausführlich zu den Ausgestaltungsformen und der Rechtsnatur der *negative pledge Gullifer*, Goode on legal problems of credit and security, 2013, Rn. 1.76 bis 1.83.

557 Vgl. *Wenckstern*, RabelsZ 1992, 624, 648.

558 *Seif*, S. 120; *Just*, Limited, 2012, Rn. 256; *Quenby*, IWUK, 23.05.2017, S. 25.

559 *Boyle/Birds*, Boyle & Bird's Company Law, 2014, 10.14.

560 Thematisch steht hierfür die Gerichtsentscheidung *Dearle v. Hall (1823) 3 Russ. 1*, hierzu *Calnan*, Taking Security, 2013, Rn. 7.168.

561 *Enchelmaier*, ZVglRWiss 112 (2013), 403, 434.

Eigentumsvorbehalt.[562] Der Vorbehaltskäufer erhält vom Vorbehaltsverkäufer die Ermächtigung, die Waren im Rahmen des branchenüblichen, ordentlichen Geschäftsgangs weiter zu veräußern sowie den Kaufpreis vom Endkunden einzuziehen. Der Vorbehaltskäufer tritt demgemäß vorab die Kaufpreisforderung ab. Ein Unternehmen erwirbt im Zuge des Warenankaufs nur das Anwartschaftsrecht.[563] Allein Letzteres unterfällt nach einhelliger Auffassung der *floating charge*, da nur eine dem Besteller zustehende Rechtsposition belastungsfähig ist. Weist der Vorbehaltsverkäufer antizipiertes Sicherungseigentum an einem Warengegenstand auf, greift die *floating charge* nach neuer Rechtsauffassung,[564] trotz ihres Charakters als revolvierende Globalsicherheit, nicht ein.[565] Hintergrund ist, dass die Anschaffungsfinanzierung als elementare Geschäftspraxis und Aufrechterhaltung von Produktions- und Verkaufsflüssen unangetastet bleiben soll. Die *floating charge* als umfassendes Sicherungsrecht soll diese Grundsätze nicht unterminieren. Ansonsten könnte die Geschäftstätigkeit eingeschränkt werden und ein wirtschaftlicher Wertverlust des Unternehmens würde drohen, welcher dem Sicherungsgeber ebenso wie dem Sicherungsnehmer schadet.

---

562 Sinn und Zweck des verlängerten Eigentumsvorbehalts ist es, dem Vorbehaltskäufer keine Beschränkungen aufzuerlegen und den Warenverkauf an Endkunden zu ermöglichen.

563 Das Unternehmen hat eine i.S.v. § 158 Abs. 1 BGB aufschiebend bedingte Eigentumsposition sowie ein rechtlich vollwertig als dingliches Recht anerkanntes Anwartschaftsrecht inne. Bei der Anschaffung von Objekten sind Finanzierung und Besicherung derartig eng verwoben, dass im Regelfall, bei entsprechender Vertragsausgestaltung, erst kein Vollrechtserwerb des Vorbehaltskäufers und Sicherungsgebers entsteht. Hierzu ausführlich *Ungerer*, ZfRV 2015, 31, 39.

564 Diese wurde durch die Entscheidung *Abbey National Building Society v. Cann (1991) 1 AC 56 (HL)* wesentlich geprägt. Eine ältere Rechtsprechung, namentlich die Entscheidung *Church of England Building Society v. Piskor (1954) Ch. 553*, vertrat, dass beim Verkauf eines mit einem verlängerten Eigentumsvorbehalt belasteten Gegenstands an Endkunden, die *floating charge* in der juristischen Sekunde entsteht, in der der Sicherungsgeber ein betroffenes Objekt erwirbt, und eine etwaige Sicherheit des Vorbehaltsverkäufers bei Vorliegen einer entsprechenden *negative pledge clause* scheitert. Demnach wurde der globalsichernde Charakter der *floating charge* gewürdigt und ihr Vorrang eingeräumt. Hierzu *Ungerer*, ZfRV 2015, 31, 39.

565 So *Just*, Limited, 2012, Rn. 256.

c. Diverse Besicherung verschiedener Vermögenswerte

Durch die stetige Rechtsfortbildung wurde auch die sog. *lightweight floating charge* als zulässig anerkannt.[566] Mittels dieser wird nicht das gesamte Unternehmen, sondern nur ein konkreter Betriebsteil oder ein bestimmbarer Vermögensanteil zugunsten des Kreditgebers belastet.[567] In jüngster Zeit hat sich eine Tendenz zur Sicherheitenverteilung und Diversität der Sicherungsgüter abgezeichnet: Es werden nur vereinzelt Teile des Unternehmens mittels einer *lightweight floating charge* belastet. Andere Unternehmensteile hingegen, regelmäßig unbewegliche Vermögensbestandteile wie beispielsweise Betriebsgrundstücke, werden mit einer *fixed charge* oder *mortgage* belastet.[568]

Der Sicherungsgeber hat einen weiten rechtlichen Spielraum, indem er unterschiedliche Sicherungsgüter mit unterschiedlichen Sicherungsmitteln belasten darf. Bei der Verwertung im Sicherungsfall weisen sie eine unterschiedliche Rangfolge auf.[569] Vergleichbares gilt für den Insolvenzfall. Wenn sich das belastete Unternehmen des Sicherungsgebers in Insolvenz befindet, hat die *floating charge* eine hohe Rangstellung. Dies gilt nicht, wenn es sich um konkrete Vermögensanteile handelt, die mit einer *fixed charge* belastet sind oder Insolvenzgläubiger gemeldet sind, die die Stellung als *preferential creditor* aufweisen.[570]

5. Umfang des Sicherungsverbandes

a. Verständnis „unternehmenszugehöriger" Objekte

Die *floating charge* erfasst im Zweifel sämtliche gegenwärtigen sowie künftigen Sicherungsobjekte des Unternehmens bis zum Zeitpunkt der *crystallisation*.[571] Zu den Sicherungsgegenständen zählen die mit einer *fixed charge* belastbaren Gegenstände, etwa Immobilien wie das Betriebsgrundstück eines Unternehmens, bewegliche Gegenstände wie das Inventar, Produktionsmaschinen und Automobile sowie Rechte, insbesondere unternehmenseigene Anteile sowie Forderungen. Auch zählen zu den Sicherungsgegenständen nicht vollumfänglich

---

566 Ausführlich *Oditah*, JBL 1991, 49-56.

567 *Just*, Limited, 2012, Rn. 255 unter Bezugnahme auf die Gerichtsentscheidung *Re. Croftbell Ltd. (1990) BCC 781*, in der deren Zulässigkeit festgestellt und ihre Rechtscharakteristika bestimmt wurden.

568 *Enchelmaier*, ZVglRWiss 112 (2013), 403, 433.

569 *Enchelmaier*, ZVglRWiss 112 (2013), 403, 433 f.

570 *Enchelmaier*, ZVglRWiss 112 (2013), 403, 433.

571 *Just*, Limited, 2012, Rn. 253; *Quenby*, IWUK, 23.05.2017, S. 7.

qualifizierbare Vermögenswerte wie etwa die Reputation eines Unternehmens, das Know-how, der Goodwill etc. Dies zeichnet die *floating charge* besonders aus.[572] Bei dem Sicherungsradius der *floating charge* ist allein die Bestimmbarkeit der Einzelgegenstände erforderlich, da neben allen gegenwärtig bestehenden Rohmaterialien auch die später hieraus entstehenden Produkte sowie Erlöse erfasst werden.[573]

In der Literatur heißt es, das Unternehmensvermögen oder, frei übersetzt, die unternehmenszugehörigen Gegenstände würden von der *floating charge* erfasst.[574] Weder die zahlreichen Gerichtsentscheidungen zur *floating charge* noch der englische Gesetzgeber konkretisieren, welches Rechtsverhältnis ein „unternehmenszugehöriger" Gegenstand zum Sicherungsgeber aufweisen muss. Zugehörig kann ein Gegenstand sein, wenn er bei der gebotenen objektiven Betrachtung und natürlichen, wirtschaftsnahen Beurteilung die für das konkrete Unternehmen notwendige Sachdienlichkeit aufweist und der wirtschaftlichen Zweckerreichung gewidmet ist. Dies wäre bereits dann der Fall, wenn sich das Unternehmen hierauf befindet (etwa bei einem Grundstück), wenn es diesen Gegenstand nutzt (beispielsweise bei Produktionsmaschinen) oder auch verarbeitet (etwa bei Rohmaterialien). Es könnte angenommen werden, dass allein der Besitz des Sicherungsgebers ausreicht. Es wird nicht spezifiziert, dass die Unternehmensgegenstände, die von der *floating charge* erfasst werden, im Eigentum des Sicherungsgebers stehen müssen.

Sinn und Zweck der *floating charge* ist es aber, das Unternehmen als Funktionseinheit zu erfassen und im Sicherungsfall die Verwertung in das Unternehmen vornehmen zu können, um das Ausfallrisiko abzudecken. Insbesondere in der gegenwärtigen Zeit starker wirtschaftlicher Verflechtungen und hoher Erhaltungskosten im Geschäftsalltag sind zahlreiche Sicherungsgegenstände gemietet oder geleast, fremdfinanziert oder mit Eigentumsvorbehalten versehen.[575] In diesem Fall stehen sie nicht im Eigentum oder in der Inhaberschaft des Unternehmens. Eine Verwertung dieser Sicherungsobjekte im Sicherungsfall würde jedoch in einem erheblichen Eingriff in Drittrechte resultieren und Vollrechte unterminieren.

---

572 *Davis*, C.L.J. 61 (2) 2002, 423, 431.

573 *Ungerer*, ZfRV 2015, 32, 36.

574 *Illingworth v. Houldsworth (Re. Yorkshire Woolcombers Association Ltd.) (1903) 2 Ch. 284*, hierzu *Bailey*, IWUK, 13.07.2015, S. 18; *Pennington*, Mod. LR 1960, 630, 636.

575 Vgl. *Toube QC/Rumley*, Insolv. Int. 2018, 78, 81 f.

Das Interesse des Sicherungsnehmers an der Verwertung einer funktionsfähigen Wirtschaftseinheit kann nicht das Eigentumserhaltungsinteresse eines Dritten überwiegen.[576] Aus diesem Selbstverständnis der englischen Gesetzgebung, der englischen Rechtsprechung und Literatur ist zu schließen, dass der Sicherungsgeber zwangsläufig Eigentümer bzw. Inhaber der Sicherungsgegenstände zu sein hat.[577]

b. Freie Verfügungsbefugnis im „üblichen" Geschäftsgang

Die *floating charge* ist Sicherungsmittel, das sich konstant dem Unternehmensbestand anpasst. Der Sicherungsgeber kann den üblichen Geschäftsgang weiterverfolgen. Neu entstehende Produkte werden automatisch von der Sicherheit erfasst. Bei der Veräußerung eines Gegenstandsentzieht sich dieser hingegen dem Sicherungsverband und die Sicherheit erstreckt sich auf den Erlös.[578] Unter dem üblichen Geschäftsgang sind die üblicherweise zu tätigenden Geschäfte zu verstehen, mit denen das Unternehmen am Wirtschaftsverkehr teilnimmt und die einen unmittelbaren Bezug zur erkennbaren wirtschaftlichen Zweckbestimmung aufweisen.[579] Dies gilt, sofern in der Sicherungsvereinbarung keine anderweitige Regelung getroffen wurde. Die Parteien können bestimmen, wann ein unmittelbarer Bezug zum wirtschaftlichen Unternehmenszweck vorliegt. Die Kriterien können restriktiv oder weit ausgelegt werden.[580]

---

576 *Koch*, S. 42 ff.

577 So *Grädler*, S. 104. Eine entgegenstehende Annahme ist weder mit rechtlichen Grundsätzen vereinbar noch interessengerecht. Eine abweichende vertragliche Regelung, insbesondere im Hinblick auf die unzulässige Verletzung von Drittrechten, wäre nichtig. Vor der Bestellung einer *floating charge* bewertet ein Sicherungsnehmer umfassend die unternehmenseigenen Vermögenswerte des Sicherungsgebers. Dabei wird ermittelt, ob der Sicherungsradius und damit die gegenwärtigen oder künftig zu erwartenden Sicherungsobjekte prognostisch bei einer Verwertung für die Deckung des Ausfallrisikos ausreichen. Nicht selten kann eine Krediteinräumung bereits daran scheitern, dass ein Unternehmen nicht ausreichend belastbare Sicherungsobjekte aufweist. In diesem Fall ist das Unternehmen nicht geeignet, Gegenstand einer Globalsicherheit zu sein.

578 *Ungerer*, ZfRV 2015, 32, 36.

579 *Quenby*, IWUK, 23.05.2017, S. 18 unter Bezug auf *Re. Florence Land and Public Works Co. (1878) 10 Ch. D. 530*; *Ashborder BV v. Green Gas Power Ltd. (2004) EWHC 1517 (Ch)*. Hierzu auch *Nolan*, L.Q.R. 2004, 108, 118.

580 *Von Bar*, Gemeineuropäisches Sachenrecht, 2015, Rn. 439.

Der Erwerb eines vom Sicherungsverband der *floating charge* umfassten Objekts im üblichen Geschäftsgang führt dazu, dass sich das Objekt selbst hieraus löst und der Sicherungsverband kraft der Veräußerung auf das Surrogat erstreckt, ähnlich dem Grundsatz der dinglichen Surrogation des deutschen Sachenrechts.[581] Wird ein Objekt jedoch außerhalb des üblichen Geschäftsgangs erworben und hat der Erwerber hiervon Kenntnis, ist kein gutgläubiger Erwerb anzunehmen. Nach der einhelligen Auffassung ist dies zumindest ab dem Verfahrensstadium der *perfection*, mithin der Registereintragung, anzunehmen.[582] Die Sicherheit setzt sich fort und erwächst bei *crystallisation* zur *fixed charge*. Sie ist, trotz Inbesitznahme bei Erwerb, den Verwertungszwecken des Sicherungsnehmers unterworfen.[583]

c. Rechtliche Heterogenität des Haftungsverbandes

Die *floating charge* zeichnet sich durch einen umfangreichen Sicherungsradius und die Heterogenität ihrer Sicherungsmittel aus. Neben Immobilien und Mobilien des Unternehmens können sämtliche immateriellen Werte, insbesondere Forderungen *(receivables)*, als Sicherheitsobjekte erfasst werden.[584] Wie bereits angeführt, zählen auch rechtlich nicht eindeutig bestimmbare, dem

---

581 Zum Grundsatz der dinglichen Surrogation und ihrem Anwendungsbereich *Wolf*, JuS 1975, 643.

582 Es werden unterschiedliche Auffassungen dazu vertreten, wann Kenntnis darüber anzunehmen ist, dass das konkret erworbene Objekt vom Sicherungsverband der *floating charge* erfasst ist, hierzu *Beale/Bridge/Gullifer/Lomnicka*, The Law of Security and Title-Based Financing, 2012, Rn. 12.04 ff., 15.03. Die überwiegende Rechtsauffassung ist der Ansicht, zumindest ab der Eintragung im öffentlichen Register *(perfection)* sei von der Kenntnis des Rechtsverkehrs auszugehen. Strittig ist hierbei, welchem Personenkreis Kenntnis zuzuschreiben ist. Eine Auffassung vertritt, jedermann sei von der Kenntnisfiktion erfasst *(Wilson v. Kelland (1910) 2 Ch. 306; Siebe Gorman & Co. Ltd. v. Barclays Bank Ltd. (1979) 2 Lloyd's Rep 142)*, eine andere Auffassung hingegen vertritt, allein Personen, von denen die Registersuche verlangt werden könne, seien von der Kenntnisfiktion erfasst (hierzu *Ferran/Ho*, Principles of Corporate Finance Law, 2014, S. 244 f.). Zum Meinungsstreit *Ungerer*, ZfRV 2015, 32, 38. Letztlich steht in Frage, inwiefern dies praktisch relevant ist, da in der Regel von Kreditinstituten und gewerblichen Kreditgebern verlangt werden kann, dass sie sich vorab über die relevanten Umstände informieren.

583 *Ali*, The law of secured finance, 4.130.

584 Zur wirksamen Entstehung der *floating charge* S. 170 ff.

Unternehmen anhaftende Rechtsbestandteile, wie das Know-how zur Produktionsfertigung oder der Goodwill als unternehmenseigener Wert, hierzu.[585]

Die Erfassung ebendieser rechtlich heterogenen Sicherungsgegenstände mit der *floating charge* ist rechtlich insofern unbedenklich und unproblematisch, als zunächst keine „spürbaren" Auswirkungen damit einhergehen. Kraft des Vertrags gelten sämtliche zu erfassenden Unternehmensgegenstände als belastet. Bei der Bestellung sind keine Besonderheiten zu beachten.[586] Der Geschäftsbetrieb wird in üblicher Weise weiterverfolgt. Eine rechtliche Herausforderung stellt sich erst im Umgang mit dem Verwertungsbegehren. Mithin handelt es sich um eine Frage, die sich erst ab dem Stadium der *crystallisation* und in Form der *fixed charge* stellt.[587]

6. Ergebnis

Die *floating charge* entstammt dem englischen Rechtsraum und wurde originär in der Kreditpraxis entwickelt. Sie bezeichnet die Globalsicherheit an einem Unternehmen. Die Konzeption wurde in einer Gerichtsentscheidung zur Mitte des 19. Jahrhunderts für zulässig erklärt und seitdem stetig weiterentwickelt.[588] Der *floating charge* liegt zugrunde, dass ein Kreditnehmer für die Laufzeit der Kreditverbindlichkeit zur Besicherung der Kreditschuld einen Unternehmensteil oder das gesamte Unternehmen zugunsten eines Kreditgebers belasten kann. Die Belastung umfasst bestimmbare Unternehmensobjekte *(identifiable objects)* sowie den „Tätigkeitsbereich" des Unternehmens, bestehend aus dem Ruf, Know-how, Goodwill, Kundenstamm, Geschäftsbeziehungen, -erfahrungen und geheimnissen.[589]

Trotz der anhaltenden Belastung ist der Sicherungsgeber, der *chargor*, nicht im üblichen Geschäftsgang *(ordinary course of business)* eingeschränkt. Handelt es sich um eine Veräußerung außerhalb des „üblichen Geschäftsalltags", kann dies umfassende Rechtsfolgen mit sich bringen.[590] Im Übrigen können die Parteien aber individualvertraglich vereinbaren, wie der „übliche Geschäftsalltag"

---

585 Hierzu *Re. Leas Hotel Co. (1902) 1 Ch. 332*; *Fuller*, Corporate Borrowing, 2009, S. 6, 12 ff.; *McKendrick*, Goode on Commercial Law 2016, 25-01, 25-09; *Ungerer*, ZfRV 2015, 32, 37.

586 Zur Entstehung der *floating charge* S. 203 ff.

587 Zu den Differenzierungskriterien gegenüber der *fixed charge* S. 126 ff.

588 Zu der historischen Entwicklung und den Hintergründen S. 113 ff.

589 Vgl. *Lohr*, S. 39.

590 Zum revolvierenden Sicherungscharakter S. 118 ff.

zu bestimmen ist. Die *floating charge* ist eine revolvierende Sicherheit, indem sie bei neuen zu erfassenden Unternehmensgegenständen automatisch entsteht und endet, wenn ein Unternehmensgegenstand dem Sicherungsverband entzogen wird. Die zu besichernde *debenture* kann jede Form der Schuldverschreibung sein und kann auf unterschiedliche Weise entstehen.[591]

Die *floating charge* zeichnet sich dadurch aus, dass sie zur *debenture* akzessorisch ist, d.h. nur für die Laufzeit der Kreditverbindlichkeit Wirksamkeit entfaltet. Zudem „schwebt" sie über dem Unternehmen *(hovering over a pool of assets)* und nimmt erst dann einen konkret belastenden Rechtscharakter an, wenn der Sicherheitsfall eintritt, d.h. wenn die Kreditraten nicht ordnungsgemäß geleistet werden. In diesem Fall ist die *crystallisation* anzunehmen. Die *floating charge* erwächst zu einer *fixed charge*. Letztere ist eine artverwandte Sicherheit, die auf konkret bestimmten Sicherheitsgegenständen *(assets)* lastet und den Sicherheitsgeber in der Verfügung beschränkt, während der Sicherheitsnehmer eine jederzeit aktivierbare Verwertungsbefugnis erhält.

Eine Reihe von historischen Gerichtsentscheidungen hat sich mit der Differenzierung der *floating* von der *fixed charge* beschäftigt.[592] Auf diese Weise sollten die Rechtsunsicherheiten in der Abgrenzung der damals noch neuartigen *floating charge* zur damals bereits bekannten *fixed charge* behoben werden. Originär wurde in der Entscheidung *Siebe Gorman* aus dem Jahr 1979 der vertragliche Wortlaut als ausschlaggebend und die weitere Verfügungsbefugnis des Sicherungsnehmers als Kernkriterium angesehen.[593] Die Rechtsprechung entwickelte die Differenzierungsansätze fort.[594] Abschließend wurde in der Gerichtsentscheidung *Spectrum* angenommen, dass neben dem Vertrag auch weitere tatsächliche Umstände zu berücksichtigen seien und die Verfügungsbefugnis ein wichtiges, aber nicht das einzige Kernkriterium in der Differenzierung der Rechtsinstrumente sei.[595]

Neben der *floating charge* können weitere Sicherheitsmittel bestellt werden. Die *floating charge* gilt aufgrund ihres umfassenden Charakters als grundsätzlich nachrangig in der Verwertung, es sei denn sie tritt in Rechtskonkurrenz

---

591 Zur *debenture* S. 120 ff.

592 Zu den Differenzierungskriterien S. 124 ff.

593 Zur Auseinandersetzung mit *Siebe Gorman* S. 126 ff.

594 Zur Fortentwicklung der Differenzierungskriterien S. 127 ff.

595 Zur *Spectrum*-Rechtsentscheidung und zu der Erkenntnis, dass sämtliche Umstände des Einzelfalls bei der Differenzierung der *floating charge* von der *fixed charge* zu berücksichtigen sind, S. 130 ff.

mit einer weiteren *floating charge.*[596] Anwendungsvoraussetzung ist, dass es sich um Gegenstände im Eigentum bzw. in der Inhaberschaft des Sicherungsgebers handelt. Ansonsten wäre ein unberechtigter Eingriff in Drittrechte anzunehmen. Objekte der Anschaffungsfinanzierung *(acquisition finance devices)* sind nicht belastbar.[597] Die rechtliche Heterogenität der erfassten Unternehmensgegenstände ist zunächst unbedenklich. Die Belastung findet kraft des Vertrags statt und wirkt sich bis zur *crystallisation* nicht aus. Mithin wirft sie erst bei einer vorzunehmenden Verwertung komplexere Rechtsfragen auf.

596 Zur Rechtskonkurrenz S. 134 ff.

597 Hierzu im Einzelnen S. 136 f.

D. Rechtsnatur der Belastungsrechte

Um zu untersuchen, wie sich der Unternehmensnießbrauch praktisch auswirkt, ist eine nähere Betrachtung seiner Rechtsnatur unerlässlich. Es ist zu hinterfragen, ob der Unternehmensnießbrauch als ein einheitliches dingliches Recht zu qualifizieren ist.[598] Im Zentrum steht dabei die in der Literatur umstrittene Frage, ob ein Unternehmen *per se* eine Rechtseinheit bildet und ob es geeignet ist Gegenstand eines einheitlichen dinglichen Rechts zu sein. Die praktischen Auswirkungen, die die jeweils vertretene Rechtsansicht mit sich bringt, insbesondere der sich ergebende deliktische Rechtsschutz, werden betrachtet. Es werden die einzelnen Auffassungen der Literatur angeführt und diskutiert. Abschließend nimmt die Verfasserin Stellung. In einem zweiten Abschnitt wird knapp die weniger umstrittene Frage nach der Rechtsnatur der *floating charge* unter Berücksichtigung der Besonderheiten des englischen Rechts untersucht.

I. Rechtsnatur des Unternehmensnießbrauchs

1. Zum Unternehmensnießbrauch als dinglich einheitliches Recht

Die Rechtsnatur des Nießbrauchs am Unternehmen ist nicht eindeutig bestimmt.[599] Es werden unterschiedliche Literaturauffassungen vertreten. Der Meinungsstand sowie die Kernargumente werden wiedergegeben und die wesentlichen Kritikpunkte der Auffassungen angeführt.

a. Meinungsstand

Einer dominanten Literaturauffassung zufolge handelt es sich beim Unternehmensnießbrauch um ein einheitliches dingliches Recht.[600] Dies ergebe sich aus

598 Zum Problemaufwurf auch *Fichtelmann,* DStR 74, 267, 270.

599 Zum Meinungsstand *Westermann/Gursky/Eickmann*, Sachenrecht, 2011, § 140 Rn. 7.

600 BGH NJW 2002, 434, 435; BFH BStBl II 1981, 396 f. Hierzu ausführlich *Pohlmann*, in: Säcker et al., MüKo BGB, Bd. 8, 2020, § 1085 Rn. 11; *Herrler*, in: Palandt, BGB, 2020, 1085 Rn. 3; *Berger*, in: Stürner, Jauernig BGB, 2018, § 1085 Rn. 4 f.; *Lemke*, in: Ring/Grziwotz/Keukenschrijver, BGB-Sachenrecht, 2016, § 1030 Rn. 53; *Beisel* in: Beisel/Klumpp, Der Unternehmenskauf, 2016, § 10 Arbeitsrecht Rn. 35; *Fezer*, Markenrecht, 2009, § 27 MarkenG Rn. 79; *Janssen/Nickel*, S. 61; *Walter*, BB 83, 1151, 1153; *Fichtelmann*, DStR 74, 267, 267; *Schön*, S. 99.

einer Gesamtbetrachtung aller Gegenstände im Unternehmen. Zwar beziehe sich der Nießbrauch, aufgrund des sachenrechtlichen Spezialitätsgrundsatzes, auf die erfassten Einzelgegenstände.[601] Der Nießbrauch bestehe an der Summe aller belastbarer Rechtsgüter, d.h. etwaigen Immobilien, Mobilien und Rechten sowie dem Tätigkeitsbereich. Aufgrund der Gleichartigkeit der Belastung, des Nießbrauchs an allen Unternehmensbestandteilen und der Tatsache, dass es sich bei dem Unternehmen um eine Organisationseinheit handle, sei aber von einem einheitlich dinglichen Recht auszugehen. Für diese Betrachtung spricht, dass der Unternehmensnießbrauch ein praktisch einfach handhabbares Sicherungsinstrument in der Rechtspraxis darstellen würde.[602] Insbesondere könne der Unternehmensnießbrauch, wie es der Sinn und Zweck des Rechtsinstituts erfordere, als einheitliches Schutzgut deliktischen Schutz genießen.

Eine in der Vergangenheit stärker vertretene Literaturauffassung steht dem ablehnend gegenüber. Es wird entgegengehalten, das Unternehmen könne keine Einheit und daher kein taugliches Rechtsobjekt im Sinne des bürgerlichen Rechts sein.[603] Allein ein Nießbrauch an einer Sache sei dinglicher Rechtsnatur. Ein Unternehmen könne denklogisch nicht eine Sache sein. Folgerichtig könne der Nießbrauch hieran nur schuldrechtlicher Natur sein.[604] Auch die Heranziehung anderer Rechtsmaterien könne keine anderweitige Sichtweise begründen. Aus einer deliktischen Betrachtung etwa könne man keine Rückschlüsse ziehen.[605] Der Unternehmensnießbrauch sei aber zumindest unter das schutzwürdige absolute Recht des eingerichteten und ausgeübten Gewerbebetriebs

---

601 *Beisel*, in: Beisel/Klumpp, Der Unternehmenskauf, 2016, § 10 Arbeitsrecht Rn. 35; *Pohlmann*, in: Säcker et al., MüKo BGB, Bd. 8, 2020, § 1085 Rn. 11; *Lemke*, in: Ring/Grziwotz/Keukenschrijver, BGB-Sachenrecht, 2016, § 1030 Rn. 54; *Fezer*, Markenrecht, 2009, § 27 MarkenG Rn. 79. Zusammenfassend zum Meinungsstand *Schön*, S. 99.

602 Hierzu *Pohlmann*, in: Säcker et al., MüKo BGB, Bd. 8, 2020, § 1085 Rn. 13; auch *Herrler*, in: Palandt, BGB, 2020, 1085 Rn. 3; *Berger*, in: Stürner, Jauernig BGB, 2018, § 1085 Rn. 5; *Lemke*, in: Ring/Grziwotz/Keukenschrijver, BGB-Sachenrecht, 2016, § 1030 Rn. 53; *Beisel* in: Beisel/Klumpp, Der Unternehmenskauf, 2016, § 10 Arbeitsrecht Rn. 35; *Fezer*, Markenrecht, 2009, § 27 MarkenG Rn. 79.

603 Die Gegenmeinung geht davon aus, es könne nur ein Nießbrauch an den Einzelgegenständen des Unternehmens bestellt werden. Beim Unternehmensnießbrauch als Einheit seien die Entstehung und auch die Rechtsfolgen unklar, insbesondere sei er jedoch überflüssig. So *Wieling*, Sachenrecht, S. 690. Dazu auch *Bökelmann*, S. 32; *Schön*, S. 100 f.

604 *Bökelmann*, S. 32; *Grunsky*, BB 1972, 585, 587.

605 Hierzu *Schön*, S. 100 f.

i.S.v. § 823 Abs. 1 BGB zu subsumieren. Nur weil es sich um ein absolutes Recht handle, impliziere dies nicht notwendigerweise auch die dingliche Rechtsnatur. Eine Einbuße im Rechtsschutz gehe damit nicht einher.

b. Rechtsfolgen der unterschiedlichen Ansichten

Die erstgenannte Auffassung, der dingliche Ansatz, sieht den Unternehmensnießbrauch als einheitliches dingliches Recht und somit als ein absolutes Recht i.S.v. § 823 Abs. 1 BGB an. Auch die Gegenauffassung, der schuldrechtliche Ansatz, spricht dem Unternehmensnießbrauch deliktischen Rechtsschutz nach § 823 Abs. 1 BGB zu, namentlich als Unterfall des Rechts am eingerichteten und ausgeübten Gewerbebetrieb i.S.v. § 823 Abs. 1 BGB. Beide Auffassungen kommen daher, wenn auch mit unterschiedlichem Begründungsaufwand, zu dem Ergebnis, dass der Unternehmensnießbrauch gegen Rechtseingriffe aus der deliktischen Primärnorm geschützt ist.[606]

Die Auffassungen gelangen hingegen zu unterschiedlichen rechtlichen Befunden, wenn man etwa den Fall der Veräußerung eines mit dem Unternehmensnießbrauch belasteten Unternehmens annimmt.[607] Nach dem dinglichen Ansatz haftet der Unternehmensnießbrauch dem Unternehmen als dingliches Recht unmittelbar an und geht auf den Erwerber über. Nach dem schuldrechtlichen Ansatz handelt es sich bei dem Unternehmensnießbrauch um eine allein schuldrechtliche und somit relative Nutzungsvereinbarung. Der Erwerber sei, ohne entsprechende vertragliche Regelung des Mitübergangs, hieran nicht gebunden und der Nießbraucher verliere sein Recht.[608] Eine vermittelnde Auffassung sieht hierin einen untragbaren Rechtsverlust.[609]

Unterschiedliche Rechtsfolgen ergeben sich auch bei der Nutzungsziehung. Da der dingliche Ansatz das Unternehmen als Rechtseinheit ansieht, können

---

606 *Pohlmann*, in: Säcker et al., MüKo BGB, Bd. 8, 2020, § 1085 Rn. 13.

607 Obgleich der Unternehmensnießbraucher die Unternehmensstellung einnimmt und somit grundsätzlich für die Laufzeit der Nießbrauchsvereinbarung die Geschäftsführung innehat, bleibt der Sicherungsgeber Eigentümer des Anlagevermögens. Insofern ist er weiterhin verfügungsbefugt. In der Regel wird dem Unternehmensnießbraucher ein Interventionsrecht zugeschrieben. Zum Stimmrecht des Unternehmensnießbrauchers und zu dem Verhältnis zum Gesellschafter bei der Entscheidungsfindung S. 263 ff. Wie im Unternehmensnießbrauch ist zur Herbeiführung von Rechtssicherheit und -klarheit eine entsprechende Vertragskonzeption in diesem Zusammenhang erforderlich.

608 *Pohlmann*, in: Säcker et al., MüKo BGB, Bd. 8, 2020, § 1085 Rn. 13.

609 *Schön*, S. 100.

Nutzungen aus sämtlichen Unternehmensbestandteilen gezogen werden. Mit dem schuldrechtlichen Ansatz könnten Nutzungen aber nur aus denjenigen Gegenständen gezogen werden, die vom Bestellungsakt ausdrücklich erfasst waren, d.h. aus den körperlichen Sachen und Rechten. Die für die Unternehmenstätigkeit essenziellen immateriellen Bestandteile, insbesondere der Tätigkeitsbereich des Unternehmens, wären grundsätzlich nicht unmittelbar nutzbar. Es wäre eine entsprechende Vertragsregelung mit Festsetzung des konkreten Umfangs erforderlich. Auch hier argumentiert allerdings die vermittelnde Auffassung, allein eine entsprechende schuldrechtliche Parteiabrede sei nicht ausreichend.[610] Ein Recht kann nur dann ausgeübt werden, wenn der Ausübende hierzu unbeschränkt berechtigt ist, d.h. wenn das betroffene Recht dinglich übergegangen ist oder der wahre Rechtsinhaber seine Einwilligung zur Rechtsausübung nach § 185 BGB erteilt hat. Mit dem dinglichen Ansatz geht das Nutzungsrecht am Unternehmen umfassend über, wodurch der Nießbraucher diejenigen Rechte aktivieren kann, die ihn zur Nutzungsziehung berechtigen. Alle rechtlich qualifizierbaren Gegenstände sowie der Tätigkeitsbereich des Unternehmens sind belastet. Der Nießbraucher kann, wie beim Unternehmensnießbrauch vorgesehen, in die Unternehmerstellung eintreten.[611]

Mit dem schuldrechtlichen Ansatz hingegen muss sich der Nießbraucher individualvertraglich zusichern lassen, dass er das Nutzungsrecht an den zu erfassenden Unternehmensgegenständen ausüben darf.[612] Die Unternehmerstellung des Unternehmensnießbrauchers geht nicht automatisch über. Dazu fehlt es am Übergang der dinglichen Bindung des übergreifenden Unternehmenszwecks.[613] Dies führt dazu, dass der Nießbraucher grundsätzlich die erfassten Gegenstände nutzen darf, ohne dazu befugt zu sein, das Unternehmen insgesamt zu führen. Eine vermittelnde Auffassung vertritt daher den Ansatz, es müsste zudem eine schuldrechtliche Vereinbarung getroffen werden, der zufolge nicht nur die Nutzungsbefugnis an den Unternehmensgegenständen, sondern auch der übergreifende Unternehmenszweck mit voller dinglicher Wirkung

---

610 *Schön*, S. 100 f.

611 Diese Rechtsfolge ergibt sich aus der herrschenden Auffassung. *Herrler*, in: Palandt, BGB, 2020, § 1085 Rn. 3; *Berger*, in: Stürner, Jauernig BGB, 2018, § 1085 Rn. 5; *Lemke*, in: Ring/Grziwotz/ Keukenschrijver, BGB-Sachenrecht, 2016, § 1030 Rn. 53; *Beisel* in: Beisel/Klumpp, Der Unternehmenskauf, 2016, § 10 Arbeitsrecht Rn. 35; *Fezer*, Markenrecht, 2009, § 27 MarkenG Rn. 79.

612 Zur rein schuldrechtlichen Vereinbarung eines Unternehmensnießbrauchs und zu den Rechtsfolgen *Bökelmann*, S. 32; *Grunsky*, BB 1972, 585, 587.

613 So *Pohlmann*, in: Säcker et al., MüKo BGB, Bd. 8, 2020, § 1085 Rn. 13.

übergeht. Resultierend hieraus soll der Nießbraucher als Unternehmer tätig werden können, da ihm die Verfolgung des Unternehmenszwecks als „wirtschaftliche Bestimmung“ auferlegt wird.[614]

c. *Zwischenergebnis und Kritik*

Der vielfach vertretene dingliche Ansatz betreibt keinen intensiven Begründungsaufwand und weist keine dogmatische Grundlage auf. Die argumentative Grundlage des schuldrechtlichen Ansatzes ist starker Kritik ausgesetzt. Es wird davon ausgegangen, ein Unternehmen könne nie Gegenstand eines dinglichen Rechts sein, weil es sich nicht um einen einzelnen Sachgegenstand handele.[615] Dies würde bedeuten, dass die summarische Erfassung mehrerer Gegenstände nie von einem (einheitlichen) Nießbrauch erfasst sein könnte. Mit dem dinglichen Ansatz wäre stets eine praktisch komplexe, vertragliche Ausarbeitung des Rechtsverhältnisses erforderlich. Im Übrigen bringt die Auffassung eine Vielzahl von Rechtsfolgen mit sich, die den Einsatz des Unternehmensnießbrauchs in der Rechtspraxis unattraktiv gestalten. Vorteilhaft wäre daher, die praktisch wertvolle, herrschende Auffassung zur dinglichen Rechtsnatur mit einer stärkeren Begründung stützen zu können. Die Argumentation steht und fällt mit der Frage nach der rechtlichen Qualifizierung des Unternehmens. Mithin ist zu untersuchen, ob es sich bei einem Unternehmen um eine Rechtseinheit oder -gesamtheit handelt. Hierbei ist zu klären, welche Rechtsnatur der Nießbrauch an den einzelnen Unternehmensbestandteilen überwiegend aufweist.

2. Zum Unternehmen als Rechtseinheit

Wie bereits einleitend gezeigt wurde,[616] kann das Unternehmen nicht einheitlich für jeden rechtlichen Zusammenhang bestimmt werden. Es ist ein wirtschaftliches Gebilde, welches einen eigenen Rechtscharakter aufweist und, sofern es im Rechtsverkehr tätig ist, rechtsfähig[617] ist.

---

614 Unter Heranziehung der Gegenauffassung und ergänzend *Schön*, S. 101, zur Auseinandersetzung mit dieser Literaturauffassung *Pohlmann*, in: Säcker et al., MüKo BGB, Bd. 8, 2020, § 1085 Rn. 13. Hierzu auch *Paus*, BB 90, 1675, 1675.

615 Ausführlich *Schön*, S. 100.

616 Zur Begriffsbestimmung S. 5 ff.

617 Rechtsfähige Gesellschaftsformen sind demnach sämtliche Kapitalgesellschaften sowie Personenhandelsgesellschaften, die nach außen im Rechtsverkehr tätig werden. Auch die im Rechtsverkehr tätig werdende Außengesellschaft bürgerlichen Rechts (GbR) ist seit dem BGH-Urteil (BGHZ 146, 341 in NJW 2001, 1056) in einer Analogie

Es ist umstritten, ob das Unternehmen als Rechts- und Sachgesamtheit oder eher als einheitliches Rechtsobjekt aufgrund der gesamtheitlichen Widmung zur wirtschaftlichen Zweckerreichung zu betrachten ist. Die Argumente, die für die ein oder andere Sichtweise sprechen, sind zu beleuchten. In der folgenden Betrachtung ist davon auszugehen, dass ein zu besicherndes Unternehmen aus einer Vielzahl eigentümlicher Gegenstände besteht, d.h. aus Immobilien und Mobilien, etwa einem Betriebsgrundstück sowie zahlreichen körperlichen und beweglichen Gegenständen, wie etwa Produktionsmaschinen, Inventar, Rohmaterialien etc. Im Übrigen soll angenommen werden, dass ein Unternehmen zahlreiche Rechte, wie etwa Forderungen gegen Geschäftspartner und Käufer, innehat sowie über eine Vielzahl immaterieller Gegenstände, namentlich u.a. den Tätigkeits- und Kundenstamm, Reputation, Know-how und Goodwill verfügt.

Argumentativ gibt es mehrere Begründungsansätze, die dazu führen, dass das Unternehmen als Rechtseinheit oder als Rechtsgesamtheit qualifiziert wird. Nicht eindeutig geklärt ist, wie der Begriff der Rechtseinheit konkret zu bestimmen ist. In der Rechtsliteratur findet sich keine Definition. Ein einzelner Gegenstand, d.h. ein Grundstück, ein mobiler Gegenstand oder eine Forderung, ist unumstritten eine Rechtseinheit. Auch ist ein Grundstück mitsamt seinen Bestandteilen als eine Rechtseinheit zu qualifizieren, da diese ihm unmittelbar anhaften. Je mehr Gegenstände miteinander zusammenhängen, desto schwieriger ist die Beurteilung, ob es sich noch um eine Rechtseinheit handelt. Allgemeine Kriterien, die eine Abgrenzung zur Rechtsgesamtheit erlauben, gibt es in der Rechtsliteratur nicht. Ein Gegenstand kann einem einheitlichen Recht unterworfen werden. Dasselbe gilt für einen einheitlichen Gegenstand. Am Beispiel des Grundstücks mitsamt seinen Bestandteilen kann daher eine Hypothek, ein einheitliches dingliches Recht, bestellt werden. Ein Unternehmen wäre folgerichtig nur dann sachenrechtsfähig und könnte einem dinglichen einheitlichen Recht unterworfen werden, wenn es sich als Gegenstand hierfür eignet.

a. Argumentative Grundlagen

Mithin können zwei Standpunkte unterschieden werden. Eine Auffassung erkennt das Unternehmen als einheitlich dingliches Rechtsobjekt für den Unternehmensnießbrauch an und bestätigt dessen Sachenrechtsfähigkeit.[618] Die entgegenstehende, restriktive Auffassung lehnt die Sachenrechtsfähigkeit ab. Diese

---

gemäß § 124 HGB rechtsfähig. *Schöne,* in: Bamberger et al., BeckOK BGB, 2020, § 705 Rn. 13-17.

618 Hierzu ausführlich *Lohr,* S. 39.

Ansicht erkennt das Unternehmen lediglich als Sach- und Rechtsgesamtheit an und nimmt die unpraktikablen Rechtsfolgen hin, die damit einhergehen.[619]

In dieser Arbeit wird eine vermittelnde Auffassung vertreten. Das Unternehmen kann als wirtschaftlich einheitliche Sach- und Rechtsgesamtheit mit dinglich einheitlichem Rechtscharakter qualifiziert werden. Dies ergibt sich aus dem Rechtscharakter des Nießbrauchs an den überwiegenden Einzelgegenständen, aus denen sich das Unternehmen zusammensetzt.[620] Die Begründungsansätze der zwei sich gegenüberstehenden Ansichten sind zu untersuchen. In einer Stellungnahme werden die wichtigsten Belange abgewogen und wird die vermittelnde Auffassung erläutert.

aa. Meinungsstand

Eine Auffassung argumentiert mit der fehlenden Regelung des Unternehmensnießbrauchs im Gesetz.[621] Es fehle die Legitimation des Gesetzgebers, der zufolge ein Rechtsinstitut einheitlich auf das Unternehmen angewandt werden könne.[622] Die andere Auffassung hält dagegen, dem Schweigen des Gesetzgebers könne keine Aussagekraft zugemessen werden. Außerdem wird angeführt, es sei anhand der äußeren Umstände erkennbar, dass sich das Unternehmen aus einer Mehrzahl von Gegenständen zusammensetze.[623] Eine Mehrzahl von Unternehmensgegenständen könne sinnlogisch allein eine Rechtsgesamtheit begründen. Die Betrachtung als Rechtseinheit stünde im Widerspruch zu den tatsächlichen Umständen. Die Gegenauffassung argumentiert, die tatsächlichen Umstände ließen keine Rückschlüsse über die Rechtsqualifizierung zu. Es sei ein restriktives

---

619 *Beisel*, in: Beisel/Klumpp, Der Unternehmenskauf, 2016, § 1 Rn. 14 f.

620 Zur Prüfung im Einzelnen S. 154 ff.

621 Hierzu *Schön*, S. 100 f.

622 Hierzu *Mugdan*, S. 312 Rn. 558 „Die Begründung des Nießbrauchs an dem Vermögen einer Person als einem selbstständigen Gegenstande des Nießbrauches würde eine Art Universalsukzession enthalten, bei welcher das universum jus einer Person auf eine andere Person zwar nicht gänzlich übergeht, aber doch in einer besonderen Weise belastet wird. Es würde zu den größten Schwierigkeiten führen, wenn man die unversitas als einen Vermögensgegenstand behandeln wollte, welcher mit einem Nießbrauche belastet werden kann; auch fehlt es an einem jeden Bedürfnis zu einer solchen dem geltenden Rechte fremden Behandlung. Daß [sic] aber der Privatautonomie eine derartige Verfügung über das ganze Vermögen nicht freigegeben ist, ergiebt [sic] sich von selbst, wenn das Gesetz schweigt. Eine ausdrückliche Verneinung könnte nur zu Mißverständnissen [sic] Anlaß [sic] geben."

623 Hierzu *Schön*, S. 100.

Verständnis von der Rechtseinheit zugrunde zu legen. Demzufolge reiche es aus, wenn ein umfassender Zweck die Mehrheit der Gegenstände miteinander verbinde. Ebendieses Merkmal sei erfüllt. Sämtliche Einzelgegenstände eines Unternehmens seien dadurch miteinander verbunden, dass sie einem konkreten wirtschaftlichen Zweck gewidmet seien.

Die Auffassung, die die Sachenrechtsfähigkeit des Unternehmens ablehnt, gründet hauptsächlich darauf, dass eine Rechtseinheit allein dann anzunehmen sei, wenn es sich um einen Gegenstand handle, der einheitlich einem schuldrechtlichen Verpflichtungsvertrag, einem Übertragungsakt und einem dinglichen Belastungsakt unterzogen werden könne.[624] Allein eine rechtliche Einheit sei geeignet, einem einheitlichen Rechtsgeschäft unterworfen zu werden. Der Bestellungsvorgang diene als Indiz für den Rechtscharakter.[625] Die Tatsache, dass sämtliche Einzelgegenstände der wirtschaftlichen Zweckausrichtung dienen, könne keine Rechtseinheit begründen. Auf diese Weise würde eine künstliche Rechtsbetrachtung durchgesetzt werden, die den tatsächlichen Umständen widerspräche und eine unzulässige Erweiterung des Rechtsverständnisses herbeiführe.

Unstrittig kann ein Unternehmen Gegenstand einer schuldrechtlichen Vereinbarung sein.[626] Bei einer Verfügung hingegen ist die Abwicklungsweise nach den Grundsätzen des Asset Deal oder Share Deal zu differenzieren.[627] Bei einem Asset Deal, bei dem die Summe aller einzelnen Vermögensgegenstände[628] veräußert wird, muss zwingend der Spezialitätsgrundsatz beachtet werden. Alle Vermögensgegenstände sind, etwa im Rahmen von Bestandsverzeichnissen und Inventurunterlagen, aufzulisten und nach den jeweils geltenden Vorschriften zu übertragen.[629] Hier ist keine einheitliche Übertragung möglich. Im Gegensatz

---

624 Hierzu *Schön*, S. 100 f.

625 Es handelt sich lediglich um ein Indiz. Selbst die Zusammenfassung mehrerer gleichartiger Rechte in einem Rechtsvorgang, wie etwa der Vereinbarung mehrerer Bürgschaften, könnte kein einheitliches Rechtsgeschäft darstellen. *Wendtland*, in: Bamberger et al., BeckOK BGB, 2020, § 139 Rn. 8.

626 *Fritzsche*, in: Bamberger et al., BeckOK BGB, 2020, § 90 Rn. 23; *Büdenbender*, in: Dauner-Lieb/Langen, BGB, Bd. 2/2, 2016, Anhang II zu §§ 433-480, Rn. 14.

627 Zu den wesentlichen Unterschieden des Share Deals zum Asset Deal *Jacques*, in: Ettinger/Jacques, Beck'sches Handbuch Unternehmenskauf im Mittelstand, A. Einführung Rn. 29-31.

628 *Büdenbender*, in: Dauner-Lieb/Langen, BGB, Bd. 2/2, 2016, Anhang II zu §§ 433-480 Rn. 14.

629 Die Einzelrechtsübertragung richtet sich nach den Vorschriften gemäß §§ 873, 952, 929 ff., 1154, 1191, 1192, 398, 412, 413, 1153, 1250 BGB. Der Übergang immaterieller

dazu gehen beim Share Deal die gesamten Gesellschaftsanteile unmittelbar über. Die Übertragung von Aktien oder Geschäftsanteilen am Unternehmen erfolgt, zwecks der Erfüllung des Unternehmenskaufvertrags i.S.v. § 453 Abs. 1 BGB,[630] einheitlich.[631]

Bei der dinglichen Belastung des Unternehmens mit einem Nießbrauch gilt, wie im Einzelnen noch auszuführen ist,[632] die Vorschrift des § 1085 Satz 1 BGB. Demzufolge kann der Nießbrauch an dem Vermögen einer Person nur in der Weise bestellt werden, dass der Nießbraucher den Nießbrauch an den einzelnen, zum Vermögen gehörigen Einzelgegenständen erlangt. Obgleich das Unternehmen kein Vermögen oder Sondervermögen darstellt,[633] wird die Regelung nach einhelliger Auffassung entsprechend für einen Nießbrauch am Unternehmen angewandt. Zur Begründung eines Nießbrauchs am Unternehmen sind für sämtliche der zu erfassenden Einzelgegenstände Einzelakte erforderlich.[634] Es ist kein einheitlicher Belastungsakt möglich oder denkbar.

Zusammenfassend könne daher nur gelten, dass ein Unternehmen *en bloc* Gegenstand eines Vertrags und (nach den Regelungen des Share Deal) Gegenstand eines einheitlichen Verfügungsaktes sein kann. Nicht denkbar sei ein einheitlicher Akt zur Bestellung eines dinglichen Rechts, etwa eines Nießbrauchs.[635] Indem der Unternehmensnießbrauch keinem einheitlichen Rechtsvorgang unterzogen werden könne, sei er auch nicht als Rechtseinheit anzuerkennen.

Vermögensgegenstände erfolgt nach den Maßstäben der einzelvertraglichen Regelungen. *Büdenbender*, in: Dauner-Lieb/Langen, BGB, Bd. 2/2, 2016, Anhang II zu §§ 433-480 Rn. 17 f., 20.

630 *Büdenbender*, in: Dauner-Lieb/Langen, BGB, Bd. 2/2, 2016, Anhang II zu §§ 433-480 Rn. 30.

631 Geschäftsanteile einer GmbH werden gemäß §§ 398, 413 BGB i.V.m. § 15 Abs. 3 BGB übertragen. Die Aktien einer AG werden grundsätzlich nach §§ 398, 413 BGB, bei Verbriefung nach §§ 929 ff. BGB übertragen. Im Übrigen sind bei börslich gehandelten Aktien die Vorschriften des WpHG zu berücksichtigen. *Büdenbender*, in: Dauner-Lieb/Langen, BGB, Bd. 2/2, 2016, Anhang II zu §§ 433-480 Rn. 27-29. Es ist seit geraumer Zeit anerkannt, dass Geschäftsanteile zulässigerweise mit einem Nießbrauch belastet werden können. Die Nutzungsziehung wird nicht selten als steuerrechtliches Instrument vorgenommen. Zum Nießbrauch an Geschäftsanteilen, *Schlodtmann,* S. 19 ff.

632 Siehe zum Bestellungsakt S. 185 ff.

633 *Fritzsche*, in: Bamberger et al., BeckOK BGB, 2020, § 90 Rn. 22 f.

634 Vgl. *Schöner/Stöber*, in: Riedel/Volmer/Wilsch, Handbuch der Rechtspraxis: Grundbuchrecht, 2012, Rn. 1364.

635 *Reischl*, in: Bamberger et al., BeckOK BGB, 2020, § 1030 Rn. 4.

Die befürwortende Ansicht hält dagegen, es gäbe keine gesetzlichen Anhaltspunkte, die darauf schließen ließen, dass ein einheitliches dingliches Recht nur dann gebildet werden könne, wenn es in einem Rechtsakt bestellt sei.

bb. Zur vermittelnden Betrachtung

Die dargestellten Rechtsauffassungen beruhen auf einem unterschiedlichen Verständnis davon, was der Begriff der Rechtseinheit bedeutet und welche Rechtsfolgen damit einhergehen. Indes ist festzuhalten, dass der Begriff der Rechtseinheit gesetzlich nicht bestimmt ist. Die vorliegende Arbeit plädiert dafür, ein weites Rechtsverständnis zugrunde zu legen, um den Bedürfnissen der Rechtspraxis ausreichend nachzukommen.

In einer Zeit von komplexen rechtlichen Konstrukten und wirtschaftlichen Verflechtungen ist eine rechtlich eindeutige Zuordnung nicht mehr zwangsläufig möglich oder gar erforderlich. Die Einzelbestandteile eines Unternehmens dienen allesamt der Erreichung des wirtschaftlichen, konkret-individuellen Unternehmenszwecks. Damit liegt eine einheitliche Zweckverbindung zugrunde. Das Unternehmen kann zumindest als Sachgesamtheit mit einheitlichem Rechtscharakter bezeichnet werden. Ob der einheitliche Rechtscharakter des Unternehmens auch dinglicher Rechtsnatur ist, hängt von der Rechtsnatur der Einzelgegenstände ab.[636]

---

636 Auch in der Literatur wird anerkannt, dass die Einzelbestandteile für die rechtliche Qualifizierung des Unternehmens von wesentlicher Bedeutung sind. Eine Auffassung vertritt, die rechtliche Heterogenität von Einzelgegenständen schließe automatisch einen einheitlichen Rechtscharakter der Gesamtsache aus und könne auch nicht einem einheitlichen Recht unterworfen werden. Besteht ein Unternehmen nicht allein aus Gegenständen, die als dingliche Rechte zu qualifizieren sind, könnte das Unternehmen gesamtheitlich nicht als dingliches Recht ausgestaltet sein. Hierzu *Schön*, S. 100 ff. Argumentativ könnte diese Annahme mit dem Konstrukt der Einheitshypothek oder Einheitsgrundschuld gestützt werden. Es handelt sich um die Zusammenfassung mehrerer Gegenstände, an denen gesamtheitlich eine Hypothek bzw. Grundschuld bestellt werden kann. Dadurch, dass die zugrundeliegenden Rechte alle rechtlich gleich sind, könnten diese gesamtheitlich mit einer dinglichen Rechtsbelastung versehen werden. Notwendig ist allein das Vorliegen einer einheitlichen Hauptforderung. *Herrler*, in: Palandt, BGB, 2020, § 1113 Rn. 29, 1191 Rn. 4. Diese bestehen aus mehreren einzelnen Hypotheken oder Grundschulden. Sie können einheitlich in einem Rechtsvorgang nach §§ 1113, 873 BGB, §§ 1191, 873 BGB bestellt werden. *Lieder*, in: Säcker et al., MüKo BGB, Bd. 8, 2020, § 1113 Rn. 107. Gegen diese Sichtweise spricht, dass es keinen gesetzlichen oder sonst anerkannten Grundsatz gibt, der die Annahme bestätigt, die Einzelgegenstände einer Gesamtsache müssten einen

aaa. Rechtsnatur des Nießbrauchs an Sachen eines Unternehmens

Der Nießbrauch ist ein unmittelbares Nutzungsrecht an Sachen gem. §§ 1030-1067 BGB. Sachen eines Unternehmens, die mit dem Nießbrauch belastbar sind, sind sämtliche mobilen Gegenstände sowie Immobilien, die im Eigentum des Unternehmens stehen. Der Nießbrauch an den Sachen eines Unternehmens ist *per definitionem* ein dingliches Recht. Ein dingliches Recht wird nämlich definiert als ein Recht an einer Sache, welches ihr unmittelbar anhaftet[637] und die Sachherrschaft eröffnet.[638] Folgerichtig bezieht es sich auf körperliche Gegenstände im Sinne des § 90 BGB.[639]

Dingliche Rechte konstituieren zugleich absolute Rechte im Sinne des § 823 Abs. 1 BGB.[640] Ein absolutes Recht ist ein solches, das gegenüber jedermann gilt und umfassenden deliktischen Schutz mit sich bringt.[641] Der Nießbrauch ist kraft seiner unmittelbaren Anhaftung und Belastung des Sicherungsgegenstands ein dingliches und ein absolutes Recht.

bbb. Rechtsnatur des Nießbrauchs an Rechten eines Unternehmens

Die Besonderheit des Nießbrauchs ist, dass er als einziges gesetzlich kodifiziertes Rechtsinstrument an sämtlichen Gegenständen,[642] namentlich an unbeweglichen und beweglichen Sachen, an Rechten und am Vermögen, bestellt werden kann. Die Rechtsnatur des Nießbrauchs an Rechten ist in der Rechtsliteratur nicht eindeutig geklärt. Es ist umstritten, ob der Nießbrauch an Rechten

---

homogenen Rechtscharakter aufweisen, um mit einem einheitlichen Recht belastet zu werden. Es stellt sich keine vergleichbare Rechtslage gegenüber der Einheitshypothek oder -grundschuld dar. Die Hypothek und die Grundschuld können kraft Gesetzes nur an Immobilien und zuzurechnenden Gegenständen bestellt werden. Somit liegen gesonderte Regelungen vor.

637 *Herrler*, in: Palandt, BGB, 2020, Vor § 854 Rn. 2.

638 *Berger*, in: Stürner, Jauernig BGB, 2018, Vor § 854 Rn. 1.

639 *Pohlmann*, in: Säcker et al., MüKo BGB, Bd. 8, 2020, § 1068 Rn. 13.

640 Dingliche Rechte, außer dem Eigentum, welches ein ausdrücklich in § 823 Abs. 1 BGB bezeichnetes schützenswertes Rechtsgut darstellt, werden von dem gesetzlichen Auffangtatbestand als „sonstiges Recht" erfasst. Nennenswert sind hier beschränkt dingliche Rechte, Anwartschaftsrechte, Aneignungsrechte, Immaterialgüterrechte, der redliche Besitz, Forderungen, Domainnamen, Dateneigentum, die Ehe und elterliche Sorge sowie Mitgliedschaftsrechte. Hierzu *Wagner*, in: Säcker et al., MüKo BGB, Bd. 6, 2017, § 823 Rn. 270-308.

641 *Wagner*, in: Säcker et al., MüKo BGB, Bd. 6, 2017, § 823 Rn. 162.

642 *Trömer*, RNotZ 2016, 421, 422.

ein dingliches Recht ist. Indes handelt es sich nicht allein um eine Frage der Terminologie.[643] Vielmehr ist dies relevant, um den Rechtsnießbrauch in der Rechtspraxis, insbesondere hinsichtlich des deliktischen Schutzes, zuordnen zu können. Im Folgenden wird ein Überblick über den Meinungsstand gegeben und im Rahmen einer knappen Stellungnahme bewertet.

(1) Überblick

Der Rechtsnießbrauch steht im unmittelbaren sachlichen Zusammenhang zum Sachnießbrauch. Die gesetzlichen Vorschriften des Rechtsnießbrauchs verweisen auf den Sachnießbrauch. Dies könnte suggerieren, dass dieselbe Rechtsnatur vorliegt. Es ist jedoch zu beachten, dass ein dingliches Recht als ein Recht an einer Sache definiert ist, welches die Körperlichkeit eines Gegenstands nach § 90 BGB erfordert. Ein Recht ist ein unkörperlicher Gegenstand. *Per definitionem* kann der Nießbrauch hieran grundsätzlich kein dingliches Recht begründen.[644]

Eine anderweitige Beurteilung kann herangezogen werden, wenn sich das Recht seinerseits auf einen Belastungsgegenstand in Form eines körperlichen Gegenstands bezieht. Anerkanntermaßen und in Ansehung der *lex specialis* nach § 1074 S. 1 BGB sind jedoch nicht nur dingliche, sondern auch obligatorische Rechte mögliche Belastungsgegenstände.[645]

(a) Ansicht zum Nießbrauch als unveränderlich dingliches Recht

Eine Literaturmeinung geht davon aus, der Nießbrauch sei immer ein dingliches Recht. Dies sei losgelöst von dem Belastungsgegenstand, auf das es sich beziehe. Selbst der Nießbrauch an einem Recht sei als dingliches Recht zu qualifizieren.[646]

---

643 *Pohlmann*, in: Säcker et al., MüKo BGB, Bd. 8, 2020, § 1068 Rn. 14.

644 Zum Meinungsstreit *Baur/Stürner*, Sachenrecht, 2009, § 60 Rn. 1 ff.; *Heinze*, in: Staudinger, BGB, 2017, Anh. zu §§ 1068 f. Rn. 21; *Berger*, in: Stürner, Jauernig BGB, 2018, § 1068 Rn. 1; *Pohlmann*, in: Säcker et al., MüKo BGB, Bd. 8, 2020, § 1068 Rn. 12.

645 *Heinze*, in: Staudinger, BGB, 2017, Anh. zu §§ 1068 f. Rn. 21; *Pohlmann*, in: Säcker et al., MüKo BGB, Bd. 8, 2020, § 1068 Rn. 5; *Herrler*, in: Palandt, BGB, 2020, § 1068 Rn. 1; *Reischl*, in: Bamberger et al., BeckOK BGB, 2020, § 1068 Rn. 4; *Maier*, in: Alber/et al., Beck'sches Steuer- und Bilanzrechtslexikon, 2020, „Nießbrauch" Rn. 10.

646 *Heinze*, in: Staudinger, BGB, 2017, § 1068 Rn. 20; *Bayer*, in: Westermann et al., Erman BGB, Bd. 2, 2014, Vor § 1068 Rn. 1; *Westermann/Gursky/Eickmann*, Sachenrecht, 2011, § 139 Rn. 3. Auch im Gesetzgebungsprozess wurde hiervon ausgegangen. Daher wird in *Mugdan*, S. 302 Rn. 541 festgestellt, „wenn die Vorschriften über den Rechtsübergang für anwendbar erklärt werden, so lässt sich, da die Sukzession eine Rechtsänderung dinglichen Charakters ist, nicht ohne Grund aufstellen, dass auch alle Vorschriften anwendbar werden, welche das Verhältnis des Erwerbers zu

Zwar ergäben sich unterschiedlich starke Rechtspositionen und Rechtsausübungsmöglichkeiten. Dem Nießbraucher an einem beschränkt dinglichen Recht stehe etwa bei einer Grundschuld kraft des dinglichen Rangs nach § 10 Abs. 1 Nr. 4 ZVG die Vollstreckungsmöglichkeit zur Erlangung der Grundschuldzinsen zu. Der Nießbraucher einer Forderung hingegen habe lediglich einen schuldrechtlichen Anspruch gegen den Schuldner, ohne auf den Gegenstand der Forderung selbst zugreifen zu können.[647] Der Nießbrauch als dingliches Recht wahre aber seine unmittelbar belastende Rechtsnatur gegenüber dem belasteten Recht, unabhängig davon, ob er seinerseits an einem dinglichen Recht oder an einem obligatorischen Recht bestellt sei. Auch weise er dieselbe Schutzbedürftigkeit auf.[648] Das charakteristische Merkmal sei nämlich, dass der Nießbrauch ein Recht *an* einem Recht und nicht *aus* einem Recht sei.[649]

Aus § 1068 Abs. 2 BGB, der auf die Rechtsvorschriften zum Sachnießbrauch verweist, ergäbe sich, dass der Gesetzgeber eine Belastung von Rechten genauso ausgestalte wie an einer körperlichen Sache.[650] Hieraus sei zu schlussfolgern, dass dem Rechtsnießbraucher konzeptionell derselbe absolute Schutz gegenüber Dritten zuzubilligen sei.[651] Das Recht des Nießbrauchers müsse trotz Insolvenz des Rechtsinhabers, Übertragung des belasteten Rechts an einen Dritten[652] oder Vollstreckung durch einen Dritten unberührt bestehen bleiben.[653] Bei einer Wortlautexegese von § 1068 Abs. 2 BGB sei der Begriff des dinglichen Rechts nicht nur als *Recht an einer Sache*, sondern auch als *Recht an einem Recht* zu verstehen. Folgerichtig wahre der Nießbrauch seinen Status als dingliches Recht und sei ein Sachenrecht im weiteren Sinne.[654]

---

dritten Personen regeln." Zur Auseinandersetzung mit dieser Auffassung *Pohlmann*, in: Säcker et al., MüKo BGB, Bd. 8, 2020, § 1068 Rn. 12; *Reischl*, in: Bamberger et al., BeckOK BGB, 2020, § 1068 Rn. 5.

647 So *Pohlmann*, in: Säcker et al., MüKo BGB, Bd. 8, 2020, § 1068 Rn. 13.

648 *Bayer*, in: Westermann et al., Erman BGB, Bd. 2, 2014, Vor § 1068 Rn. 1; *Heinze*, in: Staudinger, BGB, 2017, Anh. zu §§ 1068 f. Rn. 21 ff., § 1068 Rn. 20.

649 In einer Parallele zu den vertretenen Rechtsgrundsätzen vom Pfandrecht an einem Recht *Wagner*, in: Säcker et al., MüKo BGB, Bd. 6, 2017, § 823 Rn. 292.

650 *Mugdan*, S. 302 Rn. 541.

651 *Heinze*, in: Staudinger, BGB, 2017, § 1068 Rn. 20.

652 *Baur/Stürner*, Sachenrecht, 2009, § 60 Rn. 2.

653 *Pohlmann*, in: Säcker et al., MüKo BGB, Bd. 8, 2020, § 1068 Rn. 14.

654 *Heinze*, in: Staudinger, BGB, 2017, § 1068 Rn. 20; *Pohlmann*, in: Säcker et al., MüKo BGB, Bd. 8, 2020, § 1068 Rn. 14.

(b) Ansicht der veränderlichen Rechtsnatur des Nießbrauchs

Eine entgegenstehende Literaturauffassung argumentiert hingegen, der Nießbrauch übernehme einen Teil des belasteten Rechts und stelle einen verselbstständigten Splitter dar. Als Recht an einem Belastungsgegenstand übernehme der Nießbrauch dessen Rechtscharakter und passe sich an.[655] Der Nießbrauch an einem beschränkt dinglichen Recht, etwa einer Grundschuld, sei weiterhin sachenrechtlicher Rechtsnatur, während sich der Nießbrauch an einer Forderung zu einem Forderungsrecht umformen würde.[656]

Eine weitere Literaturauffassung kommt zu demselben Ergebnis, richtet sich hingegen streng nach der Definition des dinglichen Rechts, welche einem restriktiven Verständnis zu unterziehen sei. Ein dingliches Recht sei allein als ein *Recht an einer Sache* definiert. Ein *Recht an einem Recht* könne daher zwangsläufig nicht dinglicher Rechtsnatur sein.[657]

(c) Zur absoluten Rechtsnatur des Rechtsnießbrauchs

In diesem Zusammenhang stellt sich die Frage, ob es sich beim Nießbrauch an einem obligatorischen Recht, d.h. an einer Forderung, um ein absolutes Recht und damit um ein schützenswertes Recht nach § 823 Abs. 1 BGB handelt.[658] Unstreitig ist, dass der Nießbrauch Schutz vor der Übernahme der Rechtsinhaberschaft durch einen Dritten genießt.[659] Dies betrifft jedoch das Relativitätsverhältnis zwischen Nießbraucher und Rechtsinhaber.[660] Die deliktische Haftung nach § 823 Abs. 1 BGB ist darauf ausgerichtet, den rechtswidrigen Eingriff Dritter abzuwehren.[661] Absolute Rechte sind umfassender und konstituieren Rechte mit Ausschließungscharakter, die eine Rechtsposition gegen jedermann gewährleisten.[662]

---

655 *Berger,* in: Stürner, Jauernig BGB, 2018, § 1068 Rn. 1; hierzu auch *Hauck,* AcP 216 (2016), 345, 347.

656 Im Einzelnen *Berger,* in: Stürner, Jauernig BGB, 2018, § 1068 Rn. 1.

657 *Pohlmann,* in: Säcker et al., MüKo BGB, Bd. 8, 2020, § 1068 Rn. 13.

658 Hierzu *Pohlmann,* in: Säcker et al., MüKo BGB, Bd. 8, 2020, § 1068 Rn. 15; *Sprau,* in: Palandt, BGB, 2020, § 823 Rn. 12; *Teichmann,* in: Stürner, Jauernig BGB, 2018, § 823 Rn. 17.

659 Vgl. *Berger,* in: Stürner, Jauernig BGB, 2018, § 1068 Rn. 1; *Baur/Stürner,* Sachenrecht, 2009, § 60 Rn. 2 unter Bestätigung von *Pohlmann,* in: Säcker et al., MüKo BGB, Bd. 8, 2020, § 1068 Rn. 14.

660 *Sprau,* in: Palandt, BGB, 2020, § 823 Rn. 11.

661 *Schulze,* in: Staudinger, BGB, 2017, § 823 Rn. 1.

662 BGH NJW 2012, 2034.

(aa) Ablehnende Rechtsauffassung

Eine Literaturauffassung vertritt, der Rechtsnießbrauch sei kein absolutes Recht und genieße keinen Schutz nach § 823 Abs. 1 BGB.[663] Sie lehnt den Rechtsnießbrauch als dingliches Recht ab, weshalb er rückschließend auch keinen absoluten Rechtscharakter haben könnte. Schuldrechtliche Forderungen würden lediglich einen relativen Anspruch gegen den Schuldner darstellen und konstituierten keine ausreichende dingliche Verfestigung an einer Sache. Forderungen seien nicht geeignet ein dingliches oder anerkanntes sonstiges Recht zu sein[664] und daher kein Schutzgut im Sinne von § 823 Abs. 1 BGB.[665]

Wenn ein Nießbrauch an einer Forderung bestellt wird, erhält der Nießbraucher als Begünstigter ein Teilrecht. Bereits aus denklogischen Aspekten könne einem Teilrecht kein intensiverer Schutz als dem zugrundeliegenden Vollrecht zukommen.[666] Der Nießbrauch an einer schuldrechtlichen Forderung könne erst recht nicht von § 823 Abs. 1 BGB profitieren, wenn bereits die Forderung kein schutzwertes Rechtsgut bildet.[667] Im Übrigen mangele es an einem praktischen Bedürfnis, da ein deliktischer Eingriff am Nießbrauch einer Forderung schwer denkbar sei.

(bb) Zustimmende Rechtsauffassung

Eine andere Literaturauffassung geht davon aus, der Rechtsnießbrauch stelle ein absolutes und nach § 823 Abs. 1 BGB schützenswertes sonstiges Recht dar und genieße entsprechenden Schutz.[668]

Der Ansicht liegen zwei unterschiedliche Begründungsansätze zugrunde. Ein Ansatz folgt konsequent der Annahme, dass der Nießbrauch an Rechten,

---

663 Vgl. *Teichmann*, in: Stürner, Jauernig BGB, 2018, § 823 Rn. 17.

664 *Teichmann*, in: Stürner, Jauernig BGB, 2018, § 823 Rn. 15 in Bezug auf die parallele Problematik zum Pfandrecht an Rechten, hierzu BGH NJW 2012, 317; *Medicus*, in: Deutsch et al., FS Steffen, 1995, S. 333 f.

665 BGH 12, 317; *Medicus*, in: Deutsch et al., FS Steffen, 1995, S. 333 f.

666 *Teichmann*, in: Stürner, Jauernig BGB, 2018, § 823 Rn. 15; hierzu entsprechend *Hauck*, AcP 216 (2016), 345, 347.

667 Es steht außer Frage, dass ein dinglich beschränktes Recht, namentlich der Nießbrauch, an einer Sache oder an einem absoluten Recht von § 823 Abs. 1 BGB erfasst wird. So *Teichmann*, in: Stürner, Jauernig BGB, 2018, § 823 Rn. 15; *Sprau*, in: Palandt, BGB, 2020, § 823 Rn. 12.

668 *Heinze*, in: Staudinger, BGB, 2017, Anh. zu §§ 1068 f. Rn. 23 f., § 1068 Rn. 20; *Stürner*, in: Soergel, BGB, 2001, Vor § 1068 Rn. 1; *Hauck*, AcP 216 (2016), 345, 347; *Pohlmann*, in: Säcker et al., MüKo BGB, Bd. 8, 2020, § 1068 Rn. 15.

wie auch der Nießbrauch an einer Sache, ein dingliches Recht begründe. Jedes dingliche Recht konstituiere ein absolutes Recht im Sinne der deliktsrechtlichen Norm aus § 823 Abs. 1 BGB.[669] Ein anderer Ansatz lehnt es ab, den Nießbrauch an einem Recht als dingliches Recht zu charakterisieren, sieht ihn hiervon gesondert jedoch als absolutes Recht an.[670] Dies trägt dem Grundsatz Rechnung, dass ein dingliches Recht zwar als ein absolutes Recht, ein absolutes Recht aber nicht zwangsläufig ein dingliches Recht ist.[671] Unstreitig sei der Nießbrauch an einer Sache ein *Recht an einem Gegenstand.*

Der Nießbrauch genießt daher nicht nur im Relativitätsverhältnis, sondern auch gegenüber Dritten Schutz, etwa vor Änderungen in der Inhaberschaft kraft Forderungsabtretung nach §§ 398 ff. BGB. Der Nießbrauch an einem Recht sei *per definitionem* nicht als *dingliches Recht* einzustufen,[672] bewahre aber seinen *dinglichen Charakter* bzw. seine Eigenschaft als *dingliche Belastung.*[673] Der Nießbrauch an einer Forderung sei als absolutes Recht zu qualifizieren, obwohl die Forderung nur schuldrechtlicher Rechtsnatur und kein schützenswertes Rechtsgut nach § 823 Abs. 1 BGB sei.[674] Dies gebiete die Gleichstellung von Sach- und Rechtsnießbrauch gemäß § 1068 Abs. 2 BGB. Allein dadurch könnten widersprüchliche Ergebnisse im System des Rechtsschutzes vermieden und ein umfassender Schutz sichergestellt werden.[675]

---

669 *Heinze,* in: Staudinger, BGB, 2017, Anh. zu §§ 1068 f. Rn. 23 f., § 1068 Rn. 20; *Baur/Stürner,* Sachenrecht, 2009, § 60 Rn. 3; *Westermann/Gursky/Eickmann,* Sachenrecht, 2011, § 139 Rn. 1. Zur Auseinandersetzung mit dieser Auffassung *Pohlmann,* in: Säcker et al., MüKo BGB, Bd. 8, 2020, § 1068 Rn. 15.

670 *Wagner,* in: Säcker et al., MüKo BGB, Bd. 6, 2017, § 823 Rn. 271, 292.

671 Siehe hierzu *Sprau,* in: Palandt, BGB, 2020, § 823 Rn. 11-22; *Schulze,* in: Staudinger, BGB, 2017, § 823 Rn. 28-44. Im Rahmen der „sonstigen Rechte" aus § 823 Abs. 1 BGB werden sämtliche der zu subsumierenden absoluten Rechte dargelegt. Neben dinglichen Rechten werden etwa der Besitz, das Namensrecht, Immaterialgüterrechte, Aneignungs- und Familienrechte, Persönlichkeitsrechte sowie das Recht am eingerichteten und ausgeübten Gewerbebetrieb und Mitgliedschaftsrechte erfasst.

672 *Pohlmann,* in: Säcker et al., MüKo BGB, Bd. 8, 2020, § 1068 Rn. 15.

673 *Herrler,* in: Palandt, BGB, 2020, § 1068 Rn. 2; *Stürner,* in: Soergel, BGB, 2001, § 1068 Rn. 1.

674 Dabei wird dem Ansatz gefolgt, dass es sich beim Rechtsnießbrauch nicht um ein dingliches Recht handle.

675 *Wagner,* in: Säcker et al., MüKo BGB, Bd. 6, 2017, § 823 Rn. 271; *Schiemann,* in: Westermann et al., Erman BGB, Bd. 2, 2014, § 823 Rn. 37; *Schulze,* in: Staudinger, BGB, 2017, § 823 Rn. 40 f.

Beide Ansätze kommen dazu, den Nießbrauch an einer Forderung als absolutes und sonstiges Recht i.S.v. § 823 Abs. 1 BGB anzuerkennen. Dies gilt ungeachtet der Tatsache, dass sich nur der Forderungsinhaber aber nicht der Nießbrauch auf den Schutz der zugrundeliegenden belasteten Forderung berufen darf.[676] Wie bei den Rechtsgrundsätzen zum Pfandrecht sei weiterhin anzunehmen, dass sich der Schutz des Nießbrauchers ausschließlich auf sein Nießbrauchsrecht beziehe. Mithin umfasse das Schutzgut allein das *Recht an der Forderung*, nicht jedoch die Forderungsinhaberschaft des Bestellers, namentlich das *Recht aus der belasteten Forderung*.[677] Nach einhelliger Auffassung darf sich der Nießbraucher nicht Eingriffen erwehren, die mit dem Verlust der Forderungsinhaberschaft selbst einhergehen. Ein Forderungsinhaber ist gemäß § 823 Abs. 1 BGB nicht vor dem Verlust der Forderungsinhaberschaft, beispielsweise durch die unberechtigte Leistungsannahme eines Dritten, geschützt. Würde der Nießbrauch infolgedessen erlöschen, könnte der Nießbraucher, wie der Forderungsinhaber, keinen Rechtsschutz geltend machen.[678] Der Nießbraucher dürfte sich nur Eingriffen in sein Nutzungsrecht erwehren.

(2) Bewertung anhand des Übertragungstatbestands

(a) Kein dingliches Recht

Beide Literaturansichten haben Argumente für sich. Durchaus sind Rechtsnießbrauch und Sachnießbrauch harmonisiert. Hierfür spricht die Verweisung nach § 1068 Abs. 2 BGB.[679] Dies impliziert aber nicht, dass auch die Rechtsnatur und die damit einhergehenden Rechtsfolgen angeglichen sind. Ein dingliches Recht ist definiert als ein *Recht an einer Sache* und setzt die unmittelbare Anhaftung an einen körperlichen Gegenstand voraus. Eine Verbindung zur Sache, vermittelt durch ein hierauf bezogenes Recht, kann nicht ausreichen.[680] Der Begriff wird restriktiv ausgelegt. Es fehlen Anhaltspunkte dafür, der Gesetzgeber dulde oder intendiere in bestimmten Fällen ein erweitertes Verständnis vom dinglichen Recht.[681] Nach der hier vertretenen Auffassung ist ein Rechtsnießbrauch *per definitionem* kein dingliches Recht.

---

676 *Pohlmann*, in: Säcker et al., MüKo BGB, Bd. 8, 2020, § 1068 Rn. 15.

677 *Medicus/Petersen*, Bürgerliches Recht, 2017, 2011, Rn. 610.

678 *Pohlmann*, in: Säcker et al., MüKo BGB, Bd. 8, 2020, § 1068 Rn. 15.

679 *Heinze*, in: Staudinger, BGB, 2017, Anh. zu §§ 1068 f. Rn. 23 f., § 1068 Rn. 20; *Bayer*, in: Westermann et al., Erman BGB, Bd. 2, 2014, Vor § 1068 Rn. 1; *Westermann/Gursky/Eickmann*, Sachenrecht, 2011, § 139 Rn. 3; *Mugdan*, S. 302 Rn. 541.

680 *Berger*, in: Stürner, Jauernig BGB, 2018, § 1068 Rn. 1.

681 *Pohlmann*, in: Säcker et al., MüKo BGB, Bd. 8, 2020, § 1068 Rn. 13.

Indes sind auch weitere Aspekte zu berücksichtigen. Es handelt sich um ein *Recht an einem Gegenstand* und nicht, wie in rein schuldrechtlichen Rechtsgestaltungen, um ein *Recht aus einem Gegenstand.* Die Tatsache, dass es sich um einen eher dinglichen als schuldrechtlichen Rechtscharakter handelt, zeigt auch der Übertragungstatbestand. Bei Übertragung der Forderung, etwa Abtretung der Forderungsinhaberschaft auf einen Dritten nach §§ 398 ff. BGB, geht der Nießbrauch gemäß § 413 BGB als unmittelbar anhaftende Belastung mit über. Dem Rechtsnießbrauch kann ein „dinglich wirkender" Rechtscharakter zugeschrieben werden.

(b) Absolutes Recht

(aa) Charakteristischer Schutz gegenüber Dritten

Dass der Nießbrauch an einer Forderung, einem obligatorischen Recht, kein allein schuldrechtliches Recht begründet, da es *an dem Recht* besteht und somit außerhalb des Relativitätsverhältnisses umfassenden Schutz genießt, ist auch im Schutzsystem des Deliktsrechts zu berücksichtigen. Bei der Übertragung der Forderung mittels Abtretung nach §§ 398 ff. BGB und unmittelbarem Übergang des Nießbrauchs als anhaftender Belastung nach § 413 BGB offenbart sich der gegenüber jedermann geltende Rechtscharakter. Der Rechtsnießbrauch stellt daher ein absolutes Recht dar, welches ein „sonstiges Recht" i.S.v. § 823 Abs. 1 BGB ist.[682] Dabei ist nicht zu verkennen, dass die Forderungsinhaberschaft selbst keinen Schutz genießt.[683] Es ist daher darauf zu achten, dass der Nießbraucher einer Forderung als Teilrechtsinhaber keinen stärkeren Schutz erhält als der Forderungsinhaber selbst. Auch ist zu verhindern, dass die Forderung mittelbar zum Schutzgut nach § 823 Abs. 1 BGB etabliert wird.

(bb) Schutzbedürftigkeit

Die Vorschrift des § 1068 Abs. 2 BGB sieht einen umfassenden Verweis des Rechtsnießbrauchs auf den Sachnießbrauch vor. Sofern rechtlich zulässig, treffen einen Rechtsnießbraucher dieselben Ansprüche und Rechte. Es ist daher derselbe Rechtsschutz vonnöten. Der gutgläubige, lastenfreie Erwerb einer Forderung ist mangels eines Rechtsscheinträgers grundsätzlich nicht erreichbar.[684]

---

682 *Herrler,* in: Palandt, BGB, 2020, § 1068 Rn. 2; *Wagner,* in: Säcker et al., MüKo BGB, Bd. 6, 2017, § 823 Rn. 271 f.

683 *Teichmann,* in: Stürner, Jauernig BGB, 2018, § 823 Rn. 17.

684 Der gutgläubige Erwerb eines Grundstücks (§§ 873, 925 BGB) ist kraft der Eintragung des Nichtberechtigten im Grundbuch nach §§ 892 ff. BGB möglich. Der gutgläubige

Dies gilt für den Erwerb einer inexistenten oder inhaltlich modifizierten Forderung sowie für den Erwerb vom Nichtberechtigten.[685] Hiervon gibt es jedoch Ausnahmen.[686] Der gutgläubige Erwerb einer Forderung, die ggf. zum Schein oder durch Absprache mit dem Zedenten nicht durchsetzbar ist, kann bei Urkundenvorlegung einer als Schuldschein ausgestellten Forderung zum Schutz des Zessionars möglich sein.[687] Dies ergibt sich rückschließend aus § 405 BGB. Insbesondere wertpapierrechtlich verselbstständigte Forderungen unterliegen einem weitreichenden Gutglaubensschutz des Erwerbers nach § 793 Abs. 1 i.V.m. § 935 Abs. 2 BGB, Art. 16 WG und Art. 19 i.V.m. Art. 21 ScheckG.[688] Mithin ergeben sich nicht wenige Fallkonstellationen, in denen der Nießbraucher einer Forderung einen Rechtsverlust erleiden kann,[689] wodurch eine erhebliche Schutzbedürftigkeit vorliegt.

(cc) Zwischenergebnis

Aufgrund des dinglich wirkenden absoluten Rechtscharakters und der Schutzbedürftigkeit des Rechtsnießbrauchs, wird der deliktische Schutz durch die Zentralvorschrift nach § 823 Abs. 1 BGB gewährleistet. Um aber widersprüchliche Ergebnisse zu vermeiden, ist der Schutzumfang beim Rechtsnießbrauch zu beschränken. Schutzgut ist allein der Rechtsnießbrauch, nicht etwa die Forderungsinhaberschaft.[690]

Erwerb von beweglichen Sachen (§§ 929 ff. BGB) ist kraft der Übertragung von Besitz (§§ 932 ff. BGB) möglich.

685 *Roth/Kieninger*, in: Säcker et al., MüKo BGB, Bd. 3, 2019, § 398 Rn. 29.

686 Zu den Ausnahmen zählt u.a. der Fall des Gutglaubenserwerbs einer Forderung im Rahmen des Hypothekenerwerbs. Nach § 1138 BGB i.V.m. §§ 891 ff. BGB wird die Forderungsakzessorietät gelockert, um die Verkehrsfähigkeit der Hypothek zu fördern. Zwecks des Hypothekenerwerbs wird eine wirksame gesicherte Forderung fingiert. *Rohe*, in: Bamberger et al., BeckOK BGB, 2020, § 1138 Rn. 1, 3; *Berger*, in: Stürner, Jauernig BGB, 2018, § 1138 Rn. 3. Zu den Ausnahmen des grundsätzlich nicht möglichen Gutglaubenserwerbs von Forderungen *Heinze*, in: Staudinger, BGB, 2017, § 1068 Rn. 21; *Enneccerus/Wolff/Raiser*, Sachenrecht, 1957, § 120 III; *Baur/Stürner*, Sachenrecht, 2009, § 61 Rn. 7; *Westermann/Gursky/Eickmann*, Sachenrecht, 2011, § 139 Rn. 2.

687 *Haertlein*, in: Langenbucher/Bliesener/Spindler, Bankrechts-Komm, 2016, Kap. 27 Rn. 25; *Schulze*, in: Schulze et al., BGB, 2019, § 405 Rn. 1 f.

688 *Roth/Kieninger*, in: Säcker et al., MüKo BGB, Bd. 3, 2019, § 398 Rn. 29; *Rohe*, in: Bamberger et al., BeckOK BGB, 2020, § 398 Rn. 30.

689 Zum Umfang des Rechtsschutzes am Rechtsnießbrauch S. 162 ff.

690 *Wagner*, in: Säcker et al., MüKo BGB, Bd. 6, 2017, § 823 Rn. 271, 292.

Indes kann es sich in der Rechtspraxis schwierig gestalten, dass sich der Nießbraucher nicht eines Eingriffs erwehren kann, wenn ein Rechtsverlust aus der Forderungsinhaberschaft des Bestellers folgt.[691] In diesem Fall ist nämlich nicht ausschließlich der Rechtsnießbrauch betroffen, sondern zugleich die Forderungsinhaberschaft. Auf die Forderungsinhaberschaft darf er sich naturgemäß nicht berufen, da er diese nicht innehat und die Forderungsinhaberschaft kein Schutzgut i.S.v. § 823 Abs. 1 BGB darstellt. Dies ist insofern sinnvoll, als dem Nießbraucher als Teilrechtsinhaber nicht weitreichendere Rechte als dem Forderungsinhaber als Vollrechtsinhaber zustehen sollen. Er soll nur das Nießbrauchsrecht, nicht die Forderungsinhaberschaft geltend machen können. Zugleich wird der Anwendungsbereich des Rechtsschutzes erheblich eingegrenzt.

Der Verlust des Nießbrauchs an einem Recht ist nämlich auf zweierlei Weisen denkbar, namentlich durch den gutgläubigen, lastenfreien Forderungserwerb eines Dritten oder den gutgläubigen Erwerb des Forderungsnießbrauchs eines Dritten. Da die Forderung als Vollrecht werthaltiger ist als der Nießbrauch als Teilrecht, ist der erstere Fall praxisrelevanter. Ein Nichtberechtigter verfügt ohne Zustimmung des Forderungsinhabers über die Forderung und der Dritte erwirbt hieran ausnahmsweise gutgläubig und lastenfrei die Inhaberschaft.

Obgleich eine Vermögensverschiebung gegenüber dem Verfügenden etwa aus § 816 Abs. 1 S. 1 BGB kondizierbar ist, ist es möglich, dass der Wertersatz im Hinblick auf § 818 Abs. 3, 4 BGB nicht umfänglich geleistet wird. Neben einem möglichen deliktischen Schutz aus § 826 BGB besteht ein Bedürfnis zur Geltendmachung von § 823 Abs. 1 BGB, da der Nießbraucher durch den gutgläubigen, lastenfreien Erwerb des Erwerbers einen Eingriff in seinen Rechtskreis erlitten hat. Der Nießbrauch haftet einer Forderung unmittelbar an. Es wäre daher unzureichend, dem Nießbraucher die oben genannten Ansprüche zu verwehren. Zwar erfolgt inzident die Prüfung der Forderungsinhaberschaft, so dass die Rechtslage hinsichtlich der Inhaberschaft an der Forderung zwangsläufig zu untersuchen ist.[692] Die Forderung wird jedoch nicht als Schutzgut etabliert, da als schützendes Rechtsgut nach wie vor der Nießbrauch *an der Forderung* gilt und nicht die *Forderungsinhaberschaft*. Dem Nießbraucher nur Rechtsschutz hinsichtlich des isolierten gutgläubigen Erwerbs des Rechtsnießbrauchs zuzusprechen, würde seine Rechte erheblich eingrenzen und wäre ungenügend. Zusammenfassend ist stets eine Einzelfallbetrachtung der konkreten Rechtssituation geboten. Im Zweifel soll der Rechtsnießbraucher jedoch umfänglich sowie

691 So *Pohlmann*, in: Säcker et al., MüKo BGB, Bd. 8, 2020, § 1068 Rn. 15.
692 *Pohlmann*, in: Säcker et al., MüKo BGB, Bd. 8, 2020, § 1069 Rn. 6.

zweckgerichtet auf sein geschütztes Nießbrauchsrecht deliktischen Rechtsschutz aus § 823 Abs. 1 BGB geltend machen können.

ccc. Rechtsnatur des Nießbrauchs am sog. Tätigkeitsbereich

Neben den immobilen und mobilen Gegenständen sowie den Rechten weist ein Unternehmen auch weitere, rechtlich nur schwer charakterisierbare Bestandteile auf. Dabei handelt es sich um sämtliche immateriellen, das Unternehmen individualisierenden Objekte. Der sog. „Tätigkeitsbereich" setzt sich insbesondere aus dem Ruf des Unternehmens, dem Kundenstamm, den Geschäftsbeziehungen, -erfahrungen und der -organisation sowie aus den Geschäftsgeheimnissen,[693] dem eigenen Know-how und den Soft-Skills der Mitarbeiter zusammen.[694] Diese Komponenten bilden gemeinsam den Kernbereich des Unternehmens und sind das Ergebnis zeit- und arbeitsintensiver Aktivität. Sie machen den „Niederschlag" der bisherigen unternehmerischen Leistung aus[695] und bestimmen maßgeblich den gegenwärtigen sowie künftig zu erwartenden Erfolg oder Misserfolg des Unternehmens.[696]

Der Nießbrauch am Tätigkeitsbereich ist kein dingliches Recht, da es sich *per definitionem* nicht um eine Sache im Sinne des Gesetzes handelt. Ebenso fällt es schwer, diesen auf sonstige Weise rechtlich zu qualifizieren. Auch in der Literatur wird davon ausgegangen, dass sich die Summe dieser unterschiedlichen Gegenstände rechtlich nicht konkret bestimmen lässt. Bei einer kritischen Betrachtung des Nießbrauchs stellt sich daher die Frage, ob der Tätigkeitsbereich des Unternehmens überhaupt Gegenstand eines Nießbrauchs sein kann. Dies könnte abgelehnt werden. Zum einen sieht das Gesetz diesen nicht ausdrücklich als Belastungsgegenstand vor. Zum anderen kann die Belastung mit dem Nießbrauch als rechtliches Minus nicht vorgenommen werden, wenn bereits keine ausdrückliche Rechtsvorschrift vorhanden ist, der zufolge eine dingliche Übertragung zulässig ist.

Der unternehmenseigene Tätigkeitsbereich ist gesetzlich nicht bestimmt und kann isoliert nicht auf einen vom Unternehmensinhaber abweichenden Dritten

693 *Wieling,* Sachenrecht, S. 690; *Lemke,* in: Ring/Grziwotz/Keukenschrijver, BGB-Sachenrecht, 2016, § 1030 Rn. 54.

694 *Lemke,* in: Ring/Grziwotz/Keukenschrijver, BGB-Sachenrecht, 2016, § 1030 Rn. 54; *Pohlmann,* in: Säcker et al., MüKo BGB, Bd. 8, 2020, § 1085 Rn. 9; *Wieling,* Sachenrecht, S. 690.

695 *Hubmann,* ZHR 1955, 41 f.

696 *Heinze,* in: Staudinger, BGB, 2017, Anh. zu §§ 1068 f. Rn. 22.

übertragen werden. Indes wird mit der einhelligen Auffassung auch der Tätigkeitsbereich eines Unternehmens mit dem Nießbrauch belastet. Hierfür sprechen rechtspraktische Gründe. Sowohl bei einer Übertragung als auch bei einer Belastung wird argumentiert, dass der Tätigkeitsbereich als akzessorischer Bestandteil zum Unternehmen als Rechtseinheit hinzuzählt und diesem unmittelbar anhaftet.[697] Würde man tatsächlich nur an den einzelnen Gegenständen einen dinglichen bzw. dinglich wirkenden Nießbrauch annehmen und den Übergang des Unternehmens als Summe aller Unternehmenswerte nicht zulassen, wäre keine Kontinuität im Geschäftsbetrieb gegeben.[698] Die Geschäftstätigkeit wäre nicht als Einheit übertragen und das Konstrukt des Unternehmensnießbrauchs ausgehöhlt.[699] Eine allein schuldrechtliche Verknüpfung würde nicht ausreichen. Zum einen wäre, wie bereits ausgeführt, kein umfassender Rechtsschutz bei dem Eingriff eines Dritten in die Rechte des Unternehmensnießbrauchers gegeben. Zum anderen würde bei der Vertragsgestaltung eine wesensfremde, unnatürliche Unterscheidung der Unternehmensgegenstände vorgenommen werden. Um dem Nießbraucher beim Vollnießbrauch die Fortführung des Unternehmens und die Nutzungsziehung zu ermöglichen, muss dieser über alle Unternehmenskomponenten bestimmen können. Sämtliche Unternehmensbestandteile müssten erfasst werden, um das Unternehmen gesamtheitlich mit einer Belastung versehen zu können.[700]

Vornehmlich ergibt sich die Bezugnahme des Nießbrauchs auf immaterielle Unternehmensbestandteile aus unterschiedlichen, normativen Gesichtspunkten. Die bereits behandelten Normen, namentlich § 22 Abs. 2 HGB und § 102 Abs. 2 VVG lassen erkennen, dass das Unternehmen als Ganzes übergehen soll. Ein Außerbetrachtlassen des Tätigkeitsbereichs wäre nahezu unmöglich, da dieser wesentlich den Charakter des Unternehmens prägt. Dafür, dass der Tätigkeitsbereich unmittelbar zum Unternehmen hinzuzählt,[701] sprechen, auch außerhalb

---

697 *Pohlmann*, in: Säcker et al., MüKo BGB, Bd. 8, 2020, § 1085 Rn. 11; *Beisel*, in: Beisel/Klumpp, Der Unternehmenskauf, 2016, § 10 Arbeitsrecht Rn. 35; *Herrler*, in: Palandt, BGB, 2020, § 1085 Rn. 4.

698 *Pohlmann*, in: Säcker et al., MüKo BGB, Bd. 8, 2020, § 1085 Rn. 13.

699 *Lemke*, in: Ring/Grziwotz/Keukenschrijver, BGB-Sachenrecht, 2016, § 1030 Rn. 54.

700 *Pohlmann*, in: Säcker et al., MüKo BGB, Bd. 8, 2020, § 1085 Rn. 13; *Lemke*, in: Ring/Grziwotz/Keukenschrijver, BGB-Sachenrecht, 2016, § 1030 Rn. 54; *Heinze*, in: Staudinger, BGB, 2017, Anh. zu §§ 1068 f. Rn. 22 f.

701 *Herrler*, in: Palandt, BGB, 2020, § 1085 Rn. 4; *Lemke*, in: Ring/Grziwotz/Keukenschrijver, BGB-Sachenrecht, 2016, § 1030 Rn. 54; *Heinze*, in: Staudinger, BGB, 2017, Anh. zu §§ 1068 f. Rn. 25.

des Nießbrauchs, die Vorschriften nach §§ 22, 23, 25 HGB[702] sowie § 34 Abs. 3 UrhG[703] und § 1059a Abs. 1 Nr. 2 BGB.[704] Hierdurch ist ersichtlich, dass dem Gesetzgeber die Gesamterfassung vom Unternehmen nicht neu, sondern im allgemeinrechtlichen Umgang üblich ist. Die zweckgeeignete, temporäre Unternehmensnachfolge des Nießbrauchers erfordert somit den Übergang sämtlicher Bestandteile der Unternehmenstätigkeit.

Nach einhelliger, zustimmungswürdiger Literaturauffassung ist dieser von dem Besteller entsprechend einzuweisen.[705] Ein dingliches oder absolutes Recht *per definitionem* ist es nicht. Durch seine unmittelbare Anhaftung an das Unternehmen ist dem Nießbrauch am Tätigkeitsbereich jedoch auch ein dinglich wirkender Rechtscharakter zuzusprechen. Mit der einhelligen Auffassung zählt der Tätigkeitsbereich des Unternehmens zum Rechtsgut des eingerichteten und ausgeübten Gewerbebetriebs und unterliegt dem deliktischen Schutz nach § 823 Abs. 1 BGB.[706]

702 §§ 22, 23 HGB sowie auch § 25 HGB widmen sich der Thematik der Fortführung eines Handelsgeschäfts durch den Erwerber. *Ipso iure* ist das „bestehende Handelsgeschäft" betroffen und findet auf Firmen jeder Rechtsform Anwendung. Nach einhelliger Rechtsauffassung wird der Übergang des Handelsgeschäfts im Ganzen subsumiert. So *Schlingloff*, in: Oetker, HGB, 2019, § 22 Rn. 3; *Reuschle*, in: Ebenroth et al., HGB, Bd. 1, 2020, § 22 Rn. 11; *Hopt*, in: Baumbach/Hopt, HGB, 2020, § 22 Rn. 4; *Burgard*, in: Canaris/Habersack/Schäfer, Staub HGB, Bd. 1, 2009, § 22 Rn. 17. Richtungsweisend bereits BGH NJW 1991, 1353, 1354.

703 § 34 UrhG betrifft die Übertragung von Nutzungsrechten im urheberrechtlichen Sinne. Diese können nach Abs. 1 allein mit der Zustimmung des Urhebers übertragen werden, es sei denn es handelt sich um die Gesamtveräußerung eines Unternehmens gemäß § 34 Abs. 3 UrhG. Letztere ist anzunehmen, wenn das Unternehmen „als Ganzes" mit all seinen Bestandteilen auf den Erwerber übergeht. *Soppe*, in: Ahlberg/Götting, BeckOK UrhR, 2019, § 34 UrhG Rn. 17 ff.; *Wiebe* in: Spindler/Schuster, Recht der elektronischen Medien, 2019, § 34 UrhG Rn. 7.

704 § 1059a BGB ist eine Vorschrift eingebettet im Nießbrauchsrecht und betrifft die gegenüber § 1059 BGB bestehende ausnahmsweise Übertragbarkeit des Nießbrauchs bei juristischen Personen. *Reischl*, in: Bamberger et al., BeckOK BGB, 2020, § 1059a Rn. 8; *Pohlmann*, in: Säcker et al., MüKo BGB, Bd. 8, 2020, § 1059a Rn. 9 ff.

705 *Bayer*, in: Westermann et al., Erman BGB, Bd. 2, 2014, § 1085 Rn. 5; *Heinze*, in: Staudinger, BGB, 2017, Anh. zu §§ 1068 f. Rn. 22; *Baur/Stürner*, Sachenrecht, 2009, § 28 Rn. 10; *Canaris*, Handelsrecht, 2006, § 8 Rn. 51.

706 Es ist unklar, wie die tatbestandliche Prüfung des § 823 Abs. 1 BGB beim Unternehmensnießbrauch ausgestaltet ist. Zahlreiche Folgeproblematiken stellen sich dar. Es ist nicht eindeutig geklärt, wie sich eine Verletzungshandlung äußert bzw. wann ein Eingriff in den Unternehmensnießbrauch als eingerichteten und ausgeübten

b. *Zwischenergebnis und Stellungnahme*

Zusammenfassend kann bei der rechtlichen Bestimmung des Unternehmens nicht auf bekannte Rechtsgrundsätze zurückgegriffen werden. Legt man zugrunde, dass ein Unternehmen aus einer Vielzahl unterschiedlicher Sachen und Rechte sowie aus dem unternehmerischen Tätigkeitsbereich besteht,[707] ist ein Unternehmen keine Rechtseinheit. Es handelt sich weder um eine einzige Sache bzw. ein einziges Recht noch um eine, nach dem geltenden Rechtsverständnis, zusammengesetzte Sache bzw. ein entsprechendes Recht. Grundsätzlich ist allein eine Rechtseinheit geeignet, Gegenstand eines einheitlich dinglichen Rechts zu sein.

Betrachtet man den Unternehmensnießbrauch, dessen Teleologie und praktischen Verlauf als Sicherungszweck, ist ein erweitertes Rechtsverständnis erforderlich. Anhand der beiden letztgenannten Rechtskonstellationen ist erkennbar, dass die ablehnende Auffassung nicht dem praktischen Bedürfnis nach einem umfassenden Schutz des Unternehmensnießbrauchs zur Anwendung in der Rechtspraxis nachkommt. Vordergründig ist daher einer vermittelnden Auffassung zu folgen, welche dem übergreifenden Unternehmenszweck Rechnung trägt, ohne dass die Rechtseigenschaft des Unternehmens als Summe seiner rechtlich heterogenen Unternehmenseinzelteile missachtet wird. Der Nießbrauch an den Einzelbestandteilen eines Unternehmens weist eine ungleichartige Rechtsnatur auf.[708] Allein der Nießbrauch an Sachen, namentlich an körperlichen Gegenständen, ist als dingliches Recht im definierten Sinn zu bezeichnen.[709] Der Nießbrauch an Rechten ist kein dingliches Recht. Durch die unmittelbare rechtliche Anhaftung an die zugrundeliegende Sache ist die Rechtswirkung vergleichbar.[710] Die sonstigen immateriellen Komponenten am Unternehmen können rechtlich nicht qualifiziert werden. Mithin stößt die Untersuchung des Rechtscharakters

Gewerbebetrieb feststellbar ist und insbesondere wie diese bei einem gerichtlichen Rechtsstreit dem Beweis zugänglich zu machen ist. Auch ein Schaden allein im Tätigkeitsbereich des Unternehmens ist schwierig zu bezeichnen und zu beziffern. Zur Kritik am Sonderrechtsgut selbst *Wagner,* in: Säcker et al., MüKo BGB, Bd. 6, 2017, § 823 Abs. 318-321. Zur bisher geringen dogmatischen Auseinandersetzung *Koreng,* GRUR 2010, 1065, 1066 f.

707 Zum Unternehmensbegriff S. 25 ff.

708 Zur Rechtsprüfung der Rechtsnatur aller Einzelgegenstände im Unternehmen S. 154 ff.

709 Hierzu S. 155.

710 Hierzu S. 155 ff.

eines Nießbrauchs am unternehmenseigenen Tätigkeitsbereich an die Grenzen gefestigter Rechtsgrundsätze. Da es sich um Bestandteile eines Unternehmens handelt, die diesem unmittelbar anhaften, ist diesen ebenfalls eine dinglich ähnliche Rechtswirkung zuzuschreiben.[711]

Überwiegend ist daher kein dinglicher, zumindest aber ein dinglich wirkender Rechtscharakter des Nießbrauchs an den Einzelgegenständen eines Unternehmens zu konstatieren. Sämtlichen Unternehmenskomponenten ist gemein, dass ihnen ein deliktischer Schutz zukommt, sei es als absolutes Recht oder im Rahmen des geschützten Sonderkonstrukts vom eingerichteten und ausgeübten Gewerbebetrieb. Nach der vorliegend vertretenen vermittelnden Auffassung ist das Unternehmen als wirtschaftlich zweckeinheitliche Rechtsgesamtheit mit dinglich wirkendem Rechtscharakter zu betrachten. Die Rechtsfolgen sowie der Rechtsschutz eines dinglichen Rechts finden entsprechend Anwendung. Zwar kann das Unternehmen nicht als mit einem dinglichen Recht belastbare Einheit qualifiziert werden. Es sind aber die rechtlichen Besonderheiten und die Teleologie des Unternehmensnießbrauchs sowie die Auswirkungen in der Rechtspraxis zu berücksichtigen. Das Fehlen einer gesetzlichen Grundlage kann für die Rechtsentwicklung genutzt werden. Der Gesetzgeber hat, wenn auch nur in geringem gesetzlich kodifiziertem Maße, den Unternehmensnießbrauch gesetzlich angelegt und damit den Weg für ein Rechtskonstrukt geöffnet, welches als vollumfängliche Sicherheit an einem Unternehmen den aktuellen komplexen Anforderungen des globalisierten Marktes angepasst werden kann.

Der Unternehmensnießbrauch muss daher kein dingliches Recht *per definitionem* sein, damit gesetzliche Schutzfunktionen eingreifen. Eine vergleichbare Wirkung ist ausreichend, indem dieselbe Schutzbedürftigkeit der Parteien begründet wird. Auch eine Einheit im technischen Sinn ist nicht erforderlich. Die Zusammenfassung des Unternehmens als konsolidierte Einheit kraft wirtschaftlicher Zweckverknüpfung ist der Rechtspraxis auch nicht fremd.

Bei der Verfügung über ein Unternehmen mittels eines Share Deals wird das Unternehmen als Gesamtsache fingiert. Indem die Verfügungsgewalt übertragen wird, gilt das Unternehmen als vollumfänglich übergegangen.[712] Da der Nießbrauch einem Unternehmen ganzheitlich anhaftet, ist eine Vergleichbarkeit

711 Hierzu S. 165 f.

712 Zum Share Deal *Büdenbender*, in: Dauner-Lieb/Langen, BGB, Bd. 2/2, 2016, Anhang II zu §§ 433-480, Rn. 49-51; *Jacques*, in: Ettinger/Jacques, Beck'sches Handbuch Unternehmenskauf im Mittelstand, A. Einführung Rn. 27 ff. Zur Abgrenzung gegenüber dem Asset Deal *Beck/Klar*, DB 2007, 2819.

festzustellen. Das Unternehmen kann als wirtschaftlich zweckeinheitliche Rechtsgesamtheit mit dinglich wirkendem Rechtscharakter angesehen werden. Demgemäß können dieselben Rechtsfolgen wie bei einem dinglichen Recht eingreifen. Der Nießbrauch haftet allen wirtschaftlich zweckgebundenen Unternehmenskomponenten an. Auch im Veräußerungsfall ist anzunehmen, dass der Nießbrauch mit übergeht. Es ist grundsätzlich von der vollumfänglichen Nutzbarkeit sämtlicher vom Sicherungsverband betroffenen Unternehmenskomponenten auszugehen. Der Unternehmensnießbrauch unterfällt als gesamtheitlich dinglich wirkendes Recht zumindest dem subsumtionsfähigen Schutzgut des Rechts am eingerichteten und ausgeübten Gewerbebetrieb nach § 823 Abs. 1 BGB.

3. Ergebnis

Zusammenfassend ist der Unternehmensnießbrauch als einheitliches, dinglich wirkendes Recht zu qualifizieren.[713] Es handelt sich zwar nicht um ein dingliches Recht *per definitionem*, haftet dem Unternehmen als Belastungsgegenstand aber gleichermaßen unmittelbar an und unterliegt dem Rechtsschutz aus § 823 Abs. 1 BGB. Aufgrund der dargestellten Vergleichbarkeit gelten die Rechtsfolgen, die ein dingliches Recht aufweist, entsprechend.

In einer näheren Untersuchung wurde dem Hauptargument der kritischen Rechtsauffassung begegnet. Diese lehnt den Unternehmensnießbrauch als einheitlich dingliches Recht ab, weil ein Unternehmen keine Rechtseinheit darstelle und keine Sachenrechtsfähigkeit aufweise. Das Unternehmen könne schon nicht der Gegenstand eines dinglich einheitlichen Rechts sein. Indes konnte als Ergebnis herausgestellt werden, dass der Unternehmensnießbrauch als einheitliches, zumindest dinglich wirkendes Recht zu qualifizieren ist, indem ihm das Unternehmen, eine wirtschaftlich zweckeinheitliche Rechtsgesamtheit, als Belastungsgegenstand zugrunde liegt.[714]

Zwar gibt es Argumente, die für sowie auch gegen die Betrachtung des Unternehmens als Rechtseinheit sprechen. Zugleich ist jedoch erkennbar, dass das bisher vorhandene Verständnis von der Rechtseinheit erweitert werden sollte, um gegenwärtigen Anforderungen an der komplexen Rechtsbelastung eines Unternehmens nachzukommen. Es wurde daher festgestellt, dass das Unternehmen einer Rechtseinheit näher ist als einer Rechtsgesamtheit. Sämtliche

---

713 Zur Auseinandersetzung mit der Problematik S. 145 ff.

714 Zur Prüfung, ob es sich bei dem Unternehmen um eine Rechtseinheit handelt, S. 149 ff.

Einzelgegenstände weisen eine gemeinsame Widmung zur wirtschaftlichen Zweckerreichung auf. Dass das Unternehmen grundsätzlich geeignet ist, als Gegenstand eines Nießbrauchs zu dienen, konnte daran festgemacht werden, dass der Nießbrauch an den überwiegenden Einzelgegenständen eine dinglich oder dinglich wirkende Rechtsnatur aufweist.

Allein der Nießbrauch an Sachen ist als ein dingliches und somit im deliktischen Sinn als absolutes Recht zu betrachten. Der Nießbrauch an Rechten ist lediglich dinglich wirkend, aber anerkanntermaßen ein absolutes Recht im Sinne des Auffangtatbestandes nach § 823 Abs. 1 BGB. Die übrigen immateriellen Bestandteile, der Tätigkeitsbereich des Unternehmens, sind rechtlich nicht konkret erfassbar. Da sie dem Unternehmen unmittelbar anhaften, ist auch ihnen ein dinglich wirkender Rechtscharakter zuzuschreiben. Sie unterliegen dem Rechtsschutz aus dem Sonderkonstrukt des Rechts am eingerichteten und ausgeübten Gewerbebetrieb.

II. Rechtsnatur der *floating charge*

Wie bereits ausgeführt wurde, ist die *floating charge* ein Instrument des englischen Kreditsicherungsrechts, welches von der Rechtsprechung geschaffen und im Rahmen zahlreicher Einzelfallentscheidungen weiterentwickelt wurde. Wesentliche Charakteristika und die zentralen Abläufe im Umgang mit der *floating charge* sind Gerichtsurteilen zu entnehmen, die im Rechtsraum des *common law* und *equity* erhebliche Bedeutung haben.[715] Die Gesetzgebung ist dem nur sukzessive und in begrenztem Umfang nachgekommen. Die neuesten Rechtsgrundlagen finden sich im *Companies Act 2006* sowie im *Insolvency Act 1986*.[716] Die Rechtsvorschriften geben keine Anhaltspunkte zur Rechtsnatur.

Bei der Untersuchung ihrer Rechtscharakteristika ist zu berücksichtigen, dass die *floating charge* einen besonderen, eigenen Charakter aufweist.[717] Aufgrund dessen entfaltet sie für zahlreiche weitere Rechtsräume Vorbildfunktion. Insbesondere im europäischen Rechtsraum wurde über lange Zeit nach einem

715 Zusammenfassend hierzu *Seif*, S. 114 ff.

716 Der *Companies Act 2006* zählt etwa zehn Vorschriften, die ausdrücklich die *floating charge* vorsehen. Inhaltlich beschäftigen sich diese hauptsächlich mit der Registerpflicht. Der *Insolvency Act 1986* hingegen verfügt zumindest über 26 Vorschriften (außerhalb der *Schedules*), in denen detailliert die Vorgänge bei Insolvenz des belasteten Unternehmens geregelt werden.

717 „*[T]he nature of the floating charge is a source of considerable controversy.*“ So *Nolan*, L.Q.R. 2004, 108, 117.

umfassenden dinglichen Recht gesucht, das es erlaubt, ein Unternehmen vollumfänglich zu besichern. Mit Blick hierauf wurden vergleichbare Rechtsinstitute geschaffen oder wurde sogleich das englische Rechtsinstitut in die eigene Rechtsordnung übernommen.[718] Die *floating charge* kann jedoch nicht ohne weiteres als beschränkt dingliches Recht qualifiziert werden.[719]

Im Folgenden ist der Meinungsstand wiederzugeben. Dieser ist von dogmatischem Interesse. Zugleich ist zu bedenken, dass die *floating charge* der Rechtspraxis entspringt und ein eigenes Rechtsinstitut mit Sonderregelungen ist. Die unterschiedlichen Ansichtsweisen der *floating charge* als dingliches oder schuldrechtliches Recht bringen keine Rechtsfolgen mit sich. Die Literatur hat sich daher nur wenig mit ihrer Rechtsnatur auseinandergesetzt.[720]

1. Ablehnung der dinglichen Rechtsnatur

Einige Vertreter der Literatur lehnen die dingliche Rechtsnatur der *floating charge* ab. Dabei wird ein dem deutschen Rechtsraum vergleichbares Verständnis zugrunde gelegt. Ein dingliches Recht wird demnach definiert als das umfassende oder beschränkte Recht einer Person zur unmittelbaren Herrschaft über eine Sache, welches belastende sowie gegenüber jedermann ausschließende Rechtswirkung entfaltet.[721] Die definitorischen Grundlagen sowie Rechtsfolgen sind im europäischen Rechtsraum weitgehend harmonisiert. Im englischen Recht sind insofern dieselben Anforderungen zu stellen.[722] Es wird vertreten, die *floating charge* sei eine schuldrechtliche Verpflichtung[723] oder die Vorstufe eines Sachenrechts mit einem insolvenzrechtlichen Vorrangrecht.[724] Dem liegt zugrunde, dass der Mangel von drei wesentlichen dinglich rechtlichen Charakteristika diagnostiziert wird. Namentlich fehlten der Sachbezug, die

718 Zur Übernahme der *floating charge* bzw. eines vergleichbaren Rechtsinstituts in die Rechtsordnungen von u.a. den Niederlanden, Spanien, Italien, Griechenland, Zypern sowie Schweden im Einzelnen *von Bar,* Gemeineuropäisches Sachenrecht, 2015, S. 41 f.

719 Hierzu auch *von Bar,* Gemeineuropäisches Sachenrecht, 2015, Rn. 440.

720 So wird in *Collins,* ICLQ 17 (1978), 691, 695 festgestellt, die *floating charge* habe *„dual character, contractual and proprietary"*. Die Frage nach der dinglichen Rechtsnatur wird nicht eingehend behandelt.

721 *Herrler*, in: Palandt, BGB, 2020, Vor § 854 Rn. 2; *Prütting*, Sachenrecht, Rn. 21.

722 Siehe hierzu *von Bar,* Gemeineuropäisches Sachenrecht, 2015, Rn. 440.

723 *Wenckstern,* RabelsZ 1992, 624, 634 f., 650.

724 So *von Bar,* Gemeineuropäisches Sachenrecht, 2015, Rn. 440.

Belastung fremden Eigentums bzw. fremden Rechts sowie die sachenrechtliche Drittwirkung.[725]

Zunächst heißt es, die *floating charge* weise einen marginalen Sachbezug auf, welcher sich am fehlenden Bestimmtheitserfordernis der erfassten Sicherungsgüter zeige.[726] Es bestehe kein Erfordernis die dem Unternehmen zugehörigen, von der *floating charge* unterworfenen Gegenstände zu benennen. Vielmehr sei eine individuelle Bezeichnung der Sicherungsgegenstände in Ansehung des revolvierenden Rechtscharakters und des sich ständig verändernden Unternehmensbestandes nahezu unmöglich. Die lose Verbindung zwischen dem Sicherungsrecht und den Sicherungsgütern durch die Verfügungsfreiheit des Sicherungsgebers bei der *floating charge* sei nahezu systemisch angelegt. Zum anderen führe der prägende „Schwebecharakter" dazu, dass eine tatsächlich wahrnehmbare Belastung, eine rechtliche Handlungsbeschränkung des Sicherungsgebers, nicht entstehe.[727] Dieser könne in gewohnter Weise das Unternehmen fortführen und Verfügungen über die erfassten Gegenstände vornehmen, ohne in der Geschäftstätigkeit oder in seinen Entscheidungsbefugnissen begrenzt zu sein. Die Ermangelung der belastenden Wirkung zeige sich auch in der „Unberührtheit der Zeitachse".[728] Dies bedeute, dass sich für das Unternehmen, ab dem Bestellungszeitpunkt der *floating charge*, keine rechtlichen Änderungen ergäben.

Die Zeitachse, die die Rechtsänderungen erfasst, sei erst dann berührt, wenn die *floating charge* im Sicherungsfall bzw. in der Insolvenz Belastungscharakter entfalte. Dann werde sie zur *fixed charge* kraft *crystallisation* und erlange im Außenverhältnis erkennbare Wirkung. Mithin sei erst dann ein dinglicher Rechtscharakter festzustellen, wenn die *floating charge* nicht mehr existiere und von der *fixed charge* abgelöst werde.

---

725 *Von Bar,* Gemeineuropäisches Sachenrecht, 2015, Rn. 440 f.

726 *Von Bar,* Gemeineuropäisches Sachenrecht, 2015, Rn. 440.

727 Zum Teil wird argumentiert, die dingliche Wirkung der *floating charge* sei nicht anzunehmen, weil das belastete Unternehmen seine Geschäftstätigkeit weiterführen könne und die freie Verfügbarkeit über sämtliche Gegenstände entgegenstünde. Hierzu *von Bar,* Gemeineuropäisches Sachenrecht, 2015, Rn. 440. Zum Teil heißt es aber auch, die dingliche Wirkung der *floating charge* trete nicht sofort ein, woraus die Fortführung der Geschäftstätigkeit und Verfügungsbefugnis resultiere. *Von Bernstorff,* Einführung in das englische Recht, 2018, S. 117. Wann genau die dingliche Wirkung nach der letztgenannten Auffassung eintritt, wird nicht bestimmt. Es besteht Uneinigkeit, ob es sich bei den genannten Umständen um die Gründe oder die Folgen der (noch) nicht dinglichen Wirkung der *floating charge* handelt.

728 *Von Bar,* Gemeineuropäisches Sachenrecht, 2015, Rn. 440.

Zuletzt bestehe keine sachenrechtliche Drittwirkung, da die Veräußerung von Unternehmensgegenständen im Rahmen des üblichen Geschäftsbetriebs, etwa beim Verkauf an Endkunden, zum unmittelbaren Erlöschen der *floating charge* führe, ohne dass der Sicherungsgeber entsprechende Ausschlussrechte geltend machen könne.[729]

2. Dingliches Recht unter Berücksichtigung konzeptioneller Besonderheiten

Die dargelegten Argumente sprechen dafür, die dingliche Rechtsnatur der *floating charge* abzulehnen. Dabei wird jedoch verkannt, dass sie aus zahlreichen Gerichtsentscheidungen und unterschiedlichen gesetzgeberischen Initiativen über zwei Jahrhunderte lang entstanden ist. Dadurch weist sie einen besonderen, patchwork-artigen Charakter auf, indem ihr unterschiedliche rechtliche Eigenschaften zugeschrieben werden. Unter Berücksichtigung dieser Besonderheiten geht eine andere Auffassung entsprechend von der dinglichen Rechtsnatur der *floating charge* aus.[730]

Gegen diese Argumente ist Folgendes einzuwenden: Die *floating charge* im Sinne des englischen Rechts bezieht sich allein auf das Unternehmen als Belastungsgegenstand, nicht aber die Vielzahl der unternehmenszugehörigen Gegenstände. Bei dem Unternehmen handelt es sich, in Ansehung des weiten Verständnisses aus dem englischen Recht, um eine einheitliche Sache, die auch geeignet ist, als Belastungsgegenstand im Sachenrecht herangezogen zu werden.

Die *floating charge* lastet direkt auf dem Unternehmen und haftet diesem unmittelbar an.[731] Während der Laufzeit der Belastungsvereinbarung werden in der Regel keine charakteristischen Merkmale, d.h. Firmenbezeichnung, Rechtsform, Tätigkeitsgebiet, Produktpalette, Betriebsgröße etc., berührt. Die fluktuierende, revolvierende Rechtsnatur der *floating charge* an den Einzelgegenständen und -unternehmensteilen greift nicht durch. Insofern liegt ein Sachbezug vor und der Bestimmtheitsgrundsatz wird gewahrt.

Über das Unternehmen kann der Sicherungsgeber auch nicht nach eigenem Belieben disponieren. Ihm ist eine Verfügung über das Unternehmen als Ganzem durch Veräußerung an einen Dritten nicht gestattet, da auf diese Weise der

---

729 *Von Bar*, Gemeineuropäisches Sachenrecht, 2015, Rn. 440; *Wenckstern*, RabelsZ 1992, 624, 636.

730 Ausführlich und umfassend hierzu *Ferran*, C.L.J. 47 (2) 1988, 213.

731 Vgl. *Boyle/Birds*, Boyle & Bird's Company Law, 2014, 10.8; *Davis*, C.L.J. 61 (2) 2002, 423, 431 f.

Sicherungsgegenstand entfiele und die *floating charge* hinfällig wäre.[732] Insofern ist auch eine Belastungswirkung und Rechtseinschränkung des Sicherungsgebers anzunehmen. Die Zeitachse wird daher insofern berührt, als ab dem Bestellungszeitpunkt eine tatsächliche und einschränkende Auswirkung erkennbar ist. Zuletzt ist auch die für ein dingliches Recht charakteristische sachenrechtliche Drittwirkung anzunehmen. Durch die Registereintragung hat die *floating charge* Wirkung gegenüber Dritten und haftet dem Unternehmen unmittelbar an. Demgemäß beruht sie nicht allein auf einer schuldrechtlichen Vereinbarung.[733] Dem Sicherungsnehmer steht es frei, sich Zugriffsrechte bei einer *uncrystallised floating charge* vorzubehalten und die Fortsetzung der Belastung bei einer Verfügung des Unternehmens an einen Dritten vorzusehen.[734]

3. Ergebnis

Die Betrachtung der *floating charge* als dingliches oder nichtdingliches Recht führt im englischen Recht keine unterschiedlichen Rechtsfolgen herbei. Durch die gesetzliche Erfassung und prägenden Gerichtsurteile gibt es ein umfassendes, noch im Einzelnen darzulegendes Regelungssystem zum Schutz der Sicherungsparteien im Rechtsverkehr.[735] Die Frage nach der Rechtsnatur ist somit von allein dogmatischem Interesse. Es sind die Besonderheiten des englischen Rechts sowie des Sicherungsmittels selbst zu berücksichtigen.[736] Die *floating charge* ist als dingliches Recht zu qualifizieren.

---

732 *Quenby*, IWUK, 23.05.2017, S. 18; *Nolan*, L.Q.R. 2004, 108, 118; *von Bar*, Gemeineuropäisches Sachenrecht, 2015, Rn. 439.

733 Vgl. *Ferran*, C.L.J. 47 (2) 1988, 213, 223 f.

734 Zusammenfassend hierzu *Ferran*, C.L.J. 47 (2) 1988, 213, 237. „*[The floating charge] is capable of being enforced against third parties even before crystallisation, albeit only to a limited extent.*“

735 Zur dogmatischen Problembehandlung S. 171 f.

736 Zur Auffassung, die die dingliche Rechtsnatur der *floating charge* ablehnt, S. 172 f. Zur befürwortenden Auffassung unter Berücksichtigung der konzeptionellen Besonderheiten S. 174 f.

E. Entstehungstatbestand der Belastungsrechte

Im Weiteren ist der Entstehungstatbestand beider Belastungsrechte darzustellen. Der Unternehmensnießbrauch bringt eine Vielzahl rechtlicher Anforderungen mit sich. In einer Parallelbetrachtung wird die *floating charge* untersucht.

I. Entstehung des Unternehmensnießbrauchs

Der Nießbrauch entsteht, wenn zwei Rechtsgeschäfte vorgenommen werden. Es sind das schuldrechtliche Grundgeschäft, d.h. ein individuell angepasster Vertrag, sowie das dingliche Erfüllungsgeschäft, ein Bestellungsakt an allen zu erfassenden Einzelgegenständen, erforderlich.[737] Der Nießbrauch begründet ein gesetzliches Schuldverhältnis.[738]

Dient der Unternehmensnießbrauch der Besicherung einer zugrundeliegenden Geldforderung, bedarf es einer wirksamen Forderung, die sich z.B. aus einem Darlehensvertrags nach §§ 488 ff. BGB ergibt. Weiterhin ist eine Sicherungsabrede erforderlich. Sie dient der unmittelbaren Verknüpfung des Unternehmensnießbrauchs mit der Darlehensforderung, welche als Hauptrechtsgeschäft dem Sicherungsinstrument als Hilfsrechtsgeschäft zugrunde liegt. Die Sicherungsabrede kann entweder im schuldrechtlichen Nießbrauchvertrag oder als separates, zusätzliches Dokument zum Darlehensvertrag vereinbart werden. Der Sicherungsnehmer und Unternehmensnießbraucher wird dadurch berechtigt, unmittelbar selbst die zu ziehenden Nutzungen zu schöpfen.[739] Der Sicherungsvertrag gewährleistet, dass der Unternehmensnießbrauch, vergleichbar mit einer akzessorischen Sicherheit, der zugrundeliegenden Forderung anhaftet und ihrem

---

737 Die Unterscheidung der schuldrechtlichen von der sachenrechtlichen Rechtsebene ergibt sich aus dem in Deutschland geltenden Trennungs- und Abstraktionsprinzip. Nach dem Trennungsprinzip ist das schuldrechtliche Grundgeschäft von dem dinglichen Rechtsgeschäft, das zu dessen Erfüllung dient, zu trennen. Es handelt sich um unterschiedliche Rechtsakte. Nach dem Abstraktionsprinzip ist die Wirksamkeit des einen nicht von der Wirksamkeit des anderen Rechtsgeschäfts bedingt. *Herrler*, in: Palandt, BGB, 2020, Vor § 854 Rn. 13.

738 *Heinze*, in: Staudinger, BGB, 2017, § 1068 Rn. 15. Vgl. auch *Schöner/Stöber*, in: Riedel/Volmer/Wilsch, Handbuch der Rechtspraxis: Grundbuchrecht, 2012, Rn. 1375.

739 *Pohlmann*, in: Säcker et al., MüKo BGB, Bd. 8, 2020, § 1030 Rn. 132.

„rechtlichen Schicksal" folgt. Auch wird darin festgehalten, dass die Nutzungsziehung allein zur Forderungstilgung aufzuwenden ist.

1. Nießbrauchsvertrag mit Sicherungsabrede

a. Allgemeines zum Vertragswerk

Der schuldrechtliche Vertrag über den Unternehmensnießbrauch bildet den Rechtsgrund für den Bestellungsakt.[740] Es sind die notwendigen Angaben zum Vertragsschluss, die *essentialia negotii,* anzuführen, d.h. die Parteien und der Vertragsgegenstand. Im Hinblick auf den Unternehmensnießbrauch ist festzulegen und auszuarbeiten, dass sich die Parteien sicherungshalber auf die umfassende Belastung sowie den vorübergehenden Übergang der Unternehmerstellung geeinigt haben („echter Vollnießbrauch"). Der Sicherungszweck ist zu bestimmen und die Verknüpfung des Kreditgeschäfts mit dem Nießbrauch ist auszuführen. Der vertragliche Leistungszweck, der ausdrücklich in einer Sicherungsabrede festzulegen ist, liegt in der Besicherung der zugrundeliegenden Forderung.[741]

Diejenige Geldforderung, die Gegenstand des sicherungsbasierten Unternehmensnießbrauchs ist, wird erwartungsgemäß in Form eines Darlehens nach §§ 488 ff. BGB gewährt. Der Darlehensvertrag stellt, obgleich es sich um ein rechtlich separates Rechtsgeschäft handelt, seinerseits die *Causa* der abzuschließenden Sicherungsabrede zum Unternehmensnießbrauch dar.[742] In individualvertraglichen Regelungen können Besonderheiten eines Parteienverhältnisses vereinbart werden.[743] Das zu belastende Unternehmen kann vollumfänglich oder nur zu einem konkret bestimmten, eigenständig trennbaren Unternehmensteil eingebracht werden.[744]

---

740 Beim Unternehmensnießbrauch können grundsätzlich unterschiedliche schuldrechtliche Rechtsgeschäfte als Grundlage für den Bestellungsakt dienen. Eine Schenkung als unentgeltliche Zuwendung (Zuwendungsnießbrauch), eine unentgeltliche Vermögensübertragung im Rahmen der vorweggenommenen Erbfolge oder eine letztwillige Verfügung (Vermächtnisnießbrauch) können gegenständlich sein und sind in der Rechtspraxis besonders üblich. *Herrler,* in: Palandt, BGB, 2020, § 1030 Rn. 4; *Mutter/ Brombach,* in: Gummert, Münchener Anwaltshandbuch Personengesellschaftsrecht, 2019, § 19 Rn. 429-432; *Maier,* in: Alber/et al., Beck'sches Steuer- und Bilanzrechtslexikon, 2020, „Nießbrauch" Rn. 6.

741 Vgl. *Lieder,* in: Säcker et al. MüKo BGB, Bd. 8, 2020, § 1191 Rn. 20.

742 *Maier,* in: Alber/et al., Beck'sches Steuer- und Bilanzrechtslexikon, 2020, „Nießbrauch" Rn. 6.

743 *Baums,* Recht der Unternehmensfinanzierung, § 33 Rn. 44 f.

744 Hierzu S. 41 ff.

Der sicherungszweckdienliche Unternehmensnießbrauch hat nur wenig Aufmerksamkeit in der Rechtsliteratur oder auch in der Rechtspraxis erfahren. Daher sind bisher keine vertraglichen Besonderheiten herausgearbeitet[745] und es sind keine praktischen Problemstellungen bekannt, welche vertraglich der Abhilfe bedürften.[746]

Es gelten die allgemeinen Regelungen. Der Vertrag mit den sicherungsrechtlichen Komponenten muss hinreichend bestimmt sowie einer Auslegung zugänglich sein, damit die Parteivereinbarung adäquat durch den Bestellungsakt zum Vollzug gebracht werden kann. Der Unternehmensnießbrauch kann unterschiedlich ausgestaltet werden. Es gibt keine gesetzliche Grundregelung, auf die zurückgegriffen werden könnte. Im Vertragswerk sind die allgemein anerkannten Restriktionen, etwa bezüglich der Sittenwidrigkeit gemäß § 138 BGB, einzuhalten.[747] Es ist daher sinnvoll, vertraglich konkret zu bezeichnen, auf welche Regelungen man sich innerparteilich geeinigt hat.[748]

Die Sicherungsabrede, die den Nießbrauch mit der zugrundeliegenden Kreditverbindlichkeit verknüpft, ist als Vertrag *sui generis* gemäß §§ 311, 241 BGB zu qualifizieren.[749] Es gilt weitgehend Vertragsfreiheit. Die Rechte und Pflichten der Parteien während der Laufzeit der Vereinbarung sollten möglichst ausführlich geregelt werden. Insbesondere die Art und Weise der Nutzungsziehung, die Verrechnungsweise mit der zugrundeliegenden Kreditverbindlichkeit sowie die

745 Hierzu einleitend bereits S. 80 ff.

746 Neben der rechtsgeschäftlichen Abrede kann der Nießbrauch *per se* auch auf andere Weise herbeigeführt werden. Es ist namentlich ein Rechtserwerb kraft Gesetzes möglich, durch Ersitzung, bei beweglichen Sachen gemäß § 1033 S. 1 BGB, bei unbeweglichen Sachen gemäß § 1033 S. 2 BGB oder durch Surrogation gemäß §§ 1046, 1048 Abs. 1 S. 2, 1066 Abs. 3, 1075 Abs. 1 BGB. Dabei gilt die zehnjährige Ersitzung kraft guten Glaubens entsprechend §§ 937-942 BGB. Hierzu *Pohlmann*, in: Säcker et al., MüKo BGB, Bd. 8, 2020, § 1030 Rn. 151. Im Übrigen sind die Regelungen für juristische Personen und rechtsfähige Personengesellschaften (§ 1059a Abs. 2 BGB) §§ 943, 944 BGB anwendbar. Die Regelung des § 945 BGB wird entsprechend § 1032 S. 2 Hs. 2 BGB modifiziert. Bei Grundstücken gilt § 900 Abs. 2 S. 1 BGB i.V.m. § 1036 Abs. 1 BGB. So *Berger*, in: Stürner, Jauernig BGB, 2018, § 1033 Rn. 1. Beide gesetzlichen Erwerbsvarianten sind mit dem Sicherungsnießbrauch nicht vereinbar. Zwangsläufig ist eine rechtsgeschäftliche, sicherungsvertragliche Grundlage notwendig.

747 Zur Problematik der Vertragsfreiheit und ihrer Grenzen *Musielak*, JuS 2017, 949-954.

748 Zu den Ausgestaltungsvarianten des Sicherungsnießbrauchs am Unternehmen S. 80 ff.

749 *Heger*, S. 74 f.

Fortführungsweise des Geschäftsbetriebs sollten bestimmt werden.[750] Auch eine individuelle Konzeption von Beendigungstatbeständen kann sinnvoll sein. Auf diese Weise kann Rechtssicherheit im Innenverhältnis der Sicherungsparteien herbeigeführt werden.[751]

b. Übersicherungsaspekte

Beim Sicherungsumfang ist eine adäquate Relation zwischen dem zu besichernden Forderungsbetrag und dem Sicherungsumfang erforderlich.[752] Da der Unternehmensnießbrauch eine umfassende Belastung darstellt, darf wie bei vergleichbaren, umfassenden Sicherheiten keine anfängliche Übersicherung vorliegen.[753] Diese ist anzunehmen, wenn ein auffälliges Missverhältnis zwischen der Forderungshöhe und dem Umfang der Sicherheit vorliegt. Ansonsten könnte die Unwirksamkeit der Abrede wegen Sittenwidrigkeit nach § 138 BGB angenommen werden.[754]

Bei einer nachträglichen Übersicherung ist nach höchstrichterlicher Rechtsprechung nicht mehr *per se* von der Unwirksamkeit der Vertragsabrede auszugehen.[755] Vielmehr sind der Sachverhalt und die Wirksamkeit der Vertragsabrede nach den Umständen des Einzelfalls zu beurteilen und ist im Zweifel durch Auslegung eine Freigabeklausel anzunehmen. Rechtsfolge dessen ist, dass sich der

---

750 Zu den Rechtsunsicherheiten, die sich in diesem Zusammenhang nach gegenwärtiger Rechtslage ergeben, S. 216 ff.

751 Da eine nicht zu unterschätzende Rechtsunsicherheit mit den zahlreichen Rechten und Pflichten eines Unternehmensnießbrauchs einhergeht, ist eine möglichst dezidierte Bestimmung von Vorteil. Zu den Rechten und Pflichten im Unternehmensnießbrauch ausführlich S. 211 ff.

752 Die Thematik der Übersicherung ist von erheblicher Relevanz bei der Einräumung umfangreicher Sicherheiten, wie etwa bei einer Sicherungsübereignung an Warenlagern. Sinn und Zweck ist es, dass der „Ausnutzung wirtschaftlicher Übermacht" vorgebeugt wird. *Dörner*, in: Schulze et al., BGB, 2019, § 138 Rn. 11. Dies bedeutet, dass der Sicherungsnehmer gegenüber dem Sicherungsgeber seine Position nicht zu dessen Lasten ausnutzen darf und einen erheblich höheren Vermögensteil besichern lässt, als ihm bei Verwertung zustehen würde. Die Handlungsfreiheit des Sicherungsgebers würde unangemessen beeinträchtigt werden. Zum Problemüberblick *Armbrüster*, in: Säcker et al., MüKo BGB, Bd. 1, 2018, § 138 Rn. 98 f.

753 *Haertlein*, in: Langenbucher/Bliesener/Spindler, Bankrechts-Komm, 2016, Kap. 26 Rn. 59; *Bülow*, Recht der Kreditsicherheiten, 2017, Rn. 1112 f.

754 *Armbrüster*, in: Säcker et al., MüKo BGB, Bd. 1, 2018, § 138 Rn. 100 f.

755 *Haertlein*, in: Langenbucher/Bliesener/Spindler, Bankrechts-Komm, 2016, Kap. 26 Rn. 58; *Bülow*, Recht der Kreditsicherheiten, 2017, Rn. 1115 ff.

Sicherungsumfang entsprechend adäquat anpasst und nicht mehr von einer Disproportionalität auszugehen ist. Je nach Kreditvolumen kann entschieden werden, ob das Unternehmen, je nach Werthaltigkeit im Einzelfall, teilweise oder als Ganzes zu belasten ist. Um eine anfängliche Übersicherung zu vermeiden, sind die aus der Rechtsprechung bekannten Grenzwerte der Sicherungsverhältnisse zu beachten.[756]

Vertraglich verpflichtet sich der Sicherungsgeber, den Nießbrauch am Unternehmen zur Besicherung der Geldforderung für die Dauer der Laufzeit einzuräumen und der Sicherungsnehmer verpflichtet sich, die zu ziehenden Nutzungen zur Forderungstilgung zu verwenden.[757] Es ist zu bestimmen, wie hoch die Nutzungssumme aus dem Unternehmensnießbrauch erwartungsgemäß sein wird und wie die Verrechnung zur Forderungstilgung stattfinden soll. Dabei ist etwa zu klären, ob die Nutzungsziehung, wie üblich, vom Unternehmensnießbraucher ausgeführt oder auf den Sicherungsnehmer delegiert werden soll. Auch ist zu regeln, ob ein externes Konto zu diesem Zwecke eröffnet werden soll und wer hierüber verfügen darf.

Dabei ist zu vereinbaren, welche weiteren Kosten den Sicherungsnehmer treffen, wie beispielsweise ein Geschäftsführergehalt, falls die Unternehmensführung persönlich ausgeführt wird, oder etwaige Überwachungskosten (*monitoring costs*) für die Überwachung der Unternehmensfortführung eines eingesetzten Vertreters im Unternehmen. Die Kostenberechnung und die innerparteiliche Kostentragung sind zu vereinbaren.[758]

In diesem Zusammenhang stellt sich die wesentliche Frage, wie damit umzugehen ist, wenn die gezogenen Nutzungen die zu zahlende Darlehensrate, unter Berücksichtigung aller abzugsfähigen Kosten, wertmäßig unter- oder überschreiten. Es kann dem Parteiinteresse, vornehmlich bei einem langfristig vereinbarten Unternehmensnießbrauch, entsprechen, dass die Deckung der Kreditraten nicht monatlich, sondern vielmehr quartalsmäßig oder sogar jährlich betrachtet wird. Dementsprechend könnte eine leichte Fluktuation mitberücksichtigt werden und in die Zahlungserwägungen einfließen. Ebenso kann aber auch vereinbart werden, dass eine einmalig überhöht entgegengenommene Kreditrate die Verpflichtung des Sicherungsnehmers zur Übertragung auf die nächste

---

756 Der Sicherungsumfang soll das Kreditvolumen nicht um 200 % Deckungsgrenze übersteigen. Hierzu *Ellenberger,* in: Palandt, BGB, 2020, § 138 Rn. 97. Vgl. *Rohe,* in: Bamberger et al., BeckOK BGB, 2018, § 398 Rn. 15-18.

757 Vgl. *Pohlmann,* in: Säcker et al., MüKo BGB, Bd. 8, 2020, § 1030 Rn. 132.

758 Zu der komplexen Kostenverteilung beim Unternehmensnießbrauch S. 220 ff.

Kreditrate mit sich führt und eine Unterschreitung der Mindestratenhöhe die Verpflichtung des Sicherungsgebers zur unmittelbaren Begleichung hervorruft. Den Parteien ist in der Gestaltung des Nießbrauchs freie Hand gegeben.

c. *Bestimmtheitsgrundsatz*

Bei der Vertragsgestaltung ist aufgrund des dinglich wirkenden Charakters des Unternehmensnießbrauchs der Bestimmtheitsgrundsatz zu wahren. Im Hinblick auf die Nutzungsziehung und zur Bestimmung des Sicherungsumfangs ist die Bezeichnung sämtlicher Belastungsobjekte notwendig. Sinnvoll kann daher gemäß § 1034 BGB sein, die Ermittlung der jeweiligen Nutzungswerte und Kosten durch einen sachkundigen Sachverständigen vornehmen zu lassen.[759] Wie bei einer Inventur können die Unternehmensgegenstände aufgezählt und wertmäßig bestimmt werden.

Zumindest für das Verpflichtungsgeschäft ist irrelevant, dass sich das Unternehmen aus einer Vielzahl rechtlich heterogener Gegenstände zusammensetzt, etwa aus unbeweglichen und beweglichen Sachen, sowie aus unterschiedlichen Rechten und dem sog. „Tätigkeitsbereich" des Unternehmens. Da sich alle diese Gegenstände durch die wirtschaftliche Zweckausrichtung des gegenständlichen Unternehmens verbinden, bilden sie als das Unternehmen einen einheitlichen Vertragsgegenstand.[760] In einem zweiten Schritt müssen sämtliche Gegenstände, die dem Belastungsverband des Unternehmensnießbrauchs unterliegen sollen, als Grundlage für den Bestellungsakt bestimmt und für Dritte verständlich bezeichnet werden. Bei einer anzunehmenden Vielzahl von Gegenständen kann mit der Kategorisierung und örtlichen Beschreibung (etwa bei Warenlagern) Abhilfe geleistet werden, wodurch diese bestimmbar sind.

d. *Formvorschriften*

Die Gesetzesvorschriften zum Nießbrauch sehen die grundsätzliche Formfreiheit der Vereinbarung vor.[761] Für das Verpflichtungsgeschäft an beweglichen Sachen

---

759 Auch im Hinblick auf die Rückgabeverpflichtung ist festzustellen, in welchem Zustand sich das Unternehmen zuvor befand, § 1055 BGB. *Berger*, in: Stürner, Jauernig BGB, 2018 § 1034 Rn. 1.

760 Im Gegensatz hierzu kann bei der dinglichen Bestellung des Nießbrauchs unstrittig nicht das Unternehmen im Ganzen als ein einheitlicher Belastungsgegenstand erfasst werden. Die Unternehmensgegenstände sind vereinzelt nach den jeweiligen gesetzlichen Vorschriften einem Bestellungsakt zu unterziehen, hierzu S. 185 ff.

761 *Berger*, in: Stürner, Jauernig BGB, 2018, Vor § 1030 Rn. 3.

finden die allgemeinen Vorschriften Anwendung. Bei der Vertragsabrede zum Nießbrauch an unbeweglichen Sachen gilt der Grundsatz der Formfreiheit nur eingeschränkt. Sofern eine Belastung an einem Grundstück vorgenommen wird, findet § 311b Abs. 1 BGB Anwendung.[762] Handelt es sich bei dem Unternehmen um das Gesamtvermögen des Bestellers,[763] sind die Formvorschrift des § 311b Abs. 3 BGB und die Beurkundungspflicht zu wahren.[764] Eine notarielle Urkunde ist auch erforderlich, wenn sich der Sicherungsgeber in der Sicherungsabrede im Fall der Nichterfüllung der besicherten Darlehensforderung der sofortigen Zwangsvollstreckung nach § 794 Nr. 5 ZPO unterwirft.[765] Der Nießbrauch an einem Recht wird vertraglich nach den Vorschriften über das zugrundeliegende Recht erfasst.[766] Ist ein Minderjähriger an dem Sicherungsvertrag zum Unternehmensnießbrauch beteiligt, sind ebenso die rechtlichen Besonderheiten zu berücksichtigen.[767]

---

762 *Gehrlein*, in: Bamberger et al., BeckOK BGB, 2020, § 311b Rn. 44.

763 Ein Gesamtvermögen i.S.v. §§ 1085 ff. BGB ist betroffen, wenn die Mehrheit der einzelnen körperlichen oder unkörperlichen Gegenstände einer natürlichen oder juristischen Person, mithin sämtliche ihrer Sachen oder Rechte jeder Art, vereinbarungsgemäß mit einem Nießbrauch belastet werden soll. So *Herrler*, in: Palandt, BGB, 2020, § 1085 Rn. 2; *Bayer*, in: Westermann et al., Erman BGB, Bd. 2, 2014, § 1085 Rn. 7; *Pohlmann*, in: Säcker et al., MüKo BGB, Bd. 8, 2020, § 1085 Rn. 2; *Heinze*, in: Staudinger, BGB, 2017, § 1085 Rn. 15; *Reischl*, in: Bamberger et al., BeckOK BGB, 2020, § 1085 Rn. 2.

764 *Pohlmann*, in: Säcker et al., MüKo BGB, Bd. 8, 2020, § 1085 Rn. 18.

765 Zu den Hintergründen einer notariellen Unterwerfungserklärung im Rahmen der Kreditsicherung vgl. *Epp*, in: Schimansky/Bunde/Lwowski, Bankrechts-Handbuch, 2017, § 94 Rn. 253-255. Zu Rechtsproblemen und Restriktionen *von Rintelen*, RNotZ 2001, 3, 5 ff.

766 Vgl. *Schulte-Nölke*, in: Schulze et al., BGB, 2019, § 1069 Rn. 1.

767 Zu den Besonderheiten in diesem Zusammenhang *Janssen/Nickel*, S. 66-72. Die Beteiligung eines Minderjährigen im Rahmen eines Unternehmensnießbrauchs ist erwartungsgemäß selten. Bei Verträgen zur Bestellung eines Minderjährigen zum Nießbraucher (hierzu im Einzelnen *Pöppel*, MittBayNot 2007, 85, 87) ist die Vertretungsmacht der Eltern, sofern sie Besteller des Nießbrauchs sind, wegen Insichgeschäfts nach § 181 BGB eingeschränkt. Allgemein rührt eine Beschränkung daher, dass es sich um ein nicht lediglich rechtlich vorteilhaftes Rechtsgeschäft (§ 107 BGB) handelt. Der Minderjährige tritt in eine Vielzahl von Pflichten ein. Die Schenkung einer mit einem Nießbrauch belasteten Immobilie hingegen ist nach BGH NJW 1981, 111 bei Gesamtbetrachtung und Abwägung sämtlicher Vor- und Nachteile lediglich rechtlich vorteilhaft (hierzu *Reusch*, in: Langheid/Wandt, MüKo VVG, Bd. 1, 2016, § 95 Rn. 42). Die Bestellung eines Abschlussergänzungspflegers nach § 1909

e. *Sonderregelungen*

Durch den Sicherungsvertrag werden Treuepflichten im Innenverhältnis begründet. Der Nießbraucher ist jedoch berechtigt,[768] seine Rechte im Außenverhältnis gegenüber Dritten unbeschränkt auszuüben.[769] Im Rahmen der Sicherungsabrede wird, neben den gesetzlichen Beendigungstatbeständen, wie etwa § 1061 BGB, eine Akzessorietätsklausel eingefügt.[770] Im Fall der ordnungsgemäßen Tilgung der Geldforderung kann entweder i.S.v. § 158 Abs. 2 BGB die auflösende Unwirksamkeit der Vertragsabrede[771] oder die Zusicherung eines Bewilligungsanspruchs zur Löschung des Nießbrauchs[772] vereinbart werden.

Hieraus ergibt sich weiterhin, dass im Fall der Abtretung der besicherten Geldforderung eine Rechtsänderung eintritt. Nach einer Auffassung ist der Zedent und Nießbraucher dann nämlich verpflichtet, in die Löschung des zu

---

Abs. 1 BGB ist erforderlich (*Maier*, in: Alber/et al., Beck'sches Steuer- und Bilanzrechtslexikon, 2020, „Nießbrauch" Rn. 6). Handelt es sich hingegen bei dem Besteller um einen Minderjährigen, ist die vormundschaftsgerichtliche Genehmigung des Vertrags gemäß §§ 1643, 1821 Abs. 1 Nr. 1, Nr. 5 BGB vonnöten (*Maier*, in: Alber/et al., Beck'sches Steuer- und Bilanzrechtslexikon, 2020, „Nießbrauch" Rn. 6). Wird Eigentum auf den Minderjährigen übertragen, während sich der Eigentümer das Nießbrauchsrecht vorbehält, ist eine Genehmigung des Vormundschaftsgerichts nicht erforderlich. Hierzu *Moog*, DStR 2002, 180. Der Minderjährige erhält das Eigentum als lediglich rechtlich vorteilhaftes Vollrecht, während der jeweilige Nießbraucher mit den Pflichten, insbesondere den Kosten im Rahmen des Nießbrauchs belastet ist. Dadurch reicht allein das vertretungsrechtliche Tätigwerden der Eltern nach §§ 1626, 1629 BGB aus. So *Pohlmann*, in: Säcker et al., MüKo BGB, Bd. 8, 2020, § 1030 Rn. 152 ff. unter Anführung von BGHZ 24, 372.

768 Dies gilt insbesondere, wenn bei der Ausübung der Unternehmensfortführung nicht die Treuhandlösung gewählt wird. Zur Treuhand beim Unternehmensnießbrauch S. 103 ff.

769 Zu der Möglichkeit, dem Nießbraucher qualitativ oder quantitativ eine Beschränkung des Nießbrauchsrechts aufzuerlegen *Pohlmann*, in: Säcker et al., MüKo BGB, Bd. 8, 2020, § 1030 Rn. 124 ff.

770 Eine derartige Rechtsverknüpfung und Festlegung der Beendigungsbedingung des Nießbrauchs aufgrund einer Forderungstilgung ist nach einhelliger Rechtsauffassung notwendig und sollte, zumindest durch erläuternde oder ergänzende Vertragsauslegung, erkennbar sein. Ansonsten wäre möglicherweise die Unwirksamkeit des Sicherungsvertrags anzunehmen.

771 Ausführlich hierzu *Pohlmann*, in: Säcker et al., MüKo BGB, Bd. 8, 2020, § 1030 Rn. 143 mit Verweis auf RGZ 106, 109, 111.

772 BGH WM 1966, 653, 654 f.

seinen Gunsten bestellten Nießbrauchs einzuwilligen.[773] Nach einer anderen Auffassung ist die Löschungsbewilligung nur dann erforderlich, wenn dem Zessionar keine Ausübungsüberlassung gegeben wird.[774] Die Vereinbarung von Beendigungstatbeständen ist, ebenso wie die Regelung der Rechte und Pflichten während der Laufzeit, von erheblicher Bedeutung und zum Zwecke der Rechtssicherheit förderlich. Wird für die Laufzeit des Unternehmensnießbrauchs eine Verrichtung der Unternehmensfortführungstätigkeit unter unechter Treuhand durch den Sicherungsgeber vereinbart,[775] sind entsprechende Regelungen zu diesem Vertragsverhältnis zu vereinbaren.

2. Bestellungsakte an Einzelgegenständen

Der Vollzug des Kausalgeschäfts erfolgt im Wege der Nießbrauchsbestellung.[776] Es handelt sich um einen abstrakt-dinglichen Vertrag.[777] Trotz der Anerkennung des Unternehmensnießbrauchs als einheitlichen Rechtsinstituts[778] kann keine Ausnahme von dem sachenrechtlichen Bestimmtheitsgrundsatz gemacht werden.[779] Die Bestellung des Nießbrauchs kann demnach nicht in einem Rechtsakt vollzogen werden.[780] Vielmehr ist eine Vielzahl von Bestellungsakten notwendig, die sich nach den zu besichernden Gegenständen richtet.[781] Neben der echten Nießbrauchsbestellung an den einzelnen Gegenständen des Anlagevermögens ist auch die Vollübertragung der übrigen Vermögensgegenstände, der Gegenstände des Umlaufvermögens, wie Lagerbestände und Forderungen, erforderlich.[782]

---

773 KG OLGE 15, 370; *Stürner*, in: Soergel, BGB, 2001, § 1030 Rn. 20.

774 *Herrler*, in: Palandt, BGB2020, § 1030 Rn. 7.

775 Hierzu bereits S. 103 ff.

776 *Wörlen/Kokemoor*, Sachenrecht, 2017, Rn. 368.

777 *Wörlen/Kokemoor*, Sachenrecht, 2017, Rn. 366, 369; *Eckert*, in: Bamberger et al., BeckOK BGB, 2020, § 873 Rn. 8; *Berger*, in: Stürner, Jauernig BGB, 2018, § 873 Rn. 17.

778 Dieses Rechtsverständnis legt die Literatur zugrunde, vgl. auf S. 145 f.

779 *Reischl*, in: Bamberger et al., BeckOK BGB, 2020, § 1085 Rn. 18; *Heinze*, in: Staudinger, BGB, 2017, Vorbemerkung zu §§ 1085 ff Rn. 1; *Maier*, in: Alber/et al., Beck'sches Steuer- und Bilanzrechtslexikon, 2020, „Nießbrauch" Rn. 11; *Paus*, BB 90, 1675, 1675. Hierzu auch *Lohr*, S. 39.

780 *Westermann/Gursky/Eickmann*, Sachenrecht, 2011, § 140 Rn. 7.

781 *Schön*, S. 99; *Janssen/Nickel*, S. 30 f.; *Vossler*, in: Oetker, HGB, 2019, Anh. §§ 25-28 Rn. 61.

782 Vgl. *K. Schmidt*, Handelsrecht, 2014, S. 171 ff.

Es liegt ein einheitliches Rechtsverhältnis auf schuldrechtlicher Ebene zugrunde, das ggf. der notariellen Beurkundung gemäß § 311b Abs. 3 BGB bedarf.[783] Die dinglichen Einzelakte[784] führen indes dazu, dass nur die jeweils betroffenen Gegenstände tatsächlich belastet werden.[785] Mithin wird das Vermögen als Ganzes erst vom Nießbrauch erfasst, wenn der Vorgang der Bestellung vollständig abgeschlossen[786] und das Unternehmen in seiner wirtschaftlichen Bestimmung vollumfänglich von den Rechtsakten betroffen ist.[787]

Grundsätzlich unterscheidet der erste Untertitel des Kapitels „Nießbrauch an Sachen" nicht zwischen unbeweglichen und beweglichen Belastungsgegenständen.[788] Die Norm des § 1030 Abs. 1 BGB rekurriert auf den allgemeingültigen

---

783 Der Vertrag über die Verpflichtung zur Bestellung des Nießbrauchs am gesamten Vermögen einer Person unterliegt grundsätzlich der notariellen Beurkundung. Diese soll Rechtssicherheit gewährleisten. Darüber hinaus sind Übereilungsschutz und die Sicherung der Fachberatung geboten, da eine besondere Gefährlichkeit und weitläufige Tragweite mit dieser inhaltsschweren Verpflichtung einhergehen. So *Ring*, in: Dauner-Lieb/Langen, BGB, Bd. 2/2, 2016, § 311b Rn. 80.

784 Vgl. *Schöner/Stöber*, in: Riedel/Volmer/Wilsch, Handbuch der Rechtspraxis: Grundbuchrecht, 2012, Rn. 1364.

785 *Reischl*, in: Bamberger et al., BeckOK BGB, 2018, § 1085 Rn. 18; *Heinze*, in: Staudinger, BGB, 2017, Vorbemerkung zu §§ 1085 ff. Rn. 1.

786 Ein Problem stellt sich bei der sog. „sukzessiven Belastung", wenn die Vornahme der Bestellungsakte sich hinauszögert und einen bestimmten Zeitraum überschreitet. Es kann nicht mehr von einem zusammenhängenden Rechtsakt ausgegangen werden. Der Eintritt der Rechtsfolgen ist umstritten. Nach einer Auffassung reicht für die Annahme der Belastung eines Gesamtvermögens aus, wenn die Summe der vom Bestellungsakt erfassten Gegenstände einen wesentlichen Teil des Vermögens ausmacht. Hierzu *Herrler*, in: Palandt, BGB, 2020, § 1085 Rn. 2. Eine andere Auffassung lässt bereits die erste Teilübertragung ausreichen, solange die schuldrechtliche Verpflichtung zur Bestellung des Nießbrauchs an weiteren Gegenständen besteht und der Wille hierzu im Übrigen erkennbar ist. Unter Bezugnahme auf ältere Rechtsprechung, etwa RG JW 1928, 1344, hierzu *Stürner*, in: Soergel, BGB, 2001, § 1085 Rn. 4. Gegen letztere Auffassung spricht, dass der Wille zur Gesamtbelastung objektiv nicht erkennbar ist und nach allgemeinen Rechtsgrundsätzen die schuldrechtliche Vereinbarung zwischen Besteller und Nießbraucher nicht ausreicht, um dingliche Rechtsfolgen auszulösen. Zum Meinungsstand und zu Kritik an letzterer Auffassung *Bayer*, in: Westermann et al., Erman BGB, Bd. 2, 2014, § 1085 Rn. 3.

787 Vgl. *K. Schmidt*, Handelsrecht, 2014, S. 187 f.

788 Die Regelungen gemäß §§ 1030-1067 BGB gelten allgemein für den Nießbrauch an Sachen, wobei spezielle Regelungen je nach Belastungsgegenstand einschlägig sind. Allein für Grundstücke gelten die §§ 1031, 1037 Abs. 2, 1038, 1043, 1048, 1056, 1062.

Sachbegriff des § 90 BGB, der sämtliche „körperlichen Gegenstände" erfasst[789] und sich damit auf die Normen einschließlich § 1067 BGB bezieht.[790] Der dingliche Bestellungsakt richtet sich jedoch gemäß § 1085 Abs. 1 BGB nach den Vorschriften zur Übertragung des jeweils zu belastenden Rechts.[791] Dies ergibt sich aus dem Spezialitätsprinzip des Sachenrechts.

Die Bestellung des Nießbrauchs an beweglichen Sachen erfolgt daher gemäß § 1032 BGB ausdrücklich nach den §§ 929 ff. BGB. Neben der dinglichen Einigung ist grundsätzlich die Besitzübergabe notwendig, wobei je nach individueller Parteiabsprache und vorherrschenden Umständen zur Zeit des Bestellungsakts unmittelbarer oder auch mittelbarer Besitz etwa als Besitzkonstitut (§ 930 BGB) eingeräumt werden kann.[792] Belastungsgegenstand sind sämtliche beweglichen Sachen, mithin beherrschbare und körperliche sowie verkehrsfähige Gegenstände,[793] einschließlich Tieren gemäß § 90a S. 3 BGB. Bei der Belastung eines Grundstücks sind hingegen die speziellen Vorschriften nach §§ 873 ff. BGB hinzuzuziehen. Es ist ein dinglich abstrakter Vertrag zur Einigung über die Belastung und die Eintragung des Nießbrauchs im Grundbuch nach § 873 BGB notwendig. Neben Grundstücken einschließlich Wohnungseigentum nach WEG und auch grundstücksgleichen Rechten, wie dem Erbbaurecht, ist der Nießbrauch eingeschränkt auch an Schiffen bestellbar.[794]

Gemäß § 1031 BGB gilt, dass der Nießbrauch an einem Grundstück, etwa einem Betriebsgrundstück, zur fortgesetzten Gewährleistung einer wertungsmäßigen Einheit und Erhaltung wirtschaftlicher Werte zugleich ein Nutzungsrecht an dem zum Bestellungszeitpunkt vorhandenen Zubehör mitumfasst.

Die Regelungen §§ 1032, 1033, 1064, 1067 BGB gelten ausschließlich für bewegliche Sachen. So *Schulte-Nölke*, in: Schulze et al., BGB, 2019, § 1030 Rn. 1

789 *Ellenberger*, in: Palandt, BGB, 2020, Vor § 90 Rn. 1; *Dörner*, in: Schulze et al., BGB, 2019, § 90 Rn. 2, 5.

790 *Reischl*, in: Bamberger et al., BeckOK BGB, 2020, § 1030 Rn. 3; *Wörlen/Kokemoor*, Sachenrecht, 2017, Rn. 366.

791 *Schulte-Nölke*, in: Schulze et al., BGB, 2019, § 1085 Rn. 1 f. Vgl. auch *Lemke*, in: Ring/Grziwotz/Keukenschrijver, BGB-Sachenrecht, 2016, § 1069 Rn. 1.

792 *Berger*, in: Stürner, Jauernig BGB, 2018, § 1032 Rn. 1; *Pohlmann*, in: Säcker et al., MüKo BGB, Bd. 8, 2020, § 1030 Rn. 146 f.; *Herrler*, in: Palandt, BGB, 2020, § 1032 Rn. 1f.; *Wörlen/Kokemoor*, Sachenrecht, 2017, Rn. 368; *Heger*, S. 65.

793 Zu den Anforderungen an Sachen als körperliche Gegenstände im Einzelnen *Fritzsche*, in: Bamberger et al., BeckOK BGB, 2020, § 90 Rn. 5-9.

794 *Reischl*, in: Bamberger et al., BeckOK BGB, 2020, § 1030 Rn. 3.

Kraft der gesetzlichen Regelung ist kein eigener Bestellungsakt erforderlich.[795] Unter Zubehör sind nach der allgemeinen Begriffsbezeichnung aus § 97 BGB diejenigen beweglichen Sachen zu verstehen, die nach objektiver Verkehrsanschauung der Hauptsache wirtschaftlich zweckdienlich sind und in einem räumlichen Näheverhältnis zu ihr stehen, ohne Hauptsachenbestandteil oder von nur vorübergehender Nutzbarkeit zu sein.[796]

Im Fall eines Betriebsgrundstücks[797] besteht das Zubehör etwa aus Produktionsmaschinen, dem Inhalt von Warenlagern oder Produktionsmaterialien.[798] Im Übrigen sind auch wesentliche Bestandteile eines Grundstücks mitumfasst.[799] In einer Parallele zur Auslegungsregel des § 926 BGB[800] konstituiert § 1048 BGB als *lex specialis*, dass dem Nießbraucher bei entsprechender Vereinbarung auch das Inventar zur Nutzung unterliegt und dieses folgerichtig im Rahmen der ordnungsgemäßen Wirtschaftsführung heranzuziehen ist.[801] Unter Erweiterung seiner Befugnisse darf der Nießbraucher kraft Gesetzes über die einzelnen Inventarstücke verfügen,[802] sofern nach § 1048 Abs. 1 S. 2 BGB ein gleichwertiger Ersatz herbeigeschafft wird.[803] Bei einer Vielzahl zusammengehöriger Sachen, wie dem Inventar eines Grundstücks, sind Eigentümer und Nießbraucher nach der allgemeinen Regelung des § 1035 S. 1 BGB verpflichtet, ein

795 *Schulte-Nölke*, in: Schulze et al., BGB, 2019, § 1031 Rn. 1; *Pöppel*, MittBayNot 2007, 85, 85.

796 *Stresemann*, in: Säcker et al., MüKo BGB, Bd. 1, 2018, § 97 Rn. 2. Zu den Voraussetzungen *Ellenberger*, in: Palandt, BGB, 2020, § 97 Rn. 5-9 sowie zur wirtschaftlichen Zweckdienlichkeit *Fritzsche*, in: Bamberger et al., BeckOK BGB, 2020, § 97 Rn. 9.

797 Das Zubehör des Betriebsgrundstücks ist seinerseits nur dann als „Unternehmenszubehör" zu charakterisieren, wenn das Grundstück schwerpunktmäßig zur Führung des Betriebs genutzt wird.

798 *Mansel*, in: Stürner, Jauernig BGB, 2018, Anmerk. zu §§ 97, 98 Rn. 2.

799 *Pöppel*, MittBayNot 2007, 85, 85.

800 *Berger*, in: Stürner, Jauernig BGB, 2018, § 1031 Rn. 1.

801 *Herrler*, in: Palandt, BGB, 2020, § 1048 Rn. 1; vgl. *K. Schmidt*, Handelsrecht, 2014, S. 187 f.

802 *Pohlmann*, in: Säcker et al., MüKo BGB, Bd. 8, 2020, § 1048 Rn. 2; *Berger*, in: Stürner, Jauernig BGB, 2018 § 1048 Rn. 1.

803 Nach § 1048 Abs. 1 S. 2 Hs. 2 BGB, welcher Ausdruck des Grundsatzes dinglicher Surrogation ist, sind die vom Nießbraucher zum Ersatz neubeschafften Inventargegenstände mit Einbringung in das Grundstück dem Rechtskreis des Eigentümers zuzurechnen. Hierzu *Wolf*, JuS 1975, 643.

Verzeichnis zu fertigen, das alle Gegenstände aufführt. Damit werden unklare Rechtsverhältnisse vermieden und Beweisschwierigkeiten abbedungen.[804]

Der Nießbrauch an Rechten richtet sich, wie § 1069 Abs. 1 BGB bestimmt, nach den hierfür geltenden Vorschriften.[805] Vom Rechtsnießbrauch werden sämtliche übertragbaren sowie unmittelbar oder mittelbar nutzungsfähigen Rechte, darunter Anwartschaftsrechte resultierend aus Eigentumserwerb, Leibrente (§ 1073 BGB), Forderungen (§ 1074 BGB), Grund- und Rentenschuld (§ 1080 BGB), Reallast (§§ 1105 ff. BGB), Erbteilen (§ 2033 BGB), Anteilen an einer Personengesellschaft sowie Aktien- und GmbH-Anteilen, Dauerwohnrecht, Patentrecht etc., erfasst. Auch künftige Rechte können im Fall der Bestimmbarkeit nach den §§ 398 ff. BGB dem Unternehmensnießbrauch unterworfen werden. Die dingliche Belastung tritt mit ihrer Entstehung ein.[806] Bei der Bestellung des Nießbrauchs an einer Forderung ist eine formlose Einigung als dinglicher Rechtsakt nach § 398 BGB analog ausreichend, während der Nießbrauch an einer Hypothek nach § 1154 BGB analog eine schriftliche Abtretungserklärung bzw. eine Eintragung im Grundbuch und ggf. eine Briefübergabe erfordert.[807] Ist ein Wertpapier von der Bestellung des Nießbrauchs betroffen, sind, wie bei beweglichen Sachen,[808] Einigung und Übergabe erforderlich.[809]

Da sich Eigentümer und Nießbraucher den Besitz gemeinschaftlich teilen, reicht jedoch die Einräumung unmittelbaren oder mittelbaren Mitbesitzes aus.[810] Die einhellige Rechtsauffassung nimmt an, dass mit der Belastung der zu erfassenden Vermögenswerte nach den hierfür geltenden Rechtsvorschriften auch die rechtlich nicht konkret erfassbaren Ertragsfaktoren des Unternehmens als dinglich belastet gelten. Dies betrifft namentlich den Tätigkeitsbereich

---

804 Hierzu ausführlich *Lemke*, in: Ring/Grziwotz/Keukenschrijver, BGB-Sachenrecht, 2016, § 1035 Rn. 1 f.; *Pohlmann*, in: Säcker et al., MüKo BGB, Bd. 8, 2020, § 1035 Rn. 1.

805 *Herrler*, in: Palandt, BGB, 2020, § 1069 Rn. 1.

806 *Herrler*, in: Palandt, BGB, 2020, § 1068 Rn. 1.

807 *Schulte-Nölke*, in: Schulze et al., BGB, 2019, § 1069 Rn. 1.

808 In materiell-rechtlicher Hinsicht handelt es sich beim Nießbrauch an Inhaber- und blankoindossierten Orderpapieren um einen Rechtsnießbrauch. Dabei ist jedoch nicht zu verkennen, dass die Übertragung der in den entsprechenden Papieren verkörperten Rechte mittels Urkundenübergabe stattfindet. Um die besitzrechtliche Komponente zu würdigen, finden die Vorschriften zur Übertragung beweglicher Sachen Anwendung. *Reischl*, in: Bamberger et al., BeckOK BGB, 2020, § 1084 Rn. 1.

809 *Schulte-Nölke*, in: Schulze et al., BGB, 2019, § 1081 Rn. 1.

810 *Herrler*, in: Palandt, BGB, 2020, § 1081 Rn. 1; *Bayer*, in: Westermann et al., Erman BGB, Bd. 2, 2014, § 1081 Rn. 2; *Heinze*, in: Staudinger, BGB, 2017, § 1081 Rn. 9.

bestehend aus dem Goodwill, Ruf, Kundenstamm, Know-how, den Betriebsgeheimnissen etc.[811] Die Übertragung des Tätigkeitsbereichs erfolgt mit dem Eintritt des Nießbrauchers in die Position als Unternehmensführer, wobei zugleich in demselben Akt die Besitzübergabe zum Übergang der beweglichen und unbeweglichen Vermögensgegenstände vollzogen wird.[812]

Die Vornahme von Einzelakten[813] ist bei der Bestellung des Unternehmensnießbrauchs zwingend erforderlich, da allein auf diese Weise die dingliche bzw. dinglich wirkende Rechtsposition an den Einzelgegenständen des Unternehmens entsteht. Nachteilig ist hingegen der Mangel an Flexibilität. Hieraus resultiert nämlich, dass beim Ausscheiden eines belasteten Gegenstands der Nießbrauch bestehen bleibt.[814] Kraft der vertraglichen Abrede kann der Sicherungsnehmer zur Löschung des Nießbrauchs verpflichtet sein. Die Durchsetzung kann zeit- und kostenintensiv sein. Ebenso erfolgt beim Hinzutreten eines oder mehrerer neuer Gegenstände kein automatischer Übergang des Nießbrauchs.[815] Vielmehr ist ein neuer Bestellungsakt erforderlich. Somit besteht der Nießbrauch am Unternehmen allein in der zum jeweiligen Bestellungszeitpunkt bestehenden Form und in Bezug auf die vorliegende Gegenstandskonstellation.

a. Bestellung an den Rechten eines Unternehmens

aa. Eignungsvoraussetzungen und Bestellungsakt

Erwartungsgemäß hat ein Unternehmen eine Vielzahl von Rechten inne, so dass die Übertragung von Rechten an einem Unternehmen einen wesentlichen Bestandteil des Unternehmensnießbrauchs ausmacht. Einem Rechtsnießbrauch können sowohl dingliche als auch obligatorische Rechte zugrunde liegen.[816] Damit der Unternehmensnießbrauch an einem Recht bestellt werden kann, bedarf es bestimmter Rechtsmerkmale. Der Belastungsgegenstand muss, mit Blick auf § 1030 BGB, unmittelbare oder mittelbare Nutzungen

---

811 Ausführlich *Schulte-Nölke*, in: Schulze et al., BGB, 2019, § 1085 Rn. 4; *Schön*, S. 99.

812 *Janssen/Nickel*, S. 31.

813 Vgl. hierzu *Schöner/Stöber*, in: Riedel et al., Handbuch der Rechtspraxis: Grundbuchrecht, 2012, Rn. 1364.

814 *Berger*, in: Stürner, Jauernig BGB, 2018, § 1085 Rn. 1.

815 *Berger*, in: Stürner, Jauernig BGB, 2018, § 1085 Rn. 1 f.

816 *Pohlmann*, in: Säcker et al., MüKo BGB, Bd. 8, 2020, § 1068 Rn. 5; *Herrler*, in: Palandt, BGB, 2020, § 1068 Rn. 1; *Reischl*, in: Bamberger et al., BeckOK BGB, 2020, § 1068 Rn. 3; *Maier*, in: Alber/et al., Beck'sches Steuer- und Bilanzrechtslexikon, 2020, „Nießbrauch" Rn. 10.

(§ 99 Abs. 2, 3 BGB) gewähren können[817] und gemäß § 1069 Abs. 2 BGB übertragbar sein. Die Bestellung eines Nießbrauchs an einem Nießbrauch ist nach §§ 1059 S. 1, 1059b BGB unzulässig und auch das Eigentum oder grundstücksgleiche Rechte[818] sowie Vorkaufs- und Wiederverkaufsrechte[819] werden nicht von § 1068 Abs. 1 BGB erfasst.[820]

Die Rechte, die Gegenstand des Unternehmensnießbrauchs sein können, sind vielfältig. Zu nutzbaren Rechten[821] zählen die Leibrente sowie die Grundschuld, Hypothek und Realschuld. Im Rahmen der Leibrente fallen dem Nießbraucher die einforderbaren Leistungen gemäß § 1073 BGB zu. Bei der Realschuld liegen die abschöpfbaren Nutzungen darin, dass der Inhaber eine eingetragene Rechtsposition im Grundbuch sowie die Möglichkeit zur Gegenstandsverwertung erhält, bei der die Zinsen miterlangt werden.

Weiterhin sind die Reallast mitsamt den einforderbaren Einzelleistungen, das Pachtrecht und die Erträge des Grundstücks, die Patent- und Markenrechte sowie ihre Nutzungsmöglichkeit und die Einziehung der Lizenzgebühr bei Lizenzvergabe zu benennen.[822] Sämtliche in Wertpapieren verbrieften Rechte mitsamt ihren Zinsen sind nutzbare Rechte ebenso wie Aktien und ihre Dividende und GmbH-Anteile und ihre Gewinne.

---

817 Unmittelbare Nutzungen resultieren beispielsweise aus Aktien oder verzinslichen Forderungen. Mittelbare Nutzungen hingegen rühren aus Patentrechten, bei denen Lizenzgebühren durch die Überlassung an Dritte ausgezahlt werden. *Pohlmann*, in: Säcker et al., MüKo BGB, Bd. 8, 2020, § 1068 Rn. 5; *Berger*, in: Stürner, Jauernig BGB, 2018, § 1068 Rn. 2.

818 Die Vorschriften des Sachnießbrauchs finden direkt Anwendung. So *Reischl*, in: Bamberger et al., BeckOK BGB, 2020, § 1068 Rn. 3; *Heinze*, in: Staudinger, BGB, 2017, Vorbemerkung zu §§ 1068 f. Rn. 20, § 1068 Rn. 20; *Stürner*, in: Soergel, BGB, 2001, Vor § 1068 Rn. 1; *Bayer*, in: Westermann et al., Erman BGB, Bd. 2, 2014, § 1068 Rn. 1; *Pohlmann*, in: Säcker et al., MüKo BGB, Bd. 8, 2020, § 1068 Rn. 5. Allein ein Dauerwohnrecht gemäß §§ 31 ff. WEG ist als beschränkt persönliche Dienstbarkeit vom Rechtsnießbrauch erfasst. *Wicke*, in: Palandt, BGB, 2020, § 31 WEG Rn. 2 f.; *Reischl*, in: Bamberger et al., BeckOK BGB, 2020, § 1068 Rn. 4.

819 Es scheitert am mangelnden Nutzungsziehungsrecht des Vorkaufs- oder Wiederkaufsberechtigten. *Heinze*, in: Staudinger, BGB, 2017, § 1068 Rn. 20.

820 *Berger*, in: Stürner, Jauernig BGB, 2018, § 1068 Rn. 2; *Herrler*, in: Palandt, BGB, 2020, § 1068 Rn. 1.

821 *Herrler*, in: Palandt, BGB, 2020, § 1068 Rn. 1; *Pohlmann*, in: Säcker et al., MüKo BGB, Bd. 8, 2020, § 1068 Rn. 6.

822 *Herrler*, in: Palandt, BGB, 2020 § 1068 Rn. 1; *Pohlmann*, in: Säcker et al., MüKo BGB, Bd. 8, 2020, § 1068 Rn. 6.

Die Mitgliedschaftsrechte sind als Belastungsgegenstand für den Unternehmensnießbrauch von außerordentlicher Bedeutung. Die Summe der mitgliedschaftlichen Rechte eines Gesellschafters wird als Gesellschaftsanteil[823] bezeichnet und die Auswirkungen des Nießbrauchs können sich, je nachdem, auf welche Gesellschaftsform dieser sich bezieht, erheblich voneinander unterscheiden.[824]

Eine weitere Fallgruppe bilden die Zahlungsansprüche unabhängig von ihrer Verzinslichkeit, welche etwa Zahlungsforderungen jeder Art oder auch Ansprüche aus Versicherungsverträgen sein können.[825] Weiterhin können Ansprüche auf Sachverschaffung, beispielsweise aus einem Kauf, Tausch oder einer Schenkung[826] sowie Anwartschaftsrechte Gegenstand des Unternehmensnießbrauchs sein.[827]

bb. Rechtsfolgen

Der Unternehmensnießbrauch an Rechten unterscheidet sich erheblich von demjenigen an Sachen, da der Nießbraucher von Rechten eine absolute Rechtsposition innehat.[828] Obwohl dem Nießbraucher die Forderungen nicht originär übertragen werden, erhält er für die Zeit der Nießbrauchsvereinbarung die Inhaberschaft an unternehmenseigenen Forderungen. Wegen der fehlenden Körperlichkeit existiert keine alternative Möglichkeit, die dem Nießbraucher eines Unternehmens die Nutznießung belasteter Rechte ermöglichen könnte, ohne dass das Vollrecht übertragen wird.

Im Gegensatz zu körperlichen Gegenständen ist nämlich keine Besitzausübung als Nutzungsweise möglich. Aufgrund dieser Rechtsgegebenheiten wird dem Nießbraucher zwangsläufig eine umfangreiche Rechtsstellung zur

---

823 Zu unterscheiden ist der Gesellschaftsanteil als Summe der Mitgliedschaftsrechte vom Kapitalanteil in einer Kapitalgesellschaft, der für die Bilanzziffer steht. Hierzu *Priester*, in: K. Schmidt, MüKo HGB, Bd. 2, 2016, § 120 Rn. 84.

824 *Priester*, in: K. Schmidt, MüKo HGB, Bd. 2, 2016, § 120 Rn. 87; *K. Schmidt*, Gesellschaftsrecht, 2002, S. 1380.

825 *Pohlmann*, in: Säcker et al., MüKo BGB, Bd. 8, 2020, § 1068 Rn. 6.

826 *Heinze*, in: Staudinger, BGB, 2017, Vorbemerkung zu §§ 1068-1084 Rn. 3, § 1068 Rn. 20; *Stürner*, in: Soergel, BGB, 2001, Vor § 1068 Rn. 1.

827 *Heinze*, in: Staudinger, BGB, 2017, Vorbemerkung zu §§ 1068-1084 Rn. 3, § 1068 Rn. 20; *Stürner*, in: Soergel, BGB, 2001, Vor § 1068 Rn. 1; *Bayer*, in: Westermann et al., Erman BGB, Bd. 2, 2014, § 1068 Rn. 1; *Pohlmann*, in: Säcker et al., MüKo BGB, Bd. 8, 2020, § 1068 Rn. 6;

828 *Von Bar*, Gemeineuropäisches Sachenrecht, 2015, Rn. 365.

Wahrnehmung seines Nutzungsrechts eingeräumt. Dabei sollten die Parteien vereinbaren, wie die Rechtsnutzung auszugestalten ist. Es ist beispielsweise zu klären, wie damit umzugehen ist, wenn der Nießbraucher die Forderung zum Erlöschen bringt, etwa durch Zahlungsannahme des Schuldners.[829] Nach der gesetzlichen Regelung ergibt sich für den Sicherungsgeber kein Vermögens- oder Rechtsverlust. Bei unverzinslichen Forderungen wird dem Nießbraucher nach § 1070 Abs. 1 BGB die Vernichtungsmöglichkeit gegen die entsprechende Wertersatzpflicht in genauer Höhe der zum Erlöschen gebrachten Forderung zugesprochen. Bei verzinslichen Forderungen hingegen können Nießbraucher und Sicherungsgeber nur gemeinsam für eine wirksame Kündigung oder Kapitaleinforderung tätig werden.[830]

b. Bestellung des Nießbrauchs an der Gesellschaftsbeteiligung

Ein Vermögensbestandteil, der sich zu Belastungszwecken für einen Kreditgeber als Sicherheit anbietet, ist die Mitgliedschaft an der Gesellschaft selbst. Aufgrund starker finanzieller und rechtlicher Verflechtungen liegt nicht selten der Fall vor, dass ein Unternehmen keine Eigentumsgegenstände vorweisen kann oder keine Forderungen innehat. Zumindest die Mitgliedschaft an der Gesellschaft ist ein Vermögensgut, das wertvoll sein kann und als immanentes Unternehmensvermögen der Belastung durch den Unternehmensnießbrauch unterliegt.

Bei der Mitgliedschaft handelt es sich um ein einheitliches und übertragbares Recht.[831] Es wird einhellig angenommen, dass die Bestellung eines beschränkt dinglichen Rechts hieran zulässig ist.[832] Bei der Vornahme des Bestellungsakts sind unterschiedliche Rechtsvorschriften anzuwenden und ist auf rechtliche Besonderheiten zu achten.

aa. In der Personengesellschaft

Grundsätzlich ist bei der dinglichen Bestellung des Unternehmensnießbrauchs an einem Personengesellschaftsanteil[833] nach der Regelung des § 1069 Abs. 1 BGB

---

829 *Von Bar,* Gemeineuropäisches Sachenrecht, 2015, Rn. 365 f.

830 *Von Bar,* Gemeineuropäisches Sachenrecht, 2015, Rn. 365.

831 *K. Schmidt,* Gesellschaftsrecht, 2002, S. 551 ff.

832 *Pohlmann,* in: Säcker et al., MüKo BGB, Bd. 8, 2020, § 1068 Rn. 24; *Heinze,* in: Staudinger, BGB, 2017, Anh. zu §§ 1068 f. Rn. 68 f.; *K. Schmidt,* Gesellschaftsrecht, 2002, S. 547 f.; *Escher/Haag,* in: Gummert/Weipert, Münchener Handbuch des Gesellschaftsrechts, Bd. 2, 2019, § 27 Rn. 184 ff.

833 Zur Bedeutung des Sicherungsnießbrauchs an der Beteiligung an einer Personengesellschaft *Kruse,* RNotZ 2002, 69, 70.

kein Schriftformerfordernis einzuhalten.[834] Die Vorschriften zur Rechtsübertragung sind entsprechend anwendbar.[835] Indes ist die Schriftform aufgrund ihrer Beweisfunktion sowie zur Begründung geregelter Parteienverhältnisse mit individualvertraglichen Regelungen zweckmäßig.[836] Zur Rechtswirksamkeit des Bestellungsakts ist insbesondere zu beachten, dass die Zustimmung aller Gesellschafter notwendig ist. Diese kann als Einwilligung *a priori* in Form einer gesellschaftsvertraglichen Regelung oder als Genehmigung des Rechtsakts *ad hoc*, durch die einstimmige Beschlussfassung aller Gesellschafter,[837] erfolgen.[838]

Nicht selten beinhalten Gesellschaftsverträge eine antizipierte Übertragungsklausel, die das Zustimmungserfordernis bei Verfügungen über den Gesellschaftsanteil an einen Mitgesellschafter, Ehegatten oder Abkömmling aufhebt.[839] Die Anwendbarkeit auf die Rechtsbelastung zugunsten eines Nießbrauchers als Dritten ist nicht unumstritten.[840] Die einhellige Auffassung lehnt dies aber ab und fordert für diesen Fall eine eigene, konkrete Regelung. Sinn und Zweck der Regelung ist es nämlich, denjenigen einen Vorrang einzuräumen, die eine persönliche Nähe zur Gesellschaft aufweisen. Ein kontrahierender Dritter, der der Gesellschaft ein Darlehen einräumt, zählt eben nicht zu diesem Personenkreis. Außerdem spricht hierfür der Bestimmtheitsgrundsatz des Sachenrechts. Der Nießbrauch ist eine Rechtsbelastung und keine Übertragung, so dass die

---

834 Ausnahmsweise ist ein formfreies Rechtsgeschäft formbedürftig, wenn ein unmittelbarer Zusammenhang mit einem formbedürftigen Geschäft anzunehmen ist, beispielsweise indem eine Schenkung nach § 518 BGB vorliegt oder nach § 311b BGB ein Grundstück oder grundstücksähnliches Recht vom Gesellschaftsanteil miterfasst wird. So *Wälzholz,* DStR 2010, 1786, 1787.

835 *K. Schmidt,* in: K. Schmidt, MüKo HGB, Bd. 3, 2019, Vor § 230 Rn. 16.

836 *Baltzer,* in: Schulze/Grziwotz/Lauda, BGB: Kommentiertes Vertrags- und Prozessformularbuch, 2020, § 1068 Rn. 8. Zur Vertragsausgestaltung bei Bestellung des Nießbrauchs an einem Gesellschaftsanteil am Beispiel eines Kommanditgesellschaftsanteils *Baltzer,* in: Schulze/Grziwotz/Lauda, BGB: Kommentiertes Vertrags- und Prozessformularbuch, 2020, § 1068 § 1068 Rn. 11 f.

837 Zur Abdingbarkeit der Einstimmigkeitsklauseln in Personengesellschaften und ihrer Ersetzung etwa durch Mehrheitsklauseln *Heckschen/Bachmann,* NZG 2015, 531.

838 *Kindler,* in: Koller et al., HGB, 2019, § 105 Rn. 23; *Heinze,* in: Staudinger, BGB, 2017, Anh. zu §§ 1068 f., 48; *K. Schmidt,* in: K. Schmidt, MüKo HGB, Bd. 3, 2019, Vor § 230 Rn. 16; *Sprau,* in: Palandt, BGB, 2020, § 717 Rn. 1; *Janssen/Nickel,* S. 31.

839 *Wälzholz,* DStR 2010, 1786, 1787, 1788.

840 Zum Meinungsstand *Stürner,* in: Soergel, BGB, 2001, § 1068 Rn. 7c; *Stenger,* in: Sudhoff, Unternehmensnachfolge, 2005, § 34 Rn. 19; *Frank,* MittBayNot 2010, 96, 97; *Wälzholz,* DStR 2010, 1786, 1787.

Regelung einen anderen dinglichen Verfügungsakt erfasst.[841] Außerdem bringt der Nießbrauch eine komplexe Ausgestaltung mit sich, die einer ausdrücklichen Regelung bedarf.[842]

Die Eintragung des Nießbrauchs an einem GbR-Anteil in das Grundbuch ist, insbesondere vor dem Hintergrund der Regelungen gemäß § 899a BGB i.V.m. § 47 Abs. 2 GBO, nicht erforderlich.[843] Das Grundbuch weist nämlich die rechtsfähige Außen-GbR[844] als Eigentümerin der gegenständlichen Immobilie aus. Es gibt jedoch allein die haftungsrelevanten Rechtsverhältnisse der Gesellschaft zur Zeit der Eintragung wieder, die im Außenverhältnis zugunsten des Rechtsverkehrs und gesellschaftsfremden Dritten bedeutsam sind. Die Eintragung dient der Verkehrssicherheit.[845] Es wird keine Auskunft über den jederzeit aktuellen Gesellschafterbestand der GbR gewährt,[846] so dass auch der Nießbrauch als Belastung nicht anzuzeigen ist.

Grundsätzlich gilt, dass der Nießbrauch an einem OHG- oder KG-Gesellschaftsanteil in das Handelsregister einzutragen ist, wenn dem Nießbraucher Mitwirkungsrechte zustehen[847] und er im Außenverhältnis haftet.[848] Diese Voraussetzungen sind beim Unternehmensnießbrauch grundsätzlich erfüllt:[849]

---

841 *Wälzholz,* DStR 2010, 1786, 1787 f.

842 Zu der Ausübung von Verwaltungsrechten in der Gesellschaft S. 258 ff.

843 OLG Celle ZIP 2011, 1510; *Pohlmann*, in: Säcker et al., MüKo BGB, Bd. 8, 2020, § 1068 Rn. 91; *Frank,* MittBayNot 2010, 96, 97. Dennoch ist die GbR im Grundbuch eintragungsfähig. Hierzu *Ulmer,* ZIP 2011, 1689.

844 Zur endgültigen Anerkennung der Gesellschaft bürgerlichen Rechts als rechtsfähigen Außengesellschaft BGHZ 146, 341. Zum materiellen Außenrecht der GbR *K. Schmidt,* Gesellschaftsrecht, 2002, S. 1763 ff.

845 *Beck*, DNotZ 2017, 247, 250 f.

846 *K. Schmidt*, in: K. Schmidt, MüKo HGB, Bd. 3, 2016, Vor § 230 Rn. 16; *Schöner/Stöber*, in: Riedel/et al., Handbuch der Rechtspraxis: Grundbuchrecht, 2012, Rn. 1367; zum Meinungsstand *Kruse,* RNotZ 2002, 69, 84.

847 Hierzu S. 258 ff.

848 Zum Meinungsstand *Pohlmann*, in: Säcker et al., MüKo BGB, Bd. 8, 2020, § 1068 Rn. 71 f.

849 Der Unternehmensnießbrauch ist grundsätzlich im Handelsregister einzutragen. Dies unterscheidet sich erheblich von dem ausschließlichen Nießbrauch an einem oder mehreren Gesellschaftsanteilen. Nach überwiegender Rechtsauffassung handelt es sich allein beim Nießbrauch am Anteil in einer Personengesellschaft nicht um eine im Handelsregister eintragungsbedürftige Rechtstatsache. *Krafka/Kühn*, Registerrecht, 2019, Rn. 770; *K. Schmidt*, in: K. Schmidt, MüKo HGB, Bd. 3, 2019, Vor § 230 Rn. 16; *Schön*, ZHR 1994, 256. Es gäbe schließlich keine eigene Grundlage für das Eintragungserfordernis. So *Frank,* MittBayNot 2010, 96, 98. Auch sonst bestehe

Der Nießbraucher wird entsprechend als Unternehmer ausgewiesen. Die Firma wird fortgeführt, sofern keine abweichende Vereinbarung getroffen wird, und es erfolgt grundsätzlich der Eintritt in die Haftung nach § 25 Abs. 1 S. 1 HGB, sofern diese nicht gemäß § 25 Abs. 2 HGB kraft Handelsregistereintragung ausgeschlossen ist.[850] Zum Schutz des Rechtsverkehrs und zugunsten transparenter Rechtsverhältnisse ist im Handelsregister anzugeben, dass die Gesellschaftsanteile im Rahmen eines Unternehmensnießbrauchs mitbelastet sind.[851]

Ebendiese Rechtsschutzüberlegungen sind auch bei der Registereintragung eines GbR-Anteilsnießbrauch anzustellen. Die Gläubiger der GbR sollten über die Belastung der Gesellschafteranteile informiert werden, da durch die vorübergehende Geschäftsführung des Nießbrauchers die persönliche, unmittelbare Haftung der Gesellschafter anders zu bewerten sein kann. Dem steht jedoch entgegen, dass die GbR *per se* nicht im Handelsregister eintragungsfähig ist.[852]

---

kein Bedürfnis hierfür. Das Handelsregister nehme lediglich eine Wiedergabe der Haftungsverhältnisse vor und die Änderung der Mitwirkungsrechte innerhalb der Gesellschaft würden keine haftungsrechtliche Änderung im Außenverhältnis herbeiführen, über die der Rechtsverkehr informiert werden müsste. Nach einhelliger Rechtsauffassung bleibt allein der Gesellschafter im Außenverhältnis, d.h. gegenüber Mitgesellschaftern und Dritten, haftbar. Der Nießbraucher hingegen tritt nicht (auch nicht zusätzlich) in den Haftungskreis hinein. Ein etwaiger Regress zwischen Besteller-Gesellschafter und Nießbraucher ist eine Frage des Innenverhältnisses und hängt wesentlich von der Vertragsgestaltung ab. So *Roth*, in: Baumbach/Hopt, HGB, 2020, § 105 Rn. 44; *K. Schmidt*, in: K. Schmidt, MüKo HGB, Bd. 3, 2019, Vor § 230 Rn. 24.

850 *Pohlmann*, in: Säcker et al., MüKo BGB, Bd. 8, 2020, § 1085 Rn. 26; *Klose*, DStR 1999, 807, 809; zur kritischen Auseinandersetzung *Lindemeier*, RNotZ 2001, 155. Gegen eine „Präventiveintragung" des Nießbrauchers ins Handelsregister sprechen insbesondere die Überfrachtung des Handelsregisters und die unnötige Verkomplizierung der Gesellschafterverhältnisse im Außenverhältnis. Diese sind geeignet bei Dritten Fehlvorstellungen über die Haftungsverhältnisse zu verursachen.

851 *Heinze*, in: Staudinger, BGB, 2017, Anh. §§ 1068, 1069 Rn. 37. Vgl. auch BayObLGZ 1973, 168, 171.

852 Grundsätzlich gilt, dass die BGB-Gesellschaft nicht im Handelsregister eintragungsfähig ist. Da die GbR definitionsmäßig kein (Form-)Kaufmann ist und entsprechend nicht zu den Personenhandelsgesellschaften zählt (*Körber*, in: Oetker, HGB, 2019, § 1 Rn. 75), hat sie als solche keinen Raum im Handelsregister. In der Praxis können sich zwar Umstände ergeben, denen zufolge die Eintragung einer GbR im Handelsregister vorzunehmen ist, etwa als Gesellschafterin einer Personenhandels- oder Kapitalgesellschaft. Hierzu *Beck*, DNotZ 2017, 247, 248 f.; *Servatius*, in: Henssler/Strohn, Gesellschaftsrecht, 2019, § 705 Rn. 70. In diesem Fall ist die Eintragung der GbR lediglich ein Annex, der sich aus der Eintragungspflicht anderer Umstände ergibt.

Ein eigenes GbR-Register, in das Belastungen von Gesellschaftsanteilen eingetragen werden könnten, wird rechtspolitisch diskutiert,[853] ist aber bis dato nicht

853 Wegweisend ist ein Gutachten von Carsten Schäfer zum 71. Deutschen Juristentag (stattgefunden in Essen im Jahr 2016), in dem die Reform des GbR-Rechts, mitunter die Schaffung eines GbR-Registers empfohlen wird. Zusammenfassend *Schäfer*, NJW-Beil 2016, 45, 48 sowie auch *Schäfer*, in: MüKo BGB, Bd. 6, 2017, Vor § 705 Rn. 26 f. Der Autor rät an, ein Register für Außen-BGB-Gesellschaften am Beispiel Frankreichs zu schaffen. Darin sollen Angaben enthalten sein, die für den Rechtsverkehr besonders relevant sind. Zahlreiche Aspekte, insbesondere zur praktischen Einführung eines solchen GbR-Registers sind jedoch umstritten. Insbesondere besteht Uneinigkeit, ob der Gesetzgeber eine echte Eintragungspflicht mit deklaratorischer Wirkung auferlegen soll oder lediglich eine freiwillige Eintragung mit konstitutiver Wirkung möglich zu machen ist (hierzu *Röder*, AcP 215 (2015) 450, 471 ff.). Das Gutachten empfiehlt eine freiwillige Eintragung mit Löschungsmöglichkeit, da eine konstitutive Eintragung ein „Vorgesellschaftsproblem" begründen würde (*Schäfer*, NJW-Beil 2016, 45, 48). Eine GbR, die kraft ihres Gesellschaftsvertrages wirksam gegründet aber noch nicht eingetragen ist, hätte noch keinen rechtsfähigen Ersatzrechtsträger, wodurch keine Identität zwischen Vorgesellschaft und eingetragener Gesellschaft bestünde und der Übergang zur Rechtsfähigkeit erschwert wäre sowie Haftungsproblematiken entstünden. Der Verfasser geht indes davon aus, dass ein ausreichender Anreiz zur Eintragung besteht, wenn eine GbR zahlreiche (werthaltige) Gesellschaftsvermögenswerte aufweist und in erheblichem Umfang am Rechtsverkehr partizipieren möchte. Außerdem sei ratsam, dass sich die sog. „Objektpublizität" aus § 162 Abs. 1 S. 2 HGB und § 47 Abs. 2 GBO auf registrierte Rechte bzw. Publizitätsträger erstrecke. Die Belastung eines GbR-Anteils im Rahmen eines Unternehmensnießbrauchs wäre entsprechend in einem GbR-Register eintragungspflichtig.
Ein erster Schritt zur Schaffung eines GbR-Registers ist durch einen „Gesetzentwurf der Expertenkommission zur Modernisierung des Personengesellschaftsrechts" erbracht. In einer Informationsmitteilung des Bundesministeriums der Justiz und für Verbraucherschutz vom 20. April 2020 (abrufbar unter https://www.bmjv.de/SharedDocs/Downloads/DE/News/PM/042020_Mopeg_Presseinfo.html;jsessionid=4E0ED9B64CEE9D7A914FBBC792368975.2_cid289?nn=6705022) sind die vorgesehenen Regelungen wie folgt beschrieben: „Da die GbR über keine unmittelbare Publizität verfügt, kann die Publizität insbesondere im Hinblick auf ihre Existenz, Identität und ordnungsgemäße Vertretung sinnvollerweise nur mittels eines öffentlichen Registers hergestellt werden. Um die Flexibilität der GbR als Auffangrechtsform zu erhalten, ist die Registrierung freiwillig und nicht Voraussetzung für die Erlangung der Rechtsfähigkeit. Gleichwohl wird aus Gründen der Transparenz der Gesellschaftsverhältnisse für bestimmte Rechtsvorgänge eine vorherige Registrierung der GbR erforderlich (z.B. Erwerb von Grundstücksrechten). Um das Gesellschaftsregister aktuell zu halten, müssen Änderungen im Gesellschaftsverhältnis einer registrierten GbR fortwährend zur Eintragung in das Gesellschaftsregister angemeldet werden. Einmal vom

umgesetzt. Trotz des vorhandenen Bedürfnisses gibt es daher keine praktische Möglichkeit die Belastung eines GbR-Gesellschaftsanteils für den Rechtsverkehr kenntlich zu machen.

bb. In der Kapitalgesellschaft

aaa. Gesellschaft mit beschränkter Haftung

Bei der dinglichen Belastung eines GmbH-Geschäftsanteils, auch mit dem Nießbrauch als dinglich beschränktem Recht, ist eine notarielle Beurkundung nach § 1069 Abs. 1 BGB i.V.m. § 15 Abs. 3 GmbHG gesetzlich zwingend erforderlich.[854] Neben der vollständigen Bestellung des Nießbrauchs ist es dem Nießbraucher auch möglich, die Belastung zu einer bestimmten Quote des Geschäftsanteils zu erhalten (Quotennießbrauch) sowie zu einem ideellen Bruchteil (Bruchteilsnießbrauch), sofern eine Teilung nicht *qua* Gesellschaftsvertrag (§ 47 Nr. 4 GmbHG) ausgeschlossen ist.[855] Dies ist entsprechend kenntlich zu machen. Die Eintragung in die Gesellschafterliste nach §§ 16 Abs. 1 S. 1, 40 Abs. 1 GmbHG ist unzulässig,[856] da der Nießbraucher trotz ihm zustehender Mitwirkungsrechte

---

Eintragungswahlrecht Gebrauch gemacht, kann die Gesellschaft auch nicht mehr auf freiwilligen Antrag hin gelöscht werden. Zur Vervollständigung der Vorschriften über das Gesellschaftsregister werden Regelungen über den Wechsel von einer in einem Register eingetragenen Personengesellschaft in ein anderes Register eingeführt (sog. Statuswechsel)." Indes handelt es sich vorerst nur um einen Gesetzesentwurf. Wann und in welcher Form das GbR-Register gesetzlich tatsächlich eingeführt wird, bleibt abzuwarten.

854 *Pohlmann*, in: Säcker et al., MüKo BGB, Bd. 8, 2020, § 1069 Rn. 12; *K. Schmidt*, in: K. Schmidt, MüKo HGB, Bd. 3, 2019, Vor § 230 Rn. 25; *Heinze*, in: Staudinger, BGB, 2017, Anh. zu §§ 1068 f. Rn. 95; *Servatius*, in: Baumbach/Hueck, GmbHG, 2019, § 15 Rn. 52; *Bayer*, in: Westermann et al., Erman BGB, Bd. 2, 2014, § 1081 Rn. 6; *Ebbing*, in: Heidinger/et al., Michalski GmbHG, 2017, § 15 Rn. 193; *Wicke*, GmbHG, 2016, § 15 Rn. 30; *Görner*, in: Rowedder/Schmidt-Leithoff, GmbHG, 2017, § 15 Rn. 85 f.; *Barry*, RNotZ 2014, 401, 406.

855 *Heinze*, in: Staudinger, BGB, 2017, Anh. zu §§ 1068 f. Rn. 94; *Bayer*, in: Westermann et al., Erman BGB, Bd. 2, 2014, § 1081 Rn. 6, 7; *Barry*, RNotZ 2014, 401, 405 f.

856 *De lege lata* ist weder ein Eintragungszwang noch eine freiwillige Eintragungsmöglichkeit anzunehmen. Allein die dingliche Rechtsposition des Nießbrauchers reicht für eine anzunehmende Eintragungspflicht nicht aus, da die Gesellschafterliste teleologisch nicht auf die Aufklärung der Rechtsverhältnisse innerhalb der Gesellschaft ausgerichtet ist, sondern allein gegenüber schützenswerten Dritten eine Aufstellung der haftbaren Gesellschafter darbieten soll. Im Einzelnen hierzu *Pohlmann*, in: Säcker et al., MüKo BGB, Bd. 8, 2020, § 1068 Rn. 88, auch *Wentrup*, in: Hoffmann-Becking/

innerhalb der Gesellschaft nicht Gesellschafter ist.[857] Die gesetzlichen Inhaltsvorgaben würden ansonsten ohne Rechtsgrundlage und ohne Praxisbedürftigkeit erweitert.[858]

Letzteres ergibt sich insbesondere aus der Erwägung, dass der lastenfreie, gutgläubige Erwerb eines Geschäftsanteils ausgeschlossen ist. Die Eintragung nach § 16 Abs. 3 GmbHG schützt den guten Glauben in die Rechtsinhaberschaft, nicht aber in die Lastenfreiheit.[859]

Der Nießbraucher tritt demgemäß nicht in die Gesellschafterposition selbst ein, sondern vielmehr als Nutzungsberechtigter in eine Rechtsgemeinschaft mit dem Anteilsinhaber.[860]

bbb. Aktiengesellschaft

Die Bestellung des Nießbrauchs an Inhaberpapieren sowie mit Blankoindossament versehenen Orderpapieren erfolgt gemäß § 1032 BGB i.V.m. §§ 929 ff. BGB nach den Regeln des Eigentumserwerbs beweglicher Sachen.[861] Bei der Übergabe reicht die Gewährung von Mitbesitz nach § 1081 Abs. 2 BGB aus. Bei sonstigen Orderpapieren ist neben der Einigung zum Nießbrauch die Übergabe des indossierten oder nichtindossierten Papiers erforderlich. Der Nießbrauch erstreckt sich gleichermaßen gemäß § 952 BGB auf die Verbriefung.[862] Sind Rechte, verkörpert in Rektapapieren, von der Belastung betroffen, deren Übertragung grundsätzlich nach §§ 398 ff. BGB erfolgt, ist neben der Einigung in

---

Gebele, Beck'sches Formularhandbuch Bürgerliches, Handels- und Wirtschaftsrecht, 2019, GmbH, Nr. 23 Rn. 3.

857 Die Eintragung in die GmbH-Gesellschafterliste stellt die unwiderlegliche Vermutung auf, dass der Eingetragene auch Gesellschafter ist. Die Belastungsfreiheit hingegen wird nicht impliziert. Hierzu *Pohlmann*, in: Säcker et al., MüKo BGB, Bd. 8, 2020, § 1068 Rn. 88.

858 *Reischl*, in: Bamberger et al., BeckOK BGB, 2020, § 1069 Rn. 20; *Heinze*, in: Staudinger, BGB, 2017, Anh. zu §§ 1068 f. Rn. 95; *Servatius*, in: Baumbach/Hueck, GmbHG, 2019, § 15 Rn. 49, 52; *Barry*, RNotZ 2014, 401, 406, zur rechtspolitischen Zweckdienlichkeit eines Eintragungsbedürfnisses *de lege ferenda Bayer*, GmbHR 2012, 1, 5 ff.

859 BGHZ 191, 84, 91 f.; *Damm*, BWNotZ 2017, 2, 10; zu den Schutzfunktionen, die sich aus der Gesellschafterliste beim Erwerb von GmbH-Geschäftsteilen ergeben, *Paefgen/Waellisch*, NZG 2016, 801.

860 *Schön*, ZHR 1994, 229, 253; *Pohlmann*, in: Säcker et al., MüKo BGB, Bd. 8, 2020, § 1068 Rn. 40.

861 *Herrler*, in: Palandt, BGB, 2020, § 1069 Rn. 2; *Petzoldt*, 1987, 381, 383.

862 *Herrler*, in: Palandt, BGB, 2020, § 1069 Rn. 2; *Pohlmann*, in: Säcker et al., MüKo BGB, Bd. 8, 2020, § 1069 Rn. 11.

manchen Fällen ausnahmsweise auch die Papierübergabe, beispielsweise eines Hypothekenbriefs nach § 1154 Abs. 1 BGB, erforderlich.[863]

Die Eintragung des Nießbrauchs als dinglicher Belastung einer Namensaktie zählt nicht zu den eintragungspflichtigen Angaben des Aktienregisters nach § 67 Abs. 1 AktG.[864] Nach überwiegender Literaturauffassung ist jedoch anerkannt, dass sie eine Kürangabe, d.h. eine über den gesetzlichen Angabenkatalog hinausgehende Information, ist. Die Nießbraucherstellung ist zwecks der Rechtssicherheit und -klarheit eintragungsfähig[865] und nach § 67 Abs. 2 AktG gilt die im Innenverhältnis geltende, unwiderlegliche Vermutung, dass der Nießbraucher eine dingliche Rechtsposition an der betroffenen Namensaktie innehat.[866] Aktien sind gemäß § 8 Abs. 5 AktG unteilbar. Ein ideeller Bruchteil hieran ist nicht denkbar und ein Nießbrauch kann hieran entsprechend nicht bestellt werden. Nach der allgemeinen Regelung des § 140 BGB ist jedoch eine Umdeutung zum Quotennießbrauch an einer Aktie möglich.[867] Bei einem Vollnießbrauch am Unternehmen tritt der Nießbraucher, je nach Vereinbarung und Vollzug des Bestellungsaktes, in eine Rechtsgemeinschaft mit dem Inhaber der Aktie ein.[868]

c. *Bestellereigenschaft und Gutglaubenserwerb*

Der Bestellungsakt kann von jeder natürlichen Person, dem alleinigen Inhaber eines Unternehmens oder von den rechtlichen Vertretern eines Unternehmens vorgenommen werden.[869] Hinsichtlich der Berechtigung des Bestellers gilt der

---

863 *Pohlmann*, in: Säcker et al., MüKo BGB, Bd. 8, 2020, § 1069 Rn. 11.

864 *Rachlitz*, in: Grigoleit, AktG, 2013, § 67 Rn. 3 ff.; *Laubert*, in: Hölters, AktG, 2017, § 67 Rn. 7.

865 Zum Meinungsstand der Eintragungsfähigkeit *Lutter/Drygala*, in: Zöllner/Noack, Kölner Kommentar AktG, Bd. 1-1, 2009, § 67 Rn. 33 ff.; *Bayer*, in: Goette/Habersack; MüKo AktG, Bd. 1, 2019, § 67 Rn. 33; *Cahn*, in: Spindler/Stilz, AktG, 2019, § 67 Rn. 22.

866 Es ist im allgemeinen Interesse, dass § 67 Abs. 2 AktG gilt. Insbesondere bei der Dividendenzahlung wird zugunsten der Gesellschaft das Risiko einer unwirksamen Auszahlung an einen Nichtberechtigten reduziert. Zugunsten des Nießbrauchers kann sich dieser bei der Inanspruchnahme oder Ausübung ihm zustehender Mitwirkungsrechte in der Aktionärsversammlung als Berechtigter ausweisen. *Bayer*, in: Goette/Habersack; MüKo AktG, Bd. 1, 2019, § 67 Rn. 33; *Cahn*, in: Spindler/Stilz, AktG, 2019, § 67 Rn. 22.

867 *Pohlmann*, in: Säcker et al., MüKo BGB, Bd. 8, 2020, § 1068 Rn. 24.

868 *Schön*, ZHR 1994, 229, 253; *Pohlmann*, in: Säcker et al., MüKo BGB, Bd. 8, 2020, § 1068 Rn. 40.

869 Zu den Eignungsvoraussetzungen, die ein Unternehmen aufweisen muss, damit dieses mit dem Nießbrauch umfassend belastet werden kann, S. 83 ff.

Rechtsgedanke aus der Eigentumsvermutung nach § 1058 BGB zugunsten des Nießbrauchers und aus §§ 891 Abs. 1, 1006 zugunsten des Bestellers.[870]

Es existieren keine Vorschriften zum Gutglaubenserwerb des Unternehmensnießbrauchs.[871] Die rechtlichen Anforderungen an den Bestellungsakt richten sich nach dem zu bestellenden Gegenstand. Daher sind die Gutglaubensvorschriften des jeweils geltenden Belastungsgegenstands anwendbar. Allein die positive Kenntnis des Nießbrauchers von der fehlenden Eigentümerstellung des Bestellers einer zu erfassenden Sache zur Zeit des Bestellungsakts gemäß § 1058 Hs. 2 BGB steht dem Erwerb des Nießbrauchs entgegen.[872] Der Gutglaubenserwerb bei fehlender Berechtigung des Bestellers ergibt sich aus §§ 892, 932 ff. BGB sowie § 366 HGB.[873]

Beim Nießbrauchserwerb an Rechten gelten die allgemeinen Regelungen. In Ermangelung eines Rechtsscheinträgers ist kein Gutglaubensschutz an einer Forderung möglich. Bei verbrieften Forderungen hingegen, wie Wertpapieren (§ 793 Abs. 1 i.V.m. § 935 BGB, Art. 16 WG, Art. 19 i.V.m. 21 ScheckG), ist der gute Glaube des Erwerbers geschützt.[874] Scheitert die wirksame Belastung eines Gegenstands, ist der Unternehmensnießbrauch nicht wirksam bestellt. Angesichts des Verbots aus § 1059 BGB, den Nießbrauch zu übertragen, sind der Zweiterwerb und naturgemäß auch der gutgläubige Zweiterwerb des Unternehmensnießbrauchs ausgeschlossen. Eine Handelsregistereintragung ist deklaratorisch nach § 31 Abs. 1 HGB erforderlich, lässt die Wirksamkeit der Bestellung indes unberührt.[875]

3. Ergebnis

Der Unternehmensnießbrauch entsteht, wenn ihm eine wirksame Parteivereinbarung zugrunde liegt und der Bestellungsakt an sämtlichen

---

870 *Berger*, in: Stürner, Jauernig BGB, 2018, § 1034 Rn. 1, § 1058 Rn. 2; *Maier*, in: Alber/ et al., Beck'sches Steuer- und Bilanzrechtslexikon, 2020, „Nießbrauch" Rn. 41.

871 Auch in der Literatur findet keine Auseinandersetzung mit der Frage des gutgläubigen Erwerbs des Unternehmensnießbrauchs statt.

872 *Berger*, in: Stürner, Jauernig BGB, 2018, § 1058 Rn. 2f.

873 *K. Schmidt*, in: Säcker et al., MüKo BGB, Bd. 6, 2017, § 747 Rn. 19; *Berger*, in: Stürner, Jauernig BGB, 2018, § 1058 Rn. 1.

874 *Roth/Kieninger*, in: Säcker et al., MüKo BGB, Bd. 3, 2019, § 398 Rn. 29; vgl. auch *Damrau*, in: Säcker et al., MüKo BGB, Bd. 8, 2020, § 1250 Rn. 3.

875 *Reuschle*, in: Ebenroth et al., HGB, Bd. 1, 2020, § 22 Rn. 52; *Bömeke*, in: Häublein/ Hoffmann-Theinert, BeckOK HGB, 2020, § 22 Rn. 56; *Schlingloff*, in: Oetker, HGB, 2019, § 22 Rn. 38.

Unternehmensgegenständen vollzogen wird. In dem schuldrechtlichen Vertrag sind die *essentialia negotii* festzulegen.[876] Es gelten grundsätzlich Vertrags- sowie Formfreiheit.[877] Daher sollten individualvertragliche Vereinbarungen ausgehandelt werden: Es ist empfehlenswert, dass vor allem für die Zeit während des laufenden Unternehmensnießbrauchs eine ausführliche Vereinbarung über die Rechte und Pflichten der Parteien getroffen wird. Dabei sollten insbesondere gegenseitige Kostentragungspflichten und Beendigungstatbestände ausgemacht werden. Auch für die Zeit, wenn der Unternehmensnießbrauch beendet ist, sollte die Abwicklung im Einzelnen geregelt sein. Im Übrigen gelten die allgemeinen Regelungen und Rechtsgrundsätze.[878]

Bei einem Unternehmensnießbrauch zu Sicherungszwecken ist außerdem notwendig, dass ein wirksames Kreditverhältnis zugrunde liegt. Der Darlehensvertrag ist separat zu vereinbaren. Die Verknüpfung des Unternehmensnießbrauchs als Hilfsgeschäft erfolgt jedoch mittels einer Sicherungsabrede, die dem Grundvertragswerk beigefügt werden kann.[879] Je nach individualparteilicher Vereinbarung kann es erforderlich sein, dass ein Vertrag zur Regelung der unechten Treuhand aufgesetzt wird. Dieser erfasst die Rechtsverhältnisse zur Ausführung der Unternehmensführung durch den Treuhänder.[880]

Zur Erfüllung des schuldrechtlichen Verpflichtungsgeschäfts ist die dingliche Bestellung des Nießbrauchs erforderlich.[881] Obgleich der Unternehmensnießbrauch als einheitliche Belastung des Unternehmens verstanden wird, ist der sachenrechtliche Bestimmtheitsgrundsatz zu wahren. Es ist der Nießbrauch an allen zu erfassenden Einzelgegenständen zu bestellen. Hierfür gelten die jeweiligen Rechtsvorschriften. Für den Nießbrauch an beweglichen Sachen sind nach § 1032 BGB die Regelungen gemäß §§ 929 ff. BGB entsprechend anzuwenden und bei einem Grundstück gelten die §§ 873 ff. BGB. Der Nießbrauch an Rechten richtet sich über § 1069 Abs. 1 BGB nach den unterschiedlichen Vorschriften.[882]

---

876 Zum Vertragswerk S. 178 ff.

877 Besondere Beachtung erfordert die Regelung des § 311b Abs. 1 BGB, bei der eine Pflicht zur Beurkundung anfällt, sofern das Unternehmen das Gesamtvermögen des Bestellers ausmacht. Auch führt die Unterwerfung unter die sofortige Zwangsvollstreckung eine Formpflicht mit sich.

878 Zu allgemein-anerkannten Restriktionen, insbesondere der Vermeidung einer Übersicherung S. 180 ff.

879 Ausführlich zum zugrundeliegenden Nießbrauch zu Sicherungszwecken S. 80 ff.

880 Hierzu S. 103 ff.

881 Zum Bestellungsakt S. 185 ff.

882 Ausführlich hierzu S. 190 ff.

Damit ein Recht vom Unternehmensnießbrauch erfasst werden kann, müssen bestimmte Eigenschaften vorliegen. Insbesondere müssen Nutzungen schöpfbar sein. Unmittelbare Rechtsfolge eines wirksamen Bestellungsaktes ist die vorübergehende Einnahme der Inhaberstellung zwecks einer umfassenden Nutzbarkeit bei der Unternehmensführung.[883]

Mit der Belastung der zu erfassenden Vermögenswerte und Inbesitznahme gilt der Tätigkeitsbereich als dinglich mitbelastet. Sonderregelungen gelten für die Bestellung des Nießbrauchs an Gesellschaftsanteilen einer Personenhandels- und einer Kapitalgesellschaft.[884] Erst mit dem Abschluss sämtlicher Bestellungsakte ist der Unternehmensnießbrauch vollumfänglich begründet. Die Belastung des Unternehmens mit dem Nießbrauch betrifft allein die Zusammenstellung der einzelnen Vermögenswerte zur Zeit des Bestellungsaktes.

Besteller eines Unternehmensnießbrauchs ist jede natürliche, berechtigte Person. Ein Gutglaubenserwerb ist nur dann denkbar, wenn sämtliche Einzelgegenstände gutgläubig erworben wurden.[885] Ein Zweiterwerb ist gesetzlich ausgeschlossen. Der Unternehmensnießbrauch ist im Handelsregister einzutragen.

II. Entstehung der *floating charge*

Im Weiteren ist zu betrachten, auf welche Weise die *floating charge* nach dem englischen Recht wirksam entsteht.[886]

1. Vertrag zur Wirksamkeit *inter partes*

Zur wirksamen Begründung der *floating charge* ist ein Vertrag erforderlich. Dieser ist ein rechtlich eigenständiger Rechtsakt, wird jedoch regelmäßig in einem Zug mit der Kreditverbindlichkeit abgeschlossen. Gesetzliche Formerfordernisse bestehen grundsätzlich nicht. Üblicherweise wird aber die Schriftform wahrgenommen, da sie der Beweisfunktion dient und Raum gibt für umfassende

883 Siehe hierzu S. 83 ff.

884 Ausführlich zur Bestellung des Nießbrauchs an einer Gesellschaftsbeteiligung S. 193 ff.

885 Hierzu S. 200 ff.

886 Im englischen Rechtsraum gelten nicht wie im deutschen Recht das Trennungs- und Abstraktionsprinzip. Es sind jedoch mehrere Schritte zur wirksamen Entstehung einer *floating charge* an einem Unternehmen erforderlich. Mit einer dezidierten Betrachtung der Gemeinsamkeiten und Unterschiede zum deutschen Recht sowie zu den Besonderheiten des englischen Rechts bei der Entstehung von (beschränkt) dinglichen Rechten *Häcker*, ZEuP 2011, 335.

individualvertragliche Regelungen.[887] Es gilt die vertragliche Gestaltungsfreiheit und es sind die allgemein bekannten Grundsätze der Vertragslehre einzuhalten. Dementsprechend darf kein sittenwidriger oder sonst einseitig ungerechtfertigt belastender Inhalt aufgenommen werden, da dies sonst die Nichtigkeit der Vertragsabrede zur Folge haben könnte.[888]

Die *essentialia negotii* sind im Sicherungsvertrag aufzunehmen. Notwendiger Vertragsinhalt sind insbesondere die Nennung der betroffenen Parteien, d.h. des Sicherungsgebers und Sicherungsnehmers, die Dauer der Besicherung, der zu besichernde Kapitalumfang und auch der Belastungsumfang des Sicherungsgutes, welches im gesamten oder auch in einem konkret bestimmten Teil des Unternehmens bestehen kann.[889] Der Kapitalumfang ist anzuführen, da er wesentlich über die *floating charge* bestimmt. Je nachdem, wie hoch dieser ist, wird das Sicherungsrecht in seiner Laufzeit und den individualvertraglichen Rechten und Pflichten ausgestaltet. Etwaige Übersicherungsgesichtspunkte,[890] wie im deutschen Sicherungsrecht, sind indes nicht zu berücksichtigen. Die *floating charge* ist aufgrund ihres revolvierenden Rechtscharakters im konstanten Wandel.[891] Es kann somit nur schwer eine tatsächliche Verwertungsprognose für den künftigen Sicherungsfall vorgenommen werden, dessen Eintritt gleichermaßen schwer vorhersehbar ist. Dennoch sind die erfassten Objekte in bestimmbarer Weise aufzuzählen und, sofern möglich, räumlich einzugrenzen.[892]

Nach der englischen Vertragslehre ist es erforderlich und unabdingbar, dass eine sog. *consideration* geleistet wird. In der Regel wird ein Geldbetrag gezahlt.[893] Sinn und Zweck ist es, die Ernstlichkeit und Entgeltlichkeit des Vertragsverhältnisses zu untermauern. Es entspricht der üblichen Praxis, dass ein Vorschuss des Sicherungsnehmers als Anzahlung sicherungshalber geleistet wird, der im Verwertungsfall angerechnet wird. Die Betragshöhe darf nicht unerheblich sein, wobei der Auszahlungszeitpunkt individuell zwischen den Parteien vereinbart werden kann. Abschließend ist eine Urkunde *(deed)* über das Rechtsgeschäft

---

887 Zur Bestellung der *floating charge* im Verhältnis *inter partes Légrádi,* S. 249 ff.

888 *Vogenauer,* in: Triebel et al., Englisches Handels- und Wirtschaftsrecht, 2012, S. 26 f.

889 *Lightman/Moss,* The Law of Receivers and Administrators of Companies, 2011, 3-015.

890 Mit dem Übersicherungsverbot soll eine angemessene Relativität des Belastungsumfangs eines Sicherungsrechts gegenüber dem realisierbaren Nennwert im Sicherungsfall gewährleistet werden. Hierzu bereits S. 180 f.

891 *McKendrick,* Goode on Commercial Law 2016, 25.06.

892 *Ungerer,* ZfRV 2015, 32, 36.

893 Hierzu *Re. Lucan (Earl) (1890) 45 Ch. D. 470*; *Ungerer,* ZfRV 2015, 32, 36.

auszustellen.[894] Der Abschluss des *agreement* über die *floating charge* und der tatsächliche Eintritt der schwebenden Belastungswirkung können zeitlich differieren. Die Parteien können unterschiedliche Zeitpunkte festsetzen.[895] Verwertungsrechte bestehen in dieser Zeit nicht und werden in der Regel auch nicht individualvertraglich vereinbart. Ansonsten könnte der Charakter der *floating charge* in einem Gerichtsverfahren in Zweifel gezogen werden.[896]

Das Sicherungsverhältnis wird *inter partes* wirksam und abschließend begründet. Der Sicherungsnehmer erhält einen durchsetzbaren Anspruch zur Verwertung der Sicherungsobjekte aufschiebend bedingt um den Eintritt des Sicherungsfalls.[897] Durch die übereinstimmende Willenserklärung der Parteien bei Vertragsschluss haftet die *floating charge* dem Unternehmen unmittelbar an und es tritt die dingliche Rechtswirkung ein.[898] Die von der Belastung betroffenen Vermögensobjekte des Unternehmens werden jedoch nur abstrakt erfasst.

Die rechtsverbindliche Sicherung bestimmter Vermögensgegenstände und die damit einhergehende Verwertbarkeit[899] finden erst durch das *attachment* statt. Hierfür ist erforderlich, dass sich das Ausfallrisiko realisiert hat und der Sicherungsfall vorliegt *(crystallisation)*.[900] Dieser Fall kann eintreten, ggf.

---

894 *Ungerer*, ZfRV 2015, 32, 36.

895 Beispielsweise wird für die Meldung zur Eintragung im *Companies Registry* gesetzlich an den Zeitpunkt der Vertragsunterzeichnung angeknüpft. Die individualvertraglichen Rechtspflichten können jedoch erst zu einem später vereinbarten Zeitpunkt einschlägig sein.

896 Wie bereits in den Differenzierungskriterien gegenüber einer *fixed charge* dargestellt wurde, zeichnet sich die *floating charge* durch ihre schwebende Belastungswirkung aus. Der Sicherungsgeber darf den Geschäftsbetrieb in der gewohnten Weise fortsetzen und behält seine Verfügungsbefugnis. Gegenteilige Vereinbarung könnten einer Charakterisierung daher entgegenstehen. Hierzu ausführlich auf S. 117 ff.

897 *Ungerer*, ZfRV 2015, 32, 36.

898 Vgl. *Häcker*, ZEuP 2011, 335, 343 f.

899 Der Begriff der „Verwertbarkeit" wird im englischen Recht identisch mit der Bezeichnung aus dem deutschen Rechtsraum verwendet. Es handelt sich um einen wirtschaftlichen Begriff, angepasst an die rechtlichen Verhältnisse im Einzelfall. Die Verwertbarkeit führt dazu, dass die betroffenen Gegenstände zur Erzielung eines Ertrags verbraucht, übertragen oder ihrerseits mit Rechten belastet werden können. Zum Begriff und zur Fortentwicklung des Verständnisses im Rahmen der ständigen, sozialrechtlichen Rechtsprechung des BGH vgl. *Lange*, in: Eichner/Luik, SGB II, § 12 Rn. 37-39.

900 *Gullifer*, Goode on legal problems of credit and security, 2013, Rn. 4.07; *Ungerer*, ZfRV 2015, 32, 36.

kommt es aber nicht dazu, wenn die zugrundeliegende Kreditverbindlichkeit ordnungs- und vereinbarungsgemäß getilgt wird. Da der Eintritt der *crystallisation* als Sicherungsfall aber wesentliche Bedeutung für die Rechtsfolgen und den weiteren Sicherungsverlauf hat, ist im Vertrag ein möglichst ausführliches, parteiinternes Verständnis niederzulegen. Die Vereinbarung kann anerkannte, richterrechtlich entwickelte Fälle der *crystallisation* abbedingen, modifizieren oder ergänzen.[901]

2. Registereintragung zur Wirksamkeit *inter omnes*

Kraft des Vertragsabschlusses gilt die *floating charge* als wirksam vereinbart und entfaltet Wirksamkeit *inter partes*. Bereits zu diesem Zeitpunkt wird ihr ein dinglicher Rechtscharakter zugeschrieben.[902] Ein Bestellungsakt, etwa durch Übergang eines Rechtsscheinträgers, ist nicht notwendig. Vielmehr entspricht es der Natur der *floating charge*, dass der Sicherungsnehmer zunächst eben keine (unmittelbaren) Rechte an dem Unternehmen oder den Einzelgegenständen erwirbt.

Dennoch ist ein weiterer Rechtsakt erforderlich, um der *floating charge* Wirksamkeit gegenüber jedermann einzuräumen. Die Regelung der *sec. 859D para. 2b Companies Act 2006* legt fest,[903] dass diese zugunsten des Sicherungsnehmers in einem öffentlichen Register, dem sog. *Companies Registry* im *Companies House* in Cardiff, binnen 21 Tagen ab der Unterzeichnung des Sicherungsvertrags, gemäß *sec. 859A para. 4 Companies Act 2006*, anzumelden ist.[904]

---

901 Zur *crystallisation* nach gesetzlichen, richterrechtlichen und vertraglichen Maßstäben sowie zu den Rechtsfolgen S. 299 ff.

902 *Von Bernstorff*, Einführung in das englische Recht, 2018, S. 117.

903 Die *floating charge* ist thematisch im Rahmen des Kapitels *Company Charges* nach *sec. 859A-859Q Part 25 Chapter A1 Companies Act 2006* aufgenommen.

904 *Corney*, B.L.R. (Vol. 4) 1992, 21, 23. Historisch gesehen war dies vor der Gesetzesnovellierung einer der wesentlichsten Unterschiede zwischen der *floating* und *fixed charge*. Grundsätzlich wurde die Eintragungspflicht einer Sicherheit davon abhängig gemacht, ob das erfasste Sicherungsgut im enumerativen Gesetzeskatalog genannt war. Aufgrund ihrer Sonderstellung wurde die *floating charge* nach ihrer Konzeption konkret gesetzlich, namentlich in *sec. 860 para. 7g a.F. Companies Act 2006*, bezeichnet. Zur Missbrauchsprävention war diese in jedem Fall einzutragen. Da das gesamte Vermögen oder der gesamte Geschäftsbetrieb jedoch kein im Gesetz bezeichnetes eintragungsfähiges Sicherungsgut waren, wäre die *fixed charge* nicht eintragungsfähig gewesen, obgleich sie als restriktives Sicherungsrecht eintragungspflichtig war. Diese paradoxe normative Konzeption wurde erst später erkannt und aufgelöst. Im

Sind diese formalen Anforderungen erfüllt,[905] wird die für die Öffentlichkeit einsehbare Eintragung vorgenommen.[906] Indes handelt es sich nicht um ein Wirksamkeitserfordernis. Kraft der Registrierung wird die *floating charge* aber im Außenverhältnis durchsetzbar.[907] Mit der Eintragung tritt *perfection* ein, wodurch die *floating charge* ihre Rechtswirkung *inter omnes* entfaltet.[908] Erst dann kann sie Dritten, insbesondere anderen Gläubigern, entgegengehalten werden.[909]

Ebendiese Regelung wurde später als Präventionsmechanismus gegen Missbräuche eingeführt.[910] Sinn und Zweck der Registerpflicht und der damit einhergehenden Öffentlichkeitswirkung ist es zum einen dem Sicherungsgeber die Ernsthaftigkeit und Weitläufigkeit der Globalsicherheit vor Augen zu führen. Zum anderen sollen weitere potenzielle Gläubiger, vornehmlich unbesicherte Gläubiger, gewarnt und über die umfängliche Belastung sowie die Rechtsfolgen im Sicherungs- sowie Insolvenzfall aufmerksam gemacht werden.[911] Erfolgt die Eintragung der *floating charge* im *Companies Registry* nicht, findet kein

---

Einzelnen hierzu *Enchelmaier*, ZVglRWiss 112 (2013), 403, 415 f.; *Gullifer*, Goode on legal problems of credit and security, 2013, Rn. 4.09.

905 Zu den notwendig einzureichenden Dokumenten im Einzelnen *Villiers*, S. 110 f.

906 *Ungerer*, ZfRV 2015, 32, 36, mit dem Hinweis, dass in England ein unternehmenseigenes Register sowie etwa zehn weitere öffentliche, unternehmensbezogene Register existieren, bei denen die Eintragung der *floating charge* erfolgen und sinnvoll erscheinen kann. Hierzu auch *Enchelmaier*, ZVglRWiss 112 (2013), 403, 414; *Just*, Limited, 2012, Rn. 253; *Calnan*, Taking Security, 2013, Chap. 6; *Graham*, JBL 2014, 175 f.

907 *Von Bernstorff*, Einführung in das englische Recht, 2018, S. 117.

908 *Seif*, S. 113; *Bailey*, IWUK, 13.07.2015, S. 18; *Ungerer*, ZfRV 2015, 32, 36; *Enchelmaier*, ZVglRWiss 112 (2013), 403, 412; *Just*, Limited, 2012, Rn. 253.

909 Eine Fehl- oder Nichteintragung kann umfangreiche Rechtsfolgen mit sich bringen. Bestimmt etwa der Inhaber einer *floating charge* im Insolvenzverfahren einen *administrator* für das belastete Unternehmen, mangelt es an der Wirksamkeit des Bestellungsaktes. Von ihm vorgenommene Rechtshandlungen sind umzukehren. So *Sealy*, C.L.J. 61 (2) 2002, S. 281, 282 in einer Auseinandersetzung mit der Gerichtsentscheidung *Re. Cosslett (Contractors) Ltd. (1997) Ch. 23.*

910 Vor Einführung der Registerpflicht musste man feststellen, dass die *floating charge* die Position des Sicherungsnehmers derart gestärkt hat, dass andere, ungesicherte Gläubiger, die keine Kenntnis von dem Bestehen der Globalsicherheit hatten, keinerlei Befriedigung für ihre offenen Forderungen erhalten konnten. Dieser Disproportionalität sollte abgeholfen werden. *Enchelmaier*, ZVglRWiss 112 (2013), 403, 411.

911 *Ali*, The law of secured finance, 4.124; *Davies*, Gower & Davies Principles of Modern Company Law, 2008, 32-22; *Enchelmaier*, ZVglRWiss 112 (2013), 403, 411, 412.

Übergang in das Sicherungsstadium der *perfection* statt. Die gegenüber jedermann bestehende Rechtswirkung tritt nicht ein. Obgleich die Rechtswirkung *inter partes* unberührt weiterbesteht, gilt eine partielle Nichtigkeit.

Als Sanktion für die Intransparenz der geltenden Rechtsverhältnisse gilt die Globalsicherheit am Unternehmen nach *sec. 859H para. 3 Companies Act 2006* gegenüber anderen Gläubigern sowie dem Verwalter bzw. Sanierer oder Liquidator zunächst als relativ unwirksam.[912] Es kann jedoch im Wege des *transaction filing* eine nachträgliche, deklaratorische Eintragung vorgenommen werden. Die Rechtsfolgen einer nachträglichen Eintragung sind umstritten. Indes ist davon auszugehen, dass die Rechtswirkung *inter omnes* nur *ex nunc* herbeigeführt wird. Zum Schutze der übrigen Gläubiger gilt die *floating charge* bis zum Zeitpunkt der tatsächlichen Eintragung als ihnen gegenüber unwirksam.[913]

Neben der Eintragung im Register ist nach *sec. 891 para. 1 Companies Act 2006* die *floating charge* in den Geschäftsbüchern des belasteten Unternehmens aufzuführen und ihr Verlauf zu dokumentieren.[914] Demgemäß müssen sämtliche Änderungen am Unternehmen in Bezug auf die *floating charge* niedergelegt werden und für den Fall eines Gerichtsverfahrens nachvollziehbar sein. Insbesondere muss über die *crystallisation* und die Transformation zur *fixed charge* Buch geführt werden. Die *floating charge* selbst kann durch ein zuständiges Gericht nach *sec. 245 Insolvency Act 1986* unwirksam erklärt werden, wenn eine vorsätzliche sowie erhebliche Benachteiligung sonstiger Gläubiger erkennbar ist. Dies kommt in Frage, wenn eine *floating charge* nur kurze Zeit vor Ausrufung des Sicherungsfalles *(crystallisation)* oder zugunsten einer nahestehenden Person bestellt wurde.[915]

Die Problematik, ob und inwiefern ein gutgläubiger Ersterwerb der *floating charge* möglich ist, stellt sich regelmäßig nicht bei der erstmaligen Belastung des Unternehmens, sondern vielmehr bei der Konkurrenz der Rangfolge eines mehrfach belasteten Unternehmens sowie bei einem Zweiterwerb.[916] Die Literatur hält sich zu dieser Thematik bedeckt. Der Regelzweiterwerb der *floating charge* ist zugunsten ihrer Verkehrsfähigkeit zulässig. Selbst ohne das Einverständnis des Bestellers ist eine Übertragung auf Dritte möglich. Der Schutz des Sicherungsnehmers wird vorangestellt. Demgemäß tritt durch die *perfection* der

---

912 *Ungerer*, ZfRV 2015, 32, 36, 37.

913 *Ungerer*, ZfRV 2015, 32, 37.

914 *Von Bar*, Gemeineuropäisches Sachenrecht, 2015, Rn. 439.

915 *Davies/Worthington*, Principles of Modern Company Law, Rn. 32-35; *Grädler*, S. 52 ff.

916 Hierzu ausführlich *Kleweta*, S. 66 ff.

positive Rechtseffekt ein, dass ein gutgläubiger Wegerwerb kraft der Registerpublizität ausgeschlossen ist.[917]

3. Ergebnis

Um eine *floating charge* wirksam zu begründen, ist ein Sicherungsvertrag mit dem erforderlichen Mindestinhalt abzuschließen.[918] Es gilt die vertragliche Gestaltungsfreiheit. Die Parteien können auf wirksame Weise individuelle Regelungen vereinbaren, sofern die Grenzen des allgemein Zulässigen eingehalten und die Charakteristika der *floating charge* berücksichtigt werden.[919] Um die Ernstlichkeit des Rechtsgeschäfts zu untermauern, ist nach englischer Vertragslehre eine *consideration* erforderlich. Demnach wird eine Geldsumme gezahlt, die im Verwertungsfall angerechnet wird. Das Rechtsgeschäft unterliegt keinem gesetzlichen Formzwang. Es wird jedoch zu Beweiszwecken die Schriftform gewählt. Über den mit der *consideration* abgeschlossenen Rechtsakt wird eine Urkunde *(deed)* ausgegeben.

Unmittelbare Rechtsfolge des abgeschlossenen Vertrags ist die Wirksamkeit der *floating charge inter partes.* Auch wird davon ausgegangen, dass sie ihren dinglichen Rechtscharakter entfaltet. Ein Bestellungsakt, etwa der Übergang eines Rechtsscheinträgers, ist nicht erforderlich und mit dem Charakter der *floating charge per se* nicht vereinbar. Indes ist die gesetzliche Regelung nach *sec. 859D para. 2b Companies Act 2006* einschlägig. Dieser zufolge ist die *floating charge* binnen 21 Tagen zum öffentlichen Register, dem *Companies Registry* im *Companies House* in Cardiff, anzumelden. Es handelt sich nicht um eine Eintragungspflicht und ist auch kein Wirkungserfordernis. Ohne die Eintragung tritt jedoch keine *perfection* ein.

Die *floating charge* erhält keine Wirkung *inter omnes* und ist im Außenverhältnis gegenüber Dritten nicht durchsetzbar.[920] In der Literatur findet keine

---

917 Das Sicherungsrecht des *chargee* genießt rechtlichen Bestandsschutz. So die einhellige Auffassung nach *Grädler*, S. 140. Eine gegenteilige Auffassung schließt den gutgläubigen Erwerb nur bei denjenigen Personen aus, von denen eine Registersuche erwartet werden kann, womit ihnen eine allgemeine Kenntnis der Rechtszustände am Unternehmen zugerechnet wird *(constructive notice)*. Hierzu *Ungerer*, ZfRV 2015, 32, 38.

918 Zum Vertrag über die *floating charge*, S. 203 ff.

919 Es gilt zwar Vertragsfreiheit. Es sollten jedoch keine Regelungen vereinbart werden, die eine Differenzierung zur *fixed charge* erschweren. Der Verlauf der *floating charge*, d.h. ihr schwebender Belastungscharakter bis zur *crystallisation* hin zur *fixed charge*, ist beizubehalten.

920 Zum Bestellungsakt ausführlich S. 206 ff.

Auseinandersetzung mit der Frage statt, ob ein gutgläubiger Ersterwerb der *floating charge* möglich ist. Dies liegt insbesondere am fehlenden Praxisbedürfnis. Die *floating charge* ist jedoch verkehrsfähig und ein Zweiterwerb zulässig sowie als praxisrelevant anerkannt.

F. Rechte und Pflichten aus den Unternehmensbelastungen

Der Unternehmensnießbrauch sowie die *floating charge* wurden in Grundzügen dargestellt und ihre Rechtsnatur wurde untersucht. Auch die Entstehungsvoraussetzungen wurden betrachtet. Im Weiteren wird näher betrachtet, welche Rechte und Pflichten sie mit sich bringen.

Es werden zwei Zeiträume unterschieden. Der erste Zeitraum betrifft die reguläre, vertragliche Laufzeit der jeweiligen Unternehmensbelastung. Grundsätzlich ist diese als Hilfsgeschäft darauf ausgelegt, die zugrundeliegende Kreditverbindlichkeit abzusichern und endet vereinbarungsgemäß mit der Tilgung der Kreditschuld. Der zweite Zeitraum betrifft die Zeit ab Eintritt des Sicherungsfalls, wenn das zugrundeliegende Kreditverhältnis gestört ist, und/oder die Unternehmensinsolvenz vorliegt. Die denkbaren Beendigungstatbestände sind darzustellen. Die Unternehmensbelastung endet in ihrer originären Form und die Interessenlage modifiziert sich. Die sich hieraus ergebenden Rechte und Pflichten, insbesondere des Sicherungsnehmers, sollen erläutert werden.

Aufgrund des unterschiedlichen Verlaufs des Unternehmensnießbrauchs gegenüber der *floating charge* werden unterschiedliche Schwerpunkte gesetzt: Im Unternehmensnießbrauch werden die Rechte und Pflichten aus dem ersten Zeitintervall näher untersucht. Dabei erfolgt eine Auseinandersetzung mit der Unternehmerstellung des Unternehmensnießbrauchers. Es werden komplexe Fragen zur Kostenaufteilung sowie zu den Verwaltungsrechten in einer Gesellschaft behandelt. Dabei soll aber auch der Frage nachgegangen werden, wie der Sicherungsgeber die Verwertung vornehmen kann. Bei der *floating charge* liegt vielmehr das zweite Zeitintervall im Fokus. Es soll eine nähere Auseinandersetzung mit der *crystallisation* und den Rechten und Pflichten ab diesem Zeitpunkt erfolgen. Dabei werden die umfassenden Änderungen im Verfahren zur Bestellung eines Verwalters dargestellt und die gegenwärtige Rechtslage wird vor diesem Hintergrund erläutert.

I. Unternehmensnießbrauch

Der Unternehmensnießbrauch bringt eine Vielzahl an Rechten und Pflichten, insbesondere für den Sicherungsnehmer, mit sich. Diese lassen sich grundsätzlich dem Gesetz entnehmen. Darüber hinaus ergeben sich jedoch auch weitergehende Rechtswirkungen aus dem Unternehmensnießbrauch als Sonderkonstrukt.

In weiten Bereichen gilt Vertragsfreiheit. Mit Blick auf den sicherungszweckdienlichen Nießbrauch ist sinnvoll, dass die Sicherungsparteien die Rechte und Pflichten ihrer individuellen Interessenlage anpassen. Auf die zulässigen und möglichen Ausgestaltungen wird im Einzelnen hingewiesen. Im Folgenden sollen die grundlegenden sowie wichtigsten Rechte und Pflichten betrachtet und sinnvolle Vertragsgestaltungen untersucht werden. Ein Schwerpunkt der Untersuchung liegt auf den Rechten und Pflichten, die aus dem Nießbrauch an den Rechten eines Unternehmens resultieren.

1. Rechte und Pflichten in der Regellaufzeit

a. Nutzungsziehungsrecht und Erhaltungspflicht

Dem Sicherungsnehmer steht, kraft der Bestellung des Unternehmensnießbrauchs, nach § 1030 Abs. 1 Hs. 2 BGB[921] ein Recht zur eigenen Nutzungsziehung zu. Der Belastungsumfang kann innerparteilich konkret bestimmt und begrenzt werden.[922] Mit der Eintragung des Unternehmensnießbrauchs in das Handelsregister und ggf. in das Grundbuch erlangt der Sicherungsnehmer eine im Rechts- und Geschäftsverkehr öffentlich erkennbare starke Rechtsposition.[923]

Beim Nutzungsziehungsrecht handelt es sich indes um das zentralste und attraktivste Recht. Der Sicherungsnehmer zieht nämlich, unter Berücksichtigung der parteiinternen Vereinbarung, unmittelbar selbst die Nutzungen.[924]

---

921 Die Frage, ob die gesetzlichen Vorschriften von §§ 1030-1084 BGB direkt oder analog anwendbar sind, ist umstritten. Fest steht jedoch, dass diese in Bezug auf den Unternehmensnießbrauch Anwendung finden. So *Schön*, S. 205; *Herrler*, in: Palandt, BGB, 2020, § 1085 Rn. 3; *Heinze*, in: Staudinger, BGB, 2017, Anh. zu §§ 1068 f. Rn. 33; *Pohlmann*, in: Säcker et al., MüKo BGB, Bd. 8, 2020, § 1085 Rn. 17.

922 Die gesetzliche Regelung zur Nutzungsziehung sieht keine Verlustbeteiligung vor. Es ist von einer allein mittelbaren Verlustbeteiligung auszugehen, „soweit in späteren Perioden erzielte Gewinne zur Auffüllung des Kapitalkontos bzw. zum Ausgleich eines Verlustvortragskontos benötigt werden." So *Janssen/Nickel*, S. 46 f.

923 So *Heinze*, in: Staudinger, BGB, 2017, Anh. zu §§ 1068 f. Rn. 37; *Pohlmann*, in: Säcker et al., MüKo BGB, Bd. 8, 2020, § 1085 Rn. 18.

924 Indes kann die Einziehung der zu ziehenden Nutzungen zulässigerweise auch delegiert werden. Im Rahmen der Treuhandlösung (hierzu auf S. 103 ff.) ist es üblich, dass der Sicherungsnehmer die Nutzungen, die zur Tilgung der Kreditraten aufzuwenden sind, kraft einer Einzugsermächtigung von dem unternehmensfortführenden Sicherungsgeber einziehen lässt.

Allein die Zweckbestimmung ist, anhand der sicherungsvertraglichen Abrede, verbindlich einzuhalten, indem die eingenommenen Nutzungen für die Tilgung des kausalen Kreditgeschäfts aufzuwenden sind.[925]

Darüber hinaus gilt nach § 1041 S. 1 BGB die Pflicht des Unternehmensnießbrauchers, das Unternehmen als Nutzungsgegenstand zu erhalten.[926] Diese Regelung soll dazu führen, dass die künftige weitere Nutzungsziehung des Eigentümers bei Rückerlangung des Nutzungsgegenstands nicht gefährdet ist. Das Nutzungsziehungsrecht sowie die Erhaltungspflicht sind als die beiden elementaren Komponenten des Unternehmensnießbrauchs unweigerlich miteinander verknüpft.

aa. Allgemeines zur Erhaltungspflicht

Beim Unternehmensnießbrauch tritt der Nießbraucher grundsätzlich umfänglich in die Rechtsposition des Bestellers und bisherigen Unternehmensführers ein. Ihn trifft eine Substanzerhaltungspflicht.[927] Mithin ist er verpflichtet, den vorgefundenen wirtschaftlichen Zustand des Unternehmens zu konservieren. Unternehmenskosten und Unternehmenslasten, die in diesem Zusammenhang anfallen, sind grundsätzlich ihm aufzuerlegen.[928] Dies ergibt sich aus den Regelungen nach §§ 1041 S. 1, 1036 Abs. 2, 1037 Abs. 1 BGB.[929] Aus § 1041

---

925 Demgemäß ist der Sicherungsnehmer kraft des Unternehmensnießbrauchs und einer entsprechenden sicherungsvertraglichen Vereinbarung dazu verpflichtet, sämtliche Nutzungen für den Sicherungszweck, d.h. etwa für die Tilgung der Kreditraten, aufzuwenden. Es ist eine eindeutige Regelung dazu notwendig, wie mit einem Übermaß an gezogenen Nutzungen oder einem Zurückbleiben gegenüber der vom Sicherungsgeber zu zahlenden Kreditrate umzugehen ist.

926 Die grundsätzliche Pflicht zur Erhaltung der Nutzungssache in ihrem wirtschaftlichen Bestand ergibt sich aus § 1041 S. 1 BGB. Darüber hinaus weist das Gesetz zahlreiche Regelungen auf, die Hinweise über den Umfang im Einzelnen geben. Etwa gilt nach § 1041 S. 2 BGB, dass dem Nießbraucher nur Ausbesserungen und Erneuerungen zur „gewöhnlichen Unterhaltung der Sache" obliegen. Eine Abbedingung der Erhaltungspflicht *per se* ist nach überwiegender Rechtsprechung mit dinglicher Wirkung nicht wirksam, die Vereinbarung weitergehender Pflichten in diesem Zusammenhang ist vertraglich zulässig. So *Reischl*, in: Bamberger et al., BeckOK BGB, 2020, § 1041 Rn. 7 f. mit Bezug auf BayObLGZ 1977, 81.

927 So *Lohr*, S. 45.

928 *Trömer*, RNotZ 2016, 421, 434.

929 Da es sich um wesentliche Grundgedanken des Nießbrauchs handelt, sind diese auf den Unternehmensnießbrauch anzuwenden. *Pohlmann*, in: Säcker et al., MüKo BGB, Bd. 8, 2020, § 1085 Rn. 25.

S. 1 BGB[930] resultiert die Pflicht des Nießbrauchers zur Erhaltung des Nutzungsgegenstands in seinem wirtschaftlichen Bestand.[931]

§ 1036 Abs. 2 BGB sieht vor, dass der Nießbraucher als Unternehmer zur Einhaltung der Regeln einer ordnungsgemäßen Wirtschaft angehalten ist.[932] Die wirtschaftliche Bestimmung wird wesentlich von der Vertragsabrede des Bestellers mit dem Nießbraucher geprägt. Für den Fall, dass die wirtschaftliche Bestimmung nicht vertraglich geregelt wurde, ist der subjektive, nach außen erkennbare Wille des bisherigen Unternehmensführers zur Zeit der Nießbrauchsbestellung zu ermitteln.[933]

Die Erhaltungspflicht bringt sowohl Verbote als auch Gebote mit sich, die darauf gerichtet sind, den erkennbaren Gesamtcharakter des Unternehmens beizubehalten.[934] Nach § 1037 Abs. 1 BGB[935] wird der wirtschaftliche Ermessensspielraum des Nießbrauchers eingeschränkt, indem Umgestaltungsmaßnahmen oder wesentliche Veränderungen für unzulässig erklärt werden.[936] Es darf kein

---

930 Ergänzend zur Erhaltungspflicht aus § 1041 BGB ist zusammenhängend § 1050 BGB zu lesen. Darin wird normiert, dass der Nießbraucher für Veränderungen oder Verschlechterungen der Sache, die aus der ordnungsgemäßen Nutzungsziehung herrühren, nicht einstandspflichtig ist. Erst bei nachweislichem Verschulden ist eine Haftung nach §§ 280 ff. BGB oder aus §§ 823 ff. BGB einschlägig. *Berger,* in: Stürner, Jauernig BGB, 2018, § 1050 Rn. 1; *Pöppel,* MittBayNot 2007, 85, 89.

931 Die Pflicht zur Vornahme von Ausbesserungen und Erneuerungen trifft den Nießbraucher gemäß § 1041 S. 2 BGB allein im Hinblick auf die gewöhnliche Unterhaltung der Sache. Zur Unterscheidung gewöhnlicher und außergewöhnlicher Maßnahmen *Herrler,* in: Palandt, BGB, 2020, § 1041 Rn. 3-5.

932 *Schulte-Nölke,* in: Schulze et al., BGB, 2019, § 1036 Rn. 1 f.; *Pöppel,* MittBayNot 2007, 85, 89.

933 *Reischl,* in: Bamberger et al., BeckOK BGB, 2020, § 1036 Rn. 7 f.; *Pohlmann,* in: Säcker et al., MüKo BGB, Bd. 8, 2020, § 1036 Rn. 11; *Schön,* S. 56 f.

934 *Reischl,* in: Bamberger et al., BeckOK BGB, 2020, § 1036 Rn. 9.

935 Nach BayObLGZ 1977, 81 ist eine Abbedingung der gesetzlichen Regelung mit dinglicher Wirkung nicht möglich. Hierzu *Trömer,* RNotZ 2016, 421, 432.

936 Mit Beispielen hierzu *K. Schmidt,* Handelsrecht, 2014, S. 187. Eine restriktive Ausnahme, die spezialrechtlicher, d.h. etwa landwirtschaftlicher Natur ist, bildet § 1037 Abs. 2 BGB. Demgemäß darf der Nießbraucher eines Grundstücks neue Anlagen zur Gewinnung von Steinen, Kies, Sand, Lehm, Ton, Mergel, Torf und sonstigen Bodenbestandteilen errichten, sofern dadurch keine wesentliche Veränderung der wirtschaftlichen Bestimmung des Grundstücks eintritt. Im Übrigen sieht § 1038 BGB eine spezielle Regelung vor, wenn sich der Belastungsgegenstand aus einem Wald oder Bergwerk zusammensetzt. Beim Unternehmensnießbrauch wird erwartungsgemäß kein Ausnahmetatbestand vorliegen. Es gilt das Umgestaltungsverbot. *Wörlen/Kokemoor,* Sachenrecht, 2017, Rn. 371.

Substanzeingriff[937] oder eine sonst erhebliche Modifikation der Zweckbestimmung und -ausgestaltung erfolgen.[938] Der Nießbraucher ist nicht berechtigt, den Unternehmenszweck zu verändern und darf die Nutznießung ausschließlich in der vertraglich vereinbarten oder erkennbaren bisherigen Weise vornehmen.

Der Nießbraucher ist gegenüber dem Eigentümer gemäß § 1042 BGB verpflichtet, Zustandsänderungen an einem Belastungsgegenstand anzuzeigen, die eine außergewöhnliche Unterhaltsmaßnahme erfordern.[939] Dem Eigentümer ist nach § 1044 BGB die Möglichkeit zur Vornahme geeigneter Maßnahmen hieran einzuräumen.[940] Nimmt der Nießbraucher selbst eine außergewöhnliche Maßnahme, etwa eine Ausbesserung oder Erneuerung am mitbelasteten Betriebsgrundstück gemäß §§ 1041 S. 2, 1043 BGB vor, darf er sich aller Bestandteile bedienen, eingeschlossen derjenigen, die nicht seiner Fruchtziehung unterliegen.[941]

Der Nießbraucher hat die gewöhnlichen Lasten des Grundstücks zu tragen (§ 1047 BGB).[942] Er unterliegt der Versicherungspflicht nach § 1045 BGB,[943]

---

937 *Reischl* in: Bamberger et al., BeckOK BGB, 2020, § 1037 Rn. 2; *Götz/Hülsmann*, DStR 2010, 2377, 2378.

938 *Schulte-Nölke*, in: Schulze et al., BGB, 2019, § 1036 Rn. 2; *Pöppel*, MittBayNot 2007, 85, 85.

939 Beim Verstoß gegen die Anzeigepflicht können Rechtsfolgen nach §§ 1051-1054 BGB sowie Schadensersatz nach §§ 280 Abs. 1, 823 BGB einschlägig sein. *Reischl*, in: Bamberger et al., BeckOK BGB, 2020, § 1042 Rn. 7.

940 Bei der eigenmächtigen Vornahme des Eigentümers handelt es sich um verbotene Eigenmacht, so *Herrler*, in: Palandt, BGB, 2020, § 1044 Rn. 1.

941 Ein vorrangiges Recht zur eigenen Vornahme des Nießbrauchers besteht nur zur gewöhnlichen Unterhaltung der Sache oder bei vertraglicher Abrede zur Vornahme außergewöhnlicher Unterhaltsmaßnahmen. Im Übrigen obliegt es dem Eigentümer die Sache in ihrem Bestand zu erhalten. *Reischl*, in: Bamberger et al., BeckOK BGB, 2020, § 1044 Rn. 5.

942 Die Lastentragung betrifft den Reinertrag derjenigen Nutzungen, die im Rahmen ordnungsgemäßer Wirtschaft gewonnen wurden. *Pohlmann*, in: Säcker et al., MüKo BGB, Bd. 8, 2020, § 1047 Rn. 1. Dazu zählen etwa Grundsteuer, Zweitwohnungsteuer sowie privatrechtliche Lasten wie Hypothekenzinsen und Notwegrente. *Berger*, in: Stürner, Jauernig BGB, 2018, Anm. zu §§ 1041-1047 Rn. 4; *Wörlen/Kokemoor*, Sachenrecht, 2017, Rn. 372.

943 In Zusammenhang mit der allgemeinen Erhaltungspflicht gemäß § 1041 S. 1 BGB tritt der Nießbraucher als nutzungsberechtigter Rechtsnachfolger des Eigentümers in die Pflicht, versicherungsrechtliche Vorkehrungen zu treffen, um das Grundstück vor Zerstörung oder Wertverlust zu schützen, wobei er nach § 1045 Abs. 2 BGB die Kosten trägt. Nach einhelliger Auffassung ist jedoch von der Abdingbarkeit der Regelung mit dinglicher Wirkung auszugehen. Die mit der Versicherungspflicht einhergehende

wobei ein Grundstück mit Betriebsgebäude sowie ggf. Inventar neben der Brandschadenversicherung auch weitere mögliche Schäden abzudecken hat.[944] Im Versicherungsfall steht dem Nießbraucher zugleich ein Anspruch auf die Forderung gemäß § 1046 BGB zu.[945]

bb. Allgemeines zum Nutzungsziehungsrecht

Das Nutzungsziehungsrecht im Unternehmensnießbrauch ist nicht gesetzlich geregelt.[946] Es ist auf die allgemeinen Nießbrauchsvorschriften zurückzugreifen. Bei der Anwendung auf das Unternehmen ergeben sich indes einige Problemstellungen. Sie betreffen zum einen theoretische Fragen, etwa zur Klassifizierung der Nutzungen aus dem Unternehmen. Zum anderen ergeben sich praktische Fragen, beispielweise wer welche Vermögensposition einnimmt, wie sich die zu ziehenden Nutzungen zusammensetzen sowie ob und wie die Aufwendungen zur Sacherhaltung abzugsfähig sind.[947]

In diesem Zusammenhang werden unterschiedliche Literaturansichten vertreten.[948] Diese sollen im Folgenden dargestellt und im Hinblick auf geäußerte Kritik durchleuchtet werden.

Bei der Bestimmung der Nutzungen im Unternehmensnießbrauch gibt es keine näheren gesetzlichen Vorgaben. Nach derzeitiger Rechtslage ist eine umfassende innerparteiliche Vertragsregelung wichtig sowie ggf. die Beauftragung

---

Pflicht zur Kostentragung kann beim Eigentümer verbleiben. *Pohlmann*, in: Säcker et al., MüKo BGB, Bd. 8, 2020, § 1045 Rn. 1; *Wörlen/Kokemoor*, Sachenrecht, 2017, Rn. 372; *Bayer*, in: Westermann et al., Erman BGB, Bd. 2, 2014, § 1045 Rn. 1; *Pöppel*, MittBayNot 2007, 85, 89.

944 Es sind Schäden aus Einbruch-, Diebstahl, Glasbruch, Transport, Viehseuchen und etwa Wasserleitungsschäden abzudecken. Der genaue Versicherungsumfang hängt davon ab, welche Schäden im Rahmen eines ordnungsgemäß wirtschaftenden Nutzers möglich erscheinen. *Pohlmann*, in: Säcker et al., MüKo BGB, Bd. 8, 2020, § 1045 Rn. 3.

945 Es gilt der Grundsatz der dinglichen Surrogation (vgl. *Wolf*, JuS 1975, 643). Der Nießbraucher hat ein Nießbrauchsrecht an der Forderung des Eigentümers gegenüber der jeweiligen Versicherung. *Pohlmann*, in: Säcker et al., MüKo BGB, Bd. 8, 2020, § 1046 Rn. 1.

946 *Paus*, BB 90, 1675, 1675.

947 Entsprechende Folgeproblematiken ergeben sich auf steuerrechtlicher Ebene. Es stellt sich die Frage nach der Gewinnzurechnung und steuerrechtlichen Behandlung. Es kann verwiesen werden auf *Walter*, BB 83, 1151, 1153 f.; *Paus*, BB 90, 1675, 1676 f.; *Schmitz*, StuW 99, 194, 195 f.

948 Mit einer Darstellung der vertretenen Literaturauffassungen, *Pohlmann*, in: Säcker et al., MüKo BGB, Bd. 8, 2020, § 1085 Rn. 29.

eines Sachverständigen zur Entscheidung über den Umgang mit einzelnen Kosten.

aaa. Zum Begriff der Nutzungen

Zunächst ist der Begriff der Nutzungen zu erörtern. Das Gesetz sieht nach § 1030 Abs. 1 BGB vor, dass der Nießbraucher berechtigt ist, „die Nutzungen der Sache" zu ziehen. Der Wortlaut bezieht sich auf Sachen im Sinne körperlicher Gegenstände, ist aber nach § 1068 Abs. 2 BGB auf Rechte entsprechend anwendbar.

Übertragen auf den Unternehmensnießbrauch obliegt es dem Nießbraucher, die Nutzungen aus dem belasteten Nutzungsgegenstand, namentlich dem Unternehmen, zu ziehen. Der Begriff der Nutzungen ergibt sich aus dem Gesetz, indem § 100 BGB legaldefiniert, es handle sich um „die Früchte einer Sache oder eines Rechts". Zudem wird bestimmt, man verstehe darunter ebenso „die Vorteile, welche der Gebrauch der Sache oder des Rechts gewährt". Sach- oder Rechtsfrüchte sind ihrerseits gemäß § 99 Abs. 1 BGB definiert als „Erzeugnisse der Sache und die sonstige Ausbeute, welche aus der Sache ihrer Bestimmung gemäß gewonnen wird" und nach § 99 Abs. 2 BGB als „Erträge, welche das Recht seiner Bestimmung gemäß gewährt". Auch mittelbar sind dies nach § 99 Abs. 3 BGB diejenigen „Erträge, welche eine Sache oder ein Recht vermöge eines Rechtsverhältnisses gewährt". Wie zuvor festgestellt, handelt es sich aber bei einem Unternehmen weder um eine einheitliche Sache noch um ein einheitliches Recht, sondern vielmehr um eine durch einen wirtschaftlichen Zweck verbundene Gesamtheit unterschiedlicher Sachen und Rechte.[949] Grundsätzlich könnte § 99 Abs. 1, 2 BGB entsprechende Anwendung finden.[950]

---

949 Daher vertritt etwa *Medicus*, Allgemeiner Teil des BGB, 2006, § 70 Rn. 1208: „Zweifelhaft ist die Einordnung der Erträge des Unternehmens: Dieses ist ja kein einheitliches Rechtsobjekt, sondern eine Zusammenfügung verschiedener Sachen und Rechte. Daher dürfte sich der Unternehmensertrag in dem Schema der §§ 99, 100 überhaupt nicht unterbringen lassen." Gegen diese Auffassung spricht, dass allein die Versammlung unterschiedlicher Gegenstände in einem Gesamtgegenstand, namentlich am Unternehmen, nicht zugleich die gesetzliche Subsumtion des Nutzungsverständnisses ausschließt.

950 Dabei gibt es Literaturstimmen, die ausdrücklich den Unternehmensgewinn dem Verständnis von § 99 Abs. 1 BGB unterziehen, u.a. hierzu *Marly*, in: Soergel, BGB, 2000, § 99 Rn. 3; *Baur*, JZ 1958, 465. Eine umfassende Gegenansicht vertritt, dass der Unternehmensgewinn dem normativen Nutzungsbegriff aus § 99 Abs. 2 BGB am nächsten stünde. Gestützt wird dies hauptsächlich auf die Entscheidung BGHZ 7, 208, 218. Hierzu *Enneccerus/Nipperdey*, Allgemeiner Teil des Bürgerlichen Rechts, 1959, § 127 IV; *Stresemann*, in: Säcker et al., MüKo BGB, Bd. 1, 2018, § 99 Rn. 11.

Indes spricht dagegen, dass kein gesetzgeberischer Wille für die Analogie erkennbar ist und auch keine planwidrige Regelungslücke vorliegt.[951] Die Regelung des § 99 Abs. 3 BGB ist insofern nicht einschlägig, als es sich bei dem Unternehmensgewinn nach einhelliger Auffassung nicht um mittelbare, sondern unmittelbare Nutzungen aus dem Gesamtgegenstand handelt.[952]

Zustimmungswürdig erscheint daher die Auffassung, dass der Begriff der Nutzungen aus § 100 BGB a.E. zugrunde zu legen ist.[953] Die vom Nießbraucher aus dem Unternehmen zu ziehenden Nutzungen sind als Gebrauchsvorteil anzusehen.[954] Ein Sach- bzw. Rechtsgebrauch liegt dann vor, wenn die mit der Innehabung verbundenen Rechte ausgeübt werden.[955] Es handelt sich gerade nicht um eine „Ausnutzung" des Wertes, da das Unternehmen nicht verbraucht oder verwertet werden kann.[956]

Der Gebrauchsvorteil einer Sache, welcher insbesondere durch den Besitz vermittelt wird, ist durch den Nießbrauch gewährleistet. Zum Zwecke der umfassenden Nutzungsziehung erwirbt der Nießbraucher kraft Gesetzes gemäß § 1036 Abs. 1 BGB grundsätzlich ein indisponibles Besitzrecht.[957] Dieses berechtigt zum unmittelbaren oder auch mittelbaren Besitz gemäß § 868 BGB, wobei die Umsetzung von der Interessenlage und individualvertraglichen Vereinbarung

---

951 Zur ausführlichen Auseinandersetzung mit der jeweiligen Norm und der Unanwendbarkeit bezüglich des Verständnisses der Nutzungen aus einem Unternehmen *Schön*, S. 211 f.

952 *Schön*, S. 212.

953 *Fritzsche*, in: Bamberger et al., BeckOK BGB, 2020, § 100 Rn. 11 mit Bezug auf die ständige Rechtsprechung des BGH, u.a. BGH NJW 1978, 1578; *Schön*, S. 212; *von Godin*, S. 16.

954 Zwar stimmt es, dass es für die praktische Anwendung des Unternehmensnießbrauchs keinen Unterschied macht, ob der Unternehmensertrag aus der Subsumtion des § 99 Abs. 1, Abs. 2, Abs. 3 oder § 100 BGB ergeht. Unstrittig steht dem Unternehmensnießbraucher ebendieser aufgrund seiner Rechtsposition als Nutznießer zu. So *Stresemann*, in: Säcker et al., MüKo BGB, Bd. 1, 2018, § 99 Rn. 11. Indes ergeben sich erhebliche Unterschiede für das Verständnis des Unternehmens *per se* sowie dessen Gebrauch.

955 *Ellenberger*, in: Palandt, BGB, 2020, § 100 Rn. 1; *Fritzsche*, in: Bamberger et al., BeckOK BGB, 2020, § 100 Rn. 4.

956 *Fritzsche*, in: Bamberger et al., BeckOK BGB, 2020, § 100 Rn. 9; *Dörner*, in: Schulze et al., BGB, 2019, § 100 Rn. 1.

957 *Reischl*, in: Bamberger et al., BeckOK BGB, 2020, § 1036 Rn. 4; *Herrler*, in: Palandt, BGB, 2020, § 1036 Rn. 1; *Wörlen/Kokemoor*, Sachenrecht, 2017, Rn. 370.

abhängt.[958] Die Bestellung eines Nießbrauchs hat keine rechtlichen Auswirkungen auf ein zur gegenständlichen Zeit bestehendes Miet- und Pachtverhältnis, etwa im Hinblick auf das Betriebsgrundstück. Gemäß der Regelung aus § 567 BGB geht dieses unmittelbar auf den Nießbraucher über und der Eigentümer wird aus dem Rechtsverhältnis mit dem Mieter oder Pächter verdrängt.[959]

Der Gebrauchsvorteil in einem Unternehmen liegt nicht allein in einem Vermögensvorteil,[960] d.h. der Ziehung des Unternehmensgewinns.[961] Aus der Natur der Sache ergibt sich auch jede andere Nutzungsweise, die dem Einzelgegenstand immanent ist.[962] Der Gebrauchsvorteil von Räumlichkeiten liegt in ihrer Inanspruchnahme, bei Maschinen in deren Betätigung, bei Geldleistungen in der Einnahme von Zinsen und bei Rechten in der (Mit-)Ausübung der Verwaltungsrechte.[963] Es ist unschädlich, dass das Gesetz den Vorteil aus dem „Gebrauch der Sache oder des Rechts" vorsieht und damit eine elektive Aufzählung vornimmt. Indem die Nutzungen den Gebrauchsvorteil sowohl aus einer Sache als auch aus einem Recht vorsehen, sind rückschließend auch die Nutzungen aus einer Gesamtheit von Sachen und Rechten hierunter zu fassen. Der Gebrauch des Unternehmens liegt demgemäß in der Inanspruchnahme aller Unternehmenskomponenten.

Der Gebrauchsvorteil eines Unternehmens besteht weiterhin auch in der vorübergehenden Übernahme und Inanspruchnahme immaterieller Komponenten. Namentlich richtet sich der Unternehmensnießbrauch auf die „Ausnutzung der aufgrund der Entwicklung des Unternehmens und der Arbeitsleistung der Vergangenheit (Bezugsquellen und Kundschaft, Einkauf-, Absatz- und Produktionsorganisation, wissenschaftlicher Stab, Schulung der Angestellten und Arbeiter, Patente, Erfindungen, Handelsmarken und Warenzeichen, Ruf usw.) und aufgrund zufälliger Umstände (Ortslage, faktische Monopolstellung usw.) in dem Unternehmen begründeten Möglichkeiten zum dauernden Umsatz bestimmter Güter und dem diesem Zwecke dienenden Gebrauch der Anlagen (Maschinen,

---

958 *Wörlen/Kokemoor,* Sachenrecht, 2017, Rn. 370. Ein vollständiger Ausschluss des Besitzrechts führt die Unwirksamkeit der Nießbrauchsbestellung herbei, so *Berger,* in: Stürner, Jauernig BGB, 2018, § 1036 Rn. 1.

959 Hierzu im Einzelnen *Blank,* in: Blank/Börstinghaus, Miete, 2017, § 567 Rn. 6-10; *Streyl,* in: Blank, Schmidt-Futterer Mietrecht, 2019, § 567 Rn. 10 f.; *Pohlmann,* in: Säcker et al., MüKo BGB, Bd. 8, 2020, § 1056 Rn. 1; *Pöppel,* MittBayNot 2007, 85, 88.

960 *Stresemann,* in: Säcker et al., MüKo BGB, Bd. 1, 2018, § 100 Rn. 3.

961 *K. Schmidt,* Handelsrecht, 2014, S. 187 f.

962 *Stresemann,* in: Säcker et al., MüKo BGB, Bd. 1, 2018, § 100 Rn. 2.

963 *Fritzsche,* in: Bamberger et al., BeckOK BGB, 2020, § 100 Rn. 6.

Grundstücke)".[964] Der Nießbraucher ist grundsätzlich zur Herausgabe des zugrundeliegenden Gegenstands in ordnungsgemäßer Form verpflichtet.[965]

bbb. Rechtsfragen zum Nutzungsertrag

Die Kostentragung bei der Nutzungsziehung im Unternehmensnießbrauch ist umstritten. Das Gesetz schweigt hierzu, so dass in den verschiedenen Ansätzen der Literatur teleologische Gesichtspunkte herangezogen werden. Es wird ein unterschiedliches Verständnis vom Nutzungsertrag aus einem Unternehmen sowie zu dessen Bewertung und Berechnung zugrunde gelegt. Im Folgenden gilt es den gegenwärtigen Meinungsstand darzustellen. Dabei sollen diejenigen Ansätze herausgearbeitet werden, in der Rechtspraxis adäquat umsetzbar sind.

(1) Meinungsstand

Einhellig wird angenommen, dem Nießbraucher stehe der sog. Reingewinn zu.[966] Mangels gesetzlicher Vorgaben oder Rechtsprechung ist die Berechnung ebendieses Nutzungsertrags nicht klar bestimmt. In der Literatur wird vorwiegend vertreten, es müsse eine Unterscheidung der einzelnen Bewertungskomponenten vorgenommen werden.[967] Es wird davon ausgegangen, dass die Eigentümerschaft des Bestellers am Anlagevermögen erhalten bleibt. Daher träfen ihn sämtliche Vermögensverluste oder Vermögensgewinne sowie die Gefahr des zufälligen Untergangs.[968] Der Nießbraucher habe Betriebsverluste nur bei Verschulden zu tragen.[969] „Übliche" Wertverluste würden dem Eigentümer auferlegt. „Echte Betriebsverluste" wären durch den Nießbraucher auszugleichen,

---

964 *Von Godin*, S. 16 f.

965 *Dörner,* in: Schulze et al., BGB, 2019, § 100 Rn. 2; *Stresemann,* in: Säcker et al., MüKo BGB, Bd. 1, 2018, § 100 Rn. 3.

966 *Heinze*, in: Staudinger, BGB, 2017, Anh. zu §§ 1068 f. Rn. 42; *Bayer,* in: Westermann et al., Erman BGB, Bd. 2, 2014, § 1085 Rn. 14. Es handelt sich beim „Reingewinn" um einen Begriff, der etwa durch wirtschaftliche Bewertungsmechanismen im Agrarrecht sowie vom Steuerrecht geprägt ist. Hierzu *Eisele,* in: Rössler/Troll, BewG, 2019, § 163 Rn. 3 f.; *von Twickel,* in: Heuermann/Brandis, Blümich EStG, 2019, § 5 KStG Rn. 201-203; *Fichtelmann,* DStR 74, 267, 272.

967 Zusammenfassend sowie mit einer Auseinandersetzung mit den einzeln vorgebrachten Argumenten der jeweiligen Literaturauffassung *Schön*, S. 206 ff.

968 *Herrler,* in: Palandt, BGB, 2020, § 1085 Rn. 5; *Bayer,* in: Westermann et al., Erman BGB, Bd. 2, 2014, § 1085 Rn. 10.

969 *Bayer,* in: Westermann et al., Erman BGB, Bd. 2, 2014, § 1085 Rn. 14; *Herrler,* in: Palandt, BGB, 2020, § 1085 Rn. 5; hierzu *Schön,* S. 205.

wobei er bei „dauernder Unrentabilität" den Nießbrauch vorzeitig beenden könne.[970] Im Übrigen wird dem Nießbraucher, im Hinblick auf § 1067 BGB, das Umlaufvermögen vermögensrechtlich zugewiesen.[971] Er dürfe Verfügungen in den Grenzen einer ordnungsgemäßen Wirtschaft vornehmen[972] und habe Zinsen sowie öffentliche Lasten zu tragen.[973]

Es wird angenommen, Geschäftsforderungen zählten zu den Nutzungen des Unternehmensnießbrauchs. Sie seien von dem Nießbraucher zu berücksichtigen, sofern es sich um Forderungen aus dem ordnungsgemäßen Geschäftsbetrieb handele.[974] Der Unternehmensnießbraucher sei verpflichtet, die gewöhnlichen, betriebsbedingten Abnutzungen entgeltlich zu ersetzen.[975] Eventuell müssten Ersatzbeschaffungen bei einem erheblichen Verschleiß von Gegenständen des Anlagevermögens getätigt werden.[976] Mit der Beendigung des Nießbrauchs falle nämlich die Rückführungspflicht gegenüber dem Besteller an sowie die Wertersatzpflicht bei Verbrauch nach § 1067 Abs. 1 S. 1 Hs. 2 BGB. Ein Fruchterwerb des Nießbrauchers mit damit einhergehendem Nutznießungsrecht sei gemäß § 1039 BGB[977] auch dann anzunehmen, wenn die Früchte durch Trennung i.S.v. § 954 BGB, Raubbau, Übermaß oder Verstoß gegen den Wirtschaftsplan oder gegen die bisherige ausdrücklich oder konkludent vereinbarte wirtschaftliche Bestimmung gezogen werden. Das dingliche Fruchtziehungsrecht übersteige nämlich die Berechtigung aus dem gesetzlichen Schuldverhältnis.[978] Der Nießbraucher mache sich ausgleichspflichtig, sofern sich während der Zeit des

---

970 *Von Godin*, S. 32-37, ausführlich auch *Schön*, S. 208.

971 *Bayer*, in: Westermann et al., Erman BGB, Bd. 2, 2014, § 1085 Rn. 10.

972 *Herrler*, in: Palandt, BGB, 2020, § 1085 Rn. 5.

973 *Von Godin*, S. 34.

974 *Hoeniger*, in: Düringer/Hachenburg, HGB, 1899, § 25 Anm. 35. Etwas anderes gilt etwa für den Fall, dass die Geschäftsforderungen nicht einer ordnungsgemäßen Wirtschaftspraxis entstammen, wodurch § 1039 BGB entsprechend anwendbar ist. Hierzu in *Koch*, ZHR 2004, 55, 56.

975 *Herrler*, in: Palandt, BGB, 2020, § 1085 Rn. 5. Nach *von Godin*, S. 32-34 sind diese zu unterscheiden von sog. Teilwertminderungen, welche als Reduktion des Gebrauchswerts unmittelbar von dem Eigentümer zu tragen seien. Als Beispiele werden hier etwa Abschreibungen auf Unternehmensbeteiligungen, Wertpapiere oder Patente genannt.

976 *Bayer*, in: Westermann et al., Erman BGB, Bd. 2, 2014, § 1085 Rn. 14; *von Godin*, S. 38.

977 Eine Abbedingung dieser Rechtsvorschrift ist nach der Rechtsprechung von BayObLG 1977, 81 mit dinglicher Wirkung nicht möglich.

978 *Berger*, in: Stürner, Jauernig BGB, 2018, § 1039 Rn. 1; *Trömer*, RNotZ 2016, 421, 426, 428.

Nießbrauchs eine Wertsteigerung des Unternehmens, etwa eine messbare Verbesserung der Marktstellung, ergibt.[979]

Zugleich trifft ihn nach herrschender Auffassung die Pflicht, nicht nur planmäßige Abschreibungen vorzunehmen, sondern nach den Grundsätzen einer ordnungsgemäßen Wirtschaft auch freie Rücklagen als Finanzierungsgrundlage für einen etwaigen Inflationsausgleich, Neuinvestitionen oder als einfache Liquiditätsreserve zu bilden.[980] Die Abzugsfähigkeit eines Geschäftsführergehalts sei aber nur bei einer ausdrücklichen vertraglichen Vereinbarung zulässig.[981] Für erlittene Rechtsbeeinträchtigungen könne der Eigentümer nach den Vorschriften der § 1039 Abs. 1 S. 2, 3 Abs. 2 BGB Wertersatz sowie Schadensersatz nach §§ 280 Abs. 1, 823 BGB geltend machen.[982]

(2) Kritische Betrachtung

Es besteht Einigkeit, dass das Anlage- und Umlaufvermögen beim Unternehmensnießbrauch personell divergieren. Während das Anlagenvermögen beim Eigentümer der Unternehmensgegenstände verbleibt, erwirbt der Nießbraucher Eigentum am Umlaufvermögen. Dies impliziert bereits, dass Eigentümer und Nießbraucher unterschiedliche Rechte und Pflichten treffen. Es liegt daher in der Natur der Sache, dass die Zusammensetzung des Unternehmensgewinns eine unterschiedliche Zuweisung der einzelnen Kostenfaktoren mit sich bringen sollte. Zum Teil wird den dargestellten Ansätzen aber entgegengehalten, sie würden eine künstliche, willkürliche Aufspaltung von Kostenfaktoren vornehmen und einer gesetzlichen Grundlage entbehren.[983] Auch wird ihre praktische Umsetzbarkeit hinterfragt.

Indes ist zu bedenken, dass es sich beim Unternehmensgewinn lediglich um die Differenz zwischen dem Jahresanfangsbetrag und dem Jahresendertrag, mithin um eine bloße „Rechenziffer“, handelt.[984] Die Umsetzung einer

979 Hierzu *Grunsky*, BB 1972, 585; *Bökelmann*, Nutzungen und Gewinn, S. 166.

980 *Von Godin*, S. 38; *Bökelmann*, Nutzungen und Gewinn, S. 116 ff.; *Grunsky*, BB 1972, S. 585 ff.

981 *Grunsky*, BB 1972, S. 585 f.; hierzu *Schön*, S. 210.

982 *Herrler*, in: Palandt, BGB, 2020, § 1039 Rn. 2.

983 *Schön*, S. 209 f.

984 So *Schön*, S. 208. Es handelt sich um einen komplexen, jedoch wesentlichen Bereich des Unternehmensnießbrauchs. Insbesondere in der Kommentarliteratur findet sich keine Auseinandersetzung hiermit. Oft werden Auffassungen vertreten, ohne dass ersichtlich wird, worauf diese basieren, oder ohne dass hinterfragt wird, welche praktischen Rechtsfolgen damit einhergehen.

Kostenverteilung in der dargestellten Weise gestaltet sich praktisch schwierig, da die einzelnen Kostenfaktoren, die zu berücksichtigen sind, nicht unmittelbar erkennbar sind.[985] Bei einem institutionellen Kreditgeber als Sicherungsnehmer würde für die Dauer des sicherungsbasierten Unternehmensnießbrauchs erwartungsgemäß ein Konto explizit zum Zwecke der Einzahlung des gezogenen Ertrags eingerichtet werden. Dieses wäre zugleich zur Tilgung der zugrundeliegenden Kreditverbindlichkeit bestimmt. Hierbei wird nur eine bestimmte Buchungssumme sichtbar, welche im Rahmen des Unternehmensnießbrauchs als gezogene Nutzung anzusehen ist. Die Unterscheidung der Kostenfaktoren gestaltet sich durchaus schwierig.

Besonders plastisch wird die Problematik der Aufteilung und Zuweisung von Kostenfaktoren anhand der von der Literaturansicht vertretenen Unterscheidung von Betriebsverlusten. „Echte" Betriebsverluste seien vom Nießbraucher zu tragen, während „übliche" Wert- bzw. Vermögensverluste vom Eigentümer zu tragen wären. Folgt man dieser Ansicht, stellen sich in der Praxis die Betriebsverluste als Negativzahlen etwa in den monatlichen Umsatzangaben des Unternehmens dar. Für eine Verteilung der Kosten würde im Einzelnen eine umfangreiche Ermittlung der Hintergründe anfallen. Auch müsste der Eigentümer vom Unternehmensnießbraucher als derivativer Unternehmensführer Zahlungsaufforderungen sowie Nachweise für seine Übernahmepflicht erhalten, da er ansonsten keine Kenntnis erlangen würde.[986] Wird die Treuhandlösung gewählt, der zufolge dem Besteller weiterhin die Unternehmensführung obliegt, wären die Rollen umgekehrt. Es müsste ein stetiger Austausch zwischen den Parteien stattfinden und Kosten müssten aufgeteilt werden.

(3) Betrachtung der wichtigsten Nutzungsfaktoren

In dieser Arbeit wird der Auffassung gefolgt, dass grundsätzlich die Kostenelemente des Unternehmensertrags zwischen dem Nießbraucher und dem Besteller

---

985 „Die aufgezählten Richtlinien für die Berechnung des Gewinns des Unternehmensnießbrauchers zeigen systematische Schwächen. Das Grundproblem liegt darin, daß [sic] sich der Unternehmensgewinn lediglich als Rechenziffer darstellt, als Differenz zwischen dem Wert des Betriebsvermögens zu Beginn der Nutzungszeit und zum Ende der Nutzungszeit. Die h.M. meint, aus dieser einheitlichen Zahl einzelne Positionen herauslösen zu können und z.T. dem Nießbraucher, z.T. dem Eigentümer zuweisen zu können. Eine solche Verteilung ist indessen mit dem Faktum, daß [sic] das Unternehmen und das ihm gewidmete Vermögen ein geschlossenes Funktionssystem bilden, nicht vereinbar." *Schön*, S. 208 f.

986 *Schön*, S. 209.

aufzuteilen sind.[987] Dies gebietet die Verteilung der Vermögenspositionen. Es sind daher die Kostenfaktoren im Einzelnen zu betrachten. Zugleich wird die Schwierigkeit erkannt, die entwickelten Rechtsgrundsätze in die Praxis zu übertragen. In den praktischen Rechtsüberlegungen ist dies zu berücksichtigen.

(a) Zum Reingewinn

Dem Nießbraucher steht der Reingewinn zu.[988] Dies wird einhellig vertreten[989] und gründet auf der gesetzlichen Regelung gemäß § 1030 Abs. 1 BGB. Es handelt sich um den Nettoertrag des Jahresgewinns unter Abzug aller gesetzlichen und vertraglich vereinbarten Aufwendungen, die für den wirtschaftlichen Bestand des Unternehmens erforderlich sind.[990]

---

987 Nicht unterstützt wird die Beanstandung, die herrschende Literaturauffassung nehme eine vermeintliche Modifizierung der Nutzungsberechnung vor. Es wird vertreten, durch die Berücksichtigung der Verhaltens- und Finanzierungspflichten des Nießbrauchers würden die zu ziehenden Nutzungen fälschlicherweise mit den Kosten aus der Erhaltungspflicht verknüpft. So *Schön*, S. 215. Hierzu *Pohlmann*, in: Säcker et al., MüKo BGB, Bd. 8, 2020, § 1085 Rn. 29. Die Erhaltungspflicht stellt eine Handlungspflicht des Nießbrauchers, in Anlehnung an § 1041 BGB, dar und bildet, wie auch das Nutzungsziehungsrecht, dem es gegenübersteht, ein sachsubstanzbetreffendes Merkmal des Nießbrauchs. *Pohlmann*, in: Säcker et al., MüKo BGB, Bd. 8, 2020, § 1041 Rn. 2. Aufbauend auf der Differenzhypothese zur Ermittlung der Nutzungen sind die Kosten bei Ausübung von Handlungspflichten aufgrund allgemeiner Grundsätze zu berücksichtigen. Sie sind zwangsläufig bei der Berechnung des Reingewinns miteinzukalkulieren und abzugsfähig. Eine getrennte Betrachtung, nach *Schön*, S. 215 f., wäre eine künstliche Aufspaltung miteinander verknüpfter Fragestellungen. Der angestellte Vergleich zu § 122 HGB hinkt, indem die Interessenlage und Rechtsposition des Nießbrauchers als berechtigter Nutznießer nicht mit der eines Gesellschafters einer Personengesellschaft vergleichbar sind. Der Nießbraucher wird nicht Eigentümer des Anlagevermögens und seine Unternehmensführung ist von vorübergehender Natur. Die Kosten, die sich bei der Vornahme von Handlungspflichten, wie der Erhaltungspflicht, ergeben, sind daher abzugsfähig.

988 Es handelt sich um einen Begriff, der etwa durch wirtschaftliche Bewertungsmechanismen im Agrarrecht sowie vom Steuerrecht geprägt ist. Hierzu *Eisele*, in: Rössler/Troll, BewG, 2019, § 163 Rn. 3 f.; *von Twickel*, in: Heuermann/Brandis, Blümich EStG, 2019, § 5 KStG Rn. 201-203.

989 *Pohlmann*, in: Säcker et al., MüKo BGB, Bd. 8, 2020, § 1085 Rn. 29; *Heinze*, in: Staudinger, BGB, 2017, Anh. zu §§ 1068 f. Rn. 42.

990 *Baur*, JZ 1968, 79; *Pohlmann*, in: Säcker et al., MüKo BGB, Bd. 8, 2020, § 1085 Rn. 29; *Bayer*, in: Westermann et al., Erman BGB, Bd. 2, 2014, § 1085 Rn. 14; *Reischl*, in: Bamberger et al., BeckOK BGB, 2020, § 1085 Rn. 23; *Heinze*, in: Staudinger, BGB, 2017, Anh. §§ 1068 f. Rn. 42; *Schmitz*, StuW 99, 194, 195. Zur dezidierten

Der Nettoertrag ergibt sich aus einem Betriebsvermögensvergleich.[991] Der Nießbraucher ist zur Nutzung des Unternehmens als Sach- und Rechtsgesamtheit berechtigt, muss im Gegenzug jedoch Handlungs- und Finanzierungspflichten tragen. Insbesondere trifft ihn gemäß §§ 1036, 1041, 1047 BGB die Pflicht, den Nutzungsgegenstand in seinem wirtschaftlichen Bestand zu erhalten.[992] Der Reingewinn ist derjenige Ertrag, welcher sich nach Abzug der notwendigen Aufwendungen ergibt.[993]

Dies deckt sich mit dem Begriff der Nutzungen als Gebrauchsvorteil i.S.v. § 100 BGB. Der Vorteil eines Gebrauchs wird im Rahmen der Differenzhypothese als derjenige Betrag ermittelt, den der Nutzende aus dem Gebrauch unter Abzug sämtlicher Kosten gewonnen hat.[994] Dem Nießbraucher obliegt es, das Unternehmen nicht nur in seiner Substanz, sondern als „lebende wirtschaftliche Einheit" aufrechtzuerhalten. In Einklang mit der überwiegenden Literaturauffassung ist von der Abzugsfähigkeit der Aufwendungen in diesem Zusammenhang auszugehen.[995] Von dem Gewinn, der aus der Jahresbilanz ermittelt wird, sollen alle gesetzlich sowie vertraglich erforderlichen Aufwendungen, betriebswirtschaftlich notwendigen Abschreibungen sowie Rückstellungen abzugsfähig sein, die von dem Nießbraucher zu tragen bzw. zu bilden sind.[996] Dabei gilt, dass dem Nießbraucher nur diejenigen Vermögensvorteile zuzuweisen sind, die aus

---

Auseinandersetzung mit sämtlichen in diesem Zusammenhang vertretenen Auffassungen zum „Reingewinn" *Schön*, S. 206-209.

991 *K. Schmidt*, Handelsrecht, 2014, S. 210 f.; *von Godin*, S. 30 f.; *Bökelmann*, S. 73 f.; *Jansen/Jansen*, Der Nießbrauch im Zivil- und Steuerrecht, 2009, Rn. 90 f.; *Janssen/Nickel*, S. 39. So auch *Lohr*, S. 47.

992 *Heinze*, in: Staudinger, BGB, 2017, Anh. zu §§ 1068 f. Rn. 43; *Korn*, DStR 1999, 1461, 1463, 1464.

993 So *Pohlmann*, in: Säcker et al., MüKo BGB, Bd. 8, 2020, § 1085 Rn. 29; *Bayer*, in: Westermann et al., Erman BGB, Bd. 2, 2014, § 1085 Rn. 14. Für den Sicherungsnießbrauch gilt zwar, dass die einzuziehenden Nutzungen ausschließlich für die Tilgung der zugrundeliegenden Darlehensverbindlichkeit aufzuwenden sind, wodurch die Nutzungen von Nießbraucher und Sicherungsnehmer nicht eigennützig sind. Die allgemeinen Grundsätze bleiben hiervon unberührt. Der Nettoertrag des Sicherungsnehmers, wenn auch zugunsten der Begleichung der Kreditschuld, ist auf dieselbe Weise zu ermitteln.

994 *Schön*, S. 213 f.

995 *Heinze*, in: Staudinger, BGB, 2017, Anh. zu §§ 1068 f. Rn. 43.

996 *Pohlmann*, in: Säcker et al., MüKo BGB, Bd. 8, 2020, § 1085 Rn. 29; *Heinze*, in: Staudinger, BGB, 2017, Anh. §§ 1068, 1069 Rn. 43; *Bayer*, in: Westermann et al., Erman BGB, Bd. 2, 2014, § 1085 Rn. 14.

einer ordnungsgemäßen Wirtschaftstätigkeit herrühren.[997] Der Unternehmenszweck ist beizubehalten sowie die strategische Führungsweise des Unternehmens weiterzuverfolgen, sofern diese nicht durch eine verbesserte Form ersetzt wird.[998] Dieser Rechtsgedanke ergibt sich aus dem Rücksichtnahmegebot und Eigentümerschutz.[999]

Gegen eine Ausgleichspflicht des Nießbrauchers bei Verbesserung des Marktwertes während des Nießbrauchs spricht, dass sich eine solche nur im Goodwill manifestieren kann und daher nicht messbar ist.[1000] Im Übrigen ist nicht einschätzbar, inwiefern die Wertsteigerung aus der Unternehmerstellung des Nießbrauchers herrührt. Bei einer unecht-treuhänderischen Ausübung der Unternehmensfortführung des Sicherungsnießbrauchs ist dies nahezu undenkbar.

Durch die Bestellung des Nießbrauchs übergibt der Besteller grundsätzlich sein Unternehmen in fremde Hände. Die Gefahr umfangreicher Änderungen in der Unternehmenstätigkeit ist durch die Pflicht zur wirtschaftlichen Erhaltung nach § 1041 BGB eingedämmt.[1001] Macht der Nießbraucher Verwendungen auf ein Grundstück, kann ihm nach den Grundsätzen zur Geschäftsführung ohne

---

997 Der Gewinn aus einer nicht konsentierten Branchenänderung oder gar Veräußerung kann einem Nießbraucher nie zufallen, sondern ist vermögensrechtlich allein dem Eigentümer zuzuweisen. *Schön,* S. 214. Die einzige Ausnahme dieses Grundsatzes bildet die Raub- und Übermaßregelung des § 1039 BGB. Der gesetzlichen Regelung zufolge erwirbt der Nießbraucher Eigentum auch an Früchten aus ordnungswidriger Wirtschaftsführung oder Übermaß, welche der Notwendigkeit eines besonderen Ereignisses entstammen. Zugleich entsteht die Pflicht, eine Sicherheitsleistung zu tätigen sowie bei Nießbrauchsbeendigung Wertersatz zu zahlen. Hierzu *Lemke,* in: Ring/Grziwotz/Keukenschrijver, BGB-Sachenrecht, 2016, § 1039 Rn. 5-14.

998 Nach *Schön,* S. 215, wird einem „objektiven Interesse der Allgemeinheit" abgeholfen, die „optimale Gesamtnutzung der mit dem Nießbrauch belasteten Gegenstände" zu gewährleisten.

999 *Schubert,* in: Säcker et al., MüKo BGB, Bd. 2, 2019, § 242 Rn. 100.

1000 *Fichtelmann,* DStR 74, 267, 276.

1001 Die Einhaltung einer ordnungsgemäßen Wirtschaftstätigkeit ist für den Unternehmensnießbrauch besonders relevant. Es handelt sich um ein häufiges Kriterium, an dem die Rechte und Pflichten des Nießbrauchers gemessen werden. Es gilt etwa, dass der Nießbraucher über Inventarstücke nicht verfügen darf, es sei denn, dies erfolgt im Rahmen einer ordnungsgemäßen Wirtschaft. BGH MDR 1975, 225, *Herrler,* in: Palandt, BGB, 2020, § 1085 Rn. 5; *Pohlmann,* in: Säcker et al., MüKo BGB, Bd. 8, 2020, § 1085 Rn. 22; *Reischl,* in: Bamberger et al., BeckOK BGB, 2020, § 1085 Rn. 19.

Auftrag Ersatz durch den Eigentümer gemäß § 1049 Abs. 1 i.V.m. §§ 677 ff. BGB zustehen.[1002]

Problematisch ist, wenn sich die Nutzungseinnahmen reduzieren und der Nießbraucher im Verdacht steht, eine ordnungswidrige Wirtschaftstätigkeit auszuüben. Im Rahmen des Sicherungsnießbrauchs dienen die Nutzungen ausschließlich der Befriedigung der kausalen Kreditverbindlichkeit, so dass die ordnungs- und vereinbarungsgemäße Tilgung gestört wird und der Sicherungsgeber letztlich einen Nachteil erleidet. Diese Möglichkeit ist vertraglich zu berücksichtigen und es ist eine individuelle Lösung auszuarbeiten. Die wirtschaftliche Tätigkeit des Nießbrauchers sollte idealerweise einer objektiven Prüfung unterliegen. Sowohl die Buchhaltung als auch die sonstigen erheblichen Unterlagen sollten einem objektiven Sachverständigen zugänglich gemacht werden. Im Fall der Bestätigung des Verdachts sollte der Besteller den Nießbrauch vorzeitig beenden können.

(b) Personelle Divergenz zwischen Anlage- und Umlaufvermögen

Unumstritten wird vertreten, dass der Besteller Eigentümer des Anlagevermögens bleibt, während der Nießbraucher Eigentum am Umlaufvermögen erhält.[1003] Das Anlagevermögen und das Umlaufvermögen bilden die zwei Arten von Betriebsvermögen und unterscheiden sich je nach Berechnungszeitpunkt, Unternehmenszweck und den sonstigen Eigenschaften des Unternehmens.[1004] Allgemein handelt es sich beim Anlagevermögen nach Maßgabe von § 247 Abs. 2 HGB um das Grundvermögen eines Unternehmens, welches dem Geschäftsbetrieb auf Dauer zu dienen bestimmt ist.[1005] Darunter fallen immaterielle Vermögensgegenstände, wie selbst geschaffene Schutzrechte, Konzessionen oder der Geschäfts- sowie Firmenwert, Sachanlagen, wie Grundstücke, technische Anlagen und Maschinen, Betriebs- und Geschäftsausstattungen sowie

1002 *Schulte-Nölke*, in: Schulze et al., BGB, 2019, § 1049 Rn. 1.

1003 *Herrler*, in: Palandt, BGB, 2020, § 1085 Rn. 5; *Bayer*, in: Westermann et al., Erman BGB, Bd. 2, 2014, § 1085 Rn. 10 f.; *Reischl*, in: Bamberger et al., BeckOK BGB, 2020, § 1085 Rn. 19 f.; *Heinze*, in: Staudinger, BGB, 2017, Anh. zu §§ 1068 f. Rn. 43; *K. Schmidt*, Handelsrecht, 2014, S. 187 f.; *Fichtelmann*, DStR 74, 267, 271.

1004 *Schubert/Huber*, in: Grottel et al., Beck'scher Bilanz-Kommentar, 2020, § 247 HGB Rn. 350-357; *Kulosa*, in: Weber-Grellet, Schmidt EStG, 2020, § 6 Rn. 343-349.

1005 *Maier*, in: Alber/et al., Beck'sches Steuer- und Bilanzrechtslexikon, 2020, „Anlagevermögen" Rn. 1.

Finanzanlagen, darunter Anteile an verbundenen Unternehmen, Beteiligungen, Ausleihungen an Unternehmen, Wertpapiere des Anlagenvermögens etc.[1006]

Das Umlaufvermögen hingegen setzt sich aus sämtlichen Gegenständen zusammen, die nicht dem Anlagevermögen zuzuordnen sind, den Geschäftsbetrieb fördern und dem Unternehmen zweckgerichtet zumindest für eine gewisse Dauer dienen, d.h. zur Be- und Verarbeitung, zum Verbrauch oder zur Veräußerung.[1007] Beispielhaft sind Warenbestände sowie kurzfristige Investitionen zu benennen.

Durch den Nießbrauch bleiben grundsätzlich die Eigentumsverhältnisse unberührt.[1008] Zugleich muss der Nießbraucher aber zur effektiven Nutzung des Unternehmens bei der Unternehmensfortführung mit den Umlaufgütern des Unternehmens operieren können. Daher wird das Umlaufvermögen nach § 1067 BGB dem Nießbraucher zugewiesen, während das Anlagevermögen beim Besteller verbleibt. Für die Zeit der wirksamen Nießbrauchsvereinbarung liegt somit zwangsläufig eine personelle Divergenz von Anlage- und Umlaufvermögen vor. Ebendiese vermögensrechtliche Zuweisung entscheidet nicht nur darüber, wie und von welcher Person die Bilanzführung zu erfolgen hat.[1009] Auch kann auf diese Weise bestimmt werden, welche Abzugsposten bei der Errechnung des Reingewinns zu berücksichtigen sind.[1010] Die Verfügungsbefugnis ist den allgemeinen Vorschriften zu entnehmen. Demzufolge ist der Nießbraucher mangels Eigentümerschaft nicht befugt, über Gegenstände des Anlagevermögens, etwa über das Inventar, zu verfügen. Eine Ausnahme gilt,

---

1006 *Maier*, in: Alber/et al., Beck'sches Steuer- und Bilanzrechtslexikon, 2020, „Anlagevermögen" Rn. 4.

1007 *Maier*, in: Alber/et al., Beck'sches Steuer- und Bilanzrechtslexikon, 2020, „Umlaufvermögen" Rn. 1 f.

1008 Grundsätzlich ist dem Nießbraucher die Verfügung über Inventarstücke, die dem Anlagevermögen zuzuordnen sind, verwehrt. Ausnahmsweise darf dies jedoch zum Zwecke einer ordnungsgemäßen Wirtschaft stattfinden. Zur Ersetzungspflicht *Pohlmann*, in: Säcker et al., MüKo BGB, Bd. 8, 2020, § 1085 Rn. 22, 30; *Herrler*, in: Palandt, BGB, 2020, § 1085 Rn. 5.

1009 In der Jahresbilanz ist gemäß § 247 Abs. 1 HGB zwischen den Vermögensgütern des Anlage- und Umlaufvermögens zu unterscheiden und eine gesonderte Aufstellung erforderlich. *Merkt*, in: Baumbach/Hopt, HGB, 2020, § 247 Rn. 2; *Böcking/Gros*, in: Ebenroth et al., HGB, Bd. 1, 2020, § 247 Rn. 5 f., 12-15.

1010 *Baur*, JZ 1968, 79; *Pohlmann*, in: Säcker et al., MüKo BGB, Bd. 8, 2020, § 1085 Rn. 29; *Bayer*, in: Westermann et al., Erman BGB, Bd. 2, 2014, § 1085 Rn. 14; *Reischl*, in: Bamberger et al., BeckOK BGB, 2020, § 1085 Rn. 23; *Heinze*, in: Staudinger, BGB, 2017, Anh. zu §§ 1068 f. Rn. 42.

wenn der Rechtsakt von § 104 Abs. 1 S. 1 BGB im Rahmen ordnungsgemäßer Wirtschaft erfolgt.[1011]

(aa) Kostentragung durch Zuweisung zu Anlage-/Umlaufvermögen

Bei der Beendigung des Nießbrauchs ist der Nießbraucher verpflichtet, Ersatzbeschaffungen nach § 1048 Abs. 1 S. 2 BGB zu tätigen.[1012] Der zu Beginn der Nießbrauchsvereinbarung bestehende Zustand des Unternehmens ist vollumfänglich wiederherzustellen und abgegangene Gegenstände sind zu ersetzen.[1013] Nach überwiegender Literaturauffassung gilt in Fortführung dieses Rechtsgedankens, dass zufällige Wertveränderungen bei Beendigung der Nießbrauchsvereinbarung grundsätzlich dem Eigentümer zur Last fallen. Der Nießbraucher trägt nur diejenigen Wertveränderungen, die von ihm verschuldet sind.[1014]

Einerseits wird vertreten, der Besteller als Eigentümer des Anlagevermögens habe nur die laufenden Vermögensverluste zu tragen, während den Nießbraucher nur „echte", d.h. außerordentliche, auf eigenem Verschulden beruhende Vermögensverluste treffen. Diese Ansicht beruht auf bilanziellen Gesichtspunkten. Andererseits wird vertreten, dass der Eigentümer nur diejenigen Vor- und Nachteile zu tragen habe, die sich aus der vorherigen langfristigen Unternehmensführung ergeben und sich dauerhaft auf das Unternehmen auswirken. Der Unternehmensnießbrauch hingegen sei nur vorübergehend und auf die positive Nutzungsziehung durch den Nießbraucher angelegt. Grundsätzlich überzeugt die Auffassung, dass den Besteller die üblichen Vermögensverluste treffen, die aus seiner andauernden, bisherigen Führungsweise oder aus der üblichen Fluktuation am Markt herrühren. Dennoch dürfen die allgemeinen Grundsätze zur Handlungsverantwortlichkeit nicht unbeachtet bleiben. Der Nießbraucher, der in die Rolle des Unternehmensführenden eintritt, ist daran gebunden, sich als rechtschaffener, ordentlicher Kaufmann zu verhalten. Dabei muss er denjenigen Pflichten ordnungsgemäß nachkommen, die kraft des Nießbrauchs seinem Rechtskreis zuzuordnen sind. Hat er durch Fahrlässigkeit oder sogar vorsätzliche

---

1011 *Herrler*, in: Palandt, BGB, 2020, § 1085 Rn. 5; *Reischl*, in: Bamberger et al., BeckOK BGB, 2020, § 1085 Rn. 19; *Pohlmann*, in: Säcker et al., MüKo BGB, Bd. 8, 2020, § 1085 Rn. 21, 23.

1012 Im Einzelnen zu den Rechten und Pflichten bei Beendigung S. 278 ff.

1013 *Pohlmann*, in: Säcker et al., MüKo BGB, Bd. 8, 2020, § 1085 Rn. 30.

1014 *Heinze*, in: Staudinger, BGB, 2017, Anh. zu §§ 1068 f. Rn. 44; *Pohlmann*, in: Säcker et al., MüKo BGB, Bd. 8, 2020, § 1085 Rn. 30; *von Godin*, S. 50 ff.; zur Kritik *Schön*, S. 206 ff., 215 ff.

Handlungen Vermögensverluste verursacht, entspricht es allgemeinen Haftungsgrundsätzen,[1015] dass der Nießbraucher diese im Innenverhältnis zu tragen hat. Vorzugswürdig erscheint daher die erstgenannte Auffassung.

In diesem Zusammenhang könnte auch die Pflicht zur Tragung öffentlicher Lasten und Zinsen davon abhängig gemacht werden, ob sie dem Anlage- oder Umlaufvermögen zuzuordnen sind. Es findet jedoch § 1047 BGB Anwendung.[1016] Im Innenverhältnis gilt, dass der Nießbraucher dem Eigentümer gegenüber verpflichtet ist, für die Laufzeit der Nießbrauchsvereinbarung die auf der Sache ruhenden öffentlichen Lasten zu tragen. Dies gilt mit Ausnahme der außerordentlichen Lasten, die dem Stammwert der Sache anliegen.[1017] Auch hat er diejenigen privatrechtlichen Lasten zu tragen, welche schon zur Zeit der Bestellung des Nießbrauchs auf der Sache ruhten, vornehmlich Zinsen auf Hypothekenforderungen, Grundschulden sowie die auf Leistungen einer Rentenschuld. Der Nießbraucher hat bei einem Betriebskredit daher nicht für die Tilgung, wohl aber für die anfallenden Zinsen aufzukommen.[1018]

(bb) Praktische Umsetzung

Es ist umstritten, wie Vermögensverluste im Rahmen des Unternehmensnießbrauchs praktisch zu bestimmen und auszugleichen sind. Der Reingewinn wird abhängig vom Jahresgewinn ermittelt und stellt, ebenso wie die Vermögensverluste, lediglich eine Rechenziffer dar.[1019] Bei der Beendigung des Geschäftsjahres ist die Beauftragung eines Sachverständigen sinnvoll, der eine bilanzielle Auswertung und Ermittlung der Kosten vornimmt. Insbesondere

---

1015 Vgl. *Grundmann,* in: Säcker et al., MüKo BGB, Bd. 2, 2019, § 276 Rn. 6-8.

1016 Zum Teil geht die Literatur davon aus, es sei bei öffentlichen Lasten und Zinsen eine Unterscheidung nach der Zuordnung zum Anlage- oder Umlaufvermögen vorzunehmen. In diesem Fall würde Folgendes gelten: Würde es sich etwa bei der zu tragenden öffentlichen Last um eine Grundsteuer handeln, die sich aus der Eigentümerschaft des Betriebsgrundstücks, eines Gegenstands des Anlagevermögens, ergibt, müsste der Eigentümer aufkommen. Würden sich die zu zahlenden Zinsen aus einem vom Nießbraucher kurzfristig aufgenommenen Betriebsdarlehen ergeben, welches er zum Erwerb von Warenbeständen aufgenommen hat, wären die Kosten vom Nießbraucher zu tragen. Dem steht aber die gesetzliche Regelung entgegen. Hierzu *von Godin,* S. 34; *Schön,* S. 208.

1017 *Von Godin,* S. 34; hierzu *Schön,* S. 208.

1018 *Pohlmann*, in: Säcker et al., MüKo BGB, Bd. 8, 2020, § 1085 Rn. 27 mit Bezug auf BGH NJW 2002, 434, 435 f.

1019 So *Schön*, S. 208 in einer kritischen Betrachtung.

beim Unternehmensnießbrauch zu Sicherungszwecken ist eine individuelle Vertragsregelung zugunsten von Rechtsklarheit und -sicherheit zwingend erforderlich. Allein auf diese Weise kann den Umständen im Einzelfall ausreichend nachgekommen werden.

Es liegt im beiderseitigen Interesse der Parteien, die bilanziellen Pflichten sowie Kosten des Sicherungsnehmers und Nießbrauchers gering zu halten. Der Unternehmensnießbrauch ist nämlich allein das Hilfsgeschäft zur Besicherung einer Kreditverbindlichkeit. Die ziehbaren Nutzungen, namentlich die Einnahmen des Unternehmens, dienen sicherungszweckgerichtet der Tilgung der Kreditschuld und sind hierfür aufzuwenden. Im Übrigen ist es im Interesse der Parteien, dass der Sicherungsgeber keine sonstigen, zusätzlichen Kosten übernimmt. Eine individuelle Regelung zur Kostentragung würde, insbesondere bei der treuhänderischen Ausführung des Nießbrauchs durch den Sicherungsgeber,[1020] tendenziell zulasten des Sicherungsgebers ausgestaltet werden.

(c) Verzichtsrecht bei Verlusten

Es wird vertreten, der Nießbraucher könne sich bei einer „absehbaren langfristigen Verlustphase“ von dem Nießbrauch lösen, wodurch *ex nunc* sämtliche Vermögensverluste wieder vom Eigentümer zu tragen wären.[1021] In extremen Ausnahmefällen sei sogar eine rückwirkende Ausgleichsverpflichtung des Eigentümers gegenüber dem Nießbraucher einschlägig.[1022] Diese Auffassung ist nur zum Teil dogmatisch fundiert.

Ein Recht zum Verzicht auf den Nießbrauch ergibt sich grundsätzlich aus § 1064 BGB[1023] und ist nach § 1072 BGB sowohl auf Sachen als auch auf Rechte anwendbar. Der Verzicht auf den Nießbrauch durch den Nießbraucher kann kraft der gesetzlichen Grundregelung jederzeit erfolgen.[1024] Dies gilt entsprechend für den Unternehmensnießbrauch. Der Nießbraucher kann einseitig die

1020 Zur treuhänderischen Ausübung S. 103 ff.

1021 So *Schön*, S. 215 unter Heranziehung von *Schubert/Johow*, Vorlagen, S. 1357.

1022 Der Ausgleich bereits entstandener Verluste sei dann anzunehmen, wenn es sich um Verluste außerhalb der „Bestimmung“ des Nutzungsrechts handle. Beispielhaft werden hier Verluste aus der entschädigungslosen Verstaatlichung oder der vollständigen Zerstörung des Unternehmens genannt. So *Schön*, S. 215.

1023 Zur Aufhebung des Nießbrauchs genügt eine einseitige Erklärung. *Reischl*, in: Bamberger et al., BeckOK BGB, 2020, § 1064 Rn. 3-5; *Berger*, in: Stürner, Jauernig BGB, 2018, § 1064 Rn. 1; *Bayer*, in: Westermann et al., Erman BGB, Bd. 2, 2014, § 1064 Rn. 1; *Heinze*, in: Staudinger, BGB, 2017, § 1064 Rn. 1-3.

1024 *Pohlmann*, in: Säcker et al., MüKo BGB, Bd. 8, 2020, § 1064 Rn. 1 f.

Beendigung des Nießbrauchs erklären. Diese Erklärung ist nicht begründungs- aber zugangsbedürftig.

In der Literatur herrscht Uneinigkeit, ob es sich um eine disponible Vorschrift handelt.[1025] Es ist, mit Blick auf die Vertragsfreiheit und Privatautonomie, davon auszugehen, dass zumindest die Einschränkung eines Verzichtsrechts zulässig ist. Sinnvoll ist dies beim Unternehmensnießbrauch als Sicherungsmittel. Der Besteller hat ein grundsätzliches Interesse daran, dass die Nießbrauchsvereinbarung für die Laufzeit der Kreditverbindlichkeit zwecks deren vollumfänglicher Befriedigung wirksam bestehen bleibt. Auch soll nicht jederzeit das Vertragsverhältnis unterbrochen werden können. Das Verzichtsrecht kann insofern eingeschränkt werden, als es nur mit der Angabe eines (erheblichen) Grundes wirksam durchgesetzt werden kann.

Die Aufteilung in „Risikosphären“ ist dem Zivilrecht nicht unbekannt.[1026] Wenn man eine wirtschaftliche Betrachtung der Eigentumsverhältnisse vornimmt, drängt sich die Annahme auf, langfristige, umfangreiche Verluste seien dem Rechtskreis und somit der Risikosphäre des Eigentümers zuzuordnen. Der Nießbraucher hat kein Interesse an der Aufrechterhaltung eines Nutzungsrechts an einem unrentablen Nutzungsgegenstand. Insbesondere beim sicherungszweckdienlichen Unternehmensnießbrauch hat der Nießbraucher und Sicherungsnehmer kein Interesse daran, die Belastung eines Unternehmens innezuhaben, wenn dieses über längere Zeit hin Verluste verzeichnet. Dies hätte nämlich zur Folge, dass die kausale Darlehensverpflichtung des Eigentümers und Sicherungsgebers nicht beglichen werden würde.

Problematisch ist, dass es sich bei der „langfristigen Verlustphase“ um einen unbestimmten Rechtsbegriff handelt, dem keine allgemeingültige Definition zugrunde liegt. Unklar ist zudem, ab wann eine solche „absehbar“ ist. Es handelt sich um eine subjektive Einschätzung, die von der finanziellen Lage des Unternehmens abhängt. Gesetzliche Anhaltspunkte, wie die Begriffe allgemein zu definieren und/oder auszulegen sind, sind folglich nur schwer heranzuziehen.

1025 Es könnte angenommen werden, ein vertraglicher Ausschluss kraft einseitigen Verzichts mit dinglicher Wirkung sei nicht möglich, da es sich um einen Grundpfeiler des Rechts zum Nießbrauch handle. Der Verzicht wäre von der Kündigung abzugrenzen und würde die jederzeitige Möglichkeit bezeichnen, sich von der Vereinbarung zu lösen. Es handelt sich um eine Besonderheit des Nießbrauchs.

1026 Vgl. *Ditscheid/Rudloff*, in: Geppert/Schütz, Beck'scher TKG-Kommentar, § 66j Rn. 17; *Eisenschmid*, in: Blank, Schmidt-Futterer Mietrecht, 2019, § 536 Rn. 12-14; *Gaidzik/Weimer*, in: Huster/Kaltenborn, Krankenhausrecht, § 15 Rn. 92; *Kötz*, JuS, 2018, 1.

Wird vertraglich eine restriktive Regelung zum Nießbrauchsverzicht vereinbart, ist ein gemeinsames Verständnis der Begriffe von den Parteien festzulegen. Dabei sollte geregelt werden, welche ausgewiesenen bilanziellen Kennwerte erwartet werden, um die Tilgung der zu befriedigende kausale Kreditverpflichtung herbeizuführen. Auch sollte vereinbart werden, wie im Fall vermehrter Verluste vorzugehen ist.

Die vertraglich geregelte vorzeitige Beendigung des Unternehmensnießbrauchs ist, in Anlehnung an die angeführte Literaturauffassung, eine sinnvolle Option, um eine Neuevaluierung möglicher alternativer Sicherungsvarianten vorzunehmen. Eine ausdrückliche Regelung, wie hoch diese Verluste zur Auslösung der Klausel zu sein haben, ist unerlässlich. Diese sollten sich anhand des Unternehmens im Einzelfall bemessen. Die etwaige Erstattung von Verlusten, die der Nießbraucher getragen hat, entscheidet sich nach den dargelegten, allgemeinen Regelungen unter Beachtung der Zuweisung der Vermögensarten.[1027]

(d) Pflicht zur freien Rücklagenbildung

Zuletzt ist die Auffassung zu behandeln, der zufolge der Nießbraucher zur freien Rücklagenbildung verpflichtet sei, die über die planmäßigen Abschreibungen hinausgehe. Auch sei ein Unternehmergehalt vom Reingewinn ohne vertragliche Grundlage nicht abzugsfähig.[1028]

Die erstgenannte Auffassung sieht vor, dass der Nießbraucher verpflichtend eine Rücklage als Finanzierungsgrundlage für einen Inflationsausgleich, für Neuinvestitionen oder als einfache Liquiditätsreserve zu bilden habe. Für eine derartige Sonderpflicht zur Rücklagenbildung geben die Gesetzesvorschriften indes keine Anhaltspunkte.[1029] Der Nießbraucher hat sich als ordentlicher Kaufmann

---

1027 Handelt es sich um einen „üblichen“ Vermögensverlust, ist er vom Eigentümer zu tragen. Handelt es sich jedoch um einen „echten“ Vermögensverlust, beruhend auf dem Verschulden des Nießbrauchers, hat dieser entsprechend aufzukommen. Hierzu *Schön*, S. 215 f. Umkehrende Vertragsregelungen sind jedoch auch in diesem Zusammenhang gesondert vereinbar.

1028 *Grunsky*, BB 1972, S. 585 f.; hierzu *Schön*, S. 210.

1029 Auch aus der höchstrichterlichen Rechtsprechung gibt es keine Entscheidung, die eine Pflicht des Unternehmensnießbrauchers erkennen würde. Es gibt allein eine Entscheidung des BGH (Urteil vom 12. Dezember 1974 – II ZR 166/72, BGH DB 1975, S. 439), die die Rücklagenbildung als übliche Unternehmenspraxis anerkennt. Dieser zufolge ist es zulässig, dass die Gesellschafterversammlung in Absprache mit den Stimmen des Unternehmensnießbrauchers keine Ausschüttung außerordentlicher Erträge aus einem Veräußerungsakt von Anlagevermögensgegenständen

zu verhalten und zu wirtschaften sowie seiner Verpflichtung zur Fertigung einer ordnungsgemäßen Bilanz nachzukommen. Insbesondere aus der Erhaltungspflicht nach §§ 1041 S. 1, 1036 Abs. 2, 1037 Abs. 1 BGB ergibt sich, dass der wirtschaftliche Bestand des Unternehmens, d.h. der Betriebsbestand, sowie die Marktstellung beizubehalten sind. Dem Nießbraucher obliegt wirtschaftliches Ermessen und er hat ggf. erforderliche Investitionen zu tätigen sowie die Kosten hierfür zu tragen.[1030] Im Fall eines Verstoßes gilt eine Schadensersatzpflicht.[1031]

Dass im Rahmen der üblichen Fluktuation oder auch bestimmter Umstände Mehrkosten auf den Nießbraucher zukommen, ist ein der Unternehmensführung unmittelbar anhaftendes Risiko. Auf welche Weise diese Vermögensverluste in der Jahresbilanz auszugleichen sind, hängt im Zweifel von der Vertragsregelung ab. Grundsätzlich gilt, dass der Nießbraucher ebendiese Investitionen notfalls mit eigenen Mitteln bestreiten muss.[1032] Die Pflicht zum Ansparen von Geldreserven für derartige Ausfälle ist im Unternehmensnießbrauch nicht vorgesehen. Es ist nicht ersichtlich, weshalb den Nießbraucher eine höhere Pflicht des Wirtschaftens treffen soll als den Besteller. Dementsprechend kann eine Sonderpflicht zur Rücklagenbildung nur individualvertraglich auferlegt werden. Insbesondere im Fall des Unternehmensnießbrauchs als Sicherungsmittel ist nicht davon auszugehen, dass die Parteien ein Interesse an einer derartigen Regelung haben. Da der Nießbraucher die Unternehmensführung lediglich vorübergehend zur Einnahme von Nutzungen für die Begleichung der kausalen Kreditverpflichtung des Bestellers übernimmt, entspricht es dessen Interesse möglichst geringe Kostenpflichten zu übernehmen. Auch der Sicherungsgeber wird kein Interesse daran haben, den Sicherungsnehmer kostenpflichtig zu belasten. Es ist davon auszugehen, dass selbst bei Kostenübernahme ein Ausgleichsanspruch im Innenverhältnis anfallen würde. Eine obligatorische Rücklagenbildung ist somit von nur geringfügigem Interesse. Vielmehr ist davon auszugehen, dass die Pflicht zur eigenen Kostenübernahme bei erforderlichen Investitionen durch den Nießbraucher abbedungen und eine unmittelbare Kostenpflicht des Eigentümers vereinbart wird. Dies ist einvernehmlich zu klären.

Erhält ein institutioneller Kreditgeber sicherungshalberen Nießbrauch an einem Unternehmen, wird er zum Zwecke der Unternehmensführung entweder

---

vornimmt, sondern als Investitionsrücklage für die Substanzerhaltung des Unternehmens zurückbehält. Dazu *Janssen/Nickel,* S. 43.

1030 So *Pohlmann,* in: Säcker et al., MüKo BGB, Bd. 8, 2020, § 1085 Rn. 25.

1031 *Fichtelmann,* DStR 74, 267, 276.

1032 *Pohlmann,* in: Säcker et al., MüKo BGB, Bd. 8, 2020, § 1085 Rn. 25.

eigenes Personal einsetzen oder einen kompetenten Dritten beauftragen.[1033] Es ist davon auszugehen, dass zwingend eine entsprechende Vergütung, d.h. ein Geschäftsführergehalt, anfällt. Auch im Hinblick auf ein Unternehmergehalt fehlen gesetzliche Anhaltspunkte, die erkennen lassen, ob dieses vom Reingewinn abzugsfähig ist. Unzweifelhaft ist die Einnahme der Unternehmensführungsposition eine dem Unternehmensnießbrauch immanente Rechtsfolge. Diese Tätigkeit bringt aber zahlreiche, umfangreiche Pflichten mit sich und ist zeitintensiv. Die Führungstätigkeit bedarf daher einer gesonderten Vergütung und ist grundsätzlich nicht mit der Nutzungsziehung als abbedungen zu betrachten. Es ist deshalb mit der einhelligen Auffassung davon auszugehen, dass ein Geschäftsführergehalt als Betriebsausgabe abzugsfähig ist.[1034]

b. Rechtliche Interventions- und Schutzmechanismen

Für den Unternehmensnießbrauch gelten grundsätzlich die gesetzlichen Vorschriften nach §§ 1051-1054 BGB. Sie bilden ein System unterschiedlicher Schutzrechte des Bestellers gegen den Nießbraucher, welcher vorübergehend dessen eigentümliche Gegenstände in seiner Verfügungs- und Nutzungsgewalt hat.

Schädigungen des Nutzungsgegenstands soll vorgebeugt bzw. diese sollen schnellst- und bestmöglich unterbunden werden.[1035] Die Regelung nach § 1051 BGB sieht eine Sicherheitsleistung zur präventiven Absicherung etwaiger künftiger Schadensersatzansprüche des Eigentümers vor. Diese ist einschlägig, wenn durch das Verhalten des Nießbrauchers oder ein ihm zurechenbares Drittverhalten „die Besorgnis einer erheblichen Verletzung der Rechte des Eigentümers“ zu prognostizieren ist.[1036] Es handelt sich um eine Maßnahme der Gefährdungshaftung.[1037]

Die summarisch als „Rechte des Eigentümers“ bezeichneten Rechte sind all diejenigen, die dem Besteller aus dem schuldrechtlichen Relativitätsverhältnis zum Nießbraucher sowie in Ansehung von Treu und Glauben nach § 242 BGB

1033 Zur Treuhand beim Unternehmensnießbrauch S. 103 ff.

1034 Vgl. *Schön,* S. 210.

1035 Die Interventions- und Schutzrechte werden im Gesetz ihrer Intensität nach aufsteigend aufgeführt. *Reischl,* in: Bamberger et al., BeckOK BGB, 2020, § 1051 Rn. 1.

1036 *Pohlmann,* in: Säcker et al., MüKo BGB, Bd. 8, 2020, § 1051 Rn. 2; *Reischl,* in: Bamberger et al., BeckOK BGB, 201820, § 1051 Rn. 5. Zum Ausschluss des Anspruchs auf Sicherheitsleistung wegen Verletzung von §§ 1041 S. 1, 1055 BGB, im Fall der Reinvestition eines Veräußerungserlöses des Nießbrauchers, BGH NJW-RR 2006, 874.

1037 *Herrler,* in: Palandt, BGB, 2020, § 1051 Rn. 1.

und aus der dinglichen Eigentümerposition zustehen.[1038] Für den Anspruch auf Sicherheitsleistung nach § 1051 BGB ist kein Verschulden des Nießbrauchers als Anspruchsgegner erforderlich.[1039] Es müssen aber eine absehbare, erhebliche Rechtsverletzung aus einem zu erwartenden Eingriff in die Eigentümerrechte von nicht unbedeutender Schwere sowie ein zu prognostizierender erheblicher Schadenseintritt von nicht unerheblicher Dauer oder Wiederholung vorliegen.[1040] Eine begründete „Besorgnis" der Rechtsverletzung ist anzunehmen, wenn konkrete Umstände vorliegen, die nach der objektiven Verkehrsanschauung eine tatsächliche Gefahr erkennen lassen.[1041] Dies ist mitunter anzunehmen, wenn eine vertragliche oder gesetzliche Pflicht des Nießbrauchers, wie etwa die Erhaltungspflicht aus § 1041 BGB, nicht eingehalten wurde. Eine „zu erwartende, erhebliche Gefährdung der Eigentümerrechte" liegt beim Unternehmensnießbrauch vor, wenn durch die nach außen erkennbare Führungsweise der wirtschaftliche Bestand und/oder die Marktstellung des Unternehmens eine negative Einbuße im Vergleich zum vorher bestehenden Zustand erleiden und in absehbarer Zeit ein erheblicher Vermögensverlust zu erwarten ist.[1042]

Den nächsten Schritt, für den Schutz der Eigentumsrechte, stellt die Sequestration dar. Diese kann der Besteller gemäß § 1052 Abs. 1 BGB[1043] ersatz- sowie wahlweise[1044] verlangen. Voraussetzung ist, dass der Eigentümer ein rechtskräftiges Urteil[1045] unter Durchsetzung seines Anspruchs auf Sicherheitsleistung gegen den Nießbraucher erzielt hat, auf das kraft gerichtlicher Anordnung

1038 *Reischl*, in: Bamberger et al., BeckOK BGB, 2020, § 1051 Rn. 2.

1039 So *Bayer*, in: Westermann et al., Erman BGB, Bd. 2, 2014, § 1051 Rn. 1; *Heinze*, in: Staudinger, BGB, 2017, § 1051 Rn. 3.

1040 *Bayer*, in: Westermann et al., Erman BGB, Bd. 2, 2014, § 1051 Rn. 1.

1041 *Reischl*, in: Bamberger et al., BeckOK BGB, 2020, § 1051 Rn. 3 f.

1042 *Bayer*, in: Westermann et al., Erman BGB, Bd. 2, 2014, § 1051 Rn. 1.

1043 § 1052 BGB ist darauf gerichtet, die Substanz des Belastungsgegenstands zu erhalten und der Misswirtschaft des Nießbrauchers abzuhelfen. Eine Abbedingung mit dinglicher Wirkung ist nicht möglich. *Pohlmann*, in: Säcker et al., MüKo BGB, Bd. 8, 2020, § 1052 Rn. 7.

1044 Der Eigentümer hat gemäß § 1052 BGB ein Wahlrecht zur Sequestration, wenn er davon absehen will, die Sicherheitsleistung im Rahmen der Zwangsvollstreckung einzutreiben. Der Verwalter ist nur so lange zur Ausübung des Nießbrauchs befugt, wie die Sicherheitsleistung nicht geleistet wird, § 1052 Abs. 3 BGB, *Reischl*, in: Bamberger et al., BeckOK BGB, 2020, § 1052 Rn. 3.

1045 Bevor das streitgegenständliche Urteil in Rechtskraft erwächst, ist nur eine vorläufige Verwaltung nach §§ 935 ff. ZPO einschlägig. Dazu OLG Celle HRR 1934, 1683 ff., *Reischl*, in: Bamberger et al., BeckOK BGB, 2020, § 1052 Rn. 2.

eine Leistungsfrist gesetzt wurde, die der Nießbraucher verstreichen ließ.[1046] Der Nießbrauch wird dann vorübergehend, bis zur Leistung der Sicherheit nach § 1052 Abs. 3 BGB, von einem gerichtsbestellten und gerichtsbeaufsichtigten Verwalter auf Rechnung des Nießbrauchers ausgeübt.[1047] Bei der Wahl eines kompetenten Verwalters kommt auch der Eigentümer nach § 1052 Abs. 2 S. 2 BGB in Frage. Auf das Rechtsverhältnis zwischen Eigentümer und Nießbraucher sowie den Rechtsbestand des Nießbrauchs *per se* hat dies keine unmittelbaren Auswirkungen.[1048]

Der Verlauf der gerichtlich bestimmten Verwaltung beim Nießbrauch ergibt sich nach § 1052 Abs. 2 S. 1 BGB aus den Vorschriften zur Zwangsverwaltung eines Grundstücks. Der Verwalter wird durch die gerichtliche Bestellung gemäß § 150 ZVG Partei kraft Amtes. Ihn treffen grundsätzlich die Aufgaben und Pflichten aus §§ 152, 154 ZVG.[1049] Die Vergütungsfestsetzung sowie die gerichtliche Beaufsichtigung erfolgen nach § 1052 Abs. 1 S. 1 i.V.m. § 153 ZVG.[1050]

Zudem kann ein Eigentümer Sequestration nach § 1054 BGB durchsetzen,[1051] ohne dass es auf das Ermessen des zuständigen Gerichts ankommt.[1052]

1046 Die Frist gemäß § 1052 Abs. 1 S. 2 BGB ist vom Eigentümer bei dem entscheidenden Gericht zu beantragen, kann jedoch auch vom Prozessgericht, das über die Sicherheitsleistung nach § 255 Abs. 2 ZPO bestimmt, oder vom Vollstreckungsgericht festgelegt werden. *Reischl*, in: Bamberger et al., BeckOK BGB, 2020, § 1052 Rn. 4 f.

1047 Nach § 1052 Abs. 2 BGB kann auch der Eigentümer zum Verwalter bestellt werden.

1048 Hierzu *Pohlmann*, in: Säcker et al., MüKo BGB, Bd. 8, 2020, § 1052 Rn. 4 mit Bezug auf RGZ 141, 220, 225.

1049 In § 152 Abs. 1 Hs. 1 ZVG heißt es, dem Verwalter obliegen sämtliche Handlungsrechte und Pflichten, die erforderlich sind, um die Erhaltung des wirtschaftlichen Bestandes und den Zustand einer ordnungsgemäßen Nutzbarkeit zu gewährleisten. Unweigerlich ist damit eine rechtliche Parallele zur Vorschrift nach § 1041 BGB festzustellen. Den Verwalter treffen die vergleichbaren Rechte und Pflichten sowohl aus den allgemeinen Vorschriften seiner Verwaltertätigkeit als auch aus dem Nießbrauch *per se*. Der weiterhin geltende § 154 S. 1 ZVG stellt deklaratorisch die hohe Handlungsverantwortlichkeit des Verwalters fest. Zugleich wird in § 154 S. 2, 3 ZVG geregelt, dass der Verwalter zur Rechnungslegung angehalten ist, wobei die gefertigte Rechnung dem bestellenden Gericht einzureichen ist. Das Gericht legt diese dann den beteiligten Parteien vor.

1050 *Pohlmann*, in: Säcker et al., MüKo BGB, Bd. 8, 2020, § 1052 Rn. 5.

1051 Nach § 1054 BGB ist die Sequestration zwingend, da es sich um eine Rechtsfolgenverweisung handelt. Die Verwaltung kann erst beendet werden, wenn der Eigentümer sein Aufhebungsverlangen bekundet. *Reischl*, in: Bamberger et al., BeckOK BGB, 2020, § 1054 Rn. 7 f.

1052 *Schulte-Nölke*, in: Schulze et al., BGB, 2019, § 1054 Rn. 3.

Voraussetzung hierfür ist, dass der Nießbraucher eine Pflicht verletzt, mithin einen Eingriff in die Eigentumsrechte vorgenommen und trotz Abmahnung das verletzende Verhalten nicht unterlassen hat. Einen weiteren Schutzmechanismus sieht § 1053 BGB vor. Darin ist die Unterlassungsklage für den Fall der unbefugten Nutzungsziehung reglementiert.[1053] Voraussetzung hierfür sind die Abmahnung des rechtswidrigen Verhaltens durch den Eigentümer und die Fortsetzung des unbefugten Gebrauchs seitens des Nießbrauchers.[1054]

Neben den spezialgesetzlichen Regelungen der §§ 1051-1054 BGB sind zugunsten des Nießbrauchers über § 1065 BGB grundsätzlich sämtliche Gesetzesvorschriften anwendbar, die der Rechtswahrung und -durchsetzung bei Beeinträchtigungen des Nießbrauchs dienen.[1055] Dem Nießbraucher stehen, wie dem Eigentümer, Rechte zum Schutz seiner Rechtsposition zu.[1056] Die Beeinträchtigung kann dabei sowohl vom Eigentümer als auch von einem Dritten herrühren.[1057]

Der Nießbraucher kann bei Beeinträchtigungen durch einen nichtberechtigten Besitzer einen dinglichen Herausgabeanspruch gemäß §§ 985, 986 BGB[1058] geltend machen. Der Besitz ist nach §§ 859 ff., 1007 BGB geschützt und ein Nutzungs- und Schadensersatz gemäß §§ 987 ff. BGB kann, sofern nicht ausgeschlossen, i.V.m. §§ 812 ff. und §§ 823 ff. BGB einschlägig sein. Im Rahmen der deliktischen Normen ist der Nießbrauch als ein sonstiges Recht i.S.v. § 823 Abs. 1 BGB anerkannt.[1059] Ersatzfähig ist der tatsächlich entstandene Nutzungsschaden. Beim Schadensersatz kann allein der Schaden geltend gemacht werden, der durch die Betroffenheit des Sicherungsinteresses entstanden ist.

Im Übrigen obliegt die Liquidation allein dem Eigentümer.[1060] Darüber hinaus kann der Eigentümer einen Unterlassungs- sowie Beseitigungsanspruch

---

1053 Zum Normzweck *Pohlmann*, in: Säcker et al., MüKo BGB, Bd. 8, 2020, § 1053 Rn. 1 mit Bezugnahme auf den Meinungsstand, wie das Verhältnis des § 1053 BGB gegenüber § 1004 BGB ist. Es ist nicht von einem Spezialitätsverhältnis auszugehen, sondern von einer Einschränkung des § 1004 BGB. *Berger*, in: Stürner, Jauernig BGB, 2018, Anm. zu den §§ 1051-1054 Rn. 4; *Herrler*, in: Palandt, BGB, 2020, § 1053 Rn. 1; *Bayer*, in: Westermann et al., Erman BGB, Bd. 2, 2014, § 1053 Rn. 1.

1054 *Herrler*, in: Palandt, BGB, 2020, § 1053 Rn. 1.

1055 *Pohlmann*, in: Säcker et al., MüKo BGB, Bd. 8, 2020, § 1065 Rn. 1.

1056 *Schulte-Nölke*, in: Schulze et al., BGB, 2019, § 1065 Rn. 1; *Reischl*, in: Bamberger et al., BeckOK BGB, 2020, § 1065 Rn. 1 f.

1057 *Berger*, in: Stürner, Jauernig BGB, 2018, § 1065 Rn. 1.

1058 *Herrler*, in: Palandt, BGB, 2020, § 1065 Rn. 1.

1059 *Schulte-Nölke*, in: Schulze et al., BGB, 2019, § 1065 Rn. 1.

1060 *Herrler*, in: Palandt, BGB, 2017, § 1065 Rn. 1

nach § 1004 BGB und das Verfolgungsrecht nach § 1005 BGB für sich nutzbar machen. Zugunsten des Nießbrauchers gilt die Vermutung aus § 1006 BGB.[1061] Auch ist die Vermutung aus dem Grundbuch nach § 891 BGB entsprechend anwendbar und es gilt der Grundbuchberichtigungsanspruch aus § 894 BGB.[1062] Gegenüber dem Besteller oder auch Eigentümer kann der Nießbraucher zudem Rechtsschutz aus dem gesetzlichen Schuldverhältnis oder den Vereinbarungen des Verpflichtungsvertrags schöpfen.[1063] Letztere sind geeignet, je nach individueller Vertragsabrede, den Nutzungs- und Schadensersatzanspruch nach §§ 987 ff. BGB zu limitieren.[1064]

Das gesetzliche Schutzregime des Bestellers gemäß §§ 1051-1054 BGB ist teilweise indisponibel. Das Recht auf Sicherheitsleistung bei einer absehbaren Rechtsverletzung nach § 1051 BGB kann abbedungen werden.[1065] Über die Sequestration bei Nichtvornahme der Sicherheitsleistung (§ 1052 BGB)[1066] und bei Pflichtverletzung (§ 1054 BGB)[1067] sowie über die Unterlassungsklage bei unbefugtem Gebrauch des Nutzungsgegenstands nach § 1053 BGB[1068] kann hingegen nicht disponiert werden. Sie dienen der Substanzerhaltung.

Beim Unternehmensnießbrauch als Sicherungsmittel ist regelmäßig nicht davon auszugehen, dass eine gerichtliche Auseinandersetzung sowie eine gerichtlich auferlegte Verwaltung dem Parteiinteresse entsprechen. Dies kann sowohl das verknüpfte Darlehensverhältnis stören als auch erhebliche Kosten

---

1061 *Reischl*, in: Bamberger et al., BeckOK BGB, 2020, § 1065 Rn. 3; *Herrler*, in: Palandt, BGB, 2020, § 1065 Rn. 1; *Berger*, in: Stürner, Jauernig BGB, 2018, § 1065 Rn. 1.

1062 *Reischl*, in: Bamberger et al., BeckOK BGB, 2020, § 1065 Rn. 3.

1063 *Berger*, in: Stürner, Jauernig BGB, 2018, § 1065 Rn. 4 f.; *Herrler*, in: Palandt, BGB, 2020, § 1065 Rn. 1; *Bayer*, in: Westermann et al., Erman BGB, Bd. 2, 2014, § 1065 Rn. 3.

1064 *Herrler*, in: Palandt, BGB, 2020, § 1065 Rn. 1.

1065 BayObLGZ 1977, 81, 87; *Pohlmann*, in: Säcker et al., MüKo BGB, Bd. 8, 2020, § 1051 Rn. 2; *Reischl*, in: Bamberger et al., BeckOK BGB, 2020, § 1051 Rn. 123; *Herrler*, in: Palandt, BGB, 2020, § 1051 Rn. 1.

1066 *Reischl*, in: Bamberger et al., BeckOK BGB, 2020, § 1052 Rn. 10; *Heinze*, in: Staudinger, BGB, 2017, Vorbemerkung zu §§ 1030 ff. Rn. 13; *Pohlmann*, in: Säcker et al., MüKo BGB, Bd. 8, 2020, § 1052 Rn. 7.

1067 *Reischl*, in: Bamberger et al., BeckOK BGB, 2020, § 1054 Rn. 6; *Heinze*, in: Staudinger, BGB, 2017, Vorbemerkung zu §§ 1030 ff. Rn. 13; *Pohlmann*, in: Säcker et al., MüKo BGB, Bd. 8, 2020, § 1054 Rn. 1.

1068 *Reischl*, in: Bamberger et al., BeckOK BGB, 2020, § 1053 Rn. 6; *Heinze*, in: Staudinger, BGB, 2017, Vorbemerkung zu §§ 1030 ff. Rn. 13; *Pohlmann*, in: Säcker et al., MüKo BGB, Bd. 8, 2020, § 1053 Rn. 1.

verursachen. In dem Vertragswerk zum Nießbrauch ist das Abbedingungsverbot der §§ 1052-1054 BGB zu wahren, zugleich sollte eine schützende, individualvertragliche Regelung getroffen werden. In Frage kommt etwa eine Vereinbarung, die die Notwendigkeit einer Abmahnung des Nießbrauchers durch den Eigentümer oder ein vorgeschaltetes Schiedsverfahren vorsieht.[1069] Alternativ kann für den Streitfall auch die gemeinschaftliche Bestimmung eines Verwalters vorgesehen werden.

c. *Zwischenergebnis*

Der Unternehmensnießbrauch bringt während seiner Laufzeit zahlreiche Rechte und Pflichten der Parteien mit sich. Das Kernelement des Unternehmensnießbrauchs bilden das Nutzungsziehungsrecht sowie die Erhaltungspflicht des Nießbrauchers.[1070] Das Nutzungsziehungsrecht ergibt sich aus § 1030 Abs. 1 Hs. 2 BGB. Der Nießbraucher hat grundsätzlich eigenständig und persönlich die Nutzungen zu ziehen. Beim Unternehmensnießbrauch sind diese für die Tilgung der zugrundeliegenden Kreditverbindlichkeit aufzuwenden.[1071] Zudem gilt die Pflicht des Unternehmensnießbrauchers, das Unternehmen als Nutzungsgegenstand wirtschaftlich zu erhalten. Unternehmenskosten und -lasten sind nach §§ 1041 S. 1, 1036 Abs. 2, 1037 Abs. 1 BGB zu tragen.[1072]

Die Tätigkeitsausführung kann delegiert und auch die Kostenpflicht des Nießbrauchers kann vertraglich abbedungen werden. Es ist umstritten, wie die Nutzungen des Unternehmensnießbrauchs rechtlich zu qualifizieren sind. Indes ist der Begriff der Nutzungen als Gebrauchsvorteil nach § 100 BGB zugrunde zu legen.[1073] Der Gebrauchsvorteil des Nießbrauchs am Unternehmen liegt nicht allein im Vermögensvorteil. Auch ist hierunter die Ziehung von Nutzungen aus

---

1069 Für den Fall, dass der Unternehmensnießbrauch in einer unechten Treuhand durch den Besteller geführt wird (hierzu S. 103 ff.), ist die dargestellte Problematik hinfällig. Der Besteller führt dann selbst das Unternehmen. Eine Verletzung von Eigentumsrechten oder eine Pflichtverletzung kann bereits wegen rechtlicher Konfusion nicht beklagt werden. Für das Innenverhältnis gelten jedoch die allgemeinen Ansprüche eines schuldrechtlichen Rechtsverhältnisses. Wird die Unternehmensführung nicht ordnungsgemäß ausgeübt oder widerspricht sie etwaigen vertraglichen Vereinbarungen, stellt dies eine Pflichtverletzung dar und löst mitunter Unterlassungs- sowie Schadensersatzansprüche aus.

1070 Ausführlich S. 212 ff.

1071 Zur sicherungszweckdienlichen Ausgestaltung S. 80 ff. sowie 99 ff.

1072 Zur Erhaltungspflicht und zu den damit einhergehenden Kosten S. 213 ff.

1073 Zur Qualifizierung der Nutzungen aus dem Unternehmen S. 216 ff.

sämtlichen Einzelgegenständen zu verstehen, die dem Unternehmen angehören und dem Nießbrauch unterworfen sind. Weiterhin ist umstritten, wie sich der Nutzungsertrag zusammensetzt und welche Bewertungskomponenten hierzu zählen.

In der Literatur gibt es eine Vielzahl unterschiedlicher Ansichten, mit denen sich die Untersuchung auseinandersetzt.[1074] Indes werden die folgenden Positionen vertreten: Dem Unternehmensnießbraucher steht nach § 1030 Abs. 1 BGB der Reingewinn zu. Er wird gebildet aus dem Nettoertrag des Jahresgewinns abzüglich aller gesetzlichen und vertraglich vereinbarten Aufwendungen, die für die wirtschaftliche Bestandserhaltung des Unternehmens erforderlich sind.[1075] Mit dem Unternehmensnießbrauch tritt eine personelle Divergenz zwischen Anlage- und Umlaufvermögen ein. Es gilt grundsätzlich, dass der Besteller Eigentümer des Anlagevermögens bleibt und der Nießbraucher Eigentümer des Umlaufvermögens wird.[1076] Das Anlagevermögen ist das Grundvermögen, das dauerhaft dem Geschäftsbetrieb dient, während das Umlaufvermögen nur zweckgerichtet für eine gewisse Dauer zu dienen bestimmt ist. Zu Letzterem zählen Warenbestände und kurzzeitige Investitionen. Der Unternehmensnießbraucher kann dadurch effizient die Unternehmensführung vornehmen. Ebendiese Zuweisung der Vermögenspositionen entscheidet auch darüber, von wem Kosten zu tragen sind.[1077] Damit sollen den Besteller die üblichen Vermögensverluste treffen, die aus seiner bisherigen Führungsweise oder aus der üblichen Fluktuation am Markt herrühren. Eine Ausnahme gilt, wenn dem Nießbraucher nachgewiesen werden kann, dass den Kosten eine von ihm verschuldete Handlung zugrunde liegt.

Öffentliche Lasten und Zinsen sind gemäß § 1047 BGB vom Nießbraucher zu tragen. Problematisch ist, dass sich der Reingewinn als Rechenziffer darstellt und die einzelnen Kostenkomponenten nicht erkennbar sind. Bei Beendigung des Geschäftsjahres ist daher, je nach vertraglicher Vereinbarung, die Beauftragung eines Sachverständigen sinnvoll, der eine bilanzielle Auswertung vornimmt.[1078] Einem Nießbraucher soll es, wie eine Literaturansicht vertritt, grundsätzlich möglich sein, bei einer „absehbar langfristigen Verlustphase" auf

---

1074 Zum Überblick der Literaturauffassungen S. 220 ff.

1075 Zum Reingewinn S. 224 ff.

1076 Zur personellen Divergenz zwischen Anlage- und Umlaufvermögen S. 227 ff.

1077 Ausführungen zur Kostentragung durch Zuweisung zu Anlage-/Umlaufvermögen und zu den hiermit einhergehenden Problematiken auf S. 229 f.

1078 Zur praktischen Umsetzbarkeit S. 230.

den Nießbrauch zu verzichten.[1079] Da es sich um die Aneinanderreihung unbestimmter Rechtsbegriffe handelt, ist eine vertraglich explizite Ausgestaltung für die Rechtssicherheit zwingend notwendig. Der Nießbraucher unterliegt, entgegen einer Literaturansicht, nicht einer strengeren Pflicht zur Rücklagenbildung als der Besteller.

Ein Unternehmergehalt soll vom Reingewinn abzugsfähig sein, da die Unternehmensführung eine besonders anspruchsvolle Tätigkeit ist, die der Vergütung unterliegt.[1080] Das grundsätzliche Interventions- und Schutzregime des Nießbrauchs nach § 1051 bis § 1054 BGB findet auf die Parteien des Unternehmensnießbrauchs Anwendung.[1081] Im Übrigen sind die Besonderheiten zu berücksichtigen.

d. Rechte und Pflichten aus dem Rechtsnießbrauch

Der Nießbrauch an Rechten ist von besonderer Relevanz. Nicht selten kann ein Unternehmensnießbrauch daran scheitern, dass Sachen nicht im Eigentum des Bestellers liegen. Betriebshallen sind angemietet, Produktionsmaschinen sind geleast und Warenbestände sind von einem verlängerten Eigentumsvorbehalt erfasst. Es ergibt daher Sinn, die Rechte des Unternehmens mit einem Unternehmensnießbrauch zu belasten.

Die Spezialvorschriften nach §§ 1068 ff. BGB bestimmen nicht ausdrücklich, was unter einem Recht als Belastungsgegenstand i.S.v. § 1068 Abs. 1 BGB zu verstehen ist.[1082] Fest steht allein, dass es sich, im Gegensatz zum Sachnießbrauch, der auf körperliche Gegenstände i.S.v. § 90 BGB abstellt,[1083] um unkörperliche Gegenstände[1084] handelt. Es ist auf die allgemeine Begriffsdefinition zurückzugreifen. Ein „Recht" bezeichnet die Zuweisung eines rechtlichen Wertes zu einem Rechtssubjekt. Rechte richten sich nach dem Gegenstand, der ihnen zugrunde

---

1079 Zum Verzichtsrecht des Nießbrauchers S. 231 ff.

1080 Zur Pflicht zur freien Rücklagenbildung und Abzugsfähigkeit eines Unternehmergehalts S. 233.

1081 Ausführlich hierzu S. 235 f.

1082 *Reischl*, in: Bamberger et al., BeckOK BGB, 2020, § 1068 Rn. 1.

1083 *Stresemann*, in: Säcker et al., MüKo BGB, Bd. 1, 2018, § 90 Rn. 4-7.

1084 Zu den nichtkörperlichen Gegenständen zählen Immaterialgüterrechte, andere Vermögensrechte, etwa Forderungen, beschränkt dingliche Rechte, Gestaltungsrechte etc., Rechtsgesamtheiten, wie Vermögen, Sondervermögen, Unternehmen, Energie, auch Daten und Informationen sowie Software, und zuletzt auch der Kundenstamm, Know-how und Goodwill. Hierzu ausführlich *Fritzsche*, in: Bamberger et al., BeckOK BGB, 2020, § 90 Rn. 18.

liegt, und sind entsprechend voneinander zu unterscheiden. Im Folgenden soll eine Auseinandersetzung mit den relevantesten, unternehmenseigenen Rechten vorgenommen werden und es sollen die hieraus resultierenden Rechte und Pflichten im Unternehmensnießbrauch dargestellt werden.

aa. Gesetzliche Vorgaben

Der Nießbrauch an Rechten folgt konzeptionell den Vorschriften des Sachnießbrauchs[1085] gemäß § 1068 Abs. 2 i.V.m. §§ 1030 ff. BGB.[1086] Die Sondervorschriften zum Rechtsnießbrauch bestimmen die damit einhergehenden Rechte und Pflichten sowie ihren Umfang.[1087]

aaa. Zum Leistungsrecht

Nach der Grundnorm des § 1070 Abs. 1 BGB gehen beim Nießbrauch an einem Leistungsrecht die Ansprüche, die das belastete Recht gewährt, auf den Nießbraucher über.[1088] Es gelten die Schuldnerschutzvorschriften zugunsten des Bestellers nach § 1070 Abs. 1 BGB i.V.m. §§ 401-411, 1156, 1158 f. BGB.[1089]

1085 *Maier*, in: Alber/et al., Beck'sches Steuer- und Bilanzrechtslexikon, 2020, „Nießbrauch" Rn. 10.

1086 Anwendbar sind grundsätzlich die Vorschriften nach §§ 1030, 1035, 1036, 1039, 1045-1047, 1049-1055, 1057-1059c, 1059e-1061, 1063-1067 BGB. Dabei ist bei jedem Nießbrauch zu prüfen, ob die Anwendung auf das jeweilig zu belastende Recht geeignet ist. Grundsätzlich sind all diejenigen Vorschriften ausgeschlossen, die die Körperlichkeit des Belastungsgeschäfts voraussetzen. Nicht anwendbar sind die Vorschriften nach §§ 1031-1034, 1037, 1038, 1040-1044, 1056, 1062 BGB. Hierzu *Pohlmann*, in: Säcker et al., MüKo BGB, Bd. 8, 2020, § 1068 Rn. 19; *Heinze*, in: Staudinger, BGB, 2017, § 1068 Rn. 9 ff.

1087 Während § 1070 BGB den Nießbrauch an einem Leistungsrecht behandelt, stellt § 1073 auf den Nießbrauch an einer Leibrente und vergleichbaren Rechten ab. § 1074 BGB bestimmt Regelungen zum Nießbrauch an unverzinslichen Forderungen und § 1076 BGB an verzinslichen Forderungen. Zuletzt werden der Nießbrauch an einer Grund- oder Rentenschuld in § 1080 BGB und der an Inhaber- oder Orderpapieren in § 1081 BGB ausgearbeitet.

1088 In den Anwendungsbereich von § 1070 BGB fallen nicht nur Forderungen. Vielmehr erfasst er den Nießbrauch an einem schuldrechtlichen sowie auch an einem dinglichen Recht, das den Gläubiger dazu berechtigt, von dem Schuldner ein Tun oder Unterlassen zu verlangen. *Rothe*, in: Ring/Grziwotz/Keukenschrijver, BGB-Sachenrecht, 2016, § 1070 Rn. 1; *Heinze*, in: Staudinger, BGB, 2017, § 1070 Rn. 1.

1089 § 1070 Abs. 1 BGB ist eine partielle Rechtsgrundverweisung auf diejenigen Normen, die das Verhältnis zwischen Schuldner und Erwerber beim Vollrechtserwerb betreffen. Beim Nießbrauch an Inhaber- und Orderpapieren ist zugunsten des

Eine Ansicht vertritt, der Schuldnerschutz sei nur auf Nutzungen des Rechts, insbesondere etwa auf die Entgegennahme von Zinsen beschränkt, da dies das originäre Leistungsrecht des Nießbrauchers sei.[1090] Eine andere Auffassung argumentiert, die Vorschriften seien selbst für den Fall anwendbar, dass der Schuldner die kraft des belasteten Rechts geschuldete Hauptleistung erbringt.[1091] Für die letztere Auffassung spricht der umfassende Schuldnerschutz, den der Gesetzgeber mit der Regelung zum Ausdruck gebracht hat. Wird die Ausübung des Rechtsnießbrauchs nach § 1070 Abs. 2 BGB i.V.m. § 1052 BGB[1092] einem gerichtlichen Verwalter übertragen, gilt die Übertragung erst dann als wirksam, wenn dem Verwalter die Anordnungsmitteilung zugestellt ist oder er positive Kenntnis von der Anordnung erlangt.[1093]

bbb. Zur Grund-/Rentenschuld

In § 1080 BGB wird festgelegt, dass die Vorschriften des Forderungsnießbrauchs entsprechende Anwendung auf den Nießbrauch an einer Grund- oder Rentenschuld finden.[1094] Hieraus folgt, dass dem Nießbraucher einer Grundschuld grundsätzlich die Grundschuldzinsen gebühren. Je nach Verzinslichkeit der Grundschuld gelten die §§ 1074, 1075 BGB bzw. §§ 1076-1079 BGB. Dem Nießbraucher einer Rentenschuld stehen die einzelnen Rentenbeiträge zu. Die Einziehung richtet sich im Einzelnen nach § 1073 BGB.[1095] Nicht erfasst von den

---

Nießbrauchers ein limitierter Schuldnerschutz gemäß § 796 BGB, §§ 364 Abs. 2, 365 HGB, Artt. 16, 17, 40 WG zu verzeichnen. So *Pohlmann*, in: Säcker et al., MüKo BGB, Bd. 8, 2020, § 1070 Rn. 3; *Heinze*, in: Staudinger, BGB, 2017, § 1070 Rn. 3; *Herrler*, in: Palandt, BGB, 2020, § 1070 Rn. 2. Der Leistungsschuldner soll bei der Bestellung des Nießbrauchs durch den Gläubiger keine Verschlechterung seiner Rechtsposition erleiden. *Schulte-Nölke*, in: Schulze et al., BGB, 2019, § 1070 Rn. 1; *Berger*, in: Stürner, Jauernig BGB, 2018, § 1070 Rn. 1.

1090 *Heinze*, in: Staudinger, BGB, 2017, § 1070 Rn. 4.

1091 *Pohlmann*, in: Säcker et al., MüKo BGB, Bd. 8, 2020, 1070 Rn. 2; *Rothe*, in: Ring/Grziwotz/Keukenschrijver, BGB-Sachenrecht, 2016, § 1071 Rn. 3, 6; *Stürner*, in: Soergel, BGB, 2001, § 1074 Rn. 2.

1092 Zur Vorschrift des § 1052 BGB bereits ausführlich S. 235 ff.

1093 *Berger*, in: Stürner, Jauernig BGB, 2018, § 1070 Rn. 2; *Herrler*, in: Palandt, BGB, 2020, § 1070 Rn. 2.

1094 Im Rahmen der Gesetzesentwicklung erschien eine Klarstellung erforderlich, da die Leistung aus dem Grundstück zu erbringen ist und im Gegensatz zu einer Forderung kein persönlicher Schuldner existiert. *Mugdan*, S. 310 Rn. 555.

1095 *Pohlmann*, in: Säcker et al., MüKo BGB, Bd. 8, 2020, § 1080 Rn. 2; *Herrler*, in: Palandt, BGB, 2020, § 1080 Rn. 1.

Regelungen ist die Hypothek. Aufgrund des Akzessorietätsgrundsatzes richtet sich der Nießbrauch an einer Hypothek im Wesentlichen nach der zugrundeliegenden Forderung.[1096]

ccc. Zu Inhaber-/Orderpapieren

Die §§ 1081-1084 BGB statuieren abdingbare Sonderregeln[1097] für Wertpapiere, namentlich für Inhaber- sowie blankoindossierte Orderpapiere.[1098] Nach § 1081 Abs. 1 BGB steht der Besitz des Papiers und weiterer zusammenhängender Papiere gemeinschaftlich dem Eigentümer und dem Nießbraucher zu.[1099] Für den Nießbrauch an Papieren, die sich auf nicht verbrauchbare Sachen beziehen, gelten die §§ 1082, 1083 BGB. Der Nießbraucher hat einen Anspruch auf Hinterlegung. Im Innenverhältnis ist er gegenüber dem Eigentümer zur Einziehung fälligen Kapitals verpflichtet[1100] sowie zur Mitwirkung, wenn Maßnahmen der ordnungsgemäßen Vermögensverwaltung vorzunehmen sind.[1101]

Besteht der Nießbrauch an einem verbrieften Papier, beispielsweise Banknoten und spezielle Geschäftspapiere, findet gleichermaßen die Vorschrift des § 1067 BGB Anwendung. Der Nießbraucher wird Eigentümer. Die Pflicht zum Ersatz von Wertverlusten fällt an, wenn diese auf ein verschuldetes Verhalten des Nießbrauchers bei der Art und Weise der Geschäftsführung zurückzuführen ist.[1102]

1096 *Heinze*, in: Staudinger, BGB, 2017, § 1080 Rn. 4.

1097 *Pohlmann*, in: Säcker et al., MüKo BGB, Bd. 8, 2020, § 1081 Rn. 1; *Herrler*, in: Palandt, BGB, 2020, § 1081 Rn. 1.

1098 Die Vorschriften nach §§ 1081-1083 BGB betreffen Wertpapiere nach §§ 793 ff. BGB (ohne Legitimationspapiere gemäß § 808 BGB), §§ 10 Abs. 1, 24, 278 Abs. 3 AktG, §§ 363 ff. HGB, §§ 15 Abs. 4, 16 Abs. 2, 17 Abs. 2 ScheckG, §§ 12 Abs. 3, 13 Abs. 2, 14 Abs. 2 WG. § 1084 BGB stellt hingegen auf Banknoten ab. *Berger*, in: Stürner, Jauernig BGB, 2018, Anm. zu §§ 1081-1084 Rn. 1 f.; *Schulte-Nölke*, in: Schulze et al., BGB, 2019, § 1081 Rn. 1.

1099 *Herrler*, in: Palandt, BGB, 2020, § 1081 Rn. 1; *Bayer*, in: Westermann et al., Erman BGB, Bd. 2, 2014, § 1081 Rn. 1.

1100 *Reischl*, in: Bamberger et al., BeckOK BGB, 2020, § 1084 Rn. 13.

1101 Zu den Maßnahmen im Einzelnen *Heinze*, in: Staudinger, BGB, 2017, § 1083 Rn. 2 f.

1102 *Mugdan*, S. 311 Rn. 558 f.; *Bayer*, in: Westermann et al., Erman BGB, Bd. 2, 2014, § 1084 Rn. 1.

ddd. Sonstige Rechte

§ 1073 BGB stellt deklaratorisch fest, dass der Nießbrauch an einer Leibrente i.S.v. §§ 759 ff. BGB oder an einem ähnlichen Recht auf wiederkehrende Leistung[1103] ein einheitliches Recht konstituiert.[1104] Der Nießbraucher erhält die Einzugs- und Einbehaltungsberechtigung an den einzelnen fortlaufenden Leistungen als Nutzungen[1105] gemäß §§ 1030, 1068 Abs. 2, 99 Abs. 2 BGB[1106] und nimmt sie damit als eigene Leistungen entgegen.[1107] Dies unterscheidet sich vom abzugrenzenden Rechtserwerb an einer Mehrzahl bedingter oder befristeter Forderungsrechte, wie ihn die §§ 1074 ff. BGB vorsehen.[1108] Der Nießbraucher erhält dabei eine umfassende Einzugsberechtigung, erwirbt jedoch ausschließlich das Nießbrauchsrecht an der geleisteten Geldsumme. Das Gesetz sieht beim Nießbrauch an einer unverzinslichen Forderung gemäß § 1074 BGB vor, dass der Nießbraucher in eine gläubigerähnliche Rechtsposition eintritt.[1109]

1103 *Pohlmann*, in: Säcker et al., MüKo BGB, Bd. 8, 2020, § 1073 Rn. 2; *Heinze*, in: Staudinger, BGB, 2017, § 1072 Rn. 4-6; *Reischl*, in: Bamberger et al., BeckOK BGB, 2020, § 1073 Rn. 3-5.

1104 *Mugdan*, S. 303 Rn. 543; *Heinze*, in: Staudinger, BGB, 2017, § 1072 Rn. 1.

1105 Der Nießbraucher wird Gläubiger der Einzelansprüche, hierzu ausführlich *Rothe*, in: Ring/Grziwotz/Keukenschrijver, BGB-Sachenrecht, 2016, § 1073 Rn. 1.

1106 *Reischl*, in: Bamberger et al., BeckOK BGB, 2020, § 1073 Rn. 1 f.

1107 Dem Nießbraucher steht insofern ein eigenes Recht zur gerichtlichen Geltendmachung zu. *Schulte-Nölke*, in: Schulze et al., BGB, 2019, § 1073 Rn. 1.

1108 Eine vertiefte Auseinandersetzung mit dem umstrittenen Verhältnis von Leibrentenstammrecht und Einzelleistungen kann an dieser Stelle unterbleiben. Hierzu *Mayer*, in: Staudinger, BGB, 2015, Vorbemerkung zu §§ 759-761 Rn. 25 ff. Eine vorherrschende Literaturmeinung kategorisiert die Einzelleistung aus der Leibrente als Erträge des Stammrechts, während wiederkehrende Leistungen als Kapitalanteile anzusehen seien. *Herrler*, in: Palandt, BGB, 2020, § 1073 Rn. 1. Zum Nießbrauch nach den §§ 1074 ff. BGB im Einzelnen *Mugdan*, S. 303 Rn. 543; *Heinze*, in: Staudinger, BGB, 2017, § 1072 Rn. 1.

1109 Aus der gesetzlichen Systematik ergibt sich, dass es sich bei §§ 1074, 1075 BGB um Normen betreffend den Nießbrauch an ausschließlich unverzinslichen Forderungen handelt. *Reischl*, in: Bamberger et al., BeckOK BGB, 2020, § 1074 Rn. 1; *Schulte-Nölke*, in: Schulze et al., BGB, 2019, § 1074 Rn. 1.

Neben der Einziehungsermächtigung (§ 1074 S. 2 BGB)[1110] ist er zur Kündigung (§ 1074 S. 1 BGB) berechtigt.[1111] Eine Verfügungsbefugnis (§ 1074 S. 3 BGB) wird ihm beschränkt zugesprochen.[1112] Bei verzinslichen Forderungen sind gemäß § 1076 BGB die Sondervorschriften der §§ 1077-1079 BGB einschlägig.[1113] Nach § 1077 BGB wird das Recht zur Kündigung und Einziehung der belasteten Forderung dem Nießbraucher und Gläubiger gemeinschaftlich zugewiesen.[1114] Im Innenverhältnis sind sich Nießbraucher und Gläubiger nach § 1078 BGB zur wechselseitigen Mitwirkung verpflichtet.[1115] Darüber hinaus ist nach § 1079 BGB auch die gemeinsame Mitwirkung zur Anlegung des geleisteten Kapitals geschuldet, um dem Nießbraucher den Zinsgenuss[1116] zu ermöglichen.[1117] Der Nießbrauchserwerb erfolgt hieran jedoch nicht *ipso iure*, sondern vielmehr aufgrund eines eigenständigen Bestellungsakts.[1118]

1110 Ist der Nießbrauch wirksam bestellt und hat der Schuldner hiervon Kenntnis, kann er seine Schuld nur gegenüber dem Nießbraucher mit befreiender Rechtswirkung begleichen. *Pohlmann*, in: Säcker et al., MüKo BGB, Bd. 8, 2020, § 1075 Rn. 2.

1111 Weiterhin darf der Nießbraucher mahnen, nach § 1282 BGB analog klagen und vollstrecken. *Berger*, in: Stürner, Jauernig BGB, 2018, Anm. zu §§ 1074-1080 Rn. 2.

1112 *Pohlmann*, in: Säcker et al., MüKo BGB, Bd. 8, 2020, § 1074 Rn. 3.

1113 Der Regelungsinhalt der §§ 1074, 1075 BGB wird entsprechend eingeschränkt. Hierzu *Pohlmann*, in: Säcker et al., MüKo BGB, Bd. 8, 2020, § 1076 Rn. 1.

1114 *Bayer*, in: Westermann et al., Erman BGB, Bd. 2, 2014, § 1077 Rn. 1.

1115 *Reischl*, in: Bamberger et al., BeckOK BGB, 2020, § 1078 Rn. 1. Die Mitwirkung erfasst ggf. auch das Einklagen der Forderung, wobei Nießbraucher und Gläubiger von der vorherrschenden Literaturauffassung als notwendige Streitgenossen gemäß § 62 Var. 1 ZPO angesehen werden. So *Herrler*, in: Palandt, BGB, 2020, § 1078 Rn. 1; *Heinze*, in: Staudinger, BGB, 2017, § 1078 Rn. 3; *Reischl*, in: Bamberger et al., BeckOK BGB, 2020, § 1078 Rn. 3; anders *Pohlmann*, in: Säcker et al., MüKo BGB, Bd. 8, 2020, § 1078 Rn. 3; zum Meinungsstand *Bayer*, in: Westermann et al., Erman BGB, Bd. 2, 2014, § 1077 Rn. 1.

1116 Der Nießbrauch an einer verzinslichen Forderung ist auf den Zinsgenuss ausgerichtet. Der vorübergehende Zustand, der durch die Leistung des Schuldners nach § 1078 BGB entstanden ist, soll beendet werden. *Heinze*, in: Staudinger, BGB, 2017, § 1079 Rn. 1.

1117 Es ist eine mündelsichere Anlegung entsprechend §§ 1806, 1807 BGB i.V.m. Art. 212 EGBGB nach Wahl des Nießbrauchers vorzunehmen. *Pohlmann*, in: Säcker et al., MüKo BGB, Bd. 8, 2020, § 1079 Rn. 2.

1118 *Bayer*, in: Westermann et al., Erman BGB, Bd. 2, 2014, § 1079 Rn. 1; *Herrler*, in: Palandt, BGB, 2020, § 1079 Rn. 1; *Berger*, in: Stürner, Jauernig BGB, 2018, Anm. zu §§ 1074-1080 Rn. 5.

bb. Schutzvorschriften und Folgeansprüche

Eine der wichtigsten Rechtsnormen, die der Aushöhlung des Rechtsnießbrauchs präventiv entgegenwirken, ist § 1071 BGB.[1119] Der Untergang des belasteten Rechts führt zwangsläufig zum Erlöschen des Nießbrauchs als dem Recht unmittelbar anhaftende Belastung. Jede vom Forderungsinhaber vorzunehmende rechtsgeschäftliche Aufhebung (§ 1071 Abs. 1 S. 1 BGB)[1120] oder nießbrauchsbeeinträchtigende Modifikation (§ 1071 Abs. 2 BGB)[1121] ist an die Zustimmung des Nießbrauchers geknüpft.[1122] Die Rechtsfolge ist umstritten. Eine Ansicht vertritt, bei einer fehlenden Zustimmung des Nießbrauchers zur Vornahme des Rechtsgeschäfts sei von der absoluten Unwirksamkeit *ipso iure* auszugehen.[1123] Eine andere Ansicht hingegen nimmt an, die Unwirksamkeit äußere sich allein im Relativitätsverhältnis.[1124] Die Regelung des § 1071 BGB gilt dem Schutz des Nießbrauchers. Sinn und Zweck der Norm ist es, dass der Rechtskreis des Nießbrauchers geschützt wird und der Verfügende bei einem Eingriff in dessen Rechte nicht profitieren soll. Wie weit der Sanktionscharakter reicht, ist indes eine Wertungsfrage und kann mangels eines eindeutigen Wortlautes argumentativ in beide Richtungen gestützt werden.[1125] Eine Zustimmung kann gemäß § 1071 Abs. 1 S. 3 BGB i.V.m. § 867 S. 3 BGB um die Erbringung einer

---

1119 *Reischl*, in: Bamberger et al., BeckOK BGB, 2020, § 1071 Rn. 1.

1120 Vereinigen sich Schuld und Forderung sowie die Übertragung einer mit dem Nießbrauch belasteten Gesellschaftsbeteiligung in einer Person, die sämtliche der übrigen Anteile hält, ist keine Zustimmung erforderlich, da der Anspruch bzw. die Beteiligung nicht untergehen. *Reischl*, in: Bamberger et al., BeckOK BGB, 2020, § 1071 Rn. 3 BGB mit Bezug auf RGZ 77, 254.

1121 Hiervon unberührt ist der Wechsel der Rechtsinhaberschaft *Berger*, in: Stürner, Jauernig BGB, 2018, § 1071 Rn. 2, § 1068 Rn. 1.

1122 *Berger*, in: Stürner, Jauernig BGB, 2018, § 1071 Rn. 1; *Pohlmann*, in: Säcker et al., MüKo BGB, Bd. 8, 2020, § 1071 Rn. 9.

1123 Die Ansicht begründet dies mit dem Gesetzeswortlaut sowie der normativen Entstehungsgeschichte. *Heinze*, in: Staudinger, BGB, 2017, § 1071 Rn. 2.

1124 *Pohlmann*, in: Säcker et al., MüKo BGB, Bd. 8, 2020, § 1071 Rn. 12; *Stürner*, in: Soergel, BGB, 2001, § 1071 Rn. 1; *Berger*, in: Stürner, Jauernig BGB, 2018, § 1071 Rn. 1; *Herrler*, in: Palandt, BGB, 2020, § 1071 Rn. 1; *Rothe*, in: Ring/Grziwotz/Keukenschrijver, BGB-Sachenrecht, 2016, § 1071 Rn. 1; *Bayer*, in: Westermann et al., Erman BGB, Bd. 2, 2014, § 1071 Rn. 2; *Enneccerus/Wolff/Raiser*, Sachenrecht, 1957, § 39 IV, § 120 VI 4.

1125 *Reischl*, in: Bamberger et al., BeckOK BGB, 2018, § 1071 Rn. 7; *Bayer*, in: Westermann et al., Erman BGB, Bd. 2, 2014, § 1071 Rn. 2.

Sicherheitsleistung aufschiebend bedingt sein. Wird eine Zustimmung erteilt, ist sie nach § 1071 Abs. 1 S. 2 Hs. 2 BGB unwiderruflich.[1126]

Nach § 1072 BGB finden die im Rahmen des Sachnießbrauchs genannten Beendigungsvarianten, u.a. die Vorschriften der §§ 1063, 1064 BGB, auf den Rechtsnießbrauch entsprechend Anwendung.[1127] Als Ausnahme von §§ 875, 889 BGB gilt auch hier, dass der Rechtsnießbrauch durch einseitige Aufhebungserklärung[1128] erlischt sowie durch Konsolidation, wenn die Rechtspositionen in einer Person vereinigt werden.[1129]

cc. Rechte und Pflichten beim Nießbrauch an Gesellschaftsanteilen

Wie anfänglich ausgeführt, bilden Rechte häufig eine „sichere", belastbare Vermögensquelle. Es ergibt daher Sinn, dass auch Gesellschaftsanteile mit einem Unternehmensnießbrauch belastet werden. Im Folgenden werden die sich hieraus ergebenden Rechte und Pflichten untersucht.[1130] Vorab ist in einem Kurzüberblick auf grundlegende Aspekte einzugehen, die den Nießbrauch an Gesellschaftsanteilen von Personen- sowie Kapitalgesellschaften ausmachen.

aaa. Allgemeine Ausführungen

Ein Gesellschaftsanteil wird verstanden als Inbegriff der Gesellschaftsmitgliedschaft und setzt sich zusammen aus der Bündelung unterschiedlicher Rechte. Als einheitliches Recht ist der Gesellschaftsanteil dem Nießbrauch zugänglich.[1131] Die Vorschriften zum Rechtsnießbrauch sind anwendbar.

1126 *Berger*, in: Stürner, Jauernig BGB, 2018, § 1071 Rn. 1.

1127 *Berger*, in: Stürner, Jauernig BGB, 2018, § 1072 Rn. 1, vor § 1030 Rn. 5.

1128 Beim Nießbrauch an einem Grundstücksrecht reicht bereits die einseitige Aufgabeerklärung gegenüber dem Rechtsinhaber bzw. Besteller aus, um das Nießbrauchsrecht zum Erlöschen zu bringen. Eine Erklärung gegenüber dem Grundbuchamt ist obsolet. So *Berger*, in: Stürner, Jauernig BGB, 2018 § 1072 Rn. 1.

1129 *Heinze*, in: Staudinger, BGB, 2017, § 1072 Rn. 1; *Reischl*, in: Bamberger et al., BeckOK BGB, 2018, § 1072 Rn. 3-5.

1130 Obgleich steuerrechtliche Gesichtspunkte nicht zu verkennen sind, konzentriert sich die Darlegung auf die gesellschafts- und sachenrechtlichen Aspekte, namentlich die Zulässigkeit, Bestellung und Ausgestaltung sowie einzelne Rechtsprobleme.

1131 BGHZ 58, 316 ff.; *Herrler*, in: Palandt, BGB, 2020, § 1068 Rn. 5; *Stürner*, in: Soergel, BGB, 2001, § 1068 Rn. 7e, 7f; *Pohlmann*, in: Säcker et al., MüKo BGB, Bd. 8, 2020, § 1068 Rn. 20; *Reischl*, in: Bamberger et al., BeckOK BGB, 2020, § 1068 Rn. 4; *Lemke*, in: Ring/Grziwotz/Keukenschrijver, BGB-Sachenrecht, 2016, § 1068 Rn. 8; *K. Schmidt*, in: K. Schmidt, MüKo HGB, Bd. 3, 2019, Vor § 230 Rn. 14; *K. Schmidt*, Gesellschaftsrecht, S. 1822 f.; *Psaroudakis*, in: Heidel/Schall, HGB, 2019, § 109 Rn. 15;

(1) Zum Gesellschaftsanteil einer Personengesellschaft

Die Rechtsliteratur hat den Nießbrauch am Gesellschaftsanteil einer Personengesellschaft ohne bisher höchstrichterliche Entscheidung als zulässig anerkannt.[1132] Die grundsätzliche Unübertragbarkeit des Gesellschaftsanteils eines Gesellschafters aus einer GbR gemäß § 719 Abs. 1 BGB[1133] steht dem nicht entgegen. Die Mitgliedschaft verbleibt nämlich originär beim Gesellschafter und es erfolgt lediglich eine Belastung des Nutzungsrechts aus dem Gesellschaftsanteil.[1134]

Nicht unproblematisch ist hingegen das Verhältnis zum Abspaltungsverbot. Diesem zufolge sind vereinzelte Ansprüche[1135] aus der Mitgliedschaft und

---

Lieder, in: Oetker, HGB, 2019, § 105 Rn. 40; *Schlitt/Bortfeldt,* in: Reichert, GmbH & Co. KG, 2015, § 39 Rn. 8; *Bode*, in: Heuermann/Brandis, Blümich EStG, 2019, § 15 EStG Rn. 364; *Levedag/Obser*, in: Gummert/Weipert, Münchener Handbuch des Gesellschaftsrechts, Bd. 2, 2019, § 59 Rn. 199; *Schön*, ZHR 1994, 229, 237 f.; *Frank*, MittBayNot 2010, 96, 96; *Wälzholz*, DStR 2010, 1786, 1786; *Sprau,* in: Palandt, BGB, 2020, § 717 Rn. 1; *Habersack*, S. 106.

1132 In einer Auseinandersetzung mit Einzelproblematiken zum Nießbrauch an Gesellschaftsanteilen an einer GbR: BGH MittRhNotK 1999, 250 ff.; LG Hamburg NZG 2005, 926; an einer OHG: BFH NJW 1996, 414; OLG Nürnberg NZG 2013, 750; an einer KG: OLG Hamm DNotI-Report 2001, 101; LG Oldenburg, DNotI-Report 2008, 166; LG Hagen BeckRS 2009, 22935; OLG Stuttgart NZG 2013, 432; BFH NZG 2015, 1207. Zur Zulässigkeit des Nießbrauchs an einem Gesellschaftsanteil im Übrigen *Heinze*, in: Staudinger, BGB, 2017, Anh. zu §§ 1068 f. Rn. 47; *Herrler,* in: Palandt, BGB, 2020, § 1068 Rn. 4; *Bayer,* in: Westermann et al., Erman BGB, Bd. 2, 2014, § 1069 Rn. 7; *Stürner* in: Stürner, Jauernig BGB, 2018, Anm. zu §§ 718-720 Rn. 9; *K. Schmidt*, in: K. Schmidt, MüKo HGB, Bd. 3, 2019, Vor § 230 Rn. 14; *Kindler,* in: Koller et al., HGB, 2019, § 105 Rn. 23; *Roth,* in: Baumbach/Hopt, HGB, 2020, § 105 Rn. 44; *Escher/Haag,* in: Gummert/Weipert, Münchener Handbuch des Gesellschaftsrechts, Bd. 2, 2019, § 27 Rn. 20 f.; *Stenger,* in: Sudhoff, Unternehmensnachfolge, 2005, § 34 Rn. 19; *Wälzholz*, DStR 2010, 1786; *Frank*, MittBayNot 2010, 96.

1133 Zu unterscheiden ist dieser vom Nießbrauch an übertragbaren Ansprüchen eines Gesellschafters nach § 717 S. 2 BGB, welcher ohne Zustimmung der Mitgesellschafter bestellt werden kann, sowie vom Nießbrauch an Einzelgegenständen, welcher von der Gesellschaft als Besteller eingeräumt wird. Hierzu *K. Schmidt*, in: K. Schmidt, MüKo HGB, Bd. 3, 2019, Vor § 230 Rn. 15.

1134 Es ist ausdrücklich von der Rechtskonstellation zu differenzieren, in der ein Nießbraucher an einem Gesellschaftsanteil, kraft Parteivereinbarung, in die Rechtsposition des Gesellschafters eintreten soll. *Fichtelmann*, DStR 74, 299, 307 ff.

1135 Es umfasst die wesentlichen Verwaltungsrechte, namentlich Stimmrechte, Geschäftsführungsbefugnis mit Widerspruchsrecht, Vertretungsmacht, Kontrollrecht, Informations- und Auskunftsrecht, Kündigungsrecht, *actio pro socio*

mithin aus dem Gesellschaftsverhältnis unübertragbar.[1136] Bei der Gesellschaft bürgerlichen Rechts ergibt sich dies aus § 717 S. 1 BGB und bei der OHG und KG aus § 105 Abs. 3 HGB bzw. § 161 Abs. 2, 105 Abs. 3 HGB.[1137] Auch das Nutzungsrecht aus dem Gesellschaftsanteil darf grundsätzlich nicht einem von der Person des Gesellschafters abweichenden Dritten übertragen werden. Personengesellschaften sind geprägt vom personellen Bestand und gegenseitigen Vertrauen. Das Gesetz stellt daher auf die individuelle Beitragsleistung der Gesellschafter ab und sieht die Selbstorganschaft, d.h. die eigene Geschäftsführung und -vertretung, vor. Grundsätzlich sind die Mitgliedschaftsrechte allein vom Gesellschafter auszuüben[1138] und sollen nicht von einem Dritten ausgeübt werden. Die Einzelbefugnisse, die sich aus den Verwaltungsrechten ergeben, sollen innerhalb der Gesamthandsgemeinschaft höchstpersönlich ausgeführt werden. Die Regelung des § 717 Abs. 1 BGB stellt zwingendes Recht dar.[1139] Mithin ist die grundsätzliche Unantastbarkeit der gebündelten Gesellschafterrechte im Innenverhältnis festzustellen.

Nach einhelliger Auffassung steht indes auch das Abspaltungsverbot dem Nießbrauch nicht entgegen. Kraft des Bestellungsaktes wird nämlich eine dingliche Rechtsgemeinschaft zwischen Besteller und Nießbraucher gegründet. Diese entzieht den Nießbraucher einer gesellschaftsfremden Sphäre.[1140] Er ist dadurch

---

und Mitwirkungsrecht bei Liquidation. Nach § 717 Abs. 2 BGB sind Vermögensrechte hiervon nicht erfasst. *Heidel,* in: Dauner-Lieb/Langen, BGB, Bd. 2/2, 2016, § 717 Rn. 2

1136 *Heinze,* in: Staudinger, BGB, 2017, Anh. zu §§ 1068 f. Rn. 48.

1137 Das Abspaltungsverbot ist ein universeller Grundsatz, der die mitgliedschaftliche Selbstbestimmung sowie Verkehrsinteressen schützt. So *Verse,* in: Henssler/Strohn, Gesellschaftsrecht, 2019, § 14 GmbHG Rn. 44 f. Hierzu auch *Schöne,* in: Bamberger et al., BeckOK BGB, 2020, § 717 Rn. 7-18; *Enzinger,* in: K. Schmidt, MüKo HGB, Bd. 2, 2016, § 109 Rn. 12 f.; *Heidel,* in: Dauner-Lieb/Langen, BGB, Bd. 2/2, 2016, § 717 Rn. 2, 3; *K. Schmidt,* Gesellschaftsrecht, 2002, S. 560 f.; *Escher/Haag,* in: Gummert/Weipert, Münchener Handbuch des Gesellschaftsrechts, Bd. 2, 2019, § 27 Rn. 18; *Weipert,* in: Ebenroth et al., HGB, Bd. 1, 2020, § 163 Rn. 8 f.; *Lieder,* in: Oetker, HGB, 2019, § 109 Rn. 18-21; *Wilhelmi,* in: Ziemons/Jaeger/Pöschke, BeckOK GmbHG, 2020, § 14 Rn. 51.

1138 *Saenger,* in: Schulze et al., BGB, 2019, § 717 Rn. 1.

1139 BGHZ 3, 354, 356 f.; BGHZ 20, 363, 364; BGHZ 33, 105, 108; BGHZ 36, 292, 293; *Schäfer,* in: Säcker et al., MüKo BGB, Bd. 6, 2017, § 717 Rn. 7; *Westermann,* in: Westermann et al., Erman BGB, Bd. 1, 2014, § 717 Rn. 3.

1140 Vgl. *Ulmer,* in: Goerdeler/*et al.*, FS Fleck 1988, S. 387; *Pohlmann,* in: Säcker et al., MüKo BGB, Bd. 8, 2020, § 1068 Rn. 40; *Roth,* in: Baumbach/Hopt, HGB, 2020, § 105 Rn. 44; *Frank,* MittBayNot 2010, 96, 96; *Schön,* ZHR 1994, 229, 252 f.

nicht Dritter im gesetzlichen Sinne und darf ein Nutzungsrecht für sich geltend machen.

(2) Zum Gesellschaftsanteil einer Kapitalgesellschaft

Die Gesellschaftsanteile einer Kapitalgesellschaft sind grundsätzlich frei übertragbar. Dies ergibt sich im GmbH-Recht aus § 15 Abs. 1 GmbHG und im Aktienrecht aus § 68 AktG.[1141] Im Gegensatz zu Personengesellschaften sind sie nicht auf den personellen Bestand, sondern zentral auf Gewinnerzielung und -maximierung durch Verfolgung des Gesellschaftszwecks ausgerichtet. Der Austritt eines GmbH- oder AG-Gesellschafters aus der Gesellschaft erfolgt *ipso iure* mit der Übertragung des Anteils.[1142]

Aus der freien Übertragbarkeit eines Gesellschaftsanteils resultiert, dass die Belastung mit einem Nießbrauch als rechtlichem Minus erst recht zulässig ist und die weitere Übertragung unter Vorbehalt des Nießbrauchs erfolgen darf.[1143]

1141 Zum Grundsatz der freien Übertragbarkeit im GmbH-Recht *Damrau,* in: Säcker et al., MüKo BGB, Bd. 8, 2020, § 1274 Rn. 51 f.; *Reichert/Weller*, in: Fleischer/Goette, MüKo GmbHG, Bd. 1, 2018, § 15 Rn. 4-6; *Wicke*, GmbHG, 2016, § 15 Rn. 30; *Buchholz,* MittRhNotK 1999, 1, 4 f.; *Blasche,* RNotZ 2013, 515, 516. Zum Grundsatz der freien Übertragbarkeit im Aktienrecht mit der Ausnahme der Vinkulierung von Namensaktien nach § 68 Abs. 2 S. 1 AktG *Cahn,* in: Spindler/Stilz, AktG, 2019, § 68 Rn. 28; *Sailer-Coceani,* in: Hoffmann-Becking, Münchener Handbuch des Gesellschaftsrechts, Bd. 4, 2015, § 14 Rn. 14-16; *Ekkenga,* in: Zöllner/Noack, Kölner Kommentar AktG, Bd. 4-1, 2017, § 186 Rn. 22 f.

1142 Die Übertragung eines GmbH-Geschäftsanteils erfolgt mittels Abtretung gemäß §§ 413, 398 ff. BGB. *Wilhelmi,* in: Ziemons/Jaeger/Pöschke, BeckOK GmbHG, 2020, § 15 Rn. 97 ff.; *Servatius,* in: Baumbach/Hueck, GmbHG, 2019, § 15 Rn. 24 f. Dasselbe gilt grundsätzlich für das Mitgliedschaftsrecht an einer Aktiengesellschaft. Ist das Mitgliedschaftsrecht in Form einer Inhaber- oder Namensaktie verbrieft, ist eine Übereignung nach sachenrechtlichen Grundsätzen gemäß §§ 929 ff. BGB notwendig. *Vatter,* in: Spindler/Stilz, AktG, 2019, § 10 Rn. 50, 52, 55 f.; *Sailer-Coceani,* in: Hoffmann-Becking, Münchener Handbuch des Gesellschaftsrechts, Bd. 4, 2015, § 14 Rn. 5; *Mentz/Fröhling,* NZG 2002, 201, 202, 203; *Eder,* NZG 2004, 107, 108, 109.

1143 *Heinze*, in: Staudinger, BGB, 2017, Anh. zu §§ 1068 f. Rn. 57, 94, 108; *Pohlmann*, in: Säcker et al., MüKo BGB, Bd. 8, 2020, § 1068 Rn. 40 f.; *Herrler,* in: Palandt, BGB, 2020, § 1068 Rn. 2 f.; *K.Schmidt*, in: K. Schmidt, MüKo HGB, Bd. 3, 2019, Vor § 230 Rn. 25, 29, 94 ff.; *Wicke,* GmbHG, 2016, § 15 Rn. 30; *Altmeppen,* in: Altmeppen, GmbHG, 2019, § 15 Rn. 51; *Görner,* in: Rowedder/Schmidt-Leithoff, GmbHG, 2017, § 15 Rn. 85 f.; *Brandes,* in: Bork/Schäfer, GmbHG, 2019, § 15 Rn. 58 f.; *Wolf/Wellenhofer,* Sachenrecht, 2017, § 30 Rn. 11; *Sailer-Coceani,* in: Hoffmann-Becking, Münchener Handbuch des Gesellschaftsrechts, Bd. 4, 2015, § 14 Rn. 14-16; *Maier,*

Die Reichweite der Belastung eines Gesellschaftsanteils kann jedoch im Gleichlauf mit der Verfügungsbefugnis des Gesellschafters eingeschränkt werden. Ist die Übertragbarkeit eines GmbH-Geschäftsanteils gesellschaftsvertraglich ausgeschlossen, scheidet auch die Bestellung eines Nießbrauchs aus.[1144]

Besteht ein gesellschaftsvertragliches Zustimmungserfordernis hinsichtlich der Übertragung gemäß § 15 Abs. 5 GmbHG bzw. der Vinkulierung einer Namensaktie gemäß § 68 Abs. 2 S. 1 AktG,[1145] ist eine Zustimmung bei der Nießbrauchsbestellung entsprechend erforderlich.[1146] Das gesellschaftsrechtliche Abspaltungsverbot gilt auch im Kapitalgesellschaftsrecht.[1147] Der Nießbrauch an einem Kapitalgesellschaftsanteil stößt insoweit auch hier nicht auf Bedenken, da der Nießbraucher in seiner Rechtsposition als dinglich Berechtigter an der Mitgliedschaft kein gesellschaftsfremder Dritter ist.[1148]

---

in: Alber/et al., Beck'sches Steuer- und Bilanzrechtslexikon, 2020, „Nießbrauch" Rn. 43; *von Oertzen/Helios*, ZEV 2004, 485; *Barry*, RNotZ 2014, 401, 405.

1144 Eine Kapitalgesellschaft kann für sich selbst bestimmen, ob, trotz des Grundsatzes zur freien Übertragbarkeit der Gesellschaftsanteile, die Belastung mit einem Nießbrauch an weitere beschränkende Voraussetzungen zu knüpfen ist. *Heinze*, in: Staudinger, BGB, 2017, Anh. zu §§ 1068 f. Rn. 94; *Fricke*, GmbHR 2008, 739, 741.

1145 *Cahn*, in: Spindler/Stilz, AktG, 2019, § 68 Rn. 27; *Koch*, in: Hüffer, AktG, 2020, § 55 Rn. 7. Vgl. auch *Drescher*, in: Fleischer/Goette, MüKo GmbHG, Bd. 2, 2019, § 47 Rn. 60; *Reischl*, in: Bamberger et al., BeckOK BGB, 2020, § 1069 Rn. 20.

1146 *Bayer*, in: Westermann et al., Erman BGB, Bd. 2, 2014, § 1081 Rn. 6; *Wicke*, GmbHG, 2016, § 15 Rn. 30; *Heinze*, in: Staudinger, BGB, 2017, Anh. zu §§ 1068 f. Rn. 94, 108; *Stürner*, in: Soergel, BGB, 2001, § 1068 Rn. 8; *Servatius*, in: Baumbach/Hueck, GmbHG, 2019, § 15 Rn. 52; *Reischl*, in: Bamberger et al., BeckOK BGB, 2020, § 1069 Rn. 20; *Meyer*, S. 26; zur wenig vertretenen Gegenauffassung *Barry*, RNotZ 2014, 401, 406.

1147 *Verse*, in: Henssler/Strohn, Gesellschaftsrecht, 2019, § 14 GmbHG Rn. 44 f. Hierzu auch *Schöne*, in: Bamberger et al., BeckOK BGB, 2020, § 717 Rn. 6-18; *Enzinger*, in: K. Schmidt, MüKo HGB, Bd. 2, 2016, § 109 Rn. 12 f.; *Heidel*, in: Dauner-Lieb/Langen, BGB, Bd. 2/2, 2016, § 717 Rn. 2, 3; *K. Schmidt*, Gesellschaftsrecht, 2002, S. 560 f.; *Escher/Haag*, in: Gummert/Weipert, Münchener Handbuch des Gesellschaftsrechts, Bd. 2, 2019, § 27 Rn. 18; *Weipert*, in: Ebenroth et al., HGB, Bd. 1, 2020, § 163 Rn. 8 f.; *Lieder*, in: Oetker, HGB, 2019, § 109 Rn. 18-21; *Wilhelmi*, in: Ziemons/Jaeger/Pöschke, BeckOK GmbHG, 2020, § 14 Rn. 51.

1148 *Pohlmann*, in: Säcker et al., MüKo BGB, Bd. 8, 2020, § 1068 Rn. 27, 40; *Barry*, RNotZ 2014, 401, 405.

(3) *Praktische Ausgestaltung*

Im Bereich des Nießbrauchs an Gesellschaftsanteilen sind zahlreiche Fragen zur rechtlichen Ausgestaltung umstritten.

(a) *Belastung des sog. Gewinnstammrechts*

Eine ältere Auffassung nahm an, der Nießbrauch am Gesellschaftsanteil sei mit dem Nießbrauch an einem sog. Gewinnstammrecht gleichzusetzen.[1149] Dabei handle es sich um ein von der Mitgliedschaft losgelöstes, eigenes dinglich belastbares Recht. Der Nießbraucher wäre auf diese Weise vor Verfügungen des Gesellschafters geschützt und erlange gemäß § 1073 BGB analog einen eigenen Gewinnauszahlungsanspruch.

Die Mitgliedschaftsrechte unterlägen weiterhin der Ausübung durch den Anteilsinhaber.[1150] Nach heutiger Auffassung wird ein derartiges Rechtskonstrukt abgelehnt. Es sei keiner gesetzlichen Grundlage zu entnehmen, dass ein solches Gewinnstammrecht existiere. Zudem stelle gerade die separate Bestellung des Nießbrauchs an einem Gewinnstammrecht einen Verstoß gegen das Abspaltungsverbot dar.[1151] Das Konstrukt eines Gewinnstammrechts sei im Übrigen obsolet, da Nießbrauch am Gesellschaftsanteil als zulässig anerkannt sei.[1152]

(b) *Vollübertragung mit Treuhand*

Zum Teil wurde und wird noch immer vertreten, der Nießbraucher erlange für die Laufzeit der Nießbrauchsvereinbarung die volle Gesellschafterstellung im Außenverhältnis. Im Innenverhältnis sei er an eine schuldrechtliche, auf die Nutznießung limitierende Treuhandvereinbarung mit dem Besteller gebunden

---

1149 So *Siebert*, BB 1956, 1126; *Sudhoff*, NJW 1971, 481, 483; *Fichtelmann*, DStR 74, 299, 306; vgl. *Barry*, RNotZ 2014, 401, 403.

1150 *Bode*, in: Heuermann/Brandis, Blümich EStG, 2019, § 15 EStG Rn. 364 f. Ablehnend zur Existenz eines solchen Gewinnstammrechts *Janssen/Nickel*, S. 29.

1151 *Bode*, in: Heuermann/Brandis, Blümich EStG, 2019, § 15 EStG Rn. 364 f.

1152 *Pohlmann*, in: Säcker et al., MüKo BGB, Bd. 8, 2020, § 1068 Rn. 31; *K. Schmidt*, in: K. Schmidt, MüKo HGB, Bd. 3, 2019, Vor § 230 Rn. 14; *Escher/Haag*, in: Gummert/Weipert, Münchener Handbuch des Gesellschaftsrechts, Bd. 2, 2019, § 27 Rn. 32 f.; *Stuhlfelner*, in: Glaenegger et al., Heidelberger Kommentar HGB, 2007, § 122 Rn. 4; *Wertenbruch*, in: Ebenroth et al., HGB, Bd. 1, 2020, § 105 Rn. 301; *Petzoldt*, GmbHR 80, 197; *Herrler*, in: Palandt, BGB, 2020, § 1068 Rn. 6; *Barry*, RNotZ 2014, 401, 403. Kritisch BFH NJW 1976, 1656.

und dürfe nur einen spezifischen Ertragsanteil für sich einnehmen.[1153] Diese Betrachtung ist grundsätzlich mit dem Charakter des Nießbrauchs vereinbar.[1154] Auch kann eine individualvertragliche Vereinbarung ebendiese Ausgestaltung vorsehen.[1155]

Indes stimmen die Vollübertragung der Gesellschafterstellung im Außenverhältnis sowie die Treuhandbindung im Innenverhältnis nicht mit dem gesetzlichen Verständnis des Nießbrauchs überein. Vielmehr widerspricht es der Rechtsfolge, dass die Mitgliedschaft als unmittelbares Nutzungsrecht und nicht allein ein Recht an einer Mitgliedschaft auf den Nießbraucher übergehen soll.[1156] Im Übrigen entstammt diese Treuhandlösung einer Zeit, in der die Zulässigkeit des Nießbrauchs am Anteil einer Personengesellschaft noch umstritten war. Insofern ist auch dieses Rechtskonstrukt hinfällig.[1157]

(c) Belastung der Gesamtmitgliedschaft

Unter dem Nießbrauch an einem Gesellschaftsanteil ist nach dem einhelligen, gegenwärtigen Rechtsverständnis die originäre, dingliche Belastung des Anteils an einer Gesamtmitgliedschaft zu verstehen.[1158] Bei einer Personengesellschaft geht das gesamte Mitgliedschaftsrecht als unmittelbare Nutzung umfassend auf den Nießbraucher über. Die Rechtsposition des Bestellers als Gesellschafter bleibt unangetastet.[1159] Der Nießbraucher wird ausdrücklich nicht Gesellschafter. Bei der Aktiengesellschaft bezieht sich der Nießbrauch nicht unmittelbar auf

---

1153 *Bode*, in: Heuermann/Brandis, Blümich EStG, 2019, § 15 EStG Rn. 364; *Heinze*, in: Staudinger, BGB, 2017, Anh. zu §§ 1068 f. Rn. 54; *Schulze zur Wiesche*, in: Breithaupt/Ottersbach, Kompendium Gesellschaftsrecht, 2010, G. § 1 Rn. 92; *Barry*, RNotZ 2014, 401, 403.

1154 BGH MDR 1975, 225 ff.

1155 Es sprechen steuerrechtliche Erwägungen für die Treuhandvariante (hierzu S. 103 ff.), da die auf den Gesellschaftsanteil fallenden Gewinne zwischen Nießbraucher und Besteller gleichmäßig aufzuteilen und entsprechend zu versteuern sind. So *Schulze zur Wiesche*, in: Breithaupt/Ottersbach, Kompendium Gesellschaftsrecht, 2010, G. § 1 Rn. 92 im Hinblick auf BFH BStBl. II 1996, 523.

1156 *Pohlmann*, in: Säcker et al., MüKo BGB, Bd. 8, 2020, § 1068 Rn. 32.

1157 *Wälzholz*, DStR 2010, 1786, 1786.

1158 BGH NJW 1999, 571; *Heinze*, in: Staudinger, BGB, 2017, Anh. zu §§ 1068 f. Rn. 57; *Roth*, in: Baumbach/Hopt, HGB, 2020, § 105 Rn. 44; *Pohlmann*, in: Säcker et al., MüKo BGB, Bd. 8, 2020, § 1068 Rn. 40; *Escher/Haag*, in: Gummert/Weipert, Münchener Handbuch des Gesellschaftsrechts, Bd. 2, 2019, § 27 Rn. 18; *Flume*, § 9; *Schön*, ZHR 1994, 229, 237.

1159 Hierzu bereits das *obiter dictum* aus der BGH-Entscheidung, BGH NJW 1989, 3152.

die Gesamtmitgliedschaft, sondern auf die Aktie als Verkörperung der Mitgliedschaft und Grundlage der Nutzungsziehung.[1160]

Findet eine Anteils- oder Kapitalerhöhung statt, erhält der Nießbraucher zwar kein Recht auf einen eigenen Gesellschaftsanteil, wohl aber erfasst der Nießbrauch sogleich den erhöhten Anteil.[1161] Dem Nießbraucher stehen grundsätzlich die vollen Erträge aus dem betroffenen Gesellschaftsanteil zu. Im Fall der besonderen Vereinbarung eines Quotennießbrauchs kann ihm auch allein eine konkrete Quote aus den Erträgen[1162] zukommen.

Es ist umstritten, ob ein Bruchteilsnießbrauch an einem Gesellschaftsanteil möglich ist.[1163] Die überwiegende Auffassung lehnt dies ab. Der Nießbrauch würde an einem ideellen Bruchteil bei Lastenfreiheit der restlichen Bruchteile eines Gesamtrechts bestellt werden. Da ein bestimmtes Recht des Gesellschafters personell von seinem gebündelten Mitgliedschaftsrecht abgetrennt werde, sei das Abspaltungsverbot betroffen. In Bezug auf den Unternehmensnießbrauch kann die Problematik jedoch dahinstehen, da dieser ohnehin entweder die gesamten oder einen konkret bestimmten Teil der Gesellschaftsanteile des Unternehmens erfasst.[1164]

Der Nießbrauch am Gesellschaftsanteil ist abzugrenzen vom Nießbrauch am Gewinnanspruch zur Zeit der laufenden Geschäftsverhältnisse der Personengesellschaft sowie am Auseinandersetzungsguthaben ab Liquidation. Letzterer ist ein Nießbrauch an einer Forderung. Der Nießbrauch am Gewinnanspruch bzw. am Auseinandersetzungsguthaben ist auch für den Gesellschafter einer GbR nach § 717 S. 2 BGB frei übertragbar und kann ohne Zustimmung der Mitgesellschafter belastet werden.[1165] Als Nießbrauch an einer Forderung hat

---

1160 *Schürnbrand,* in: Goette/Habersack, MüKo AktG, Bd. 4, 2016, § 186 Rn. 40.

1161 *Kindler*, in: Koller et al., HGB, 2019, § 105 Rn. 23; *K. Schmidt*, in: K. Schmidt, MüKo HGB, Bd. 3, 2019, Vor § 230 Rn. 20; *Wicke,* GmbHG, 2016, § 15 Rn. 30.

1162 Ein Quotennießbrauch liegt vor, wenn ein gesamtes Recht belastet wird, der Nießbraucher jedoch nur eine spezifische Quote der Gesamtnutzungen erhält. *Kössinger/Zintl*, in: Nieder/Kössinger, Handbuch der Testamentsgestaltung, 2020, § 10 Rn. 165; *Bengel/Dietz*, in: Bengel/Reimann, Handbuch der Testamentsvollstreckung, § 5 Rn. 374 f.; *Pohlmann*, in: Säcker et al., MüKo BGB, Bd. 8, 2020, § 1030 Rn. 95.

1163 *Kössinger/Zintl*, in: Nieder/Kössinger, Handbuch der Testamentsgestaltung, 2020, § 10 Rn. 163; *Bengel/Dietz*, in: Bengel/Reimann, Handbuch der Testamentsvollstreckung, § 5 Rn. 374 f.; *Heinze*, in: Staudinger, BGB, 2017, Anh. zu §§ 1068 f. Rn. 57.

1164 Zum Unternehmensnießbrauch als echter Vollnießbrauch S. 71 f.

1165 *K. Schmidt*, in: K. Schmidt, MüKo HGB, Bd. 3, 2019, Vor § 230 Rn. 15; *Kindler*, in: Koller et al., HGB, 2019, § 105 Rn. 23; *Wälzholz,* DStR 2010, 1786, 1787.

der Nießbraucher lediglich einen Zinsanspruch oder Anspruch auf sonstige Forderungserträge (§§ 1075, 1077, 1079, 1075 Abs. 2, 1067 Abs. 1 BGB). Ihm steht kein Anspruch auf die Forderung selbst zu.[1166]

Die Nutzungen, die der Nießbraucher aus einem Gesellschaftsanteil zieht, setzen sich aus den entnahmefähigen Gewinnen zusammen. Namentlich handelt es sich um den ausgeschütteten Jahresgewinn[1167] sowie etwaige Zinsen aus einem Gesellschafterkonto, unter Abzug beschlossener Rücklagen.[1168] Der Anspruch des Nießbrauchers erstreckt sich hingegen nicht auf die Substanz des Anteils oder Entnahmen i.S.v. § 122 Abs. 1 HGB sowie die Beteiligung an stillen Reserven, außerordentlichen Erträgen oder offenen Rücklagen.[1169] Die Lasten des Gesellschaftsanteils hat grundsätzlich der Nießbraucher zu tragen, während Verluste von dem Besteller zu tragen sind.[1170]

In der Kapitalgesellschaft steht dem Nießbraucher, wie bei der Personengesellschaft, für die Dauer der Belastung der dingliche Gewinnanspruch auf die ausschüttungsfähige Quote gegen die Gesellschaft zu. Diese wird im Gewinnverwendungsbeschluss der GmbH nach § 46 Nr. 1 GmbHG und in der Aktiengesellschaft nach § 174 AktG festgesetzt.[1171] Dem Nießbraucher steht die Dividende

---

1166 Auch steuerrechtlich kann sich der Nießbrauch nicht auf die vorteilbringende Mitunternehmerschaft berufen. *Jansen/Jansen,* Der Nießbrauch im Zivil- und Steuerrecht, 2009, Rn. 470; *Escher/Haag,* in: Gummert/Weipert, Münchener Handbuch des Gesellschaftsrechts, Bd. 2, 2014, § 27 Rn. 16; *Wälzholz,* DStR 2010, 1786, 1786.

1167 *Baltzer*, in: Schulze/Grziwotz/Lauda, BGB: Kommentiertes Vertrags- und Prozessformularbuch, 2020, § 1068 Rn. 10.

1168 BGH NJW 1972, 1755 f.; *Wertenbruch,* in: Ebenroth et al., HGB, Bd. 1, 2020, § 105 Rn. 292; *Henssler*, in: Henssler/Strohn, Gesellschaftsrecht, 2019, § 105 HGB Rn. 183; *Schlitt/Bortfeldt,* in: Reichert, GmbH & Co. KG, 2015, § 29 Rn. 28-32; *Baltzer*, in: Schulze/Grziwotz/Lauda, BGB: Kommentiertes Vertrags- und Prozessformularbuch, 2020, § 1068 Rn. 10.

1169 *Kindler,* in: Koller et al., HGB, 2019, § 105 Rn. 23.

1170 *Wertenbruch,* in: Ebenroth et al., HGB, Bd. 1, 2020, § 105 Rn. 294; *Roth,* in: Baumbach/Hopt, HGB, 2020, § 105 Rn. 45; *Schäfer,* in: Staub, HGB, Bd. 3, 2009, § 105 Rn. 121; *Heinze,* in: Staudinger, BGB, 2017, Anh. zu §§ 1068 f. Rn. 86.

1171 *Pohlmann,* in: Säcker et al., MüKo BGB, Bd. 8, 2020, § 1068 Rn. 64; *Heinze,* in: Staudinger, BGB, 2017, Anh. zu §§ 1068 f. Rn. 103; *Koch,* ZHR 2004, 55, 57. Eine andere Ansicht spricht dem Nießbraucher neben den, im Gewinnverwendungsbeschluss festgesetzten, Gewinnen auch Ansprüche zu. Darunter etwa den Ausgleichsanspruch gegen die Gesellschaft über Rücklagen, die ggf. während der Dauer der Nießbrauchsvereinbarung gebildet wurden, so *Sudhoff,* NJW 1971 481, 483; *Schön,* ZHR 1994, 229, 240 ff.

gemäß § 58 Abs. 4, 174 AktG zu, d.h. der auf die Beteiligung entfallende Anteil des Bestellers am Bilanzgewinn und der bestimmungsgemäße Ertrag der belasteten Aktien.[1172] Auch fällt ihm die Vorabdividende nach § 60 Abs. 2 AktG[1173] zu.[1174] Da der Bezugsanspruch aus § 186 Abs. 1 AktG keine Nutzung nach §§ 1030 Abs. 1, 1068 Abs. 2, 100 BGB darstellt, sondern ein Instrument des Nachteilsausgleichs im Rahmen der Mitgliedschaft bildet, liegt die Bezugsberechtigung unberührt weiterhin beim Aktionär der Gesellschaft.[1175]

bbb. Sonderbetrachtung der Verwaltungsrechte

Dem Nießbraucher des Gesellschaftsanteils stehen Befugnisse zu, die im Umgang mit dem Bezugsrecht und zu dessen Ausübung erforderlich sind.[1176] Hierdurch kann eine Konfliktlage mit den unangetasteten Befugnissen des Gesellschafters entstehen. Im Weiteren ist daher zu untersuchen, welche Rechte, vornehmlich welche Mitwirkungsrechte, der Nießbraucher während der Zeit der Belastung

---

1172 *Heinze*, in: Staudinger, BGB, 2017, Anh. zu §§ 1068 Rn. 110.

1173 Zur Vorabdividende als Ausnahmetatbestand der quotalen Gewinnbeteiligung aus der gesetzlichen Gewinnverteilung *Lange*, in: Henssler/Strohn, Gesellschaftsrecht, 2019, § 60 AktG Rn. 2 ff.

1174 Die Vergütung aus einer wiederkehrenden Leistung gemäß § 61 AktG ist nicht unmittelbar vom Nutzungsziehungsrecht des Nießbrauchers erfasst, da sie grundsätzlich dem Leistenden zukommt. Ein Anspruch des Nießbrauchers ergibt sich, wenn dieser die gegenständliche Leistung erbringt. *Heinze*, in: Staudinger, BGB, 2017, Anh. zu §§ 1068 f. Rn. 110; *Sailer-Coceani*, in: Hoffmann-Becking, Münchener Handbuch des Gesellschaftsrechts, Bd. 4, 2015, § 14 Rn. 71.

1175 *Koch*, in: Hüffer, AktG, 2020, § 186 Rn. 10; *Schürnbrand*, in: Goette/Habersack, MüKo AktG, Bd. 4, 2016, § 186 Rn. 40.

1176 Dies ergibt sich sinngemäß daraus, dass der Nießbraucher die Mitgliedschaft als unmittelbares Nutzungsrecht sowie die entnahmefähigen Vermögensgewinne erhält. So auch OLG Bremen AG 1970, 335, hierzu *Schürnbrand*, in: Goette/Habersack, MüKo AktG, Bd. 4, 2016, § 186 Rn. 40; *Ekkenga*, in: Zöllner/Noack, Kölner Kommentar AktG, Bd. 4-1, 2017, § 186 Rn. 9-11. Nach der herrschenden Auffassung steht dem Nießbraucher gegenüber dem Aktionär ein schuldrechtlicher Anspruch auf Nachteilsausgleich zu, wenn sich die Rechtsposition des Nießbrauchers verschlechtert. Dies kann im Rahmen einer Kapitalerhöhung oder anderen Maßnahme geschehen, wenn dem Nießbraucher kein Bezugsanspruch, Bezugsrechtserlös oder die Belastung neuer Aktien zukommt. Auch kann sein ursprünglich bestehendes Nutzungsrecht wertmäßig unterwandert werden. So *Schürnbrand*, in: Goette/Habersack, MüKo AktG, Bd. 4, 2016, § 186 Rn. 41; *Koch*, in: Hüffer, AktG, 2020, § 186 Rn. 10.

des Gesellschaftsanteils für sich geltend machen kann und welche Pflichten damit einhergehen.

(1) Der Nießbraucher als Quasi-Gesellschafter

Eine ältere Rechtsauffassung ging davon aus, dass der Unternehmensnießbraucher während der Zeit der Belastung des Gesellschaftsanteils, ggf. trotz treuhänderischer Limitierung seiner Rechte im Innenverhältnis mit dem Besteller,[1177] die volle Gesellschafterposition gegenüber anderen Gesellschaftern (unbelasteter Gesellschaftsanteile) sowie auch im Rechtsverkehr einnehme. Er sei zur Wahrnehmung sämtlicher für die Nutzungsziehung relevanten Verwaltungsrechte und -pflichten berechtigt und verpflichtet.[1178] Problematisch ist dabei, dass der Charakter des Nießbrauchs als schlichtes Nutzungsrecht nicht berücksichtigt ist. Auch birgt die Pauschalierung der „Verwaltungsrechte" Schwierigkeiten. Es ist unklar, welche Rechte und Pflichten konkret dem Rechtskreis des Nießbrauchs zuzuweisen sind.

(2) Der Nießbraucher als Nutznießer einzelner Rechte

Vorzugswürdig ist die gegenwärtig vorherrschende Rechtsauffassung, dass der Unternehmensnießbraucher als Nießbraucher der belasteten Gesellschaftsanteile bestimmte gesellschaftliche Mitwirkungsrechte ausüben können muss. Diese Verwaltungsrechte dürfen ausschließlich dann ausgeübt werden, wenn das Nutzungsrecht des Nießbrauchers betroffen ist. Der Gesellschafter hat das Vollrecht, d.h. die originäre Rechtsinhaberschaft, weiterhin inne. Zum Kernbereich des Gesellschaftsanteils bezogene Rechte obliegen allein seiner Ausübung.[1179]

Die vom Nießbraucher wahrnehmbaren Rechte sind von denjenigen Rechten zu unterscheiden, die allein der Gesellschafter geltend machen darf. In der Literatur ist umstritten, welche diese sind.[1180] Im Folgenden wird eine

---

1177 Siehe hierzu S. 103 ff.

1178 *Kruse*, RNotZ 2002, 69, 72, 73.

1179 *Heinze*, in: Staudinger, BGB, 2017, Anh. zu §§ 1068 f. Rn. 67 ff.; *Pohlmann*, in: Säcker et al., MüKo BGB, Bd. 8, 2020, § 1068 Rn. 77, 79; *Schön*, ZHR 1994, 229, 240 ff.; *Lindemeier*, DNotZ 1999, 876, 887 ff.; *Frank*, MittBayNot 2010, 96, 99 ff.; *Kruse*, RNotZ 2002, 69, 74; *Wälzholz* DStR 2010, 1786, 1790.

1180 Auch ist strittig, nach welchen Kriterien die Rechte unterschieden werden sollen. Nach *Fichtelmann*, DStR 74, 299, 305 gilt, dass „dem Nießbraucher die Herrschaftsrechte und die vermögensrechtliche Nutzung zu[stehen] […]. Der Anteilsinhaber behält die Vermögenssubstanz. Insoweit sind die Verwaltungsrechte geteilt."

Auseinandersetzung mit den Ansichten vorgenommen und es werden die wichtigsten Rechte durchleuchtet.[1181]

(a) Geschäftsführungsbefugnis und Vertretungsmacht

Beim Nießbrauch allein an einem Gesellschaftsanteil ist umstritten, ob der Nießbraucher oder der Besteller die Geschäftsführungsbefugnis innehat.[1182] In der Literatur werden unterschiedliche Auffassungen vertreten.[1183] Die Geschäftsführungsbefugnis in der Personengesellschaft ist nämlich unmittelbarer Ausdruck der Selbstorganschaft der Gesellschafter und daher thematisch von erheblicher Bedeutung.

Beim echten Vollnießbrauch am Unternehmen steht hingegen einhellig fest, dass der Unternehmensnießbraucher in die „Unternehmerstellung" eintritt und zur Geschäftsführung berechtigt und verpflichtet sein soll.[1184] Die Tätigkeitsausübung kann einem Dritten überlassen werden, § 1059 S. 2 BGB.[1185] Der Grundsatz, dass dem Unternehmensnießbraucher die Unternehmensführung

---

1181 Bei der Untersuchung werden alle Gesellschafterrechte durchleuchtet, die im Anteilsnießbrauch vornehmlich behandelt werden. Dabei wird eine vergleichende Betrachtung zu der im Unternehmensnießbrauch vorzugswürdigen Auffassung angestellt.

1182 In der Rechtsliteratur zum Unternehmensnießbrauch wird nicht selten auf die allgemeinen Nießbrauchsvorschriften verwiesen. Hierbei ist jedoch Vorsicht geboten. Trotz wirtschaftlich vergleichbarer Endresultate gelten für den Unternehmensnießbrauch regelmäßig andere Grundsätze. Der Unternehmensnießbrauch mitunter an Gesellschaftsanteilen und der Anteilsnießbrauch sind allein unterschiedlich zu behandeln. So *K. Schmidt*, Handelsrecht, 2014, S. 187 f.

1183 Zum Meinungsstreit vgl. *Haag*, in: Gummert/Weipert, Münchener Handbuch des Gesellschaftsrechts, Bd. 1, 2019, § 66 Rn. 29 ff. Eine Auffassung vertritt, dass allein dem Gesellschafter des belasteten Gesellschaftsanteils die Geschäftsführung obliegt, da sie gemäß § 709 BGB sowie nach §§ 114, 164 HGB eine Kernaufgabe des haftenden Gesellschafters bildet. So *Teichmann*, ZGR 1972, 1, 13; *Haag*, in: Gummert/Weipert, Münchener Handbuch des Gesellschaftsrechts, Bd. 1, 2019, § 66 Rn. 30. Eine entgegengesetzte Auffassung vertritt, dass allein der Nießbraucher hierzu befugt ist, da die Geschäftsführung unmittelbare Auswirkungen auf die zu ziehenden Nutzungen hat, so *Schäfer*, in: Säcker et al., MüKo BGB, Bd. 6, 2017, § 705 Rn. 100. Ebenso wird die gemeinsame Geschäftsführung vertreten, da der Gesellschafter und der Nießbraucher kraft der Bestellung eine Rechtsgemeinschaft bilden, die eine einheitliche, gemeinsame Rechtsausübung mit sich bringe, so *Schön*, ZHR 1994, 229, 262 f.

1184 *Pohlmann*, in: Säcker et al., MüKo BGB, Bd. 8, 2020, § 1085 Rn. 16.

1185 Vgl. *Seulen*, in: Semler/Stengel, UmwG, 2017, § 152 Rn. 39; hierzu *Mohr*, in: Säcker et al., MüKo BGB, Bd. 8, 2020, Vor § 1018 Rn. 12.

zugewiesen wird, gilt ausnahmslos. Er ist auch nicht davon abhängig, ob der Unternehmensnießbraucher etwa in einer Personenhandelsgesellschaft die Gesellschafterhaftung für bereits begründete Verbindlichkeiten (§§ 22 Abs. 2, 25 HGB) wahrnimmt oder eine vertragliche Abrede zum Innenausgleich bei Haftungsfällen ab Unternehmensübernahme besteht.[1186] Der Unternehmensnießbraucher soll umfänglich die ihm zustehenden Nutzungen sämtlicher Unternehmenskomponenten genießen können. Dies ist nur möglich, wenn ihm der Zugriff und das Kontrollrecht auf das Unternehmen eröffnet werden. Daher wird ihm die Geschäftsführungsbefugnis im Innenverhältnis zugewiesen.

Gleichermaßen muss der Unternehmensnießbraucher im Außenverhältnis tätig werden können. Die Vertretungsmacht für die Gesellschaft geht damit einher. Der Grundsatz der Selbstorganschaft in der Personengesellschaft ist insofern nicht berührt,[1187] als der Nießbraucher die Leitungsfunktion nicht originär, d.h. unmittelbar aus seiner Rechtsposition, schöpft. Unstrittig erlangt der Nießbraucher nämlich keine Gesellschafterstellung im Unternehmen. Aufgrund des Vertrags zum Unternehmensnießbrauch wird der Nießbraucher durch den Besteller, im Zweifel agierend für sämtliche Gesellschafter, mit der Geschäftsführung beauftragt. Es handelt sich um eine derivative Geschäftsführungsbefugnis, welche als willentliche Übertragung durch die Gesellschafter zulässig ist.[1188]

Da in einer Gesellschaft bürgerlichen Rechts eine gemeinschaftliche Geschäftsführung und Vertretung nach §§ 709 Abs. 1 Hs. 1, 714 BGB vorgesehen ist, stellt sich die Frage, ob die Regelung entsprechend beim Unternehmensnießbrauch anwendbar ist. Gesetzlich finden sich keine Anhaltspunkte dafür, ob die Grundregelung auf den Unternehmensnießbrauch übertragbar ist. Dagegen spricht, dass der Unternehmensnießbraucher autonom in seiner Unternehmerstellung sein soll.[1189] Dies ergibt sich aus der Zweckausrichtung des Nießbrauchs

---

1186 Indem der Unternehmensnießbraucher als neuer (vorübergehender) Geschäftsführer tätig wird und fortan die Haftung übernimmt (§§ 22, 25 HGB), wird dem Grundsatz der Selbstorganschaft in der Personengesellschaft Rechnung getragen. *Pohlmann*, in: Säcker et al., MüKo BGB, Bd. 8, 2020, § 1085 Rn. 26, 28. Ein individualvertraglicher Verzicht auf die Haftungsübernahme ist jedoch zulässig und in Anbetracht der Interessenlage sinnvoll.

1187 Zum Verbot der Fremdorganschaft bei der GbR unter Auseinandersetzung mit der einschlägigen BGH-Rechtsprechung *Arlt*, NZR 2002, 407.

1188 *Schäfer*, in: Säcker et al., MüKo BGB, Bd. 6, 2017, § 709 Rn. 5.

1189 *Heinze*, in: Staudinger, BGB, 2017, Anh. zu §§ 1068 f. Rn. 27, 28; *Reischl*, in: Bamberger et al., BeckOK BGB, 2020, § 1085 Rn. 17; *Herrler*, in: Palandt, BGB, 2020, § 1085 Rn. 3; *Bayer*, in: Westermann et al., Erman BGB, Bd. 2, 2014, § 1085 Rn. 4 f.

am Unternehmen. Im Übrigen handelt es sich um eine disponible gesetzliche Regelung. Es ist somit von einer rechtlichen Sondersituation auszugehen, bei der die gesetzliche Grundregelung nicht gelten soll. Dies ist im Rahmen einer individuellen Vertragsregelung der Parteien zum Unternehmensnießbrauch zu berücksichtigen.

Die Geschäftsführungs- und Vertretungsbefugnis des Unternehmensnießbrauchers richtet sich nach §§ 709 ff. BGB bei der GbR sowie in der OHG bzw. KG nach §§ 114 ff. HGB bzw. § 161 Abs. 2 i.V.m. §§ 114 ff. BGB und in der GmbH nach §§ 6, 35 ff. GmbHG.[1190] Mit der Geschäftsführung folgt auch die Inhaberschaft der Vertreterstellung der Gesellschaft im Außenverhältnis. Die Einräumung der Geschäftsführung und Vertretung in der deutschen Aktiengesellschaft ist rechtlich nicht unproblematisch.[1191] Indem der Unternehmensnießbraucher die Unternehmerstellung einnehmen soll, ist er in das Leitungsorgan, den Vorstand nach den §§ 76 ff. AktG, einzusetzen. Es ist davon auszugehen, dass der Nießbraucher kraft der Nießbrauchsvereinbarung und -bestellung zum Vorstand für die vertragliche Laufzeit des Unternehmensnießbrauchs ernannt wird. Geprägt vom dualistischen System ist die Bestellung und Berufung in einer Aktiengesellschaft jedoch grundsätzlich durch einen unabhängigen, selbstständigen Aufsichtsrat gemäß § 84 AktG vorzunehmen sowie eine kontinuierliche Kontrolle und Überwachung der Führungstätigkeit gemäß § 111 AktG erforderlich. Dies verursacht eine konfligierende Rechtssituation.

Von der Zulässigkeit ist jedoch in Ansehung der rechtlich vergleichbaren Einflussnahme in Konzernstrukturen auszugehen.[1192] Auch Sinn und Zweck einer umfassenden Unternehmensbelastung sprechen dafür. Es soll möglich sein, ein gesamtes Unternehmen zu belasten, um dem Kreditnehmer die Kreditgewährung, ggf. auch in hohem Umfang sowie zu guten Konditionen, zu ermöglichen.

1190 Zur Geschäftsführungsbefugnis in der GmbH *Seibt,* in: Römermann, Münchener Anwaltshandbuch GmbH-Recht, 2014, § 2 Rn. 106-115.

1191 Hierzu bereits S. 90 ff. Dieselbe Problematik ergibt sich bei einer SE, die dualistisch ausgestaltet ist. Vergleichbares gilt auch für die GmbH mit fakultativem oder obligatorischem Aufsichtsrat. Indes ist zu berücksichtigen, dass bei der GmbH, im Gegensatz zur AG, keine Satzungsstrenge gilt. Vielmehr ist die vertragliche Gestaltungsfreiheit im GmbH-Recht anzunehmen sowie von der Weisungsbefugnis der Gesellschafter an die Geschäftsführer auszugehen. Es ist eine individuelle Vertragsabrede möglich. *Fleischer,* in: Fleischer/Goette, MüKo GmbHG, Bd. 1, 2018, Einleitung Rn. 21-24, 278-280; *Oetker,* in: Henssler/Strohn, Gesellschaftsrecht, 2019, § 37 GmbHG Rn. 11-15.

1192 Hierzu S. 95 ff.

Der Kreditgeber soll das Ausfallrisiko als minimiert sehen. Da Aktiengesellschaften insbesondere auf Gewinnmaximierung ausgerichtet sind,[1193] ist für sie der Zugang zu Fremdkapital essenziell. Aufgrund dessen sollte die Aktiengesellschaft grundsätzlich geeignet sein, Gegenstand des Unternehmensnießbrauchs zu werden.[1194] Zur Herbeiführung von Rechtsklarheit über die Zulässigkeit des Unternehmensnießbrauchs und die Ausgestaltung in der Aktiengesellschaft besteht Regelungsbedarf *de lege ferenda.*[1195]

(b) Stimmrecht

Das Stimmrecht stellt als akzessorischer Bestandteil der Mitgliedschaft ein zentrales Mitwirkungsrecht dar. Durch die Abgabe der Stimme und Entstehung der Gesellschafterbeschlüsse wird der ureigene Wille der Gesellschaft über rechts- und geschäftserhebliche Entscheidungen gebildet.[1196] Jeder gesetzlich sowie gesellschaftsvertraglich stimmberechtigte Gesellschafter ist zur Interessenausübung berechtigt und verpflichtet.[1197] Die Stimmabgabe bildet bei der Personengesellschaft ein höchstpersönliches Geschäft, indem das Prinzip der Selbstorganschaft und die grundsätzlich persönliche Gesellschafterhaftung

---

1193 Die Aktiengesellschaft ist als Kapitalgesellschaft insbesondere darauf angelegt, angestrebte wirtschaftliche Ziele zu erreichen. Während die Personengesellschaft auf den personellen Bestand ausgelegt ist und es auf die gemeinsame wirtschaftliche Zweckerreichung ankommt, ist die Aktiengesellschaft mit ihrem regelmäßig anonymen Bestand der Aktieninhaber auf die wirtschaftliche Zweckerreichung *per se* angelegt. Hierzu bereits S. 89 ff.

1194 Hierzu ausführlich S. 95 ff.

1195 Zur Notwendigkeit einer gesetzlichen Regelung *de lege ferenda* siehe S. 356.

1196 Zur Beschlussfassung durch kollektive Ausübung des Stimmrechts sowie zum Stimmrecht in der Gesellschaft *K. Schmidt*, Gesellschaftsrecht, 2002, S. 434 ff., 604 ff.; *Heider*, in: Goette/Habersack, MüKo AktG, Bd. 1, 2019, § 12 Rn. 6; *Schäfer*, in: Säcker et al., MüKo BGB, Bd. 6, 2017, § 709 Rn. 62; *Enzinger*, in: K. Schmidt, MüKo HGB, Bd. 2, 2016, § 119 Rn. 13.

1197 Zum Stimmrecht in der Gesellschafterversammlung im Einzelnen BGH DB 1972, 1283 ff., *Roth*, in: Baumbach/Hopt, HGB, 2020, § 119 Rn. 5 ff.; *Enzinger*, in: K. Schmidt, MüKo HGB, Bd. 2, 2016, § 119 Rn. 12 ff.; *Lieder*, in: Oetker, HGB, 2019 § 119 Rn. 11 ff.; *Klimke*, in: Häublein/Hoffmann-Theinert, BeckOK HGB, 2020, § 119 Rn. 3 ff.; *Finckh*, in: Henssler/Strohn, Gesellschaftsrecht, 2019, § 119 HGB Rn. 9 ff.; *Drescher*, in: Fleischer/Goette, MüKo GmbHG, Bd. 2, 2019, § 47 Rn. 68 ff.; vgl. *Koch*, in: Hüffer, AktG, 2020, § 135 Rn. 1-3.

gelten.[1198] Die Ausübung kann durch einen rechtskräftig Bevollmächtigten erfolgen.[1199] In der GmbH ist nach § 16 Abs. 1 S. 1 GmbHG i.V.m. § 40 GmbHG der in der Gesellschafterliste eingetragene, formale Gesellschafter[1200] stimmabgabeberechtigt.[1201] In einer Aktiengesellschaft bringt grundsätzlich jede Aktie gemäß § 12 Abs. 1 S. 1 AktG ein Stimmrecht mit sich.[1202] Unstrittig wird der Unternehmensnießbraucher nicht Gesellschafter und ist demgemäß kein Anteilsinhaber. Vielmehr ist er allein zur Ziehung von Nutzungen aus dem Gesellschaftsanteil berechtigt und daher Inhaber einer Belastung hieran.[1203]

1198 *Schäfer,* in: Säcker et al., MüKo BGB, Bd. 6, 2017, § 709 Rn. 62; *Finckh,* in: Henssler/Strohn, Gesellschaftsrecht, 2019, § 119 HGB Rn. 11; *Enzinger,* in: K. Schmidt, MüKo HGB, Bd. 2, 2016, § 119 Rn. 18.

1199 *Enzinger,* in: K. Schmidt, MüKo HGB, Bd. 2, 2016, § 119 Rn. 19; *Schäfer,* in: Säcker et al., MüKo BGB, Bd. 6, 2017, § 709 Rn. 61.

1200 *Wilhelmi,* in: Ziemons/Jaeger/Pöschke, BeckOK GmbHG, 2020, § 16 Rn. 16-18.

1201 *Verse,* in: Henssler/Strohn, Gesellschaftsrecht, 2019, § 16 GmbHG Rn. 14; zur Relevanz der Gesellschafterliste zwecks Wahrnehmung des Stimmrechts ausführlich *Wolff,* BB 2010, 454.

1202 *Solveen,* in: Hölters, AktG, 2017, § 12 Rn. 3; *Dauner-Lieb,* in: Zöllner/Noack, Kölner Kommentar AktG, Bd. 1-2, 2010, § 12 Rn. 2.

1203 Eine parallele Problematik stellt sich beim Nießbrauch an einem Miteigentümeranteil aus einer Wohnungseigentümergemeinschaft. Dieser ist zulässig, wie die höchstrichterliche Rechtsprechung entschieden hat (BGH V ZB 24/01 vom 7.03.2002, BGH NJW 2002, 1647). Eine Rechtsauffassung vertritt, dass die Regelung des § 1066 BGB auch Fälle zur Belastung von Wohnungs- und Teileigentum i.S.v. § 1 Abs. 2, 3 WEG betreffe. Hierzu *Wicke,* in: Palandt, BGB, 2020, § 25 WEG Rn. 2; zur kritischen Auseinandersetzung *Pohlmann,* in: Säcker et al., MüKo BGB, Bd. 8, 2020, § 1066 Rn. 8 ff. Zumindest aber sei § 25 Abs. 2 WEG analog einschlägig. Nach der höchstrichterlichen Rechtsprechung (BGH NJW 2002, 1647 mit Anmerkungen *Schießer,* ZMR 2004, 5 ff.; OLG Hamm RNotZ 2001, 450; *Pohlmann,* in: Säcker et al., MüKo BGB, Bd. 8, 2020, § 1066 Rn. 11-15; *Reischl,* in: Bamberger et al., BeckOK BGB, 2020, § 1066 Rn. 2) sind die genannten Vorschriften jedoch nicht anwendbar (BGH NJW 2002, 1647, 1649). § 1066 BGB gelte in dieser Fallkonstellation nicht, da es sich um ein besonders ausgestaltetes Miteigentum handle. Auch eine vergleichbare Interessenlage liege nicht vor, da es bereits an einer körperschaftsähnlichen Struktur mangele, die zwingend notwendig sei. Eine Analogie im Hinblick auf § 25 Abs. 2 S. 2 WEG sei zu versagen, da die Interessenlage des Nießbrauchers nicht mit der eines Wohnungsmiteigentümers vergleichbar sei. Die Einflussnahme des Nießbrauchers auf das alleinige Stimmrecht des Eigentümers in der Versammlung der Wohnungseigentümer wird daher abgelehnt (*Pöppel,* MittBayNot 2007, 85, 88). Die Rechte des Nießbrauchers sollen sich allein darauf beschränken, die Rechte aus dem gesetzlichen Schuldverhältnis gegenüber dem Inhaber des Belastungsgegenstands geltend machen zu können,

Zugleich soll er jedoch die Unternehmerstellung einnehmen und das Unternehmen selbstständig leiten können. Die Führungsweise beruht wesentlich auf der Abstimmung und wird bestimmt von der kollektiven Wahrnehmung des Stimmrechts.

Es ist umstritten, ob und inwiefern dem Nießbraucher ein Stimmrecht obliegt.[1204] Im Hinblick auf das Abspaltungsverbot ergeben sich zwar keine Bedenken. Der Nießbraucher ist in seiner Rechtsposition als dinglich Berechtigter an der Mitgliedschaft kein gesellschaftsfremder Dritter.[1205] Bei der Zuweisung des Stimmrechts allein zum Nießbraucher oder allein zum Gesellschafter ergeben sich jedoch weitergehende rechtliche Problemstellungen. Wäre etwa allein ein Unternehmensnießbraucher, der sämtliche Gesellschaftsanteile belastend einnimmt, berechtigt, ohne Abstimmung und Berücksichtigung der anderen Gesellschafter in der Gesellschafter- bzw. Hauptversammlung unmittelbar seinen Willen durchzusetzen, könnten Maßnahmen von enormer Bedeutung, etwa eine Kapitalherabsetzung, unmittelbar vorgenommen werden. Es wäre ein erheblicher Eingriff in das Anteilseigentum anzunehmen. Gleichermaßen könnten jedoch die Gesellschafter vorgehen und dem Unternehmens- und somit Anteilsnießbraucher vollumfänglich das Nutzungssubstrat entziehen. Es wäre ein erheblicher Eingriff in die Anteilbelastung anzunehmen. Die rechtlichen Verhältnisse am Gesellschaftsanteil sowie die Folgen für das Stimmrecht sind näher zu betrachten.

---

nicht jedoch originäre Eigentümerrechte in der Wohnungseigentümerversammlung gegenüber den Miteigentümern auszuüben. Die Relativität des Schuldverhältnisses wird in besonderem Maße, zugunsten des Nießbrauchers, gewahrt, da dieser auf Entscheidungen des Eigentümers, die sein Belastungsrecht betreffen, ausreichend Einfluss haben soll. Auf diese Weise kann er seine Rechte wahren und in gesetzlicher Weise ausüben. Auch Umgestaltungen und erhebliche Veränderungen wären nur mit der Zustimmung des Besteller-Miteigentümers vorzunehmen (hierzu BGH NJW 1983, 932). So *Reischl*, in: Bamberger et al., BeckOK BGB, 2020, § 1066 Rn. 4.

1204 Zum Meinungsstand *Roth*, in: Baumbach/Hopt, HGB, 2020, § 105 Rn. 45; *Wertenbruch*, in: Ebenroth et al., HGB, Bd. 1, 2020, § 105 Rn. 295 f.; *Hauck*, S. 384; *Kruse*, RNotZ 2002, 69, 74; *Frank*, MittBayNot 2010, 96, 99; *Wälzholz*, DStR 2010, 1786, 1790.

1205 *Pohlmann*, in: Säcker et al., MüKo BGB, Bd. 8, 2020, § 1068 Rn. 40; *Barry*, RNotZ 2014, 401, 405.

(aa) Meinungsstand

Mangels gesetzlicher Regelungen ist umstritten, ob dem Unternehmensnießbraucher oder dem Gesellschafter das Stimmrecht am Anteil einer Personen- oder Kapitalgesellschaft zuzuweisen ist.[1206] Die Grundsätze aus dem (separierten) Anteilsnießbrauch können nicht herangezogen werden. Der Unternehmensnießbrauch bezieht sich auf das Unternehmen im Ganzen und weist eine andere Zweckrichtung auf, was entsprechend zu berücksichtigen ist. Naturgemäß ist der Meinungsstand von nur geringer oder ohne Bedeutung, wenn der Unternehmensnießbraucher sämtliche oder die überwiegende Mehrheit der Gesellschaftsanteile einnimmt, nur ein Gesellschafter vorhanden ist oder sogar eine vertragliche Ausschlussklausel zum Stimmrecht des Gesellschafters bzw. der Gesellschafter im Vertrag zum Unternehmensnießbrauch enthalten ist.

Im Übrigen ist jedoch von hoher Relevanz, ob weiterhin der Gesellschafter oder nunmehr der Unternehmensnießbraucher zur Ausübung des Stimmrechts in der Gesellschaft berechtigt ist. Dies gilt besonders, wenn erhebliche Maßnahmen, wie etwa eine Kapitalherabsetzung oder -erhöhung, beschlossen werden sollen. Da der Unternehmensnießbraucher die Geschäfte des Unternehmens führt, ist letztlich nur ein Votum der Gesellschafterversammlung dafür geeignet, zu entscheiden, ob diese Maßnahme tatsächlich ausgeführt wird. Die Umsetzung der Maßnahme kann für den weiteren wirtschaftlichen Bestand des Unternehmens von großer Bedeutung sein.[1207]

Es wird ein breites Meinungsspektrum vertreten, wenn es um die Frage geht, ob und wie der Nießbraucher berechtigt ist, ein Stimmrecht auszuüben. Dabei können drei wesentliche Meinungsstränge unterschieden werden. Von einer Literaturauffassung, oftmals als herrschende Meinung bezeichnet, wird vertreten,

---

1206 Zum Meinungsstand *Fichtelmann,* DStR 74, 341, 345.

1207 Den Unternehmensnießbraucher trifft die Pflicht, das Unternehmen in seinem wirtschaftlichen Bestand aufrechtzuerhalten. Hierzu bereits S. 213 ff. Auch ist er verpflichtet, Maßnahmen zu unterlassen, die geeignet sind, wesentliche Änderungen im Unternehmenssubstrat herbeizuführen. Das Unternehmen darf während des Unternehmensnießbrauchs wirtschaftlich, d.h. auch in seiner Marktstellung, keine erhebliche, negative Einbuße verzeichnen. Dies hindert den Unternehmensnießbraucher indes nicht daran, entsprechende Verwaltungsmaßnahmen durchzusetzen. Vielmehr stellt sich die Frage, ob er sich, bei Verwirklichung des finanziellen Risikos und Verschlechterung der wirtschaftlichen Unternehmenslage, schadensersatzpflichtig macht.

allein der Gesellschafter habe ein Stimmrecht.[1208] Das Stimmrecht betreffe den Wesensgehalt der Gesellschafterposition und bleibe unangetastet.[1209] Gegen die ausschließliche Inhaberschaft des Stimmrechts durch den Gesellschafter spricht indes, dass die dinglich wirkende Rechtsposition des Nießbrauchers nicht ausreichend berücksichtigt wird. Als Nutznießer ist er substanziell von der Entscheidungsfindung innerhalb der Gesellschaft abhängig. Die Nichtbeachtung seiner Interessen könnte neben einer potenziellen Vertragswidrigkeit seitens des Gesellschafters eine Aushöhlung seiner Rechtsposition herbeiführen.

Eine entgegenstehende Literaturauffassung vertritt, allein dem Nießbraucher sei das Stimmrecht zuzubilligen.[1210] Das Abstimmungsverhalten habe elementare Auswirkungen auf die vom Nießbraucher berechtigterweise zu ziehenden Nutzungen. Gegen die ausschließliche Inhaberschaft des Stimmrechts durch den Nießbraucher spricht die Höchstpersönlichkeit des Stimmrechts beim Gesellschafter, dessen Rechtsstellung in der Gesellschaft unverändert bleibt.

Eine vermittelnde Literaturauffassung vertritt, es müsse stets eine gemeinschaftliche Stimmrechtsausübung erfolgen.[1211] Der Gesellschafter bilde

---

1208 *Froning*, in: Sudhoff, Unternehmensnachfolge, 2005, § 45 Rn. 96; *K. Schmidt*, ZGR 1999, 601; *K.Schmidt*, in: K. Schmidt, MüKo HGB, Bd. 3, 2019, Vor § 230 Rn. 21; *Pohlmann*, in: Säcker et al., MüKo BGB, Bd. 8, 2020, § 1066 Rn. 11-15, § 1068 Rn. 71; *Heinze*, in: Staudinger, BGB, 2017, Anh. zu §§ 1068 f. Rn. 72; *Reischl*, in: Bamberger et al., BeckOK BGB, 2020, § 1069 Rn. 22; *Drescher*, in: Fleischer/Goette, MüKo GmbHG, Bd. 2, 2019, § 47 Rn. 77; *Reichert/Weller*, in: Fleischer/Goette, MüKo GmbHG, Bd. 1, 2018, § 15 Rn. 337; *Koch*, in: Hüffer, AktG, 2020, § 16 Rn. 7; *Hillmann*, in: Henssler/Strohn, Gesellschaftsrecht, 2019, § 47 GmbHG Rn. 33; *Teichmann*, ZGR 1972 1, 9; *Finger*, DB 1977, 1033; *Kruse*, RNotZ 2002, 69, 75; *Lindemeier*, DNotZ 1999, 876, 894 f.; *Barry*, RNotZ 2014, 401, 409 f.

1209 Unter Berücksichtigung der gesetzlichen Vorschriften zum Nießbrauch an Gesellschaftsanteilen kommt *Pohlmann*, in: Säcker et al., MüKo BGB, Bd. 8, 2020, § 1068 Rn. 73-83 zur alleinigen Stimmrechtsinhaberschaft des Gesellschafters, da das Stimmrecht kein Ertrag der Mitgliedschaft sei und damit weder Rechtsfrucht i.S.v. § 99 Abs. 2 BGB noch Gebrauchsvorteil. Auch sei die Regelung gemäß § 1036 BGB, die die Rechte im Rahmen der ordnungsgemäßen Sachbewirtschaftung vorsehe, nicht anwendbar. § 1066 BGB genieße in seinem Regelungsgehalt als *lex specialis* Vorrang. Entscheidend sei jedoch, dass sich eine andere Interessenlage ergäbe und die Norm des § 1066 Abs. 1 BGB, die die Wohnungseigentümergemeinschaft erfasse, teleologisch nicht anwendbar sei.

1210 *Berger*, in: Stürner, Jauernig BGB, 2018, § 1068 Rn. 4; *Wedemann*, NZG 13, 1281, 1285; zur Zuweisung im Zweifel zugunsten des Nießbrauchers *Schäfer*, in: Säcker et al., MüKo BGB, Bd. 6, 2017, § 705 Rn. 99.

1211 *Schön*, ZHR 1994, 229, 260.

gemeinsam mit dem Nießbraucher eine Rechtsgemeinschaft. Diese Rechtsauffassung erscheint praktisch schwer umsetzbar. Die betroffenen Gesellschafter und der Nießbraucher müssten den Gesellschafterversammlungen gemeinsam beiwohnen und ein einheitliches Stimmbild vertreten, da sonst eine rechtlich unnatürliche Konfusion bei der Stimmabgabe vorläge. Es kann sich schwierig gestalten, die verschiedenen Rechtsinteressen abzustimmen. Dies gilt insbesondere für den Teilunternehmensnießbrauch, bei dem der Nießbrauch von Gesellschaftsanteilen nur bestimmter Gesellschafter betroffen ist. Eine rechtliche Auseinandersetzung zum Abstimmungsverhalten würde sich zulasten der Gesellschaft auswirken und in die Gesellschafterversammlung verlagert werden, die in ihrem Geschäftsablauf gestört würde. Es sind keine gesetzlichen Regelungen vorhanden, die Anhaltspunkte darüber geben, wie die Zuordnung des Stimmrechts bei Nießbrauchsbestellung ausgestaltet werden soll.[1212] Entgegen einer Auffassung lässt sich im GmbH-Recht aus § 18 Abs. 1 GmbHG keine Grundlage der gemeinschaftlichen Stimmrechtsausübung entnehmen. Dafür wäre eine gleichstufige, dingliche Berechtigungspluralität erforderlich.[1213] Diese kann vorliegend nicht angenommen werden, da der Gesellschafter und der Nießbraucher nicht beide gleichartige dingliche Berechtigte des Anteils sind. Vielmehr verbleibt der Gesellschafter originärer Inhaber und der Nießbraucher erlangt nur das Nutzungsziehungsrecht aus der Gesamtmitgliedschaft.

1212 Es ist anzunehmen, dass der Gesetzgeber das Konfliktpotenzial zum Stimmrecht erkannt hat. Insbesondere bei Aktiengesellschaften ist, mit Blick auf § 30 Abs. 1 S. 1 Nr. 4 WpÜG, davon auszugehen. Im Rahmen der Rechtsnorm wird eine ausdrückliche gesetzliche Zurechnung des Stimmrechts an den Nießbraucher vorgenommen. Dieser zufolge steht das Stimmrecht des Bieters dem Stimmrecht aus den Aktien der Zielgesellschaft gleich, wenn der Bieter dessen Nießbraucher ist. Aufgrund der Sondersituation im Erwerbsverfahren sind hieraus jedoch keine Rückschlüsse zu ziehen. Vielmehr kann der in der Literatur bestehende Meinungsstreit dahinstehen. Die Zuordnung stößt teilweise auf Kritik, da entgegengehalten wird, der Nießbraucher habe gegenüber der Stimmrechtsausübung durch den Eigentümer eine marginale Interventionsmöglichkeit. So *Lenenbach,* in: Derleder/Knops/Bamberger, Deutsches und europäisches Bank- und Kapitalmarktrecht, 2017, § 55 Rn. 25; *Diekmann,* in: Baums/Thoma, WpÜG, 2016, § 30 Rn. 53; *Süßmann*, Angerer/Geibel/Süßmann, WpÜG, 2017, § 30 Rn. 20; *Thaeter/Baker*, Wertpapiererwerbs- und Übernahmegesetz, 2017, § 30 Rn. 1.

1213 *Barry,* RNotZ 2014, 401, 410.

(bb) Aufspaltungslösung

Eine gegenwärtig vielfach vertretene Auffassung, bezeichnet als sog. Aufspaltungslösung, plädiert dafür, dass die Berechtigung zur Stimmrechtsausübung von dem Beschlussgegenstand abhängig gemacht wird. Bei der Frage, ob der Nießbraucher oder der Gesellschafter das Stimmrecht innehaben und ausüben darf, wäre eine rechtliche Bestimmung des Abstimmungsgegenstands im Einzelfall vorzunehmen und dem jeweils betroffenen Rechtskreis zuzuweisen.[1214]

Als argumentative Grundlage für diese Auffassung wird eine Entscheidung des BGH aus dem WEG-Recht[1215] herangezogen. Darin wird festgestellt, dass grundsätzlich dem Mitgliedschaftsinhaber das Stimmrecht in wesentlichen Belangen obliege. Zugleich dürfe der Belastungsinhaber nicht unberücksichtigt bleiben, wenn eine Abstimmungsfrage anstehe, die ihn in seinem Belastungsrecht betreffe. Mithin sei allein die Differenzierung des Abstimmungsgegenstands geeignet, eine Zuordnung des Stimmrechts im Einzelfall herbeizuführen.[1216]

Die unmittelbare Übertragung der Rechtsgrundsätze zur Wohnungseigentümergemeinschaft auf die Personengesellschaft ist nicht unumstritten.[1217] Die Personengesellschaft besteht nämlich aus einem gewollten Zusammenschluss von Gesellschaftern zur Erreichung eines gesellschaftlichen Zwecks. Eine Wohnungseigentümergemeinschaft hingegen bildet grundsätzlich eine zufällige Gruppe von Miteigentümern, die sich der Aufrechterhaltung und Bewirtschaftung eines Miteigentumsgegenstands widmet. Die Interessenlage ist aber insofern vergleichbar, als der Nießbraucher als dinglich wirkender Berechtigter gleichermaßen eine besondere Rechtsstellung an dem Belastungsgegenstand und in der Versammlung der absoluten Rechtsinhaber genießt. Die Einflussnahme bei Belangen, die ihn betreffen, ergibt sich daraus, dass ihm als Belastungsinhaber ein Teilrecht zusteht.[1218] Der zugrundeliegende Rechtsgedanke ist damit zu Recht übernahmewürdig. Daher gilt, dass der Gesellschafter zur

---

1214 *Heinze*, in: Staudinger, BGB, 2017, Anh. zu §§ 1068 f. Rn. 72; *Schäfer*, in: Säcker et al., MüKo BGB, Bd. 6, 2017, § 705 Rn. 99; *Pohlmann*, in: Säcker et al., MüKo BGB, Bd. 8, 2020, § 1068 Rn. 77; *Reischl*, in: Bamberger et al., BeckOK BGB, 2020, § 1069 Rn. 22; *Roth*, in: Baumbach/Hopt, HGB, 2020, § 105 Rn. 46; *Koch*, in: Hüffer, AktG, 2020, § 16 Rn. 7; *Schall*, in: Spindler/Stilz, AktG, 2019, § 16 Rn. 31; vgl. auch *Schäfer*, in: Säcker et al., MüKo BGB, Bd. 6, 2017, § 705 Rn. 99; *Reichert/Schlitt*, in: Klein et al., FS Flick, 1997, S. 227; *Habersack*, S. 110 f.

1215 BGH NJW 1999, 571.

1216 *Wertenbruch*, in: Ebenroth et al., HGB, Bd. 1, 2020, § 105 Rn. 295.

1217 *Pohlmann*, in: Säcker et al., MüKo BGB, Bd. 8, 2020, § 1068 Rn. 72.

1218 Kritisch hierzu *Pohlmann*, in: Säcker et al., MüKo BGB, Bd. 8, 2020, § 1068 Rn. 77 ff.

Stimmrechtsausübung berechtigt sein soll, wenn ein Grundlagengeschäft oder ein im Gesellschaftsvertrag gleichwertig anerkanntes, erhebliches Geschäft vorzunehmen ist.[1219] Da der Nießbraucher einen Anspruch auf die abfallenden Nutzungen des Anteils hat, soll ihm die Berechtigung zur Stimmabgabe bei laufenden Angelegenheiten sowie zur Vornahme gewöhnlicher oder außergewöhnlicher Maßnahmen zustehen.[1220] Die schutzwürdige Berechtigung des Nießbrauchers zur Einflussnahme in Belangen, die seine Rechtsposition tangieren, ergibt sich sinngemäß aus § 1071 BGB.[1221]

Die Abgrenzung von Abstimmungsfragen, die Grundlagengeschäfte bzw. grundlagenähnliche Geschäfte betreffen und keine (außer-)gewöhnlichen Maßnahmen darstellen, kann sich praktisch schwierig gestalten.[1222] Zahlreiche Belange können substanzielle Auswirkungen auf die Nutzungsziehung haben und zugleich ein Grundlagengeschäft darstellen. Die Rechtskreise des Gesellschafters sowie des Nießbrauchers wären berührt und die Zuständigkeit beider Personen betroffen.[1223]

Der Abstimmungsgegenstand allein kann nicht immer eindeutig einem Rechtskreis zugeordnet werden. Innerhalb dieser Abspaltungslösung ist daher nach der vorliegend vertretenen, modifizierten Auffassung die Aufspaltung des Stimmrechts nicht nur am Abstimmungsgegenstand *per se*, sondern zugleich an sämtlichen Umständen des Einzelfalls zu messen. Diese umfassen insbesondere

---

1219 BGH NJW 1999, 571; *Kindler*, in: Koller et al., HGB, 2019, § 105 Rn. 23; *Roth*, in: Baumbach/Hopt, HGB, 2020, § 105 Rn. 46; *Bode*, in: Heuermann/Brandis, Blümich EStG, 2019, § 15 EStG Rn. 364.

1220 *Kindler*, in: Koller et al., HGB, 2019, § 105 Rn. 23; *Bayer*, in: Westermann et al., Erman BGB, Bd. 2, 2014, § 1069 Rn. 11.

1221 So *Schäfer*, in: Säcker et al., MüKo BGB, Bd. 6, 2017, § 705 Rn. 99, 102; dagegen *Pohlmann*, in: Säcker et al., MüKo BGB, Bd. 8, 2020, § 1068 Rn. 78. Die Gesetzesregelung des § 1071 BGB soll vor der Aushöhlung des Nießbrauchrechts, etwa durch Aufhebung oder Änderung des zugrundeliegenden Rechts, schützen. Hierzu *Reischl*, in: Bamberger et al., BeckOK BGB, 2020, § 1071 Rn. 1; *Berger*, in: Stürner, Jauernig BGB, 2018, § 1071 Rn. 1. Es ist jede Maßnahme an einem Gesellschaftsanteil erfasst, die geeignet ist, den Bestand des Anteils zu beeinträchtigen.

1222 Zur Kritik an der Aufspaltungslösung aufgrund ihrer komplexen praktischen Umsetzbarkeit *Frank*, MittBayNot 2010 96, 99 f.; *Lindemeier*, DNotZ 1999, 876, 892.

1223 Die Zuständigkeitsbereiche können sich etwa überschneiden bei der Feststellung des Jahresabschlusses, da es sowohl ein Grundlagengeschäft darstellt (so BGH NJW 1999, 571, 572) als auch für die Nutzungsziehung erhebliche Auswirkungen hat (nach *K. Schmidt*, ZHR 1999, 601, 606, 608). Ausführlich *Heinze*, in: Staudinger, BGB, 2017, Anh. zu §§ 1068 f. Rn. 72.

die Frage, wessen Interessenkreis zum Abstimmungszeitpunkt am stärksten tangiert ist und welche Rechte von der Abstimmung im Einzelfall betroffen sind.[1224] Vorzugsweise ist eine möglichst ausführliche Regelung im Vertragswerk[1225] zwischen Nießbraucher und Gesellschafter vorzunehmen, die dem Bestimmtheitsgrundsatz ausreichend nachkommt[1226] und die zu differenzierenden Abstimmungsgegenstände auflistet sowie zuordnet.

Die dargestellten Grundsätze sind allgemeingültig und gelten unabhängig von der Gesellschaftsform. Wie bereits aufgezeigt, können sich bei Kapitalgesellschaften, bei der Aktiengesellschaft, aber auch bei der GmbH, Schwierigkeiten bei der Zuweisung der Kompetenzen ergeben.[1227] Macht etwa der Unternehmensnießbraucher in der Gesellschafter- bzw. Hauptversammlung von seinem Stimmrecht Gebrauch, um eine Maßnahme der Unternehmensleitung durchzusetzen, agiert der Nießbraucher im Interessen- und Rechtskreis zweier separater Organe, namentlich als Geschäftsführer und Gesellschafter bzw. als Vorstand und Hauptversammlung. Die Unternehmensleitung und das kollektive Entscheidungsorgan wären entgegen den kapitalgesellschaftlichen Grundsätzen miteinander verknüpft. Dies ist insofern nicht ungewöhnlich, als der Geschäftsführer einer GmbH bzw. das Vorstandsmitglied einer AG nicht selten Gesellschaftsanteile bzw. Aktien innehat. Beim Unternehmensnießbrauch ist aber davon auszugehen, dass eine Belastung an der überwiegenden Mehrheit der Gesellschaftsanteile vorliegt. Der Geschäftsführer bzw. Vorstand wäre nicht nur Gesellschafter, sondern Mehrheitsgesellschafter bzw. -aktionär. Dies würde eine außerordentliche Interessenlage gegenüber Minderheitsgesellschaftern begründen. Auch hier ist, zugunsten von Rechtssicherheit und Rechtsklarheit, Bedarf zum gesetzgeberischen Tätigwerden geboten.[1228]

1224 Zur Aufteilung des Stimmrechts zwischen Gesellschafter und Nießbraucher und zu den gesetzlichen Grundlagen ausführlich *Schäfer*, in: Säcker et al., MüKo BGB, Bd. 6, 2017, § 705 Rn. 99.

1225 *Wertenbruch*, in: Ebenroth et al., HGB, Bd. 1, 2020, § 105 Rn. 295; *Teichmann*, ZGR 1972, 24; *Wentrup*, in: Hoffmann-Becking/Gebele, Beck'sches Formularhandbuch Bürgerliches, Handels- und Wirtschaftsrecht, 2019, GmbH, Nr. 23 Rn. 2.

1226 *Haag*, in: Gummert/Weipert, Münchener Handbuch des Gesellschaftsrechts, Bd. 1, 2019, § 66 Rn. 29.

1227 Hierzu bereits S. 89 ff.

1228 Es obliegt dem Gesetzgeber festzulegen, ob der Unternehmensnießbraucher, wie in der Personengesellschaft, grundsätzlich zur Ausübung des Stimmrechts berechtigt sein soll oder ob die Rechte des Unternehmensnießbrauchers, mit Blick auf die kapitalgesellschaftliche Konzeption, zurückzustehen haben. Hierzu ausführlich S. 367 ff.

Alternativ könnte in einer jeden Gesellschafterversammlung die obligatorische Anwesenheit eines Rechtsbeistandes angeordnet werden. Dieser könnte die Abstimmungsgegenstände in uneindeutigen Fällen der Gesamtheit der Gesellschafter oder aber dem Unternehmensnießbraucher zuordnen und die Ordnungsgemäßheit der Beschlüsse gewährleisten.

(c) Informations- und Kontrollrecht

Das Informations- und Kontrollrecht ist eines der Kernrechte aus der Mitgliedschaft. Der Inhaber einer Beteiligung darf jederzeit in die internen Abläufe eines Unternehmens Einblick nehmen.[1229] Im Diskurs zum Nießbrauch an Gesellschaftsanteilen wird einhellig vertreten, dass dem Unternehmensnießbraucher, ebenso wie dem Gesellschafter,[1230] aufgrund seiner dinglich wirkenden Rechtsposition, zumindest aber aus dem Grundsatz von Treu und Glauben gegenüber der Gesellschaft sämtliche Informations- und Kontrollrechte sowie ein Auskunftsrecht zustehen. Dies ergäbe sich originär aus § 716 BGB,[1231] §§ 118, 166 HGB,[1232] § 51a GmbHG,[1233] § 131 AktG[1234] und gelte, sofern sein Begehr die Unternehmenserträge und somit das Nutzungsrecht und dessen Umfang betreffe.[1235] Damit wird der Nießbraucher über den finanziellen Umfang seines

---

1229 *K. Schmidt,* Gesellschaftsrecht, 2002, S. 624 ff.

1230 *Haag,* in: Gummert/Weipert, Münchener Handbuch des Gesellschaftsrechts, Bd. 1, 2019, § 66 Rn. 26, 30-32; *Wälzholz,* DStR 2010, 1786, 1790.

1231 *Froning,* in: Sudhoff, Unternehmensnachfolge, 2005, § 39 Rn. 35; *K. Schmidt,* Gesellschaftsrecht, 2002, S. 1749.

1232 *Lieder,* in: Oetker, HGB, 2019, § 118 Rn. 9-11; *Psaroudakis,* in: Heidel/Schall, HGB, 2019, § 118 Rn. 2; *Enzinger,* in: K. Schmidt, MüKo HGB, Bd. 2, 2016, § 118 Rn. 7-16; zu Ausgestaltungsvarianten i.R.v. § 118 HGB *de Groot,* NZG 2013, 529.

1233 *Römermann,* in: Heidinger/et al., Michalski GmbHG, 2017, § 51a Rn. 25-40; *Bergjan,* in: Saenger/Inhester, GmbHG, 2016, § 51a Rn. 4-10; zu Restriktionen i.R.v. § 51a GmbHG *Müller,* GmbHR 1987, 87.

1234 *Drinhausen,* in: Hölters, AktG, 2017, § 131 Rn. 2-18; *Herrler,* in: Grigoleit, AktG, 2013, § 131 Rn. 8-25; zu den Haftungsauswirkungen bei Verletzung des Auskunftsrechts durch den Vorstand *Moser,* NZG 2017, 1419.

1235 *Pohlmann,* in: Säcker et al., MüKo BGB, Bd. 8, 2020, § 1068 Rn. 84; *K. Schmidt,* in: K. Schmidt, MüKo HGB, Bd. 3, 2019, Vor § 230 Rn. 21; *Haag,* in: Gummert/Weipert, Münchener Handbuch des Gesellschaftsrechts, Bd. 1, 2019, § 66 Rn. 29 ff.; *Wertenbruch,* in: Ebenroth et al., HGB, Bd. 1, 2020, § 105 Rn. 295; *Heinze,* in: Staudinger, BGB, 2017, Anh. zu §§ 1068 f. Rn. 74; *Herrler,* in: Palandt, BGB, 2020, § 1068 Rn. 6. Vgl. auch *Schön,* ZHR 1994, 229, 263 f., der für eine gemeinschaftliche Berechtigung und Ausübung der Informations- und Kontrollrechte plädiert.

Belastungsrechts informiert. Er erhält eine verlässliche Quelle für die Entscheidung über seine Investition sowie den weiteren Vertragsverlauf. Ebendiese Interessenlage trifft grundsätzlich auch beim Unternehmensnießbrauch zu.

Indes ist der Zuspruch von Informations- und Kontrollrechten an den Unternehmensnießbrauch lediglich deklaratorischer Natur. Die bezeichneten Rechte werden nämlich gegenüber dem Geschäftsführer bzw. Vorstand, stellvertretend für die Gesellschaft, im Ausnahmefall direkt und persönlich, geltend gemacht.[1236] Da der Unternehmensnießbraucher die Unternehmerstellung innehat und somit die Geschäftsführungs- bzw. Vorstandsposition einnimmt, ist er unmittelbar selbst während der Zeit des Unternehmensnießbrauchs über die Gesellschaftsabläufe und finanziellen Angaben im Bilde. Insofern besteht personelle Identität des Anspruchsinhabers und -gegners. Eine Durchsetzung des Informationsrechts ist obsolet. Wird die Unternehmensfortführung hingegen von einem eigens eingesetzten Stellvertreter als unechtem Treuhänder vorgenommen,[1237] beruht der Informations- und Kontrollanspruch auf dem im Innenverhältnis bestehenden Vertragsverhältnis. Im Außenverhältnis wird dem Unternehmensnießbraucher nämlich dasjenige Wissen nach § 166 BGB zugerechnet, das sein Treuhänder aufweist.

(d) Klagerecht

Das Klagerecht hat erhebliche Bedeutung im Personen- und Kapitalgesellschaftsrecht.[1238] Es dient der möglichen Durchsetzung von Ansprüchen gegen Mitgesellschafter[1239] sowie gegen die Geschäftsführung, nach § 46 Nr. 8

1236 *Weipert*, in: Gummert/Weipert, Münchener Handbuch des Gesellschaftsrechts, Bd. 1, 2019, § 8 Rn. 17; *Finckh*, in: Henssler/Strohn, Gesellschaftsrecht, 2019, § 118 HGB Rn. 20; *Lieder*, in: Oetker, HGB, 2019, § 118 Rn. 8.

1237 Zur Unternehmensfortführung in unechter Treuhänderschaft S. 103 ff.

1238 *K. Schmidt*, Gesellschaftsrecht, 2002, S. 645 ff.

1239 Bei Ansprüchen von Mitgesellschaftern in einer OHG oder unterhalb der Komplementäre in einer KG findet die Gesetzesregelung aus (§ 161 Abs. 2 HGB i.V.m.) § 128 HGB betreffend sog. Sozialverbindlichkeiten keine Anwendung. Es sind jedoch Tatbestände denkbar, denen zufolge Ansprüche im Klageweg durchsetzbar sind. Häufigster Fall ist der Haftungsregress bei der Begleichung von Gesellschaftsschulden zur Leistungsverteilung *pro rata*. Hierzu *Roth*, in: Baumbach/Hopt, HGB, 2020, § 128 Rn. 22 ff. Zu der Ausgestaltung in der GbR *Schäfer*, in: Säcker et al., MüKo BGB, Bd. 6, 2017, § 705 Rn. 215-219 mit Verweis auf die *actio pro socio*. Zur *actio pro socio* allgemein *K. Schmidt*, Gesellschaftsrecht, 2002, S. 629 ff. sowie in der GmbH *Wicke*, GmbHG, 2016, § 13 Rn. 23; *Fleischer*, in: Fleischer/Goette, MüKo GmbHG, Bd. 1, 2018, Einleitung Rn. 191 f.

GmbHG,[1240] oder auch gegen das Kontrollorgan.[1241] Das Klagerecht obliegt kraft Gesetzes dem Gesellschafter. Die bereits beim Stimmrecht angeführten Literaturmeinungen gelten entsprechend für das Klagerecht.[1242] Besteht ein Nießbrauch allein am Gesellschaftsanteil, soll der Nießbraucher nach überwiegender Auffassung ein Klagerecht erhalten, sofern seine Belange betroffen sind. Im Zweifel hängt die Interventionsmöglichkeit des Nießbrauchers jedoch von der individualvertraglichen Vereinbarung ab, die dem Nießbraucher das gesamte Klagerecht zusprechen oder ein nach außen hin rechtswirksames Widerspruchsrecht gegen das Klagerecht des Gesellschafters einräumen kann.[1243] Auch dem Unternehmensnießbraucher soll es möglich sein, ein Klagevorhaben durchzusetzen und im Schadensfall Regress zu suchen. Dabei bietet sich die Aufspaltungslösung der Literatur an. Das Klagerecht des Unternehmensnießbrauchers soll dann gelten, wenn besondere Auswirkungen auf sein Fruchtziehungsrecht vorliegen.[1244]

Legt man ebendiese besondere Interessenlage des Unternehmensnießbrauchs zugrunde, ist die Zuweisung des Klagerechts, wie beim Informations- und Kontrollrecht, allein deklaratorisch. Der Unternehmensnießbraucher wird keine Ansprüche gegen die Geschäftsführung geltend machen, wenn er selbst Geschäftsführer bzw. Vorstand ist und somit personelle Identität besteht. Wird die Unternehmensführungstätigkeit an einen Dritten delegiert, besteht kein Klagerecht im Außenverhältnis, da dessen Verhalten dem Unternehmensnießbraucher zumindest nach §§ 167 ff. BGB zugerechnet wird. Eine etwaige Auseinandersetzung wird sich nur im Innenverhältnis auswirken und gründet dann auf dem Vertragsverhältnis. Bei der Betroffenheit des eigenen Nutzungsrechts kann das Klagerecht gegen Gesellschafter oder auch den Aufsichtsrat in einer AG von Relevanz sein.

1240 *Altmeppen*, in: Altmeppen, GmbHG, 2019, § 46 Rn. 54-66; *Römermann*, in: Heidinger/et al., Michalski GmbHG, 2017, § 46 Rn. 415-426; *Zöllner*, ZGR 1988, 392.

1241 *Rieckers*, in: Hoffmann-Becking, Münchener Handbuch des Gesellschaftsrechts, Bd. 4, 2015, § 18 Rn. 2-4, 6; eingängig hierzu *Krieger*, ZHR 1999, 343-363; *Ulmer*, ZHR 1999, 290-342.

1242 *K.Schmidt*, in: K. Schmidt, MüKo HGB, Bd. 3, 2019, Vor § 230 Rn. 21; *Haag*, in: Gummert/Weipert, Münchener Handbuch des Gesellschaftsrechts, Bd. 1, 2019, § 66 Rn. 32.

1243 *K.Schmidt*, in: K. Schmidt, MüKo HGB, Bd. 3, 2019, Vor § 230 Rn. 21; *Haag*, in: Gummert/Weipert, Münchener Handbuch des Gesellschaftsrechts, Bd. 1, 2019, § 66 Rn. 32.

1244 Vgl. *Wälzholz*, DStR 2010, 1786, 1790.

Davon unberührt bleibt das Klagerecht des Gesellschafters bestehen, wenn ein Klagegegenstand zugrunde liegt, bei dem dessen Rechte oder Rechtsbelange betroffen sind. Neben einer möglichen Geltendmachung gegen Mitgesellschafter, Geschäftsführung bzw. Vorstand und ggf. Aufsichtsrat, ist auch grundsätzlich die Klagemöglichkeit gegen den Unternehmensnießbraucher anzuerkennen.[1245]

(e) Treuepflicht

Die Treuepflicht ist der ureigene Ausdruck des Mitgliedschaftsverhältnisses.[1246] Sie ist darauf ausgelegt, die Gesellschaft sowie die dahinterstehenden Gesellschafter zu schützen.[1247] Die unmittelbaren Unternehmensbeteiligten sind zu Loyalität, Rücksichtnahme und Wahrung von Unternehmensinteressen verpflichtet.[1248] Ob der Nießbraucher i.S.v. § 242 BGB zur Treue gegenüber der Gesellschaft verpflichtet ist,[1249] ist beim Anteilsnießbrauch umstritten und abhängig davon, ob ihm grundsätzlich Mitverwaltungspflichten (vertraglich) auferlegt werden. Geht man, wie beim Nießbrauch allein eines Gesellschaftsanteils, davon aus, dass dem Nießbraucher keine Verwaltungsrechte zustehen und er lediglich zur Fruchtziehung berechtigt ist, hat der Nießbraucher in nur geringem Maße Einfluss auf das Unternehmen. Daher gibt es keinen Grund, dem Nießbraucher eine Treuepflicht aufzuerlegen.[1250]

Beim Unternehmensnießbrauch ist dies anders. Dem Unternehmensnießbraucher werden zahlreiche, umfassende Rechte und Pflichten auferlegt. Insbesondere durch die Geschäftsführung und Stimmrechtsausübung bei ihn betreffenden Belangen wirkt er in besonderem Maße auf die Gesellschaft ein.[1251]

1245 Vgl. *Wälzholz,* DStR 2010, 1786, 1790.

1246 *K. Schmidt,* Gesellschaftsrecht, 2002, S. 587 ff.

1247 *Westermann,* in: Westermann et al., Erman BGB, Bd. 1, 2014, § 705 Rn. 49; *Roth,* in: Baumbach/Hopt, HGB, 2020, § 109 Rn. 23-28.

1248 Vgl. *Oetker,* in: Müller-Glöge/Preis/Schmidt, Erfurter Kommentar zum Arbeitsrecht, 2020, § 116 AktG Rn. 4.

1249 Die Treuepflichten bestehen im Verhältnis eines Gesellschafters gegenüber der Gesellschaft oder auch unterhalb der Gesellschafter. Sie resultieren aus den Befugnissen der Geschäftsführung sowie aus der Fremdnützigkeit dieser Tätigkeit zugunsten der Gesellschaft als eigenem Organ. Zu den Treuepflichten zählen auch umfassende Schutz- und Rücksichtnahmepflichten, darunter Verschwiegenheitspflichten, sowie ein Wettbewerbsverbot. Diese äußern sich sowohl als Handlungs- als auch als Unterlassungspflicht. Hierzu *Lieder,* in: Oetker, HGB, 2019, § 109 Rn. 21; *Oetker,* in: Henssler/Strohn, Gesellschaftsrecht, 2019, § 35 GmbHG Rn. 18-20.

1250 *Pohlmann,* in: Säcker et al., MüKo BGB, Bd. 8, 2020, § 1068 Rn. 85.

1251 *Schäfer,* in: Säcker et al., MüKo BGB, Bd. 6, 2017, § 705 Rn. 102.

Für den Schutz des Unternehmens ist es daher nur folgerichtig, dass der Nießbraucher zur Treue verpflichtet ist.[1252]

dd. Zwischenergebnis

Der Nießbrauch an Rechten ist für die Belastung eines Unternehmens von besonderer Bedeutung, da Rechte regelmäßig einen vergleichsweise hohen Vermögenswert am Unternehmen bilden und diesem, in Form der Gesellschaftsanteile, immanent sind.

Es finden die Vorschriften zum Sachnießbrauch gemäß § 1068 Abs. 2 i.V.m. §§ 1030 ff. BGB sowie Sondervorschriften Anwendung.[1253] Zu unterscheiden sind die Rechte und Pflichten der Parteien, die sich aus dem Nießbrauch an einem Leistungsrecht, an einem Recht auf wiederkehrende Leistung, an (un-)verzinslichen Forderungen, an einer Grund- und Rentenschuld sowie an Inhaber- und Orderpapieren ergeben.[1254] Der Nießbraucher ist grundsätzlich in seinem Belastungsrecht zu schützen. Mitunter sind rechtliche Maßnahmen des Forderungsinhabers im Umgang mit den Forderungen an dessen Zustimmung geknüpft.

Weiterhin von besonderer Relevanz sind die Rechte und Pflichten des Nießbrauchers an Gesellschaftsanteilen. Es ist zwischen den Gesellschaftsanteilen an Personen- sowie an Kapitalgesellschaften zu unterscheiden.[1255] Nach einhelliger Auffassung wird mit dem Nießbrauch am Gesellschaftsanteil der Anteil an der Gesamtmitgliedschaft belastet.[1256] Es ist umstritten, welche Verwaltungsrechte der Nießbraucher berechtigterweise ausüben darf. Eine ältere Rechtsansicht, die annimmt, der Nießbraucher nehme den Quasi-Eintritt in die Gesellschafterstellung vor, ist abzulehnen.[1257] Der Nießbraucher wird unstrittig gerade nicht

---

1252 Zur Schlussfolgerung, dass die Treuepflicht von dem Zuspruch genereller Mitverwaltungspflichten abhängt, *Pohlmann*, in: Säcker et al., MüKo BGB, Bd. 8, 2020, § 1068 Rn. 85.

1253 Hierzu S. 68 ff.

1254 Zu den Rechten im Einzelnen S. 243 ff.

1255 Es wird die Vereinbarkeit mit dem Abspaltungsverbot diskutiert. Einhellig wird dabei vertreten, dass dieses in der Personengesellschaft nicht entgegensteht, da der Nießbraucher in eine dingliche Rechtsgemeinschaft mit dem Gesellschafter eintritt. Mithin entzieht er sich der gesellschaftsfremden Sphäre und kann das Nutzungsrecht aus dem Gesellschaftsanteil für sich geltend machen.

1256 Zur Abgrenzung von der Belastung eines vermeintlichen Gewinnstammrechts oder von der Vollübertragung mit Treuhand S. 254 ff.

1257 Zu der älteren Rechtsauffassung, der Nießbraucher nehme einen „Quasi-Eintritt in die Gesellschafterstellung“ vor, S. 259 f.

Gesellschafter und soll auch nicht als solcher handeln dürfen. Nach einer einhelligen Rechtsauffassung sind die einzelnen Verwaltungsrechte zu differenzieren. Diejenigen Rechte, die den Kernbereich des Gesellschaftsanteils betreffen, obliegen der Ausübung des Gesellschafters. Im Übrigen soll der Nießbraucher diejenigen Rechte wahrnehmen können, die für die Durchsetzung seines Nutzungsrechts von Relevanz sind.[1258]

Der Unternehmensnießbraucher ist grundsätzlich berechtigt sowie verpflichtet, die Unternehmensfortführung vorübergehend vorzunehmen. Er hat die Geschäftsführungs-befugnis sowie Vertretungsmacht inne.[1259] Die Zuweisung eines Stimmrechts in der Gesellschafterversammlung ist umstritten.[1260] Nach einer überwiegend vertretenen Auffassung, der sog. Aufspaltungslösung, ist dem Nießbraucher ein Stimmrecht zuzusprechen, wenn der Abstimmungsgegenstand das Nutzungsziehungsrecht in besonderem Maße betrifft. Im Rahmen einer vorgeschlagenen, modifizierten Abspaltungslösung ist darüber hinaus nicht nur der Abstimmungsgegenstand zu betrachten. Vielmehr sind bei der Zuweisung des Stimmrechts sämtliche Umstände des Einzelfalls am Abstimmungsgegenstand zu berücksichtigen.

Eine Zuweisung in den Rechtskreis des Gesellschafters oder des Nießbrauchs kann sich praktisch schwierig darstellen. Es ist eine möglichst ausführliche vertragliche Regelung zu bestimmen. Auch ist empfehlenswert, dass ein Rechtsbeistand der Gesellschafterversammlung beiwohnt, der den ordnungsgemäßen Ablauf gewährleistet und in Zweifelsfragen das Stimmrecht zuweist.[1261] Dem Nießbraucher sind, sofern das Nutzungsrecht betroffen ist, auch Informations- und Kontrollrechte zuzusprechen.[1262] Gleiches gilt für das Klagerecht. Der Nießbraucher darf dieses nur durchsetzen, wenn sein Nutzungsrecht berührt ist. Dabei gibt es nur wenige denkbare Fallkonstellationen, in denen er als Unternehmensführer dieses tatsächlich durchsetzen wird.[1263] Da der Unternehmensnießbraucher einen umfassenden Einfluss auf das Unternehmen hat und dieses wesentlich bestimmt, sind die Unternehmensinteressen zu wahren. Dem Nießbraucher obliegt daher die Treuepflicht.[1264]

1258 Ausführlich hierzu S. 259 f.

1259 Hierzu S. 260 ff.

1260 Ausführlich zum Meinungsstand S. 266 f.

1261 Zur Abspaltungslösung, namentlich zur Aufteilung des Stimmrechts nach dem jeweils zugrundeliegenden Abstimmungsgegenstand, S. 269 f.

1262 Zum Informations- und Kontrollrecht S. 272 ff.

1263 Zum Klagerecht S. 273 f.

1264 Zur Treuepflicht S. 275 f.

2. Rechte und Pflichten im Sicherungsfall

Der Unternehmensnießbrauch endet grundsätzlich auf zwei Weisen, namentlich mit der vorgesehenen Regelbeendigung oder dem Eintritt des Sicherungsfalls, welcher auch in der Insolvenz des Unternehmens liegen kann. Die Beendigungstatbestände sind im Einzelnen zu untersuchen und es ist zu betrachten, welche Rechte und Pflichten sich für die Parteien ergeben.

a. Zur Regelbeendigung

aa. Regelbeendigungstatbestände

Der Nießbrauch am Unternehmen kann auf zahlreiche unterschiedliche Weisen beendet werden. Der Nießbrauch gilt als aufgehoben, wenn ein wirksamer Verzicht nach §§ 875, 1062, 1064, 1072 BGB ausgesprochen wurde. Auch kann er durch den Eintritt einer auflösenden Bedingung (§ 158 Abs. 2 BGB) enden, beispielsweise bei der zulässigen, vorzeitigen Befriedigung der kausalen Kreditverbindlichkeit durch entsprechende Vertragsvereinbarung. Ebenso endet der Unternehmensnießbrauch mit dem Eintritt eines vertraglich vereinbarten Termins (§ 163 BGB)[1265] oder mit dem Tod des Nießbrauchers nach § 1061 BGB. Bei einer natürlichen Person tritt diese Rechtsfolge mit dem Ableben des Nießbrauchers ein,[1266] bei einer juristischen Person mit der Aufgabe der rechtlichen Existenz, u.a. kraft abgeschlossener Liquidation,[1267] oder mit Eintritt der Personenidentität von Eigentümer und Nießbraucher, der Konsolidation nach § 1063 BGB.[1268]

1265 *Berger*, in: Stürner, Jauernig BGB, 2018, Vor § 1030 Rn. 5; *Herrler*, in: Palandt, BGB, 2020, Vor § 1030 Rn. 6; *Janssen/Nickel*, S. 61.

1266 *Janssen/Nickel*, S. 62.

1267 *Herrler*, in: Palandt, BGB, 2020, § 1061 Rn. 2; *Heger*, S. 84 f. Es gilt die Ausnahmeregelung des § 1059a BGB. *Berger*, in: Stürner, Jauernig BGB, 2018, Vor § 1030 Rn. 5, § 1061 Rn. 1; *Herrler*, in: Palandt, BGB, 2017, Vor § 1030 Rn. 6; *Wörlen/Kokemoor*, Sachenrecht, 2017, Rn. 373.

1268 Mit dem Erwerb des Alleineigentums an einer beweglichen Sache durch den Nießbraucher erlischt grundsätzlich auch der Nießbrauch, es sei denn, der Eigentumserwerb ist befristet bzw. auflösend bedingt oder es liegen gleich- oder nachrangige Belastungsrechte vor. So *Herrler*, in: Palandt, BGB, 2020, § 1063 Rn. 1. Für unbewegliche Sachen bleibt die Regelung des § 889 BGB unberührt. Der Eigentumserwerb schließt das beschränkt dingliche Recht nicht aus. Es gilt die Ausnahme nach § 1063 Abs. 2 BGB.

Der Nießbrauch endet mit dem Untergang des Belastungsgegenstands.[1269] Dies gilt grundsätzlich bei Zerstörung beweglicher Gegenstände, da dem Nießbraucher die Rechtsausübung durch den Besitzverlust unmöglich gemacht wird. Durch Zerstörung des Gebäudes erlischt nach § 1046 BGB hingegen nicht der Grundstücksnießbrauch, sondern setzt sich als Nießbrauch an der Versicherungsforderung fort.[1270] Das physische Abhandenkommen eines Unternehmens *per se* ist in der Praxis nur schwer vorstellbar. Ist jedoch der überwiegende Teil eines Unternehmens zerstört, etwa durch einen Brand im Gebäude auf dem Betriebsgrundstück, dem Warenlager oder einer Produktionsstätte, ist nach § 1046 BGB davon auszugehen, dass der Nießbrauch am Unternehmen bestehen bleibt und sich temporär, bis zur Wiederherstellung in den vorherigen Zustand, am vorhandenen Unternehmensbestand sowie an den Versicherungsforderungen als rechtliches Surrogat fortsetzt. Kann das Unternehmen als Belastungsgegenstand wirtschaftlich nicht wiederhergestellt werden, weil dies unmöglich oder nach objektiven Maßstäben unrentabel ist, ist von der Beendigung des Unternehmensnießbrauchs kraft des Untergangs des Belastungsgegenstands auszugehen.

Abschließend ist auch die Beendigung des Nießbrauchs kraft Hoheitsaktes zu benennen. Diese tritt durch Zwangsversteigerung ein, wenn ein hoheitlicher Zuschlag nach §§ 91, 52 Abs. 1, 44 Abs. 1, 49 Abs. 1 ZVG erteilt wird.[1271] Wie die Zwangsversteigerung eines gesamten Unternehmens verläuft, ist nicht eindeutig geklärt, da es sich um einen praktisch wenig relevanten Fall handelt. Zumindest ist ein Unternehmensnießbrauch dann nicht mehr anzunehmen, wenn so viele Einzelunternehmensgegenstände einem Hoheitsakt unterworfen sind, dass das Unternehmen in der originär belasteten Form nicht mehr vorhanden ist.

bb. Rechte und Pflichten

Der Nießbraucher ist bei Beendigung des Nießbrauchs dazu verpflichtet, das Unternehmen als Belastungsgegenstand zurückzugeben. Dies ergibt sich aus § 985 BGB[1272] sowie § 596 BGB analog und § 1055 Abs. 1

1269 Zu den Problemstellungen bei der Auflösung der belasteten Gesellschaft *Janssen/Nickel*, S. 62.

1270 *Berger*, in: Stürner, Jauernig BGB, 2018, Vor § 1030 Rn. 5; *Herrler*, in: Palandt, BGB, 2020, Vor § 1030 Rn. 6; *Wörlen/Kokemoor*, Sachenrecht, 2017, Rn. 373.

1271 *Berger*, in: Stürner, Jauernig BGB, 2018, Vor § 1030 Rn. 5.

1272 Es gilt der allgemeine Herausgabeanspruch aus dem gesetzlichen Schuldverhältnis. So *Berger*, in: Stürner, Jauernig BGB, 2018, § 1055 Rn. 1.

BGB.[1273] Das Unternehmen muss sich in einem Zustand befinden, der einer fortgesetzten, ordnungsgemäßen Unternehmensführung entspricht.[1274] Die durch Einzelrechtsübertragung übergegangenen Vermögensgegenstände sind zurückzugeben, eine etwaige Grundbucheintragung ist zu berichtigen und die Handelsregistereintragung zu löschen.[1275]

Hat der Nießbraucher einen Teil des Betriebsgrundstücks seinerseits an Dritte vermietet oder verpachtet, endet das Rechtsverhältnis von Nießbraucher und Mieter bzw. Pächter nicht mit Beendigung des Nießbrauchs.[1276] Es finden vielmehr die Vorschriften nach § 1056 Abs. 1 BGB i.V.m. §§ 566 ff. BGB Anwendung. Dem Mieter bzw. Pächter ist ein Besitzrecht i.S.v. § 986 BGB gesichert und der Eigentümer rückt bei Beendigung des Nießbrauchs ersatzweise für den Nießbraucher in das Rechtsverhältnis nach.[1277] Damit ist er als Rechtsnachfolger derivativer Anspruchsinhaber für den jeweiligen Miet- bzw. Pachtzins[1278] und originärer Inhaber etwaiger Zinsansprüche.[1279]

Es ist umstritten, wie bei der Beendigung des Nießbrauchs mit den Nutzungen umzugehen ist.[1280] Auch ist nicht geklärt, wie negative Wertveränderungen am Unternehmen innerparteilich auszugleichen sind. Zum Teil wird vertreten, der Nießbraucher, als Eigentümer des Umlaufvermögens, sei verpflichtet, wertmäßige Verluste am Anlagevermögen auszugleichen, die während der Dauer seiner Unternehmensführung eingetreten sind.[1281] Die überwiegende Literaturauffassung hingegen vertritt, dass zufällige Wertveränderungen vom Eigentümer

---

1273 *Pöppel*, MittBayNot 2007, 85, 90; *Reischl*, in: Bamberger et al., BeckOK BGB, 2020, § 1085 Rn. 24.

1274 *Von Godin*, S. 44 f.; *Heinze*, in: Staudinger, BGB, 2017, Anh. §§ 1068, 1069 Rn. 46; *Pohlmann*, in: Säcker et al., MüKo BGB, Bd. 8, 2020, § 1085 Rn. 30.

1275 *Janssen/Nickel*, S. 64.

1276 BGH NJW 1990, 443; *Herrler*, in: Palandt, BGB, 2020, § 1056 Rn. 1.

1277 Entsprechend gilt „Nießbrauchsende bricht nicht Miete", hierzu *Pohlmann*, in: Säcker et al., MüKo BGB, Bd. 8, 2020, § 1056 BGB, Rn. 1; *Berger*, in: Stürner, Jauernig BGB, 2018, § 1056 Rn. 1. Dem Eigentümer steht, im Gleichlauf mit den Rechten des Nießbrauchers, die Kündigung nach den gesetzlichen Kündigungsfristen zu (§ 1056 Abs. 2, 3 BGB).

1278 Es handelt sich nicht um einen Fall der ungerechtfertigten Bereicherung, BGHZ 53, 174.

1279 *Berger*, in: Stürner, Jauernig BGB, 2018, § 1056 Rn. 1.

1280 Zu den Fragestellungen betreffend die Zusammensetzung der Nutzungen S. 216 ff.

1281 *K. Schmidt*, Handelsrecht, 2014, S. 187.

zu tragen sind, da ihn diese auch im Fall der eigenen Unternehmensführung getroffen hätten.

Im Übrigen sind Wertveränderungen jedoch vom Nießbraucher zu tragen, sofern sie während der Zeit seiner Unternehmensführung aufgetreten und von ihm (nachweislich) verschuldet sind.[1282] Da zur Feststellung der negativen Wertveränderungen und deren Hintergründe eine umfassende Prüfung erforderlich sein kann, sollte ein objektiver Sachverständiger herangezogen werden.[1283] Ersatzansprüche des Eigentümers, die aus der Veränderung oder Verschlechterung des Belastungsgegenstands resultieren,[1284] sowie Wertersatzansprüche des Nießbrauchers aus § 1049 BGB[1285] verjähren gemäß § 1057 S. 1 BGB nach sechs Monaten ab der Rückgewährung des Belastungsgegenstands.[1286]

Sinn und Zweck dieser Regelung ist es, eine möglichst zügige Abwicklung der rechtlichen Streitigkeiten zu erzielen.[1287] Da eine Veränderung oder Verschlechterung des Unternehmens nur schwer feststellbar ist, sollte auch hier, insbesondere im Streitfall, ein objektiver Sachverständiger eingesetzt werden. Hat der Nießbraucher am Unternehmen einen Überschuss an Gewinnen eingezogen, welche über die Befriedigung der kausalen Kreditverbindlichkeit zuzüglich der vereinbarten Kosten und Zinsen hinausgehen, ist dieser, zumindest aus bereicherungsrechtlichen Grundsätzen, zurückzuerstatten.[1288]

1282 *Heinze*, in: Staudinger, BGB, 2017, Anh. §§ 1068, 1069 Rn. 46; *Pohlmann*, in: Säcker et al., MüKo BGB, Bd. 8, 2020, § 1085 Rn. 30; gegen diesen Ansatz *Schön*, S. 219. Zur Frage, wie ein Verschulden festzustellen ist, *Grunsky*, BB 1972, 585, 587.

1283 Zum Erfordernis einer objektiven Prüfung durch einen Sachverständigen S. 230 ff.

1284 Es ist umstritten, ob dem Besteller Ersatzansprüche gegen den Nießbraucher zustehen, wenn eine Negativabweichung im Unternehmenszustand zwischen End- und Anfangszeitpunkt feststellbar ist. In diesem Zusammenhang sind zahlreiche Fragen zu klären, wie beispielsweise, wann eine Verschlechterung zu konstatieren ist, wie sich diese auszeichnet und woher diese rührt, d.h. ob es sich um die Realisierung eines üblichen, unternehmerischen Risikos oder einen verschuldeten Umstand handelt. Indes ist auch umstritten, wie hoch der ersatzfähige Umfang sein soll. Hierzu *Hauck*, S. 292; *Bökelmann*, S. 49.

1285 *Reischl*, in: Bamberger et al., BeckOK BGB, 2020, § 1057 Rn. 4; *Schulte-Nölke*, in: Schulze et al., BGB, 2019, § 1057 Rn. 1.

1286 *Pohlmann*, in: Säcker et al., MüKo BGB, Bd. 8, 2020, § 1057 Rn. 1, 3.

1287 Die dreijährige Regelverjährungsfrist aus § 195 BGB ist entsprechend verkürzt.

1288 Bei Betrachtung der grundsätzlichen Konzeption des Unternehmensnießbrauchs kommt ein Anspruch aus der Leistungskondiktion *(condictio indebiti)* nach § 812 Abs. 1 S. 1 Var. 1 BGB nicht in Frage. Der Besteller nimmt keine Leistung, d.h. keine bewusste, zweckgerichtete Mehrung fremden Vermögens zur Erfüllung einer Verbindlichkeit, vor. Grundsätzlich werden im Unternehmensnießbrauch die

Dies ergibt sich daraus, dass der Unternehmensnießbrauch der Sicherung der Kreditverbindlichkeit zu dienen bestimmt ist. Ist hingegen die Nießbrauchsvereinbarung vorzeitig, d.h. noch vor der vollumfänglichen Begleichung der Kreditverbindlichkeit, beendet, muss mangels gesetzlicher Vorgaben eine parteiinterne vertragliche Lösung gefunden werden. Der Besteller hat entweder die Möglichkeit pauschal den Restbetrag, ggf. aus seinem persönlichen Vermögen, auszuzahlen oder eine Neuevaluierung der Sicherheitsoptionen vorzunehmen.

Insbesondere der Neuabschluss einer Vereinbarung zum Unternehmensnießbrauch kann aber problematisch sein. Gegen eine wirksame Neubestellung eines Unternehmensnießbrauchs könnte sprechen, dass der sich aus der Kreditverbindlichkeit ergebende Restbetrag gegenüber dem Sicherungsumfang nicht mehr verhältnismäßig ist. Damit könnte eine anfängliche Übersicherung vorliegen und es wäre die Nichtigkeit der Vereinbarung aufgrund Sittenwidrigkeit nach § 138 BGB anzunehmen.[1289] In diesem Fall sind alternative Sicherungsmöglichkeiten zu untersuchen.

b. Zum Sicherungsfall

aa. Tatbestände des Sicherungsfalls

Der Sicherungsfall ist anzunehmen, wenn das Kreditverhältnis gestört ist und sich das Ausfallrisiko realisiert hat. Besteht das zugrundeliegende Darlehensverhältnis nicht mehr wirksam fort, endet, gemäß der Sicherungsabrede, auch der Unternehmensnießbrauch. Bis auf die Regelungen der Insolvenzordnung zum Eintritt des Insolvenzfalls gibt das Gesetz keine Anhaltspunkte dafür, wann ein

---

Unternehmensgewinne durch den Nießbraucher, welcher das Unternehmen vorübergehend selbst führt, berechtigterweise eigenhändig eingezogen. Es ist vielmehr von einem Anspruch aus Nichtleistungskondiktion nach § 812 Abs. 1 S. 1 Var. 1 BGB auszugehen. Der Unternehmensnießbrauch hätte nämlich durch die über die zur Kreditverbindlichkeit hinausgehende Einnahme von Unternehmensgewinnen eine vermögenswerte Besserstellung erhalten und damit im bereicherungsrechtlichen Sinne „etwas erlangt". Mangels einer Leistung des Bestellers wäre dies auch „in sonstiger Weise" erfolgt und „auf Kosten des Anspruchstellers", also des Bestellers, ergangen. Mangels der Deckung durch die Kreditverbindlichkeit würde es an einem Rechtsgrund fehlen. Je nach Sachverhalt wäre das Erlangte nach §§ 818 ff. BGB herauszugeben oder Wertersatz zu zahlen.

1289 Zur Problematik der anfänglichen Übersicherung S. 180 ff.

Ereignis oder Umstand als Sicherungsfall anzuerkennen ist.[1290] Dies ist stark einzelfallabhängig und richtet sich nach der individualvertraglichen Abrede.[1291]

Regelmäßig ist ein Sicherungsfall anzunehmen, wenn mehrmals aufeinanderfolgend die kausale Darlehensverbindlichkeit nicht bedient wurde oder innerhalb eines bestimmten Zeitraums aufgrund verminderter oder ausgebliebener Zahlungen eine konkrete Erfüllungsquote unterschritten wird. Gleichermaßen ist ein Sicherungsfall denkbar, wenn der Sicherungsgeber die Leistung verweigert.[1292] Dies kommt in Frage, wenn im parteiinternen Verhältnis ein Konflikt besteht, beispielsweise wegen der Ausübung der Verwaltungsrechte durch den Sicherungsnehmer oder auch aufgrund sich verändernder Vertragskonditionen.[1293] Es sind zahlreiche Fälle denkbar, durch die das Gesamtvertragsverhältnis, mithin das kausale Darlehensverhältnis sowie die hierauf beruhende Sicherheitsabrede, gestört sein könnte. Da diesen Fällen zugrunde liegt, dass die Parteien keine einvernehmliche Lösung finden können, ist nicht davon auszugehen, dass die Sicherungsparteien für die offene Befriedigungsquote eine Sicherungsalternative aushandeln können. Idealerweise sind derartige Fallkonstellationen vertraglich vorab zu regeln und Lösungen auszuarbeiten.

1290 Die Rechtsliteratur widmet sich nicht der Frage, wann der Sicherungsfall beim Unternehmensnießbrauch ausgelöst ist. Zur pauschalen Anerkennung des Sicherungsnießbrauchs vgl. *Herrler*, in: Palandt, BGB, 2020, § 1030 Rn. 7.

1291 In der Rechtspraxis der Banken wird der Sicherungsfall, auch bezeichnet als *events of default*-Klauseln, den Umständen des Einzelfalls angepasst und aufgrund der erheblichen Relevanz umfassend reguliert. Vgl. *Welter*, in: Schimansky/Bunde/Lwowski, Bankrechts-Handbuch, 2017, § 118 Rn. 142-144.

1292 Die bezeichneten Fälle der Nichtzahlung oder Leistungsverweigerung sind dann anzunehmen, wenn der Besteller die Unternehmensfortführung für den Nießbraucher vornimmt. Dann ist nämlich ein Interessenkonflikt denkbar, indem der Besteller sowohl an die Vorgaben des unechten Treuhandvertrags gebunden ist als auch als Eigentümer des Unternehmens dessen Interessen verfolgt. Hieraus können zahlreiche Fälle rühren, die eine Störung des Kreditverhältnisses darstellen können.

1293 Grundsätzlich obliegt es dem Unternehmensnießbraucher, das Unternehmen zu führen und das Darlehen im Rahmen der ordentlichen Geschäftsführung zu bedienen. Damit hat der Sicherungsnehmer, unter Durchbrechung von § 181 BGB, eigenverantwortlich die Erfüllung der kausalen Kreditverbindlichkeit in der Hand und eine Leistungsverweigerung wäre denklogisch ausgeschlossen. Dies gilt wiederum nicht, wenn die Unternehmensführungstätigkeit von einem unechten Treuhänder vorgenommen wird. In diesem Fall kann eine Konfliktlage vorliegen und ein Leistungsverweigerungsrecht denkbar.

bb. Verwertungsrecht aus offener Darlehensschuld

Das Sicherungsinteresse des Nießbrauchers geht in ein Verwertungsrecht über, wenn das Darlehensverhältnis nicht ordnungsgemäß weitergeführt wird und der Sicherungsfall anzunehmen ist. Der Darlehensgeber hat das Recht, die Befriedigung der offenen Darlehensverbindlichkeit anzustreben.

Sinn und Zweck des Nießbrauchs ist indes allein die Einräumung eines Nutzungsrechts.[1294] Mit der Anwendung des Nießbrauchs auf ein Unternehmen werden die Nutzungen im Rahmen der vorübergehenden Unternehmensfortführung gezogen. Dient der Unternehmensnießbrauch der Sicherung einer Darlehensverbindlichkeit, werden die ziehbaren Nutzungen für die Tilgung der zugrundeliegenden Forderungsschuld aufgewendet. Eine Verwertung von

---

1294 Es ist grundsätzlich möglich den Unternehmensnießbrauch als „typisches" Sicherungsrecht auszugestalten. Der Unternehmensnießbrauch kann aufschiebend bedingt um den Eintritt eines Sicherungsfalls vereinbart werden. Auf diese Weise wäre der Nießbrauch faktisch erst im Sicherungsfall aktiviert. Mithin könnte der Sicherungsnehmer, bei der Störung des zugrundeliegenden Kreditverhältnisses, die offene Kreditschuld bedienen, indem er die Unternehmerstellung einnimmt und die Nutzungen einzieht. Hierzu bereits S. 80 ff. Diese Ausgestaltungsvariante liegt der Arbeit nicht zugrunde, da das Konstrukt als praktisch wenig bedeutsam angesehen wird. Es wird insbesondere das Interesse eines Sicherungsnehmers zu einer derartigen Variante angezweifelt. Fraglich ist, ob ein Kreditgeber den hohen Aufwand zur Bestellung des Unternehmensnießbrauchs auf sich nehmen will, um bei der potenziellen Realisierung des Ausfallrisikos das operative Tagesgeschäft auszuführen und allein ein Nutzungsrecht am Unternehmen zu erhalten. Üblicherweise hat ein Sicherungsnehmer ein valides Interesse an der schnellen Befriedigung und Beendigung des Rechtsverhältnisses mit dem Sicherungsgeber. Ein Sicherungsrecht, wie auch die *floating charge*, bringt im Sicherungsfall daher ein Verwertungsrecht mit sich. Ein Unternehmensnießbraucher wäre demgegenüber im Nachteil. Aus diesem Grund nimmt sich die Arbeit des Unternehmensnießbrauchs als entgeltlicher Zuwendung zu Sicherungszwecken an und führt Überlegungen einer Gesetzesregelung *de lege ferenda* aus. Der Nießbrauch wird unmittelbar, mit der wirksamen Entstehung des Kreditverhältnisses, aktiviert und die Nutzungsziehung für die Kredittilgung aufgewendet. Unweigerlich bringt der Unternehmensnießbrauch im Sicherungsfall *de lege lata* kein Verwertungsmechanismus mit sich. Mit der Störung des Kreditverhältnisses würde das Rechtskonstrukt grundsätzlich beendet sein. Für die praktische Anwendbarkeit spricht jedoch, dass die Tilgung der Kreditraten aus dem aktiven Nutzungsziehungsrecht präventiv wirken und der Sicherungsfall gar nicht eintritt. Für den Fall, dass das Unternehmen eine wirtschaftliche Schieflage erleidet, wird für die gesetzliche Schaffung eines Verwertungsrechts an Einzelgegenständen plädiert. Hierzu S. 371 ff.

Unternehmensteilen zur Befriedigung einer offenen Darlehensforderung ist der gesetzlichen Konzeption vom Nießbrauch grundsätzlich wesensfremd.[1295]

Der Unternehmensnießbrauch ist von der Zwangsvollstreckung unabhängig. Der Kreditgeber und Nießbraucher kann aber nach allgemeinen gesetzlichen Bestimmungen Befriedigung über die Einzelzwangsvollstreckung suchen.[1296] Diese gründet auf der Geldforderung, namentlich auf der zugrundeliegenden Darlehensforderung, nach den §§ 802a ff. ZPO. Der Umfang, in dem die Vollstreckungsmaßnahme betrieben werden darf, ist begrenzt auf die Höhe der offenen Darlehensverbindlichkeit. Die Parteien können aber zusätzliche Vereinbarungen treffen. Es kann etwa vereinbart werden, dass zu Verwertungszwecken nur in diejenigen Vermögenswerte vollstreckt werden darf, die von dem Sicherungsmittel zur Zeit des Eintritts des Sicherungsfalls erfasst sind. Der Kreditnehmer geht dadurch eine vorhersehbare Belastung ein, insbesondere wenn das Unternehmen nicht *en bloc*, sondern zu einem bestimmten, abtrennbaren Teil belastet ist.

Dem Charakter von Sicherungsrechten ist dies nicht fremd. Bei einer Hypothek zur Besicherung einer Forderung i.S.v. § 1184 Abs. 1 BGB ist etwa nach § 1147 BGB geregelt, dass die Befriedigung des Forderungsgläubigers allein aus dem sicherungsrechtlich belasteten Grundstück und dem übrigen Hypothekenhaftungsverband erfolgt. Der Schuldner hat die Vollstreckungsmaßnahme hierin zugunsten der Befriedigung des Gläubigers zu dulden.[1297] Dem Sicherungsgeber

---

1295 Das Pfandrecht ist darauf angelegt, dem Berechtigten ein Verwertungsrecht an Gegenständen einzuräumen, wenn eine zugrundeliegende Schuld nicht beglichen wurde. Die gesetzlichen Vorschriften zum Pfandrecht sehen in § 1228 Abs. 1 BGB vor, dass die Befriedigung des Pfandgläubigers aus dem Pfand durch den Verkauf erfolgt, sofern die Fälligkeit der Forderung (§ 1228 Abs. 2 S. 1 BGB) oder deren Übergang in eine Geldforderung (§ 1228 Abs. 2 S. 1 BGB) anzunehmen ist. Damit wird dem Pfandgläubiger, kraft einer gesetzgeberischen Entscheidung außerhalb des gesetzlichen Vollstreckungsrechts, ein Sonderrecht zum privatrechtlichen Verkauf bei der Realisierung des Ausfallrisikos zu Befriedigungszwecken eingeräumt. *Berger*, in: Stürner, Jauernig BGB, 2018, § 1228 Rn. 1 f.; *Damrau*, in: Säcker et al., MüKo BGB, Bd. 8, 2020, § 1228 Rn. 2-5.

1296 Das Verwertungsrecht eröffnet sich mit Eintritt des Sicherungsfalls, vgl. *Baums*, Recht der Unternehmensfinanzierung, § 34 Rn. 89.

1297 In § 1147 BGB ist geregelt, wie sich das Grundpfandrecht realisiert. Es erwächst ein Anspruch des Grundpfandgläubigers auf die Duldung der Zwangsvollstreckung in das sicherungsrechtlich betroffene Grundstück. Die Vorschrift ist auf die Grund- und Rentenschuld entsprechend anwendbar. *Rohe*, in: Bamberger et al., BeckOK BGB, 2020, § 1147 Rn. 1 f.; *Staudinger*, in: Schulze et al., BGB, 2019, § 1147 Rn. 1; *Lieder*, in: Säcker et al., MüKo BGB, Bd. 8, 2020, § 1192 Rn. 2.

kommt dies insofern zugute, als der Zugriff des Sicherungsnehmers bei der Verwertung begrenzt ist. Der Sicherungsnehmer kann die wirtschaftliche Lage des Unternehmens aufgrund seiner Position als (zumindest formeller) Unternehmensführer einschätzen. Es wird erwartungsgemäß nicht erforderlich sein, dass er sich eine Vermögensauskunft nach § 802c ZPO einholt. Vielmehr verfügt er selbst über das Wissen, welche der vorhandenen Vermögenswerte werthaltig sind. Er kann sich einen Vollstreckungstitel zur Einzelzwangsvollstreckung ebendieser Einzelgegenstände am Unternehmen einholen, mit denen die Befriedigung der offenen Kreditforderung erwartungsgemäß am schnellsten und effizientesten eintreten wird.

Damit der Kreditgeber einen Vollstreckungstitel ohne ein langwieriges, kostenintensives Formalverfahren erlangt,[1298] kann er sich eines „Hilfsinstruments" bedienen. Bei Vertragsschluss vor einem Notar kann sich der Sicherungsgeber und Darlehensnehmer der sofortigen Zwangsvollstreckung i.S.v. § 794 Abs. 1 Nr. 5 ZPO unterwerfen.[1299] Kraft dieser persönlichen Unterwerfungserklärung, die den Anforderungen an Urkunden gemäß §§ 8 ff. BeurkG zu entsprechen hat, kann ein Vollstreckungstitel mit Eintritt der auflösenden Bedingung des Sicherungsfalls auf den Weg gebracht werden.[1300] Die Rechtswirkungen sind umfassend und gelten auch gegen den Nachfolger des Sicherungsnehmers.[1301]

Nicht unproblematisch ist in diesem Zusammenhang die Einhaltung des Bestimmtheits- und Konkretisierungsgebots.[1302] Zu Abgrenzungszwecken genügen nach einhelliger Auffassung die hinreichend individualisierte Bezeichnung des Anspruchs sowie die inhaltlich bestimmte Bezeichnung des Anspruchsinhalts und dessen zeitliche Eingrenzung. Eine exakte Bezifferbarkeit

---

1298 Grundsätzlich ist erforderlich, dass vor dem zuständigen Gericht die Zahlungsklage gegen den Kreditschuldner eingereicht wird. Erst wenn der Kreditgeber und Kläger obsiegt und das Urteil in Rechtskraft erwächst, kann ein Vollstreckungstitel erlangt werden.

1299 *Kindl,* in: Saenger, ZPO, 2019, § 794 Rn. 29.

1300 Als Prozesshandlung kann die Unterwerfung sowohl an eine Bedingung als auch an eine Befristung geknüpft werden. Die sofortige Zwangsvollstreckung kann somit von der aufschiebenden Bedingung i.S.v. § 158 Abs. 1 BGB abhängig gemacht werden, dass der Sicherungsnehmer gegenüber dem Sicherungsgeber den Sicherungsfall anzeigt und die offene Zahlungssumme beziffern kann. Im Übrigen ist sie unanfechtbar und nur mit der Zustimmung des Gläubigers revisibel. *Lieder,* in: Säcker et al., MüKo BGB, Bd. 8, 2020, § 1147 Rn. 32.

1301 *Lieder,* in: Säcker et al., MüKo BGB, Bd. 8, 2020, § 1147 Rn. 30, 31, 33.

1302 *Hoffman,* in: Vorwerk/Wolf, BeckOK ZPO, 2020, § 794 Rn. 48.

ist nicht erforderlich. Vielmehr reicht eine im Höchstbetrag abschätzbare, vorhersehbare Zahlungserwartung zum Zeitpunkt der Vollstreckung.[1303] Sofern die übrigen Wirksamkeitsvoraussetzungen einer Unterwerfungserklärung vorliegen,[1304] obliegt es dem Sicherungsnehmer, die zum Eintritt führenden Tatsachen zu beweisen.

Die Erteilung einer Vollstreckungsklausel erfolgt grundsätzlich nach §§ 726, 795, 797 ZPO.[1305] Je nach Sachlage können, bei zahlreichen, heterogenen Vollstreckungsobjekten, mehrere Zwangsvollstreckungstitel erforderlich sein. Der Sicherungsgeber kann sich der Rechtsinstrumente der ZPO bedienen, um gegen die Unterwerfungserklärung bzw. gegen den Vollstreckungstitel vorzugehen. Bei einer Unvollstreckbarkeit des Titels kann er etwa Titelgegenklage nach § 767 Abs. 1 ZPO analog erheben[1306] oder im Übrigen materiell-rechtliche Einwendungen klageweise mittels Vollstreckungsabwehrklage nach §§ 795, 767 ZPO[1307] geltend machen.

Rechtliche Bedenken kann der Vollstreckungsumfang aufgeben, wenn der Darlehensgeber eine hohe Darlehenssumme in Anspruch genommen hat. Bei Zahlungsschwierigkeiten in einem frühen Stadium würden viele Vermögenswerte der Vollstreckung unterliegen. Das Unternehmen könnte nach der Vollstreckung vermögenslos hinterlassen werden und die Benachteiligung sonstiger Gläubiger in einem möglicherweise angeschlossenen Insolvenzverfahren drohen. Dabei realisiert sich aber nur ein rechtlich immanentes Risiko. Es gilt das Prioritätsprinzip in der Einzelzwangsvollstreckung.[1308] Der Kreditgeber hat das

---

1303 Bei einer Unterwerfungserklärung zur Zwangsvollstreckung ist ein Zahlungsplan beizufügen, in dem die abschätzbaren Zahlengrößen und Betragshöhen zum möglichen Zwangsvollstreckungszeitpunkt angegeben sind. *Kindl*, in: Saenger, ZPO, 2019, § 794 Rn. 32 f.

1304 *Müller*, in: Kindl/Meller-Hannich/Wolf, Gesamtes Recht der Zwangsvollstreckung, 2015, Rn. 41 f.

1305 *Kindl*, in: Saenger, ZPO, 2019, § 794 Rn. 38.

1306 *Schmidt/Brinkmann*, in: Rauscher/Krüger, MüKo ZPO, Bd. 2, 2016, § 767 Rn. 6.

1307 Zu den Voraussetzungen im Einzelnen *Lackmann*, in: Musielak/Voit, ZPO, 2020, § 767 Rn. 16-29.

1308 Das Prioritätsprinzip ist mitunter den Rechtsvorschriften zum Pfändungspfandrecht nach § 804 Abs. 3 ZPO zu entnehmen. Darin heißt es, dass ein durch frühere Pfändung begründetes Pfandrecht demjenigen gegenüber vorrangig ist, das durch eine spätere Pfändung begründet wird. Grundsätzlich ist derjenige berechtigt, der zu einem zeitlich früheren Zeitpunkt ein zwangsvollstreckungsrechtlich wirkendes Recht erlangt hat. Vgl. *Flockenhaus*, in: Musielak/Voit, ZPO, 2020, § 804 Rn. 15; *Gruber*, in: Rauscher/Krüger, MüKo ZPO, Bd. 2, 2016, § 804 Rn. 31-37. Zu rechtspraktischen Problematiken im Einzelnen *Knoche/Biersach*, NJW 2003, 476.

Recht vollumfänglich Befriedigung zu schöpfen, sofern er seinen Vollstreckungstitel zeitlich vor anderen Gläubigern verfahrensrechtlich durchsetzen konnte. Im Übrigen steht die Anfechtungsmöglichkeit nach dem Anfechtungsgesetz offen.

Erforderlich ist der Nachweis, dass eine vorsätzliche Benachteiligung gegenüber der Gläubigerschaft vorliegt.[1309] Zum Zwecke einer Gläubigergleichbehandlung *(par conditio creditorum)* können, sofern die Eröffnung des Insolvenzverfahrens unmittelbar der Einzelzwangsvollstreckungsmaßnahme folgt, auch in der Insolvenz Maßnahmen, wie etwa die Anfechtung nach der Insolvenzordnung, vorgenommen werden.[1310]

c. Zum Insolvenzfall

aa. Insolvenz als Beendigungstatbestand

Die gesetzlichen Vorschriften sowie auch die Literatur zum Insolvenzrecht setzen sich nicht eingehend damit auseinander, wie bei der Insolvenz eines Unternehmens mit einer umfassenden Unternehmensbelastung umzugehen ist. Die allgemeinen Vorschriften sind anzuwenden, wobei die rechtlichen Besonderheiten des Unternehmensnießbrauchs als Sicherungsmittel zu berücksichtigen sind. Die insolvenzrechtlichen Regelungen zum Nießbrauch an Einzelgegenständen können nicht unmittelbar auf den Unternehmensnießbrauch übertragen werden. Der Nießbrauch an beweglichen oder unbeweglichen Sachen wird in der Insolvenz, mangels Übertragbarkeit nach § 1059 S. 1 BGB, nicht von dem Insolvenzverwalter ausgeübt, aber vorerst unter seiner Aufsicht fortgesetzt.[1311] Dies kann für den Unternehmensnießbrauch nicht gelten. Der Unternehmensnießbraucher nimmt nämlich die persönliche Unternehmerstellung ein. Der Nießbraucher soll die ultimative Kontrolle über die internen und äußeren Geschäftsverläufe haben. Die Unternehmensführung und -aufsicht eines von ihm nicht beauftragten Dritten, des Insolvenzverwalters, steht dem entgegen.

1309 Zum Kreis anfechtbarer Rechtshandlungen und zur Nachweispflicht eines Gläubigerbenachteiligungsvorsatzes *Huber*, AnfG, 2016, § 3 Rn. 6-17, 19-26; *Kirchhof*, MüKo AnfG, 2012, § 3 Rn. 7 f.

1310 Zum Normzweck des Insolvenzanfechtungsrechts, welches in den Vorschriften nach den §§ 129-147 InsO reguliert wird, *de Bra*, in: Braun, InsO, 2020, § 129 Rn. 1-4; *Leithaus*, in: Andres/Leithaus/Dahl, InsO, 2018, § 129 Rn. 3; *Huber*, in: Graf-Schlicker, InsO, 2020, § 129 Rn. 1; *Nerlich*, in: Nerlich/Römermann, InsO, 2019, § 129 Rn. 5; *Borries/Hirte*, in: Hirte/Vallender, Uhlenbruck InsO, 2019, § 129 Rn. 1-3; *K. Schmidt*, in: K. Schmidt, InsO, 2016, § 129 Rn. 1.

1311 So *Keller*, in: K. Schmidt, InsO, 2016, § 32 Rn. 10.

Es ist davon auszugehen, dass ein laufendes Insolvenzverfahren über das Vermögen des Unternehmens mit dem Unternehmensnießbrauch (als Sicherungsmittel) nicht vereinbar ist. Dies gilt unabhängig von der Frage, wer den Eröffnungsantrag gestellt hat.[1312] Liegen die Voraussetzungen zur Insolvenzeröffnung des Regelverfahrens vor,[1313] ergeht ein entsprechender Eröffnungsbeschluss nach § 27 InsO. Ab dem Zeitpunkt,[1314] in dem der gerichtsbeaufsichtigte Insolvenzverwalter nach § 80 InsO über das Vermögen verfügt und dieses verwaltet,[1315] wird der Unternehmensnießbraucher seiner Stellung entzogen. Er kann das Unternehmen nicht mehr führen.

Der Unternehmensnießbrauch gilt spätestens ab diesem Zeitpunkt als beendet. Auch eine Vertragsregelung, der zufolge der Unternehmensnießbrauch bereits mit der Insolvenzantragstellung einer Sicherungspartei sein Ende findet, kann interessengerecht sein. In Frage kommt dies etwa, wenn das Insolvenzverfahren über die Eigenverwaltung (nach §§ 270 ff. InsO) laufen soll[1316] und der Unternehmensnießbraucher wegen der schlechten finanziellen Lage des Sicherungsgebers kein Interesse an der weiteren Unternehmensführung hat. In diesem Fall möchte er allein seine Befriedigungsrate durchgesetzt wissen.

Mit der Eröffnung des Insolvenzverfahrens, welches auf eine möglichst gleichmäßige, gesamtheitliche Befriedigung der Gläubigerschaft ausgerichtet ist,[1317]

1312 Nach § 13 Abs. 1 S. 2 InsO sind der Schuldner selbst (hierzu auch §§ 15, 15a InsO) sowie seine Gläubiger, nach § 14 InsO, berechtigt, einen schriftlichen Antrag auf Einleitung des gerichtlichen Insolvenzverfahrens zu stellen.

1313 Für einen gerichtlichen Eröffnungsbeschluss ist erforderlich, dass ein wirksamer Eröffnungsantrag gestellt ist und der darin bezeichnete, geeignete Eröffnungsgrund, namentlich die Zahlungsunfähigkeit des Schuldners (§ 17 InsO), die drohende Zahlungsunfähigkeit (§ 18 InsO) sowie bei juristischen Personen die Überschuldung (§ 19 InsO), vorliegen. Im Übrigen muss die Insolvenzmasse für die voraussichtlichen Verfahrenskosten nach § 26 InsO ausreichen.

1314 Möglicherweise erfährt das Unternehmen noch vor dem Eröffnungsbeschluss, etwa durch die Umsetzung einer vorläufigen Maßnahme nach § 21 InsO, eine Wesensänderung, durch Bestellung eines vorläufigen Insolvenzverwalters (§ 22 InsO) oder die Auferlegung von Verfügungsbeschränkungen (§§ 23, 24 InsO). Der Unternehmensnießbrauch kann nicht fortgeführt werden.

1315 *Vuia*, in: Stürner/Eidenmüller/Schoppmeyer, MüKo InsO, Bd. 2, 2019, § 80 Rn. 9 f.

1316 Zu den tatbestandlichen Voraussetzungen zur Vornahme der Eigenverwaltung in der Insolvenz *K. Schmidt*, in: K. Schmidt, InsO, 2016, § 270 Rn. 3-14.

1317 Das Ziel der gesamtheitlichen, je nach Rangstellung, gleichartigen Gläubigerbefriedigung erfolgt durch eine Verwertung des Schuldnervermögens und Erlösverteilung oder durch eine sonstige, im Insolvenzplan vorgesehene Regelung, wodurch

finden die allgemeinen Vorschriften des insolvenzrechtlichen Regelverfahrens Anwendung. Dem Unternehmensnießbraucher obliegen in der Insolvenz, mangels einer insolvenzrechtlichen Rechtsgrundlage, keine Sonderrechte. Wie alle Gläubiger hat sich der Unternehmensnießbraucher dem insolvenzrechtlichen Regelungsregime und den gesetzlich vorgegebenen Abläufen zu unterwerfen. Er hat sämtliche Maßnahmen zu unterlassen, die ihm einen Vorteil außerhalb des Insolvenzprozederes einbringen könnten, insbesondere Einzelzwangsvollstreckungsmaßnahmen nach § 89 InsO.[1318]

bb. Pflicht der Forderungsmeldung und Absonderungsrecht

Auch in der Insolvenz kann der Unternehmensnießbraucher daran festhalten, dass die noch offene, dem Unternehmensnießbrauch zugrundeliegende Darlehensforderung beglichen wird. Um sein berechtigtes Interesse durchsetzen zu können, ist die Darlehensforderung innerhalb der im Eröffnungsbeschluss festgesetzten Frist nach § 28 InsO anzumelden (§§ 28 Abs. 1, 70 InsO). Auch ist eine Mitteilung über den Unternehmensnießbrauch als Belastung, die hierzu bestehenden Rechtsumstände und die belasteten Vermögenswerte vorzunehmen (§ 28 Abs. 2 InsO).[1319]

Der Insolvenzverwalter nimmt die Gegenstände der Insolvenzmasse[1320] in Verwaltungsbesitz und ist berechtigt, darüber zu verfügen.[1321] Sein Vorgehen

---

vornehmlich die Unternehmenserhaltung gewährleistet werden soll. So *Ludwig*, in: Braun, InsO, 2020, § 1 Rn. 2 f.

1318 *Eckardt*, in: Gottwald, Insolvenzrechts-Handbuch, 2015, § 33 Rn. 11 f.

1319 *Leithaus*, in: Andres/Leithaus/Dahl, InsO, 2018, § 28 Rn. 2 f.

1320 Die Legaldefinition aus §§ 35, 36 InsO entspricht der sog. Soll-Masse in der Insolvenz. Sie stellt das gesamte Vermögen des Schuldners zur Zeit der Verfahrensöffnung dar. Diese wird durch die Sammlung, Sicherung und Feststellung sämtlicher Gegenstände sowie der vorhandenen, subjektiven Rechte ermittelt. Die Soll-Masse ist der Inbegriff sämtlicher Rechte, die dem Insolvenzbeschlag von Rechts wegen zugehören und der haftungsrechtlichen Zuweisung an die Gläubiger unterliegen. Davon zu unterscheiden ist die weitere Begrifflichkeit, namentlich die Ist-Masse i.S.v. §§ 47, 59 Abs. 1 InsO, die alle Gegenstände erfasst, die der Insolvenzverwalter tatsächlich in Verwaltungsbesitz hat oder zwecks der Insolvenzmassenbildung in Anspruch nimmt. Hiervon sind auch Gegenstände erfasst, die mit einem Aussonderungs- oder Absonderungsrecht behaftet sind. *Peters*, in: Stürner/Eidenmüller/Schoppmeyer, MüKo InsO, Bd. 1, 2019, § 35 Rn. 19 f.

1321 Dies ergeht aus § 148 Abs. 1 InsO. Die Verwertungsbefugnis des Insolvenzverwalters über die Insolvenzmasse nach § 159 InsO ist an einen Beschluss der Gläubigerversammlung gebunden. *Jaffé*, in: Stürner/Eidenmüller/Schoppmeyer, MüKo InsO, Bd. 2, 2019, § 148 Rn. 6 f.

hängt maßgeblich davon ab, ob die Unternehmenserhaltung und -fortführung angestrebt wird. Prognostisch ist zu ermitteln, ob eine allgemeine Gläubigerbefriedigung durch Sanierungsmaßnahmen oder vielmehr durch die Unternehmenseinstellung und Einzelverwertung von Vermögensgegenständen sinnvoll ist. Zuvor ist die Soll- aus der Ist-Insolvenzmasse zu extrahieren und zu klären, wer tatsächlich Insolvenzgläubiger ist.

Es ist umstritten, ob der Unternehmensnießbraucher ein Aussonderungs- oder ein Absonderungsrecht für sich geltend machen kann. Je nachdem, ob ihm ein Aussonderungs- oder Absonderungsrecht zuzuschreiben ist, hat er entweder einen Herausgabeanspruch auf die belasteten Gegenstände, die er zur Befriedigung der offenen Kreditforderung verwerten darf,[1322] oder einen ranggünstigen Befriedigungsanspruch an der Insolvenzmasse.

Das insolvenzrechtliche Aussonderungsrecht ist ein besonderer Ausdruck des Eigentumsschutzes aus Art. 14 GG.[1323] Es wird nach § 47 InsO definiert als das dingliche oder persönliche Recht eines Gläubigers an einem Gegenstand, der nicht der schuldnereigenen Ist-Insolvenzmasse zuzuweisen ist. Ein Gegenstand, der dem Aussonderungsrecht unterliegt, kann vom Insolvenzverwalter herausverlangt und dem Insolvenzverfahren entzogen werden.[1324] Dadurch ist der Geltendmachende nicht als Insolvenzgläubiger zu betrachten, sondern vielmehr als Dritter, dessen Gegenstand nicht-haftungsrelevantes Drittvermögen darstellt.[1325] Ein Gegenstand, der von einem Absonderungsrecht erfasst ist, zählt hingegen haftungsrechtlich zur Insolvenzmasse des Schuldners hinzu. Inhaber ist jemand, der vor dem Insolvenzverfahren eine rechtliche Vorzugsposition für sich geltend machen konnte. Unter Durchbrechung des insolvenzgläubigerbetreffenden Gleichbehandlungsgebots stehen dem Rechtsinhaber auch in der Insolvenz eine

1322 Für den Fall des tatsächlichen oder rechtlichen Untergangs des Belastungsgegenstands kann nach Maßgabe von § 48 InsO eine Ersatzaussonderung stattfinden.

1323 *Adolphsen*, in: Gottwald, Insolvenzrechts-Handbuch, 2015, § 39 Rn. 2.

1324 *Brinkmann*, in: Hirte/Vallender, Uhlenbruck InsO, 2019, § 47 Rn. 1-3; *Andres*, in: Nerlich/Römermann, InsO, 2019, § 47 Rn. 1-3; *Bremen*, in: Graf-Schlicker, InsO, 2020, § 47 Rn. 1-5.

1325 Ein aussonderungsberechtigter Gegenstand ist dem Vollstreckungszugriff zugänglich, da die Formalisierung der Zwangsvollstreckung gilt und zunächst, ohne Prüfung der materiell-rechtlichen Rechtslage, alle erkennbaren Schuldnergegenstände vom Insolvenzverfahren erfasst werden. Hierzu *Adolphsen*, in: Gottwald, Insolvenzrechts-Handbuch, 2015, § 39 Rn. 2.

vorteilhafte Rangposition und eine vorrangige Befriedigung gegenüber nichtabsonderungsberechtigten Gläubigern zu.[1326]

Das Verständnis aussonderungsberechtigter Rechte ist restriktiv und erfasst die Eigentümerschaft an Gegenständen[1327] oder die Inhaberschaft von Forderungen.[1328] Grundsätzlich gilt das Aussonderungsrecht auch für beschränkt dingliche Rechte, wie Erbbaurechte, Grunddienstbarkeiten und für den Nießbrauch.[1329] Dies kann jedoch nicht unmittelbar auf den Nießbrauch an einem gesamten Unternehmen übertragen werden. Allein die dinglich wirkende Rechtsnatur des Unternehmensnießbrauchs reicht nicht aus, um eine Zuordnung zu ermöglichen, da dingliche sowie beschränkt dingliche Rechte sowohl ein Aussonderungs- als auch ein Absonderungsrecht darstellen können.[1330]

Der „reguläre" Nießbrauch an unbeweglichen oder beweglichen Einzelgegenständen, der in der Rechtspraxis als beschränkt dingliches Nutzungsrecht einem Miet- oder Pachtverhältnis ähnelt, konstituiert ein Aussonderungsrecht, das der Insolvenzverwalter während der Laufzeit anerkennen muss.[1331] Der Insolvenzverwalter muss dem Nießbraucher die Nutzung auch während des Insolvenzverfahrens erlauben. Da der (sicherungsbasierte) Unternehmensnießbrauch jedoch, nach der hier vertretenen Auffassung, kraft der Insolvenzverfahrenseröffnung und mit Übernahme des Insolvenzverwalters endet, kann dies nicht entsprechend gelten.

Auch die geltenden insolvenzrechtlichen Maßstäbe können nicht übertragen werden. Hiernach gilt nämlich, dass der Nießbraucher, bei der Insolvenz des Anteilsinhabers, eine massefremde, beschränkt dingliche Berechtigung innehat

---

1326 Im Regelverfahren ist der Insolvenzverwalter berechtigt, mit Absonderungsrechten behaftete Vermögensgegenstände, die im Besitz des Schuldners stehen, zu verwerten und eine quotale Erlösverteilung zugunsten der Gesamtschuldnerschaft vorzunehmen. *Ludwig*, in: Braun, InsO, 2020, § 1 Rn. 5; *Adolphsen*, in: Gottwald, Insolvenzrechts-Handbuch, 2015, § 39 Rn. 3.

1327 Grundsätzlich sind das Allein-, Gesamthands- und Miteigentum sowie der Eigentumsvorbehalt an Gegenständen mit einem Aussonderungsrecht ausgestattet. *Bäuerle*, in: Braun, InsO, 2020, § 47 Rn. 20-40.

1328 *Bäuerle*, in: Braun, InsO, 2020, § 47 Rn. 55.

1329 *Bäuerle*, in: Braun, InsO, 2020, § 47 Rn. 41.

1330 Zu beschränkt dinglichen Rechten, die zur Aussonderung berechtigen, *Brinkmann*, in: Hirte/Vallender, Uhlenbruck InsO, 2019, § 47 Rn. 55. Zur gesetzlichen Regelung der Absonderungsberechtigung des Inhabers eines Pfandrechts *Brinkmann*, in: Hirte/Vallender, Uhlenbruck InsO, 2019, § 50 Rn. 1.

1331 *Andres*, in: Nerlich/Römermann, InsO, 2019, § 47 Rn. 47.

und zur Aussonderung des Nutzungsrechts am Gesellschaftsanteil berechtigt ist. Begründet wird dies damit, dass der Nießbraucher mit dem eröffneten Insolvenzverfahren aus der Gesellschaft austritt. Damit hat der Nießbraucher allein am Abwicklungsguthaben bzw. Liquidationserlös Nutzungsrechte inne, welche ihm der Insolvenzverwalter grundsätzlich zu gewähren hat.[1332] Obgleich der Anteilsnießbrauch, wie der Unternehmensnießbrauch, in der Insolvenz endet, ist eine unterschiedliche Interessenlage anzunehmen.

Der Anteilsnießbrauch richtet sich auf die Nutzungsziehung an einem oder mehreren Einzelanteilen eines Unternehmens aufgrund einer einschlägigen Vereinbarung. Die weitere Nutzung des Unternehmens ist im Zweifel nicht im Interesse des Unternehmensnießbrauchers. Das Darlehensverhältnis wird nämlich wegen des Insolvenzverfahrens nicht weitergeführt und die Befriedigung der offenen Kreditschuld wird, insbesondere mit Blick auf die schlechte finanzielle Lage des Unternehmens, langwierig und erwartungsgemäß nicht vollständig erfolgen. Zumindest aber ist die weitere Nutzung des Unternehmens *en bloc* gar nicht möglich, da die Unternehmensführung vorübergehend vom Insolvenzverwalter vorgenommen wird. Ein Aussonderungsrecht ist nach § 51 Nr. 1 InsO abzulehnen.

Ein Absonderungsrecht hingegen ist bei Sicherungsrechten üblich.[1333] Der Sinn und Zweck eines Sicherungsrechts liegt nämlich in der Einräumung einer prioritären Sonderstellung des Sicherungsnehmers. Diese soll sich auch in der Insolvenz widerspiegeln. Beispielhaft zählen zu den absonderungsberechtigten Sicherungsrechten das Sicherungseigentum sowie die Sicherungszession.[1334] Es ist davon auszugehen, dass auch dem Unternehmensnießbraucher ein Absonderungsrecht zur vorrangigen Befriedigung aus der schuldnereigenen Insolvenzmasse zusteht.[1335]

1332 *Brinkmann*, in: Hirte/Vallender, Uhlenbruck InsO, 2019, § 47 Rn. 55.

1333 *Thole*, in: K. Schmidt, InsO, 2016, § 47 Rn. 26; *Bäuerle*, in: Braun, InsO, 2020, § 47 Rn. 1; *Leithaus*, in: Andres/Leithaus/Dahl, InsO, 2018, § 47 Rn. 5; *Bremen*, in: Graf-Schlicker, InsO, 2020, § 47 Rn. 9-11.

1334 *Bäuerle*, in: Braun, InsO, 2020, § 47 Rn. 55; *Bremen*, in: Graf-Schlicker, InsO, 2020, § 47 Rn. 34 f.; *Leithaus*, in: Andres/Leithaus/Dahl, InsO, 2018, § 47 Rn. 5, 7.

1335 Dem Sicherungsnehmer, der sich den Unternehmensnießbrauch zu Sicherungszwecken hat einräumen lassen, steht bei ausreichender Insolvenzmasse ein Nutzungsrecht an den betroffenen Gegenständen zu. Der Unternehmensnießbrauch bringt auch in der Insolvenz kein eigenes Verwertungsrecht mit sich. Es steht daher in Frage, inwiefern ein Kreditgeber einen Nutzungsvorteil aus Einzelgegenständen eines insolvent gegangenen Kreditnehmers ziehen kann. Auch ist zu bezweifeln, dass dies seiner Interessenlage entspricht.

d. Zwischenergebnis

Der Unternehmensnießbrauch kann durch vielfältige Weise zur Beendigung kommen. Zu den Regelbeendigungstatbeständen zählen der Verzicht auf den Nießbrauch, der Eintritt einer auflösenden Bedingung, der Eintritt eines vertraglichen Endtermins, der physische Tod oder die Beendigung der rechtlichen Existenz des Nießbrauchers. Auch der Untergang des Unternehmens als Belastungsgegenstand sowie die Beendigung des zugrundeliegenden Kreditverhältnisses führen zum Ende des Unternehmensnießbrauchs.[1336] Der Nießbraucher ist dem Besteller zur Rückgabe des Unternehmens in einem ordnungsgemäßen, wirtschaftlich gleichartigen Zustand verpflichtet, vergleichbar zur Sachlage beim Bestellungszeitpunkt. Umstritten ist, ob der Nießbraucher Wertverluste am Anlagevermögen auszugleichen hat. Nach überwiegender Literaturauffassung sind zufällige Wertveränderungen vom Eigentümer zu tragen. Der Nießbraucher ist allein dann ausgleichspflichtig, wenn die Wertveränderungen auf sein Verschulden zurückzuführen sind. Da eine konfliktträchtige Lage entstehen kann, sollte idealerweise ein objektiver Sachverständiger die Feststellung der negativen Wertveränderungen und deren Hintergründe vornehmen.[1337] Hat der Nießbraucher mehr Nutzungen eingezogen, als für die Tilgung der Kreditverbindlichkeit erforderlich waren, sind diese zumindest nach bereicherungsrechtlichen Grundsätzen zurückzuerstatten. Im Übrigen ist die Rückabwicklung, entsprechend einer individualvertraglichen Vereinbarung, vorzunehmen.[1338]

Der Sicherungsfall liegt vor, wenn sich das Ausfallrisiko realisiert hat und der Kreditnehmer seinen Zahlungspflichten nicht mehr adäquat nachkommt.[1339] Der Unternehmensnießbrauch endet dann und bringt grundsätzlich kein Verwertungsrecht mit sich.[1340] Der Darlehensgeber und Sicherungsnehmer kann die Befriedigung durch Einzelzwangsvollstreckungsmaßnahmen aus einer Forderung, namentlich aus der offenen Darlehensverbindlichkeit, suchen.[1341] Hierfür gelten die allgemeinen Regelungen nach den §§ 802a ff. ZPO. Es kann aber eine Vereinbarung getroffen werden, der zufolge die Verwertung nur an Gegenständen stattfindet, die vom Unternehmensnießbrauch erfasst waren. Der Sicherungsgeber kann sich bereits bei Abschluss des zugrundeliegenden Kreditvertrags der

1336 Zu den Regelbeendigungstatbeständen S. 278 ff.
1337 Zur Einsetzung eines Sachverständigen für die Regelung von Kostenfragen S. 230 ff.
1338 Hierzu S. 279 f.
1339 Zu den Tatbeständen des Sicherungsfalls S. 282 ff.
1340 Zu der alternativen Aktivierung des Nießbrauchs im Sicherungsfall S. 80 ff.
1341 Zum Verwertungsrecht aus der offenen Darlehensschuld S. 284 ff.

sofortigen Zwangsvollstreckung nach § 794 Abs. 1 Nr. 5 ZPO unterwerfen.[1342] Zuletzt endet der Unternehmensnießbrauch durch ein nach § 27 InsO eröffnetes Insolvenzverfahren am betroffenen Unternehmen. Dies ergibt sich u.a. aus der Tatsache, dass die Unternehmensführung des Nießbrauchers nicht mit der Einsetzung des Insolvenzverwalters vereinbar ist.[1343] Der Unternehmensnießbraucher hat die offene Darlehensforderung in der Insolvenz gemäß §§ 28 Abs. 1, 70 InsO anzumelden, um eine Befriedigungsrate zu erhalten. Auch ist über die Umstände zum Unternehmensnießbrauch als Sicherungsrecht aufzuklären.[1344] Indes kann er, im Gegensatz zum Nießbrauch an Einzelgegenständen, kein Aussonderungsrecht begründen. Es ist vielmehr ein Absonderungsrecht des Unternehmensnießbrauchers aus der schuldnereigenen Insolvenzmasse anzunehmen. Auch hier eröffnet sich nicht die Verwertungs-, sondern lediglich die weitere Nutzungsmöglichkeit.[1345] Der Unternehmensnießbrauch kann grundsätzlich als Sicherungsinstrument genutzt werden. Wenn er endet, etwa weil der Sicherungsfall eingetreten ist, hat der Sicherungsnehmer kein Verwertungsrecht, d.h. kein Recht Befriedigung der noch offenen Kreditschuld aus Gegenständen des Unternehmens zu verlangen. Auch bringt der Unternehmensnießbrauch im Sicherungsfall keine Schutzrechte oder rechtlichen Vorteile in der Insolvenz.[1346] Hierin wird gesetzlicher Handlungsbedarf gesehen.[1347]

1342 Zu den Rechtsfolgen im Einzelnen S. 284 ff.

1343 Zur Insolvenz als Beendigungstatbestand S. 288 ff.

1344 Zu den Mitteilungspflichten S. 290 f.

1345 Zum Absonderungsrecht S. 290.

1346 Selbst wenn der Nießbrauch am Unternehmen aufschiebend bedingt um den Eintritt des Sicherungsfalls vereinbart würde, könnte keine Verwertung an Einzelgegenständen des Unternehmens stattfinden. Der Sicherungsnehmer müsste so lange die Unternehmensführung vornehmen und die Nutzungen aus dem Unternehmen ziehen, bis die Schuld getilgt wäre. Im Fall der Insolvenz wäre auch hier nur ein Absonderungsrecht anzunehmen. Hierzu S. 80 ff.

1347 Hierzu im Weiteren bei den Vorschlägen zu einer Gesetzesreform *de lege ferenda* S. 371 ff.

II. *Floating charge*

Im Weiteren sind die Rechte und Pflichten der Parteien bei der *floating charge* zu betrachten. Es ist zu unterscheiden zwischen zwei Zeitpunkten, namentlich der Regellaufzeit der *floating charge* und der Zeit ab Eintritt des Sicherungs- und/ oder Insolvenzfalls, der *crystallisation*.

In einem gesonderten Schwerpunkt wird das Recht zur Verwalterbestellung behandelt. Nach älterer Rechtslage wurde hierin ein Kernelement der *floating charge* gesehen. Der Sicherungsnehmer konnte mittelbar, durch einen eigens eingesetzten oder gerichtlich bestellten Verwalter, in die Geschäfte des Sicherungsgebers eingreifen. Es war zulässig, dass ausschließlich die Interessen des Sicherungsnehmers verfolgt und damit allein die Tilgung der zugrundeliegenden Kreditschuld angestrebt werden durfte. Einer der Nebeneffekte war indes, dass in der Insolvenz des Unternehmens die allgemeine Gläubigerbefriedigung gehemmt wurde. Aufgrund starker Kritik aus der Literatur fand eine Gesetzesnovellierung statt. Zur Heranführung an die gegenwärtigen Rechte und Pflichten der Parteien wird in die ältere Rechtssituation eingeführt und die Wandlung des Rechts vor diesem Hintergrund erläutert.

1. Rechte und Pflichten in der Regellaufzeit

Mit dem ordnungsgemäßen Ende des zugrundeliegenden Kreditverhältnisses, d.h. mit der regelmäßigen und umfänglichen Zahlung der Kreditraten, endet die *floating charge*. Die *floating charge* ist während ihrer Laufzeit darauf ausgelegt, den Sicherungsgeber möglichst geringfügig einzuschränken.[1348] Der Sicherungsgeber kann in dieser Zeit das operative Geschäft im üblichen Umfang mit Verfügungsbefugnis weiterführen. Der Sicherungsnehmer kann seinerseits keine Rechte geltend machen. Insbesondere steht ihm während der Laufzeit der

---

1348 In *von Bar*, Gemeineuropäisches Sachenrecht, 2015, Rn. 439 heißt es in Bezug auf die Rechtsverhältnisse vor Eintritt des Sicherungsfalls, „die Gesellschaft [bleibt] in ihrer Verfügung über diese Gegenstände vollkommen frei; der Sicherungsnehmer kann ihr insoweit keine Vorschriften machen und schon gar nicht selber über ihr Vermögen verfügen. Eine *floating charge* tut nicht weh." Hierzu auch *Davis*, C.L.J. 61 (2) 2002, 423, 431 „*A floating charge is a form of security over the assets of a business, which [...], enables the chargor to continue to run his business without constantly needing to ask the chargee for consent to the disposal of business assets.*"

floating charge kein Zugriffs- oder Verwertungsrecht an den Vermögensgegenständen des Unternehmens zu.

Sie ist eine „schwebende" Sicherheit und konkretisiert sich erst, wenn *crystallisation* eintritt. Der Sicherungsnehmer hat grundsätzlich keine Geschäftsführungsbefugnis oder Vertretungsmacht inne. Auch ein Stimmrecht in der Gesellschaftsversammlung sowie ein Klagerecht kann der *chargee* nicht geltend machen. Ein Informations- und Kontrollrecht am Unternehmen steht dem Sicherungsnehmer nur beschränkt in Bezug die *floating charge* zu.[1349]

2. Rechte und Pflichten im Sicherungsfall

Ist das zugrundeliegende Kreditverhältnis gestört oder tritt ein Ereignis oder Umstand ein, durch die das Ausfallrisiko als realisiert gilt, wirkt sich dies unmittelbar auf die *floating charge* aus. In diesem Fall tritt *crystallisation* ein. Die *floating charge* konkretisiert sich an den vorhandenen Einzelgegenständen *(attachment)* und ist nicht mehr revolvierend.[1350] Die Verfügungsbefugnis des Sicherungsgebers endet, während der Sicherungsnehmer ein Zugriffs- und Verwertungsrecht erhält.[1351] Dieses ist final auf die Befriedigung der offenen Forderung ausgelegt. Alternativ kann, wie noch auszuführen ist, ein Verwalter bestellt werden.

Die englische Rechtsprechung und Literatur unterscheidet verschiedene Formen der *crystallisation*. Innerparteilich kann eine *automatic crystallisation* vereinbart werden. Sie bezeichnet eine Handlung des Sicherungsgebers oder konkrete Umstände bzw. Ereignisse, die die Verfestigung der *floating charge* auslösen.[1352]

1349 Mit der herrschenden Auffassung ist ein Informations- und Kontrollrecht nur einschlägig, wenn es individualvertraglich vereinbart ist. Hierzu *Kleweta*, S. 25.

1350 Zusammengefasst heißt es in *Ali*, The law of secured finance, 4.130 „*Crystallisation is merely the label for the process of conversion of a floating charge into a fixed charge. On crystallisation, the security provider's licence to deal with the secured property ceases, and the secured property is brought within the control of the secured party (in the same manner as if the secured property had, at the time of the crystallisation, been the subject of a grant of a fixed charge in favour of the secured party.*" Hierzu auch *Proctor/Dixon*, Goode on payment obligations in commercial and financial transactions, 2016, 3-55, 3-68.

1351 *Boyle/Birds*, Boyle & Bird's Company Law, 2014, 10.11; *Bailey*, IWUK, 13.07.2015, S. 18; *McKendrick*, Goode on Commercial Law 2016, 25.15; *Wenckstern*, RabelsZ 1992, 624, 640 f.; *Collins*, ICLQ 17 (1978), 691, 693.

1352 Die *crystallisation* kraft Vornahme einer vertraglich bezeichneten Handlung weist enorme Praxisrelevanz auf. Beispielhaft werden hier Vertragsklauseln aufgezählt: „*(i) the Lender has reasonable grounds for considering those assets to be in jeopardy, by legal process or otherwise; (ii) an Event of Default has occurred and is*

Gleichermaßen kann die *crystallisation* eingeleitet werden, wenn ein Sachverhalt vorliegt, der einer aus dem Richterrecht entwickelten *crystallisation*-Fallgruppe entspricht.[1353]

a. Tatbestände der crystallisation

aa. Automatic crystallisation

Die *automatic crystallisation*[1354] ist dann einschlägig, wenn die Parteien des Sicherungsvertrags konkret bestimmte Umstände und/oder Ereignisse vorsehen, denen zufolge die *floating charge* zur *fixed charge* übergehen soll. Bei deren Eintritt findet, ohne weiteres Zutun der Parteien und regelmäßig ohne formelle Mitteilungserfordernisse[1355] die selbstständige Verfestigung der Sicherheit an

---

continuing; and (iii) the Lender becomes aware or has reason to believe that steps have been taken which would, in the reasonable opinion of the Lender, be likely to lead to the presentation of a petition to appoint an administrator in relation to such chargor (or that such a petition has been presented or such an administrator has been appointed) or to wind up such chargor (or that such a petition has been presented)." So *Quenby*, IWUK, 23.05.2017, S. 16. Im Hinblick auf die bestehende große Vielfalt möglicher vertraglicher Regelungen beschränkt sich die weitere Darstellung auf die zwei anderen Eintrittsarten der *crystallisation*.

1353 Zur Auslösung der *crystallisation* ausführlich *Ungerer*, ZfRV 2015, 32, 40. Auch in *Gullifer*, Goode on legal problems of credit and security, 2013, Rn. 4.33 werden drei Kategorien unterschieden (eine vierte Variante betrifft lediglich landwirtschaftliche Unternehmen), namentlich heißt es: „*First, there are events denoting the cessation of trading by the company as a going concern. Secondly, there is intervention by the debenture holder to enforce his security which deprives the company of de jure control of the charged assets and thus terminates its authority to deal with them free from the security interest. Thirdly, there are other acts or events specified in the debenture as causing the charge to crystallise. […] There are at least two types of events falling within the first category, namely liquidation of the company and de facto cessation of trading.*"

1354 Die ältere Literatur stellte die Zulässigkeit und Rechtmäßigkeit der *automatic crystallisation* in Frage. Dagegen wurde vorgebracht, die Vorzugsgläubiger würden häufig in der Verwertung benachteiligt werden. Auch würden sonstige Sicherungsnehmer ab der Umwandlung in eine *fixed charge* nicht berücksichtigt. Die dargestellten Probleme haben sich jedoch überwiegend infolge des *Insolvency Act 1986* erübrigt. Nach überwiegender Auffassung handelt es sich um einen praxisrelevanten Fall der *crystallisation*. Zum Meinungsstand der Zulässigkeit von *automatic crystallisation clauses* und den gegenwärtig sich noch stellenden Rechtsunsicherheiten *Brambosch*, S. 76-81.

1355 In der Literatur ist umstritten, ob eine *automatic crystallisation* auch dann anzunehmen ist, wenn die Anzeige zum Eintritt der *crystallisation (notice of crystallisation)*

den erfassten Gegenständen statt.[1356] Sprachlich eindeutige Vertragsklauseln sind unerlässlich.[1357]

Bei der gerichtlichen Prüfung entsprechender Klauseln ist im Zweifel allein der mutmaßliche Parteiwille ausschlaggebend.[1358] Weitere Auslegungskriterien sind vor allem die einzeln dargelegten Aspekte der individuellen Parteiinteressen. Es bedarf einer Abwägung. Die Interessen des Sicherungsnehmers sind gegen die des Sicherungsgebers zu stellen. Auf der einen Seite steht das Bedürfnis des *chargee*, die *floating charge* an verwertbaren Gegenständen frühzeitig kristallisieren zu lassen, damit eine möglichst umfassende Sicherheit verwertet werden kann. Es soll verhindert werden, dass das Ausfallrisiko zu stark ansteigt. Präventiv soll einer Aushöhlung der *floating charge* durch Zuwarten der *crystallisation* in eine vollständige Vermögenslosigkeit des Unternehmens entgegengewirkt werden. Auf der anderen Seite steht das Interesse des *chargor*, die *floating charge* möglichst lange beizubehalten, damit er unverändert seinen Geschäftsbetrieb weiterführen kann. Der Sicherungsgeber möchte tendenziell nicht in der Verfügungsbefugnis eingeschränkt werden und finanzielle Engpässe eigenautonom lösen, ohne die unmittelbare Verwertung von Unternehmenswerten zu befürchten. Diese Interessen stehen sich entgegen, so dass damit unterschiedliche Vorstellungen vom idealen Zeitpunkt der *crystallisation* einhergehen. Diese Interessenlage ist zu berücksichtigen und vertraglich genau auszuarbeiten, damit keine Rechtsunsicherheit besteht.[1359]

Ebendiese Interessenlage ist es aber auch, die die Parteien zum Abschluss von *automatic crystallisation clauses* veranlasst.[1360] Vorteilhaft ist nämlich, dass sich

---

vorzunehmen ist. Die vorherrschende Auffassung sieht den Schwerpunkt allein in dem automatischen Eintritt des fixierenden Zustands. Es komme nicht auf das Mitteilungserfordernis an. So *Brambosch*, S. 74; *Davies*, Gower & Davies Principles of Modern Company Law, 2008, 32-8.

1356 *Gullifer*, Goode on legal problems of credit and security, 2013, Rn. 4.21; *Ali*, The law of secured finance, 4.134.

1357 Demgemäß wurde in der Entscheidung *Brightlife Ltd. (1987) Ch. 200* festgestellt, *„the commercial inconvenience of automatic crystallisation gives rise to a strong presumption that it was not intended by the parties. Very clear language will be required."*

1358 *Brambosch*, S. 74; *Gullifer*, Goode on legal problems of credit and security, 2013, Rn. 4.57.

1359 Zur Kritik *Gullifer*, Goode on legal problems of credit and security, 2013, Rn. 4.57 f. Es wird zu einem restriktiven Umgang mit *automatic crystallisation clauses* geraten, da weitreichende Folgen eintreten können, die im Zweifel tatsächlich nicht den Parteiinteressen im Einzelfall entsprechen.

1360 *McKendrick*, Goode on Commercial Law 2016, 25.19.

der dargestellte Interessenkonflikt bereits bei der Verhandlung des Sicherungsvertrags durch Vertragsgespräche lösen lässt. Anhand der konkreten Sachlage und in gemeinsamer Kompromissbereitschaft können Fallgruppen der *crystallisation* individuell entwickelt werden. Indes ist nachteilig, dass Ereignisse und/oder Umstände *ex ante* nicht vollumfänglich bewertet werden. Es können Ereignisse eintreten, die vertraglich die *crystallisation* einleiten, ohne dass eine erhebliche Gefährdung von Vermögenswerten zulasten des Sicherungsnehmers eintritt.[1361] Ohne weiteres Zutun kann formell eine *fixed charge* erwachsen sein, welche objektiv betrachtet nicht erforderlich ist.

Es wäre eine aufwendige Rückgängigmachung des Zustands, eine sog. *de-crystallisation*,[1362] notwendig. Zur Vornahme der *de-crystallisation* kann der Sicherungsnehmer nur kraft ausdrücklicher Vertragsvereinbarung verpflichtet werden. In Ansehung seiner ausgeführten Interessenlage könnte er sich, zulasten des Sicherungsgebers, ausreichend Zeit lassen. Mithin ist eine detailgenaue, möglichst im Einzelfall anpassbare Vertragsentwicklung unumgänglich, um keine unerwünschten Rechtsfolgen und keine untragbaren rechtlichen Umstände herbeizuführen.

Die Beweislast zur Auslösung einer *crystallisation* trägt der Sicherungsnehmer.[1363] Behauptet ein weiterer Sicherungsnehmer, er habe eine verwertbare Sicherheit an einem Unternehmensgegenstand erlangt, obliegt es dem Sicherungsnehmer der *floating charge* nachzuweisen, dass die *crystallisation* vor der Bestellung der weiteren Sicherheit stattgefunden hat. Der Sicherungsnehmer

---

1361 *Gullifer,* Goode on legal problems of credit and security, 2013, Rn. 4.57 f.

1362 Eine Rückgängigmachung des Zustandes der *crystallisation*, die sog. *de-crystallisation*, ist nach überwiegender Literaturauffassung *ex tunc* möglich. Ein Anspruch hierauf besteht aber nicht. Notwendig ist eine ausdrückliche Vereinbarung zwischen den Sicherungsparteien und der hieraus ersichtliche übereinstimmende Wille, dass die *floating charge* mit den entsprechenden Rechtswirkungen und -folgen wiederhergestellt werden soll. Eine Begründung der Rückführungsentscheidung in den Schwebezustand ist nicht erforderlich. Auch bestimmte Formalia für die Kenntnisnahme des allgemeinen Rechtsverkehrs sind nicht einzuhalten, da etwa bereits die Umwandlung der *floating* in die *fixed charge* nicht registereintragungsbedürftig ist. *Gullifer*, Goode on legal problems of credit and security, 2013, Rn. 4.32. Eine höchstrichterliche Entscheidung, die die in der Literatur angenommene Auffassung unterstützt, hat es bislang noch nicht gegeben. *Chiaw*, LMCLQ 1986, S. 528. Tritt erneut *crystallisation* ein, handelt es sich um eine sog. *re-crystallisation*. Umstritten ist, ob es sich um dieselbe oder eine neue dingliche Belastung handelt. Ausführlich hierzu *Quenby,* IWUK, 23.05.2017, S. 19 f.

1363 *Gough,* Company Charges, S. 255 f.

hat den Beweis dafür zu erbringen, dass der Sicherungsgeber aufgrund der *crystallisation* in seiner Verfügungsbefugnis eingeschränkt war, wodurch keine weitere Sicherheit bestellt werden konnte und ein Vorrang des später involvierten Sicherungsnehmers ausgeschlossen ist.[1364] Anlass für den Eintritt einer *automatic crystallisation* sind beispielsweise der mehrfache Zahlungsverzug zur Begleichung der Darlehensraten an den Sicherungsnehmer der *floating charge*, das Unterschreiten einer bestimmten Kapitaldeckung, die Einleitung von Einzelzwangsvollstreckungsmaßnahmen durch Dritte sowie die Vornahme von Verfügungen außerhalb des üblichen Geschäftsbetriebs.[1365]

bb. Crystallisation *nach Richterrecht*

Die *crystallisation* wird außerdem regelmäßig durch den Eintritt einer richterrechtlich entschiedenen Fallgruppe ausgelöst. Im Rahmen unterschiedlicher historischer Einzelfallentscheidungen haben sich bestimmte Ereignisse und/oder Umstände herausgebildet, die nach Richterrecht zwingend die „Verfestigung" der *floating charge* herbeiführen.

Es handelt sich um Sachverhalte, die zwangsläufig eine erhebliche Gefährdung der unternehmenseigenen Vermögenswerte begründen.[1366] Daher ist entschieden worden, dass in diesen Fällen die Verwertbarkeit konkreter Gegenstände durchsetzbar sein muss.

Hierzu zählt insbesondere die förmliche Eröffnung des Verfahrens zur Auflösung der Gesellschaft *(winding-up)*,[1367] da der Wegfall des Unternehmens als Sicherungsgegenstand unmittelbar bevorsteht. Das *winding-up*-Verfahren wird außergerichtlich nach *sec. 89 Insolvency Act 1986* durch Mehrheitsbeschluss der Gesellschafter oder durch den Beschluss gemeldeter Unternehmensgläubiger *(members' or creditors' voluntary winding up)* eingeleitet.[1368] Die Eröffnung durch das Gericht findet nach *sec. 122, 123 para. 1a, 1b, 1e Insolvency Act 1986* bei Zahlungsunfähigkeit statt, wenn ihrerseits eine fällige durchsetzbare Zahlungsverpflichtung von mindestens 750 £ binnen drei Wochen ab Mahnungszugang

---

1364 *Gough*, Company Charges, S. 255 f.

1365 *Gullifer*, Goode on legal problems of credit and security, 2013, Rn. 4.22; *Brambosch*, S. 75; *Ungerer*, ZfRV 2015, 31, 40.

1366 *Proctor/Dixon*, Goode on payment obligations in commercial and financial transactions, 2016, 3-68.

1367 So entschieden in *Wallace v. Universal Automatic Machines (1894) 2 Ch. 547.*

1368 *Schlegel*, in: Stürner/Eidenmüller/Schoppmeyer, MüKo InsO, Bd. 4, 2016, Länderberichte: England und Wales, Rn. 31; *Brambosch*, S. 83.

nicht beglichen wurde, eine Einzelzwangsvollstreckung wegen fehlender Haftungsmasse nicht erfolgreich war oder wenn nach gerichtlicher Überzeugung einer fälligen Zahlungsverpflichtung voraussichtlich nicht nachgekommen werden konnte.[1369]

Ein weiterer Umstand ist die Einstellung des Geschäftsbetriebs,[1370] da die wirtschaftliche Rentabilität des Unternehmens erheblich gefährdet ist. Auch die Bestellung eines Verwalters *(receiver)* führt zur *crystallisation.*[1371] Indes ist es zulässig, die richterrechtlichen Sachverhalte zur *crystallisation* individualvertraglich abzubedingen.[1372]

b. Rechtsfolgen der crystallisation

Mit Eintritt der *crystallisation* endet der schwebende Sicherungszustand der *floating charge.* Es findet das *attachment* auf die konkret bestimmten, zu diesem Zeitpunkt unternehmenseigenen Sicherungsgegenstände statt und die Umwandlung zur *fixed charge* erfolgt.[1373] Der Sicherungsradius ist dem Sicherungsvertrag zu entnehmen und kann ausdrücklich konkret-individuelle Unternehmensbestandteile wie etwa Betriebsteile, Warengruppen oder Forderungen eines bestimmten Schuldners vorsehen, sowie auch das Unternehmen *en bloc.*[1374] Die Rechtstransformation ist im englischen Unternehmensregister nicht eintragungspflichtig. Begründet wird dies damit, dass es bei der Eintragung auf den Bestellungszeitpunkt ankomme und es sich nach wie vor um dieselbe Sicherheit, die *floating charge*, in abgewandelter Form handle.[1375]

1369 Die weiteren Fälle anzunehmender Zahlungsunfähigkeit nach *sec. 123 para. 1c, 1d Insolvency Act 1986* sind Spezialkriterien für die Rechtskreise in Schottland und Nordirland.

1370 Dies ergibt sich etwa aus den Gerichtsentscheidungen *Davey and Co. v. Williamson (1898) 2 QB 194; Woodroffes (Musical instruments) Ltd. Re. (1986) Ch. 366; Governments Stock and Other Securities Investment Co Ltd. v. Manila Rly Co Ltd. (1897) AC 81.* Hierzu auch *Sealy*, C.L.J. 45 (1) 1986, 25.

1371 *Gullifer,* Goode on legal problems of credit and security, 2013, Rn. 4.44 bis 4.46.

1372 Dies kann im Einzelfall eine sinnvolle Lösung für die Parteien darstellen. Die Rechtsprechung sieht den Ausschluss der richterrechtlichen *crystallisation*-Fallgruppen als zulässig an. Ausführlich *Boyle/ Birds,* Boyle & Bird's Company Law, 2014, 10.18.

1373 *Gullifer,* Goode on legal problems of credit and security, 2013, Rn. 4.07; *Brambosch,* S. 62.

1374 *Bridge,* ERPL 2002, 492.

1375 Dies ergibt sich im Rückschluss aus der abschließenden Aufzählung eintragungsbedürftiger Tatsachen in das *Companies Registry* bezüglich der *floating charge* nach *sec. 869 para. 4 Companies Act 2006.* So auch *Brambosch,* S. 76, 56.

Mit der *crystallisation* erhält der Sicherungsnehmer eine dingliche Rechtsposition an den bestimmten Einzelgegenständen des Unternehmens und ist zur Verwertung befugt.[1376] Zugleich wird die Verfügungsbefugnis des Sicherungsgebers eingeschränkt.[1377] Beim Eintritt eines „einfachen" Sicherungsfalls steht es im Ermessen des Sicherungsnehmers, wann und in welchem Umfang er von seinem Verwertungsrecht an den konkret erfassten Einzelunternehmensgegenständen Gebrauch macht. Die Verwertungsbefugnis des Sicherungsnehmers und die eingeschränkte Verfügungsbefugnis des Sicherungsgebers enden erst mit der Befriedigung der zugrundeliegenden Kreditschuld.

Bei der Unternehmensinsolvenz als Sicherungsfall ist der Sicherungsnehmer den allgemeinen Insolvenzvorschriften des englischen Rechts unterworfen und als Teil der Gesamtgläubigerschaft darauf angewiesen, dass ihm eine Befriedigungsquote bei der Vornahme von Insolvenzmaßnahmen zugewiesen wird.[1378]

1376 Lange war umstritten, inwiefern der Inhaber einer *floating charge* gegen eine Einzelzwangsvollstreckungsmaßnahme vor *crystallisation* vorgehen darf. In dem angeführten Urteil *Davey and Co. v. Williamson (1898) 2 QB 194 CA* wurde im Ergebnis vertreten, dass der Sicherungsnehmer einer *floating charge* einen *equitable interest* an den konkret erfassten Gegenständen habe. Er dürfe sich gegen Zwangsvollstreckungsmaßnahmen zur Wehr setzen. Im Übrigen sei nur ein Rechtsgeschäft im ordnungsgemäßen Geschäftsbetrieb zulässig. Hierzu zähle ein Zwangsverfahren nicht. Zahlreiche Folgeurteile stützten diese Auffassung. Erst im Urteil *Evans v. Rival Granite Quarries Ltd. (1910) 2 KB 979* wurde das Merkmal der Verfügungsfreiheit des Sicherungsnehmers vor *crystallisation* herangezogen. Während der Laufzeit des *floating charge*-Sicherungsvertrags darf der Sicherungsgeber im ordentlichen Geschäftsbetrieb weiter über Gegenstände des Sicherungsverbandes verfügen. Daher wurde festgestellt, dass diesem kein dingliches Recht an Einzelgegenständen zustehe und entsprechend seinerseits keine Rechtsschritte gegen die Zwangsvollstreckung Dritter vorgenommen werden könnten. Zur Ausführung der Entwicklung in der Rechtspraxis im Einzelnen *Brambosch*, S. 64 ff. Anders ist die Situation lediglich dann zu beurteilen, wenn die Maßnahme als *crystallisation*-Auslöser vertraglich erfasst ist.

1377 *Quenby*, IWUK, 23.05.2017, S. 17.

1378 Zu diesem Grundsatz gelten Ausnahmen: Der Inhaber einer *qualifying floating charge* hat, wie näher auszuführen sein wird, das Recht, einen Verwalter, einen *administrative receiver*, außergerichtlich zu bestellen. Obgleich dieser formell für das Gericht und zugunsten sämtlicher gemeldeten Unternehmensgläubiger tätig wird, kann ein gerichtliches Insolvenzverfahren verhindert werden, wenn eine ausreichende Parteivereinbarung vorliegt und zwischen den Parteien kein Erfordernis besteht, Unstimmigkeiten auszufechten. Ein eingeleitetes Insolvenzverfahren über das Vermögen des Unternehmens oder eine Liquidation stehen nicht entgegen. Andere Gläubiger stehen zwar über der Rangposition des Sicherungsnehmers der

Der Insolvenzverwalter kann ohne Berücksichtigung der Verfügungsbeschränkung aus der *fixed charge* für die Zwecke der allgemeinen Gläubigerbefriedigung unbeschränkt über die unternehmenseigenen Vermögensgegenstände verfügen. Indes sind bei der Verwertung die Rangverhältnisse der vorherrschenden Sicherheiten einzuhalten.[1379] Die Tilgung der offenen Schuld kann aus der laufenden Geschäftstätigkeit durch vorübergehende Zwangsverwaltung *(receivership)* oder durch die Zwangsverwertung einzelner oder sämtlicher Sicherheitsobjekte *(foreclosure)* erreicht werden.[1380]

3. Sonderrecht zur Verwalterbestellung

Ein wesentliches Recht, das die *floating charge* seit der Entstehung prägt, ist die Möglichkeit des Sicherungsnehmers einen Verwalter zu bestellen. Die Verwalterbestellung kann, wenn auch für die Rechtspraxis etwas weniger relevant, in der Regellaufzeit der *floating charge* auferlegt werden. Im Übrigen ist die Verwalterbestellung in der Insolvenz von Relevanz. Originär wurde dem Sicherungsnehmer ein Sonderrecht eingeräumt. Nunmehr ist die Bestellung eines Verwalters im Regelinsolvenzverfahren eingebettet. Diese Entwicklung soll im Weiteren betrachtet werden.

---

floating charge, darunter etwa die Gläubiger von Lohn- und Rentenforderungen. Im Übrigen kann der Sicherungsnehmer der *floating charge* jedoch auch eine prioritäre Rechtsposition erlangen. Um den Sinn und Zweck des Insolvenzverfahrens, die allgemeine Gläubigerbefriedigung, nicht zu gefährden, ist teilweise festgelegt, dass andere (ungesicherte) Gläubiger einen konkreten prozentualen Anteil für sich beanspruchen dürfen. Dies sieht ein *statutory instrument* der *Secretary of State: Insolvency Act 1986 (Prescribed Part) Order 2003 (Sl 2003(2097)* vor. Dem Grundsatz nach ist die Rangfolge zur Gläubigerbefriedigung wie folgt: *fixed charge creditors, expenses of the proceedings, preferential creditors, floating charge creditors, unsecured provable debts*. Hierzu *Beale/Bridge/Gullifer/Lomnicka*, The Law of Security and Title-Based Financing, 2012, Rn. 20.02, ausführlich auch *Ungerer*, ZfRV 2015, 32, 41 f.

1379 „*An insolvency practitioner is entitled to dispose of property which is subject to a floating charge 'as if it were not subject to the charge' (para. 70 of Sch.B1 to the Insolvency Act 1986). And for the purposes the floating charge is fixed or floating 'as created' and so subsequent crystallisation is irrelevant.*" So *Quenby*, IWUK, 23.05.2017, S. 22; *Quenby/Hassan*, IWUK, 31.05.2017, S. 33.

1380 *McKendrick*, Goode on Commercial Law, 2016, 25-23.

a. *Verwalter zur Regellaufzeit* (receivership)

Die *floating charge* gibt dem Sicherungsnehmer als „schwebende" Sicherheit grundsätzlich kein Recht, auf das belastete Unternehmen während der Regellaufzeit Einfluss zu nehmen. Eine Ausnahme gilt, wenn das Ausfallrisiko des Sicherungsnehmers erheblich angestiegen ist.

Der Sicherungsnehmer kann beim zuständigen Gericht einen Antrag auf Bestellung eines sog. *receiver* stellen, ohne dass *crystallisation*[1381] oder ein Eröffnungsgrund für die Unternehmensinsolvenz[1382] anzunehmen ist. Es muss ein Sachverhalt vorliegen, bei dem sich die Gefahr aufdrängt, das sicherungsgebende Unternehmen könnte durch seine Geschäftspraxis sämtliche Sicherungsgegenstände verlieren und in absehbarer Zeit vermögenslos sein.[1383] Die weitere Vertragsbeziehung in der bisherigen Form muss nach objektiven Kriterien unzumutbar sein.

Die Bestimmung eines gerichtlich bestellten *receiver* wurde schon seit den Anfängen der *floating charge* als wesentliches Recht des Sicherungsnehmers anerkannt. Im gegenseitigen Einvernehmen der Parteien kann diese Maßnahme aber individualvertraglich ausgeschlossen werden. Grundsätzlich soll die *floating charge* dafür sorgen, dass der Sicherungsnehmer eine Sicherheit ohne Beeinträchtigung des Geschäftsbetriebs erhält. Mit der Bestellung des *receiver* wird erheblich in den Sicherungsverlauf eingegriffen. Der bisherige Unternehmensführer erleidet einen Verlust der Geschäftsführungsbefugnis, ggf. der Vertretungsbefugnis sowie der freien Verfügungsbefugnis *(actual authority)*.[1384] In einer Karenzzeit ab Beginn des *receivership*-Verfahrens ist es dem Sicherungsgeber möglich, etwa durch Aufbringung von persönlichem Eigenkapital, an

---

1381 Die *crystallisation* ist keine notwendige Voraussetzung für die Beantragung eines *receiver*. Nicht selten wird ein Sicherungsvertrag, bei entsprechenden Parteiinteressen, den Eintritt der *crystallisation* kraft der Bestellung des *receiver* vorsehen. *Gullifer*, Goode on legal problems of credit and security, 2013, Rn. 4.06.

1382 Mangels eines Insolvenzgrundes und der entsprechenden Eröffnung eines (außer-) gerichtlichen Insolvenzverfahrens sind die Vorschriften des *Insolvency Act 1986* nicht anwendbar.

1383 „*Finally, by virtue of the fact that he has an existing security interest, albeit floating charge in character, the debenture holder has the right to apply to the court for the appointment of a receiver, where his security is in jeopardy, even if that charge has not crystallised and even if there has been no default.*" So *Gullifer*, Goode on legal problems of credit and security, 2013, Rn. 4.06.

1384 *Sealy/Hooley*, Commercial Law, 2008, S. 1132; *McKendrick*, Goode on Commercial Law, 2016, 25-15; *von Bar*, Gemeineuropäisches Sachenrecht, 2015, Rn. 440.

den Sicherungsnehmer mit befreiender Wirkung zu leisten. Dadurch soll sich die Sicherheit von dem Unternehmensvermögen lösen und die *floating charge* enden, weshalb eine weitere Intervention in das Unternehmen obsolet wird. Die Kontrolle kann über das Unternehmen zurückgeführt werden *(equity of redemption)*.[1385] Die Rechtsprechung hat bereits in der Vergangenheit zugunsten des Sicherungsnehmers entschieden, dass sich ein Interventionsrecht implizit aus dem Sicherungsinteresse ergibt.[1386]

Dem Sicherungsnehmer soll es erlaubt sein, Maßnahmen zu ergreifen, wenn er aufgrund der individuellen Umstände des Einzelfalls kein weiteres Vertrauen in die Geschäftsführungskompetenz der bisherigen Unternehmensführung hat. Um einer Aushöhlung seines Sicherungsinteresses entgegenzuwirken und einen Insolvenzfall zu vermeiden,[1387] sollte er sich in erster Linie vom Sicherungsvertrag lösen und die Befriedigung seiner offenen Forderungen anstreben können. Alternativ sollte es ihm möglich sein, in die Geschäftsabläufe mittelbar einzugreifen, indem ein Verwalter für das belastete Unternehmen bestellt werden kann. Sinn und Zweck der vorübergehenden Übernahme der Geschäftsführung durch einen kompetenten Dritten war es,[1388] dass die Zahlungsdefizite des Sicherungsgebers gegenüber dem Sicherungsnehmer ausgeglichen werden sollen und die wirtschaftliche Leistung des Unternehmens wieder herbeigeführt werden sollte. Der *receiver* hat Berichterstattungspflichten gegenüber dem Gericht und ist auf die gerichtliche Genehmigung außergewöhnlicher Geschäftsführungsmaßnahmen unter Prüfung der jeweiligen Sachlage angewiesen.[1389]

1385 *Ungerer*, ZfRV 2015, 31, 41.

1386 In diesem Zusammenhang relevant sind die Gerichtsentscheidungen *Edwards v. Standard Rollins Stock Syndicate (1893) 1 Ch. 574; Re. London Pressed Hinge Co. Ltd. (1905) 1 Ch. 56; Re. Victoria Steamboats Ltd. (1897) 1 Ch. 158.*

1387 Tatsächlich sind in der Rechtspraxis nur wenige Fallkonstellationen denkbar, in denen keine Insolvenz, aber eine erhebliche Vermögensgefährdung des Unternehmens vorliegt, die die Bestellung eines *receiver* rechtfertigt. Bedeutsam sind aber die Entscheidungen *Deyes v. Wood (1911) 1 KB 806; Re. Vimbos Ltd. (1900) 1 Ch 470* in diesem Zusammenhang. In den *obiter dicta* werden hierzu Rechtsüberlegungen angestellt. Erläuternd auch *Ungerer* ZfRV 2015, 31, 40.

1388 Der *receiver* wird vom zuständigen Gericht auf Antrag des Sicherungsnehmers bestellt, wobei entsprechende Vorschläge zur Person berücksichtigt werden können.

1389 Hierfür stehen die bereits angeführten Gerichtsentscheidungen *Edwards v. Standard Rollins Stock Syndicate (1893) 1 Ch. 574; Re. London Pressed Hinge Co. Ltd. (1905) 1 Ch. 56; Re. Victoria Steamboats Ltd. (1897) 1 Ch. 158.*

Darüber hinaus ist es den Parteien unbenommen, eine vertragliche Vereinbarung über die Einsetzung eines *receiver* vorzunehmen.[1390] Auch außerhalb des gerichtsgeleiteten Verfahrens soll das Unternehmen vorübergehend von einem Dritten geführt werden können. Dies ergibt sich aus der Vertragsfreiheit sowie aus dem Grundsatz der Privatautonomie. Für die vertraglich wirksam geregelte Einsetzung eines Verwalters unter Aufsicht des Sicherungsnehmers sind ausführliche und ausdrückliche Vertragsvorgaben erforderlich.[1391] Zur Vermeidung einer gerichtlichen Prüfung und drohenden Nichtigerklärung wegen unlauterer Vertragsgestaltung ist dem *receiver* eine ausgeglichene Verwaltertätigkeit aufzuerlegen, bei der er pflichtgemäßes Ermessen auszuüben und eine schonende Wahrung der Interessen beider Parteien vorzunehmen hat.

Nicht selten kann hieraus ein Gleichlauf der Vorgaben zum *administrator*,[1392] dem Insolvenzverwalter nach englischem Recht, resultieren. So werden die Zielvorgaben des *sec. 3 para. 4 Schedule B1 Insolvency Act 1986*, die primäre Aufrechterhaltung des Unternehmens und die Begleichung der Forderungen aus dem laufenden Geschäftsbetrieb, auch zur Arbeitsprämisse des vertraglichen *receiver*. Aufgrund der Vorrangstellung des Insolvenzverfahrens endet die Stellung des *receiver* mit der Bestellung eines Insolvenzverwalters.[1393]

b. Verwalterbestellung nach crystallisation

In den überwiegenden Fällen geht mit der *crystallisation* die Unternehmensinsolvenz einher. Der Sicherungsgeber einer *floating charge* ist dann allgemein nicht in der Lage Zahlungsverpflichtungen nachzukommen und kann auch die zugrundeliegenden Darlehenspflichten des *chargee* nicht erfüllen. Nach der älteren Rechtslage ließen sich dem *Insolvency Act 1986* im Rahmen der Vorschriften zur Betriebseinstellung Regelungen zur Abwicklung der *floating charge* entnehmen.[1394]

Ein wesentliches Merkmal der *floating charge* war seinerzeit das *administrative receivership*-Verfahren. Es erlaubte einem Verwalter, vornehmlich zugunsten des Sicherungsnehmers der *floating charge*, Maßnahmen zu dessen Befriedigung vorzunehmen und ein Unternehmen ggf. vermögenslos zu hinterlassen.

1390 *Seif*, S. 104 ff.
1391 *Seif*, S. 104 ff.
1392 Siehe hierzu S. 316 ff.
1393 *Linklater*, Comp. Law. 2005, S. 129.
1394 *Brambosch*, S. 168.

Einige Vertreter der Literatur und Rechtspraxis empfanden diese Konzeption als legislatives Unrecht, da die allgemeine Gläubigerbefriedigung aus dem Insolvenzrecht zurückblieb. Auch stand dies den Bestrebungen entgegen, ein Unternehmen zu sanieren und eine Rettungskultur *(rescue culture)* zu etablieren.[1395] Der *Enterprise Act 2002*, der den *Insolvency Act 1986* erheblich novellierte, brachte einschneidende Änderungen im *administrative receivership* mit sich.[1396] Der *administrator* hat die in *sec. 3 Schedule B1 Enterprise Act 2002* genannten Insolvenzziele grundsätzlich in der bezeichneten Reihenfolge verpflichtend einzuhalten.[1397]

Erst wenn sich neben dem Inhaber der originären *floating charge* kein weiterer Gläubiger meldet und dem Insolvenzverfahren ein Antrag des *chargee* zugrunde liegt, richtet sich die Verwaltertätigkeit ausschließlich auf die Befriedigung der noch offenen Forderungen des Sicherungsnehmers.[1398] Zur Erläuterung dieser relevanten Entwicklung der *floating charge* ist die gegenwärtige gesetzliche Regelung vor dem Hintergrund der älteren Rechtslage vorzustellen.

aa. Administrative receivership *vor der Rechtsreform*

Als die *floating charge* im *Insolvency Act 1986* erstmalig gesetzlich aufgearbeitet wurde, bildete das *administrative receivership*-Verfahren einen wichtigen Bestandteil.[1399] Das *administrative receivership* gewährte dem

---

1395 Wenn die Unternehmensrettung aussichtslos und nur die Liquidation sinnvoll erscheinen würde, wäre ein Antrag des *administrator* oder *administrative receiver* bei Gericht erforderlich. In diesem Fall wären Bestellungsdokumente vorzulegen und das Vorliegen der Bestellungsvoraussetzungen sowie die Grundlage für die Prognose nachzuweisen. Erst dann dürfte sich der Verwalter von dem Ziel abwenden, das Unternehmen aufrechtzuerhalten. *Bond*, IWUK, 8.08.2016, S. 7b, 7c, 10.

1396 *Ehricke/Köster/Müller-Seils*, NZI 2003, 409.

1397 *Quenby*, IWUK, 23.05.2017, S. 22; *Quenby/Hassan*, IWUK, 31.05.2017, S. 33.

1398 Die gerichtliche Anordnung ist entbehrlich, wenn der *floating charge* eine Urkunde *(deed)* zugrunde liegt, da der Verkauf der Sicherheitsobjekte kraft Gesetzes, nach *Sec. 101 Law of Property Act 1925*, vorgenommen werden kann. So *Ungerer*, ZfRV 2015, 32, 40, 4.

1399 Übernimmt ein Verwalter außerhalb der Insolvenz und im gemeinsamen Einvernehmen zwischen Sicherungsnehmer und -geber die originären Aufgaben der üblichen Geschäftsführung, wird er als *receiver or manager* bezeichnet. Grundlage für eine derartige Verwaltertätigkeit und ihre Ausübungsweise im Einzelnen ist nicht der *Insolvency Act 1986*, wie im Fall des *administrative receiver*, sondern allein der Sicherheitsvertrag, welcher frei und privatautonom gestaltet werden kann. Auch ein *special manager* kann auf Antrag des Sicherungsnehmers und kraft Gerichtsbeschlusses bestimmt werden, wenn während der Laufzeit des Sicherungsvertrags berechtigte

Sicherungsnehmer einen erheblichen Vorteil: Der *administrative receiver* war dazu befugt, die Verwertung des Unternehmensvermögens allein zugunsten des Sicherungsnehmers einer *floating charge* zu betreiben. Trotz eines laufenden Insolvenzverfahrens wurde zugunsten des *chargee* ein faktisches Einzelvollstreckungsverfahren am Geschäftsvermögen ohne Berücksichtigung sonstiger Gläubiger vorgenommen.[1400]

Der gesetzlichen Regelung zufolge, nach *sec. 29 para. 2a Insolvency Act 1986*, oblag es dem Sicherungsnehmer einer *floating charge* im Fall ihrer *crystallisation* eigens oder auf Antrag bei Gericht einen sog. *administrative receiver* als einen Verwalter zu bestellen. Dieser war ausgestattet mit Geschäftsführungsbefugnis und weiteren umfangreichen Befugnissen nach *para. 42 subpara. 1 Schedule I Insolvency Act 1986*.

Der bisherige Unternehmensführer blieb formell zur Geschäftsführung befugt und hatte weiterhin Vertretungsmacht inne. Im Innenverhältnis sollte die Leitung allein dem *administrative receiver* überlassen werden. Obgleich es sich bei dem zu ernennenden *administrative receiver* um eine sachlich kompetente, „neutrale" Person handeln sollte, war sein Interesse auf die Verwertung zugunsten des Sicherungsnehmers der *floating charge* gerichtet. Seine Aufgabe war hingegen nicht, wie beim Insolvenzverwalter üblich, einen möglichst hohen Erlös zur gleichmäßigen, wenn auch rangmäßigen Befriedigung sämtlicher Gläubiger zu erreichen.[1401] Im Außenverhältnis galt er als Organ der Schuldnergesellschaft, wobei er faktisch allein die materiellen Interessen des Sicherungsnehmers vertrat. Seine Aufgabe war es, regelmäßige Einkünfte durch ordnungsgemäße

---

Zweifel an einer ordentlichen Geschäftsführung bestehen. *Enchelmaier*, ZVglRWiss 112 (2013), 403, 411. Zu unterscheiden sind diese vom vorliegend untersuchten *administrative receiver*, dem Verwalter, der im Sicherheitsfall, d.h. ab *crystallisation*, mit der Ausgleichung der offenen Restforderung beauftragt wird. Dieser kann von seinem Besitzrecht in der *fixed charge* Gebrauch machen, die Gegenstände zwecks der Erlöseintreibung zu verkaufen oder sich selbst im Wege der zuschlagauslösenden Angebotsvornahme in der Zwangsvollstreckung *(foreclosure)* anzueignen. *Von Bar*, Gemeineuropäisches Sachenrecht, 2015, Rn. 439; *Gullifer*, Goode on legal problems of credit and security, 2013, Rn. 4.32. Auch zu unterscheiden ist der später zu untersuchende Insolvenzverwalter, *administrator* oder *liquidator*, der alle gemeldeten Gläubiger vertritt. *Enchelmaier*, ZVglRWiss 112 (2013), 403, 411; *von Bar*, Gemeineuropäisches Sachenrecht, 2015, Rn. 440.

1400 *Ehricke/Köster/Müller-Seils*, NZI 2003, 409, 411; *Brambosch*, S. 169.

1401 *Brambosch*, S. 170.

Führung der Geschäfte einzutreiben und Güter zu veräußern, um den Erlös an den Sicherungsnehmer auszukehren.[1402]

Darüber hinaus war es dem *chargee* gemäß *sec. 9 para. 3 subpara. a Insolvency Act 1986* erlaubt, das Regelinsolvenzverfahren, welches die Bestellung eines Insolvenzverwalters *(administrator)* mit dem letztgenannten Interessenauftrag zur Folge hat, durch ein Vetorecht aufzuhalten bzw. hinauszuzögern.[1403] Das *administrative receivership*-Verfahren konnte vorher vollzogen werden und resultierte regelmäßig in der Ausschöpfung aller vorhandenen Vermögenswerte. Das Unternehmen konnte als vermögenslose, leere Hülle mit Auflösungsbedürftigkeit hinterlassen werden.[1404]

Dieses Verfahren führte zu einer langwierigen Kontroverse im englischen Schrifttum, die zahlreiche Schwächen anmerkte.[1405] Man bezeichnete den *administrative receiver* als *agent*, mithin als Interessenvertreter des Sicherungsnehmers der *floating charge*, der nur dessen Wohl berücksichtigte. Es wurde kritisiert, dass er kraft gesetzlicher Ermächtigung die vorhandenen Vermögenswerte mühelos „verschleudern" dürfte, da ihm allein die Befriedigung der offenen Vermögensforderung obliege.

Zudem beanstandeten die Kritiker die Manipulationsbefugnis des *chargee* am Regelinsolvenzverfahren, welches auf die Abhilfe der sonstigen gesicherten oder ungesicherten, unbefriedigten Gläubiger ausgerichtet war und ihm faktisch die Möglichkeit einräumte, diese zu benachteiligen.[1406] Der Sicherungsnehmer der

---

1402 *Enchelmaier*, ZVglRWiss 112 (2013), 403, 410 f.

1403 Das zuständige Gericht stand nach *sec. 9 para 2 subpara a Insolvency Act 1986* in der Pflicht den Sicherungsnehmer einer *floating charge* über den Antrag sonstiger Gläubiger zu Eröffnung des Insolvenzverfahrens zu informieren und mit der Anordnung der Eröffnung so lange zu warten, bis die Zustimmung oder die entsprechende Verweigerung mitgeteilt wurde. *Hall/Scott*, PLC 2004, S. 16.

1404 *Brambosch*, S. 170.

1405 Eine Expertengruppe, die sog. „Steering Group", bestehend u.a. aus Juristen und Ökonomen unterschiedlicher Industriegruppen, hat sich eingehend mit der Rechtslage auseinandersetzt. Die Schwachstellen wurden herausgearbeitet und das „White Paper: Modernising Company Law" veröffentlicht, welches Änderungsvorschläge vorsieht. Die Legislative hat in der Folge zahlreiche dieser Empfehlungen in den Gesetzgebungsprozess miteingebunden. So sind im *Enterprise Act 2002* Regelungen wiederzufinden, deren Änderungen zum Insolvenzrecht an Unternehmen seit dem 15.09.2003 in Kraft sind. Hierzu im Einzelnen *McKnight*, JIBL, 2001, 213; *Lembeck*, NZG 2003, 956, 957.

1406 *McKnight*, JIBL, 2001, 213; *Lembeck*, NZG 2003, 956, 957.

floating charge hatte, wenn auch mittelbar, ein starkes Eingriffsinstrument in die Abläufe des besicherten Unternehmens.

In der Folgezeit nahm die Kritik zu. Es sei nicht ersichtlich, weshalb der *chargee* einer *floating charge* eine derartig starke Beeinflussung des Verwertungsprozesses vornehmen dürfe. Es bringe Missbrauchspotenzial mit sich und fördere ausbeuterische Absichten.[1407] Insbesondere werde kein Anreiz gesetzt, um die Sanierung des Sicherungsgebers zu initiieren und die wirtschaftliche Aufrechterhaltung des Unternehmens zugunsten ihrer Shareholder und Stakeholder[1408] zu fördern.[1409] Im Übrigen sei die Lösung nicht interessengerecht, da die Attraktivität der Globalsicherheit insgesamt verringert werde. Gläubiger, die selbst kein Interesse an der Besicherung durch eine *floating charge* am Unternehmensvermögen hatten, müssten nämlich befürchten, dass ihnen im Sicherungsfall keine Haftungsmasse verbleibe, und würden nur zögerlich weitere Geschäftsbeziehungen mit dem betroffenen Unternehmen aufrechterhalten. Dies würde unweigerlich dessen wirtschaftliche Rentabilität herabstufen und wiederum für den Sicherungsnehmer der *floating charge* negative Konsequenzen haben, da die laufende Ratenzahlung gefährdet wäre. Es wurde eine Novellierung der geltenden Gesetze gefordert, welche mit dem *Enterprise Act 2002* erfolgte und die gegenwärtigen, gesetzlichen Regelungen hervorbrachte.

1407 In der Praxis wurden sog. *lightweight floating charges* umgesetzt. Dabei wurden an bestimmten, hochwertigen Gegenständen *fixed charges* mit guten Rangpositionen gesichert, während im Übrigen eine *floating charge* bestellt wurde. Letztere diente nur als Schutzmechanismus in der Insolvenz, als sie noch ein Vetorecht im *administration*-Verfahren mit sich brachte. Die *floating charge* wurde entwickelt, um bestimmte vorteilhafte Rechtsfolgen herbeizuführen. Daher war sie „leichtgewichtig". Diese Kombination mehrerer Sicherungsrechte wurde in der Literatur als rechtlich zulässig angesehen. Zugleich wurde sie kritisiert, da sie einen Fehlanreiz in der Bestellung einer *floating charge* darstelle. *Jungmann/Bisping,* RIW 2003, 930, 932; *Just*, Limited, 2012, Rn. 255.

1408 Infolge des *administrative receivership*-Verfahrens würde nur in seltenen Fällen ein Restvermögen am Unternehmen verbleiben. Es fehlte nicht nur an einer Haftungsmasse zugunsten sonstiger Gläubiger. Auch mangelte es an der Eignung zur fortgesetzten wirtschaftlichen Existenz und Präsenz. Die Unternehmensabwicklung würde zum Verlust der Unternehmensanteile zulasten der Gesellschafter und unweigerlich etwa zur Betriebsschließung und zum Arbeitsplatzverlust zulasten von Arbeitnehmern führen. Es wurde eine sozialschädigende Konsequenz festgestellt. So *Armour/Frisby,* OJLS 2001, 73, 96.

1409 *Brambosch*, S. 170, 172.

bb. Verwalterbestellung nach der Rechtsreform

Nach geltendem Recht ist die *floating charge* in das Regelinsolvenzverfahren[1410] eingebettet. Ihre Verwertung richtet sich nach dem *Insolvency Act 1986*, welcher durch den *Enterprise Act 2002* umfänglich überarbeitet wurde.

aaa. Beschränkung des administrative receivership

Sinn und Zweck der gesetzgeberischen Überarbeitung des Insolvenzrechts war es, die Verfahrensabläufe in der Unternehmensinsolvenz unkompliziert, transparent und zeitlich verkürzt auszugestalten *(streamlining)*.[1411] Es sollte eine sog. *rescue culture* auf den Weg gebracht werden. Diese brachte mit sich, dass eine Verwaltertätigkeit die Betriebsrettung und Sanierung anstatt der Unternehmenszerschlagung und -auflösung anstreben sollte.[1412]

Wichtigster Gesichtspunkt war die Stärkung der Rechtsposition ungesicherter Gläubiger. Es sollte eine gleichmäßige, in der Rangfolge gestaffelte, möglichst umfassende allgemeine Gläubigerbefriedigung erzielt werden.[1413] Der *Enterprise Act 2002* führte herbei, dass das *administrative receivership*-Verfahren[1414] und die damit einhergehenden zahlreichen prioritären Privilegien des Sicherungsnehmers für die Überzahl der bestellten *floating charges* nicht mehr zugänglich sein würden.[1415]

1410 Zum Insolvenzvorgang im englischem Recht *Boyle/Birds*, Boyle & Bird's Company Law, 2014, 21.46 f.

1411 *Alexander*, IL&P 2003, 3; *Ehricke/Köster/Müller-Seils*, NZI 2003, 409, 412 f.

1412 *Sims/Briggs*, Insolv. Int. 2004, 49, 53. In *Ehricke/Köster/Müller-Seils*, NZI 2003, 409, 409 heißt es, man hatte die Absicht „ein rechtliches Umfeld zu schaffen, in dem der Erhalt insolventer Unternehmen im Gegensatz zu deren Liquidation in den Vordergrund rückt und das im Ergebnis zu einer gesellschaftlichen ‚Entstigmatisierung' der Insolvenz führen soll."

1413 *Joy*, Comm. Law. 2003, 46, 47; hierzu auch *Brambosch*, S. 170.

1414 Zur Abschaffung des *administrative receivership Ehricke/Köster/Müller-Seils*, NZI 2003, 409, 410 f. sowie zur weiteren Bedeutung des *administrative receiver* nach der novellierten Rechtslage *Emmet/Marks*, JBL 1994, 1-7.

1415 Diese substantielle Änderung im System der *floating charge* wird wie folgt zusammengefasst: „*A further advantage of the floating charge used to be that if this, with other security, covers the whole or substantially the whole of the debtor company's property, the chargee can take power to appoint an administrative receiver to manage the entire business of the company, continue trading and hive down or sell off the business as a whole in the event of default instead of merely having to sell specific assets. Only the holder of a charge which (as created) was a floating charge could do this. Further the floating chargee could block the appointment of an administrator. However, with certain*

Es erfolgte keine vollständige Abschaffung des *administrative receivership.*[1416] Stattdessen wurde ein restriktives Regel-Ausnahme-Prinzip implementiert, demzufolge grundsätzlich kein *administrative receiver* bestellt werden kann, es sei denn eine der gesetzlich genannten Ausnahmen aus *sec. 250* sowie *para. 14 Schedule B1 Enterprise Act 2002 i.V.m. sec. 72A-72H Insolvency Act 1986* ist einschlägig. Zwei Voraussetzungen sind kumulativ erforderlich, namentlich muss es sich gemäß *sec. 72A Insolvency Act 1986* um eine *qualifying floating charge* i.S.v. *sec. 14 Schedule B1 Enterprise Act 2002*[1417] handeln und zumindest

---

exceptions administrative receivership is now abolished, reflecting a concern that it undermined the prospects of reorganisation of a company through administration. [The sole advantage being now that the chargee] is given the power to appoint an administrator out of court under a 'fast-track' procedure not available to other creditors, and thus has the ability to choose who is appointed." *Gullifer,* Goode on legal problems of credit and security, 2013, Rn. 4.09. Hierzu auch *Schall,* IPRax 2009, 209, 209 f., der eine drastische Beschneidung der vorher bestehenden Rechte feststellt.

1416 Die im Gesetzgebungsprozess involvierten Interessengruppen waren sich darüber einig, dass die Vorschriften zum *administrative receivership* zugunsten aller Sicherungsnehmer von *floating charges* nicht ausreichend gerechtfertigt waren. Dies führe zu unzufriedenstellenden Ergebnissen in der Praxis. Hierzu S. 343 ff. Auch eine vollständige Abschaffung konnte jedoch nicht mit überwiegender Mehrheit entschieden werden. Hintergrund dessen ist die Annahme, dass es nach wie vor einige wenige, bestimmte Fälle gibt, bei denen die prioritäre Rechtsposition und Einwirkungsmöglichkeit im Verwertungsprozess durch den Sicherungsnehmer der *floating charge* gerechtfertigt ist. Der englische Gesetzgeber hat einen langen Entwicklungsprozess durchlaufen, um angemessene Ausnahmefälle herauszuarbeiten. Dabei wurden Risiko- sowie Sozialkriterien zugrunde gelegt. *Jungmann/Bisping,* RIW 2003, 930, 934.

1417 Zur Veranschaulichung der Rechtslage ist der Gesetzestext anzuführen, bei dem es in *sec. 14 Schedule B1 Enterprise Act 2002* heißt: „*(1) The holder of a qualifying floating charge in respect of the company's property may appoint an administrator of the company. (2) For the purposes of sub-paragraph (1) a floating charge qualifies if created by an instrument which (a) states that this paragraph applies to the floating charge, (b) purports to empower the holder of the floating charge to appoint an administrator of the company, (c) purport to empower the holder of the floating charge to make an appointment which would be the appointment of an administrative receiver within the meaning given by section 29 (2), or (d) purports to empower the holder of a floating charge in Scotland to appoint a receiver who on appointment would be an administrative receiver. (3) For the purposes of subparagraph (1) a person is a holder of a qualifying floating charge in respect of a company's property if he holds one or more debentures of the company secured (a) by a qualifying floating charge which relates to the whole or substantially the whole of the company's property, (b) by a number of*

ein besonderer Ausnahmesachverhalt nach *sec. 72B-72G Insolvency Act 1986* vorliegen.

Zum Kriterienkatalog einer *qualifying floating charge* gehört u.a., dass die Bestellung dieser *floating charge* am bzw. nach dem 15.09.2003 vorgenommen wurde,[1418] diese im Sicherungsvertrag ausdrücklich als *qualifying* im gesetzlichen Sinne bezeichnet und das überwiegende oder gesamte Unternehmensvermögen[1419] umfasst wird.[1420] Ein Ausnahmesachverhalt liegt vor, wenn einer der abschließend in *sec. 72B-72G Insolvency Act 1986* aufgezählten Fälle angenommen werden kann.

Ein Ausnahmefall betrifft nach *sec. 72B Insolvency Act 1986* Unternehmen, die am Kapitalmarkt tätig sind: Ein *administrative receiver* kann bestellt werden, wenn dem Rechtsgeschäft zur Bestellung der *floating charge* eine Kapitalmarktvereinbarung *(capital market arrangement)* zugrunde liegt, mindestens ein Kreditvolumen von 50 Millionen £ erreicht ist und im Nachgang die Emission eines Schuldpapiers erfolgt.[1421] Des Weiteren ist ein Ausnahmefall anzunehmen, wenn der Sicherungsgeber eine öffentlich-private Partnerschaft *(public private partnership project)* oder ein Versorgungsunternehmen *(utilities project)* ist und Eintrittsrechte *(step-in rights)* eingeräumt werden.[1422] Gleiches gilt bei einer

---

qualifying floating charges which together relate to the whole or substantially the whole of the company's property, or (c) by charges and other forms of security which together relate to the whole or substantially the whole of the company's property and at least one of which is a qualifying floating charge."

1418 *Sims/Briggs*, Insolv. Int. 2004, 49, 51; hierzu auch *MacPherson*, Edin. LR 2016, 354.

1419 Die Inhaberschaft eines *security interest* ist das relevanteste Merkmal, da es die Rechtfertigung bildet, warum der Inhaber einer *qualifying floating charge* einen Verwalter bestellen darf. Es ist davon auszugehen, dass der Kreditgeber und Sicherungsnehmer einen hohen Kapitalbeitrag geleistet hat, welcher ein entsprechend hohes Ausfallrisiko mit sich bringt. Handelt der Kreditnehmer und Sicherungsgeber entgegen der vertraglichen oder sonst vorherrschenden Vorgaben, soll ihm eine Interventionsmöglichkeit zustehen, um sein Interesse an der Eingehung risikobehafteter Rechtsgeschäfte nicht zu beeinträchtigen. *Quenby*, IWUK, 23.05.2017, S. 14.

1420 *Brambosch*, S. 176; *Quenby*, IWUK, 23.05.2017, S. 11 f.

1421 *Sims/Briggs*, Insolv. Int. 2004, 49, 51 f.

1422 Die nähere Erläuterung der gesetzlich verwendeten Begriffe ergibt sich aus sec. *72C para. 2, 3* und *sec. 72D para. 2 Insolvency Act 1986*. Nach *sec. 72D Insolvency Act 1986* tritt der Ausnahmetatbestand hinzu, dass ein *administrative receiver* bei einem Unternehmen zur Entwicklung städtebaulicher Projekte für bestimmte sozial benachteiligte Gebiete außerhalb Nordirlands *(urban regeneration project on wholly or partly in a designated disadvantaged area outside Northern Ireland)* als Sicherungsgeber sowie bei eingeräumten *step-in rights* bestellt werden kann.

Projektfinanzierung *(project finance)* mit eingeräumten *step-in rights* sowie für ein involviertes Unternehmen des Finanzmarktes, sofern die Bestellung eines der Sonderinstrumente, namentlich eine *market charge*, *system charge* oder *collateral security charge*, vorgenommen wurde.[1423] Zuletzt bezeichnet das Gesetz den Fall, wenn es sich bei dem Sicherungsgeber um einen Sozialvermieter handelt, namentlich etwa einen *private registered provider of social housing* oder einen öffentlich gemeldeten *social landlord* nach *Housing Act 1996*.

bbb. Administratorship *im Regelinsolvenzverfahren*

Neben der Restriktion des *administrative receivership*-Verfahrens wurde mit dem *Enterprise Act 2002* das Regelinsolvenzverfahren mitsamt den Vorschriften zur Bestellung eines *administrator* novelliert und die *floating charge* angepasst.[1424] Es sollten legislative Lücken zum Verwertungsverfahren ohne *administrative receiver* geschlossen werden.[1425]

Im englischen Recht gibt es zwei Arten ein Insolvenzverfahren zu führen. Es gibt sowohl eine gerichtlich angeordnete *(administration by court order)*[1426] als auch eine private, außergerichtliche *(out of court administration)* Verfahrensweise.[1427]

1423 *Sec. 72F Insolvency Act 1986* nimmt zu Erläuterungszwecken hinsichtlich der *market charge* Bezug auf *sec. 173 Companies Act 1989*, hinsichtlich der *system charge* auf die *Financial Markets and Insolvency Regulations 1996* und hinsichtlich der *collateral security charge* auf die *Financial Markets and Insolvency (Settlement Finality) Regulations 1999*.

1424 *Légrádi*, S. 263 ff. Auf diese Art und Weise wird das englische Insolvenzrecht den Insolvenzvorschriften anderer EU-Mitgliedstaaten angenähert. Bei grenzüberschreitenden Sachverhalten gilt die Europäische Verordnung über Insolvenzverfahren Verordnung (EG) Nr. 1346/200 des Rates (InsolvenzVO) vom 29.05.2000. Ausführlich hierzu der Beitrag von *Eidenmüller*, IPRax 2001, 2. Zu den Rechtsentwicklungen in diesem Rahmen *Wessels*, IILR 2014, 310.

1425 Wie bereits auf S. 313 ff. dargestellt, wurde das Vetorecht des Sicherungsnehmers einer *floating charge* zur Verhinderung der Eröffnung eines *administration*-Insolvenzverfahrens durch die sonstigen Gläubiger des Sicherungsgebers abgeschafft.

1426 *Bowen*, IILR 2013, 121, 126.

1427 *Schillig*, in: Kindler/Nachmann, Handbuch Insolvenzrecht in Europa, 2014, Rn. 41. Das deutsche Recht zum Unternehmensinsolvenzrecht ist, abgesehen von einem vorangestellten, außergerichtlichen Verfahren zum Insolvenzvergleich, zentral und gerichtlich gesteuert. Bei einem Insolvenzgrund, d.h. bei Zahlungsunfähigkeit (§ 17 InsO), drohender Zahlungsunfähigkeit (§ 18 InsO) oder Überschuldung (§ 19 InsO), wird das gerichtliche Verfahren eingeleitet. Ein Insolvenzverwalter wird gerichtlich bestellt, der durch verschiedene, ihm zur Verfügung stehende Maßnahmen eine

Die Einleitung eines gerichtlichen Verfahrens steht sämtlichen Gläubigern eines in Insolvenz verfallenen Schuldners zu und kann auch durch die Geschäftsleitung des Unternehmens selbst in Gang gesetzt werden.[1428] Die außergerichtliche Verfahrenseinleitung ist hingegen beschränkt und kann nur von dem Sicherungsnehmer einer *qualifying floating charge* nach *sec. 14 para. 1 Schedule B1 Enterprise Act 2002* oder dem Sicherungsgeber gemäß *sec. 22 para. 1 Schedule B1 Enterprise Act 2002* vorgenommen werden. Die Einleitung erfolgt durch die Ernennung eines *administrator.*[1429] Voraussetzung für eine wirksame Verfahrenseröffnung durch den Inhaber einer *qualifying floating charge* ist, dass die gerichtliche Durchsetzbarkeit des Sicherungsrechts nach *sec. 16 Schedule B1 Enterprise Act 2002* in Form der *crystallisation* und damit in Form der konkretisierten Verwertungsbefugnis des *chargee* eingetreten ist.[1430] Es ist weiterhin erforderlich, dass eine rechtzeitige Anzeige zur Bestellung des *administrator* beim zuständigen Gericht gemäß *sec. 18 para. 1 Schedule B1 Enterprise Act 2002* stattfindet.[1431]

---

umfassende Gläubigerbefriedigung (je nach Rangverhältnissen) aus der vorhandenen Insolvenzmasse vornimmt. Im Vereinigten Königreich hingegen ist das Insolvenzrecht neben der allgemeinen Gläubigerbefriedigung auch darauf ausgelegt, die miteinhergehenden Belange des Schuldners, seiner Angestellten, Kunden etc. zu berücksichtigen und zu wahren, sich ggf. um die Aufrechterhaltung des Unternehmens zu bemühen. Durch eine zweigleisige Verfahrensstruktur wird eine stärkere privatautonome Insolvenzabwicklung je nach Individualinteressen ermöglicht. Auf diese Weise kann neben dem gerichtlichen Verfahren die Insolvenz dezentral und privatautonom allein zwischen den involvierten Parteien, dem Schuldner und dem Gläubiger, ausfallen. *Starnecker,* S. 3 ff.; *Genske,* S. 4 f., 10 f.

1428 *Schillig,* in: Kindler/Nachmann, Handbuch Insolvenzrecht in Europa, 2014, Rn. 42 ff. zu den weiteren Antragsvoraussetzungen und Kriterien im Einzelnen.

1429 *Schillig,* in: Kindler/Nachmann, Handbuch Insolvenzrecht in Europa, 2014, Rn. 45.

1430 Dies ergibt sich bereits aus den Gerichtsentscheidungen *Re. Victoria Steamboats Ltd. (1897) 1 Ch. 158* sowie *N.W. Robbie & Co. Ltd. v. Witney Warehouse Co. Ltd. (1963) 3 All E.R. 613.*

1431 Die genannten Verfahrensvoraussetzungen unterscheiden sich von den Kriterien, die das Unternehmen bei einer eigens eingeleiteten Eröffnung des Insolvenzverfahrens erfüllen muss. Dabei ist der Nachweis gegenüber dem Gericht nach *sec. 29 Schedule B1 Enterprise Act 2002* erforderlich, dass gemäß *sec. 23, 24 Schedule B1 Enterprise Act 2002* im Zeitraum von zwölf Monaten vor der intendierten Verfahrenseröffnung kein weiteres *administration*-Verfahren eröffnet sowie kein außergerichtlicher freiwilliger Insolvenzvergleich mit Gläubigern *(voluntary arrangement)* abgeschlossen wurde. Auch bedarf es gemäß *sec. 26 Schedule B1 Enterprise Act 2002* mindestens fünf Tage zuvor der schriftlichen Anzeige zur Ernennungsabsicht *(notice of appointment)*

Mit Ernennung des *administrator*, der grundsätzlich für eine Zeitperiode von einem Jahr tätig wird,[1432] tritt eine gesetzliche Fiktion nach *sec. 5 Schedule B1 Enterprise Act 2002*[1433] ein. Dieser zufolge gilt der *administrator*, trotz außergerichtlicher Bestellung durch den Inhaber der *qualifying floating charge*, als gerichtlich bestellter Insolvenzverwalter,[1434] der sich den konkret bestimmten, gesetzlich bezeichneten Insolvenzzielen zu widmen hat.[1435]

Das Gesetz sieht in *sec. 3 Schedule B1 Enterprise Act 2002* die zu erfüllenden Aufgaben und Zielsetzungen vor, die dem *administrator* während der Zeit seiner Bestellung obliegen. Diese Ziele sind vom Gesetzgeber bewusst gestaffelt angegeben und geben ein Prioritätsverhältnis wieder. Namentlich heißt es in *sec. 3 Schedule B1 Enterprise Act 2002*, der Insolvenzverwalter habe seine Funktion mit dem Ziel zu verfolgen, dass das Unternehmen als laufender Betrieb gerettet und die Unternehmensfortführung angestrebt werden soll. Weiterhin heißt es, eine Verwertung von Vermögenswerten des Unternehmens soll vorgenommen werden, bei der, gegenüber einer hypothetischen Unternehmensauflösung ohne Verwalter, eine bessere Haftungsquote für sämtliche Gläubiger als Gesamtheit erreicht werden kann. Alternativ habe

---

eines *administrators* gegenüber dem Inhaber einer *qualifying floating charge*. Hierzu *Brambosch*, S. 183.

1432 Der Bestellungszeitraum von einem Jahr ergibt sich aus *sec. 76 para. 1 Schedule B1 Enterprise Act 2002*, wobei nach *para. 2* eine Verlängerung bis zu sechs Monaten möglich ist.

1433 Das Gesetz stellt in *sec. 5 Schedule B1 Enterprise Act 2002* unter dem Titel „*status of administrator*" fest: „*An administrator is an officer of the court (whether or not he is appointed by the court).*" Zu den unmittelbaren Folgen, wie etwa der Verpflichtung zur Neutralität gegenüber allen beteiligten Parteien, *Ehricke/Köster/Müller-Seils*, NZI 2003, 409, 415.

1434 So *Schlegel*, in: Stürner/Eidenmüller/Schoppmeyer, MüKo InsO, Bd. 4, 2016, Länderberichte: England und Wales, Rn. 20. Zur Auswahl, Bestellung und der Tätigkeitsausübung im Einzelnen *Schlegel*, in: Stürner/Eidenmüller/Schoppmeyer, MüKo InsO, Bd. 4, 2016, Länderberichte: England und Wales, Rn. 21 f.

1435 Zur Stärkung des Verkehrsschutzes gilt nach *sec. 245 Insolvency Act 1986* eine *floating charge* als nichtig, wenn binnen zwölf Monaten ab Bestellung des Sicherungsrechts das sicherungsgebende Unternehmen in Insolvenz fällt. *Gullifer*, Goode on legal problems of credit and security, 2013, Rn. 4.10.

er die Verwertung von Unternehmenswerten zwecks der Erlösverteilung an einen oder mehrere gesicherte sowie Vorzugsgläubiger[1436] vorzunehmen.[1437]

Nach Absatz 2 hat der Verwalter seine funktionale Position im allgemeinen und umfänglichen Gläubigerinteresse auszuüben. Absatz 3 gibt vor, er habe grundsätzlich die bezeichneten Ziele zu verfolgen. Eine Ausnahme gelte nur dann, wenn er der Auffassung sei, die Unternehmensrettung könne vernünftigerweise nicht erreicht werden oder die Verwertung von Vermögensgegenständen wäre für eine allgemeine Gläubigerbefriedigung vorteilhafter.[1438] Zuletzt setzt Absatz 4 fest, dass der *administrator* die Gläubigerbefriedigung zugunsten bestimmter Gläubigergruppen[1439] erst dann verfolgen darf, wenn in

---

1436 Durch den *Enterprise Act 2002* haben sich auch in der Stellung der Vorzugsgläubigerschaft Änderungen ergeben. Die Anzahl an prioritären Gläubigern wurde zugunsten der ungesicherten Gläubigerschaft reduziert. Insbesondere zählt die englische Krone, d.h. der Fiskus, nicht mehr hierzu *(abolishment of Crown priviledge)*. *Foster,* Insolv. Law. 2003, 174, 185; *Gullifer,* Goode on legal problems of credit and security, 2013, Rn. 4.10; *Ehricke/Köster/Müller-Seils,* NZI 2003, 409, 411 f.

1437 In *sec. 3 Schedule B1 Enterprise Act 2002* heißt es: „*(1) The administrator of a company must perform his functions with the objective of (a) rescuing the company as a going concern, or (b) achieving a better result for the company's creditors as a whole than would be likely if the company were wound up (without first being in administration), or (c) realising property in order to make a distribution to one or more secured or preferential creditors.*" Zusätzlich gilt: „*Administrators will be expected to attempt to predict as far as possible the precise outcome of the administration, including an estimation of the outcome for unsecured creditors anticipating a dividend from the top-slice fund.*" So *Sims/Briggs,* Insolv. Int. 2004, 49, 53.

1438 In *sec. 3 Schedule B1 Enterprise Act 2002* heißt es: „*(2) Subject to sub-paragraph (4), the administrator of a company must perform his functions in the interests of the company's creditors as a whole. (3) The administrator must perform his functions with the objective specified in sub-paragraph (1)(a) unless he thinks either (a) that it is not reasonably practicable to achieve that objective, or (b) that the objective specified in sub-paragraph (1)(b) would achieve a better result for the company's creditors as a whole.*"

1439 Um einen erheblichen Haftungsverlust zulasten ungesicherter Gläubiger zu verhindern, ist nach *sec. 252 Enterprise Act 2002* i.V.m. *§ 176A para. 2 Insolvency Act 1986* von dem Verwalter ein Haftungsfonds einzurichten, der zumindest mit geringfügiger Quote Gläubigerbefriedigung verschaffen soll. Die Mittel sind aus dem Realisierungserlös zu bilden, der eigentlich dem Inhaber einer *floating charge* zufließen sollte. Dabei wurden gestaffelte Beträge herausgearbeitet, deren Anteil vom Realisierungserlös an die ungesicherten Gläubiger gehen soll. Auch hierbei wird der durch die Gesetzesnovellierung eingeräumte Vorrang von sonstigen Gläubigern gegenüber

Ermangelung einer Haftungsmasse vernünftigerweise nicht angenommen werden kann, dass die zuvor benannten Ziele erreicht werden könnten und eine ungerechtfertigte Beschneidung der Rechte sonstiger, nicht erfasster Unternehmensgläubiger stattfindet.[1440]

Aus dem Wortlaut und der gesetzlichen Staffelung der Ziele, von der primär anzustrebenden Unternehmensrettung/-fortführung zur Unternehmensverwertung zugunsten aller bis hin zur Unternehmensverwertung zugunsten bestimmter Gläubigergruppen als *ultima ratio*, wird ersichtlich, dass die Reihenfolge der zu verfolgenden Ziele für den *administrator* verpflichtend und streng einzuhalten ist. Es bedarf einer umfassend gewichteten Ermessensausübung unter Berücksichtigung des individuellen Einzelfalls und sämtlicher, zugänglichen Unternehmensinformationen. Bei einer Abkehr von der ersten bzw. zweiten Zielsetzung muss dem zuständigen Gericht eine ausführliche Rechtfertigung zukommen.[1441]

Obgleich der *administrator* einen konkret festgelegten Handlungsauftrag verfolgt und Berichterstattungspflichten gegenüber dem Gericht aufweist,[1442] erhält er im Übrigen eine starke Rechtsposition. Er führt vorübergehend die Geschäfte des Unternehmens und drängt einen etwaig zuvor bestellten *administrative receiver* zurück, indem er die Räumung seiner Position verlangen kann.[1443] Die

---

einer übermächtigen Gläubigerposition des Inhabers einer *floating charge* erkennbar. Hierzu *Brambosch*, S. 187.

1440 In *sec. 3 Schedule B1 Enterprise Act 2002* heißt es: „*(4) The administrator may perform his functions with the objective specified in sub-paragraph (1)(c) only if (a) he thinks that it is not reasonably practicable to achieve either of the objectives specified in sub-paragraph (1)(a) and (b), and (b) he does not unnecessarily harm the interests of the creditors of the company as a whole.*“

1441 *Brambosch*, S. 185.

1442 Wenn die Aufrechterhaltung des Unternehmens nach objektiven Kriterien aussichtslos ist und eine Liquidation vorangetrieben werden soll, ist ein entsprechender Antrag *(winding up petition)* von dem *administrator* an das zuständige Gericht zu stellen. So *Bowen*, IILR 2013, 121, 126 f. Neben zahlreichen Formdokumenten, etwa dem Nachweis der Bestellungsvoraussetzungen und dem formellen Bestellungsakt sowie den Unternehmensdokumenten, die die Entscheidung der wirtschaftlichen Einstellung stützen, ist ein sog. *Certificate of Compliance* einzureichen. „*[The requirement is for] the petitioner or his solicitor to file in court a certificate of compliance with the [named] rules [...] at least five business days before the hearing. Non-compliance is ground on which the court may, if it thinks just, dismiss the petition.*“ *Bond*, IWUK, 8.08.2016, S. 42.

1443 Zum Handlungsspielraum eines *administrators* Case Comment, J.I.B.L.R. 2017, 32(12), N147-N149.

Geltung des *administration*-Verfahrens zugunsten der allgemeinen Gläubigerbefriedigung ist damit gesetzlich festgelegt.[1444] Sonderrechte stehen dem Inhaber einer einfachen *floating charge* während der Insolvenz nicht zu.

4. Rechtsschutzmöglichkeiten

Der Sicherungsnehmer hat das Recht, eine einstweilige Verfügung gegen den Sicherungsgeber zu erwirken, wenn eine Verfügung über Objekte absehbar ist, die dem Sicherungsverband der *floating charge* unterliegen, und in geschäftsunüblicher Weise erfolgen wird.[1445] Nicht höchstrichterlich entschieden ist jedoch die Frage, inwiefern nachträglich ein Rechtsgeschäft rückabgewickelt werden kann, bei dem eine Verfügung nicht im üblichen Geschäftsbetrieb, aber unter Kenntnisnahme des Sicherungsnehmers erfolgt ist.[1446] Es sind der Zeitpunkt der Kenntnisnahme und der Umfang der rechtsgeschäftlichen Umstände streitentscheidend.[1447]

5. Ergebnis

Die *floating charge* wird zur Besicherung eines Kreditverhältnisses bestellt. Sie kann, je nach Verlauf des zugrundeliegenden Vertragsverhältnisses, unterschiedliche Entwicklungen durchlaufen und entsprechend unterschiedliche Rechte und Pflichten der Parteien begründen. Endet das Kreditverhältnis ordnungsgemäß, etwa durch regelmäßige Zahlung sämtlicher Kreditraten, endet auch die *floating charge* als schwebende Sicherheit.[1448] In diesem Fall hat sich die Belastung nur geringfügig ausgewirkt. Der Sicherungsgeber durfte den üblichen Geschäftsbetrieb weiterführen und hatte weiterhin die Verfügungsbefugnis inne. Der

---

1444 *Linklater*, Comp. Law. 2005, S. 129.

1445 Anzuführen sind in diesem Zusammenhang die Gerichtsentscheidungen *Hubbuck v. Helms (1887) 56 LJ Ch. 536; McMahon v. North Kent Ironworks Co. (1891) 2 Ch. 148; Edwards v. Standard Rolling Stock Syndicate (1893) 1 Ch. 574; Re. London Pressed Hinge Co. Ltd. (1905) 1 Ch. 576.*

1446 *Gullifer*, Goode on legal problems of credit and security, 2013, Rn. 4.07.

1447 Nicht selten sehen Sicherungsverträge entsprechende Regelungen hierzu vor. Demnach kann eine Genehmigung des Rechtsgeschäfts durch den Sicherungsnehmer angenommen werden, wenn dieser über das anstehende Rechtsgeschäft in Kenntnis gesetzt wurde und dem Sicherungsgeber innerhalb einer konkret bestimmten Frist keine ablehnende Entscheidung hat zugehen lassen. *Vogenauer/Illmer*, in: Triebel et al., Englisches Handels- und Wirtschaftsrecht, 2012, S. 33 f.

1448 Hierzu ausführlich S. 339 sowie 303 f.

Sicherungsnehmer konnte keine konkreten Rechte am Unternehmen ausüben. Insbesondere stand ihm während der Laufzeit der *floating charge* kein Zugriffs- und Verwertungsrecht an Vermögensgegenständen des Unternehmens zu.

Ist das zugrundeliegende Kreditverhältnis gestört, wirkt sich dies unmittelbar auf die *floating charge* aus. Es findet die *crystallisation* statt und das schwebende Sicherungsrecht verfestigt sich, in dem es sich, unter Beendigung des revolvierenden Sicherungscharakters, an den zum konkreten Zeitpunkt vorhandenen Einzelgegenständen festsetzt *(attachment)*. Dann liegt eine *fixed charge* vor. Der Sicherungsgeber ist an den betroffenen Einzelgegenständen nicht mehr verfügungsbefugt. Der Sicherungsnehmer hat jederzeit ein Verwertungsrecht inne, welches final auf die Befriedigung der offenen Forderung ausgelegt ist.

Es können *automatic crystallisation clauses* vorgesehen werden. Bei Eintritt ebendieser individualvertraglich vereinbarten Umstände oder Ereignisse findet das *attachment* statt und die bezeichneten Rechtsfolgen werden ausgelöst.[1449] Im Übrigen sind richterrechtliche Fallgruppen anwendbar. *Crystallisation* ist in diesen Fällen anzunehmen, wenn die Gesellschaft aufgelöst oder der Geschäftsbetrieb eingestellt wird. Vertraglich kann der Eintritt der *crystallisation* nach Richterrecht abbedungen werden.[1450] Die Umwandlung der *floating* zur *fixed charge* ist nicht eintragungspflichtig.[1451]

Der Sicherungsnehmer hat das Recht, während der Laufzeit einer *floating charge* einen Verwalter, einen sog. *receiver*, zu bestellen.[1452] Es muss nach objektiven Kriterien ein angestiegenes Ausfallrisiko vorliegen und die Fortsetzung des Vertragsverhältnisses in der bisherigen Weise unzumutbar sein. Die Gefahr einer erheblichen vermögensrechtlichen Einbuße des Sicherungsnehmers muss sich aufdrängen, ohne dass zugleich von einem Insolvenzgrund auszugehen ist. Liegen die Voraussetzungen vor, kann beim zuständigen Gericht ein Antrag auf Einsetzung eines *receiver* gestellt werden. Dieser nimmt vorübergehend die Geschäftsführungstätigkeit auf und kann mittelbar den Interessen des Sicherungsnehmers abhelfen, indem die Tilgung der Kreditraten vorgenommen wird. Darüber hinaus kann die Bestellung eines *receiver* auch individualvertraglich vereinbart werden, was in der Rechtspraxis nur wenig wahrgenommen wird.

Die Einsetzung eines Verwalters nach *crystallisation* ist für den Sicherungsnehmer insbesondere von Interesse, wenn zugleich die Insolvenz vorliegt. Nach

---

1449 Zur *automatic crystallisation* S. 299 ff.

1450 Zur *crystallisation* nach Richterrecht S. 302 f.

1451 Zu den Rechtsfolgen S. 303 f.

1452 Zur Verwalterbestellung während der Regellaufzeit *(receivership)* S. 306 ff.

älterer Rechtslage, dem *Insolvency Act 1986* vor Rechtsnovellierung durch den *Enterprise Act 2002*, durfte ein *administrative receiver* bestellt werden.[1453] Es handelte sich um einen Sonderverwalter, der den Insolvenzverwalter verdrängen konnte. Zwar sollte eine kompetente, „neutrale" Person eingesetzt werden. Faktisch wurde ihr jedoch die Berechtigung eingeräumt, allein die Interessen des *chargee* zu verfolgen und die Befriedigung dessen offener Kreditraten anzustreben. Nicht selten wurden in der Rechtspraxis Unternehmen als vermögenlose Hülle hinterlassen und die allgemeine Gläubigerbefriedigung, auf die die Insolvenz ausgerichtet ist, blieb aus.[1454]

Die Gesetzesregelungen wurden umfassend überarbeitet und der *floating charge*-Inhaber musste eine erhebliche Beschränkung seines Rechts zur Verwalterbestellung hinnehmen. Ein *administrative receiver* kann nur in beschränktem Maße eingesetzt werden. Es müssen eine *qualifying floating charge* sowie Ausnahmesachverhalte im Sinne des überarbeiteten *Insolvency Act* vorliegen.[1455] Nunmehr gilt die Einbettung in das Regelinsolvenzverfahren. Es ist ein Insolvenzverwalter *(administrator)* zugunsten der allgemeinen Gläubigerbefriedigung einzusetzen, der sich primär um die Sanierung des Unternehmens bemühen muss.[1456] Sonderrechte für den Inhaber einer einfachen *floating charge* ergeben sich insofern nicht mehr.[1457] In Bezug auf den Rechtsschutz der Parteien können allgemeine Rechtsmechanismen in Anspruch genommen werden.

Insbesondere kann eine einstweilige Verfügung des Sicherungsnehmers gegen den Sicherungsgeber angestrengt werden, wenn während der Laufzeit der *floating charge* die Gegenstände in geschäftsunüblicher Weise veräußert werden.[1458]

1453 Zum *administrative receivership* vor der Gesetzesnovellierung S. 309 ff.

1454 Zu den faktischen Auswirkungen und der Kritik der Rechtsliteratur hieran S. 267 f.

1455 Zu den hohen Anforderungen zur Bestellung eines *administrative receiver* und der geltenden Unterwerfung des *administratorship* S. 313 f.

1456 Ausführich zum *administratorship* und den von ihm zu verfolgenden Zielen S. 316 ff.

1457 Allein der Sicherungsnehmer einer *qualifying floating charge* kann sich weiterhin des *administrative receivership*-Verfahrens bedienen, wobei die Anwendungsvoraussetzungen restriktiv sind. Hierzu im Einzelnen ab S. 313 f.

1458 Hierzu S. 321.

G. Zusammenfassung und Vergleich der Erkenntnisse

Der deutsche Unternehmensnießbrauch und die britische *floating charge* ähneln sich in ihren Grundgedanken, sind jedoch in ihrer Konzeption und ihrer Wirkungsweise grundverschieden. Im Wesentlichen ist ihnen gemein, dass sie als umfassende Unternehmensbelastung ein einzigartiges und komplexes Rechtsinstitut ihres nationalen Rechtssystems bilden. Der Unternehmensnießbrauch ist ein Nutzungsrecht am gesamten Unternehmen und zeichnet sich dadurch aus, dass dem Belastungsnehmer vorübergehend die Unternehmensführung überlassen wird. Er kann als Sicherungsinstrument nutzbar gemacht werden, indem die Nutzungen zweckgerichtet für die Tilgung einer zugrundeliegenden Kreditforderung aufgewendet werden. Die britische *floating charge* ist *per se* als Sicherungsrecht angelegt und stellt ein schwebendes, dem betroffenen Unternehmen lose anhaftendes Recht dar. Es dient dazu, das Ausfallrisiko der zugrundeliegenden Kreditverbindlichkeiten abzudecken. Die Charakteristika der Rechtsinstitute unterscheiden sich erheblich voneinander.

Der Unternehmensnießbrauch führt grundsätzlich eine umfassende Belastung herbei, indem sich die bisherigen Rechtsverhältnisse im Unternehmen erheblich verändern. Der Unternehmensnießbraucher nimmt grundsätzlich die Unternehmerstellung ein und kann persönlich und unmittelbar Nutzungen aus dem Unternehmen ziehen, die für die Raten der zugrundeliegenden Kreditverbindlichkeit aufzuwenden sind. Während der Laufzeit der Nießbrauchvereinbarung hat der Sicherungsnehmer tiefgreifende Kontroll- und Interventionsrechte am Unternehmen inne. Das Sicherungsrecht endet regulär mit dem Auslauf der zugrundeliegenden Kreditverbindlichkeiten oder wenn eine Störung des Kreditverhältnisses vorliegt. Letztere ist anzunehmen, wenn der Sicherungsfall und/oder die Unternehmensinsolvenz eingetreten ist. Mit der Beendigung des Unternehmensnießbrauchs enden auch die Rechtsfolgen, die dieser mit sich bringt. Die Befriedigung der offenen Kreditverbindlichkeit ist nach den allgemeinen Regelungen der Einzelzwangsvollstreckung oder in der Regelinsolvenz zu suchen. Da der Unternehmensnießbrauch zunächst mit seiner Bestellung zahlreiche Rechtsfolgen mit sich bringt und diese bei seiner Beendigung unmittelbar enden, ist der Verlauf der Rechtsfolgen als rückläufig zu bezeichnen.

Die *floating charge* verhält sich antithetisch. Mit ihrer Beendigung wächst der ursprüngliche Rechts- und Schutzumfang an. Die wirksame bestellte *floating charge* bringt dem Sicherungsnehmer zunächst keine Kontroll- oder Interventionsrechte.

Dies ergibt sich aus dem besonderen, „schwebenden“ Rechtscharakter, den die Rechtsprechung entwickelt hat. Der Geschäftsbetrieb wird unverändert weiter fortgesetzt, ohne dass der Sicherungsgeber in seinen Handlungen beschränkt wird. Die *floating charge* endet unmittelbar, wenn die Sicherheit regulär beendet wird. Treten jedoch der Sicherungsfall oder Insolvenz ein, „verfestigt“ sich die lose Verbindung zwischen Sicherungsrecht und erfassten Unternehmensgegenständen *(attachment kraft crystallisation)*, womit die *floating* zu einer *fixed charge* erstarkt.

Bei der *fixed charge* handelt es sich um ein eigenes, verfügungsbeschränkendes Sicherheitsrecht an konkreten Unternehmensgegenständen, zu deren Verwertung der Sicherungsnehmer befugt ist. Die dargestellten Rechtsgrundsätze und Rechtsfolgen der beiden Sicherungsinstrumente werden im Folgenden zusammengefasst und verglichen. Es sollen die Gemeinsamkeiten und Unterschiede erkennbar werden. Aufgrund der zahlreichen Unterschiede im jeweiligen nationalen Rechtssystem ergeben sich bereits bei den darzustellenden Rechtsproblematiken erkennbare Inkongruenzen. Die *floating charge* gilt indes seit geraumer Zeit als Vorbild für die Ausgestaltung von Unternehmensbelastungen in den Rechtssystemen anderer Länder.

In einer abschließenden Gegenüberstellung sollen die jeweiligen Erkenntnisse dieser Ausarbeitung zum Unternehmensnießbrauch und zur *floating charge* zusammengefasst werden. Es soll dabei untersucht werden, welche Elemente der *floating charge* für den Unternehmensnießbrauch übernahmefähig und welche übernahmewürdig erscheinen.

I. Rechtsgrundlagen

Die *floating charge* ist ein tradiertes, gesetzlich verankertes und in der englischen Literatur vieldiskutiertes Rechtsinstrument.[1459] Der Unternehmensnießbrauch hingegen steckt noch in den Anfängen seiner Entwicklung.[1460] Diese umfängliche Unternehmensbelastung ist im deutschen Recht nicht gesetzlich kodifiziert, während die *floating charge* ein, für englische Rechtsverhältnisse, weitgehendes Regelungssystem aufweist.

1459 Hierzu S. 112 f.

1460 Hierzu S. 47 f.

Wie sich aus Gesetzesmaterialien des historischen deutschen Gesetzgebers ergibt, wurde der Unternehmensnießbrauch originär als Rechtsinstitut erkannt und für zulässig befunden. Man entschied sich dagegen, diesen gesetzlich aufzunehmen.[1461]

Dass der Nießbrauch an einem gesamten Unternehmen als Organisationseinheit zulässig ist, ergibt sich *de lege lata* allein aus Anhaltspunkten nach § 22 Abs. 2 HGB und § 102 Abs. 2 S. 2 VVG.[1462] Von der Literatur wird er, insbesondere aufgrund praktischer Erwägungen, anerkannt.[1463] Eine eingehende Auseinandersetzung mit den aufgezeigten rechtstheoretischen und -praktischen Fragestellungen hat indes weder in der Literatur noch in der Rechtsprechung stattgefunden. Es gilt weitgehend Vertragsfreiheit und es sind, im Rahmen des gesetzlich Zulässigen, Regelungen zu treffen, die den individuellen Parteiinteressen nachkommen. Viele rechtliche Gesichtspunkte sind wenig durchleuchtet, unklar oder im Einzelnen umstritten.

Die *floating charge* ist hingegen ein seit Mitte des 19. Jahrhunderts anerkanntes, tradiertes englisches Sicherungsrecht. Seit ihrer Anerkennung in einer historischen Gesetzesentscheidung im Jahr 1870 ist sie für zulässig befunden.[1464] Sie ist in den Vorschriften des *Companies Act 2006* und *Insolvency Act 1986* geregelt.[1465] Darüber hinaus gilt Vertragsfreiheit. Es findet eine stetige Entwicklung und Auseinandersetzung mit rechtspraktischen Problematiken in den zahlreichen Gerichtsentscheidungen des *common law* und der *equity* statt, die das anzuwendende Recht wesentlich prägen.

II. Ausrichtung auf den Sicherungszweck

Der Unternehmensnießbrauch und die *floating charge* weisen als Sicherungsinstrumente ähnliche rechtliche Charakteristika auf, unterscheiden sich aber erheblich in ihrer praktischen Umsetzung. Der Unternehmensnießbrauch ist grundsätzlich ein umfassendes Nutzungsrecht an einem Unternehmen.[1466] Dabei kann er als Sicherungsrecht nutzbar gemacht werden.[1467] Wird einem

---

1461 Hierzu S. 50 ff.

1462 Zu § 22 Abs. 2 HGB im Einzelnen S. 61 ff. und zu § 102 Abs. 2 S. 2 VVG im Einzelnen S. 65 ff.

1463 Hierzu S. 60 f.

1464 Hierzu S. 113 ff.

1465 Zu den gesetzlichen Vorschriften im Einzelnen S. 113 ff.

1466 Hierzu S. 68 ff.

1467 Hierzu S. 80.

Unternehmen ein Kredit gewährt, kann der Kreditgeber ebendieses Nutzungsrecht als Sicherheit für die ordnungsgemäße Kredittilgung annehmen. Die Kreditparteien können eine Sicherungsabrede vereinbaren, der zufolge die Nutzungsberechtigung unmittelbar mit der Kreditverbindlichkeit verknüpft wird.[1468]

Der Sicherungsnehmer erhält eine dinglich wirkende Belastung am Unternehmen und die eingezogenen Nutzungen werden zur Tilgung des Kredits aufgewendet. Die *floating charge* ist hingegen konkret darauf ausgelegt, eine Darlehensforderung in Form einer *debenture* zu besichern.[1469] Sie „schwebt" über dem Unternehmen und haftet ihm zu Sicherungszwecken für die Dauer der Kreditverbindlichkeit an. Im Fall beider Unternehmensbelastungen ist der Sicherungsnehmer ein Kreditinstitut oder sonstiger Kreditgeber und der Sicherungsgeber ist das zu belastende Unternehmen. Der Sicherungsnehmer hat zu jeder Zeit mit dem Gläubiger der Forderung personenidentisch zu sein.[1470]

Beiden Unternehmensbelastungen liegt derselbe Sicherungsradius zugrunde, indem ein Unternehmen vollumfänglich *en bloc* oder zu einem vereinbarten, rechtlich selbstständigen Unternehmensteil belastet wird. Bei beiden Unternehmensbelastungen ist außerdem notwendig, dass die vom Sicherungsverband betroffenen Gegenstände im Eigentum bzw. der Inhaberschaft des Sicherungsgebers liegen.[1471] Zur wirksamen Bestellung der Unternehmensbelastungen muss der Sicherungsgeber verfügungs- sowie belastungsbefugt sein. Allein auf diese Weise findet kein ungerechtfertigter Eingriff in die Rechte Dritter statt. Insbesondere Gegenstände der Anschaffungsfinanzierung können sicherungsrechtlich nicht erfasst werden.

Sowohl beim Unternehmensnießbrauch als auch bei der *floating charge* wirken sich Änderungen in der Kreditverbindlichkeit unmittelbar auf die Sicherheit aus.[1472] Mit der Beendigung des jeweils zugrundeliegenden Kreditverhältnisses enden beide Unternehmensbelastungen.[1473] Sind Störungen im jeweils zugrundeliegenden Kreditverhältnis, wirkt sich dies in beiden Unternehmensbelastungen negativ aus. Die sicherungsbezogene Konnexität ergibt sich beim

1468 Zur sicherungszweckdienlichen Ausgestaltung S. 80 ff. sowie zur Interessenlage bei der Besicherung einer zu verknüpfenden Kreditforderung S. 99 ff.

1469 Hierzu S. 117 ff.

1470 Zum Unternehmensnießbrauch, S. 80 f. und zur *floating charge*, S. 117 f.

1471 Zum Unternehmensnießbrauch, S. 80 f. und zur *floating charge*, S. 118, 136 f.

1472 Zum Unternehmensnießbrauch, S. 80 f. und zur *floating charge*, S. 120.

1473 Zum Unternehmensnießbrauch, S. 278 und zur *floating charge*, S. 298.

Unternehmensnießbrauch aus der Sicherungsabrede und bei der *floating charge* aus ihrem Rechtscharakter selbst. Beim Unternehmensnießbrauch ist eine umfängliche Vertragsvereinbarung erforderlich.[1474] Da keine gesetzlichen Regelungen vorhanden sind, sollten möglichst konkrete Bestimmungen zur Ausgestaltung des Kreditverhältnisses sowie zum Sicherungsverlauf getroffen werden. Allein auf diese Weise kann den individuellen Interessen im Einzelfall nachgekommen und Rechtsunsicherheit vermieden werden.

Obgleich die *floating charge* gesetzlich geregelt ist, ist ein umfassendes Vertragswerk sinnvoll. Insbesondere kann dadurch gewährleistet werden, dass die Sicherheit ausdrücklich von der *fixed charge* abzugrenzen ist.[1475] Kapitalgesellschaften sind zur Bestellung einer *floating charge* berechtigt.[1476] Der Unternehmensnießbrauch kann nur von Unternehmen bestellt werden, die einen Unternehmensträger aufweisen, vor allem von Personenhandelsgesellschaften und Gesellschaften bürgerlichen Rechts sowie auch von einer Gesellschaft mit beschränkter Haftung.[1477] Die Bestellung des Unternehmensnießbrauchs an einer Aktiengesellschaft hingegen kann sich schwierig gestalten.[1478] Insbesondere ist der Eingriff in die separierten Organkompetenzen des deutschen, dualistischen Systems bedenklich. Im Übrigen gilt in der Aktiengesellschaft die Satzungsstrenge. Dass der Unternehmensnießbrauch im Aktiengesetz nicht aufgenommen ist, bringt Rechtsunsicherheit mit sich. Die Arbeit kommt daher zu dem Ergebnis, dass gesetzliche Regelungen erforderlich sind.[1479]

Beim Unternehmensnießbrauch wird das Unternehmen in seinem Wert und seiner Zusammenstellung an Einzelbestandteilen zur Zeit der Bestellung belastet.[1480] Neu hinzutretende Gegenstände werden nicht vom Sicherungsverband des Unternehmensnießbrauchs erfasst. Austretende Gegenstände werden nicht automatisch dem Sicherungsverband des Unternehmensnießbrauchs entzogen. Es wird der Fixunternehmensbestand zu einem konkreten Zeitpunkt erfasst. Bei

---

1474 Hierzu ausführlich S. 178 ff.

1475 Hierzu S. 124 ff.

1476 Dies kommt dem Sinn und Zweck der umfassenden Unternehmensbelastung effektiv nach, da Kapitalgesellschaften nicht selten hohe Kreditrahmen in Anspruch nehmen und hochwertige Sicherheiten benötigen. Hierzu S. 118.

1477 Hierzu S. 83 ff.

1478 Die vergleichbare Problematik ergibt sich bei einer GmbH mit Aufsichtsrat sowie bei einer deutschen SE aufgebaut nach dem dualistischen System. Zu den Rechtsproblematiken bei der AG S. 90 ff.

1479 Hierzu S. 95 f.

1480 Hierzu S. 68 f.

der *floating charge* hingegen handelt es sich um eine revolvierende Sicherheit.[1481] Anders als im deutschen Recht wird nicht nur der zum Bestellungsakt vorherrschende Rechtsstand von dem Sicherungsverband erfasst. Vielmehr wirkt sich ein stetiger Wechsel im Unternehmensbestand aus. Die *floating charge* an hinzutretenden Gegenständen entsteht neu und erlischt automatisch an nicht mehr zum Unternehmen hinzuzählenden Gegenständen.

Zwar geht mit dem Unternehmensnießbrauch kein Verwertungsrecht einher.[1482] Vorteilhaft ist aber, dass der Unternehmensnießbraucher eine starke Rechtsposition einnimmt, indem er von Beginn an auf das Unternehmen einwirken kann.

Auch obliegt ihm der unmittelbare Anspruch auf Nutzungsziehung, welcher zur Kreditratentilgung bestimmt ist und damit präventiv der Auslösung des Sicherungsfalls entgegenwirkt.[1483] Die *floating charge* ist ein zu Sicherungszwecken über dem Unternehmen schwebendes Recht.[1484] Mit der überwiegenden Rechtsauffassung hat der Sicherungsnehmer eine gegenwärtige Rechtsposition inne. Diese macht sich faktisch jedoch nicht bemerkbar. Der Geschäftsbetrieb wird unverändert vom Sicherungsgeber weitergeführt, ohne dass sich die Belastung auswirkt. Ebenso wie der Unternehmensnießbraucher hat der Inhaber der *floating charge* während der Laufzeit des Sicherungsinstruments selbst kein Verwertungsrecht inne. Im Gegensatz zum Unternehmensnießbrauch kann der *chargee* aber weder Nutzungen ziehen noch sonstige Rechte hieran ausüben.[1485] Der Inhaber der *floating charge* kann sich ein Informationsrecht vorbehalten. Die Einschränkung des Sicherungsgebers in seiner Verfügungsfreiheit ist hingegen bei einer *floating charge* unzulässig. In diesem Fall ist von einer *fixed charge* auszugehen.[1486] Im Übrigen kann er erst mit Eintritt des Sicherungsfalls einflussnehmende Maßnahmen am Unternehmen vornehmen bzw. veranlassen.

Der Unternehmensnießbrauch, der zur Besicherung einer Kreditverbindlichkeit bestellt wird, ist ein Hilfsgeschäft in Form des echten Vollnießbrauchs und ist vom Ertragsnießbrauch abzugrenzen. Da ein gewerblicher Kreditgeber in der Regel kein Interesse an der Ausführung des operativen Geschäfts selbst hat und

---

1481 Siehe hierzu S. 118 ff.

1482 Hierzu S. 68.

1483 Zu den Rechtsfolgen S. 108 ff.

1484 Zum Schwebecharakter im Einzelnen S. 121 f.

1485 Zu den Rechtscharakteristika der *floating charge*, die dem Sicherungsnehmer während der Regellaufzeit keine Rechte einräumt, S. 117.

1486 Zu den Abgrenzungskriterien der *floating* gegenüber der *fixed charge* S. 124 ff.

auch der Sicherungsgeber kein Interesse hat, die Unternehmensführungstätigkeit aufzugeben, besteht die Möglichkeit, die Tätigkeitsausübung zu delegieren. Es kann eine unechte Treuhand eingeräumt werden, der zufolge ein vom Unternehmensnießbraucher vorgesehener Dritter, etwa der bisherige Unternehmensführer, zur Ausübung der Unternehmensführungstätigkeit eingesetzt wird.[1487] Auf diese Weise kann das Unternehmen wie bisher fortgeführt werden, unterliegt jedoch der Aufsicht des Sicherungsnehmers. Dieser kann im Innenverhältnis seine Einflussnahme und Interventionsrechte im Einzelnen bestimmen. Der Unternehmensnießbrauch ist insofern, wie eine *floating charge*, umsetzbar. Der „übliche" Geschäftsbetrieb kann gewohnt weitergeführt werden. Indes überwiegt der Unternehmensnießbrauch in seinem Rechtsgehalt gegenüber der *floating charge*, da der Unternehmensnießbraucher bestimmungsgemäß auf den Geschäftsbetrieb Einfluss nimmt.[1488] Der Treuhänder wird bevollmächtigt und mit Verfügungsmacht ausgestattet. Im Außenverhältnis tritt er in die Rechte und Pflichten des Sicherungsnehmers als derivativer Unternehmensführer für die Zeit des Nießbrauchs ein. Letzterer gilt indes als Unternehmer und kann die Nutzungen tatsächlich selbst ziehen, während der Treuhänder im Innenverhältnis an die Regelungen und Vorgaben des Treugebers gebunden ist und die Unternehmensführung finanziell zu dessen Gunsten vornimmt.

Die *floating charge* verhält sich anders, indem der Sicherungsnehmer am Unternehmensverlauf unbeteiligt bleibt. Trotz der Belastung mit dem Sicherungsinstrument ist der Sicherungsgeber weiterhin verfügungsbefugt und das Unternehmen wird in der üblichen Art und Weise fortgeführt.[1489] Die Veräußerung von Gegenständen durch den Unternehmensführer ist im üblichen Geschäftsbetrieb zulässig. Dies gilt auch für die Bestellung weiterer dinglicher Belastungen, es sei denn eine *negative pledge*-Vertragsklausel ist zwischen den Sicherungsparteien vereinbart worden.[1490] Ebendiese unveränderte Verfügungsbefugnis des Sicherungsgebers und die Unberührtheit des Geschäftsbetriebs machen die *floating charge* als Sicherheit einzigartig. Auf diese Weise kann sie von der *fixed charge* als unmittelbar artverwandte, restriktive Sicherheit des englischen Rechts abgegrenzt werden.[1491] Ob es sich um eine *floating charge* oder *fixed charge* handelt, ist durch Abgrenzungskriterien zu ermitteln, die sich im

---

1487 Hierzu S. 104 ff.

1488 Zur Ausgestaltung der Treuhandlösung S. 103 ff.

1489 Hierzu S. 117 ff.

1490 Zur *negative pledge clause* bei der Bestellung einer *floating charge* S. 134 f.

1491 Ausführlich zu Differenzierungskriterien S. 124 ff.

Rahmen der Rechtsprechung entwickelt haben.[1492] Es sind die Verfügungsbefugnis des Sicherungsgebers sowie die tatsächlichen Umstände des Einzelfalls zu berücksichtigen. Der Unternehmensnießbrauch hingegen steht nicht in Rechtskonkurrenz zu anderen umfassenden Unternehmensbelastungen, da *de lege lata* keine weitere existiert.

III. Rechtsnatur

Beiden Unternehmensbelastungen ist gemein, dass sie kein dingliches Recht *per definitionem* darstellen. Die Rechtsnatur des Unternehmensnießbrauchs ist nicht einfach zu bestimmen und bereitet, insbesondere beim Rückgriff auf bekannte Rechtscharakteristika, Schwierigkeiten.

Es gibt diverse Ansätze in der Literatur, wie die Rechtsnatur zu bestimmen ist, und unterschiedliche Auffassungen dazu, welche Rechtsnatur der Unternehmensnießbrauch aufweist.[1493] Da der Unternehmensnießbrauch gesetzlich nicht geregelt ist, bestimmt die Rechtsnatur über den praktischen Umgang und den Rechtsschutz. Die Rechtsnatur der *floating charge* ist hingegen wenig umstritten, da die Praxisbedürftigkeit vorangestellt wird.[1494] Die praktischen Auswirkungen sind bei der *floating charge* gering, da ihr Verlauf als Sicherungsrecht kraft Gesetzes festgeschrieben und durch die Rechtsprechung näher bestimmt ist.

Beim Unternehmensnießbrauch steht bereits in Frage, ob dieser einheitlich als Rechtsinstitut auf das Unternehmen angewandt werden kann.[1495] Das Unternehmen ist zwar eine Gesamtheit von Sachen und Rechten. Diese sind jedoch alle darauf ausgerichtet, dem individuellen wirtschaftlichen Zweck des Unternehmens zu dienen. Die Rechtsheterogenität der Einzelbestandteile am Unternehmen[1496] sowie die schwierige Erfassung des unternehmerischen Tätigkeitsbereichs[1497] stellen den dinglichen Rechtscharakter des Unternehmensnießbrauchs in Frage. Die Arbeit nimmt an, dass das Unternehmen als wirtschaftlich zweckeinheitliche Rechtsgesamtheit zu betrachten ist.[1498] Ein Nießbrauch hieran hat als unmittelbar anhaftende Belastung dinglich wirkenden

1492 Hierzu S. 126 ff.
1493 Hierzu S. 145 ff.
1494 Hierzu S. 171.
1495 Zur Frage, ob das Unternehmen eine Sach- und Rechtseinheit oder -gesamtheit darstellt, S. 25, 149 ff.
1496 Hierzu S. 138 ff.
1497 Hierzu S. 149 ff.
1498 Dies ergibt sich aus dem Meinungsstand, erläutert auf S. 149 ff.

Rechtscharakter.[1499] Demgemäß finden die Rechtsfolgen eines dinglichen Rechts entsprechend Anwendung und es gelten die gleichen Schutzmechanismen, vor allem der Schutz vor deliktischen Eingriffen.

Eine Rechtsansicht lehnt bei der *floating charge* die dingliche Rechtsnatur ab. Begründet wird dies insbesondere damit, dass diese als Sicherheit nur geringfügig belastenden Rechtscharakter aufweise. Mit der überwiegenden Rechtsansicht werden jedoch auch bei der *floating charge* die überwiegend dinglichen Rechtscharakteristika erkannt. Die *floating charge* ist ein dingliches Recht unter Berücksichtigung der konzeptionellen Besonderheiten.[1500]

IV. Entstehungstatbestand

Die Entstehung des Unternehmensnießbrauchs erfordert mehr Rechtsakte als die *floating charge*. Für den Unternehmensnießbrauch sind der wirksame Abschluss eines schuldrechtlichen Vertrags, in Verbindung mit einer Sicherungsabrede, sowie die wirksame Vollziehung des Bestellungsaktes an sämtlichen Einzelgegenständen erforderlich.[1501] Die *floating charge* erfordert grundsätzlich nur einen wirksamen Vertragsabschluss.[1502] Für die Wirksamkeit *inter omnes* bedarf es einer fristgerechten Registereintragung.[1503]

Sowohl beim Unternehmensnießbrauch als auch bei der *floating charge*[1504] gelten grundsätzlich Vertrags- und Formfreiheit. Indes wird bei beiden Sicherungsinstrumenten in der Regel die Schriftform, zur Wahrung der Beweisfunktion und für die Regelung individueller Abreden, eingehalten.[1505] Die *essentialia negotii* sind zu bezeichnen. Beim Unternehmensnießbrauch sind allgemeine gesetzliche Restriktionen zu beachten. Es darf etwa keine sittenwidrige Abrede nach § 138 BGB vereinbart werden. Insbesondere sind die anerkannten Grenzen

---

1499 Zum Problemaufwurf S. 145 ff.

1500 Siehe hierzu S. 174 ff.

1501 Zum Vertrag S. 178 ff. und zu den Bestellungsakten an den Einzelgegenständen S. 185 ff.

1502 Mit dem Vertragsschluss wird eine wirksames Rechtsverhältnis *inter partes* begründet.

1503 Hierzu ab S. 203 ff.

1504 Zum Vertrag einer *floating charge* S. 203 ff.

1505 Eine Pflicht zur Einhaltung der Schriftform kann sich ergeben, wenn ein Grundstück zum Vermögen hinzuzählt oder das Unternehmen den überwiegenden Teil des zu belastenden Vermögens ausmacht. In diesem Fall sind die Regelungen des § 311b BGB einschlägig.

eines Sicherungsrechts einzuhalten, wie etwa, dass kein Fall einer anfänglichen Übersicherung vorliegen darf.[1506]

Beim Unternehmensnießbrauch können weiterhin besondere Formerfordernisse einschlägig sein. Handelt es sich bei der Belastung des Unternehmens um das überwiegende Vermögen des Sicherungsgebers, ist eine notarielle Beurkundung nach § 311b Abs. 3 BGB vorzunehmen. Es sind auch Erfordernisse zu berücksichtigen, die sich aus dem Gesellschaftsvertrag des betroffenen Unternehmens ergeben. Aufgrund des sachenrechtlichen Konkretisierungs- und Bestimmtheitsgrundsatzes sind sämtliche zum Sicherungsverband hinzuzählenden Gegenstände zu erfassen.[1507] Auch dies ist bei der *floating charge* nicht erforderlich und wegen ihres revolvierenden Sicherungscharakters nicht möglich.

Die Bestellung des Unternehmensnießbrauchs als Sicherheit hat, wie die *floating charge*, auf der wirksamen Kreditverbindlichkeit zu beruhen. Diese bedarf ihrerseits einer notariellen Beurkundung, wenn sich der Darlehensnehmer im Fall der Nichterfüllung der sofortigen Zwangsvollstreckung nach § 794 Abs. 1 Nr. 5 ZPO unterwirft.[1508] Auf diese Weise wird ein verwertungsrechtlich relevanter Mechanismus im Sicherungsfall geschaffen. Dies ist bei der *floating charge* nicht notwendig, da sie, wenn sie im Sicherungsfall in eine *fixed charge* übergeht, eine konkrete Verwertungsbefugnis mit sich bringt.[1509] Beim Unternehmensnießbrauch ist eine Sicherungsabrede zu vereinbaren. Diese ist von enormer Relevanz, da sie die rechtliche Verknüpfung des Sicherungsrechts an die zugrundeliegende Kreditverbindlichkeit vornimmt und die Nutzungsziehung zur zweckgerichteten Tilgung der Kreditraten ausgestaltet.[1510] Die Verknüpfung des Sicherungsrechts mit der zugrundeliegenden Kreditverbindlichkeit ist bei der *floating charge* nicht notwendig, da sie *per se* ein Sicherungsrecht darstellt und von Natur aus akzessorisch ist.[1511]

Ein wirksamer Unternehmensnießbrauch begründet ein gesetzliches Schuldverhältnis.[1512] Die Rechte und Pflichten der Sicherungsparteien sind im Vertrag ausführlich und individuell zu bezeichnen. Auch bei der *floating charge* ist es sinnvoll, dass die Parteien festhalten, kraft welcher Ereignisse oder Umstände

---

1506 Siehe hierzu S. 162 ff.

1507 Hierzu S. 182 ff.

1508 Zu Sonderregelungen im Übrigen S. 184 ff.

1509 Zur Verwertungsbefugnis im Sicherungsfall (ab *crystallisation*) S. 299.

1510 Zur Sicherungsabrede beim Unternehmensnießbrauch S. 178 ff.

1511 Hierzu S. 121 f.

1512 Hierzu S. 177 f.

der Sicherungsfall und somit *crystallisation* eintritt, da dies wesentliche Rechtsfolgen herbeiführt. Diese gelten dann ergänzend zu den richterrechtlichen Fallgruppen der *crystallisation*, sofern sie nicht vertraglich abbedungen werden.

Die Bestellung des Unternehmensnießbrauchs erfolgt, im Gegensatz zum dinglichen Bestellungsakt einer *floating charge*, nicht einheitlich. Vielmehr ist die Bestellung an den unbeweglichen und beweglichen Sachen sowie an den Rechten des Unternehmens in gebündelten Akten nach den jeweils geltenden gesetzlichen Regelungen vorzunehmen. Mit dem Abschluss aller notwendigen Bestellungsakte gilt der immaterielle Tätigkeitsbereich des Unternehmens als mitbelastet und der Unternehmensnießbrauch ist im Handelsregister einzutragen.[1513]

Die *floating charge* ist binnen einer Frist von 21 Tagen im *Companies Registry* einzutragen, wodurch sie Öffentlichkeitswirkung erfährt, als Rechtsinstrument vervollständigt wird *(perfection)* und Wirkung *inter omnes* entfaltet.[1514]

Der gutgläubige Erwerb des Unternehmensnießbrauchs wird in der deutschen Rechtsliteratur ebenso marginal behandelt wie ein *bona fide*-Erwerb der *floating charge* in der englischen Literatur und höchstrichterlichen Rechtsprechung. Bei dem Unternehmensnießbrauch ist davon auszugehen, dass ein gutgläubiger Erwerb möglich ist, wenn sämtliche der erfassten Unternehmensgegenstände gutgläubig erworben wurden.[1515] Ob ein gutgläubiger Ersterwerb der *floating charge* möglich ist, ist nicht geklärt.[1516] Ein Zweiterwerb des Unternehmensnießbrauchs ist mangels Übertragbarkeit ausgeschlossen, während eine *floating charge* verkehrsfähig und an Dritte übertragbar ist.

V. Rechte und Pflichten aus den Unternehmensbelastungen

Der Unternehmensnießbrauch und die *floating charge* bringen jeweils Rechte und Pflichten mit sich, die sich in zwei Zeiträumen wesentlich voneinander unterscheiden. Zum einen ist die reguläre Laufzeit, ab der wirksamen Entstehung bis zur Regelbeendigung, relevant. Zum anderen ist die Zeitperiode ab Eintritt des Sicherungsfalls und/oder Insolvenz gesondert zu berücksichtigen. Im ersten Zeitintervall soll ein potenzielles, abstraktes Ausfallrisiko abgesichert werden. Im besten Fall realisiert sich dieses nicht, wenn die Darlehensverbindlichkeit ordnungsgemäß beglichen ist und das Sicherungsrecht vereinbarungsgemäß

1513 Hierzu S. 185 ff.
1514 Hierzu S. 206 ff.
1515 Hierzu S. 200 ff.
1516 Hierzu S. 206 f.

ausläuft. Im zweiten Zeitintervall, welches nicht notwendigerweise eintreten muss, ist vom Eintritt des Sicherheitsfalls auszugehen. In diesem Fall gilt der originäre Sicherungsgrund als verwirklicht und der Sicherungsnehmer ist bestrebt, die offenstehende Kreditschuld bestmöglich zu befriedigen.

1. Von der Regellaufzeit bis zur -beendigung

Anders als die *floating charge*, die dem Sicherungsnehmer während ihrer regulären Laufzeit nur sehr beschränkt Rechte und Pflichten einräumt,[1517] nimmt der Unternehmensnießbraucher eine zentrale Rolle im Unternehmen ein.

Der Unternehmensnießbraucher ist zur persönlichen Nutzungsziehung berechtigt.[1518] Zugleich ist er verpflichtet, das Unternehmen in seinem wirtschaftlichen Bestand sowie in seiner Marktstellung zu erhalten.[1519] Kraft der Sicherungsabrede sind die zu ziehenden Nutzungen zweckgebunden für die Tilgung der zugrundeliegenden Kreditraten aufzuwenden. Dadurch wird sichergestellt, dass die Kreditraten aus der gewinnbringenden Unternehmenstätigkeit ordnungsgemäß beglichen werden.[1520] Dies weist einen, für ein Sicherungsrecht, präventiven Charakter auf. Idealerweise wird der Eintritt eines Sicherungsfalls vermieden. Der Unternehmensnießbraucher hat eine erheblich dominantere Rechtsposition als der Sicherungsnehmer der *floating charge*, welcher grundsätzlich keine Interventionsrechte für sich geltend machen kann.[1521]

a. Nutzungsrechte und -pflichten des Sicherungsnehmers

Problematisch ist indes beim Unternehmensnießbrauch, dass sich eine Reihe komplexer, ungeklärter Rechtsfragen ergibt.[1522] Nach überwiegender Auffassung ist für den Begriff der Nutzungen auf § 100 BGB zurückzugreifen.[1523] Für die Berechnungen gilt die Regelung des § 1030 BGB entsprechend. Es ist der Reingewinn des Unternehmens zu ziehen. Es handelt sich um den Nettoertrag

1517 Hierzu S. 297 f.

1518 Ausführlich zum Nutzungsziehungsrecht S. 216 ff.

1519 Ausführlich zur Erhaltungspflicht S. 213 ff.

1520 Zum Sicherungscharakter, insbesondere zur Besicherung des Kreditverlaufs und der ordnungsgemäßen Kreditratenzahlung S. 80 ff.

1521 Hierzu S. 297 ff.

1522 Zu den zahlreichen offenen Rechtsproblematiken rund um das Recht zur Nutzungsziehung S. 220 ff. und zu den Verwaltungsrechten des Sicherungsnehmers beim Nießbrauch an Gesellschaftsanteilen S. 258 ff.

1523 Hierzu S. 217 ff.

des Jahresgewinns abzüglich der gesetzlichen sowie vertraglich vereinbarten Aufwendungen, die für die Erhaltung des bisherigen wirtschaftlichen Bestandes des Unternehmens erforderlich sind.[1524] Das Anlagevermögen steht weiterhin im Eigentum des Sicherungsgebers, während das Umlaufvermögen in das Eigentum des Sicherungsnehmers übergeht.[1525] Zeitweilen liegt eine personelle Divergenz vor und die Verfügungsbefugnis von Sicherungsgeber und nehmer ist gespalten. Sie hängt dann davon ab, ob der Einzelgegenstand dem Anlage- oder Umlaufvermögen zuzuordnen ist. Eine Pflicht zur freien Rücklagenbildung ergibt sich nicht automatisch, da es an einer entsprechenden Gesetzesgrundlage mangelt.[1526]

Indes ist davon auszugehen, dass ein Unternehmergehalt vom Reingewinn abzugsfähig ist. Die personelle Zuweisung von Zahlungspflichten ist insgesamt unklar sowie umstritten. Darüber hinaus gestaltet sich die rechtspraktische Umsetzung schwierig, da sich der Gewinn grundsätzlich als eine Kennziffer am Jahresende darstellt. Es ist daher die Expertise eines Wirtschaftsprüfers erforderlich, der am Jahresende die Bilanz prüft.[1527] Idealerweise treffen die Parteien eine ausführliche vertragliche Regelung zur jeweiligen Kostenpflicht.

Eine Parallelproblematik stellt sich bei der *floating charge* nicht, da der Sicherungsnehmer keinen Anspruch auf Nutzungen oder sonstige Leistungen aus dem Sicherungsrecht herleiten kann.[1528] Es wird grundsätzlich nicht auf die Rechtsposition im Unternehmen eingewirkt. Die Rechtslage bleibt gleich und insbesondere die rechtlichen Befugnisse des Sicherungsgebers bleiben unberührt.

b. Verwalterbestellung und Interventionsmechanismen

Ein Recht, das sowohl im Unternehmensnießbrauch als auch bei der *floating charge* gilt, ist das Recht zur Bestellung eines Verwalters.[1529] Auf Kosten des Unternehmensnießbrauchers kann ein gerichtliches Sequestrationsverfahren eröffnet werden, das vertraglich unabdingbar ist. Nach § 1052 BGB kann der Eigentümer und Sicherungsgeber die vorübergehende, weitere Unternehmensfortführung durch einen gerichtsbestellten Verwalter beantragen, wenn

1524 Hierzu S. 224 ff.

1525 Hierzu S. 227 ff.

1526 Hierzu S. 233 ff.

1527 Hierzu S. 230 ff.

1528 So auch festgestellt auf S. 297 f.

1529 Zum Unternehmensnießbrauch S. 235 ff. und zur *floating charge* im Einzelnen S. 305 ff.

nachweislich die Zwecke des Unternehmensnießbrauchs als gefährdet anzusehen sind oder nach § 1054 BGB eine Pflichtverletzung vorgenommen wurde.[1530] Hierdurch kann gewährleistet werden, dass die Eigentumsrechte des Bestellers geschützt sind.[1531]

Auch bei der *floating charge* kann während der Regellaufzeit ein Verwalter bestellt werden. Das Gericht kann einen *receiver* einsetzen, der vorübergehend das Unternehmen führt, sofern das Verfahren nicht ausdrücklich vertraglich ausgeschlossen ist. Voraussetzung hierfür ist, dass objektiv eine vermögensgefährdende Geschäftspraxis erkennbar ist, die geeignet ist, sich auf das Unternehmen sowie das Sicherungsrecht schädlich auszuwirken.[1532]

Die personelle Konstellation bei der *floating charge* ist gegenüber derjenigen beim Unternehmensnießbrauch umgekehrt. Bei der Sequestration im Unternehmensnießbrauch setzt der Sicherungsgeber einen Verwalter ein, um dem Sicherungsnehmer vorübergehend die Unternehmensführung zu entziehen und eine weitere Bedrohung seines Eigentums zu verhindern. Beim *receivership* in der *floating charge* hingegen setzt der Sicherungsnehmer einen Verwalter ein, um dem Sicherungsgeber vorübergehend die Unternehmensführung zu entziehen und eine weitere Bedrohung seiner Sicherheit zu verhindern.

Der Inhaber einer *floating charge* hat damit nur mittelbar, bei einer Gefährdungslage, Interventionsrechte. Die Einflussnahme auf das Unternehmen steht ihm nicht zu. Beim Unternehmensnießbrauch hingegen gehen grundsätzlich die Geschäftsführungsbefugnis und Vertretungsmacht auf den Unternehmensnießbrauch über.[1533] Dies ergibt sich aus dem echten Vollnießbrauch am Unternehmen, der die Unternehmerposition mit sich bringt. Weitere Rechte resultieren aus dem miterfassten Nießbrauch an Gesellschaftsanteilen, wenn die Gesamtmitgliedschaft belastet wird. Zwar tritt der Nießbraucher nicht in die Position des Gesellschafters ein. Es muss ihm aber möglich sein, Verwaltungsrechte

1530 Hierzu ausführlich S. 235 ff.

1531 Naturgemäß kann und wird der Besteller das Verwalterverfahren nur dann anstreben, wenn ihm nicht die Unternehmensführung durch den Sicherungsnehmer aufgrund einer unechten Treuhand zugewiesen wurde. In diesem Fall sind seine Eigentümerrechte nicht als bedroht anzusehen, da er sie, wenn auch nur mittelbar, selbst ausübt. Zur unechten Treuhand S. 103 ff.

1532 Hierzu S. 306 ff.

1533 Hierzu S. 260 ff.

wahrzunehmen, um sein Nutzungsrecht ordnungsgemäß durchzusetzen.[1534] Zwar bleibt der Gesellschafter der originäre Inhaber des Anteils und ist weiterhin stimmberechtigt. Mit einer vorzugswürdigen Literaturauffassung soll indes auch der Unternehmensnießbraucher ermächtigt sein, das Stimmrecht wahrzunehmen, wenn der Abstimmungsgegenstand einen Belang zum Nutzungsrecht betrifft.[1535]

Sofern keine Vertragsvereinbarung getroffen worden ist, ist anhand des Abstimmungsgegenstands sowie an den Umständen des Einzelfalls zu beurteilen, wer dieses im Einzelfall tatsächlich ausüben darf. Zudem hat der Unternehmensnießbraucher ein Informations- und Kontrollrecht aus dem Nießbrauch am Gesellschaftsanteil.[1536] Aufgrund seiner Unternehmerstellung ist dieses eher deklaratorischer Natur. Auch ein Klagerecht kann ihm zustehen.[1537] Der Unternehmensnießbraucher ist, aufgrund seiner Nähe zum Unternehmen, zu Treue verpflichtet.[1538]

2. Beendigungstatbestände, Sicherungsfall und Insolvenzeintritt

Der Nießbrauch an einem Unternehmen findet, wie die *floating charge*, kraft einer Vertrags- oder Gesetzesregelung sein Ende. Das Gesetz sieht zahlreiche Beendigungstatbestände vor,[1539] etwa die Beendigung durch einseitigen Verzicht, auflösende Bedingung, Eintritt des vertraglichen Endtermins, ebenso durch Tod des Nießbrauchers, Konsolidation oder kraft Hoheitsaktes. Auch der Untergang des Unternehmens als Sicherungsgegenstand zählt hierzu. Im Übrigen gilt Vertragsfreiheit. Beendigungstatbestände können den individuellen Sachverhaltsumständen entsprechend vereinbart werden.[1540] Ebendies gilt auch für die *floating charge*: Sie endet als Sicherungsrecht mit der Begleichung der zugrundeliegenden Kreditverbindlichkeit als auflösender Bedingung oder mit Eintritt eines vertraglich vorgesehenen Endzeitpunktes.

1534 Ablehnend zu der Auffassung, dass der Nießbraucher Quasi-Gesellschafter wird, und zur Auffassung, dass er Nutznießer einzelner Rechte im Hinblick auf sein Nutzungsrecht ist, S. 259 f.

1535 Hierzu S. 263 ff., insbesondere zur Aufspaltungslösung in diesem Rahmen S. 269.

1536 Hierzu S. 272 f.

1537 Hierzu S. 273 f.

1538 Hierzu S. 275 f.

1539 Hierzu S. 261 ff.

1540 Hierzu S. 265 ff.

Auch der Sicherungsfall bedingt das Ende der Regellaufzeit beider Unternehmensbelastungen.[1541] Der Sicherungsfall tritt ein, wenn sich das abzusichernde Ausfallrisiko realisiert hat. Das Sicherungsinteresse wandelt sich zum Interesse die offene Kreditforderung beglichen zu sehen, d.h. in ein Verwertungsinteresse. Während der Unternehmensnießbrauch grundsätzlich keine weiteren Rechtsauswirkungen hat, entwickelt sich die *floating charge* in ein nächstes Verfahrensstadium. Bei der *floating charge* ist dann die *crystallisation* anzunehmen.[1542] Weder beim Unternehmensnießbrauch noch bei der *floating charge* gibt es gesetzliche Anhaltspunkte dafür, wann ein Sicherungsfall anzunehmen ist. Regelmäßig kann er angenommen werden, wenn die zugrundeliegende Kreditverbindlichkeit mehrmals aufeinanderfolgend nicht bedient oder innerhalb eines bestimmten Zeitraums eine vereinbarte Erfüllungsquote unterschritten ist. Auch eine Leistungsverweigerung seitens des Darlehensnehmers und Sicherungsgebers ist geeignet, einen Sicherungsfall darzustellen. Für die *floating charge* gelten zumindest richterrechtliche Fallgruppen, die eine *crystallisation* herbeiführen.

Abschließend enden sowohl der Unternehmensnießbrauch als auch die *floating charge* in ihrer originären Form mit der Eröffnung eines formellen Insolvenzverfahrens.[1543]

3. Ab Eintritt des Sicherungsfalls und/oder der Insolvenz

Mit der Regelbeendigung des Unternehmensnießbrauchs ist eine umfassende Rückabwicklung vorzunehmen und der vor Bestellung bestehende Rechtszustand wiederherzustellen.[1544] Bei der Regelbeendigung der *floating charge* sind hingegen keine größeren Rückabwicklungsmaßnahmen erforderlich, da die Rechtsverhältnisse weitgehend gleichgeblieben sind.[1545] Der Unternehmensnießbraucher hat in Besitz genommene Gegenstände zurückzugeben und Rechte wiedereinzuräumen. Dabei sind zahlreiche Rechtsfragen umstritten. Insbesondere ist unklar, wer negative Werteinbußen des Unternehmens bei Beendigung des Unternehmensnießbrauchs zu tragen hat.[1546]

1541 Zum Unternehmensnießbrauch S. 278 ff. und zur *floating charge* S. 298 ff.

1542 Zur *crystallisation* S. 299 ff.

1543 Die Insolvenz ist eine besonders bedeutende Unterform des Sicherungsfalls. Hierzu S. 280 ff.

1544 Hierzu S. 278 f.

1545 Hierzu S. 298 f.

1546 Zur Berechnung des Reingewinns und den abziehbaren Kostenfaktoren S. 224 ff.

Nach überwiegender Auffassung ist zu unterscheiden, ob es sich um einen Wertverlust des Unternehmens handelt, der aus der dauernden Unternehmensführung des Bestellers oder auf einem Verschulden des Unternehmensnießbrauchers beruhte. Allein im letztgenannten Fall trifft den Unternehmensnießbraucher eine Ausgleichspflicht.[1547] Ebenso wie der Unternehmensnießbrauch aus dem Handelsregister zu löschen ist, bedarf die *floating charge* der Austragung aus dem *Companies Registry*.[1548]

Anders ist die Sachlage, wenn das zugrundeliegende Kreditverhältnis gestört ist und ein Sicherungsfall vorliegt. Während der Unternehmensnießbrauch vollstreckungsrechtlich keine Wirkung entfaltet und allein die Einzelzwangsvollstreckung aus der zugrundeliegenden Darlehensforderung nach allgemeinen Rechtsvorschriften gesucht werden kann,[1549] erwächst die *floating charge* zur *fixed charge*.[1550] Zum Wandlungszeitpunkt, d.h. bei *crystallisation*, gelten dann die vom Sicherungsverband erfassten Gegenstände als konkret belastet *(attachment)*. Der Sicherungsgeber ist nicht mehr verfügungsberechtigt und der Sicherungsnehmer erlangt eine Verwertungsbefugnis, die jederzeit ausgeübt werden darf.[1551] Der Sicherungsnehmer kann sich für den Fall der Zwangsvollstreckung behelfen und die Vorgänge erleichtern sowie beschleunigen, indem sich der Sicherungsgeber bei der Unterzeichnung des Kreditvertrags der sofortigen Zwangsvollstreckung unterwirft und die persönliche Haftung übernimmt.[1552]

Der Nießbrauch selbst bringt keine Verwertungskomponente mit sich. Hilfreich kann allein die Tatsache sein, dass der Unternehmensnießbraucher als Unternehmensführer die wirtschaftliche Werthaltigkeit der Einzelgegenstände einschätzen und sich an ebendiesen einen Vollstreckungstitel einräumen lassen kann. Im Rahmen der zur *fixed charge* erstarkten *floating charge* kann der *chargee* hingegen autonom Verwertungsmaßnahmen an den einzelnen, erfassten Einzelgegenständen suchen. In der Regel geht mit dem Sicherungsfall auch die Unternehmensinsolvenz einher. Der Sicherungsinhaber des

---

1547 Hierzu S. 278 f.

1548 Zur Rückabwicklung beim Unternehmensnießbrauch S. 284 ff. und zur *floating charge* S. 303 ff.

1549 Hierzu S. 282 f.

1550 Hierzu S. 298 ff.

1551 Siehe hier S. 303.

1552 Zur Zwangsvollstreckung aus der zugrundeliegenden offenen Kreditforderung S. 284 f.

Unternehmensnießbrauchs sowie der *floating charge*, hat sich den allgemeinen, insolvenzrechtlichen Vorschriften und Verfahrensabläufen zu unterwerfen.[1553]

Der Unternehmensnießbrauch ist insolvenzgesetzlich nicht geregelt.[1554] Im englischen Recht hingegen finden sich zahlreiche besondere Regularien zur *floating charge*.[1555] Der Unternehmensnießbraucher gehört grundsätzlich der allgemeinen Insolvenzgläubigerschaft an. Es ist die zugrundeliegende, offene Kreditforderung zu melden und über das Sicherungsrecht mitzuteilen. Aufgrund des besonderen Sicherungscharakters ist anzunehmen, dass dem Unternehmensnießbraucher nur ein Absonderungsrecht zusteht, welches seinerseits allein zur Nutzung eines Gegenstands berechtigt.[1556] In Bezug auf weitere Sicherheiten gilt das Prioritätsprinzip und der zugewiesene Rang ist verwertungsrechtlich ausschlaggebend.

Die *floating charge* hingegen ist gegenüber anderen Sicherungsrechten aufgrund ihres umfassenden Belastungscharakters nachrangig. Früher wurde dem Inhaber einer *floating charge* das Sonderrecht gewährt, dass ein Verwalter faktisch allein die Verwertungsinteressen des *chargee* verfolgen und die allgemeine Gläubigerbefriedigung vernachlässigen konnte. Nunmehr ist es allein dem Sicherungsnehmer einer *qualifying floating charge* bei Vorliegen eines Ausnahmesachverhalts möglich, einen *administrative receiver* zu bestellen.[1557] Im Übrigen gilt, dass sich der Sicherungsnehmer der *floating charge* dem *administrator*, dem „üblichen", gerichtlich berufenen Insolvenzverwalter, zu unterwerfen hat. Ihm wird keine erheblich ranggünstigere Befriedigungsposition eingeräumt.[1558]

1553 Zum Unternehmensnießbrauch S. 288 ff. und zur *floating charge* S. 316 ff.

1554 Hierzu S. 288 ff.

1555 Hierzu S. 316 ff.

1556 Zur ausführlichen Prüfung gegenüber einem Aussonderungsrecht S. 290 f.

1557 Hierzu S. 309 ff.

1558 Dass die *floating charge* in der Insolvenz nahezu keine rechtlichen Vorteile für den Sicherungsnehmer mit sich bringt, hat sich erst im Rahmen ihrer der historischen Entwicklung ergeben. Dies rührt aus der Chancengleichheit unter den Sicherungsnehmern und Insolvenzgläubigern. Hierzu S. 313 ff.

H. Kritik an der *floating charge* und Rückschlüsse für den Unternehmensnießbrauch

Zuletzt gilt es, die *floating charge* kritisch zu betrachten und herauszuarbeiten, welche Erkenntnisse für den Unternehmensnießbrauch relevant sind. Daraus sollen Anregungen für die Rechtsentwicklung des Unternehmensnießbrauchs geschöpft werden.

Die *floating charge* wurde in ihren Grundzügen,[1559] ihrer Rechtsnatur[1560] sowie in ihrer praktischen Ausgestaltung, in Abgrenzung zur artverwandten *fixed charge*,[1561] dargestellt. Dies erfolgte vor dem Hintergrund, dass es sich bei ihr um ein besonderes, seit ihrer Entwicklung zur Mitte des 19. Jahrhunderts stets weiterentwickeltes Globalsicherungsmittel des britischen *common law* und *equity* handelt. Die *floating charge* ist aufgrund ihrer flexiblen Einsetzbarkeit geeignet, den Bedürfnissen der damaligen industriellen und neuerdings technologisierten Wirtschaftswelt abzuhelfen. In den letzten Jahren wurde die *floating charge* in der Sicherungspraxis weniger genutzt.[1562] Diese Entwicklung soll anhand der Kritik der Literatur durchleuchtet werden. Anschließend ist zu hinterfragen, welche Merkmale der *floating charge* vorteilhaft und welche nachteilig sind. Daran soll festgemacht werden, welche Rechtsgedanken für den deutschen Rechtsraum übernahmewürdig und welche übernahmefähig sind.

I. Kritik und Meinungsstand

Die *floating charge* ist seit ihren Anfängen eingehender Kritik der Literatur ausgesetzt. Ein Teil der Rechtsliteratur stört sich bereits an der Konzeption einer allumfassenden Sicherheit.[1563] Weiterhin gibt es Literaturstimmen, die bei der

---

1559 Siehe hierzu S. 97 ff.

1560 Siehe hierzu S. 100 ff.

1561 Siehe hierzu S. 107 ff.

1562 *Akintola*, JIBFL 2015 404.

1563 „*From its early days the floating charge has generated intense hostility because of its potentially all-embracing scope and its perceived unfairness to ordinary trade creditors.*“ So *Gullifer*, Goode on legal problems of credit and security, 2013, Rn. 4.66 mit Bezug auf kritische Ausführungen, die aus der historischen Gerichtsentscheidung *Re. London Pressed Hinge Co. Ltd. (1905) 1 Ch. 576, 583* ergehen. Indes wird auch dem *floating charge* einen zunehmenden, wesentlichen Bedeutungsverlust diagnostizieren, weil sie nur wenig praxisrelevant sei.[1564] Das Spektrum der Kritik reicht von einer zu restriktiven gesetzlichen Regelung bis hin zu einer vermeintlich zu schwachen Konzeption mit zu wenig Schutzmechanismen für die Beteiligten.[1565] Oftmals geht mit der Kritik auch die Forderung einher, das englische Recht müsse novelliert werden.[1566]

1. Starke gesetzliche Einschränkung

An der *floating charge* wird kritisiert, sie habe sich zu einem restriktiven Sicherungsmittel entwickelt.[1567] Zur Zeit der originären Entwicklung der *floating charge* sollte durch diese eine simple und umfassende Unternehmensbesicherung zugunsten eines Kreditgebers ins Leben gerufen werden. Sämtliche Bestandteile des Unternehmens sollten abstrakt besichert werden, ohne dass in das operative Tagesgeschäft eingegriffen werden müsste. Kredite sollten zu möglichst vorteilhaften Konditionen gegen ein Verwertungsrecht im Sicherungs- bzw. Insolvenzfall eingeräumt werden. Bei der Umsetzung zeigte sich jedoch, dass ein Rechtsinstitut an der Schnittstelle des Sachen-, Gesellschafts- und Insolvenzrechts nicht einfach ausgestaltet sein konnte. Auch die Vertragsfreiheit konnte nicht unbeschränkt gelten. Es offenbarten sich zahlreiche Unvollständigkeiten. Insbesondere war nicht klar, wie die *floating charge* vom artverwandten Sicherungsrecht der *fixed charge* abzugrenzen wäre. In der Folge beschäftigten sich zahlreiche Gerichtsentscheidungen mit der Abgrenzungsfrage. Diese erhielten allgemeinen Geltungscharakter oder wurden gesetzlich umgesetzt.[1568]

Gesetzgeber unterstellt, er sei sich der *floating charge* nicht sicher, weshalb die Notwendigkeit zur normativen Erfassung erkannt worden sei. „*Despite this early judicial acceptance in the UK, the floating charge has always been treated by the legislature with something approaching suspicion, and successive Companies Acts and Insolvency Acts have adopted a variety of rules designed to restrict its full impact.*" *Davies*, Gower & Davies Principles of Modern Company Law, 2008, 32-6.

1564 *Enchelmaier*, ZVglWiss 112 (2013) 403, 414; *Grädler*, S. 91 ff. Dagegen *Gregory/Walton*, [2001] L.M.C.L.Q. 123, 123.

1565 Dabei wird etwa in *Davies*, Gower & Davies Principles of Modern Company Law, 2008, 32-7 von der Verletzlichkeit der *floating charge* gesprochen. In *Davis*, C.L.J. 61 (2) 2002, 423, 432 wird kritisiert: „*The nature and effect of a floating charge has never been fully analysed by the courts and the descriptions of it are sometimes inconsistent in some respects.*"

1566 *McKendrick*, Goode on Commercial Law 2016, 25.33.

1567 *Enchelmaier*, ZVglWiss 112 (2013) 403, 411.

1568 *Enchelmaier*, ZVglWiss 112 (2013) 403, 411.

Kritisch wird nunmehr betrachtet, die *floating charge* sei rechtlich eingegrenzt und nur in begrenztem Maße von den Sicherungsparteien bestimmbar.[1569] Zugleich wird bemängelt, dass kein einheitliches Gesetz den Rechtsumgang mit der *floating charge* bestimme.

Vielmehr sei eine Reihe zeitlich und thematisch unterschiedlicher Gerichtsentscheidungen relevant, deren *obiter dicta* Geltung für die *floating charge* hätten.[1570] Das Rechtsinstitut würde erheblich an rechtlicher Kohärenz und Rechtssicherheit einbüßen. Obgleich die Praxiswertigkeit der *floating charge* anerkannt wird, sei das Sicherungsmittel undurchdringlich und schwer fassbar.[1571]

2. Unzufriedenstellende Regelung zur Verwalterbestellung

Die Bestellung eines Verwalters war in der früheren gesetzlichen Ausgestaltung der *floating charge* und ist auch gegenwärtig, nach der Gesetzesnovellierung, starker Kritik ausgesetzt. Als jeder Sicherungsnehmer einer *floating charge* berechtigt war einen *administrative receiver* zu bestimmen und die Bestellung eines *administrator* zugunsten der übrigen Gläubiger zu verhindern,[1572] wurde kritisiert, es sei nicht ersichtlich, weshalb ein einziger Gläubiger derart umfassende Rechte innehaben sollte. Dem Sicherungsnehmer stand es nach der damals geltenden gesetzlichen Regelung frei, eine umfängliche Verwertung vornehmen zu lassen, damit allein seine offene Verbindlichkeit getilgt würde. Der Verwalter war berechtigt sich primär dieser Aufgabe zu widmen und das Unternehmen konnte in letzter Konsequenz vermögenslos zurückgelassen werden. Faktisch wurden die übrigen anderen Gläubiger benachteiligt. Hierin wurde erhebliches Missbrauchspotenzial erkannt. Der wesentliche Grundsatz des Insolvenzverfahrens,

---

1569 Es wird erkannt, dass die *floating charge* zahlreiche, mögliche alternative Verlaufsarten aufweisen kann und komplexe Rechtsfolgen mit sich bringt, die nicht zwangsläufig den anfänglichen Parteiinteressen entsprechen. Eine normative Erfassung sämtlicher Fallkonstellationen ist nicht möglich. Vielmehr bedarf es einer parteiinternen Lösung. *Goode*, 100 LWR 1984, 234, 237. Hierzu *Enchelmaier*, ZVglWiss 112 (2013) 403, 431.

1570 Zur Bedeutung im englischen Recht *Elliott/Quinn*, English legal system, 2006, S. 16 f.

1571 „*Although its true nature has proven to be somewhat elusive, this has not prevented the floating charge from becoming an important element of corporate financing.*“ So *Boyle/Birds*, Boyle & Bird's Company Law, 2014, 10.8.

1572 Siehe hierzu S. 299.

eine möglichst umfassende, gleichartige Gläubigerbefriedigung zu erreichen, wurde als missachtet angesehen.[1573]

Nach der gegenwärtigen Rechtslage gilt das *administrative receivership* allein für *qualifying floating charges*. Die Sicherungsnehmer einer einfachen *floating charge* sind auf die Bestellung eines „üblichen" Insolvenzverwalters *(administrator)* beschränkt. Da die Ernennung eines *administrator* sich, insbesondere formal, erheblich schwieriger gestaltet als die eines *administrative receiver*, wird in der Praxis, trotz einer eventuellen Notwendigkeit, nur noch selten von dem Recht zur Ernennung eines Verwalters Gebrauch gemacht.[1574] Die Verwertung sämtlicher Vermögensgüter erfolgt zur allgemeinen Gläubigerbefriedigung und die Rangregelungen sind zu berücksichtigen. Dabei gilt, dass die *floating charge* nachrangig ist.[1575] Die Literatur wirft dem englischen Gesetzgeber vor, von einer Fehlregelung in die andere verfallen zu sein. Früher sei eine unangemessene Bevorzugung des *chargee* gesetzlich geregelt gewesen. Mit der gegenwärtigen Gesetzesregelung sei nunmehr eine erhebliche Degradierung der *floating charge* verursacht worden.[1576]

Kritisiert wird auch die Rangfolge der Sicherungsrechte.[1577] Originär rückte man von der Idee ab, die *floating charge* sei das stärkste Sicherungsrecht. Ihr Rechtscharakter sei derartig umfangreich und dominant gewesen, dass andere Sicherungsgläubiger regelmäßig keine Befriedigung ihrer Forderung erlangen konnten.[1578] Der Vorrang bestimmter Gläubigergruppen *(preferential creditors)* sowie insbesondere die Nichterfassung von Warenbeständen, die dem Eigentumsvorbehalt unterliegen,[1579] seien ihrerseits jedoch geeignet, den gegenteiligen Effekt auszulösen. Es wird daher kritisiert, die *floating charge* werde als Sicherungsinstrument ausgehöhlt.[1580]

1573 *Boyle/Birds*, Boyle & Bird's Company Law, 2014, 10.8.

1574 Vgl. *Akintola*, JIBFL 2015 404, 405.

1575 Siehe hierzu S. 116.

1576 „*[I]t is arguable that the floating charge is a fairly toothless device.*" So *Quenby*, IWUK, 23.05.2017, S. 26.

1577 „*Lenders are understandably cautious about floating charges given the operation of sec. 175(2)(b) [Insolvency Act 1986] (allowing preferential debts to take priority above floating charge holders).*" So *Rogers*, Insolv. Int. 30 (7) 2017, 113, 115.

1578 *Enchelmaier*, ZVglWiss 112 (2013) 403, 412.

1579 Siehe hierzu S. 119.

1580 Mit dem *Enterprise Act 2002* wurde der Kreis der *preferential creditors* eingeschränkt. Die *floating charge* konnte sich in der Rangfolge der Sicherungsinstrumente höher ansiedeln. Hierzu *Enchelmaier*, ZVglWiss 112 (2013) 403, 413.

3. Missbrauchspotenzial bei üblicher Verfügungsbefugnis

Bevor in den USA der sog. *floating lien*[1581] eingeführt wurde, beschäftigte sich die US-Rechtsprechung mit der Einführung einer vergleichbaren Unternehmensbelastung. Die überwiegende Literatur war der Auffassung, dass die *floating charge* selbst nicht mit dem US-amerikanischen Rechtsverständnis vereinbar sei. Es wurde kritisch gesehen, dass dem Sicherungsgeber im üblichen Geschäftsbetrieb weiterhin die Verfügungsbefugnis zusteht. Es handle sich um einen Betrug gegenüber sonstigen Gläubigern, wenn der Sicherungsgeber unbedarft ohne Einschränkung weiterhin im Wirtschaftsverkehr verfügen dürfe.[1582] Auch stehe es dem ernsthaften Sicherungsinteresse des *floating charge*-Sicherungsnehmers entschieden entgegen.

Ein möglicherweise unvernünftiges Geschäftsgebaren gebe sich nämlich erst nachträglich zu erkennen. Dadurch könne die Sicherheit ausgehöhlt werden und die Sicherungsvereinbarung sei hinfällig.[1583]

Die unbeschränkte Verfügungsbefugnis wurde als wesentlicher Nachteil anerkannt. Es sei kritisch zu betrachten, dass die schwebend belasteten Einzelgegenstände durch einen weiteren, uneingeschränkten Umgang der Fluktuation ausgesetzt werden. Damit würde die ständige Gefahr einhergehen, es könne keine Haftungsgrundlage hinterbleiben.[1584] Dies sei für eine dingliche Sicherheit unüblich. Insbesondere problematisch sei es, wenn eine Verfügung nicht im üblichen Geschäftsgang stattfinde, da der Sicherungsnehmer den Vertragsbruch nachweisen müsse. Dies könne sich praktisch schwierig gestalten.[1585] Zugleich

---

1581 Der *floating lien* ist in Art. 9 des US-amerikanischen Uniform Commercial Code geregelt und eine mit der *floating charge* vergleichbare Unternehmensbelastung. Zur Entwicklung des *floating lien* im US-amerikanischen Rechtssystem, den festgestellten Schwierigkeiten aus der Rechtspraxis sowie überblicksartig zu den Streitständen aus der Literatur *Davies,* Comp. Law., 1988, 47.

1582 *Gullifer,* Goode on legal problems of credit and security, 2013, Rn. 4.02.

1583 In *Gullifer,* Goode on legal problems of credit and security, 2013, Rn. 4.02 wird dies wie folgt zusammengefasst: „*Courts in the US roundly declared that to allow such freedom to the debtor was incompatible with the creation of a genuine security interest and was a fraud on creditors. If the creditor did not exercise reasonable dominium over the asset covered by the security agreement, his security was illusory and void. At best, the security agreement conferred contractual rights on the creditor.*" Herangezogen werden die entsprechenden Stellen aus den Urteilen *Geilfuss v. Corrigan (1897) 70 N.W. 306* sowie *Benedict v Ratner (1925)* 69 L. Ed. 991.

1584 Hierzu *Kleweta,* S. 32.

1585 *Ungerer,* ZfRV 2015, 32, 36; *ter Meulen,* S. 16.

haftet der *floating charge* der Ruf an, sie sei zu schwach in unmittelbarem Vergleich zur *fixed charge*.[1586] Es wird angemerkt, die schwache Anhaftung an den Einzelgegenständen wirke sich zulasten des Sicherungsnehmers aus.

4. Unnötige Registerpflicht und Rechtsunsicherheit

Es wird weiterhin kritisiert die Registerpflicht, die neben einem erheblichen Verwaltungsaufwand sowie Verwaltungskosten auch die Offenlegung der Sicherheit mit sich bringe, entfalte abschreckende Wirkung für künftige Geschäftspartner und Gläubiger.[1587] Die Registerpflicht sei insbesondere vor dem Hintergrund zu kritisieren, dass die *floating charge* zunächst keine Belastungswirkung entfalte und ein rechtsunsicherer Zustand herrsche.[1588]

Der Rechtsverkehr würde damit nicht, wie intendiert, über wesentliche, rechtliche Umstände informiert werden und es werde keine Rechtsklarheit geschaffen. Vielmehr würde die Eintragung für Verwirrung sorgen, da etwa nicht klar sei, ob die Sicherheit kristallisiert sei oder nicht. Obgleich sich die Rechtsprechung zur *floating charge* weiterentwickelt hat und signifikante Gesetzesänderungen vorgenommen wurden, herrsche in weiten Teilen Rechtsunsicherheit im Umgang mit der *floating charge*.[1589] Bei zahlreichen Sachverhaltskonstellationen sei noch

---

1586 So heißt es zusammenfassend in *Wood*, C.L.J. 2001, 472, 472 „*The distinction [of a floating charge from a fixed charge] is important in common law countries which have the universal fixed and floating charge because of the weaknesses of floating charges compared to fixed charges. The most important of these weaknesses are, typically and subject to detailed local variations: (1) A floating charge ranks after certain taxes and employee wages and benefits up to limits; (2) A floating charge created by an insolvent company is liable to be set aside except, essentially, to the extent of new money lent at the time of the charge […]; (3) A floating charge has weak priority against execution creditors, landlord's distress, set-offs, possessory liens and the like; and (4) In the UK, there is no adequate protection for floating charge assets on an administration and the administrator can subordinate the floating charge to new money to finance the administration.*"

1587 Vgl. *Calnan* (2005) 20 JIBFL, 335, 335.

1588 Vgl. *Calnan* (2005) 20 JIBFL, 335, 335.

1589 Hierzu heißt es „*The law, though clearer than it used to be, still contains some areas of uncertainty. […] It is […] critical that the law in this area is as certain as possible, while also reflecting the balance of interests between floating charges and other (unsecured) creditors. It might be said that these concerns have all allayed in relation to financial collateral by the disapplication of the insolvency consequences from the enforcement of security financial collateral arrangements.*" *Gullifer*, Goode on legal problems of credit and security, 2013, Rn. 4.10. Vgl. hierzu auch *Beale* (2004) 19 JIBFL, 117, 118 f.

keine eindeutige sowie allgemeingeltende, rechtliche Zuordnung möglich, da Vertragsfreiheit gelte und entweder keine gesetzliche Regelung oder keine entsprechende Gerichtsentscheidung vorliege. Das Regelungssystem sei geprägt von Unklarheiten. Diese beträfen sowohl die Merkmale der *floating charge* als auch ihre Abgrenzung zur *fixed charge.*[1590] Außerdem sei, aufgrund der Vertragsfreiheit, eine derart individuelle Konzeption im Einzelfall erzielbar, dass die *floating charge* sich noch komplexer gestalte, als dies bereits nach allgemeinen Kriterien der Fall sei.[1591]

Hierin wird auch der Grund verortet, weshalb in der Rechtspraxis Kreditgeber mit US-amerikanischen Verflechtungen eher zur Anwendung des *floating lien* nach dem *Uniform Commercial Code* tendieren. Nach überwiegender Auffassung handle es sich um eine einfache, den Anwendern verständliche Rechtskonstruktion.[1592]

II. Gegenbetrachtung

Der Kritik an der *floating charge* kann im Wesentlichen entgegengetreten werden. Die kritischen Stimmen sind zum Teil widersprüchlich sowie wenig dogmatisch fundiert.

Für den Erhalt der *floating charge* spricht, dass sie ein tradiertes, seit langer Zeit fortentwickeltes Rechtsinstrument darstellt.[1593] Die *floating charge* ist

---

1590 „*There are inevitable grey areas which arise from the negotiation of the charge instrument. If, for example, a charge contains a restriction which prevents the chargor from dealing with the charged asset ‚without prior written consent' of the chargee, then the charge is almost certainly still fixed. If, however the restriction is modified so that it says ‚without the prior written consent, such consent not to be unreasonably withheld', then it is quite like that the charge should correctly be characterised as a floating charge.*" So *Quenby,* IWUK, 23.05.2017, S. 4; auch *Nolan*, LQR 2004, 108, 117. „*the [floating] charge has undergone several statutory metamorphoses raising doubts on the ability of financiers to rely on the charge as a basis for extending and securing credit.*" So *Akintola,* JIBFL 2015 404.

1591 „*Consequently, the precise nature of a floating charge will vary from case to case, depending on how the parties which created it have modified the applicable default rules.*" *Nolan*, L.Q.R. 2004, 108, 124.

1592 *Paterson,* discussion paper, 2017, S. 3; *Von Bernstorff,* Einführung in das englische Recht, 2018, S. 117.

1593 Zur Vorbildfunktion der *floating charge* in Schottland sowie zu den positiven Rechtseffekten, die mit der Einführung einhergegangen sind, *Cabrelli,* Edin. L.R. 2005, 9(3), 407-414.

geeignet ein Unternehmen umfänglich in nur einem Akt, mit Abschluss eines Vertrages, umfassend zu belasten und bietet sich bei hohen Kreditrahmen an. Aus diesem Grund richtet man sich bei der Entwicklung einer Unternehmensbelastung noch immer nach dem englischen Rechtsinstitut.

In einer präzisen Zusammenfassung heißt es: „Die *floating charge* ist das übliche Sicherungsinstrument in der alltäglichen [englischen] Wirtschaftspraxis. Sie ist unkompliziert einsetzbar und ermöglicht die Belastung von Vermögensteilen, die sonst nicht oder eher umständlich als Sicherheit herangezogen werden könnten.“[1594] Dennoch sind die angeführten Kritikpunkte zu untersuchen und es ist zu prüfen, welcher Mehrwert für den Unternehmensnießbrauch hieraus zu ziehen ist.

1. Einwände gegen wesentliche Kritik

Die Einbettung der *floating charge* in das insolvenzrechtliche Regelsystem sowie die Unterwerfung unter einen *administrator* sind nur konsequent in der Angleichung der Sicherungsinstrumente. Zwar soll der Sicherungsnehmer in einem „regulären“ Sicherungsfall eine hohe Befriedigungsquote erreichen können. In der Insolvenz kann sich dies jedoch nicht gleich auswirken. Ansonsten wäre der Sinn und Zweck der Insolvenz nicht erreichbar, der darin liegt, die Zahlungsforderungen von allen gemeldeten Gläubigern in der Rangfolge möglichst gleichmäßig und umfassend zu befriedigen.

Zwar stimmt es, dass die *floating charge* nunmehr, aufgrund ihres hohen Sicherungsumfangs, eine nachrangige Position aufweist. Dem kann aber individualvertraglich abgeholfen werden, indem eine *negative pledge clause* vereinbart wird. In diesem Fall können zeitlich nach der *floating charge* keine weiteren Belastungen am Unternehmen wirksam bestellt werden, die geeignet sind, die Verwertung zugunsten des *chargee* zu gefährden. Auch die Kritik an der Registerpflicht ist verfehlt. Die Registerinformation, die angibt, dass ein Unternehmen mit einer *floating charge* belastet ist, ist ein übliches Mittel zum Schutz des Rechtsverkehrs.[1595] Erst auf diese Weise ergibt sich ein transparentes Bild der Rechtsbeziehungen für potenzielle Vertragspartner und Kreditgeber. Ein Dritter, der mit dem Unternehmen kontrahieren möchte, kann abstrakt eine Risikoevaluierung vornehmen und für sich das mögliche Ausfallrisiko bewerten.

1594 So *von Bernstorff*, Einführung in das englische Recht, 2018, S. 117.

1595 Zur hohen Relevanz der Registerpflicht und der damit einhergehenden Publizität im Unternehmensrecht *K. Schmidt*, Handelsrecht, 2014, S. 415 ff.; vgl. *Calnan* (2001) 16 JIBFL, 53; *Farrar* (1974) 38 CPL, 315, 323.

Insbesondere dient die Registerpflicht der Vorbeugung einer Gläubigergefährdung und täuschung. Andere Gläubiger sollen die Kreditwürdigkeit des Sicherungsgebers adäquat einschätzen und bei einer zusätzlichen Bestellung von Sicherheiten Risiken ordnungsgemäß abwägen können.[1596]

Dass die Kristallisierung der *floating* zu einer *fixed charge* nicht einsehbar ist, ergibt sich aus dem simplen Gedanken, dass es sich dem Grunde nach um dasselbe Rechtsinstrument handelt. Die Bestellung richtet sich originär auf eine *floating charge*. Für den Rechtsverkehr sind das Sicherungsrecht und der Umfang erkennbar. Der Zustand im Einzelnen, d.h. etwa die Kristallisierung, kann individuell erfragt werden. In einem Vertragsverhältnis kann der Sicherungsgeber von anderen Vertragspartnern dazu verpflichtet werden, über diesen Umstand aufzuklären.

Es ist kein Betrug gegenüber anderen Gläubigern feststellbar, wenn der Unternehmer während der Laufzeit der *floating charge* verfügungsbefugt bleibt. Die *floating charge* ergibt sich nämlich aus dem Unternehmensregister und ist einsehbar. Die allgemeine Gläubigerschaft ist informiert und es stellt sich eine Kenntnisfiktion ein. Im Übrigen stellt eine unübliche Verfügung des *chargee* einen Vertragsbruch dar. Die Gefahr der Vermögenslosigkeit aufgrund vertragswidrigen Verhaltens ist einem Sicherungsrecht immanent. Ebenso entspricht es allgemeinen Rechtsgrundsätzen, dass der Sicherungsnehmer die Beweislast bei der Geltendmachung eines Schadensersatzanspruchs wegen Vertragsbruchs trägt. An der Fortsetzung des üblichen Geschäftsbetriebs und der Verfügungsbefugnis des Sicherungsgebers ist von Vorteil, dass dieser weiterhin am Wirtschaftsleben teilnimmt. Die Einkünfte können für die Tilgung der Darlehensraten gegenüber dem Sicherungsnehmer genutzt werden.

Wie anhand der Hauptkritikpunkte der englischen Literatur zu erkennen ist, reicht das vertretene Meinungsspektrum von einer vermeintlich zu starken gesetzlichen Beschränkung des Sicherungsrechts zu einer für die Praxis zu hohen Rechtsunsicherheit. Dabei ist es ein nahezu natürlicher Effekt, dass ein Sicherungsrecht durch die stetige Rechtsfortbildung und durch einen anhaltenden Diskurs in der Literatur geprägt und beschränkt wird. Dass die *floating charge* nur in Teilbereichen gesetzlich geregelt ist, ergibt sich daraus, dass sie dem *common law* entstammt und im Wesentlichen von Gerichtsentscheidungen geprägt ist. Weiterhin gilt daher Vertragsfreiheit und es sind die Umstände des Einzelfalls vertraglich zu berücksichtigen. Gerade hierin liegt auch ein großer

1596 *Ungerer*, ZfRV 2015, 32, 36; *ter Meulen*, S. 16.

Vorteil der *floating charge*. Sie kann in weiten Teilen in ihrem Umfang und Verlauf der Interessenlage der Sicherungsparteien angepasst werden.

2. Fehlen einer einheitlichen normativen Grundlage

Jeder Einwand gegen die angeführte Kritik ändert jedoch nichts daran, dass die *floating charge* in der Praxis weniger in Anspruch genommen wird.[1597] Diese Arbeit verortet das Problem in einem wesentlichen Kritikpunkt. Namentlich kritisiert eine Literaturauffassung, die *floating charge* weise *de lege lata* kein einheitliches normatives Gerüst oder sonstiges einheitliches Fundament auf.[1598] Vielmehr würde die *floating charge* durch die stetige Rechtsfortbildung eine komplexe Form annehmen. Durchaus ist eine besondere Stärke der *floating charge* darin zu sehen, dass sie von der Vertragsfreiheit geprägt ist und die Parteien das Sicherungsinstrument individualvertraglich anpassen können.[1599] Für die *floating charge* spricht auch, dass sich der *chargee* Rechte, wie etwa Informationsrechte vorbehalten und die weitere Belastung des Unternehmens mittels einer *negative pledge clause* unterbinden kann.[1600] Auch steht es ihm, trotz fehlender Einschränkung der Verfügungsbefugnis und gewöhnlicher Fortführung des Geschäftsbetriebs, vertraglich offen, Mechanismen zu vereinbaren, die die Einflussnahme auf das Unternehmen ermöglichen.[1601]

Problematisch ist aber die Rechtsunsicherheit, die die Vertragsvielfalt mit sich bringt. Selbst die stetige Weiterentwicklung von Rechtsgrundsätzen in der Rechtsprechung kann die zahlreichen rechtlichen Unklarheiten nicht beheben. Die Entwicklung von Rechtskriterien in der Rechtsprechung war und ist noch immer notwendig, um der *floating charge* rechtliche Grenzen aufzuerlegen. Die *floating charge* besteht, wie nicht selten in dem vom englischen *case law* geprägten Rechtssystem, aus einem Flickenteppich von Normen und geltenden

---

1597 Hierzu bereits S. 343 f.

1598 In Bezug auf diesen Punkt wird dafür plädiert, dass die *floating* der *fixed charge* angeglichen wird, *Lenhard*, S. 257 ff.

1599 Vor allem das englische Recht ist geprägt von dem Grundsatz der Vertragsfreiheit und den Individualabreden: „*The basic idea that drives forward the English law of security is that of freedom of contract. This value is most strikingly seen in the ability of a financing creditor to take one single security over all of the assets of a debtor company.*" *Kieninger/Bridge* in: Kieninger, Security Rights in Movable Property in European Private Law, S. 85.

1600 Hierzu einleitend S. 118 ff.

1601 *Davies*, Gower & Davies Principles of Modern Company Law, 2008, 32-7.

Gerichtsentscheidungen. Zahlreiche offene Rechtsfragen sind weder höchstrichterlich entschieden noch gesetzlich umgesetzt.[1602] Selbst die Kriterien zur Abgrenzung der *floating charge* von der *fixed charge*, mit denen sich die Rechtsprechung lange und intensiv beschäftigt hat, sind nicht abschließend bestimmt und stark einzelfallabhängig. Mithin ist das größte Problem, das zu der praktisch geringen Inanspruchnahme der *floating charge* führt, dass sie einen Zustand der Rechtsunsicherheit mit sich bringt.

III. Rückschlüsse für den Unternehmensnießbrauch

Der Unternehmensnießbrauch nach deutschem Recht ist, ebenso wie die *floating charge*, im Wesentlichen von Rechtsunsicherheit geprägt.[1603] Es gibt zwar gesetzliche Anhaltspunkte für die Zulässigkeit des Unternehmensnießbrauchs und die Literatur setzt sich mit einigen Problemstellungen auseinander. Indes wird der Unternehmensnießbrauch als Rechtsinstitut nur wenig wahrgenommen und in geringem Maße praktisch umgesetzt. Die zahlreichen Unklarheiten im Rechtsumgang und die rechtlichen Schwierigkeiten, die sich in der Rechtspraxis ergeben, „machen verständlich, dass der Unternehmensnießbrauch als Gestaltungsform wenig verbreitet ist."[1604]

Der Unternehmensnießbrauch ist ein sinnvolles und hilfreiches Rechtsinstrument, das geeignet ist, als Sicherheit in der Kreditpraxis zu dienen. Die Arbeit sieht es als notwendig an, dass der Unternehmensnießbrauch an Bedeutung

---

1602 „*Hand-in-hand with the policy objections to some aspects of the floating charge has come the growing realisation that, however brilliant the conception and however useful the floating charge as a financing tool, it has become so overladen with case law and doctrine that it is now a subject of excessive complexity.*" *Gullifer*, Goode on legal problems of credit and security, 2013, Rn. 4.66.

1603 Auch der Unternehmensnießbrauch wird konzeptionell als „rechtsunsicher" bezeichnet. Dies wird besonders deutlich bei der Mitbelastung der Mitgliedschaft an der Gesellschaft. Die Zulässigkeit der Belastung eines Gesellschaftsanteils steht außer Frage. Die Umsetzung ist jedoch stark umstritten. Insbesondere bei der steuerlichen Behandlung kann dies problematisch sein, da eine fehlerhafte Bilanz weitreichende Rechtsfolgen zulasten des Unternehmers mit sich bringen kann. Bei internationalen Transaktionen ist von einer „geringen Anschaulichkeit" auszugehen, wodurch, aufgrund der Besonderheiten des deutschen Rechts, ein hoher Erläuterungsbedarf entsteht. Hierzu *Pohlmann*, in: Säcker et al., MüKo BGB, Bd. 8, 2020, § 1069 Rn. 22.

1604 So wörtlich *K. Schmidt*, Handelsrecht, 2014, S. 187.

gewinnt und in seiner praktischen Umsetzbarkeit gefördert wird. Hierfür ist jedoch eine gesetzliche Regelung erforderlich.[1605]

Zwar ist der Nießbrauch ein komplexes Rechtsinstitut und auch die Anwendung auf ein Unternehmen gestaltet sich nicht einfach. Dies betrifft sowohl den Bestellungsakt als auch die Verkehrsuntauglichkeit mangels Übertragbarkeit bis hin zu den zahlreichen Fragen bei der Rückabwicklung oder zum Beendigungszeitpunkt. Kritiker könnten daher die Geeignetheit des Nießbrauchs als umfassende Unternehmensbelastung zu Sicherungszwecken in Frage stellen.[1606] Der Nießbrauch ist aber das einzige Recht, das eine starke Rechtsposition gegenüber Dritten garantiert und umfassend an sämtlichen Einzelgegenständen eines Unternehmens bestellt werden kann. Dadurch bleibt der *numerus clausus*, die abschließende Aufzählung anwendbarer dinglicher Rechte im deutschen Sachenrecht, gewahrt.

Der Unternehmensnießbrauch weist gegenüber der *floating charge* zahlreiche rechtliche Problemstellungen auf. Dies ist dem restriktiven deutschen Sachenrecht geschuldet und in der weiteren Entwicklung des Unternehmensnießbrauchs schlichtweg hinzunehmen oder anzupassen. Erst wenn sich der deutsche Gesetzgeber des Unternehmensnießbrauchs annimmt, diesen ausdrücklich für zulässig erklärt und wesentliche Rechtsfragen klärt, können sich rechtliche Spielräume für die individualparteiliche Umsetzung eröffnen.[1607] Das gesetzlich fixe Grundgerüst eines Rechtsinstituts ist geeignet, Rechtssicherheit und -klarheit herbeizuführen[1608] und die Rechtspraxis zu vereinfachen, indem sich die Kernelemente unmittelbar gesetzlich ergeben. Zwar gibt es in der Tat eine Reihe von Fragen und Sachverhalten, die naturgemäß nur durch eine individualvertragliche sowie explizite Abrede ausreichend interessengerecht erfasst

---

1605 So bereits die Ausgangsprämisse der Arbeit S. 44 f.

1606 Hierzu S. 54 ff.

1607 Dabei ist jedoch zu bedenken: „Der Inhalt des Nießbrauchs unterliegt dem sachenrechtlichen Typenzwang und kann daher von den Parteien nicht beliebig modifiziert werden. Sind abweichende Vereinbarungen gesetzlich zugelassen […], so dürfen sie jedenfalls nicht die charakteristischen Merkmale des Nießbrauchs selbst völlig beseitigen." So *Escher/Haag*, in: Gummert/Weipert, Münchener Handbuch des Gesellschaftsrechts, Bd. 2, 2019, § 27 Rn. 27. Das „Wesen des Nießbrauchs" ist zu jeder Zeit zu erhalten. So *Mohr*, in: Säcker et al., MüKo BGB, Bd. 8, 2020, Vor § 1018 Rn. 12.

1608 Zur „erheblichen Gestaltungsunsicherheit" in *Schmitz*, StuW 99, 194, 194 f. mit Bezug auf *Janssen/Nickel*, S. 24.

werden können.[1609] Es sollte aber, wie häufig in der deutschen Gesetzessystematik, zumindest eine abdingbare Gesetzesregelung geben. Im Fall einer ungeklärten Vertragslage wäre diese geeignet, Anhaltspunkte für den gesetzgeberischen Willen vorzugeben.

Anhand der besonders vorteilhaften sowie wesentlich prägenden Elemente der *floating charge* soll zuletzt hinterfragt werden, welche Regelungsmöglichkeiten vom deutschen Gesetzgeber *de lege ferenda* tatsächlich umsetzbar sind. Es ist zu klären, welche nicht überwindbaren Defizite in der Übertragung eines englischen Rechtskonzepts in das deutsche Recht vorliegen und welche übernommen werden sollten. Zudem soll, mit Blick auf die gegenwärtige Kritik an der *floating charge*, hinterfragt werden, welche Erkenntnisse aus den Mängeln der *floating charge* zu ziehen und bei der normativen Umsetzung nutzbar zu machen sind.[1610] Die übernahmefähigen und würdigen Rechtsgedanken der *floating charge* sollen abschließend für eine gesetzliche Regelung des Unternehmensnießbrauchs *de lege ferenda* untersucht werden.

1. Rechtsgrundlage *de lege ferenda*

Es ist erforderlich, dass der Unternehmensnießbrauch gesetzlich geregelt wird. Insbesondere die Zulässigkeit und die Bestellereigenschaft von Kapitalgesellschaften des dualistischen Systems sind gesetzlich zu bestimmen.

a. *Zulässigkeit*

Ebenso wie der *Companies Act 2006* als einschlägiges Gesetzbuch für Unternehmen in England Regelungen zur *floating charge* aufweist[1611] und deren Zulässigkeit feststellt, ist der Nießbrauch an Unternehmen gesetzlich zu erfassen. Die grundlegenden Regelungen sind im BGB einzufügen, da der Nießbrauch bereits dezidiert an Sachen (§§ 1030-1067 BGB), Rechten (§§ 1068-1084 BGB) sowie an einem Vermögen (§§ 1085-1089 BGB) im BGB kodifiziert ist. Regelungen zum Unternehmensnießbrauch würden sich insoweit logisch einfügen. Auch

1609 *K. Schmidt*, Handelsrecht, 2014, S. 187 f. Dies war auch die anfängliche Argumentation des historischen Gesetzgebers, der die Inkorporierung des Unternehmensnießbrauchs abgelehnt hat. Hierzu *Mugdan*, S. 312 Rn. 559.

1610 Für die einzelnen thematischen Auseinandersetzungen ist auf die jeweilige Stelle der vorliegenden Arbeit zu verweisen.

1611 Hierzu S. 113 ff.

Sonderregelungen im HGB, GmbHG, AktG sowie in weiteren Spezialgesetzen sind sinnvoll, um Regelungen für die jeweilige Sondermaterie aufzustellen.

Die Zulässigkeit einer umfassenden Unternehmensbelastung wäre final geklärt[1612] und das Unternehmen wäre vom Gesetzgeber als taugliches Sicherungsobjekt bestimmt.[1613] Da das Unternehmen *en bloc* erfasst wäre, würde unstrittig der immaterielle Tätigkeitsbereich als miterfasst gelten. Durch die Anhaftung des Nießbrauchs am gesamten Unternehmen wäre auch die dinglich wirkende Rechtsnatur erkennbar.

b. Aktiengesellschaft als Besteller

Durch ebendiese gesetzlichen Regelungen könnten auch spezielle handels- oder gesellschaftsrechtliche Fragestellungen abschließend vom Gesetzgeber beantwortet werden. Bei deutschen Aktiengesellschaften sowie bei entsprechender Ausgestaltung der deutschen SE und GmbH ist das dualistische System vorherrschend. Das operative Führungsorgan, der Vorstand bzw. der Geschäftsführer, ist vom Kontroll- und Aufsichtsorgan, dem Aufsichtsrat, institutionell sowie funktionell getrennt. In der Arbeit bereits aufgezeigte Rechtsproblematiken ergeben sich bei der Anwendung des Unternehmensnießbrauchs, da der Nießbraucher in die Unternehmerstellung eintritt und die Kompetenzzuweisungen torpediert.[1614]

Sinn und Zweck einer umfassenden Unternehmensbelastung ist es, dass durch den hohen Sicherungsumfang, ein möglichst hoher Kredit zu angemessenen Konditionen vergeben werden kann.[1615] Daher ist es sinnvoll den Unternehmensnießbrauch, wie auch die *floating charge*, gerade den Kapitalgesellschaften zugänglich zu machen.[1616] Auch geben die bisherigen den Unternehmensnießbrauch erfassenden Vorschriften keine Anhaltspunkte dafür, dass eine Einschränkung in der Bestellereigenschaft vorliegen soll. Entsprechend wäre eine Gesetzesregelung, insbesondere im AktG, erforderlich, die die Zulässigkeit eines Nießbrauchs an einer Aktiengesellschaft feststellen sowie die Ausgestaltung und Umsetzung ausführen würde.

1612 Siehe S. 54 ff.

1613 Hierzu S. 149 ff.

1614 Zu den möglichen Problematiken in diesem Zusammenhang S. 90 ff.

1615 Zu den teleologischen Gesichtspunkten, die hierfür sprechen, S. 96 f.

1616 Siehe hierzu S. 96 f.

2. Sicherungscharakter

Der Unternehmensnießbrauch sollte als einsetzbares Kreditsicherungsinstrument dargestellt und sein Verlauf gesetzlich geregelt werden, damit er von den Anwendern erkannt und praktisch umgesetzt wird.

a. *Keine Akzessorietät kraft Gesetzes*

Die *floating charge* ist ein Sicherungsrecht, das unmittelbar mit der zugrundeliegenden Forderung verknüpft ist.[1617] Daher ist zu hinterfragen, ob nicht auch beim Unternehmensnießbrauch eine Gesetzesregelung von Vorteil wäre, die die Konnexität und Akzessorietät feststellt, ohne dass parteiintern eine Sicherungsabrede erforderlich ist. Dafür spricht, dass unmittelbar die Nutzungsmöglichkeit des Unternehmensnießbrauchs als Sicherungsinstrument erkennbar und die unmittelbare Rechtsverbindung zur zugrundeliegenden Kreditverbindlichkeit hergestellt würde. Hieraus würde resultieren, dass der Unternehmensnießbrauch als Recht in seiner Entstehung, Inhaberschaft, Durchsetzbarkeit und seinem Erlöschen von der Forderungsinhaberschaft kraft seiner eigenen Natur abhängen würde.[1618]

Gegen eine ausdrückliche Gesetzesregelung spricht jedoch zum einen, dass die akzessorischen Kreditsicherheiten im deutschen Zivilrecht abschließend genannt sind. Namentlich sind allein die Bürgschaft, die Hypothek und das Pfandrecht akzessorisch an ihre *Causa* gebunden.[1619] Zum anderen ist auch der Nießbrauch an Einzelgegenständen, wie er im Gesetz geregelt ist, nicht akzessorisch. Es ist daher nicht davon auszugehen, dass der Nießbrauch am Unternehmen als Belastungsgegenstand anders behandelt werden soll. Darüber hinaus unterscheidet den Unternehmensnießbrauch von der *floating charge*, dass er eine vorübergehende Form der Unternehmensfortführung ist und daher auf zahlreiche, unterschiedliche Weisen eingesetzt werden kann.[1620] Die Ausgestaltung als Sicherungsrecht ist nur eine Möglichkeit. Die *floating charge* hingegen ist allein

1617 Hierzu S. 121 ff.

1618 Zu den Rechtsfolgen der Akzessorietät *Herrler*, in: Palandt, BGB, 2020, Vor § 854 Rn. 7.

1619 Im Übrigen finden sich abstrakte Sicherheiten im Gesetz. Das Sicherungsrecht kann über eine Sicherungsabrede mit der zugrundeliegenden Forderung verknüpft werden. Hierzu *Baums*, Recht der Unternehmensfinanzierung, § 33 Rn. 47 ff.

1620 Zu den Ausgestaltungsvarianten S. 71 ff.

als Sicherungsrecht einsetzbar.[1621] Insofern kann keine unmittelbar vergleichbare Interessenlage des Gesetzgebers angenommen werden.

Im Übrigen ergibt sich aus einer fehlenden Akzessorietätsregelung keine erkennbare Lücke, die der Abhilfe bedürfte. Wie auch bei anderen abstrakten Sicherheiten des deutschen Sicherungsrechts kann eine Sicherungsabrede eine ausreichende Verknüpfung des Unternehmensnießbrauchs mit einer Darlehensforderung als *Causa* herstellen.

b. Kein revolvierender Sicherungscharakter

Weiterhin ist an der *floating charge* vorteilhaft, dass es sich um eine revolvierende Sicherheit handelt.[1622] Die Belastung ist in konstantem Fluss und passt sich stetig an. Neue Vermögenswerte treten dem Sicherungsverband bei und mit dem Austreten bisher erfasster Vermögenswerte endet die *floating charge*. Dadurch können aktuelle Rechtsentwicklungen beachtet werden und das einschlägige Sicherungsmittel ist jederzeit der individuellen Unternehmenssituation angepasst.

Diese Flexibilität des Sicherungsrechts ist mit dem deutschen Recht aber unvereinbar. Sie steht zum einen in unmittelbarem Gegensatz zum Konkretisierungs- und Bestimmtheitsgrundsatz. Demzufolge müssen zum Zeitpunkt des Vertragsschlusses konkret das Vertragsobjekt und die vom Bestellungsakt zu erfassenden Gegenstände bestimmt sein bzw. bestimmbar feststehen.[1623] Zum anderen konstituiert auch die Öffentlichkeitswirkung des Handelsregisters und des Grundbuchs,[1624] dass allein die zum konkreten Zeitpunkt erfassten und im Eigentum bzw. der Inhaberschaft des bisherigen Unternehmers stehenden Vermögenswerte für den Rechtsverkehr verbindlich und ersichtlich erfasst sind.

Veräußerungen im üblichen Geschäftsbetrieb sind beim Unternehmensnießbrauch insofern zulässig, als dass die Gegenstände des Umlaufvermögens ohnehin im Eigentum des Nießbrauchers stehen. Der Nießbraucher kann im Rahmen der derivativen Unternehmensnachfolge vorübergehend hierüber verfügen. Die Veräußerung von sonstigen belasteten Vermögenswerten erfolgt nur

---

1621 Siehe hierzu S. 96 f.

1622 Hierzu S. 121 ff.

1623 Zum Begriff *Gaier*, in: Säcker et al., MüKo BGB, Bd. 8, 2020, Einleitung SachenR Rn. 21; zur Relevanz des Bestimmtheitsgrundsatzes im Übereignungs- und auch Belastungsprozess *Feuerborn*, ZIP 2001, 600.

1624 Zum Publizitäts- und Offenkundigkeitsprinzip im Sachenrecht *Gaier*, in: Säcker et al., MüKo BGB, Bd. 8, 2020, Einleitung SachenR Rn. 22.

dann ohne Belastung mit dem Nießbrauch, wenn der Erwerber gutgläubig war. Erwirbt das Unternehmen neue Vermögenswerte, wie etwa ein neues Betriebsgrundstück, erfolgt keine automatische Erweiterung des Unternehmensnießbrauchs hierauf. Vielmehr ist ein neuer Bestellungsakt erforderlich. Die Parteien des Nießbrauchs können vertraglich vereinbaren, dass Änderung im Unternehmensbestand in regelmäßigen Abständen nachzukommen ist. Zugleich kann vertraglich das Erfordernis eines neuen Bestellungsaktes bei hinzutretenden Unternehmensgegenständen vereinbart werden. Auf diese Weise kann flexibel einem wechselnden Unternehmensbestand nachgekommen werden, wobei der Verwaltungsaufwand sowie die -kosten zu berücksichtigen sind. Gesetzlich lässt sich ein „Automatismus" bei der Anpassung des Unternehmensbestandes nach deutschem Recht nicht umsetzen.

c. *Unternehmensfortführung „in bisheriger Form"*

In der englischen Literatur wird es als nicht unkritisch gesehen, dass ein Unternehmen, das mit einer *floating charge* belastet ist, wie gewohnt weitergeführt wird und über die Unternehmensgegenstände verfügt werden darf.[1625] Zum einen ist hieran jedoch vorteilhaft, dass die Kreditraten von den Einnahmen des laufenden Geschäftsbetriebs beglichen werden können. Zum anderen wird das Unternehmen durch den Besteller fortgeführt, der den Unternehmensgegenstand besonders gut kennt und mit den Abläufen vertraut ist. Im Innenverhältnis ist eine Kontinuität der Führungsweise gewährleistet.[1626] Auch wirkt sich positiv aus, dass sich für den Rechtsverkehr keine „spürbaren" Unterschiede ergeben, da weiterhin dieselbe Person nach außen hin auftritt.

Im Gegensatz hierzu entspricht es dem Kerncharakter des Unternehmensnießbrauchs, dass der Nießbraucher derivativ die Unternehmensfortführung übernimmt.[1627]

Ausnahmsweise kann sich beim Unternehmensnießbrauch als Sicherungsinstrument eine andere Interessenlage ergeben. Ein institutioneller Kreditgeber

---

1625 Hierzu bereits S. 347 ff.

1626 *K. Schmidt*, Handelsrecht, 2014, S. 246 ff.

1627 Die Verfügungsbefugnis an den Einzelgegenständen hängt davon ab, in wessen Verfügungsgewalt diese liegen. Detailliert wurde hier aufgezeigt, dass dem bisherigen Unternehmer das Anlagevermögen und dem grundsätzlich unternehmensfortführenden Nießbraucher das Umlaufvermögen zugewiesen wird. Dadurch ergibt sich nicht nur eine personelle Divergenz in den Vermögensmassen, sondern auch in der Verfügungsgewalt. Hierzu S. 215.

hat erwartungsgemäß kein Interesse daran, selbstständig ein Unternehmen zu führen.[1628] Dafür fehlen ihm insbesondere Fachexpertise und Personal. Auch der Sicherungsgeber möchte im Zweifel, nur weil er Fremdkapital in Anspruch genommen hat, nicht auf die Unternehmensführung verzichten. Gleichzeitig hat der Sicherungsnehmer jedoch ein erhebliches Interesse daran, Kontroll- und Interventionsmechanismen in der Hand zu halten, was vom Sicherungsgeber erwartungsgemäß geduldet wird, wenn ihm ein Kredit mit hohem Kreditvolumen gewährt wurde.

Unter Annäherung an die Lösung einer Unternehmensfortführung „in bisheriger Form", wie bei der *floating charge*, kann der bisherige Unternehmensführer seine Tätigkeit weiterhin in unechter Treuhand für den Nießbraucher fortsetzen.[1629] Dies wurde als Treuhandlösung dargestellt und ist geeignet, der Interessenlage der Parteien nachzukommen.[1630] Damit wird ein stellvertretungsähnliches Konstrukt nach Maßgabe von § 1059 S. 2 BGB gewählt, welches grundsätzlich, wie in der *floating charge*, die vor der Sicherheitsbestellung bestehenden Verhältnisse aufrechterhält. Im Gegensatz hierzu wird jedoch dem Sicherungsgeber eine vorteilhafte, dominante, übergeordnete Rechtsposition eröffnet. Der Unternehmensnießbraucher hat zu jeder Zeit ein Informationsrecht sowie Einwirkungsmöglichkeiten durch Anweisungen im Innenverhältnis. Dadurch ist er in einer Kontrollposition und kann den ordnungsgemäßen Verlauf des Kreditverhältnisses gewährleisten.

Der Nießbraucher kann insbesondere bei einer erkennbaren missbräuchlichen Geschäftspraxis auf den Sicherungsgeber einwirken und Maßnahmen veranlassen. Dies stellt einen rechtlichen Mehrwert gegenüber der *floating charge* dar, die, bis auf ein gerichtliches Verwalterverfahren bei einer konkreten Gefährdung des Sicherungsrechts, keine Einwirkungsmöglichkeit in die Unternehmensabläufe aufweist. Auf diese Weise werden die genannten Kritikpunkte der *floating charge* für die deutsche Rechtslage nutzbar gemacht. Ihnen kann Abhilfe verschafft werden, indem der Unternehmensnießbrauch gesetzlich entsprechend ausgestaltet wird.

Für die deutschen Rechtsanwender sollte, zugunsten der Rechtssicherheit und -klarheit, die unechte Treuhand in der Unternehmensfortführung beim

---

1628 Zu den Ausführungen im Einzelnen S. 99 ff.

1629 Zu der Möglichkeit die Unternehmensführungstätigkeit zu delegieren S. 99 ff.

1630 Die unechte Treuhand kann hingegen nicht bei einer Aktiengesellschaft implementiert werden. Es ist eine alternative Ausübungsweise gesetzlich zu etablieren. Hierzu S. 106 f.

Nießbrauch offengelegt und gesetzlich kodifiziert werden. Es sollte daher eine Regelung geschaffen werden, die die Zulässigkeit feststellt und die Anwendungsweise, im Gesamtzusammenhang von § 1059 S. 2 BGB, ausführt.

3. Entstehungstatbestand

Der Vertrag zum Unternehmensnießbrauch weist grundsätzlich keine über die allgemeinen Regelungen eines Sicherungsrechts hinausgehenden Besonderheiten auf.[1631] Auch die Sicherungsabrede ist nach den allgemein geltenden Maßstäben aufzusetzen. Es besteht Raum für eine individualvertragliche Regelung der Parteien. Gesetzliche Bestimmungen sind daher im Einzelnen nicht erforderlich. Grundsätzlich wäre es erstrebenswert, dass der Unternehmensnießbrauch, wie die *floating charge*, in einem einheitlichen Akt bestellt und gutgläubig erworben werden könnte. Dies ist jedoch mit den deutschen Rechtsgrundsätzen des Sachenrechts unvereinbar.

a. Kein einheitlicher Bestellungsakt

Ein erheblicher Vorteil der *floating charge* liegt in ihrer einfachen praktischen Anwendung. Bereits die vertragliche Vereinbarung der Sicherungsparteien reicht aus, damit die *floating charge* als wirksam bestellt gilt. Die *floating charge* gilt auch gegenüber Dritten als wirksam bestellt, wenn sie fristgerecht ins *Companies Registry* eingetragen wird.[1632] Auf diese Weise kann das Unternehmen umfassend mit dem Sicherungsinstrument belastet werden.

Es wäre sachdienlich, wenn die Belastung eines Unternehmens mit dem Unternehmensnießbrauch auch in einem Bestellungsakt anstatt durch mehrere Bestellungsakte an den jeweiligen Einzelgegenständen erfolgen könnte.[1633] Die Vornahme von Einzelbestellungsakten kann insbesondere bei großen Unternehmen einen erheblichen Aufwand darstellen. Auf diese Weise ist die Bestellung mehrschrittig sowie zeit- und kostenaufwendig. Ebenso sind bei der Beendigung des Unternehmensnießbrauchs der Aufwand und die Kosten beim *actus contrarius*, d.h. bei der Rückabwicklung, nicht zu unterschätzen. Die Einzelgegenstände

---

1631 Aus der gesetzlichen Regelung würde sich implizit ergeben, dass das Unternehmen zulässigerweise Vertrags- sowie Sicherungsgegenstand sein darf.

1632 Es bedarf eines Vertrags, S. 203 f., sowie einer Eintragung im öffentlichen Register für die Herbeiführung der Rechtswirkung *inter omnes*, S. 206 f.

1633 Indes wird festgestellt, „die Durchführung der Nießbrauchsbestellung gestaltet sich aufwendig." So *Schmitz*, StuW 99, 194, 195.

sind zurück zu übereignen bzw. zu übertragen, der Besitz ist wieder an den Besteller einzuräumen und Registereintragungen sind zu löschen. Dadurch büßt der Unternehmensnießbrauch stark an Attraktivität ein, da es sich nicht um ein leicht anwendbares Rechtsinstrument handelt.

Indes ist die Bestrebung, einen einheitlichen Vorgang zur Bestellung eines Unternehmensnießbrauchs zu schaffen, mit dem deutschen Recht nicht vereinbar. Dies ergibt sich aus dem sachenrechtlichen Spezialitätsprinzip. Dieses „beruht auf der Einsicht, dass Sachgesamtheiten nicht als solche übertragen werden können, sondern jede einzelne Sache Gegenstand einer auf sie bezogenen Verfügung sein muss.“[1634]

Gegen einen einheitlichen Bestellungsvorgang spricht, dass das Unternehmen aus heterogenen Einzelgegenständen besteht und die jeweiligen Vorschriften zur wirksamen Bestellung zu berücksichtigen sind. Diese bringen unterschiedliche Anforderungen mit sich und erfordern unterschiedliche Rechtsakte. Mithin ist es nach deutschem Recht nicht möglich, einen Rechtsakt zu konstituieren, kraft dessen das Unternehmen gesamtheitlich belastet wird.

De lege ferenda können aber in begrenztem Maße normative „Hilfestellungen“ zur Vereinfachung der Rechtslage eingebracht werden. Betrachtet man etwa die Hypothek, wird nach § 1120 BGB der hypothekarische Haftungsverband etabliert, demzufolge sich der dingliche Belastungsumfang nicht nur auf das betroffene Grundstück, sondern auch auf zusammenhängende Gegenstände bezieht.[1635] Ein vergleichbarer Verweis für den Unternehmensnießbrauch *de lege ferenda* würde den Sicherungsverband erweitern.[1636] Der Bestellungsprozess

---

1634 So *Oechsler*, in: Säcker et al., MüKo BGB, Bd. 8, 2020, § 929 Rn. 7. Der Ursprung des Spezialitätsprinzips aus dem deutschen Sachenrecht ist nach einhelliger Auffassung in der Dogmatik des Verfügungsgeschäfts selbst zu verorten. Dieses erfordert, im Hinblick auf andere Rechtsgeschäfte, die besondere Berechtigung zur Einwirkung auf das betroffene Recht, namentlich die Verfügungsbefugnis. Ebendiese kann lediglich gesondert und speziell für jedes erfasste Recht bestehen. Hierzu auch *Oechsler*, in: Säcker et al., MüKo BGB, Bd. 8, 2020, § 929 Rn. 22.

1635 *Haertlein*, in: Langenbucher/Bliesener/Spindler, Bankrechts-Komm, 2016, Kap. 25 Rn. 5 ff.

1636 Es ist von der Zulässigkeit des Verweises und der entsprechenden Anwendbarkeit im Unternehmensnießbrauch auszugehen. Sinn und Zweck der Norm, der zufolge wertmäßige dem Grundstück anhaftende Gegenstände vom Haftungsverband miterfasst sind, ist es, den Rechts- und Wirtschaftsbestand des Grundstücks als Haftungsgegenstand zu bewahren und zugunsten des Sicherungsnehmers zu gewährleisten. Damit wird eine zulässige Erweiterung des Haftungsverbandes vorgenommen, obgleich

wäre unter Berücksichtigung des Spezialitätsprinzips erheblich vereinfacht. Zumindest der Bestellungsakt an gleichartigen Gegenständen, etwa an körperlichen Gegenständen, die mit einem belasteten Betriebsgrundstück wirtschaftlich zusammenhängen, wäre zusammengefasst. Dies gilt bereits nach den allgemeinen Vorschriften, da das Zubehör von Betriebsgrundstücken oder wesentliche Bestandteile mitübergehen.[1637]

In der Rechtspraxis können auch gebündelte Bestellungsakte an gleichartigen Gegenständen vollzogen werden, für die dieselben Rechtsvorschriften gelten. Dies könnte in angemessener Weise erweitert werden. Insofern kann zwar eine gesetzliche Regelung keinen einheitlichen Vorgang zur Bestellung des Unternehmensnießbrauchs vorsehen,[1638] dieser kann aber erleichtert werden. Zumindest die Bündelung von Bestellungsakten könnte den Vorgang beschleunigen.

Zwar kann der Unternehmensnießbrauch auch auf diese Weise noch immer nicht praktisch genauso einfach bestellt werden wie die *floating charge*. Indes wird es nach deutschem Recht keine Globalsicherheit geben können, bei der ein einheitlicher Akt zur Bestellung einer Sicherheit an einem Unternehmen *en bloc* möglich sein wird. Wegen der Grundsätze des deutschen Sachenrechts und der Konstitution des Unternehmens, bestehend aus rechtlich heterogenen Einzelgegenständen, wird nie dieselbe einfache Praxisanwendung entstehen können wie nach dem englischen Recht.

Dasselbe gilt für den gutgläubigen Erwerb des Nießbrauchs am Unternehmen. Dieser ist erst dann möglich, wenn sämtliche der erfassten Einzelgegenstände gutgläubig erworben wurden. Der gutgläubige Unternehmensnießbrauch gestaltet sich insbesondere schwierig, da es nur in engen Grenzen möglich ist, Rechte gutgläubig zu erwerben. Objektiv betrachtet würde ein solcher, gemessen am Unternehmen im Ganzen, das Rechtsinstitut vereinfachen und die Verkehrstauglichkeit fördern. Eine gesetzliche Regelung ist jedoch nicht denkbar, da dem der sachenrechtliche Spezialitäts- und Bestimmtheitsgrundsatz entgegensteht. Zur wirksamen Entstehung des Nießbrauchs ist ein Bestellungsakt an allen Einzelgegenständen des Unternehmens erforderlich. Für den gutgläubigen Erwerb ist derselbe Maßstab anzulegen. Es muss ein gutgläubiger Erwerb an sämtlichen Einzelgegenständen stattgefunden haben. Allein der gute Glaube in

---

kein Bestellungsakt stattgefunden hat. Kraft § 1120 BGB gelten die Gegenstände implizit als erfasst. *Lieder*, in: Säcker et al., MüKo BGB, Bd. 8, 2020, § 1120 Rn. 1-3.

1637 Hierzu bereits S. 185 ff.

1638 Die dingliche Belastung kann mittels kategorisierter und sammelbegriffsbezeichneter Belastungsgegenstände erfolgen, beispielsweise bei der Erfassung von Warenlagern.

die Unternehmerstellung etwa kann nach dem geltenden deutschen Recht nicht ausreichen.

Inwiefern ein einheitlicher gutgläubiger Ersterwerb der *floating charge* bei fehlender Berechtigung des Bestellers möglich ist, wurde bisher in der Literatur nicht diskutiert. Zumindest der gutgläubige Zweiterwerb ist jedoch möglich. Dies kann für den Unternehmensnießbrauch nicht gelten.[1639] Zwar wäre es praktisch einfacher, den gutgläubigen Erwerb des Nießbrauchs am gesamten Unternehmen insgesamt zu regeln und die Verkehrsfähigkeit als Sicherheit zu fördern. Dagegen steht jedoch die ausdrückliche Unübertragbarkeit eines Nießbrauchs aus § 1059 S. 1 BGB. Ein gutgläubiger Zweiterwerb des Unternehmensnießbrauchs scheidet aus.

b. Allgemeine Offenlegungspflicht

Zur Vollendung des Entstehungstatbestandes ist die *floating charge* binnen 21 Tagen in das *Companies Registry* einzutragen. Auch das deutsche Gesetz sieht den Registerzwang vor und erfordert *de lege lata* nach §§ 22 Abs. 2, 31 Abs. 1 HGB, dass der Unternehmensnießbrauch als Form der derivativen Unternehmensfortführung und somit als „Änderung der Inhaberschaft" in das Handelsregister eingetragen wird.[1640]

Erst auf diese Weise kann der Öffentlichkeitswirkung nachgekommen werden.[1641] Das Handelsregister hat zu jeder Zeit korrekt Auskunft über die Rechtssituation der eintragungspflichtigen sowie -fähigen Angaben zu geben.[1642] Dies dient dem Schutz des Rechtsverkehrs, insbesondere dem Schutz kontrahierender Dritter, um zu erfahren, welche wesentlichen Änderungen an einem Unternehmen vorliegen.[1643] Es gilt die Registereintragungspflicht,[1644]

1639 Zur Ablehnung eines gutgläubig lastenfreien Erwerbs des Unternehmens und zur Unübertragbarkeit des Nießbrauchs selbst *Janssen/Nickel*, S. 59 f.

1640 Zu den Rechtsfolgen, die § 22 Abs. 2 HGB mit sich bringt, S. 61 ff.

1641 *Hopt*, in: Baumbach/Hopt, HGB, 2020, § 31 Rn. 6; *Lamsa*, in: Heidel/Schall, HGB, 2019, § 31 Rn. 6; den Nießbrauch am Handelsgewerbe ausdrücklich als registerpflichtig ansehend *Roth*, in: Koller et al., HGB, 2019, § 31 Rn. 3.

1642 *Schlingloff*, in: Oetker, HGB, 2019, § 31 Rn. 1.

1643 *Reuschle*, in: Ebenroth et al., HGB, Bd. 1, 2020, § 31 Rn. 1.

1644 Sofern der Eintragungspflicht nicht nachgekommen wird, kann ein Zwangsverfahren durch das Registergericht angestrebt werden. Zu den Rechtsfolgen im Einzelnen *Hopt*, in: Baumbach/Hopt, HGB, 2020, § 31 Rn. 10; *Schlingloff*, in: Oetker, HGB, 2019, § 31 Rn. 11.

wenngleich die Eintragung nur deklaratorische Rechtswirkung[1645] hat und nicht fristgebunden ist. Dadurch entfällt der Anreizcharakter, den Rechtsverkehr frühzeitig zu schützen und zum nächstmöglichen Zeitpunkt über die geänderten Rechtsumstände zu informieren.[1646]

Es ist fraglich, ob es einen Mehrwert hätte, der Handelsregistereintragung des Unternehmensnießbrauchs konstitutive Wirkung zuzusprechen. Im Sachenrecht gilt grundsätzlich, dass ein wirksamer Bestellungsakt die konkreten Rechtsfolgen herbeiführt. Dieser Ablauf wäre gehemmt, wenn die Rechtsfolgen eines dinglichen Rechts erst mit der Eintragung ins Handelsregister herbeigeführt würden. Bei einer entsprechenden gesetzlichen Regelung würde es sich um einen Sondertatbestand handeln. Bisher ergibt sich keine Regelungslücke in der Rechtspraxis. Der Gesetzgeber hat erwartungsgemäß kein Interesse an der Umsetzung einer derartigen Regelung. Auch ist fraglich, wie eine Ausgestaltung für diejenigen Unternehmen aussehen würde, die gar nicht im Handelsregister eingetragen sind.

Die deklaratorische Rechtswirkung reicht insofern aus. Es sollte jedoch eine gesetzliche Frist zur Eintragung in das Handelsregister *de lege ferenda* eingeführt werden. Wie auch bei der *floating charge* sollten sanktionsähnliche Mechanismen beigefügt werden, um einen intrinsischen Anreiz dafür zu setzen, diese wesentliche Rechtsänderung zu veröffentlichen.

Die *floating charge* entsteht erst wirksam *inter omnes*, wenn die Eintragung vorgenommen ist. Dies kann nicht für den Unternehmensnießbrauch gelten, da bereits der abgeschlossene Bestellungsakt die dinglich wirkende Rechtswirkung eröffnet. Zumindest aber könnte eine verspätete Mitteilung bußgeldbewehrt sein.

Darüber hinaus ist allein die Angabe, dass ein Unternehmensnießbrauch bestellt ist, nicht ausreichend, um der Aufklärungspflicht gegenüber dem Rechtsverkehr nachzukommen. Dieser hat nämlich ein valides Interesse daran

---

1645 Die deklaratorische Rechtswirkung ergibt sich daraus, dass die bereits wirksam geänderte Rechtslage kraft gesetzlicher Anordnung der Eintragung bedarf. Konstitutiv wäre die Rechtswirkung, wenn die Änderung der Rechtslage erst kraft der Eintragung selbst die Rechtswirksamkeit begründen würde. Vgl. *K. Schmidt,* in: K. Schmidt, MüKo HGB, Bd. 1, 2016, § 1 Rn. 6.

1646 Zwar ist ein Zwangsverfahren einschlägig, wenn das Registergericht mitbekommt, dass sich Rechtsänderungen ergeben haben, die fälschlicherweise nicht zur Anmeldung gebracht wurden. Das zwangsweise Tätigwerden hängt jedoch maßgeblich von dem Zeitpunkt ab, an dem das Registergericht Kenntnis von den geänderten Rechtsumständen erlangt. *Wamser,* in: Henssler/Strohn, Gesellschaftsrecht, 2019, § 31 HGB Rn. 4; *Hopt*, in: Baumbach/Hopt, HGB, 2020, § 31 Rn. 10.

zu erfahren, wie sich der Nießbrauch gestaltet und welche Auswirkungen er auf wesentliche Umstände des Unternehmens nimmt. Da der Unternehmensnießbrauch innerparteilichen Regelungen unterliegt, ist allein die Angabe, dass ein solcher implementiert wird, für einen Dritten nicht hilfreich, um einschätzen zu können, inwiefern etwa mit dem bisherigen Unternehmer kontrahiert wird und inwiefern nunmehr ein Nießbraucher die Unternehmensführung in der Hand hat.

Daher sollte, wie bei der *floating charge*,[1647] ein enumerativer Katalog von Pflichtangaben zum Unternehmensnießbrauch eingeführt werden. Neben der Angabe, wer Unternehmensnießbraucher ist, sollte auch eintragungspflichtig sein, welche Form des Unternehmensnießbrauchs vorliegt, d.h. ob ein echter Vollnießbrauch zu Sicherungszwecken einschlägig ist. Dies hat nämlich maßgeblich Auswirkungen auf die Interessenlage der Parteien sowie auf die weitere Unternehmenstätigkeit.[1648] Zudem sollte vermerkt werden, für wie lange der Nießbrauch bestimmungsgemäß bestellt ist, um die Beendigung vorherzusehen und dem Dritten gegenüber kenntlich zu machen, wie kurzfristig diese Rechtsänderung vorliegen wird. Auch sollte angegeben werden, wie die Ausgestaltung der Unternehmerstellung erfolgt, d.h. ob originär der Unternehmensnießbraucher diese übernimmt bzw. wer vertretend tätig wird. Ohnehin sieht das Gesetz das Erfordernis vor, dem allgemeinen Rechtsverkehr die Geschäftsführer und Vertreter mitzuteilen. Es handelt sich um einen wesentlichen Belang bei der Unternehmensführung.

Dem kontrahierenden Dritten sollte jedoch zugleich ersichtlich sein, inwiefern sich personelle Unterschiede durch den Unternehmensnießbrauch ergeben. Erst hierdurch werden die Auswirkungen des Unternehmensnießbrauchs in die Unternehmensabläufe erkennbar. Eine umfassende Mitteilung zum Unternehmensnießbrauch ist daher zweckdienlich und sollte gesetzlich geregelt werden.

Bei den aufgezählten Angaben handelt es sich auch nicht um vertrauliche oder für den Sicherungsgeber schädliche Angaben. Sie betreffen lediglich die Rahmenbedingungen des Unternehmensnießbrauchs. Das Interesse des Rechtsverkehrs zur Kenntnis relevanter Informationen überwiegt. Der Eintritt des Sicherungsfalls hingegen ist, wie bei der *floating charge*,[1649] keine eintragungspflichtige Angabe. Erst wenn hierdurch der Unternehmensnießbrauch beendet

---

1647 Hierzu S. 206 ff.

1648 Vgl. *Reuschle*, in: Ebenroth et al., HGB, Bd. 1, 2020, § 31 Rn. 7.

1649 Begründet wird dies damit, dass es sich noch immer um dasselbe Sicherungsrecht handelt. Hierzu im Einzelnen S. 303 ff.

wird, führt dies zur Löschungspflicht. Auch die Vornahme einer Einzelzwangsvollstreckungsmaßnahme ist grundsätzlich kein dem Rechtsverkehr mitteilungspflichtiger Belang. Die Eröffnung eines Insolvenzverfahrens hingegen, die Gläubiger im Allgemeinen betrifft, ist ohnehin öffentlich. Hinsichtlich des Unternehmensnießbrauchs ergeben sich keine Änderungen.

Schlussendlich ist auch zu hinterfragen, wie damit umzugehen ist, wenn eine Handelsregistereintragung erst gar nicht möglich ist. Wie festgestellt wurde, kann eine unternehmerisch tätige Gesellschaft bürgerlichen Rechts einen Nießbrauch bestellen. Eine Mitteilung an den Rechtsverkehr durch eine Handelsregistereintragung ist nicht möglich, da die Gesellschaftsform nicht im Handelsregister steht. Auch hier sollte mit Blick auf dieselbe Interessenlage *de lege ferenda* eine Mitteilungspflicht auferlegt werden.[1650] Insoweit könnte die Pflicht bestimmt werden, die zuvor genannten Informationen gegenüber kontrahierenden Dritten mitzuteilen.

4. Rechte und Pflichten

a. *In der Regellaufzeit*

Die Prüfung der Rechte und Pflichten der Sicherungsparteien einer *floating charge* bringt für den Unternehmensnießbrauch nur wenige Erkenntnisse, da der *chargee* während der Regellaufzeit wenig Einflussmöglichkeiten auf das belastete Unternehmen hat.

aa. *Keine Beschränkung der Unternehmerstellung*

Tatsächlich bleibt die *floating charge* in ihrem Rechtsgehalt als Sicherungsinstrument hinter dem Unternehmensnießbrauch zurück. Diese „schwebt" abstrakt über dem Unternehmen und bringt nur geringe Rechtsveränderungen mit sich.[1651] Durch die grundsätzliche Einnahme der Unternehmerstellung, selbst bei Überlassung der Tätigkeitsausübung an einen Dritten, nimmt der Sicherungsnehmer im Unternehmensnießbrauch hingegen eine starke Rechtsposition ein.[1652] Er hat unmittelbare Kontrolle auf den Kreditverlauf durch Steuerung der Unternehmensvorgänge und kann die Nutzungen, zweckgerichtet zur Tilgung der Kreditraten, grundsätzlich unmittelbar selbst ziehen.[1653]

1650 Zur Überlegung ein GbR-Register einzuführen, in dem auch die Belastung mit einem Unternehmensnießbrauch entsprechend eintragungsfähig wäre, Fn. 854.

1651 Hierzu S. 297 ff.

1652 Hierzu S. 211 f.

1653 Zum Nutzungsrecht, S. 212 ff.

Dies ist, für die allgemein-üblichen Maßstäbe eines Sicherungsrechts, eine untypische Rechtskonstellation mit einem ungewöhnlich präventiven Rechtscharakter. In der Regel zeichnet sich ein Sicherungsrecht nach deutschen Rechtsmaßstäben dadurch aus, dass es sich als Verfügungsbeschränkung belastend auswirkt, das Recht jedoch selbst nicht, insbesondere nicht durch den Belastungsnehmer, berührt wird. Der ordnungsgemäße Ablauf des Kreditverhältnisses sowie der mögliche Eintritt des Sicherungsfalls und/oder der Insolvenz stammen allein aus der Sphäre des Sicherungsgebers. Es ist daher ein Vorzug des Unternehmensnießbrauchs, dass der Nießbraucher in die zumindest formelle Unternehmerstellung eintritt. Dies zeichnet das Rechtsinstrument aus. Gegenüber der *floating charge* ist dies erheblich vorteilhafter, indem der Sicherungsverlauf durch den Sicherungsnehmer beherrscht und der Sicherungsfall vermieden werden kann.[1654] Konzeptionell soll keine Beschränkung der Unternehmerstellung erfolgen. Indes muss der Einfluss des Sicherungsnehmers kontrollierbar sein.

Ein Nachteil ist nämlich, dass ein rechtliches Machtgefälle unter den Sicherungsparteien besteht. Der Sicherungsnehmer nimmt, im unmittelbaren Gegensatz zur *floating charge*, eine dominante Rechtsposition, wenngleich mit einer Vielzahl von damit einhergehenden Rechtspflichten, ein. Der Sicherungsgeber unterwirft sich zum Zwecke der Krediteinräumung dem Sicherungsnehmer. Eine gesetzliche Regelung zu schaffen, die ebendiese Rechtsmerkmale für abdingbar erklärt, würde aber der Grundkonzeption des Unternehmensnießbrauchs widersprechen.

Die Sicherungsparteien müssen gerade die starke Einbindung des Sicherungsnehmers als interessengerecht empfinden, um sich für den Unternehmensnießbrauch als Sicherungsinstrument zu entscheiden. Die nähere Ausgestaltung der Unternehmensstellung kraft einer gesetzlichen Konzeption ist daher zweckdienlich. Dadurch kann eine ausufernde Rechtseinwirkung des Sicherungsnehmers verhindert und, nach dem Beispiel der *floating charge*, eine möglichst „unberührte" Geschäftstätigkeit gewährleistet werden. *De lege lata* ist davon auszugehen, dass keine wesentlichen Änderungen oder Modifikationen gegenüber der bisherigen Unternehmensführung vorgenommen werden dürfen und das Unternehmenswesen in der bestehenden Form fortzuführen ist. Dies ergibt sich aus der wirtschaftlichen Erhaltungspflicht.[1655] Eine entsprechende Gesetzesnorm *de lege ferenda* zur Begrenzung des rechtlichen Spielraums bei der derivativen

1654 Hierzu bereits in der Gegenüberstellung S. 336 ff.
1655 Hierzu S. 213 ff.

Unternehmensfortführung wäre förderlich. Insbesondere könnte das Gesetz vorsehen, dass den Sicherungsgeber eine Mitteilungs- und Informationspflicht trifft. Der Sicherungsnehmer könnte dazu angehalten werden, den Sicherungsgeber über die wirtschaftliche Lage des Unternehmens während seiner Unternehmensführung regelmäßig aufzuklären.[1656]

In diesem Zusammenhang ist eine weitere Problematik gesetzlich zu regeln, die der präventive Charakter des Unternehmensnießbrauchs und die enge Verknüpfung des Sicherungsnehmers mit dem Sicherungsgegenstand aufwirft. Unklar ist nämlich, inwiefern der Sicherungsnehmer, der dem Grundsatz nach vorübergehend als Unternehmensführer tätig wird und die Nutzungen zur Kredittilgung aufwendet, beim Eintritt des Sicherungsfalls für dessen Herbeiführung verantwortlich gemacht werden kann. Ist ein Sicherungsfall anzunehmen, treten zahlreiche Rechtsfolgen ein und das Unternehmen kann nicht mehr in der vorher bestehenden Form fortgeführt werden. Der Sicherungsgeber müsste im Zweifel eine Einzelzwangsvollstreckungsmaßnahme über sich ergehen lassen, Insolvenz anmelden und/oder die Schließung seines Unternehmensbetriebs dulden. Mithin stellt sich die Frage, inwiefern dem Sicherungsgeber gegenüber dem unternehmensführenden Sicherungsnehmer Regress zusteht.

Es könnte argumentiert werden, der Sicherungsnehmer habe eine nicht ordnungsgemäße Unternehmensführung vorgenommen und fehlerhaft gewirtschaftet. Zwar ist ein derartiger Schadensersatzanspruch nach gegenwärtiger Rechtslage schwer durchsetzbar. Der Sicherungsgeber müsste nämlich nachweisen, dass der Sicherungsnehmer einen geldwerten Vorteil durch die eingetretenen Umstände gegenüber dem Regelverlauf des Unternehmensnießbrauchs erreicht hat, und einen bezifferbaren Schaden darlegen. Dafür trifft ihn die Beweislast. Darüber hinaus sollte aber bereits in der Sicherungsabrede ein entsprechender Haftungsausschluss vorgesehen werden. Um den Sicherungsnehmer vor einer ausufernden Haftung zu bewahren, könnte bei einer entsprechenden gesetzlichen Regelung ein Schädigungs- oder Benachteiligungsvorsatz[1657] als zusätzliches gesetzliches Merkmal eingeführt werden.

1656 Dies würde für diejenigen Fälle gelten, in denen die Unternehmensführung nicht dem Besteller in unechter Treuhand weiterhin überlassen wird. Hierzu S. 103 ff.

1657 Ein Benachteiligungsvorsatz ergibt sich bereits aus dem Insolvenzrecht. Eine Maßnahme des Insolvenzschuldners vor Eintritt der Insolvenz ist anfechtbar, wenn er diese mit dem Vorsatz vorgenommen hat, die übrigen Insolvenzgläubiger zu benachteiligen. Es gilt die Vermutung nach § 133 InsO.

bb. Zum Nutzungsziehungsrecht und zur Erhaltungspflicht

Ein besonders wichtiger Punkt betrifft im Weiteren auch das *de lege lata* „unklare Konzept“[1658] bei der Nutzungsziehung des Unternehmensnießbrauchers. Zwar gibt es Rechtsfragen, bei denen die individuelle Interessenlage der Parteien darüber entscheidet, wie die Nutzungsziehung sowie die Tilgung der zugrundeliegenden Kreditverbindlichkeit erfolgen sollen. Beispielsweise kann je nach Einzelfall ausgemacht werden, auf welche Art und Weise die Nutzungen durch den Sicherungsnehmer zu ziehen sind, d.h. ob diese unmittelbar auf ein Konto des Sicherungsnehmers eingezahlt werden, wie die Verrechnung mit den Kreditraten im Einzelnen erfolgt etc.

Viel wichtiger und bisher unklar ist jedoch, wie sich die Nutzungen im Einzelnen zusammensetzen und welche Kosten von wem zu tragen sind.[1659] Teilweise ergeben sich Anhaltspunkte aus der gesetzlichen Erhaltungspflicht. Daraus wird etwa erkennbar, welche Aufwendungen vom Nießbraucher zu übernehmen sind. Darüber hinaus ist die Kostenaufteilung der Sicherungsparteien noch unklar. Eine gesetzliche Grundlage ist unumgänglich, um Rechtssicherheit zu schaffen. Eine Kostenaufteilung sollte sich insbesondere nach der Zuweisung zum Anlage- oder Umlaufvermögen, sowie nach den jeweiligen Pflichten der Parteien richten.[1660]

cc. Bestimmung der Mitverwaltungsrechte

Es ist gesetzlich zu klären, inwiefern ein Unternehmensnießbraucher zur Wahrnehmung von Mitverwaltungsrechten aus belasteten Gesellschaftsanteilen berechtigt ist. Dabei wäre zu regeln, ob und in welchem Umfang der Nießbraucher zur Ausübung eines Stimmrechts, Informations- und Kontrollrechts und Klagerechts berechtigt ist und inwiefern ihn Treuepflichten treffen. Derzeit ist dies in der Literatur umstritten. Auch in diesem Fall kann nur eine ausdrückliche gesetzliche Regelung *de lege ferenda*, etwa im HGB, Klarheit bringen.[1661] Auf

---

1658 So *Pohlmann*, in: Säcker et al., MüKo BGB, Bd. 8, 2020, § 1085 Rn. 30.

1659 Zu den strittigen Rechtsfragen in diesem Zusammenhang ausführlich S. 198.

1660 Davon unberührt bleibt das Interesse der Parteien, weitere individualvertragliche Abweichungen zu vereinbaren und einen Wirtschaftsprüfer zum Jahresabschluss einzuschalten, um der Komplexität der Rechts- und Sachlage im Einzelfall Rechnung zu tragen.

1661 Zum Stimmrecht S. 246, zum Informations- und Kontrollrecht S. 254, zum Klagerecht S. 255 und zur Treuepflicht S. 258.

diese Weise kann die praktische Anwendbarkeit des Unternehmensnießbrauchs als attraktives Instrument der Kreditsicherung gefördert werden.

b. Verwertungsrecht im Sicherungsfall

Die Sicherungsnehmer, sowohl der *floating charge* als auch eines Unternehmensnießbrauchs, sind im Insolvenzfall den allgemeinen insolvenzrechtlichen Regelungen und Vorgängen unterworfen.[1662] Allein der Inhaber einer *qualifying floating charge* kann Sonderrechte, namentlich die Bestellung eines *administrative receiver*, beanspruchen. Dem Unternehmensnießbraucher werden hingegen, mangels Gesetzesvorschrift, keine Rechtsprivilegien zugestanden. Auch *de lege ferenda* ist keine Änderung zu erwarten, da der Unternehmensnießbrauch einen großen Sicherungsumfang aufweist und bei Sonderrechten die allgemeine, möglichst gleichmäßige Gläubigerbefriedigung im Insolvenzrecht gefährdet sein könnte.

Wie in der rechtsvergleichenden Betrachtung herausgearbeitet wurde, ist der größte Unterschied des Unternehmensnießbrauchs zur *floating charge*, dass dieser keine Rechtswirkung im Sicherungsfall (außerhalb einer Insolvenz) mit sich bringt. Der Unternehmensnießbrauch endet nämlich in diesem Fall. Es ist auf die gesetzlichen Regelungen zur Einzelzwangsvollstreckung aus dem zugrundeliegenden Kreditverhältnis zurückzugreifen, während die *floating* zu einer *fixed charge* erwächst.[1663] Sie bietet ein eigenes Sicherungssystem und umfassende Schutzmöglichkeiten für den Sicherungsnehmer.

Der Sicherungsgeber wird in seiner Verfügung über die konkret belasteten Sicherungsgegenstände beschränkt und der Sicherungsnehmer erlangt die Befugnis, diese jederzeit verwerten zu dürfen. Hierin liegt auch der vorteilhafte Rechtscharakter der *floating charge*. Zwar sichert sie dem Sicherungsnehmer während der regulären Laufzeit nur wenige Rechte. Bei der Realisierung des Ausfallrisikos, wenn der Einsatz eines Sicherungsinstruments tatsächlich zählt, fixiert sie sich jedoch an konkreten, verwertbaren Einzelgegenständen.[1664] Es ist kein Rückgriff auf allgemeine Zwangsvollstreckungsinstrumentarien erforderlich und es ist kein gerichtlicher Zwangsvollstreckungstitel einzuholen. Vielmehr kann der Sicherungsnehmer in einem simplen und schnellen Verfahren

1662 Zum Unternehmensnießbrauch in der Insolvenz S. 288 ff., zur *floating charge* allgemein in der Insolvenz sowie zur Unterwerfung unter das insolvenzrechtliche *administratorship* S. 298 f. und 313 ff.

1663 Hierzu S. 117 ff.

1664 Zu den Rechtsfolgen bei Eintritt der *crystallisation* S. 303 ff.

selbst die Befriedigung der offenen Kreditverbindlichkeit suchen. Der größte Mangel des Unternehmensnießbrauchs liegt zusammengefasst darin, dass dieser verwertungsrechtlich irrelevant ist.[1665] Gerade ein Sicherungsrecht sollte darauf ausgelegt sein, dem Sicherungsnehmer eine Verwertungsmöglichkeit am belasteten Gegenstand zu eröffnen, wenn der Sicherungsfall eintritt.[1666] Erst hierdurch ist ein Kreditsicherungsinstrument attraktiv und praxisrelevant. Dies ist etwa an der Hypothek (als akzessorischer Sicherheit) oder an der Grundschuld (als abstrakter Sicherheit) erkennbar. Ist das zugrundeliegende Kreditverhältnis gestört, kann der Sicherungsnehmer das belastete Grundstück heranziehen und zum Zwecke der Forderungsbefriedigung verwerten. Insofern ist gesetzlicher Regelungsbedarf beim Unternehmensnießbrauch eröffnet.

Daher wäre es sinnvoll, den Unternehmensnießbrauch *de lege ferenda* mit einer Verwertungsbefugnis im Sicherungsfall auszustatten. Der wirtschaftlichen Erhaltungspflicht des Nießbrauchers am Unternehmen würde eine Verwertung auch nicht entgegenstehen, da der Unternehmensnießbrauch kraft des Sicherungsfalls endet. Damit wären die Rechte und Pflichten aus der Regellaufzeit nicht mehr einschlägig.

Zum einen könnte, wie vergleichsweise beim privaten Pfandverkauf aus § 1228 BGB, geregelt werden, dass eine fällige, offene Forderung die Verwertungsbefugnis bestimmter Einzelgegenstände mit sich bringt.[1667] Der Sicherungsnehmer könnte, gemessen an der noch zu erfüllenden Tilgungsquote, originär belastete Einzelgegenstände im Privatweg zulässigerweise veräußern und sich damit befriedigen. Da diese zumindest mittelbar in seinem Besitz stehen, hätte er auch eine Zugriffsmöglichkeit. Ein Verkauf zu Verwertungszwecken könnte, mangels der notwendigen Einhaltung staatlicher Verfahrensprozesse, schnell und kostengünstig erfolgen. Auf diese Weise wäre jederzeitig der intrinsische Anreiz gesetzt, dass die Kreditratenzahlung ordnungsgemäß erfolgt.

Zum anderen wäre es auch möglich, eine Duldung der Zwangsvollstreckung in die erfassten Unternehmensgegenstände aufzuerlegen, wie etwa bei der Verwertung des hypothekarisch erfassten Grundstücks nach § 1147 BGB.[1668] Dabei läge kein privates, sondern ein staatlich gelenktes Verfahren vor. Der Vorteil

---

1665 Hierzu S. 284 ff. Zu der alternativen Aktivierung des Nießbrauchs erst im Sicherungsfall S. 80 ff. Auch in diesem Fall wäre kein Verwertungsrecht einschlägig, sondern vielmehr allein das Nutzungsrecht durch Eintritt in die Unternehmerstellung.

1666 *Bülow*, Recht der Kreditsicherheiten, 2017, Einf. Rn. 61 f., 72 f.

1667 Vgl. *J. Schmidt*, in: Westermann et al., Erman BGB, Bd. 2, 2014, § 1228 Rn. 2 ff.

1668 *Herrler*, in: Palandt, BGB, 2020, § 1147 Rn. 3.

wäre, dass beim Unternehmensnießbrauchs, der einen hohen Sicherungsumfang aufweist, die zwangsvollstreckungsrechtlichen Vorgänge einzuhalten wären. Die staatliche Aufsicht durch einen Zwangsvollstreckungsverwalter sowie die Anwendbarkeit entsprechender Schutzmechanismen wären gewährleistet. Besonders vorteilhaft wäre auch, dass ein verwertungsrechtlich belasteter Gegenstand mit einem Aussonderungsrecht in der Insolvenz belegt werden könnte.[1669] In diesem Fall wäre ein originär vom Unternehmensnießbrauch erfasster Einzelgegenstand nicht nur der Insolvenzmasse zu entziehen, sondern könnte für eine möglichst hohe Befriedigung der zugrundeliegenden offenen Kreditschuld sogleich vom Sicherungsnehmer selbst verwertet werden.

Beide Konzeptionen sind bereits gesetzlich angelegt und weisen Vorteile auf. Letztlich obliegt es dem Gesetzgeber zu entscheiden, mit welchem verwertungsorientierten Sonderrecht der Unternehmensnießbrauch ausgestattet werden sollte. Fest steht, dass der Unternehmensnießbrauch erst dann praktisch Anwendung findet, wenn er, wie üblicherweise ein Sicherungsrecht, Sonderrechte sowie eine Verwertungsbefugnis im Sicherungsfall mit sich bringt.

IV. Ergebnis

Der Unternehmensnießbrauch ist *de lege lata* lediglich Anhaltspunkten zu entnehmen. Mangels einer ausreichenden rechtlichen Grundlage wirft der Unternehmensnießbrauch zahlreiche rechtliche und praktische Fragestellungen auf, weshalb kein rechtssicherer Umgang gewährleistet ist. Die Untersuchung stellt daher den Bedarf für eine einschlägige Regelung fest. Der Unternehmensnießbrauch sollte von dem deutschen Gesetzgeber in den allgemeinen Bestimmungen zum Nießbrauch im BGB geregelt werden. Die Zulässigkeit sollte ausdrücklich festgestellt werden.[1670] Insbesondere sollte der Unternehmensnießbrauch, wie bei der *floating charge*, an sämtlichen Kapitalgesellschaften bestellt werden können.[1671] Erforderliche Sonderregelungen, beispielsweise zur Bestellung des Unternehmensnießbrauchs in einer Aktiengesellschaft, sollten im Aktiengesetz geregelt werden.

Weiterhin ist notwendig, dass der Gesetzgeber die sicherungszweckdienliche Ausgestaltung des Unternehmensnießbrauchs anerkennt und ausbaut.

1669 Zu Sicherungsrechten, die ein Absonderungsrecht in der Insolvenz begründen, S. 290 ff.

1670 Hierzu S. 355.

1671 Hierzu S. 356 f.

Die *floating charge* ist akzessorisch, wodurch der Gleichlauf der Sicherheit mit der zugrundeliegenden Kreditverbindlichkeit gewährleistet ist.[1672] Es ist nicht zu erwarten, dass der deutsche Gesetzgeber den Unternehmensnießbrauch als akzessorisches Sicherungsrecht gestaltet.[1673] Indes bedarf es einer solchen Ausgestaltung auch nicht, da eine ausreichende rechtliche Verknüpfung durch eine Sicherungsabrede geschaffen werden kann. Weiterhin ist die *floating charge* auch eine revolvierende Sicherheit.[1674] Dies ist für den Unternehmensnießbrauch in Deutschland ausdrücklich nicht umsetzbar, da der sachenrechtliche Bestimmtheitsgrundsatz entgegensteht.

Während ein Unternehmen mit einem Nießbrauch belastet ist, kann der Geschäftsbetrieb „in üblicher Weise", ebenso wie bei der *floating charge*, fortgeführt werden.[1675] Der Gesetzgeber könnte dabei die unechte Treuhandlösung aufgreifen.[1676] Obgleich ein einheitlicher Akt zur Bestellung des Unternehmensnießbrauchs, wie bei der *floating charge*, effizient und praktisch wäre, kann dies gesetzlich nicht umgesetzt werden. Auch hier steht der sachenrechtliche Bestimmtheitsgrundsatz entgegen. Es könnte aber auf Gesetzesregelungen verwiesen werden, die eine Bündelung von Bestellungsakten erlauben. Ebenso wie bei der *floating charge*, sollte die Eintragung des Unternehmensnießbrauchs in ein öffentliches Register, namentlich in das deutsche Handelsregister, fristgebunden sein.[1677] Der Rechtsverkehr sollte zeitnah über den Unternehmensnießbrauch informiert werden. Dabei sollte eine Reihe wichtiger Informationen als Pflichtangaben, u.a. der Name des Unternehmensnießbrauchers sowie die Dauer und Form des Unternehmensnießbrauchs, eingetragen werden.

Die Rechte und Pflichten sollten beim Unternehmensnießbrauch, wie auch bei der *floating charge*, begrenzt werden. Insbesondere sollte das erhebliche Machtgefälle der Parteien reduziert werden.[1678] Den Unternehmensnießbraucher sollten beispielsweise Mitteilungs- und Informationspflichten gegenüber dem Sicherungsgeber treffen. Zwingend erforderlich ist, dass umfassende Regelungen zur Nutzungsziehung getroffen werden. In diesem Zusammenhang herrscht hohe Rechtsunsicherheit. Der andauernde Meinungsstreit trägt dabei

1672 Hierzu S. 121 f.
1673 Hierzu S. 357.
1674 Hierzu S. 118 f.
1675 Hierzu S. 359 f.
1676 Hierzu S. 103 ff.
1677 Hierzu S. 364 f.
1678 Hierzu ausführlich auf S. 367 ff.

nicht zur Lösung des Problems bei. Die dem Nießbraucher zustehenden Verwaltungsrechte sollten sich explizit aus dem Gesetz ergeben.

Von elementarer Bedeutung ist, dass der Unternehmensnießbrauch verwertungsrechtliche Relevanz bei der Störung des zugrundeliegenden Kreditverhältnisses erhält.[1679] Erst hierdurch kann sich der Unternehmensnießbrauch zu einem „üblichen" Sicherungsrecht etablieren, welches gerade auf den Eintritt des Sicherungsfalls ausgerichtet ist. Die offene Kreditschuld kann dann auf einem schnellen, effizienten Weg befriedigt werden. Wie die *floating charge*, die zur restriktiven *fixed charge* erwächst, sollte der Unternehmensnießbrauch für den Sicherungsfall eine konkrete verwertungsrechtliche Belastung an bestimmten Einzelunternehmensgegenständen mit sich bringen. Das Verwertungsrecht wäre aufschiebend bedingt um den Eintritt des Sicherungsfalls. Mit dessen Eintritt würde ein Rückgriffsrecht auf belastete Einzelgegenstände bestehen, die zur Befriedigung der noch offenen Kreditverbindlichkeit verwertet werden könnten.

Denkbar wäre es, den Unternehmensnießbrauch mit vorhandenen gesetzlichen Regelungen zu verknüpfen und eine entsprechende Verwertungskomponente einzuräumen. Die Verwertung könnte im Privatweg, aber auch durch Duldung einer zwangsvollstreckungsrechtlichen Verwertungsmaßnahme erfolgen. Hiermit würde ein vorteilhaftes Absonderungsrecht in der Insolvenz einhergehen.

1679 Hierzu S. 371 f.

I. Ausblick

Abschließend ist festzuhalten, dass eine umfassende Unternehmensbelastung nach dem deutschen Recht erforderlich ist. Der Unternehmensnießbrauch bietet sich hierfür aus den genannten Gründen zweifelsfrei an. Indes erfordert er einen nicht zu unterschätzenden Bestellungsaufwand und bringt zahlreiche, umfassende Rechtsfolgen. Die Anwender müssen sich dessen bewusst und ausdrücklich dazu bereit sein, eine dauerhafte rechtliche Verflechtung einzugehen. Vor allem die starke Einbindung des Sicherungsnehmers muss den Parteieninteressen entsprechen.

Der Unternehmensnießbrauch zur Besicherung einer zugrundeliegenden Kreditverbindlichkeit zeichnet sich insbesondere durch eine präventive Komponente aus. Der Sicherungsnehmer erhält die formelle Unternehmerstellung und hat, unter möglicher Delegation der Führungstätigkeit am Unternehmen, umfassende Informations- und Interventionsrechte. Ein Sicherungsfall soll dadurch vermieden werden. Die Absicherung einer ordnungsgemäßen Kreditratenleistung soll durch die Einflussnahme des Kreditgebers gewährleistet werden, so dass sich das Ausfallrisiko nicht realisiert. Dies zeichnet den Nießbrauch am Unternehmen besonders aus und macht ihn folglich zu einem attraktiven Sicherungsinstrument.

De lege lata ist der Unternehmensnießbrauch jedoch nicht (ausreichend) gesetzlich geregelt. Zu viele Unsicherheiten und Unklarheiten bestehen, angefangen von Zweifeln an der Zulässigkeit *per se* und der fraglichen Belastungsfähigkeit eines gesamtheitlichen Unternehmens bis hin zu den Einzelheiten der Nutzungsziehung und dem Sicherungsverlauf im Ganzen. Die Literatur zeigt vermehrt Interesse an der Entwicklung des Unternehmensnießbrauchs und setzt sich mit einzelnen Fragestellungen auseinander. Damit der Unternehmensnießbrauch, wie die *floating charge*, als Sicherungsmittel etabliert und in der Rechtspraxis genutzt wird, ist eine Gesetzesreform erforderlich. Die *floating charge* weist, trotz Kritik und, in jüngerer Zeit geringerer praktischer Bedeutung, weiterhin Vorbildcharakter auf. Damit der Unternehmensnießbrauch zu Sicherungszwecken eingesetzt werden kann, ist er mit verwertungsrechtlichen Sonderrechten im Sicherungsfall auszustatten.

Zwar widerspricht dies der grundsätzlichen Natur des Nießbrauchs als Nutzungsrecht. Allein der Nießbrauch kann jedoch an sämtlichen Einzelgegenständen eines Unternehmens bestellt werden. Die grundsätzliche Eignung als umfassende Unternehmensbelastung ist folglich auszubauen.

Alle sich aus dem Rechtsinstitut ergebenden Fragen abschließend zu behandeln, würde den Rahmen dieser Arbeit sprengen. So handelt es sich um ein weitreichendes Rechtsinstitut, welches in zahlreichen Rechtsbereichen, wie etwa dem Sachen- und Gesellschaftsrecht sowie dem Insolvenz- und Steuerrecht, viele Fragestellungen aufwirft und gesetzlich erfasst und entwickelt werden will. Ergebnis dieser Untersuchung ist, dass die global vernetzte Wirtschaftswelt und der vermehrte Einsatz von Fremdkapital die Notwendigkeit der Einsetzung eines Unternehmens als Sicherungsgegenstand eröffnen. Der Unternehmensnießbrauch stellt hierfür das geeignete Rechtsinstrument dar. *De lege lata* sind die Regelungen aber unzureichend, wie der Rechtsvergleich zur *floating charge* gezeigt hat.

Der Unternehmensnießbrauch steht nämlich, im Gegensatz zur *floating charge*, nicht als praktisch einsetzbares Sicherungsinstrument zur Verfügung. *De lege ferenda* bedarf es der dargestellten Änderungen.[1680] Mit einer solchen Reform kann eine umfassende und praktisch umsetzbare Unternehmensbelastung im deutschen Kreditsicherungsrecht etabliert werden.

1680 Zusammenfassend zu den Vorschlägen für eine Gesetzesreform, S. 373 ff.

Literatur- und Materialienverzeichnis

Ahlberg, Hartwig/Götting, Horst-Peter (Hrsg.), Beck'scher Online-Kommentar Urheberrecht, 26. Edition, Stand 15.10.2019, München 2019.

Akintola, Kayode, What is left of the floating charge? An empirical outlook, JIBFL 2015, S. 404 ff.

Alber, Matthias/Arendt, Hendrik/Faber, Stephan/Fey, Achim/Golombek, André/Haug, Thilo/Heß, Ines/Hottmann, Jürgen/Illing, Sebastian/Kremer, Thomas/Lahme, Stefan/Leicht, Edgar/Maier, Walter/Melchior, Jürgen/Nürnberg, Philip, Rauh, Wolfgang/Scheel, Thomas/Vogl, Elmar/Wirfler, Norbert/Zipfel, Lars, Beck'sches Steuer- und Bilanzrechtslexikon, Edition 50/2020, München 2020.

Alcock, Alistair/Birds, John/Gale, Steven, Companies Act 2006, Bristol 2007.

Alexander, John, The Enterprise Act 2002, IL&P 2003, S. 3 ff.

Ali, Paul A. U., The Law of Secured Finance: An International Survey of Security Interests Over Personal Property, Oxford 2002.

Altmeppen, Holger, Der Rechtsschein bei Firmenfortführung, in: Grundmann, Stefan et al. (Hrsg.), Festschrift für Klaus J. Hopt zum 70. Geburtstag am 24. August 2010 – Unternehmen, Markt und Verantwortung, Berlin 2010, S. 303 ff.

Altmeppen, Holger, Außen- und Innenhaftung des Kommanditisten, NJW 2017, S. 3198 ff.

Altmeppen, Holger, Cash Pooling und Kapitalaufbringung, NZG 2010, S. 441 ff.

Altmeppen, Holger, Gesetz betreffend die Gesellschaften mit beschränkter Haftung, Kommentar, 9. Auflage, München 2019.

Alvemann, Jörg et al., Formularbuch Recht und Steuern, 9. Auflage, München 2018.

Andres, Dirk/Leithaus, Rolf/Dahl, Michael, Insolvenzordnung, Kommentar, 4. Auflage, München 2018.

Angerer, Lutz/Geibel, Stephan/Süßmann, Rainer (Hrsg.), Wertpapiererwerbs- und Übernahmegesetz (WpÜG), Kommentar, 3. Auflage, München 2017.

Armour, John/Frisby, Sandra, Rethinking Receivership, OJLS 21/1 (2001), S. 73 ff.

Arlt, Ulrich, Verbot der Fremdorganschaft bei der GbR, NZG 2002, S. 407 ff.

Bachmann, Gregor, Zehn Thesen zur deutschen Business Judgment Rule, WM 2015, S. 105 ff.

Bar, Christian von, Gemeineuropäisches Sachenrecht Band I, München 2015.

Bähr, Peter, Grundzüge des Bürgerlichen Rechts, 12. Auflage, München 2013.

Bailey, Peter, Company finances, IWUK, 13 Juli 2015.

Ballerstedt, Kurt, Rezension zu Reiser „Unternehmen und Organisation“ ZHR 1970, S. 251 ff.

Bamberger, Heinz Georg/Roth, Herbert/Hau, Wolfgang/Poseck, Roman (Hrsg.), Beck’scher Online-Kommentar BGB, 53. Edition, Stand: 1.02.2020, München 2020.

Barry, Sebastian, Nießbrauch an GmbH-Geschäftsanteilen, RNotZ 2014, S. 401 ff.

Baumbach, Adolf/Hopt, Klaus J., Handelsgesetzbuch mit GmbH & Co. KG, Handelsklauseln, Bank- und Kapitalmarktrecht, Transportrecht (ohne Seerecht), 39. Auflage, München 2020.

Baumbach, Adolf/Hueck, Alfred, Gesetz betreffend die Gesellschaften mit beschränkter Haftung, Kommentar, 22. Auflage, München 2019.

Baums, Theodor, Recht der Unternehmensfinanzierung, München 2017.

Baums, Theodor/Florstedt, Tim/Redenius-Hövermann, Julia/Segna, Ulrich/Vogel, Hans-Gert, Beiträge zur Geschichte des Wirtschaftsrechts, Tübingen 2012.

Baums, Theodor/Thoma, Georg F. (Hrsg.), WpÜG – Kommentar zum Wertpapiererwerbs- und Übernahmegesetz, 11. Aktualisierung, Stand August 2016, München 2016.

Baur, Fritz, „Nutzungen“ eines Unternehmens bei Anordnung von Vorerbschaft und Testamentsvollstreckung, JZ 1968, Heft 15, S. 465 ff.

Baur, Jürgen F./Stürner, Rolf, Sachenrecht, 18. Auflage, München 2009.

Bayer, Walter, Einreichungspflichtige Veränderungen der Beteiligungsverhältnisse, GmbHR 2012, S. 1 ff.

Beale, Hugh, Reform of the law of security – another view, JIBFL 2004, S. 117 ff.

Beale, Hugh/Bridge, Michael/Gullifer, Louise/Lomnicka, Eva, The Law of Security and Title-Based Financing, 2. Auflage, Oxford 2012.

Beck, Lukas, Zur Eintragung der GbR in das Handelsregister, DNotZ 2017, 247 ff.

Beck, Ralf/Klar, Michael, Asset Deal versus Share Deal – Eine Gesamtbetrachtung unter expliziter Berücksichtigung des Risikoaspektes, DB 2007, S. 2819 ff.

Becker, Christoph, Unternehmensform und Unternehmensbesteuerung – Konsequenzen aus dem Standortsicherungsgesetz, WiB 1995, S. 279 ff.

Becker, Karina, Die Bühne der Bonität: Wie mittelständische Unternehmen auf die neuen Anforderungen des Finanzmarkts reagieren, Dissertation, Berlin 2009.

Beisel, Wilhelm/Klumpp, Hans-Hermann, Der Unternehmenskauf – Gesamtdarstellung der zivil- und steuerrechtlichen Vorgänge, 7. Auflage, München 2016.

Bengel, Manfred/Reimann, Wolfgang (Hrsg.), Handbuch der Testamentsvollstreckung, 6. Auflage, München 2017.

Bernstorff, Christoph Graf von, Einführung in das englische Recht, 5. Auflage, München 2018.

Blank, Hubert/Börstinghaus, Ulf P., Miete, Kommentar, 5. Auflage, München 2017.

Blank, Hubert (Hrsg.), Schmidt-Futterer Mietrecht Kommentar, 14. Auflage, München 2019.

Blache, Sebastian, Vinkulierungsklauseln in GmbH-Gesellschaftsverträgen, RNotZ 2013, S. 515 ff.

Bond, Kelly, Compulsory winding-up, IWUK, 8. August 2016.

Bork, Reinhard/Schäfer, Carsten (Hrsg.), GmbHG-Kommentar, 4. Auflage, Köln 2019.

Bowen, Morgan, An introduction to the fundamental principles governing cross-border insolvency in an English law context, IILR 2013, S. 121 ff.

Boyle, AJ/Birds, John., Boyle & Bird's Company Law, 9. Auflage, Bristol 2014.

Bökelmann, Dieter, Nutzungen und Gewinn beim Unternehmenskauf, Dissertation, Tübingen 1971.

Brambosch, Uta, Die Floating Charge, Dissertation, Frankfurt am Main 2011.

Brambring, Günter, Surrogation beim Nießbrauch, DNotZ 2003, S. 565 ff.

Braun, Eberhard (Hrsg.), Insolvenzordnung (InsO), Kommentar, 8. Auflage, München 2020.

Breithaupt, Joachim/Ottersbach, Jörg H. (Hrsg.), Kompendium Gesellschaftsrecht –Formwahl, Gestaltung, Muster, München 2010.

Bridge, Michael, The English Law of Real Security, ERPL 2002, S. 483 ff.

Bridge, Michael, The English law of security: Creditor friendly but unreformed, in: Kieninger, Eva-Maria (Hrsg.), Security Rights in Movable Property in European Private Law, Cambridge 2004, S. 81 ff.

Brinkmann, Moritz, Kreditsicherheiten an beweglichen Sachen und Forderungen, Dissertation, Tübingen 2011.

Brinkmann, Tomas, Unternehmensinteresse und Unternehmensrechtsstruktur: Aufgaben und Grenzen eines normativen Regulativs unternehmenspolitischer Prozesse, Band 1, Frankfurt 1982.

Brox, Hans/Henssler, Martin, Handelsrecht mit Grundzügen des Wertpapierrechts, 22. Auflage, München 2016.

Buchholz Meerbusch, Jörg, Rechtsnachfolge in GmbH-Geschäftsanteile, MittRhNotK 1991, S. 1 ff.

Bungert, Hartwin, Wechsel eines Vorstandsmitglieds in den Aufsichtsrat, DB 2012, S. 2617 ff.

Bunjes, Johann/Geist, Reinhold, Umsatzsteuergesetz, Kommentar, 18. Auflage, München 2019.

Bunte, Hermann-Josef/Zahrte, Kai, AGB-Banken, AGB-Sparkassen, Sonderbedingungen, Kommentar, 5. Auflage, München 2019.

Bühren, Hubert W. van, Das neue Versicherungsvertragsgesetz 2008, ZAP 2008, S. 1397 ff.

Bülow, Peter, Recht der Kreditsicherheiten – Sachen und Rechte, Personen, 9. Auflage, Heidelberg 2017.

Cabrelli, David, The case against the floating charge in Scotland, Edin. LR 9/3 (2005), S. 407 ff.

Calnan, Richard, Taking Security – Law and Practice, 3. Auflage, Bristol 2013.

Calnan, Richard, Reforming priority law, JIBFL 21 (2006), S. 4 ff.

Calnan, Richard, Reforming commercial law, JIBFL 20 (2005), S. 335 f.

Calnan, Richard, Floating charges: A proposal for reform, JIBFL 19 (2004), S. 341 ff.

Calnan, Richard, Registration of company charges: Proposals for Reform, JIBFL 16 (2001), S. 53 ff.

Canaris, Claus-Wilhelm, Handelsrecht, 24. Auflage, München 2006.

Case Comment, Floating charge does not need unencumbered assets; appointment of administrator by chance holder was valid, Comp. LN 2017, S. 7 ff.

Case Comment, United Kingdom: administrators' appointment – floating charge, J.I.B.L.R. 32/12 (2017), S. 147 ff.

Chiaw, Loo Choon, The crystallisation of floating charges, subordination agreements and priority conflicts, LMCLQ 1986, S. 519 ff.

Collins, Lawrence, Floating charges, receivers and managers and the conflict of law, ICLQ 27 (1978), S. 691 ff.

Cooke, Colin, Corporation, trust and company, Manchester 1950.

Corney, Graham, Registration and Validity of Company Charges – Some Problem Areas, BLR 4/1 (1992), S. 21 ff.

Creifelds, Carl, Rechtswörterbuch, 23. Auflage, München 2019.

Crownie, Fiona/Bradney, Anthony/Burton, Mandy, English Legal System in Context, 6. Auflage, Oxford 2013.

Damm, Matthias, Die GmbH-Gesellschafterliste acht Jahre nach dem MoMiG, BWNotZ 2017, S. 2 ff.

Dauner-Lieb, Barbara/Langen, Werner (Hrsg.), BGB Schuldrecht, Kommentar, 3. Auflage, Köln 2016.

Davies, Iwan, Floating charges and reform of personal property legislation, Comp. Law. 1988, S. 47 ff.

Davies, Paul (Hrsg.), Gower & Davies Principles of Modern Company Law, 8. Auflage, Oxford 2008.

Davis, Christine J., Floating rights, C.L.J. 61/2 (2002), S. 423 ff.

Däubler, Wolfgang/Hjort, Jens Peter/Schubert, Michael/Wolmerath, Martin, Arbeitsrecht, Handkommentar, 4. Auflage, Bremen et al. 2017.

Derleder, Peter/Knops, Kai-Oliver/Bamberger, Heinz-Georg (Hrsg.), Deutsches und europäisches Bank- und Kapitalmarktrecht, Band 2, 3. Auflage, Berlin 2017.

Dierksmeier, Jochen, Die englische Ltd. in Deutschland – Haftungsrisiko für Berater, BB 2005, S. 1516 ff.

Drobnig, Ulrich, Die Verwertung von Mobiliarsicherheiten in einigen Ländern der Europäischen Union, RabelsZ 1996, S. 40 ff.

Duzer, Peter van, Companies Act 2006 – A Guide for Private Companies, Bristol 2007.

Düringer, Adelberg/Hachenburg, Max (Hrsg.), Das Handelsgesetzbuch vom 10. Mai 1897 (mit Ausschluß des Seerechts) auf der Grundlage des Bürgerlichen Gesetzbuches – Erster Band (I. Buch Handelsstand), Mannheim 1899.

Ebenroth, Carsten Thomas/Boujong, Karlheinz/Joost, Detlev/Strohn, Luth (Hrsg.), Handelsgesetzbuch, Kommentar, Band 1, 4. Auflage, München 2020.

Ebenroth, Carsten Thomas/Boujong, Karlheinz/Joost, Detlev/Strohn, Luth (Hrsg.), Handelsgesetzbuch, Kommentar, Band 2, 3. Auflage, München 2015.

Eckardt, Diederich, Das Grundstückszubehör in der Zwangsvollstreckung, ZJS 2012, S. 467 ff.

Eder, Cajetan J., Die rechtsgeschäftliche Übertragung von Aktien, NZG 2004, S. 107 ff.

Ehricke, Ulrich/Köster, Malte/Müller-Seils, Carsten Oliver, Neuerungen im englischen Unternehmensinsolvenzrecht durch den Enterprise Act 2002, NZI 2003, S. 409 ff.

Eicher, Wolfgang/Luik, Steffen (Hrsg.), SGB II – Grundsicherung für Arbeitssuchende, Kommentar, 4. Auflage, München 2017.

Eidenmüller, Horst, Die Dogmatik der Zession vor dem Hintergrund der internationalen Entwicklung, AcP 204 (2004), S. 457 ff.

Eidenmüller, Horst, Europäische Verordnung über Insolvenzverfahren und zukünftiges deutsches internationales Insolvenzrecht, IPRax 2001, S. 2 ff.

Eidenmüller, Horst/Engert, Andreas, Die angemessene Höhe des Grundkapitals der Aktiengesellschaft, AG 2005, S. 97 ff.

Elliott, Catherine/Quinn, Frances, English legal system, 7. Auflage, Essex 2006.

Emmerich, Volker/Habersack, Mathias/Schürnbrand, Jan, Aktien- und GmbH-Konzernrecht, Kommentar, 9. Auflage, München 2019.

Emmet, Dominic/Marks, David, Administrative receivers: Questions of identity and double identity, JBL 1994, S. 1 ff.

Enchelmaier, Stefan, Die englische floating charge: Aufstieg und Fall eines Sicherungsrechts, ZVglRWiss 112 (2013), S. 403 ff.

Enchelmaier, Stefan, Übertragung und Belastung unkörperlicher Gegenstände im deutschen und englischen Privatrecht, Dissertation, Tübingen 2014.

Engelhardt, Clemens, Gesellschaftsrecht: Grundlagen und Strukturen, Wiesbaden 2018.

Englert, Joachim/Scholich, Martin, Unternehmensführung auf der Basis eines umfassenden Shareholder Value Management Konzepts, BB 1998, S. 684 ff.

Enneccerus, Ludwig/Nipperdey, Hans Carl, Allgemeiner Teil des Bürgerlichen Rechts - Ein Lehrbuch, 15. Auflage, Tübingen 1959.

Enneccerus, Ludwig/Wolff, Martin/Raiser, Ludwig, Lehrbuch des Bürgerlichen Rechts: Sachenrecht, Band 3, 10. Auflage, Tübingen 1957.

Ettinger, Jochen/Jacques, Henning (Hrsg.), Beck'sches Handbuch Unternehmenskauf im Mittelstand, 2. Auflage, München 2017.

Farrar, J. H., Floating charges and priorities, CPL 38 (1974), S. 315 ff.

Fandrich, Andreas/Karper, Ines (Hrsg.), Münchener Anwaltshandbuch Bank- und Kapitalmarktrecht, München 2012.

Ferran, Eilis, Priorities and floating charges, C.L.J. 46/1 (1987), S. 31 ff.

Ferran, Eilis, Floating charges - the nature of the security, C.L.J. 47/2 (1988), S. 213 ff.

Ferran, Eilis/Ho, Look Chan, Principles of Corporate Finance Law, 2. Auflage, Oxford 2014.

Feuerborn, Andreas, Der Bestimmtheitsgrundsatz bei der Übereignung von Sachgesamtheiten, ZIP 2001, S. 600 ff.

Fezer, Karl-Heinz, Markenrecht, Kommentar zum Markenrecht, zur Pariser Übereinkunft und zum Madrider Markenabkommen, Dokumentation des nationalen, europäischen und internationalen Kennzeichenrechts, 4. Auflage, München 2009.

Fichtelmann, Helmar, Der Nießbrauch an Unternehmen und Beteiligungen (I), DStR 74, S. 267 ff.

Fichtelmann, Helmar, Der Nießbrauch an Unternehmen und Beteiligungen (II), DStR 74, S. 299 ff.

Fichtelmann, Helmar, Der Nießbrauch an Unternehmen und Beteiligungen (III), DStR 74, S. 341 ff.

Finger, Peter, Der Nießbrauch am Gesellschaftsanteil einer Personengesellschaft, DB 1977, S. 1033 ff.

Fleischer, Holger (Hrsg.), Handbuch des Vorstandsrechts, München 2006.

Fleischer, Holger, Das Gesetz zur Angemessenheit der Vorstandsvergütung (VorstAG), NZG 2009, S. 801 ff.

Fleischer, Holger/Goette, Wulf (Hrsg.), Münchener Kommentar zum Gesetz betreffend die Gesellschaften mit beschränkter Haftung, Band 1, 3. Auflage, München 2018.

Fleischer, Holger/Goette, Wulf (Hrsg.), Münchener Kommentar zum Gesetz betreffend die Gesellschaften mit beschränkter Haftung, Band 2, 3. Auflage, München 2019.

Flume, Werner, Allgemeiner Teil des Bürgerlichen Rechts, Erster Teil, Die Personengesellschaft, Heidelberg 1977.

Foster, Stephen, Enterprise Act 2002, Changes to corporate insolvency, Insolvency Lawyer 2003, S.174 f.

Frank, Johann, Der Nießbrauch an Gesellschaftsanteilen, MittBayNot 2010, S. 96 ff.

Freitag, Matthias, Das Großrisiko in der VVG-Reform, r+s 2008, S. 96 ff.

Fricke, Daniel, Der Nießbrauch an einem GmbH-Geschäftsanteil - Zivil- und Steuerrecht, GmbHR 2008, S. 739 ff.

Funck, Jörg, Ausgewählte Fragen aus dem Allgemeinen Teil zum neuen VVG aus der Sicht einer Rechtsabteilung, VersR 2008, S. 163 ff.

Fuller, Geoffrey, Corporate Borrowing - Law and Practice, 4. Auflage, London 2009.

Ganter, Hans, Aktuelle Probleme des Kreditsicherungsrechts - Entwicklungslinien und Tendenzen, WM 2006, S. 1081.

Genske, Tobias S., Die Gläubigerposition im Insolvenzverfahren englischen Rechts mit vergleichenden Bezügen zum deutschen Recht, Dissertation, Göttingen 2005.

Geppert, Martin/Schütz, Raimund (Hrsg.), Beck'scher TKG-Kommentar, 4. Auflage, München 2013.

Gernhuber, Joachim, Die fiduziarische Treuhand, JuS 1988, S. 355 ff.

Glanegger, Peter et al. (Hrsg.), Heidelberger Kommentar zum Handelsgesetzbuch – Handelsrecht, Bilanzrecht, Steuerrecht, 7. Auflage, Tübingen 2007.

Godin, Reinhard von, Nutzungsrecht an Unternehmen und Unternehmensbeteiligungen, Dissertation, Berlin 1949.

Goette, Wulf/Habersack, Mathias (Hrsg.), Münchener Kommentar zum Aktiengesetz, Band 1, 5. Auflage, München 2019.

Goette, Wulf/Habersack, Mathias (Hrsg.), Münchener Kommentar zum Aktiengesetz, Band 2, 5. Auflage, München 2019.

Goette, Wulf/Habersack, Mathias (Hrsg.), Münchener Kommentar zum Aktiengesetz, Band 3, 4. Auflage, München 2018.

Goette, Wulf/Habersack, Mathias (Hrsg.), Münchener Kommentar zum Aktiengesetz, Band 4, 4. Auflage, München 2016.

Goette, Wulf/Habersack, Mathias (Hrsg.), Münchener Kommentar zum Aktiengesetz, Band 7, 4. Auflage, München 2017.

Goode, Sir Royston, The modernisation of personal property security law, LQR (1984) 100, S. 234 ff.

Goode, Sir Royston, Charges over book debts: a missed opportunity?, LQR 110 (1994), S. 598 ff.

Gough, William James, Company Charges, 2. Auflage, London 1996.

Gottwald, Peter (Hrsg.), Insolvenzrechts-Handbuch, 5. Auflage, München 2015

Göbel, Jürgen, Übersicherung und Freigabeklauseln in vorformulierten Kreditsicherungsverträgen, Dissertation, Berlin 1993.

Götz, Hellmut/Hülsmann, Christoph, Surrogation beim Vorbehaltsnießbrauch: Zivilrechtliche und schenkungsrechtliche Aspekte, DStR 2010, S. 2377 ff.

Götz, Hellmut/Hülsmann, Christoph, Surrogation beim Vorbehaltsnießbrauch: Ertragsteuerliche Aspekte, DStR 2010, S. 2432 ff.

Graf, Jürgen Peter/Jäger, Markus/Wittig, Petra (Hrsg.), Wirtschafts- und Steuerstrafrecht, 2. Auflage, München 2017.

Graf-Schlicker, Marie-Louise (Hrsg.), InsO, Kommentar zur Insolvenzordnung, 5. Auflage, Köln 2020.

Graham, Peter, Registration of Company Charges, JBL 2014, S. 179 f.

Grädler, Thomas, Die Möglichkeit der globalen Belastung von Unternehmen im deutschen Recht, Dissertation, Tübingen 2012.

Gregory, Roger, Re. Spectrum Plus Ltd. – asking the right questions, Comp. LN 2004, S. 1 ff.

Gregory, Roger/Walton, Peter, Fixed and floating charges — a revelation, LMCLQ 2001, S. 123 ff.

Grigoleit, Hans Christoph (Hrsg.), Aktiengesetz Kommentar, München 2013.

Griffin, Stephen, Company Law Handbook, London 2008.

Groh, Manfred, Shareholder Value und Aktienrecht, DB 2000, S. 2153 ff.

Goot, Simone Evke de, Gestaltbarkeit des Informationsrechts aus § 118 HGB, NZG 2013, S. 529 ff.

Graziadei, Michele/Gretton, George L./Van der Merwe, Cornelius G./Storme, Matthias E., Case 10 - Bank Loan on the basis of a car fleet, in: Kieninger, Eva-Maria (Hrsg.), Security Rights in Movable Property in European Private Law, Cambridge 2004, S. 438 ff.

Grottel, Bernd/Schmidt, Stefan/Schubert, Wolfgang J./Störk, Ulrich (Hrsg.), Beck'scher Bilanz-Kommentar - Handels- und Steuerbilanz, 12. Auflage, München 2020.

Grude, Ulrich, Revolvierende Globalsicherheiten in Europa - Eine Untersuchung zur Beständigkeit der globalen Sicherungsrechte an revolvierenden Sachgesamtheiten bei innergemeinschaftlichen Grenzübertritten, Dissertation, Hamburg 2009.

Grunsky, Wolfgang, Probleme des Nießbrauchs an einem Unternehmen, BB 1972, S. 585 ff.

Gullifer, Louise (Hrsg.), Goode on legal problems of credit and security, 5. Auflage, London 2013.

Gummert, Hans (Hrsg.), Münchener Anwaltshandbuch, Personengesellschaftsrecht, 3. Auflage, München 2019.

Gummert, Hans/Weipert, Lutz (Hrsg.), Münchener Handbuch des Gesellschaftsrechts, Band 1, 5. Auflage, München 2019.

Gummert, Hans/Weipert, Lutz (Hrsg.), Münchener Handbuch des Gesellschaftsrechts, Band 2, 5. Auflage, München 2019.

Günther, Dirk-Carsten/Spielmann, Stefan, Vollständige und teilweise Leistungsfreiheit nach dem VVG 2008 am Beispiel einer Sachversicherung (Teil 1), r+s 2008, S. 133 ff.

Günther, Dirk-Carsten/Spielmann, Stefan, Vollständige und teilweise Leistungsfreiheit nach dem VVG 2008 am Beispiel einer Sachversicherung (Teil 2), r+s 2008, S. 177 ff.

Habersack, Mathias, Die Mitgliedschaft – subjektives und „sonstiges" Recht, Dissertation, Tübingen 1996.

Habersack, Mathias/Drinhausen, Florian (Hrsg.), SE-Recht mit grenzüberschreitender Verschmelzung, Kommentar, 2. Auflage, München 2016.

Haase, Florian/Jachmann, Monika (Hrsg.), Beck'sches Handbuch Immobiliensteuerrecht – Erwerb, Nutzung, Veräußerung, München 2016.

Hall, Peter/Scott, Sophie, Taking security, PLC 2004, S. 13 f.

Hannes, Frank/Oertzen, Christian von, ZEV-Report Gesellschaftsrecht/Unternehmensnachfolge, ZEV 2012, S. 323 ff.

Hauck, Ronny, Nießbrauch an Rechten, Dissertation, Tübingen 2015.

Hauck, Ronny, Nießbrauch an Rechten, AcP 216 (2016), S. 345 ff.

Haugaard, Rasmus Skovsgaard, Floating charge introduced, IFLR 24 (6) 2005, S. 91 ff.

Häcker, Birke, Das Trennungs- und Abstraktionsprinzip im englischen Recht – dargestellt anhand der Übereignung, ZEuP 2011, S. 335 ff.

Häublein, Martin, Die Firma als unternehmensakzessorisches Recht – Überlegungen zur Dogmatik der Firmenübertragung und -fortführung, in: Armbrüster, Christian et al. (Hrsg.), Recht genau – Liber amicorum für Jürgen Prölss zum 70. Geburtstag, München 2009, S. 47 ff.

Häublein, Martin/Hoffmann-Theinert, Roland (Hrsg.), Beck'scher Online-Kommentar Handelsgesetzbuch, 27. Edition, 15.01.2020, München 2020.

Heckschen, Heribert/Bachmann, Daniel, Mehrheitsklauseln bei Personengesellschaften, NZG 2015, S. 531 ff.

Heckschen, Heribert/Heidinger, Andreas (Hrsg.), Die GmbH in der Gestaltungs- und Beratungspraxis, 4. Auflage, Köln 2018.

Heckschen, Heribert/Herrler, Sebastian/Starke, Timm (Hrsg.), Beck'sches Notarhandbuch, 7. Auflage, München 2019.

Heermann, Peter W., Handbuch des Schuldrechts – Geld und Geldgeschäfte, Tübingen 2003.

Heger, Martin, Der Nießbrauch in *usus modernus* und Naturrecht, Tübingen 2003.

Heidel, Thomas/Hüßtege, Rainer/Mansel, Hans-Peter/Noack, Ulrich (Hrsg.), Bürgerliches Gesetzbuch Kommentar, Band 1, 3. Auflage, München 2016.

Heidel, Thomas/Schall, Alexander (Hrsg.), Handelsgesetzbuch Handkommentar, 3. Auflage, München 2019.

Heidinger, Andreas/Leible, Stefan/Schmidt, Jessica, Michalski, Kommentar zum Gesetz betreffend die Gesellschaften mit beschränkter Haftung, 3. Auflage, München 2017.

Heinz, Volker G./Hartung, Wilhelm, Die englische Limited, 3. Auflage, Baden-Baden 2012.

Henssler, Martin/Strohn, Lutz (Hrsg.), Gesellschaftsrecht, Kommentar, 4. Auflage, München 2019.

Herrler, Sebastian, Aktuelles zur Dienstbarkeit, RNotZ 2016, S. 368 ff.

Hering, Manfred, Das neue Versicherungsvertragsgesetz, SVR 2008, S. 5 ff.

Heuermann, Bernd/Brandis, Peter (Hrsg.), Blümich EStG, KStG, GewStG, 150. Ergänzungslieferung, München 2019.

Hirte, Heribert, Ein Plädoyer für die Vereinfachung des Rechts der Insolvenzanfechtung im Bereich der Globalsicherheiten und gleichzeitiger Angleichung an die englische floating charge, in: Grundmann, Stefan et al., Festschrift für Klaus J. Hopt zum 70. Geburtstag am 24. August 2010, Unternehmen, Markt und Verantwortung, Berlin 2010, S. 141 ff.

Hirte, Heribert/Vallender, Heinz (Hrsg.), Uhlenbruck Insolvenzordnung, Kommentar, 15. Auflage, München 2019.

Hoffmann-Becking, Michael (Hrsg.), Münchener Handbuch des Gesellschaftsrechts, Band 4, Aktiengesellschaft, 4. Auflage, München 2015.

Hoffmann-Becking, Michael/Gebele, Alexander (Hrsg.), Beck'sches Formularhandbuch Bürgerliches, Handels- und Wirtschaftsrecht, 13. Auflage, München 2019.

Hopt, Klaus J., Der Deutsche Corporate Governance Kodex: Grundlagen und Praxisfragen, in: Krieger, Gerd et al. (Hrsg.), Festschrift für Michael Hoffmann-Becking zum 70. Geburtstag, München 2013, S. 563 ff.

Hopt, Klaus J./Wohlmannstetter, Gottfried, Handbuch Corporate Governance von Banken, München 2011.

Hölters, Wolfgang (Hrsg.), Aktiengesetz, Kommentar, 3. Auflage, München 2017.

Höra, Knut (Hrsg.), Münchener Anwaltshandbuch Versicherungsrecht, 4. Auflage, München 2017.

Huber, Michael, Anfechtungsgesetz, Kommentar, 11. Auflage, München 2016.

Hubmann, Heinrich, Das Recht am Unternehmen, ZHR 1955, S. 41 ff.

Huster, Stefan/Kaltenborn, Markus (Hrsg.), Krankenhausrecht – Praxishandbuch zum Recht des Krankenhauswesens, 2. Auflage, München 2017.

Hüffer, Uwe Minderheitsbeteiligungen als Gegenstand aktienrechtlicher Auskunftsbegehren, ZIP 1996, 401.

Hüffer, Uwe, Aktiengesetz, Kommentar, 14. Auflage, München 2020.

Ivens, Michael, Leitlinien zur Unternehmensnachfolge: Die Vererbung von Einzelunternehmen, ZEV 2010, S. 462 ff.

Ivens, Michael, Grundstücksschenkung unter Nießbrauchsvorbehalt, ZEV 2012, S. 71 ff.

Jansen, Rudolf/Jansen, Martin, Der Nießbrauch im Zivil- und Steuerrecht, 8. Auflage, Herne 2009.

Janssen, Dirk/Nickel, Jörgen R., Unternehmensnießbrauch – Zivil-, gesellschafts- und steuerrechtliche Gestaltung bei Einzelunternehmen, Personen- und Kapitalgesellschaften, Bielefeld 1998.

Joecks, Wolfgang/Miebach, Klaus (Hrsg.), Münchener Kommentar zum Strafgesetzbuch, 4. Band, 3. Auflage, München 2017.

Joy, Peter, Enterprising Times?, Comm. Law. 2003, S. 46 ff.

Junge, Werner, Das Unternehmensinteresse, in: Ficker, Hans Claudius et al. (Hrsg.), Festschrift für Ernst von Caemmerer zum 70. Geburtstag, Tübingen 1978, S. 547 ff.

Jungmann, Carsten/Bisping, Christopher, Die Reform des britischen Unternehmensinsolvenzrechts durch den Enterprise Act 2002, RIW 2003, S. 930 ff.

Just, Clemens, Die englische Limited in der Praxis, 4. Auflage, München 2012.

Jürgenmeyer, Michael, Das Unternehmensinteresse, Heidelberg 1984.

Kindl, Johann/Meller-Hannich, Caroline/Wolf, Hans-Joachim (Hrsg.), Gesamtes Recht der Zwangsvollstreckung, Handkommentar, 3. Auflage, Münster et al. 2016.

Kindler, Peter, Grundfragen der Kommanditistenhaftung, JuS 2006, S. 865 ff.

Kindler, Peter/Nachmann, Josef (Hrsg.), Handbuch Insolvenzrecht in Europa, 4. Auflage, München 2014.

Kirchhof, Hans-Peter (Hrsg.), Münchener Kommentar zum Anfechtungsgesetz, §§ 120, München 2012.

Klaus, Hans/Steinmann, Horst, Die Rolle des Aufsichtsrates als Kontrollorgan, DBW 1986, 526 ff.

Kleinert, Jens/Geuß, Nina, Schenkung einer mitunternehmerischen Beteiligung unter Vorbehalt oder Zuwendung eines (Quoten-) Nießbrauchs, DStR 2013, S. 288 ff.

Kleweta, Fritz, Die Sicherungsfunktion der Floating Charge in Deutschland, Dissertation, Tübingen 2018.

Klien, Wolfgang, Die Praxis der Shareholder-Value-Analyse: Irrtümer, Fallstricke und Anwenderhinweise (Teil I), DStR 1998, S. 1108 ff.

Klien, Wolfgang, Die Praxis der Shareholder-Value-Analyse: Irrtümer, Fallstricke und Anwenderhinweise (Teil II), DStR 1998, S. 1147 ff.

Klose, Holger, Eintragung des Nießbrauchs am Kommanditanteil im Handelsregister?, DStR 1999, S. 807 ff.

Kluge, Christiane, Die Ausübungsunterlassung des Nießbrauchs, Dissertation, Aachen 2001.

Knoche, Joachim P./Biersack, Cornelia, Das zwangsvollstreckungsrechtliche Prioritätsprinzip und seine Vereitelung in der Praxis, NJW 2003, S. 476 ff.

Knops, Kai-Oliver, Darlehensgewährung und Grundpfandrechtsbestellung, ZfIR 1998, S. 577 ff.

Koch, Eckhart, Die „Floating Charge" – Ursprung, Voraussetzungen und Wirkungen eines besonderen Gläubigersicherungsmittels des englischen (und schottischen) Aktienrechts, Dissertation, Basel 1967.

Koch, Jens, Gewinnansprüche und Ausgleichsforderungen beim Erlöschen des Nießbrauchs am Geschäftsanteil oder an Aktien, ZHR 2004, S. 55 ff.

Kocher, Dirk, Zur Reichweite der Business Judgment Rule, CCZ 2009, S. 215 ff.

Koller, Ingo/Kindler, Peter/Roth, Wulf-Henning/Drüen, Klaus-Dieter, HGB, Handelsgesetzbuch, Kommentar, 9. Auflage, München 2019.

Koreng, Ansgar, Das „Unternehmenspersönlichkeitsrecht" als Element des gewerblichen Reputationsschutzes, GRUR 2010, S. 1065 ff.

Korn, Klaus, Nießbrauch: Steuerfallen und Gestaltungsmöglichkeiten, KOESDI 2018, S. 20597 ff.

Korn, Klaus, Nießbrauchsgestaltungen auf dem Prüfstand (Teil 1), DStR 1991, S. 1461 ff.

Korn, Klaus, Nießbrauchsgestaltungen auf dem Prüfstand (Teil 2), DStR 1991, S. 1512 ff.

Kötz, Hein, Risikoverteilung im Vertragsrecht, JuS 2018, S. 1 ff.

Krafka, Alexander/Kühn, Ulrich, Registerrecht, 11. Auflage, München 2019.

Kreuzer, Karl, Die Harmonisierung des Rechts der Mobiliarsicherheiten, in: Basedow, Jürgen et al. (Hrsg.), Europäisches Kreditsicherungsrecht – Ulrich Drobnig zum 80. Geburtstag, Symposium im Max-Planck-Institut für ausländisches und internationales Privatrecht zu Ehren von Ulrich Drobnig am 12. Dezember 2008, Tübingen 2010, S. 31 ff.

Krieger, Gerd, Aktionärsklage zur Kontrolle des Vorstands- und Aufsichtsratshandelns, ZHR 1999, S. 343 ff.

Kruse, Viola, Nießbrauch an der Beteiligung an einer Personengesellschaft, RNotZ 2002, S. 69 ff.

Kuhner, Christoph, Unternehmensinteresse vs. Shareholder Value als Leitmaxime kapitalmarktorientierter Aktiengesellschaften, ZGR 2004, S. 244 ff.

Labbé, Marcus, Der Einfluss des Kapitalmarkts auf die Strategieentwicklung börsennotierter Unternehmen, DB 2005, S. 2089 ff.

Langenbucher, Katja/Bliesener, Dirk/Spindler, Gerald (Hrsg.), Bankrechts-Kommentar, 2. Auflage, München 2016.

Langheid, Theo/Rixecker, Roland/Gal, Jens/Grote, Joachim/Muschner, Jens, Versicherungsvertragsgesetz mit Einführungsgesetz und VVG-Informationspflichtenverordnung, Kommentar, 6. Auflage, München 2019.

Langheid, Theo/Wandt, Manfred (Hrsg.), Münchener Kommentar zum Versicherungsvertragsgesetz, Band 1, 2. Auflage, München 2016.

Langheid, Theo/Wandt, Manfred (Hrsg.), Münchener Kommentar zum Versicherungsvertragsgesetz, Band 2, 2. Auflage, München 2017.

Légrádi, Katalin, Mobiliarsicherheiten in Europa, Dissertation, Berlin 2012.

Lembeck, Eva-Desirée, UK Company Law Reform – Ein Überblick, NZR 2003, S. 956 ff.

Lenhard, Anselm, Die Vorschläge zur Reform des englischen Mobiliarkreditsicherungsrechts, Dissertation, Tübingen 2010.

Lieb, Manfred, Zu den Grundgedanken der §§ 25 ff. HGB, in: Baur, Jürgen F. et al. (Hrsg.), Europarecht, Energierecht, Wirtschaftsrecht: Festschrift für Bodo Börner zum 70. Geburtstag, Köln 1992, S. 747 ff.

Lieb, Manfred, „Zufallsgeschenke, Haftungsfallen, Unternehmensvernichtung und Sanierungshindernisse", Einige Gedanken zur Reichweite der Haftung gemäß § 25 HGB, in: Baur, Jürgen F. et al. (Hrsg.), Festschrift für Ralf Vieregge zum 70. Geburtstag am 6. November 1995, Berlin 1995, S. 559 ff.

Lightman, Sir Gavin/Moss, Gabriel, The law of administrators and receivers of companies, 5. Auflage, London 2011.

Lindemeier, Jörg, Die Belastung des Gesamthandanteils im Grundbuch des Gesamthandvermögens zugehörenden Grundstücks – Zugleich ein Beitrag zu Zulässigkeit und Ausgestaltung des Nießbrauchs am Anteil einer Personengesellschaft, DNotZ 1999, S. 876 ff.

Lindemeier, Jörg, Die Eintragung des Nießbrauchs am Kommanditanteil im Handelsregister – Anmerkung zu LG Köln, Beschlüsse vom 12.05.2000 und 28.07.2000 – 89 T 10/00, 89 T 20/00, RNotZ 2001, S. 155 ff.

Linklater, Lisa, New style administration: A substitute for liquidation, Comp. Law. 2005, S. 125 ff.

Lohr, Jörg-Andreas, Der Nießbrauch an Unternehmen und Unternehmensanteilen – Grundlagen und Gestaltungsmöglichkeiten für Anteilseigner und deren Angehörige aus ertrags- und erbschaftsteuerrechtlicher Sicht, Dissertation, Köln 1989.

Lutter, Marcus, Die Business Judgment Rule und ihre praktische Anwendung, ZIP 2007, S. 841 ff.

Lüdicke, Jochen/Sistermann, Christian (Hrsg.), Unternehmensteuerrecht: Gründung, Finanzierung, Umstrukturierung, Übertragung, Liquidation, München 2008.

MacPherson, Alisdair D.J., In the twilight hour? The ranking of floating charges and inhibitions, Case Comment, Edin. LR 2016, S. 353 ff.

Maunz, Theodor/Dürig, Günter, Grundgesetz-Kommentar, 89. Ergänzungslieferung, München 2019.

McKendrick, Ewan (Hrsg.), Goode on Commercial Law, 5. Auflage, London 2016.

McKnight, Andrew, The Reform of Corporate Insolvency Law in Great Britain, JIBFL 2001, S. 213 ff.

Medicus, Dieter, Die Forderung als „sonstiges Recht" nach § 823 Abs. 1 BGB?, in: Deutsch, Erwin et al. (Hrsg.), Festschrift für Erich Steffen zum 65. Geburtstag am 28. Mai 1995. Der Schadensersatz und seine Deckung, München 2014 (Reprint), S. 333 ff.

Medicus, Dieter/Petersen, Jens, Bürgerliches Recht – Eine nach Anspruchsgrundlagen geordnete Darstellung zur Examensvorbereitung, 26. Auflage, München 2017.

Meldung betreffend eine Analyse des DIHK „Deutsche Unternehmen können sich derzeit leicht finanzieren", Handelsblatt vom 7.08.2017, abrufbar auf www.handelsblatt.comunternehmen/industrie/analyse-des-dihk-deutsche-unternehmen-koennen-sich-derzeit-leicht-finanzieren/20154222.html, Zugang vom 1.04.2020.

Mentz, Alexander/Fröhling, Viviane, Die Formen der rechtsgeschäftlichen Übertragung von Aktien, NZG 2002, S. 201 ff.

Mertens, Gerald, Satzungs- und Organisationsautonomie im Aktien- und Konzernrecht, ZGR 1994, S. 426 ff.

Meulen, Edzard ter, Die Floating Charge – ein Sicherungsrecht am Vermögen einer englischen Company – Ein rechtsvergleichender Beitrag zu den Problemen der Sicherungsübereignung, Dissertation, Münster et al.1969.

Meyer, Christian, Der Nießbrauch an GmbH-Gesellschaftsanteilen und an Aktien, Dissertation, Düsseldorf et al. 2001.

Moog, Rüdiger, Zivilrechtliche Sicherung des Nießbrauchers, DStR 2002, S. 180 ff.

Moosmayer, Klaus, Compliance – Praxisleitfaden für Unternehmen, 3. Auflage, München 2015.

Mugdan, Benno (Hrsg.), Die gesammten Materialien zum Bürgerlichen Gesetzbuch für das Deutsche Reich, III. Band: Sachenrecht, Berlin 1899.

Moser, Dominik, Verantwortlichkeit von Vorstandsmitgliedern bei Verletzung des Auskunftsrechts nach § 131 AktG, NZG 2017, S. 1419 ff.

Musielak, Hans-Joachim, Vertragsfreiheit und ihre Grenzen, JuS 2017, S. 949 ff.

Musielak, Hans-Joachim/Voit, Wolfgang (Hrsg.), Zivilprozessordnung mit Gerichtsverfassungsgesetz, Kommentar, 16. Auflage, München 2019.

Müller, Klaus, Schranken des Informationsrechts nach § 51a GmbHG, GmbHR 1987, S. 87 ff.

Müller-Glöge, Rudi/Preis, Ulrich/Schmidt, Ingrid (Hrsg.), Erfurter Kommentar zum Arbeitsrecht, 20. Auflage, München 2020.

Nerlich, Jörg/Römermann, Volker (Hrsg.), Insolvenzordnung, Kommentar, 39. Ergänzungslieferung, München 2019.

Nieder, Heinrich, Handbuch der Testamentsgestaltung – Grundlagen und Gestaltungsmittel für Verfügungen von Todes wegen und vorbereitende Erbfolgemaßnahmen, 6. Auflage, München 2020.

Nolan, Richard C., Property in a fund, LQR 2004, S. 108 ff.

Nonnenmacher, Rolf, Standortbestimmung: Deutsche Corporate Governance im internationalen Vergleich, Vortrag des Vorsitzenden der Regierungskommission auf der 16. Konferenz Deutscher Corporate Governance Kodex, am 22. Juni 2017 zum Thema „15 Jahre DCGK – Eine Bestandsaufnahme", abrufbar auf https://www.dcgk.de/de/kommission/diekommission-im-dialog/detailansicht/ ueberschrift-rede.html, Zugang vom 1.04.2020.

Nouvertné, Richard, Die Sicherung schuldrechtlicher Nutzungsrechte durch Dienstbarkeiten, BKR 2012, S. 52 ff.

Oditah, Fidelis, Lightweight Floating Charges, JBL1991, S. 49 ff.

Oertzen, Christian von/Helios, Marcus, Der bewertungsrechtliche Kapitalwert des Nießbrauchs an Kapitalgesellschaftsanteilen, ZEV 2004, S. 485 ff.

Oetker, Hartmut (Hrsg.), Handelsgesetzbuch, Kommentar, 6. Auflage, München 2019.

Omar, Paul J., Publication Review, Secured Credit in Europe: From Conflicts to Compatibility, JIBFL 33(8) 2018, S. 294 ff.

Paefgen, Walter G./Wallisch, Kai, Die Schutzfunktionen der Gesellschafterliste beim GmbH-Anteilserwerb – Vermutungswirkung, Chain of Title, Verkäuferhaftung und Due Diligence, NZG 2016, S. 801 ff.

Palandt, Otto, Bürgerliches Gesetzbuch mit Nebengesetzen, Kommentar, 79. Auflage, München 2020.

Paterson, Sarah, The insolvency consequences of the abolition of the fixed/ floating charge distinction, Discussion Paper, Secured transactions Law Reform Project, abrufbar auf https://stlrp.files.wordpress.com/2017/01/ paterson-fixed-and-floating-charges.pdf, Zugang vom 01.04.2020.

Paus, Bernhard, Der Unternehmensnießbrauch, BB 1990, S. 1675 ff.

Pennington, Robert R., The genesis of the floating charge, Mod. LR 1960, S. 630 ff.

Petzoldt, Rüdiger, Zum Nießbrauch am „Gewinnstammrecht“, GmbHR 1980, S. 197 ff.

Petzoldt, Rüdiger, Nießbrauch an Kommanditanteilen und GmbH-Geschäftsanteilen, GmbHR 1987, S. 381 ff.

Philipp, Thomas, Bericht aus Brüssel: Weder kontinental noch amerikanisch geprägt, VW 2005, S. 1310 ff.

Pielow, Johann-Christian (Hrsg.), Beck'scher Online-Kommentar Gewerbeordnung, 49. Edition, Stand 1.03.2020, München 2020.

Potsch, Nicolas A., Grundfragen der Kommanditistenhaftung – Einlageleistung, Einlagerückgewähr, Registerpublizität, Dissertation, Köln 2012.

Pöppel, Monika, Der Grundstücksnießbrauch in der notariellen Praxis, MittBayNot 2007, S. 85 ff.

Präambel zum Gesetz der *κυμαινόμενη ασφάλεια*, Εισηγητική ¨Εκθεση στο σχέδιο νόμου «Συμβάσεις επί κινητών ή απαιτήσεων υποκείμενες σε δημοσιότητα και άλλες συμβάσεις παροχής ασφάλειας», abrufbar auf https://www.hellenicparliament.gr/.../NOM_NOM_EE_2844_IA2, Zugang vom 01.04.2020.

Prinz, Ulrich/Winkeljohann, Norbert (Hrsg.), Beck'sches Handbuch der GmbH – Gesellschaftsrecht, Steuerrecht, 5. Auflage, München 2014.

Proctor, Charles/Dixon, Victoria (Hrsg.), Goode on payment obligations in commercial and financial transactions, 3. Auflage, London 2016.

Prölss, Erich R./Prölss, Jürgen/Martin, Anton, Vertragsversicherungsgesetz, Vermittlerrecht und Allgemeinen Versicherungsbedingungen, 30. Auflage, München 2018.

Promberger, Günter, Der Nettonießbrauch auf dem Prüfstand – zugleich Anmerkungen zu BGH vom 23.01.2009, VZR 197/07, MittBayNot 2010, S. 22 ff.

Quenby, Georgia M., Floating charges: companies, IWUK, 23. May 2017.

Quenby, Georgia M./Hassan, Meryem, Security documentation, IWUK, 31. May 2017.

Raisch, Peter, Zum Begriff und zur Bedeutung des Unternehmensinteresses als Verhaltensmaxime von Vorstands- und Aufsichtsratsmitgliedern, in: Fischer, Robert et al. (Hrsg.), Festschrift für Wolfgang Hefermehl zum 70. Geburtstag am 18. September 1976, Strukturen und Entwicklungen im Handels-, Gesellschafts- und Wirtschaftsrecht, München 1976, S. 347 ff.

Raiser, Thomas, Das Unternehmensinteresse, in: Reichert-Facilides, Fritz et al. (Hrsg.), Festschrift für Reimer Schmidt, Karlsruhe 1976, S. 101 ff.

Rauscher, Thomas/Krüger, Wolfgang (Hrsg.), Münchener Kommentar zur Zivilprozessordnung mit Gerichtsverfassungsgesetz und Nebengesetzen, Band 2, 5. Auflage, München 2016.

Reichert, Jochem (Hrsg.), GmbHG & Co. KG, 7. Auflage, München 2015.

Reichert, Jochem/Schlitt, Michael, Nießbrauch an GmbH-Geschäftsanteilen – gesetzliche Grundlagen und Vertragsgestaltung, in: Klein, Franz et al. (Hrsg.), Unternehmen Steuern: Festschrift für Hans Flick zum 70. Geburtstag, Köln 1997, S. 227 ff.

Reiner, Günter, Shareholder Value und Nachhaltigkeit: Zur obersten Leitungsmaxime des Vorstands, ZVglWiss 2011, S. 443 ff.

Reinfelder, Waldemar, Arbeitnehmer – Gesellschafter – Geschäftsführer, RdA 2016, S. 87 ff.

Reiser, Thomas, Das Unternehmen als Organisation: Kritik und Erneuerung der juristischen Unternehmenslehre, Berlin 1969, S. 171 ff.

Reymann, Christoph, Die Verpfändung von GmbH-Geschäftsanteilen, DNotZ 2005, S. 425 ff.

Riechers, Arndt, Das „Unternehmen an sich": Die Entwicklung eines Begriffes in der Aktienrechtsdiskussion des 20. Jahrhundert, Tübingen 1996.

Riedel, Christopher (Hrsg.), Praxishandbuch Unternehmensnachfolge, 2. Auflage, München 2018.

Riedel, Ernst/Volmer, Michael/Wilsch, Harald (Hrsg.), Schöner/Stöber, Handbuch der Rechtspraxis, Band 4, Grundbuchrecht, 15. Auflage, München 2012.

Ring, Gerhard/Grziwotz, Herbert/Keukenschrijver, Alfred (Hrsg.), Bürgerliches Gesetzbuch BGB, Band 3: Sachenrecht, 4. Auflage, Baden-Baden 2016.

Rintelen, Askan von, Probleme und Grenzen der Vollstreckungsunterwerfung in der notariellen Urkunde, RNotZ 2001, S. 3 ff.

Rixecker, Roland, VVG 2008 – Eine Einführung, ZfS 2007, S. 669 ff.

Rogers, Kate, Case Comment, Fixed or floating: protecting your charge in the event of insolvency, Insolv. Int. 30 (7) 2017, S. 113 ff.

Rombach, Patricia, Die anfängliche und nachträgliche Übersicherung bei revolvierenden Globalsicherheiten, Dissertation, Berlin 2001.

Rowedder, Heinz/Schmidt-Leithoff, Christian (Hrsg.), Gesetz betreffend die Gesellschaften mit beschränkter Haftung, Kommentar, 6. Auflage, München 2017.

Röder, Erik, Reformüberlegungen zum Recht der GbR, AcP 215 (2015) 450 ff.

Röhricht, Volker/Westphalen, Friedrich Graf von/Haas, Ulrich (Hrsg.), Handelsgesetzbuch, Kommentar zu Handelsstand, Handelsgesellschaften, Handelsgeschäften und besonderen Handelsverträgen, 4. Auflage, Köln 2014.

Römermann, Volker (Hrsg.), Münchener Anwaltshandbuch GmbH-Recht, 4. Auflage, München 2018.

Rössler, Rudolf/Troll, Max, Bewertungsgesetz, Kommentar, 30. Ergänzungslieferung, München 2019.

Rüffer, Wilfried/Halbach, Dirk/Schimikowski, Peter (Hrsg.), Versicherungsvertragsgesetz, Handkommentar, 4. Auflage, München 2020.

Saenger, Ingo (Hrsg.), Zivilprozessordnung, Handkommentar, 8. Auflage, Münster 2019.

Saenger, Ingo/Inhester, Michael (Hrsg.), GmbHG Handkommentar, 3. Auflage, Baden-Baden 2016.

Salm, Eberhard, Das Unternehmensinteresse: Ein Beitrag zur Auseinandersetzung um den Begriff, Dissertation, Tübingen 1986.

Säcker, Franz Jürgen/Rixecker, Roland/Oetker, Hartmut/Limperg, Bettina (Hrsg.), Münchener Kommentar zum Bürgerlichen Gesetzbuch: BGB, Band 1, §§ 1-240 BGB, AllgPersönlR, ProstG, AGG, 8. Auflage, München 2018.

Säcker, Franz Jürgen/Rixecker, Roland/Oetker, Hartmut/Limperg, Bettina (Hrsg.), Münchener Kommentar zum Bürgerlichen Gesetzbuch: BGB, Band 2, §§ 241310 BGB, 8. Auflage, München 2019.

Säcker, Franz Jürgen/Rixecker, Roland/Oetker, Hartmut/Limperg, Bettina (Hrsg.), Münchener Kommentar zum Bürgerlichen Gesetzbuch: BGB, Band 5, §§ 535-630h BGB, BetrKV, HeizkostenV, WärmeLV, EFZG, TzBfG, KSchG, MiLoG, 8. Auflage, München 2020.

Säcker, Franz Jürgen/Rixecker, Roland/Oetker, Hartmut/Limperg, Bettina (Hrsg.), Münchener Kommentar zum Bürgerlichen Gesetzbuch: BGB, Band 6, Schuldrecht Besonderer Teil IV, §§ 795-853, PartGG, ProdHaftG, 7. Auflage, München 2017.

Säcker, Franz Jürgen/Rixecker, Roland/Oetker, Hartmut/Limperg, Bettina (Hrsg.), Münchener Kommentar zum Bürgerlichen Gesetzbuch: BGB, Band 8, §§ 854-1296 BGB, WEG, ErbbauRG, 8. Auflage, München 2020.

Scalan, Gary/Harvey, Andrew/Prime, Terence/Ogowewo, Tunde, Companies Act 2006 – A Guide to the New Law, London 2007.

Schafft, Thomas, Internet-Domains als Kreditsicherheit, BB 2006, S. 1013 ff.

Schall, Alexander, Die neue englische floating charge im Internationalem Privat- und Verfahrensrecht, IPRax 2009, 209 ff.

Schäfer, Carsten, Empfiehlt sich eine grundlegende Reform des Personengesellschaftsrechts?, NJW-Beilage 2016, 45 ff.

Scherer, Stephan (Hrsg.), Münchener Anwaltshandbuch Erbrecht, 5. Auflage, München 2018.

Schießer, Susanne, Kein Stimmrecht dinglich Berechtigter in der Wohnungseigentümergemeinschaft, ZMR 2004, S. 5 ff.

Schilling, Wolf Ulrich, Shareholder Value und Aktiengesetz, BB 1997, Heft 8, S. 373 ff.

Schimansky, Herbert/Bunte, Hermann-Josef/Lwowski, Hans-Jürgen (Hrsg.), Bankrechts-Handbuch, 5. Auflage, München 2017.

Schlieper, Hartmut, Vor- und Nacherbschaft oder Nießbrauchsvermächtnis – Zur zweckmäßigen Gestaltung der Verfügung von Todes wegen, MittRhNotK 1995, S. 249 ff.

Schlodtmann, Hans, Nießbrauch und Nutznießung an Geschäftsanteilen einer Gesellschaft mit beschränkter Haftung, Dissertation, Lippstadt 1932.

Schmidt, Holger, Auf dem Weg zur vollen Anerkennung immaterieller Vermögenswerte als Kreditsicherheit?, WM 2012, S. 721 ff.

Schmidt, Karsten, Haftungskontinuität als unternehmensrechtliches Prinzip, Plädoyer für ein neues Verständnis der §§ 25 und 28 HGB, ZHR 1981, S. 2 ff.

Schmidt, Karsten, Unternehmenskontinuität und Erwerberhaftung nach § 25 I HGB, ZGR 1992, S. 621 ff.

Schmidt, Karsten, Stimmrecht beim Anteilsnießbrauch, ZGR 1999, S. 601 ff.

Schmidt, Karsten, „Unternehmer" „Kaufmann" „Verbraucher" – Schnittstellen im „Sonderprivatrecht" und Friktionen zwischen §§ 13, 14 HGB und §§ 1 ff. HGB, BB 2005, S. 837 ff.

Schmidt, Karsten, Handelsrecht – Unternehmensrecht I, 6. Auflage, Köln 2014.

Schmidt, Karsten, Gesellschaftsrecht – Unternehmensrecht II, 4. Auflage, Köln 2002.

Schmidt, Karsten (Hrsg.), Insolvenzordnung, Kommentar, 19. Auflage, München 2016.

Schmidt, Karsten (Hrsg.), Münchener Kommentar zum Handelsgesetzbuch, Band 1, 4. Auflage, München 2016.

Schmidt, Karsten (Hrsg.), Münchener Kommentar zum Handelsgesetzbuch, Band 2, 4. Auflage, München 2016.

Schmidt, Karsten (Hrsg.), Münchener Kommentar zum Handelsgesetzbuch, Band 3, 4. Auflage, München 2019.

Schmitz, Ralf, Unternehmensnießbrauch – Zugleich Besprechung des gleichnamigen Werkes von Dirk Janßen und Jörg R. Nickel, StuW 1999, S. 194 ff.

Schneider, Björn/Forscht, Kevin, Governance, Risk und Compliance, WPg 2017, S. 200 ff.

Schön, Wolfgang, Der Nießbrauch an Sachen, Dissertation, Bonn 1992.

Schön, Wolfgang, Der Nießbrauch am Gesellschaftsanteil, ZHR 1994, S. 229 ff.

Schubach, Arno, Die Reform des Versicherungsvertragsgesetzes (VVG), AnwBl 2008, S. 27 ff.

Schubert, Werner (Hrsg.), Die Vorlagen der Redaktoren für die erste Kommission zur Ausarbeitung des Entwurfs eines Bürgerlichen Gesetzbuches, Berlin. – *Johow, Reinhold*, Sachenrecht Teile 1 bis 3, 1982.

Schulz, Martin R., Compliance-Management im Unternehmen – Grundfragen, Herausforderungen und Orientierungshilfen, BB 2017, S. 1475 ff.

Schulze, Reiner/Dörner, Heinrich/Ebert, Ina/Hoeren, Thomas/Kemper, Rainer/Saenger, Ingo/Scheuch, Alexander/Schreiber, Klaus/Schulte-Nölke Hans/Staudinger, Ansgar/Wiese, Volker, BGB Handkommentar, 10. Auflage, München 2019.

Schulze, Reiner/Grziwotz, Herbert/Lauda, Rudolf (Hrsg.), Nomos Gesetzesformulare BGB, Kommentiertes Vertrags- und Prozessformularbuch, 4. Auflage, München 2020.

Schwintowski, Hans-Peter, Vom Alles-oder-Nichts-Prinzip zum Quotensystem, VuR 2008, S. 1 ff.

Sealy, Len S./Hooley, Richard J. A. (Hrsg.), Commercial Law: Text, Cases and Materials, 4. Auflage, Oxford 2008.

Sealy, Len S., Floating charges – Cosslett in the House of Lords, C.L.J. 61 (2) 2002, S. 281 ff.

Sealy, Len S., Company law – floating charge – priorities, C.L.J. 45 (1) 1986, S. 25 ff.

Seif, Ulrike, Der Bestandsschutz besitzloser Mobiliarsicherheiten im deutschen und englischen Recht, Dissertation, Tübingen 1997.

Semler, Johannes/Stengel, Arndt (Hrsg.), Umwandlungsgesetz, 4. Auflage, München 2017.

Sick, Philipp, Numerus clausus der sachenrechtlichen Rechtsinstitute, ZfIR 2016, S. 57 ff.

Siebert, Wolfgang, Nießbrauch am Gewinnrecht des Gesellschafters einer offenen Handelsgesellschaft, BB 1956, S. 1126 ff.

Simon, Stefan, Erkenntnisgewinn in der Corporate Governance Diskussion, NZG 2013, S. 19 ff.

Sims, Hugh/Briggs, Nicholas, Enterprise Act 2002 – corporate wrinkles, Insolv. Int. 2004, S. 49 ff.

Soergel, Theodor, Bürgerliches Gesetzbuch mit Einführungsgesetzen und Nebengesetzen, Band 1 (Allgemeiner Teil 1), 13. Auflage, Stuttgart 2000.

Soergel, Theodor, Bürgerliches Gesetzbuch mit Einführungsgesetz und Nebengesetzen, BGB, Band 16 (Sachenrecht 3), 13. Auflage, Stuttgart 2001.

Sonnenberg, Thomas, Compliance-Systeme in Unternehmen, JuS 2017, S. 97 ff.

Spießhofer, Birgit, Compliance und Corporate Social Responsibility, NZG 2018, S. 441 ff.

Spindler, Gerald, Regeln für börsennotierte vs. Regeln für geschlossene Gesellschaften – Vollendung des Begonnenen, AG 2008, S. 598 ff.

Spindler, Gerald/Schuster, Fabian (Hrsg.), Recht der elektronischen Medien, Kommentar, 4. Auflage, München 2019.

Spindler, Gerald/Stilz, Eberhard (Hrsg.), Kommentar zum Aktiengesetz, 4. Auflage, München 2019.

Starnecker, Hermann, Englische Insolvenzverfahren: Administrative Receivership und Administration Order vor dem Hintergrund der deutschen Insolvenzordnung, Dissertation, Frankfurt 1995.

Staub, Hermann, Handelsgesetzbuch: HGB Kommentar, Band 1, 5. Auflage, Berlin 2009.

Staub, Hermann, Handelsgesetzbuch: HGB Kommentar, Band 3, 5. Auflage, Berlin 2009.

Staudinger, Julius von, J. von Staudingers Kommentar zum Bürgerlichen Gesetzbuch: Staudinger BGB – Buch 2: Recht der Schuldverhältnisse, §§ 741-764, 15. Auflage, Berlin 2015.

Staudinger, Julius von, J. von Staudingers Kommentar zum Bürgerlichen Gesetzbuch: Staudinger BGB – Buch 2: Recht der Schuldverhältnisse, §§ 823 A-D, 15. Auflage, Berlin 2017.

Staudinger, Julius von, J. von Staudingers Kommentar zum Bürgerlichen Gesetzbuch: Staudinger BGB – Buch 3: Sachenrecht, Erbbaurecht, §§ 1018-1112, 16. Auflage, Berlin 2017.

Storme, Matthias E., Die Harmonisierung der persönlichen Sicherheiten in Europa, in: Basedow, Jürgen et al. (Hrsg.), Europäisches Kreditsicherungsrecht – Ulrich Drobnig zum 80. Geburtstag, Symposium im Max-Planck-Institut für ausländisches und internationales Privatrecht zu Ehren von Ulrich Drobnig am 12. Dezember 2008, Tübingen 2010, S. 7 ff.

Stöß, Elmar, Die Finanzstruktur der Unternehmen und deren Reaktion auf monetäre Impulse – Eine Analyse anhand der Unternehmensbilanzstatistik der Deutschen Bundesbank, Diskussionspapier 9/96, Volkswirtschaftliche Forschungsgruppe der Deutschen Bundesbank, Frankfurt 1996.

Stürner, Rolf, Jauernig, Bürgerliches Gesetzbuch, Kommentar, 17. Auflage, München 2018.

Stürner, Rolf/Eidenmüller, Horst/Schoppmeyer, Heinrich (Hrsg.), Münchener Kommentar zur Insolvenzordnung, Band 1, §§ 1-79 InsO, InsVV, 4. Auflage, München 2019.

Stürner, Rolf/Eidenmüller, Horst/Schoppmeyer, Heinrich (Hrsg.), Münchener Kommentar zur Insolvenzordnung, Band 2, 4. Auflage, §§ 80-216 InsO, München 2019.

Stürner, Rolf/Eidenmüller, Horst/Schoppmeyer, Heinrich (Hrsg.), Münchener Kommentar zur Insolvenzordnung, Band 3, §§ 217-359 InsO, 4. Auflage, München 2020.

Stürner, Rolf/Eidenmüller, Horst/Schoppmeyer, Heinrich (Hrsg.), Münchener Kommentar zur Insolvenzordnung, Band 4, EGInsO, EUInsVO, Länderberichte, 3. Auflage, München 2016.

Sudhoff, Heinrich von, Der Nießbrauch am Anteil einer Personengesellschaft, NJW 1971, S. 481 ff.

Sudhoff, Heinrich von, Unternehmensnachfolge, 5. Auflage, München 2005.

Sünner, Eckart, Die Wahl von ausscheidenden Vorstandsmitgliedern in den Aufsichtsrat, AG 2010, S. 111 ff.

Sünner, Eckart, Die Möglichkeiten im DCGK, S. in: Krieger, Gerd et al. (Hrsg.), Festschrift für Michael Hoffmann-Becking zum 70. Geburtstag, München 2013, S. 1225 ff.

Teichmann, Arndt, Der Nießbrauch an Gesellschaftsanteilen – Gesellschaftsrechtlicher Teil, ZGR 1971, S. 1 ff.

Teichmann, Arndt, Der Nießbrauch an Gesellschaftsanteilen – Probleme der praktischen Gestaltung, ZGR 1973, S. 24 ff.

Teichmann, Christoph, Vertragsfreiheit im Innenverhältnis der GmbH-Gesellschafter, RNotZ 2013, S. 346 ff.

Teubner, Gunther, Unternehmensinteresse – das gesellschaftliche Interesse des Unternehmens „an sich"?, ZHR 1985, S. 470 ff.

Theater, Ralf/Baker, Genevieve (Hrsg.), Wertpapiererwerbs- und Übernahmegesetz, 2. Onlineauflage, Rechtsstand 15.05.2017.

Theisen, Manuel René, Grundsätze ordnungsgemäßer Kontrolle und Beratung der Geschäftsführung durch den Aufsichtsrat, AG 1995, S. 193 ff.

Toube QC, Felicity/Rumley, Joanne, A brave new world? Should the UK ban *ipso facto* clauses in non-executory contracts?, Insolv. Int. 2018, S. 78 ff.

Triebel, Volker/Illmer, Martin/Ringe, Wolf-Georg/Vogenauer, Stefan/Ziegler, Katja, Englisches Handels- und Wirtschaftsrecht, 3. Auflage, Heidelberg 2012.

Troll, Max, Erbschaftsteuer- und Schenkungsteuergesetz mit Bewertungsrecht und Verfahrensrecht, 58. Ergänzungslieferung, München 2019.

Trömer, Jehannes, Vereinbarungen über den dinglichen Inhalt des Nießbrauchs an Grundstücken, RNotZ 2016, 421.

Ulmer, Peter, Zur Bedeutung des gesellschaftsrechtlichen Abspaltungsverbotes für den Nießbrauch am OHG (KG) Anteil, in: Goerdeler, Reinhard et al. (Hrsg.), Festschrift für Hans-Joachim Fleck zum 70. Geburtstag am 30. Januar 1988, Berlin 1988, S. 383 ff.

Ulmer, Peter, Die Aktionärsklage als Instrument zur Kontrolle des Vorstands- und Aufsichtsratshandelns, ZHR 1999, S. 290 ff.

Ulmer, Peter, Die rechtsfähige GbR: auf Umwegen im Grundbuch angekommen, ZIP 2011, 1689 ff.

Unberath, Hannes, Die Leistungsfreiheit des Versicherers, NZV 2008, S. 537 ff.

Ungerer, Johannes, Die floating charge – wie man Kredite mittels einer Wolke sichert, ZfRV 2015, S. 32 ff.

Unmuth, Nicolai, Die organisatorische Umsetzung der Corporate Compliance, CB 2017, 177.

Vielliers, Charlotte, Corporate Reporting and Company Law, Cambridge 2006.

Vieweg, Klaus/Werner, Almuth, Sachenrecht, 7. Auflage, München 2015.

Volze, Harald, Die Reform des Versicherungsvertragsgesetzes – VVG-Reform, DS 2008, S. 255 ff.

Vorpeil, Klaus, Neuere Entwicklungen im englischen Handels- und Wirtschaftsrecht, RIW 2011, S. 665 ff.

Vorwerk, Volkert/Wolf, Christian (Hrsg.), Beck'scher Online-Kommentar ZPO, 35. Edition, Stand 1.01.2020, München 2020.

Wagner, Wilfried, Sölch/Ringleb, Umsatzsteuergesetz, Kommentar, München 2019.

Walker, Andreas, Die Shareholder Value Analyse als Instrument zur Unterstützung von Unternehmenssanierungen, DStR 1999, S. 1670 ff.

Walter, Norbert, Unternehmensnießbrauch – Einkommen- und erbschaftsteuerrechtliche Behandlung des Nießbrauchs an einem Einzelunternehmen, BB 1983, S. 1151 ff.

Walters, Adrian, Priority of the floating charge in corporate insolvency: Griffiths v Yorkshire Bank plc, Comp. Law. 1995, S. 291 ff.

Wälzholz, Eckhard, Aktuelle Gestaltungsprobleme des Nießbrauchs am Anteil an einer Personengesellschaft, DStR 2010, S. 1786 ff.

Weber-Grellet, Heinrich (Hrsg.), Schmidt Einkommensteuergesetz Kommentar, 39. Auflage, München 2020.

Wedemann, Frauke, Das Stimmrecht beim Anteilsnießbrauch im Spiegel von Rechtsvergleichung und Rechtssetzungslehre, NZG 2013, S. 1281 ff.

Weidner, Ulrich, Notwendige Korrekturen am Gesetzesentwurf der Bundesregierung zur VVG-Reform, r+s 2007, S. 138 ff.

Weller, Marc-Philippe/Benz, Nina/Thomale, Chris, Rechtsgeschäftsähnliche Parteiautonomie, ZEuP 2017, S. 250 ff.

Wenckstern, Manfred, Die englische floating charge im deutschen internationalen Privatrecht, RabelsZ 1992, S. 624 ff.

Wertenbruch, Johannes, Beschlussfassung und Pflichtverletzungen im Stimmrechtskonsortium, NZG 2009, S. 645 ff.

Wessels, Bob, On the future of European Insolvency Law, IILR 2014, S. 310 ff.

West, Inga, Charges over book debts: round one to the Crown, IL&P 2004, S. 23 ff.

Westermann, Harm Peter/Grunewald, Barbara/Maier-Reimer, Georg (Hrsg.), Erman Bürgerliches Gesetzbuch, Handkommentar, Band 1 und 2, 14. Auflage, Köln 2014.

Westermann, Harm Peter/Wertenbruch, Johannes, Handbuch Personengesellschaften – Gesellschaftsrecht, Steuerrecht, Sozialversicherungsrecht, Verträge und Formulare, Loseblattwerk mit 66. Aktualisierung, München 2016.

Westphalen, Friedrich Graf von/Thüsing, Gregor (Hrsg.), Vertragsrecht und AGB-Klauselwerke, 44. Ergänzung November 2019, München 2019.

Wicke, Hartmut, Gesetz betreffend die Gesellschaften mit beschränkter Haftung, Kommentar, 3. Auflage, München 2016.

Wiegand, Wolfgang/Brunner, Christoph, Übersicherung und Freigabeanspruch, NJW 1995, S. 2513 ff.

Wieling, Hans-Josef, Sachenrecht, 5. Auflage, Heidelberg 2007.

Winkeljohann, Norbert/Ull, Thomas, Determinanten einer zunehmenden Relevanz der IFRS für mittelständische Unternehmen, in: Winkeljohann, Norbert/Herzig, Norbert (Hrsg.), IFRS für den Mittelstand – Perspektiven, Anwendung, Praxisberichte, Stuttgart 2006, S. 6 ff.

Wolf, Manfred, Prinzipien und Anwendungsbereich der dinglichen Surrogation (Teil 1), JuS 1975, S. 643 ff.

Wolf, Manfred/Wellenhofer, Marina, Sachenrecht, 32. Auflage, München 2017.

Wolff, Reinmar, Die Verbindlichkeit der Gesellschafterliste für Stimmrecht und Beschlussverfahren, BB 2010, S. 454 ff.

Wood, Philip R., Fixed and floating charges, C.L.J. 60 (3) 2001, S. 472 ff.

Worthington, Sarah, Floating Charges – An Alternative Theory, C.L.J. 53 (1) 1994, S. 81 ff.

Wörlen, Rainer/Kokemoor, Axel, Sachenrecht mit Kreditsicherungsrecht, 10. Auflage, München 2017.

Zeiser, Andreas, Abtretbarkeit von Vormerkungen für beschränkte persönliche Dienstbarkeiten und Nießbrauchsrechte, RPfleger 2009, S. 285 ff.

Ziemons, Hildegard, Patronatserklärungen im Gesellschaftsrecht – Risiken und Nebenwirkungen, GWR 2009, S. 411 ff.

Ziemons, Hildegard/Jaeger, Carsten/Pöschke, Moritz (Hrsg.), Beck'scher Online-Kommentar GmbHG, 42. Edition, Stand 01.02.2020, München 2020.

Zöllner, Wolfgang, Die sogenannten Gesellschafterklagen im Kapitalgesellschaftsrecht, ZGR 1988, S. 392 ff.

Zöllner, Wolfgang, Die Zulässigkeit von Mehrheitsregelungen in Konsortialverträgen, in: Habersack, Mathias et al. (Hrsg.), Festschrift für Peter Ulmer zum 70. Geburtstag am 2. Januar 2003, Berlin 2013 (Reprint), S. 725 ff.

Zöllner, Wolfgang/Noack, Ulrich (Hrsg.), Kölner Kommentar zum Aktiengesetz, Band 1-1 Teillieferung, 3. Auflage, Köln 2008.

Zöllner, Wolfgang/Noack, Ulrich (Hrsg.), Kölner Kommentar zum Aktiengesetz, Band 1-2 Teillieferung, 3. Auflage, Köln 2009.

Zöllner, Wolfgang/Noack, Ulrich (Hrsg.), Kölner Kommentar zum Aktiengesetz, Band 4-1 Teillieferung, 3. Auflage, Köln 2014.

Zöllner, Wolfgang/Noack, Ulrich (Hrsg.), Kölner Kommentar zum Aktiengesetz, Band 8/1-3 Teillieferung, 3. Auflage, Köln 2011.

Rechtsprechungsverzeichnis

BGH NJW 2006, 990 ff. (BGH V ZR 35/05 vom 2.12.2005)
BGH NJW 1971, 422 ff. (BGH V ZR 31/68 vom 18.12.1970)
BGH NJW 2002, 434 ff. (BGH V ZR 264/00 vom 2.11.2001)
BGH NJW 2002, 1647 ff. (BGH V ZB 24/01 vom 7.03.2002)
BGH NJW-RR 2003, 1291 ff. (BGH V ZR 392/02 vom 6.06.2003)
BGH NJW 1983, 932 ff. (BGH II ZR 13/82 vom 20.12.1982)
BGH NJW 1967, 1462 ff. (BGH II ZR 245/63 vom 30.03.1967)
BGH NJW 2004, 1382 ff. (BGH IV ZR 249/02 vom 10.12.2003)
BGH NJW 2012, 2034 ff. (BGH I ZR 187/10 vom 18.01.2012)
BGH NJW 2012, 317 ff. (BGH XII ZB 286/11 vom 9.11.2011)
BGH NJW 1991, 1353 ff. (BGH I ZR 14/89 vom 22.11.1990)
BGH NJW 1981, 111 ff. (BGH V ZR 78/79 vom 19.09.1980)
BGH NJW-RR 2006, 874 ff. (BGH V ZR 45/05 vom 10.03.2006)
BGH NJW 1999, 571 ff. (BGH II ZR 213/97 vom 9.11.1998)
BGH NJW 1989, 3152 ff. (BGH II ZB 1/89 vom 3.07.1989)
BGH NJW 1972, 1755 ff. (BGH II ZR 143/69 vom 20.04.1972)
BGH NJW 1990, 443 ff. (BGH V ZR 341/87 vom 20.10.1989)

BGHZ 63, 365 ff. (BGH VIII ZR 126/73 vom 8.01.1975)
BGHZ 112, 395 ff. (BGH (II ZR 251/89 vom 8.11.1990)
BGHZ 63, 32 ff. (BGH VII ZR 44/73 vom 10.06.1974)
BGHZ 146, 341 ff. (BGH II ZR 331/00 vom 29.01.2001)
BGHZ 24, 372 ff. (BGH IV ZB 53/57 vom 6.06.1957)
BGHZ 191, 84 ff. (BGH II ZB 17/10 vom 20.09.2011)
BGHZ 58, 316 ff. (BGH II ZR 143/69 vom 20.04.1972)
BGHZ 3, 354 f. (BGH II ZR 111/50 vom 10.11.1951)
BGHZ 20, 363 ff. (BGH II ZR 229/54 vom 14.05.1956)
BGHZ 33, 105 ff. (BGH II ZR 260/59 vom 11.07.1960)
BGHZ 53, 174 ff. (BGH VII ZR 34/68 vom 29.01.1970)

BGH ZB 11/72 ff. (BGH I ZB 11/72 vom 2.03.1973)

BGH ZB 2/71 ff. (BGH I ZB 2/71 vom 11.05.1973)

BGH VersR 1987, 1181 ff. (BGH ZR 140/86 vom 7.10.1987)
BGH VersR 1988, 1283 ff. (BGH IVa ZR 73/87 vom 26.10.1988)
BGH WM 1966, 653 ff. (BGH V ZR 17/65 vom 15.03.1966)
BGH MDR 1975, 225 ff. (BGH VIII ZR 236/73 vom 18.11.1974)
BGH DB 1975, 439 ff. (BGH II ZR 166/72 vom 12.12.1974
BGH DB 1972, 1283 (BGH II ZR 143/69 vom 20.04.1972)
BGH MittRhNotK 1999, 250 ff. (BGH II ZR 213/97 vom 9.11.1998)

BFHE 132, 414 ff. (BFH VIII R 55/77 vom 4.11.1980)
BFHE 134, 130 ff. (BFH VIII R 124/76 vom 28.07.1981)

BFH BStBl. II 1998, 454 ff. (BFH V R 3/96 vom 29.01.1998)
BFH BStBl. II 1986, 12 ff. (BFH IX R 62/83 vom 24.09.1985)
BFH BStBl II 1981, 396 ff. (BFH VIII R 55/77 vom 4.11.1980)
BFH BStBl. II 1996, 523 ff. (BFH IV R 87/93 vom 23.05.1996)

BFH NJW 1996, 414 ff. (BFH IV R 79/94 vom 6.07.1995)
BFH NJW 1976, 1656 ff. (BFH IV R 83/75 vom 13.05.1976)
BFH NZG 2015, 1207 ff. (BFH II R 34/13 vom 6.05.2015)

BAG NJW 2006, 1899 ff. (BAG 2 AZR 614/04 vom 24.11.2005)
BAG NJW 1999, 3731 ff. (BAG 5 AZR 664/98 vom 26.5.1999)

BayObLG 1973, 168 ff. (BayObLG 2 Z 25/73 vom 3.07.1973)
BayObLGZ 1977, 81 ff. (BayObLG 2 Z 25/76 vom 29.03.1977)
BayObLG RPfleger 1981, 439 ff. (BayObLG 2 Z 45/81 vom 7.07.1981)
OLG Frankfurt ZIP 2011, 2009 ff. (OLG Frankfurt/M 13 U 100/10 vom 17.08.2011)
OLG Celle ZIP 2011, 1510 ff. (OLG Celle 4 W 39/11 vom 25.05.2011)
OLG Celle HRR 1934, 1683 ff. (OLG Celle 6 U 77/34 vom 23.06.1934)
OLG Nürnberg, NZG 2013, 750 ff. (OLG Nürnberg 15 W 2482/12 vom 27.02.2013)
OLG Hamm DNotI-Report 2001, 101 ff. (OLG Hamm 15 W 361/0) vom 27.11.2000)

OLG Stuttgart NZG 2013, 432 ff. (OLG Stuttgart 8 W 25/13 vom 28.01.2013)

OLG Bremen AG 1970, 335 ff. (OLG Bremen 1 U 2/70 vom 20.04.1970)

OLG Hamm RNotZ 2001, 450 ff. (OLG Hamm 15 W 20/01 vom 19.06.2001)

LG Mönchengladbach r+s 1999, 19 ff. (LG Mönchengladbach 2 S 178/98 vom 7.08.1998)

LG Hamburg NZG 2005, 926 ff. (LG Hamburg 321 T 30/04 vom 13.06.2005)

LG Oldenburg, DNotI-Report 2008, 166 ff. (LG Oldenburg 15 T 257/08 vom 8.04.2008)

LG Hagen BeckRS 2009, 22935 ff. (LG Hagen 3 T 720/08 vom 24.11.2008)

RGZ 105, 409 ff. (RG VII 64/22 vom 1.12.1922)

RGZ 138, 72 ff. (RG VIII 289/32 vom 17.10.1932)

RGZ 80, 209 ff. (RG IV 75/12 vom 12.10.1912)

RGZ 106, 57 ff. (RG IV 166/22 vom 14.12.1922)

RGZ 106, 109 ff. (RG III 520/22 vom 22.12.1922)

RGZ 141, 220 ff. (RG V 419/32 vom 21.06.1933)

RGZ 77, 254 ff. (RG VII 150/11 vom 3.11.1911)

RG JW 1910, 801 ff. (RG V 425/09 vom 29.06.1910)

RG JW 1928, 1344 ff. (RG V 489/1927 vom 13.06.1928)

Carreras Rothmans Ltd. v. Freeman Mathews Treasure Ltd. (1985)

Re. Florence Land and Public Works Co. (1878)

Ashborder BV v. Green Gas Power Ltd. (2004)

Tailby v. Official Receiver (1888)

Re. Kelcey (1899)

Sarett v. Egerton (1957)

Re. Colonial Trusts Corporation (1879)

Illingworth v. Houldsworth (Re. Yorkshire Woolcombers Association Ltd.) (1903)

Evans v. Rival Granite Quarries Ltd. (1910)

Re. Johnston Foreign Patents Co. Ltd. (1904)

Taylor v. M'Keand (1880)

Payne v. Fern (1881)

English & Scottish Mercantile Investment Co. Ltd. v. Bruton (1892)

Levy v. Abercorris Slate and Slab Co (1887)

Siebe Gorman & Co. Ltd. v. Barclays Bank Ltd. (1979)
Keenan Bros Ltd. Re. (1986)
Brightlife Ltd. (1987)
Re. Atlantic Computer Systems plc. (1992)
Re. Atlantic Medical Ltd. (1992)
Re. New Bullas Trading Ltd. (1994)
Agnew v. Commissioner of Inland Revenue (2001)
National Westminster Bank plc. v. Spectrum Plus Limited and others (2005)
Government Stock and Other Securities Investment Co. Ltd. v. Manila Railway Co. Ltd. (1897)
Wheatley v. Silkstone and Haigh Moor Coal Co. (1885)
Dearle v. Hall (1823)
Abbey National Building Society v. Cann (1991)
Church of England Building Society v. Piskor (1954)
Wilson v. Kelland (1910)
Re. Leas Hotel Co. (1902)
Re. Lucan (Earl) (1890)
Edwards v. Standard Rollins Stock Syndicate (1893)
Re. London Pressed Hinge Co. Ltd. (1905)
Re. Victoria Steamboats Ltd. (1897)
Deyes v. Wood (1911)
Re. Vimbos Ltd. (1900)
Wallace v. Universal Automatic Machines (1894)
Davey and Co. v. Williamson (1898)
Woodroffes (Musical instruments) Ltd. Re. (1986)
N.W. Robbie & Co. Ltd. v. Witney Warehouse Co. Ltd. (1963)
Hubbuck v. Helms (1887)
McMahon v. North Kent Ironworks Co. (1891)
Geilfuss v. Corrigan (1897)
Benedict v. Ratner (1925)
Re. Croftbell Ltd. (1990)
Re. Cosslett (Contractors) Ltd. (1997)

FSC
www.fsc.org
MIX
Papier | Fördert gute Waldnutzung
FSC® C083411

Kolibri 360 GmbH
Ferdinand-Jühlke-Straße 7
99095 Erfurt, Deutschland
produktsicherheit@kolibri360.de

Druck:
CPI Druckdienstleistungen GmbH
im Auftrag der
Kolibri 360 GmbH
Ferdinand-Jühlke-Str. 7
99095 Erfurt